本书入选《"十三五"国家重点图书、音像、电子出版物出版规划》

中国经济增长十年展望（2019—2028）
建设高标准市场经济

刘世锦 主编

国务院发展研究中心"中长期增长"课题组

中信出版集团｜北京

图书在版编目（CIP）数据

中国经济增长十年展望.2019—2028：建设高标准市场经济／刘世锦主编.--北京：中信出版社，2019.7
ISBN 978-7-5217-0585-0

Ⅰ.①中… Ⅱ.①刘… Ⅲ.①中国经济－经济增长－经济预测－2019-2028 Ⅳ.①F124

中国版本图书馆CIP数据核字（2019）第092128号

中国经济增长十年展望（2019—2028）——建设高标准市场经济

主　　编：刘世锦
出版发行：中信出版集团股份有限公司
　　　　　（北京市朝阳区惠新东街甲4号富盛大厦2座　邮编　100029）
承　印　者：中国电影出版社印刷厂

开　　本：787mm×1092mm　1/16　　印　张：28.5　　字　数：468千字
版　　次：2019年7月第1版　　　　　　印　次：2019年7月第1次印刷
广告经营许可证：京朝工商广字第8087号
书　　号：ISBN 978-7-5217-0585-0
定　　价：88.00元

版权所有·侵权必究
如有印刷、装订问题，本公司负责调换。
服务热线：400-600-8099
投稿邮箱：author@citicpub.com

本书编写人员

主　　编：刘世锦

协 调 人：刘培林　陈昌盛　许　伟

其他作者（按照姓名拼音排序）：

　　　　陈道富　陈健鹏　陈永伟　冯丽扬　郭　巍
　　　　韩　阳　何建武　黄　金　黄　伟　江庆勇
　　　　姜淑佳　李　杨　刘　涛　刘云中　彭双宇
　　　　钱胜存　邵　挺　石　光　宋　健　宋紫峰
　　　　陶　然　王建平　王　青　王瑞民　王文宾
　　　　王子豪　王自然　伍振军　许庆华　许召元
　　　　张　亮　张　颖　赵福军　赵　勇　周群力
　　　　卓　贤

目 录

导 言 **建设高标准市场经济** ·· 刘世锦　1
中国经济开始转入中速平稳增长期 ·· 1
高质量发展的五大增长来源 ·· 3
"高难度增长"时代的来临 ··· 6
与增长来源配套的发展战略 ·· 7
建设高标准市场经济 ··· 12

综 合

第一章 **在悲观中寻找确定性：2019年经济形势及十年增长展望**
·· 陈昌盛　何建武　19
关于国际经济环境 ··· 20
如何理解中国经济的稳、变和忧 ·· 22
2019年经济工作需要变中有为 ·· 24
未来十年中国经济增长展望 ·· 26

第二章 **2019年经济形势展望：经济增长中枢下移，以高标准市场经济推动高质量发展** ·· 王建平　李　杨　33
2019年经济形势展望 ··· 34
政策建议 ·· 45

第三章 **新发展理念指数国际比较** ························ 钱胜存　王子豪　46
构建新发展理念指数，推动实现高质量发展 ····································· 47

1

新发展理念指数国际比较体系的构建 …………………………… 48
新发展理念指数的国际比较结果 ………………………………… 49
国际经验对我国贯彻新发展理念的启示 ………………………… 63

需　求

第四章　房地产：构建长效机制，稳步回归本源 ………… 韩　阳　71
2018 年："变"与"不变" …………………………………………… 72
2019—2028 年：进一步收敛于中长期趋势 ……………………… 76
2019 年：楼市换挡，稳中有降 …………………………………… 80
政策建议：房住不炒，向改革要动力 …………………………… 82

第五章　基础设施：加快补短板，促进高质量发展 ……… 邵　挺　85
未来十年中国基础设施增长潜力 ………………………………… 86
2019 年中国基础设施发展展望 …………………………………… 90
基础设施领域补短板重点领域和发力点 ………………………… 91
政策举措 …………………………………………………………… 92

第六章　优化投资体制，提高投资质量 …………………… 许召元　95
2018 年固定资产投资的两大特点 ………………………………… 96
2019 年和未来十年投资发展趋势 ……………………………… 100
我国投资体制方面需要完善的主要方面 ……………………… 105

第七章　汽车：多重因素叠加共振，市场难有明显改观 ……… 王　青　110
2018 年汽车市场增速继续下滑 ………………………………… 111
未来十年中国汽车需求增长前景 ……………………………… 120
短期内稳定和扩大汽车消费的政策建议 ……………………… 123

第八章　2019 年中国出口将在压力中前行 ……………… 赵福军　125
出口结构不断优化 ……………………………………………… 126

2019 年中国出口将面临较大的下行压力 ·················· 132
政策建议 ··· 135

供 给

第九章 人力资本：就业人口减少和技术变革的双重冲击
·· 赵 勇 139

2018 年经济出现新的下行压力，就业仍保持增长态势 ········ 140
2019 年与未来十年就业态势 ·································· 145
人工智能对岗位间工资差距的影响 ·························· 147
未来十年提升人力资本的对策建议 ·························· 148

第十章 制造业岗位都去哪儿了：中国就业结构的变与辨
·· 卓 贤 黄 金 152

就业结构变迁的三个拐点 ···································· 153
制造业岗位都去哪儿了 ······································ 154
中国制造业就业比发达国家下降得更早且更快 ·············· 157
辨析就业结构调整的可持续性 ······························ 159
稳制造业就业是稳就业的关键 ······························ 162

第十一章 创新：典型国家发明专利变迁与启示 ········ 石 光 164

全球发明专利百年变迁特征 ·································· 165
中国发明专利的主要趋势 ···································· 173
启示与展望 ·· 180

第十二章 全要素生产率：完善企业退出机制，提高整体生产率
·· 何建武 183

2018 年全要素生产率的变化回顾 ···························· 184
企业退出机制与全要素生产率 ································ 184
未来十年全要素生产率的展望 ································ 193

第十三章	汇率：升值步伐显著放缓，中长期取决于竞争力 ········ 许 伟 194

　　汇率走势总体反映中美经济周期差异和贸易摩擦升级的影响······ 195
　　国内外资本市场整合度提高，汇率更加接近均衡水平············ 197
　　汇率中长期走势最终取决于竞争力······························ 199
　　政策建议·· 204

产　业

第十四章	农业：深化农业供给侧结构性改革 ············ 伍振军　周群力 209

　　农业供给侧结构性改革主要举措及成效·························· 210
　　当前农业生产面临的新问题新挑战································ 214
　　未来十年中国农业发展趋势展望·································· 216
　　2019年中国农业将稳供给、调结构······························ 218
　　政策建议·· 221

第十五章	能源：需求逐步恢复，结构持续优化 ················ 宋 健 224

　　2018年能源供需形势分析·· 225
　　对2030年之前能源供需形势的基本判断·························· 227
　　2019年能源形势预测分析·· 230
　　政策建议：构建高质量发展的能源体系···························· 232

第十六章	设备制造业：加快向设备制造强国迈进 ········ 王文宾　王自然 238

　　2018年我国制造业发展情况回顾·································· 239
　　未来十年我国设备制造业发展趋势展望···························· 244
　　2019年我国设备制造业短期发展趋势展望························ 248
　　政策建议·· 251

第十七章	消费品制造业：消费升级，长期可期 ·········· 冯丽扬　姜淑佳 253

　　2018年我国消费品制造业运行态势回顾···························· 254
　　消费品制造业十年展望·· 259

2019 年中国消费品制造业发展展望 ·················· 262
政策建议 ·· 264

第十八章 生产性服务业：经济结构优化之擎 ············ 彭双宇　韩　阳　266
2018 年生产性服务业发展回顾 ····························· 267
未来十年我国生产性服务业发展趋势 ······················ 269
2019 年：建设高质量生产性服务业的关键年份 ··········· 273
政策建议 ·· 274

第十九章 生活性服务业：深层次市场化驱动中长期增长潜力释放
·· 许庆华　黄　伟　277
2018 年我国生活性服务业发展回顾 ························ 278
未来十年我国生活性服务业发展趋势 ······················ 286
2019 年我国生活性服务业发展展望 ························ 287
深层次市场化驱动中长期增长潜力释放 ··················· 290

第二十章 推动金融实现高质量市场化 ···················· 陈道富　295
2018 年货币金融运行回顾 ································· 296
2019 年货币金融前瞻和未来十年展望 ····················· 297
推动投融资体制改革，缓解我国融资难融资贵问题 ······· 299

第二十一章 中国数字经济发展的经验与展望 ············ 郭　巍　宋紫峰　306
全球数字经济发展的历史和现状 ··························· 307
2018 年中国数字经济发展回顾 ····························· 311
当前发展面临的突出问题 ··································· 314
趋势展望和政策建议 ·· 317

第二十二章 从"互联网＋"到产业互联网 ·················· 陈永伟　320
2018 年互联网经济发展回顾 ······························· 322
走向产业互联网：互联网产业发展的最重要趋势 ·········· 326

关于引导、支持互联网经济发展的若干建议 …………… 334

区域和城市

第二十三章 区域发展：区域经济增速略有下滑，区域新动能初现
………………………………………… 刘云中　何建武　338
2018年中国区域经济运行 …………………………………… 339
从消费需求变化理解近年来区域经济格局的变动 ………… 342
区域经济增长展望 …………………………………………… 347

第二十四章 城镇化：城市人口分布与流动的新变局
………………………………………… 卓　贤　张　颖　351
2018年城镇化进程回顾与未来十年展望 …………………… 352
基于常住人口的城市人口分布变化 ………………………… 353
基于日间流动人口的城市人口互动 ………………………… 358
几点延伸思考 ………………………………………………… 361

第二十五章 中国城市发展环境评价 ………………… 赵　勇　363
评价的角度和思路 …………………………………………… 364
评价指标体系 ………………………………………………… 365
评价方法和指标处理 ………………………………………… 368
评价结果及分析 ……………………………………………… 369
对策建议 ……………………………………………………… 379

资源环境

第二十六章 水资源：强化市场机制设计，优化水资源配置
………………………………………… 张　亮　江庆勇　394
2017—2018年我国水资源利用及管理的基本状况 ………… 395
未来十年我国水资源利用态势预测 ………………………… 397

2019 年我国水资源利用态势及管理政策 ·················· 400
充分发挥市场机制作用，大力推进合同节水管理 ············ 401

第二十七章 **土地：以渐进式市场化释放增长活力** ······ 王瑞民 陶 然 406
2018 年中国土地制度改革回顾 ······················ 408
未来十年土地改革展望 ···························· 411
推动土地要素渐进式市场化的政策举措 ················ 417

第二十八章 **完善环境治理体系，助力建构现代化经济体系** ······ 陈健鹏 421
环境治理是构建现代化经济体系的重要方面 ············ 422
绿色发展视角下中国高质量发展的进程 ················ 426
高质量发展对环境治理的政策需求与挑战 ·············· 435
环境治理前瞻 ································ 438

导　言　建设高标准市场经济

刘世锦

中国经济开始转入中速平稳增长期

本书是我们开展的中国经济增长十年展望长期研究项目的第七辑。2018年的中国经济，有诸多出乎意料之事，如中美贸易摩擦、民营经济预期不稳等，但经济增长进程尚在预期之中。年初，根据我们的宏观经济模型预测，上半年经济走势平稳，下半年将有一定幅度下滑。实际情况大体如此。下半年增速回落，先是由基建投资减速所致，后则由存货下行带动。

从我们一直采用的经济增长阶段转换的角度看，从2010年一季度开始的增速回落，到2016年三季度开始触底，逐步进入中速增长平台。触底是一个试错过程，不可能一蹴而就。从过去两年多的情况看，构成高增长重要来源的基建和房地产投资的历史需求峰值已过，在增速回落的过程中，仍在寻找与中速增长相适应的新均衡点。这样的均衡点找到后，整个经济的中速增长平台才能基本稳下来，进入一个较长时间的稳定增长期。

从目前情况看，2019年经济仍有一定的下行空间。决策层提出了稳增长的任务。在这个题目下，可以看到几种不同的选择。

一种是继续沿用老办法，主要是通过扩大基建投资来稳增长。这种办法看起来轻车熟路，但面临着杠杆率上升、投资空间缩小、效率下降等难题。

另一种思路是将近期的增长回落归结于去杠杆以及从紧的宏观政策，主张通过宽松的货币政策和"更加积极"的财政政策维持已有的增长速度。

还有一种是主张尊重增长阶段转换的规律，适当降低增长预期，在保持适度货币政策和财政政策的同时，聚焦于实质性深化改革，以拓展新的增长来源，争取中速平台上有活力、可持续、韧性强的增长。

在讨论这几种不同选择之前，有必要讨论增长目标问题，并区分三种不同的增长率。

在以往长时间的高速增长阶段，GDP（国内生产总值）指标被置于优先地位，先定 GDP 指标，再由此决定其他指标。尽管这种方法存在问题，但在那个阶段还算过得去。进入中速增长阶段后，潜在增长率下降，如果继续实行 GDP 挂帅，问题就会凸显出来。正如人们看到的，有些地区为了追逐过高增长速度，使杠杆率高企，短期风险加大，中长期更难有可持续性。

党的十九大提出由高速增长转向高质量发展，在增长目标及其实现机制上要有相应调整。高质量发展并非一个抽象概念，可以体现为由一组指标构成的目标体系。其中具有标志性的是就业，还可以包括风险防控（杠杆率）、企业盈利、居民收入增长、财政收入增长、资源环境可持续性等指标。就业的社会意义不言而喻，从宏观经济角度说，充分就业体现了一个社会对资源的有效利用。在许多国家，就业被当成经济发展的主要或首要目标。企业盈利、居民收入和财政收入增长，体现了经济发展成果及其分配格局。而风险防控、资源环境可持续性则体现了经济增长的韧性和可持续性。

如果高质量发展的目标体系处在一种适宜状态，与之相对应的增长速度，就是一个合适的速度。在增长目标的形成机制上，应当由以往的"速度决定质量"转变为"质量决定速度"。速度和质量有可能出现冲突，需要寻找的是其内在逻辑上的协调性和一致性。事实上，短期内与高质量目标体系相适应的增长速度，从中长期看也是可争取到的比较高的增长速度，因为避免了大起大落，从而有效利用了增长潜能和机会。

还需要讨论的是区分三种不同的增长率。忽视这种区分不仅会产生理论上的问题，更重要的是导致政策上的混乱。

首先是潜在增长率。经济学上将潜在增长率解释为资源得到充分或最大化利用后的增长率。有观点主张实现充分就业的增长率就是潜在增长率。潜在增长率一定程度上是一种理想状态，或者说可实现的理想状态，可以将其理解为在已知或可利用的技术和资源配置方式下，资源得到充分利用后的增长率。

如果这样定义潜在增长率，现实中将会看到两种情形，可实现的和不可实现的潜在增长率。前者指可利用的技术和资源配置方式都得到利用；后者则指由于体制政策和其他原因，至少部分可利用的技术和资源配置方式未能得到利用，或者说，只是部分利用了这些技术和资源配置方式。这样，我们就可以将前者理解为真实意义上的潜在增长率，而后者则可称为"可及增长率"，也就是可实现的潜在增长率。再加上实际增长率，我们就有了三种增长率概念。

提高经济增长效率，就是要缩小乃至消除三种增长率之间的差距，使实际增长率等于潜在增长率。可及增长率与潜在增长率之间的差距，可称为差距1，缩小这一差距主要依赖于体制变革和实施结构性政策；而可及增长率与实际增长率之间的差距，可称为差距2，主要通过货币政策、财政政策等宏观经济政策加以调整。

中国现阶段面临的挑战是，潜在增长率在合乎规律地下降，与此同时，差距1依然存在，有时候还在扩大；差距2表现为所谓"产出缺口"，既可以是正的，即实际增长率大于可及增长率，也可以是负的，即实际增长率小于可及增长率。由于高增长的诉求强烈，实际增长率低于潜在增长率的情况并不多见。通过深化改革缩小差距1的呼声始终存在，有时还相当高，但往往难以落地。相反，通过放松宏观政策使实际增长率到达或超过可及增长率的呼声，则容易得到响应。于是经常会看到以缩小差距2掩盖或替代缩小差距1的倾向。

回到当下的政策选择，尽管表述方式不一，放松宏观政策的呼声再次响亮起来。一段时间以来，对降杠杆问题存有争议。降杠杆不可能一蹴而就，对其长期性、复杂性要有足够估计。但杠杆率过高依然是不争的事实，在稳杠杆的基础上将杠杆率降到合适水平的目标不能放弃。必须明确，过松的宏观政策并不能改变潜在增长率，不仅不能缩小还可能扩大差距1。而解决差距1的问题，恰恰是下一步在高质量发展的背景下稳增长的关键所在。

高质量发展的五大增长来源

潜在增长率是一个动态概念。进入中速平台后，在高速增长阶段作为主要增长来源的基建和房地产投资、汽车以及其他重要消费品，相继越过历史需求峰值，开始寻找"比历史需求峰值低一些，比成熟增长阶段高一些"的新均衡点。这些需求对中速增长的存量稳定仍有重要作用，但对增量贡献已经很小了。出口也在经历大体相同的变化，对外投资的重要性相应上升。根据可借鉴的国际经验和中国的实际情况，中速平台上的增长速度有很大可能稳定在5%~6%，也可能是5%左右。

由于中国经济规模已经很大，即使保持这样的增长速度，每年经济的新增量依然位居全球前列。支撑这样的新增量并非易事。扩大并稳定中速且高质量发展的增长来源是一个重要挑战。在今后较长时期,中速平台上高质量发展大体上有以下五个增长来源。

第一,低效率部门的改进。迈克尔·波特在分析日本竞争力时提出,日本存在一个面向全球市场竞争、效率很高的出口部门,还有一个主要面向国内市场、缺少竞争因而低效率的基础部门,这种效率差异很大的二元结构,成为制约日本发展的不利因素。就中国而言,这种情况不仅存在,而且更为突出。中国基础部门主要由国有企业经营,长期存在行政性垄断,市场准入和竞争严重不足,效率低下成为自然而然的结果。近些年来,这些领域也推动改革,时有反复,大的格局并未改变。部分企业的切身体验和实证研究都表明,中国的能源、物流、通信、土地、融资等基础性成本,要高于美国一倍以上。除了土地等由于资源禀赋原因外,主要是因为中国相关行业存在不同程度的行政性垄断。另一个例子是城乡之间生产要素流动受阻,尤其是农村集体土地和农民宅基地无法进入市场,在助推城市房价的同时,更使农村错失了大量本来可以获得的发展机会。

第二,低收入阶层的收入增长和人力资本提升。收入分配差距过大对经济增长的含义是,相对于分配差距适度,那些收入过低人群本来可有的需求空间得不到利用,从而降低了经济增速。反过来说,如果低收入阶层的收入能够提高,接近或达到中等收入水平,将会形成很大的需求增长空间,直接提供增长动能。相关研究表明,近年来中国收入分配差距有所减小,但仍处在较高水平。正在进行的脱贫攻坚对经济增长的意义在于直接提高了消费需求。可以想象,如果贫困人口能够稳定脱贫,如果农村人口能够顺利转入城市,如果城乡低收入阶层能够逐步进入中等收入阶层,将会释放出多大的需求潜能。这部分需求潜能是中国经济下一步增长中空间最大且易于获取的。

提升低收入阶层的人力资本是另一项重要任务,从长期看更为重要。贫困是因为人力资本严重不足,而人力资本严重不足,部分是由于从儿童营养保障到医疗、教育、就业等条件的匮乏,部分则由于相当多的机会不均等。从全社会角度看,提升低收入阶层人力资本的空间最大,经济和社会效益也显而易见。在中国人口结构发生重要变化、劳动年龄人口和就业人口总量下降、老龄化速度加快的背景下,提升低收入阶层人力资本尤为重要。

第三,消费结构和产业结构升级。消费结构升级是中国经济需求增长的常规动力。商品消费增长趋于平缓,但也不乏体现消费品质提高的亮点。与此同时,包括医疗、教育、文化、娱乐、养老、旅游等在内的服务性消费进入快速成长期。在一线城市，服务性消费比重已经达到50%左右。消费结构升级带动产业结构转型升级。近年来的一个重要现象是产业内分化加剧，市场份额和利润向头部企业集中，即使在一些发展不错的行业，多数企业日子并不好过，这也是一个时期以来中小企业困难增多的重要原因。产业分化、重组推动优势企业、优势行业加快发展，高技术含量、高附加价值行业比重上升。制造业转型升级与生产性服务业的发展密切相关。制造业服务化、服务业制造化相互推动，带动了研发、设计、咨询、物流、金融、商务服务等生产性服务业发展加快。为制造业升级服务的生产性服务业，与前面提到的为消费结构升级配套的消费性服务业，大多具有知识密集的特点。知识密集型服务业正在成为拉动消费结构和产业结构升级的新主导产业。

第四，前沿性创新。以往长时间内，中国的创新主要是外来技术本地化的适应性创新。近年来的一个重要变化，是在全球创新前沿"无人区"的创新增加，由过去的主要"跟跑"，转为部分"并跑"，再到少数领域"领跑"。前沿性创新较多集中于互联网、大数据、云计算、人工智能等数字技术领域。在这一领域，与过去历次技术革命不同，中国总体上与先行者的差距不大，部分领域还处在领先位置。中国的优势还体现在消费市场巨大、产业配套比较完整等，易于形成商业模式和实用技术，由商业模式创新拉动技术创新。前沿性创新能够拓展潜在增长率边界，并对已有生产能力进行革命性改造，如互联网与各类实体经济的结合。中国在前沿性创新上的最大短板是基础研究滞后。如果没有一大批诺贝尔奖级研究成果形成的土壤，在前沿性创新上将缺乏后劲。尤为重要的是，要形成有利于新思想脱颖而出的自由探索环境。能否补上这块短板，将是中国力图建成创新型国家无法回避的重大挑战。

第五，绿色发展。把绿色发展作为一种增长动力，与对绿色发展的理解直接相关。在传统认识中，通常把绿色发展等同于污染治理、环境保护，理解为对传统工业化模式缺陷的修补或纠偏。这样看来，绿色发展确实没有多少增长动力，甚至被看成经济增长的代价。如果从传统认识中跳出来，换一个角度，把绿色发展看成与传统工业化模式相竞争并更具优越性的一种新发展模式，绿色发展对经济增长的意义就大不相同。绿色发展将重新定义产出与投入、收益与成本，力图将人类经济活动与自然之间相互冲突的关系，转化为相互融合和促进的关系，以更低的成本、更优的资源配置，提供更有利于人类全面发展的产品和服务。形象地说，绿色发展不仅是在做减法，更重要的是在做加法和乘法。

上述五大增长来源中，前两个是高速增长期遗留下来的，很大程度上是差距2的产物。后三个则拓展了中速平台上潜在增长率的边界。在这样一幅新的潜在增长率画面前，接下来的问题是，这些增长来源在多大程度上能够转化为实际增长率。

"高难度增长"时代的来临

细致分析一下，五大增长来源依托的要素和体制条件各有不同，但"门槛"和高度都显著提高了，要把其中的潜在增长率充分释放出来并不容易。

前两个增长来源本应属于高速增长期，之所以拖下来，是因为其中的体制政策难题未能得到解决。就低效率部门的改进而言，涉及国资国企改革、民营经济发展、产权保护、市场公平准入和竞争、农村土地制度改革等。打破行政性垄断、维护公平竞争等已经讲了很多年，但难以真正落地。低收入阶层收入增长和人力资本提升，则涉及农民工进城、住房制度改革、基本公共服务均等化，还有农村土地制度改革、城乡生产要素双向流动等问题。看到这个问题清单，就不难理解将其中增长潜能释放出来的难度所在。

后三个增长来源大多属于新潜能、新体制，但也受到旧体制的羁绊。消费结构和产业结构升级涉及产业分化重组中市场出清、低效资源退出和社会保障体系托底等，而知识密集型服务业的发展则需要更加大胆地对外和对内开放。前沿性创新和绿色发展，无论是社会认知的重要性、所需要的要素品质，还是体制机制政策的精致度，都明显超过以往。

概括地说，这些新增长来源有一些与过去很不相同的特点。第一，对制度质量的要求相当高，"半拉子"市场经济是无法适应的，必须下决心解决市场经济建设中的"卡脖子"问题，才能过好这一关。第二，虽然也会有一些热点，但像以往基建、房地产、汽车等大容量支柱产业基本上看不到了，增量更多以普惠方式呈现。第三，增长大多是"慢变量"，很长时间的努力未必见到大的成效，"立竿见影"的情况不多了，对耐性、韧劲、战略定力的要求明显提高。

如果说过去三十多年的高速增长是"吃肥肉"，进入中速平台后的高质量发展则是"啃硬骨头"，增长的难度非同以往。这意味着，高质量发展也是高难度增长。当然，释放五种增长来源潜能的难度各异，前两个来源难度更大，更为紧迫；后三个来源则要求更高，带来的压力更大。这种差异将可能使下一步的增长出现不同的组合。

一种可能性很大的组合，是把前两个增长来源放下，重点集中到后三个增长来源上。这种避难就易的战略，好处是可以利用后三种增长来源大多是新体制、新机制，参与者大多是新主体的优势，类似于改革初中期的双轨并行战略，但与以往不同的是，如果不解决前两个增长来源的问题，高成本、市场容量不足、对大量社会资源的低效占用等，将会使后三个增长来源的释放空间大打折扣并陷入困境。

另一种可能性是在既有体制架构内扩展五种增长来源的可利用空间。这是另一种避难就易的战略。在这种战略下，前两种增长来源的利用空间将非常有限，还存在在现有水平上后退的风险。后三种增长来源空间看起来大一些，但脆弱性、不确定性也相当大。总体上看，很难为未来中速平台上即使5%左右的增速提供支撑。

还有一种有想象力的前景，就是通过前沿性创新，特别是覆盖面很大的颠覆性创新，把前两个增长来源的潜能释放出来，类似于"打败小偷的不是警察，而是移动支付"。比如，通过全新技术改变能源、通信、物流等基础部门的供给方式。然而，且不论这类技术能否出现，即便出现了能否真正打破行政性垄断，还是一个遥远的话题。此外，如果收入分配差距过大的格局未变，技术进步还可能加大这个差距，而这正是近年来发达国家民粹主义盛行的重要原因。

从国际经验看，一些国家进入工业化阶段后，曾经历了一段时间的高速增长，后来由于部分行业的低效率、利益集团的阻挠、严重的两极分化等，长期徘徊于中等收入阶段，有的出现倒退，落入所谓的"中等收入陷阱"。从中等收入阶段到高收入阶段，表面上看是越过中等收入陷阱，实质上是要翻越制度高墙。全球范围内走上工业化道路的国家不少，能够过这一关的却不多。中国如果过不了这一关，五大增长来源将是看得见、摸不着，就不能断言已经避开了中等收入陷阱的风险，即使勉强进入高收入阶段，也可能出现长期停滞乃至倒退的局面。

与增长来源配套的发展战略

有效发掘五大增长来源的潜能，需要制定配套的发展战略，提出相应的体制政策变革要求。

效率变革战略

效率变革的目标，是实质性改变现阶段突出的低效率领域的状态。这些领域包括基础产业等行政性垄断问题不同程度存在的部门，要素无法自由流动导致增长潜能受到抑制的城乡融合地带，退出机制不完善的低效产业部门等。简单地说，就是要填平既有的"效率洼地"，达到现有技术条件下能够实现的效率水准。

完善产权保护。重要的是建立稳定的法治保障环境，使各类市场主体的合法权益得到切实保护，不因偶然事件或具体政策调整而变化。要有一大批通过法律解决产权纠纷、保护合法权益的案例，逐步建立社会各界对保护产权法律体系的信心和预期。民营经济在经济体系中的地位作用和长期愿景，应有理论政策创新，有符合现实、顺应规律的新"说法"。

进一步推动国有经济战略性调整，有效发挥国有资本的应有作用。首先是布局结构的调整，把有限的国有资本集中到符合新时期国家发展战略需要、提供不同类型公共产品的领域。分散布局、固守不变只能削弱而不是增强国有资本的应有作用。国有资本要大踏步地从过剩产业、低效领域、其他资本更适合发挥作用的地方退出，集中到社会保障、公共产品领域中"卡脖子"的技术或产品、国家安全、环境保护等领域。其次是产权结构和治理结构调整。加快实现由管企业到管资本的转变，把资本层面和企业层面分离开来，国有资本管理部门通过市场经济中资本运行的常规方式调整优化国有资本布局。再次是投资结构的调整，区分战略性投资和财务性投资，在国有资本应当发挥作用的领域进行战略性投资，其他领域则在必要时进行财务性投资。

促进各类企业公平竞争。把所有制与企业挂钩是市场经济发展初期的现象。随着市场经济的深化，各种所有制你中有我、我中有你，逐步融合，要想找出某种纯粹所有制的企业越来越困难，混合所有成为市场经济成熟后的常态。把国家的强制力和信用等元素与某类企业直接挂钩，就会使国家作为宏观经济调控者、市场秩序维护者和企业所有者的身份混在一起，与其他企业形成事实上的不平等。所以，应当明确市场经济中企业作为法人实体与其所有者的正常关系，摘掉企业头上的所有制属性帽子。企业不再按照所有制进行分类，而是按照规模、行业、技术等分类，同时对投资者另行分类，以此作为企业公平竞争环境的要件之一。

按照负面清单改革市场准入。低效率领域主要与"半拉子"要素市场有关，生产要素不能充分自由流动，严重制约资源优化配置。要突出重点，主攻打破基础产业行政性垄断、城乡生产要素相互流动、低效企业退出等难题。这几块"硬骨头"啃不下来，低效率洼地不可能填平。改革的方向、目标、重点是明确的，关键是下决心、有行动，一个行动胜过一打纲领。尤其要调动地方、基层、企业的积极性、创造性，鼓励先行先试，总结并推广好的案例，一个好的案例也胜过一大批原则和说法。

中等收入群体扩大战略

中等收入群体扩大的主要来源是低收入阶层。提高低收入阶层的收入，出路主要不在搞再分配，而是提升人力资本。提升人力资本的重点，是通过反贫困和均等化的基本公共服务等，改善居住、医疗、教育条件，大幅提高劳动者体力和智力水准。同样重要的是增加这部分人群横向和纵向流动机会，促进机会均等。

加快农民工进入和融入城市的进程。户籍问题的实质是为农民工提供均等的基本公共服务。农村进城人员为城市发展创造了大量社会财富，为他们提供基本公共服务并非施舍，而是他们的城市权利。重点要解决好进城农民的住房问题，不仅对他们安居和融入城市至关重要，同时也能带动大量消费需求。

建立反贫困的长效机制。要巩固脱贫成果，着力构造脱贫不返贫的长效机制。立足于提高贫困人口自我发展、创造财富的能力，从各地实际出发，因地制宜，发展具有自身特色和竞争优势的产业，形成稳定的增收渠道。通过改善基本生存发展环境，尤其是医疗、教育、文化等条件，重点提高年轻一代人力资本，创造更多更好的就业创业发展机会，实现贫困的代际阻隔。把仍然存在的贫困人口纳入低保系统，守住反贫困的底线。

健全完善社会保障体系。在就业、医疗、养老等方面，建立覆盖全国的"保基本"社会安全网。加快实现全国统筹、异地结转，增加便利性，促进劳动者的合理流动。以更大力度，把更大份额的国有资本转入社保体系，增加社保资金供给，缩减社保资金缺口，同时促进国资产权结构、治理结构的改革。

促进机会公平。把提高中等收入群体比重纳入政府政绩考核指标体系。提高政府财政支出中用于扩大中等收入群体的比重，借助这一途径扩大内需。改变有些城市把低收入劳动者挡在城市之外的做法。在大体相当的条件下，在就业、升学、晋升等方面，给低收入阶层提供更多可及机会，逐步改变低收入阶层所处的"形式上平等、事实上不平等"的状况。

消费和产业升级战略

消费升级和产业升级依然属于"追赶型增长"的内容。在这一阶段，由于增长更大比重依赖于消费，消费的重要性上升；与此同时，消费增长更多地通过消费结构升级实现，对消费类别、品质、便利性的要求超过以往，并将这种要求转化为对供给侧的刺激。在此意义上，产业升级是对消费升级的反应。如果没有足够的市场需求激励，产业升级难以推进和成功。产业升级同时依托于供给侧条件的改进，需要更多的中高级生产要素的支撑和优化组合。

推动服务业对内对外开放。知识密集型服务业是现阶段发展重点。与制造业不同的是，这类产业更多依赖不可编码知识，新技术往往需要通过"干中学"等方式才能掌握和运用，对外开放的深度将超过以往。另一方面，国内知识密集型服务业的发展也受到诸多不当准入限制，抑制了增长潜能。对外开放要加大力度，但首先要对内放开，对外开放与对内放开相互促进，以提高国内相关产业的学习吸收能力和竞争能力。实践证明，在对外开放的同时对内能够充分放开，中国产业和企业往往是有竞争力的。一定要增强新发展阶段中国产业和企业的开放自信。

通过优胜劣汰带动产业升级。适应产业分化重组加快的态势，政府一方面应创造各类企业公平竞争的环境，另一方面要推动不再具有竞争优势的企业退出。这就需要在财政、社保、银行、法律等相关领域进行必要的改革和调整。

用挑剔性消费倒逼品质提升。国际经验表明，消费结构升级，特别是服务型消费的增长，会使消费者对产品和服务从品质到体验的要求明显提升，在许多领域，挑剔型消费成为一种常态，从而激励生产者不断提高产品和服务的质量。政府应当因势利导，相应提高产品和服务的质量标准，鼓励生产者围绕挑剔型消费展开竞争，逐步形成更高层级上消费与生产的循环流程。

推动制造业和服务业的融合发展。无论是制造业的服务化，还是服务业的制造化，二者的融合发展都显示了一种内在关联。促进这种融合发展，从人才、技术到企业内部结构调整、企业间购并重组等，都需要政府在要素培育、市场环境等方面给予支持。

前沿性创新战略

对中国这样的后发经济体而言，能够跻身前沿性创新行列，进入科技发展的

"无人区"，既是一种机遇，同时也面临着更多挑战。在这样一个并不熟悉的领域，把握创新规律、明确优势和短板、准确定位、抓住时机，都至关重要。

坚持以企业为创新主体不动摇。强调以企业为创新主体，不仅因为企业处在市场竞争第一线，而且因为一些年来传统的基础研究、应用研究、产业化应用界限已被打破，许多市场第一线遇到的问题，也是基础研究的前沿问题。以企业为创新主体，既可以把技术转化为有市场竞争力的产品，也在相当大程度上能够推动科学前沿重大问题的突破。由国家集中资源开展的创新项目，应聚焦于公共产品范围内的"卡脖子"问题。新形势下这种"集中力量办大事"的有效运行机制，还有一个探索过程。如果不能摆脱传统计划经济的思维和运行机制，也可能为抵制改革、重回老路留下空间。

促进创新要素流动聚集，形成一批区域性创新中心和创新型城市。创新要素并非均匀分布，那些能够吸引更多创新要素的地方，才会拥有更多创新成功的机会。从国内外经验看，创新活动集中出现在若干区域性创新中心或创新型城市。但这些区域性创新中心或创新型城市并非人为指定的，而是在竞争中形成的。能否成为区域性创新中心或创新型城市，关键在于能否形成吸引聚集创新要素的体制政策环境，包括保护产权特别是知识产权，为创新活动提供有效激励；稳定企业家、科研人员的预期，使他们能够有长远打算；促进创新要素流动，吸引创新要素的聚集并得以优化配置；提升人力资本质量，相应改革教育和研发体制；深化金融改革，为创新提供全链条的金融支持等。

加快补上基础研究薄弱的短板。对基础研究短板制约我国长期创新发展的风险，补上这一短板的长期性、艰巨性，对营造有利于科学发现的自由探索环境的重要性，都要有足够认识。通过理念、制度和政策的改革创新，加快形成既适合中国国情又吸收国际上先进做法，最大限度调动人们在科学发现和技术创新前沿创造力的环境。在创新活跃地区，可设立若干高水平教育研发特区，在招生、人员聘用、项目管理、资金筹措、知识产权、国籍身份等方面实行特殊体制和政策。

绿色转型战略

绿色转型与前沿性创新互为补充，绿色转型可以看成广义创新的组成部分，而创新也构成绿色发展方式的内在要素。要立足于转换发展方式，从理念、目标、政策到生态资本核算、产业链构造等，全方位推动绿色发展。

转变提升对绿色发展的理解，逐步形成全社会的新共识。不能仅把绿色发展看成污染治理，而应看成包括绿色消费、绿色生产、绿色流通、绿色创新、绿色金融在内的绿色经济体系的发展；不能把绿色发展看成迫于压力的权宜之计，对传统工业化发展方式的修补，而应看成更符合可持续发展要求的新发展方式；不能把绿色发展与经济增长相对立，看成对增长的拖累，而应看成重要的消费新动能、创新动能和增长新动能。认识到位了，推动绿色发展才能名正言顺、理直气壮。

加快推动生态资本度量、核算、交易。迄今为止，生态资本依然无法度量、核算，更难以交易。绿色发展大都是政府提供的公共产品，或环保等非政府组织开展的公益活动，难以成为企业和个人市场经济条件下正常的经济活动。推动绿色转型，必须要过生态资本度量、核算、交易这一关。应将此作为绿色创新的重要内容，鼓励支持相关研究、试点和推广工作。经过持续不懈的努力，逐步使生态资本与其他资本形态一样，能够按照市场经济的通行规则比较成本收益，优化资源配置。

积极探索并形成绿色发展的行动目标和激励机制。把绿色发展的可行指标作为政府工作的考核指标，把绿色发展收益作为经济社会发展成果的重要内容。在成熟的生态资本核算方法实施之前，借助财政、税收、价格和标准等手段，尽可能将原本外部化的绿色发展收益和传统发展方式成本内部化，使绿色发展有利可图，传统发展方式则承担本应承担的成本。

建设高标准市场经济

提出并实施以上发展战略，都对体制政策环境提出了与以往大不相同的要求。不认真解决体制上的"卡脖子"问题，不下决心啃几块"硬骨头"，新的增长潜能就出不来，即便比过去降低了的增长速度也未必能够维持。另一方面，中美贸易摩擦和其他方面的冲突还可能出现乃至加剧，全球经贸金融规则和治理结构正面临重大变革。面对这些挑战，有一个问题是不能回避的，即对市场经济的态度。中国在市场经济这条路上已经走了四十年，是停滞徘徊，还是继续向前走？停是停不住的，不进则退，而倒退是没有出路的。向前走，需要提出一个新的目标，就是建设高标准的市场经济。为此要说清楚几个问题。

第一，中国改革开放以来取得巨大成就依靠的是什么？对此，国内外有不同看法和说法。近期中美贸易摩擦中，也有人在这个问题上给中国泼脏水。那么，靠的是搞国家资本主义、国企行业垄断、计划经济色彩较重的发展规划和产业政策、政府补贴、不尊重知识产权甚至偷盗技术，还是建立和完善社会主义市场经济体制、使市场在资源配置中发挥决定性作用、坚持和扩大对外开放、积极发展多种所有制经济特别是民营经济、保护产权特别是知识产权、在合法引进技术的同时加快推动创新？

应该说，答案是很清楚的。但也有一些似是而非的说法，比如，某种关于中国产业发展的规划，充其量是部分行业管理者和科研人员对未来发展前景的一种展望，能起的作用也只是提供一些信息，引导一下预期。如果以为中国未来的产业发展必须照此办理，那么中国原本就不需要搞市场经济，维持原来的计划经济就可以了。中国未来的产业发展要靠创新驱动，而创新是高度不确定的，因而是不可规划的。五年前，人们很难想象互联网经济能发展成当今这个样子。面对大数据、人工智能、机器人等科技的快速发展，五年、十年后的中国制造、中国服务究竟是何种状态，同样难以想象，更难以规划。把那种计划经济色彩相当重的产业规划当成中国过去或未来成功的核心要素，实在是对中国发展的莫大曲解。

第二，中国是要建设一个低标准、不完善的市场经济，还是要建设一个高标准、高水平、高质量的市场经济？中国的市场化改革进行了四十年，取得了很大成就，但尚不完善。目前，商品市场大部分实现了市场化定价，可以说是"大半个市场"，要素市场化尚在途中，是"半个市场"。总体来说，我们目前仍然是一个低标准、不完善的市场经济。当前，我们对内要从高速增长转向高质量发展，对外则要实现高水平对外开放，低标准、不完善的市场经济显然无法适应。国际经贸谈判中有些人抓住中国市场经济体制不完善之处做文章，有些国家不承认中国的市场经济地位。在这种态势下，中国当然不能戴上这顶低标准、不完善的市场经济"帽子"，必须也能够朝着完善市场经济、建设高标准市场经济的方向前行。

第三，在建设高标准社会主义市场经济体制的过程中，面对诸多焦点和难点问题，是别人要我们改，还是我们自己主动要改？转向高标准市场经济，就是要以产权保护和要素市场化为核心，在重点领域和关键环节深化改革，其中涉及一些焦点难点问题，包括打破行政性垄断、公平竞争、国资国企改革、产业政策转型、改革补贴制度、保护产权特别是知识产权、转变政府职能、维护劳动者权益、保护生态环境和绿色发展等。对这些问题，十八届三中、四中、五中全会和十九大都指出了改革的方向、重点和方法，并不是别人逼着我们要改，而是我们从长计议、战略谋划，从中国国情出发做出的主动选择。由于更了解情况，知道改什么、如何改，我们自身推动的改革，有可能改得更为彻底、更有成效。

第四，是通过把中国特色和市场经济相互融合，增强我国的竞争优势，还是把计划经济遗留下来的、过渡性的、应被改掉的那些东西当成体制优势？每个国家都有自己的历史文化传统，由此形成的市场经济必定各有特色，美国、日本、欧洲的市场经济形态就各不相同。中国有较强的政府能力、较大规模的国有资本、较高的社会共识、超大型经济体的市场规模等，如果我们能把这些要素和市场经济的规则有机融合，就会转化为重要的竞争优势。

当前，我国正处在增长阶段转换、发展方式转型、体制转轨的过程之中，有些东西是计划经济遗留下来的，有些东西是转型期过渡性的，有些东西则是符合市场经济规则正在成长的，还有一些东西属于"新瓶装老酒"。必须把自己真正的特色优势与计划经济遗留下来的、过渡性的、要改的东西区分开来，不能把后者当成体制优势加以固守。

第五，在全球市场经济体系的竞争中，中国只是当一个后来者，还是要走到前边当引领者？近现代市场经济在全世界的发展已有数百年的历史，加入者有先有后。历史已经证明，市场经济是人类经济繁荣、社会进步的共同选择，也是我们倡导的人类命运共同体的经济基础，并非西方国家的专利。全球市场经济体系的发展与全球化进程密切相关，一些年来全球化进程推进较快，全球市场经济体系也在相应发展、调整和变革。近期全球化进程遭遇逆流，美国总统特朗普的诸多做法实际上违背了市场经济的基本规则。

中国是市场经济和全球化的受益者，也是贡献者。我们加入市场经济体系较晚，但蓬勃发展的中国经济，已经给全球市场经济体系的发展创造了很多新的有价值元素。全球经济体之间的竞争，说到底是各自市场经济体系的竞争。下一步，中国应该也完全可以对全球市场经济体系发展做出更大贡献，完全有理由把发展高标准市场经济、高水平对外开放的旗帜举得比西方国家更高，走到全球市场经济体系竞争和发展的前列。这方面，一定要汲取以往的一些教训，不能把体现人类经济社会发展共同规律的好东西让到别人手里，而使自己处在被动地位。

把这几个问题说清楚了，合乎逻辑的结论是中国应该确立"双高"目标，即建设高标准的市场经济、实行高水平的对外开放。确立这样的"双高"目标，无论是应对中美贸易摩擦和下一步国际经贸规则变局，还是在国内稳预期、提信心，都可以使局面豁然开朗，赢得主动。

从国际上看，中美贸易摩擦仍具有很大的不确定性，WTO（世界贸易组织）改革势在必行，国际经贸、投资、金融规则可能出现深度调整，主要经济体之间有可能走向自贸区零关税。面对这种局面，如果我们确定了高标准市场经济、高水平对外开放的目标，就能够在新一轮国际经济治理结构博弈中占据制高点，不仅不会像有些人说的那样成为"出局者"，而是要成为引领全球市场经济发展方向的领局者。

在国内，稳定预期、理顺关系，当务之急是落实好十八届三中、四中、五中全会和十九大关于改革开放的要求，切实加快推动国资国企、土地、金融、财税、社保、政府管理、对外开放等重点领域的改革进程。把这些要求真正落实到位，才能在建设高标准市场经济方面迈出实质性步伐，在一个更高平台上争取到新的有利国际国内发展环境，赢得新的发展机遇期。

参考文献

Brink Lindsey, *Reviving Economic Growth*, Washington, Cato Institute Press, 2015.

Dani Rodrik, *One Economics, Many Recipes*, Princeton and Oxford, Princeton University Press, 2007.

刘世锦主编，《中国经济增长十年展望（2018—2027）：中速平台与高质量发展》，北京：中信出版社，2018 年 7 月。

迈克尔·波特，《日本还有竞争力吗?》，北京：中信出版社，2002 年 2 月。

彼得·伯奇·索伦森，汉斯·乔根·惠特－雅各布森，《高级宏观经济学导论》，北京：中国人民大学出版社，2012 年 12 月。

詹姆斯·格雷克，《信息简史》，北京：人民邮电出版社，2013 年 12 月。

综 合

第一章　在悲观中寻找确定性

2019年经济形势及十年增长展望

陈昌盛　何建武

要点透视

➢ 2018年，我国经济转型升级"稳"大势没有改变。我国经济由高速增长阶段稳步向高质量发展阶段迈进，经济发展质量在持续改善，全要素生产率持续回升，经济增长新动能不断发展壮大。同时，也需要看到我国经济运行面临不同以往的新变化。世界格局、经济周期、经贸环境、产业转移、风险特征等都在发生深刻变化，需求端走弱逐步向供给端传导，房地产市场面临较大调整变化，社会信心和市场预期比较脆弱，宏观政策短期挑战增加。

➢ 展望2019年，我国经济有条件争取前降后稳的局面，有望如期实现6%~6.5%的预期增长目标，以优异的成绩迎接中华人民共和国成立70周年。

➢ 长期来看，我国经济将呈现阶段性趋稳态势。未来十年中国经济的潜在增速将低于6%。经济结构将继续朝成熟经济体的方向调整，要素积累在经济增长中的作用将进一步下降，技术进步和效率改进的作用将进一步提升；消费将超过投资成为经济增长最主要的需求拉动力量；服务业作为第一大产业的地位将更加稳固。

2018年，面对错综复杂的国内外形势，在以习近平同志为核心的党中央坚强领导下，各地区各部门坚持稳中求进工作总基调，深入推进供给侧结构性改革，加大预期引导和风险防控力度，经济运行保持在合理区间，经济社会大局保持稳定。2019年，全球经济逐步接近阶段性顶点，贸易保护主义抬头、主要经济体货币政策正常化和地缘政治动荡将增大市场波动风险。中美贸易摩擦升级对我国的影响持续扩散和加深，国内需求侧走弱逐步向供给侧传导，经济运行稳中有变的态势继续演化，"变"的因素逐步增多，挑战和风险增大。要着力处理好"大局的稳、战略的定、时势的变和应对的调"之间的关系，进一步加大改革开放力度，把扩大国内需求与补短板、稳预期结合起来，把应对中美贸易摩擦与促改革、增活力结合起来，努力保持经济平稳发展，以推动经济高质量发展的新进展迎接中华人民共和国成立70周年。

关于国际经济环境

2019年，全球经济扩张势头将减弱，新兴经济体波动压力增大，国际金融市场可能出现大幅震荡，全球经济治理和供应链将加快重构，我国经济运行的外部环境面临新变化。

全球经济增长见顶回调

2019年，主要经济体复苏动能逐步弱化，美国减税政策效应衰减、主要经济体货币政策加快正常化、贸易摩擦对经济增长的负面影响加大，全球经济逐步接近本轮复苏的顶部，并面临回调风险。美国经济的强劲增长势头渐弱，欧洲和日本的经济增长放缓。贸易紧张局势加剧以及由此带来的政策不确定性上升，已经引发国际金融市场动荡，并将对2019年的投资和贸易产生不利影响。尽管2016年中期以来的全球经济复苏进程还在延续，但增速下行的风险正在不断累积。IMF（国际货币基金组织）、世界银行等国际机构都将2019年全球经济增速进一步调低，主要经济体央行近期普遍下调了年经济增长预期。

主要新兴经济体脆弱性难有明显改善

由于债务水平高企，结构性矛盾加剧，巴西、印度、俄罗斯、南非等金砖国家经济运行的脆弱性增大，2019年经济增速放缓的态势难以改变。阿根廷、土耳其等国资本流出和货币贬值压力明显增加，贸易条件不断恶化，加之国内通胀高企和政治动荡等多重因素，经济增长前景不容乐观。美国对伊朗等国的制裁升级，进一步恶化了这些国家的基本面。如果全球流动性继续收紧，利率中枢水平进一步提升，新兴经济体汇率风险将持续上升，经济结构脆弱性更加凸显，经济运行波动压力将进一步增大。

国际金融市场可能大幅振荡

伴随全球资金成本上升、经济增长态势调整，国际金融市场的波动性和脆弱性逐步增强。全球主要国家股市的估值均攀升至历史相对高位，2019年高位振荡的可能性仍不小，而且不排除出现较大幅度回调的风险。通胀水平回升和政策收紧预期，国际金融危机和欧洲主权债务危机以来主要国家债券收益率下降的趋势可能逆转，债券价格承压。经历过去两年显著回升后，2018年大宗商品价格涨幅明显收窄。由于主要商品供求相对平衡，2019年大宗商品价格整体看预计维持相对高位，但具体品种走势会出现一定分化。

全球经济治理和供应链重构速度加快

国际金融危机以来，世界经济格局与经济治理体系处于大变革之中，过去一年呈现加快态势。美国退出《跨太平洋伙伴关系协定》（TPP）、《巴黎协定》，签订新的《美墨加协定》，并使用关税、非关税贸易保护措施四面出击，现行多边治理体系和规则面临严峻挑战。同时，在世贸组织规则改革中，以美国为首的发达国家意欲围绕市场经济认定条件、国有企业改革、竞争中性与政府角色、劳工福利与技术标准等议题制定标准，试图把我国排除在全球经济治理体系之外。全球制造业价值链向亚太地区集中的态势将可能发生调整，由中、德、美三足鼎立的全球制造业供应链将被打破，部分制造业有可能向东南亚、南亚转移，甚至有可能向发达国家回流。

总体上看，2019年外部环境的风险和挑战增多。我国既面临外部需求增长放缓、国际金融市场波动风险传导、全球供应链调整加大产业外移压力等不利影响，又将面临在全球经济治理体系重塑中能力不足、在新一轮多边贸易体系重构中被边缘化的风险。

如何理解中国经济的稳、变和忧

中美贸易摩擦影响持续扩散和加深，需求端走弱逐步向供给端传导，房地产市场孕育较大调整变化，金融市场风险进一步积累和释放，社会信心和市场预期较为脆弱，宏观调控的难度明显增大。在把握大势的同时，必须积极应对经济社会发展出现的新的边际变化和重大挑战。

转型升级"稳"大势没有改变

从转型进程看，我国经济由高速增长阶段稳步向高质量发展阶段迈进，经济发展质量在持续改善，全要素生产率持续回升，经济转型的进程稳步推进。迈向高质量发展的步伐稳，供给侧结构性改革取得阶段性成效，经济增长新动能不断发展壮大。从指标关系看，我国经济实际增速与潜在增速基本一致，核心经济指标之间比较匹配。就业状况基本稳定，2018年末城镇调查失业率为4.8%左右，其中25~59岁主要就业群体调查失业率为4.4%，均处于较低水平。2019年中央把就业摆在了更加突出的位置，"就业"这个关键词在政府工作报告中出现了30次，稳住了就业就稳住了基本盘。从结构调整看，近几年，针对我国经济发展中的结构性矛盾，中央坚定不移地推进供给侧结构性改革和三大攻坚战，在去产能、去杠杆、控债务、控地产、强环保等方面取得了显著成效，虽然短期产生了一定的阵痛和紧缩效应，但经济仍然实现了平稳增长，并为高质量发展奠定了一定基础。

经济运行面临不同以往的新变化

当前，世界格局、经济周期、贸易环境、产业转移、风险特征等都在发生深刻变化。一是全球经济周期之变。美联储连续加息，债券收益率曲线扁平化，10年期和1年期国债收益率之差降至2007年8月以来的最低水平，经济增速见顶回调迹象更加明显。日本和欧元区经济扩张连续减速，新兴经济体仍面临债务和结构不平衡挑战，增长较为疲软。二是贸易摩擦之变。全球经济扩张面临贸易保护主义困扰，全球布局程度高的电子、汽车等行业增长出现明显疲态。全球半导体销售额同比增速连续多月下滑。中美谈判传递积极信号，但之前加征关税的滞后影响业已显现，出口增长势头明显放缓。三是产业转移之变。在中美贸易摩擦升级、国内综合成本上升的背景下，跨国公司和国内企业开始考虑调整产能布局。调查显示，如果中美贸易摩擦持续，未来不少企业有意向把订单和产能转向海外。同时，在半导体、生物医药、精密制造等战略性领域，核心技术仍受制于人，产业升级步伐存在被延后或者打断的可能。四是风险应对的优先次序之变。通过集中整治，产能过剩、房价快速上涨、地方债务累积和金融杠杆率攀升等风险得到有序处置，宏观杠杆率目前稳定在250%左右。但金融和房地产市场大幅波动，风险跨市场、跨行业、跨区域、跨境传递的可能性上升。

需求端走弱逐步向供给端传导

通过深入推进供给侧结构性改革，供大于求、产能过剩、库存高企问题得到缓解，供求矛盾有所缓和，经济结构持续改善，质量效益提高。但2019年，内外压力之下三大需求增速均面临不同程度的下行风险。去杠杆和控债务还将持续，即便补短板力度加大可部分对冲基建投资下行压力，投资增速稳定在中低增长水平的难度仍然较大。房地产企业开工和拿地意愿不强，房地产开发投资增速有可能较大幅度回调。受居民可支配收入增速放缓，居民部门债务负担上升，住房、汽车等耐用品消费意愿回落等因素影响，居民消费将稳中趋缓。中美贸易摩擦持续升级，产业链外移速度加快，出口增速回调压力增大。需求疲软将引发产品销售价格回落，企业盈利空间受到挤压，企业资产负债表可能出现逆向调整，扩大生产、新增产能的意愿将受到影响，需求端走弱的压力将逐步向供给端传导。

房地产市场面临较大调整变化

2018年下半年以来，连续上行三年的房地产市场出现一些新的变化。在需求端，新房和二手房交易趋缓，房地产销售面积增速回落，居民购房观望情绪上升，开盘去化率明显下降。在供给端，受融资难和限价政策等因素影响，房地产企业资金链日趋紧张，投资预期趋于谨慎，土地流拍和底价成交的比重明显上升。从价格看，市场交易价格有所下调，龙头房企销售折扣力度有所加大。如果维持现行政策，预计部分房企资金链将更趋紧张，甚至出现资金链断裂的风险，房企被迫调低房价，可能使房地产市场出现大幅调整，加大经济下行预期，进一步降低居民支出意愿。

社会信心和市场预期比较脆弱

从国际看，中美贸易摩擦持续升级，引发各界对我国经济平稳增长和长期持续发展前景的担忧，对社会信心冲击较大，观望情绪浓厚。从国内看，宏观管理机制更加规范、更加严格，对原有经济形态、发展模式和利益格局触动较大。去杠杆改变了高债务驱动高增长的模式，严监管限制了表外融资渠道，强环保增加了企业环保投入和成本。特别是这些调整具有不对称效应，民营企业和中小企业受到的冲击较大，市场预期和安全感更加脆弱，稳预期已经成为当前经济稳定增长的重要前提。

宏观政策短期挑战增加

以上这些重要变化，具有长期性、联动性、累积性特点，如果应对不当，可能影响经济运行大局，拖累高质量发展步伐，增大短期政策挑战。一是国际规则调整被边缘化之忧。美欧日合作推动所谓"WTO现代化"改革的意愿明显上升，在产业补贴和国企扭曲市场、强制性技术转让和市场准入壁垒、数字贸易和电子商务等方面的诉求明显针对中国。若不能以更加积极、开放的心态参与新规则构建，将增大在国际经贸体系中被边缘化的风险。二是资金传导机制不畅之忧。央行近期通过全面降准和中期便利等方式，向市场注入流动性，银行间隔夜拆借利率一度降至1.4%，创多年新低。但由于金融机构规避风险、金融结构过度偏向间接融资，民企融资成本仍高企难下。宽货币、紧信用局面尚待破解。三是引发大面积失业之忧。国务院发展研究中心大数据监测显示，内需下行压力有所凸显。2018年下半年，百城商品指数、生活服务指数分别同比增长9.3%、6.7%，较上半年增速下降5.6、3.3个百分点，同期起重机、挖掘机指数同比增速亦在低位运行，仅分别为2.9%、−2.7%，表明全社会消费和投资增长都比较乏力。就业变化相对滞后，经济下行对就业的影响预计在2019年上半年逐步显现。四是政策协调不当之忧。宏观调控需要兼顾稳增长、促改革、调结构、防风险、惠民生等多个目标，各个部门若协调不当，政策效果可能不及预期。另外，中美贸易谈判也存在变数，可能会加大宏观政策执行协调的难度。

2019年经济工作需要变中有为

外部不确定性持续发酵，对全球经济增长形成拖累，也使现行国际经济治理体系调整充满不确定性，我国应对国际环境变化的紧迫性加速凸显。内部产业发展正处在爬陡坡过险坎的重要关口，中低端产业链加快转移，引进关键核心技术难度增大，产业转型升级面临自主创新能力不足和产业配套体系优势减弱的挑战。内外压力的传导和相互放大，再加上重大领域和关键环节改革推进不及预期，政策协调配合不够，综合成本上升、营商环境不佳、激励机制不完善等深层次矛盾显现，改革的获得感不强，市场预期和信心发生明显变化。改革开放措施出台的"宣示效应"减弱，社会各界对"落地效应"的期盼不断增强。

必须看到，从发展的大局看，我国长期处于社会主义初级阶段的特征没有变，由高速增长转向高质量发展的方向没有变，从中等收入向高收入阶段迈进的趋势没有变，经济韧性好、潜力足、回旋空间大的基本特质没有变，改革开放作为提振预期、激发活力的关键手段没有变。但更要看到，世界正处在百年未有之大变局中，中美贸易摩擦持续升级和国内去杠杆防风险政策效应叠加，经济运行稳中有变的态势继续演化，"变"的因素逐步增多，正在由"稳占主导"逐步向"变占主导"转变。但必须看到，变化挑战增加，不代表机会减少，不代表不能寻找变动中的确定性趋势。

如何应对这些"变"与"忧"，社会上一度有不少争议。有两类明显的观点：一类是寄希望于宽松货币政策和积极财政政策，搞强刺激和大水漫灌；另一类则认为宏观政策无须调整，期待市场能够自然出清。我们认为，当前经济运行的主要矛盾仍在供给侧，但全球总需求减速和内需走弱叠加增大了短期下行压力。需要按照中央经济工作会议提出的"巩固、增强、提升、畅通"八字方针，用好宏观、结构性和社会三大政策，继续深化供给侧结构性改革，同时兼顾稳定总需求管理。

其中，宏观政策强化逆周期调节，普遍降准、普惠性减税减费、扩大地方专项债规模、降低社保费率等举措，都在积极扩大总需求，努力创造良好宏观环境。结构性政策重点在于增强微观活力，通过加强竞争性政策基础性地位，调整产业政策，降低准入门槛，支持民营企业发展，提升经济运行效率。社会政策强化兜底保障功能，主要是通过实施就业优先政策，加大对深度贫困地区、养老金缺口突出地区的转移支付力度等措施，守住基本生活底线，保障社会大局稳定。

总的来看，各方面对中央经济工作会议和政府工作报告反应积极，资本市场、市场信心和风险偏好短期都有一定提升。如果能把工作尽量往前做，做好政策协调，确保政策落地见效，2019年经济运行也不必太悲观，有条件争取前降后稳的局面，有望如期实现6%～6.5%的预期增长目标，以优异的成绩迎接中华人民共和国成立 70 周年。

未来十年中国经济增长展望

对中长期经济增长和结构转型产生较大影响的新变化

过去一年中国经济继续呈现趋稳态势。与此同时，也可以观察到国内外发展环境正在经历重要变化。这里列举几项可能影响中国经济中长期增长和结构转型较为重要的事件和现象。

新一轮党和国家机构改革不断推进

2018 年 3 月 4 日，十九届中央委员会第三次全体会议研究了深化党和国家机构改革问题，做出《中共中央关于深化党和国家机构改革的决定》。随后新一轮的党政机构改革陆续推进。改革开放以来党中央部门和国务院机构都已经经历多次改革。这次机构改革重点是解决党和国家机构设置和职能配置同统筹推进"五位一体"总体布局、协调推进"四个全面"战略布局以及同实现国家治理体系和治理能力现代化的要求不适应的问题。如一些领域党政机构设置和职责划分不够科学，相关机构职能重叠、职责交叉和权责脱节导致一些党政部门不能有效履行职责，出现错位、缺位和低效率的现象；一些领域中央和地方机构设置不科学，职能上下一般粗，权责划分不尽合理，难以形成高效、有序的中央地方关系；一些领域权力运行制约和监督机制不够完善，影响党政机构治理能力的提升。此次改革的推进，将进一步完善使市场在资源配置中起决定性作用、更好发挥政府作用的体制机制，将有利于实现国家治理体系和治理能力现代化，将对今后中国经济社会的发展产生重大影响。

城市之间"抢人大战"愈演愈烈

2017 年初以来，武汉、西安、长沙、成都、郑州、济南等二线城市先后掀起"抢人大战"。2018 年以来，这一竞争愈加激烈。一方面，更多城市加入这场所谓的人才争夺大战之中，不仅临沂、保定、洛阳、佛山、珠海等三线城市纷纷出台人才招揽政策，北京、上海、香港等一线城市也向高端人才抛出橄榄枝。另一方面，城市的人才吸引政策不断升级。如西安市自 2017 年 3 月以来，先后出台了近 10 次吸引人才的文件，不断降低人才落户门槛，提高相关奖励和补贴标准。不断加码的人才吸引政策背后是西安市人口流动趋势的变化（参见图1.1)。2007年以来西安市的人口流动趋势发生根本性变化,人口迁入和迁出规模都在大幅下降,而迁出规模已经逐渐与迁入规模大致相当,甚至个别年份出现人口净迁出现象。从全国来看,城市间人才的争夺折射出城市发展面临重要转型:一方面,随着出生率和人口结构的变化,以往大城市面临的人口户籍控制压力在减弱,单纯的城市已经不再是吸引人口的重要因素,人口流动更加注重城市的发展空间和发展质量;另一方面,随着经济的发展,城市产业面临的升级压力显著增强,这对城市劳动力素质和年龄结构提出更高要求。

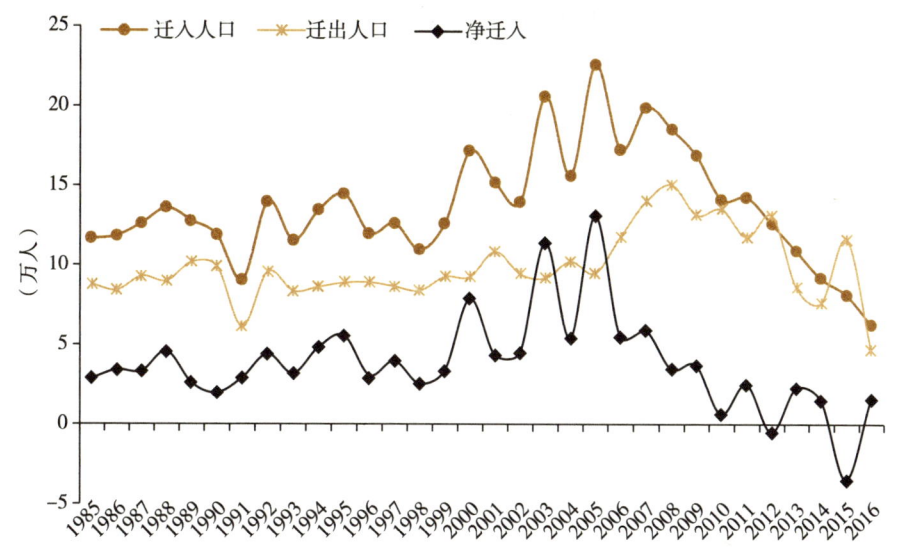

图1.1 西安市人口流动

资料来源:《西安统计年鉴2017》。

中美贸易摩擦不断升级

2018年3月,美国贸易代表办公室(USTR)发布《基于1974年贸易法301条款对中国关于技术转移、知识产权和创新的相关法律、政策和实践的调查结果》(以下简称《301报告》),对中国展开五项指控,包括不公平的技术转让制度、歧视性许可限制、政府指使企业境外投资获取美国知识产权和先进技术、未经授权侵入美国商业计算机网络及其他可能与技术转让和知识产权领域相关的内容,为发起贸易争端提供依据。2018年3月22日,特朗普政府宣布"因知识产权侵权问题对中国商品征收500亿美元关税,并实施投资限制"。随后美国政府发布数批针对中国产品加征关税清单。针对美方措施,中方被迫采取相应的反制措施。中美贸易摩擦不断升级。不仅如此,美方还试图通过合纵连横的策略发难中国，如美国推动美、加、墨签署新的协定，设置毒丸条款，规定美、加、墨三国都不得"擅自"与"非市场经济"国家签署协定，如某一缔约方与其他"非市场经济"国家签订自贸协定，则必须允许其他缔约方在发出通知6个月后终止本协定，并代之以新协定。这将直接影响中国与加拿大和墨西哥两国自由贸易协定的谈判。目前中美贸易摩擦已经暂时进入"休战"期，未来的发展趋势特别是摩擦是否会扩大至贸易以外的领域存在极大的不确定性。而且从历史经验看，这种冲突将可能长期存在，对全球经济和中美经济的发展产生重大影响。

国际机构下调全球经济增速预期

2017年全球经济自金融危机以来首次呈现较为强劲的复苏迹象。联合国在《世界经济形势与展望》中指出，全球经济增长明显趋强，全球约有三分之二的国家2017年的增长速度高于上一年，全球经济普遍呈现改善迹象，全球贸易反弹和发达经济强劲增长为全球经济的加速提供了支撑。然而2018年以来，一些国际机构纷纷下调全球经济增速预期。IMF在2018年秋季的《世界经济展望》中指出，鉴于全球贸易问题不断发酵、美联储持续加息和新兴市场依然阴霾笼罩，将2018年及2019年全球经济增速预期均由3.9%下调至3.7%，[①] 为2016年7月以来首次下调。[②] 世界银行2018年年中发布的半年度《全球经济展望》报告指出，虽然2018年全球经济增长仍将保持强劲势头，但随着发达经济体增长减速和出口大宗商品的主要新兴市场及发展中经济体复苏渐趋平缓，全球增长将逐渐放慢，2020年底减速至2.9%。更加值得关注的是，报告作者之一、世界银行经济学家（Franziska Ohnsorge）进一步警告称，未来十年将是自20世纪90年代以来经济潜在增速最慢的十年。2019年初，世界银行最新发布的《全球经济展望》下调了2019年和2020年全球经济增速。这些机构下调全球经济增速充分说明了未来无论是发达国家还是发展中国家都存在经济下行的巨大风险。

研究框架的简单回顾及相关参数的调整

与往年一样，这里只简单介绍我们使用的长期模型框架，本研究采用的模型细节和具体参数设定参见2013年出版的《中国经济增长十年展望（2013—

---

① 这一增速为世界各国PPP加权增速。
② 同时，IMF下调了对全球贸易量增速的预期，预计2018年及2019年商品和服务总贸易量增速分别为4.2%和4%，较此前分别下调0.6和0.5个百分点。

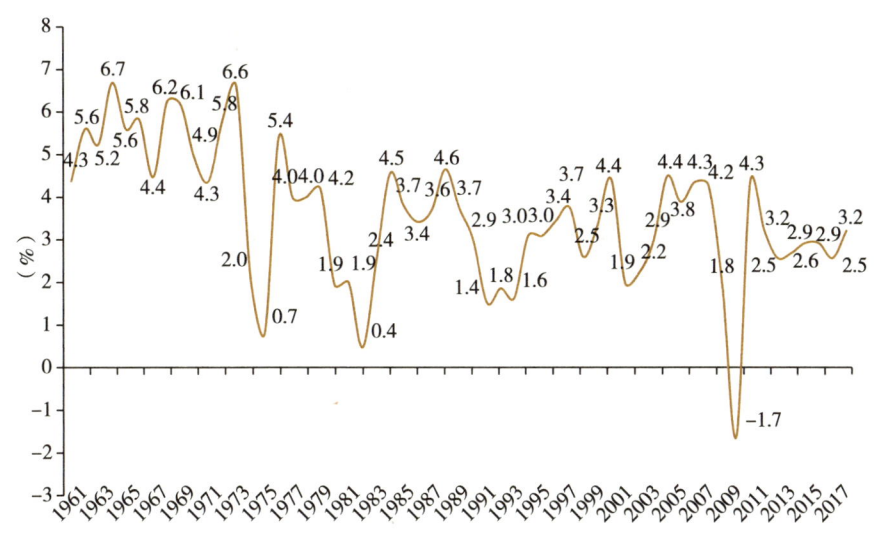

图 1.2　全球经济增速

资料来源：WDI。

2022）》。①

研究模型的基本框架

本研究的长期经济展望采用模拟结构变化的可计算一般均衡模型。与其他模型不同的是，这里除了考虑供给侧影响因素外，还着重考虑需求侧影响因素，并将这两方面的因素综合在一个完整框架之中。供给侧因素主要包括各种生产投入要素以及生产技术变化，具体来讲即劳动力、资本和技术进步；需求侧因素既包括国内需求，也包括国际需求，具体来讲包括消费、投资和出口。模型通过将投资增长与需求侧变化建立起直接联系，来综合反映两者对中国经济的影响。模型选取城镇居民新建住房增速、城市居民人口增速、出口增速、汽车保有量增速以及人均 GDP 增速五个指标分别作为影响投资需求的主要因素，同时利用后发追赶国家（日本、韩国和中国）的面板数据将这些指标与相应投资的增速进行回归，寻找投资变化的定量规律。然后通过需求侧的设定分析未来投资的变化。

具体来讲该模型是在国务院发展研究中心发展部以前开发的递推动态中国 CGE 模型（DRCCGE）的基础上修改更新而成的。② 模型包括 34 个生产部门，

---

① 参见刘世锦主编，《中国经济增长十年展望（2013—2022）：寻找新的动力和平衡》，中信出版社，2013 年。
② 关于模型本身更多的描述参见有关文献，李善同、翟凡（1997），《中国经济的可计算一般均衡模型》；翟凡（1997），《结构变化与污染排放——前景与政策影响分析》。

城镇、农村两组居民家庭，以及四类生产要素：资本、农业劳动力、生产性工人、专业人员。34个生产部门中包含1个农业部门、24个工业部门和9个服务业部门。模型基年为2015年，数据主要来源为基于2015年投入产出表编制的2015年中国社会核算矩阵。

对模型及相关参数的调整

第一，基础数据的调整。2018年国家统计局发布了2015年的投入产出表。因此我们利用最新的投入产出表编制了2015年社会核算矩阵，对模型的基础数据进行了更新，并据此对模型进行了重新标定。

第二，对2018年数据的比较和调整。根据国家统计局公布的最新数据对模型进行调整，使2018年模拟结果与统计数据吻合。

第三，对与未来展望相关的参数进行了调整。这里的调整涉及人口和就业的数据以及投资的增速、TFP的增长率等。其中主要是根据住房、汽车以及出口等专题研究的预测，同时结合前面短期预测的分析，对未来十年投资的增速进行重新调整。整体来看，对模型的调整主要集中在近一两年，这主要依据的是本研究短期分析部分对近一两年经济形势的分析和判断；而对更长期的经济展望，模型基本维持2018年的设定。

未来十年的经济展望

基于前面数据和参数的调整，利用模型对未来十年进行模拟，同时结合未来汇率和物价的相关研究，得到了未来十年主要经济指标的展望结果（详细的结果参见本章附表）。

经济潜在增速在趋稳态势中有所下滑，人均收入将继续稳步提升

2019年展望的结果与往年基本保持一致，经济增长的速度呈现阶段性趋稳态势。具体来讲，模拟结果显示，"十三五"期间中国经济年均增速将保持在6.6%左右，未来十年中国经济的潜在增速将低于6%。

随着经济的增长，人均GDP将不断提升。到2028年人均GDP将由目前的6.5万元人民币上升到13万元以上，由目前的接近10 000美元上升至2.5万美元左右，① 由目前的接近1.3万GK国际元上升至2万GK国际元左右。从名义美元计价的人均GDP的比较来看，届时中国的人均GDP将与今天欧洲和中亚的平均水平相

---

① 这里的人民币和美元都指的是现价。

图 1.3　GDP 增长速度

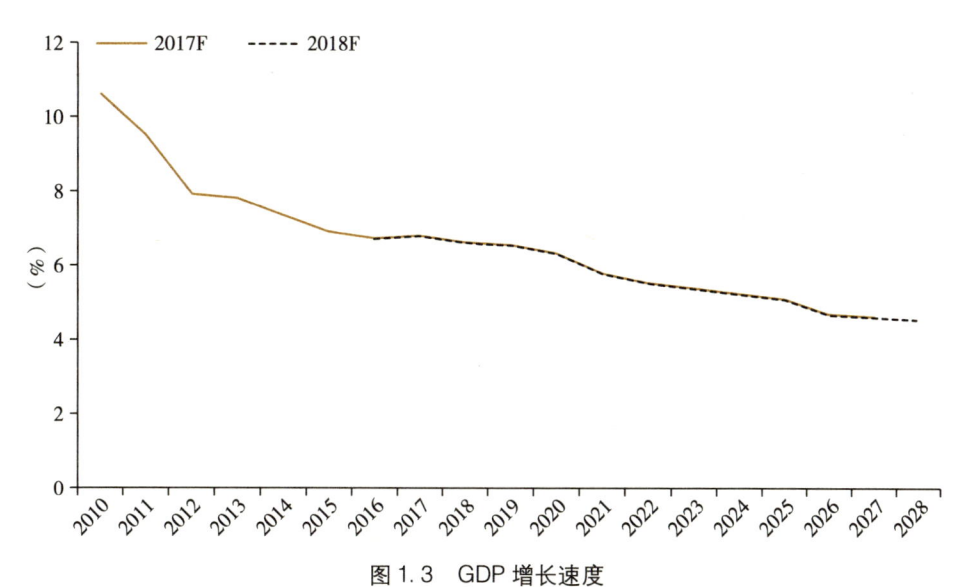

资料来源：历年《中国统计年鉴》，DRCCGE 模型模拟结果。

当；如果从购买力平价的比较来看，届时中国的发展水平将与目前的新西兰相当。

经济结构将继续朝成熟经济体的方向调整

模拟和分析的结果显示，未来十年经济结构仍将继续调整。这种转型主要体现在以下几个方面：一是要素积累在经济增长中的作用进一步下降，技术进步和效率改进的作用进一步提升。尽管与过去相比未来十年 TFP 增长率将保持较低增速，但 TFP 增长对经济增长的贡献将越来越高，由过去平均 30% 左右上升至 2028 年的 45% 以上。二是消费将超过投资成为经济增长最主要的需求拉动力量。未来十年消费率将继续快速上升，由目前的 50% 左右上升至 2028 年的 66% 左右，投资率将相应不断下滑，到 2028 年将下滑至 30% 左右。三是服务业作为第一大产业的地位将更加稳固。未来十年服务业占比将快速提高，由目前的略高于 50% 上升至 2028 年的 65% 左右，农业和第二产业的比重将相应有所下滑。

附表　中国未来十年经济增长与结构展望（2019—2028）

	2019	2020	2021	2022	2023	2024	2025	2026	2027	2028
人口（百万）	1 400	1 405	1 409	1 412	1 415	1 417	1 418	1 419	1 419	1 419
GDP										
现价人民币（亿元）	985 169	1 076 074	1 165 065	1 258 443	1 357 436	1 462 212	1 572 908	1 686 022	1 805 930	1 932 645
GDP增长率（%）	6.5	6.3	5.8	5.5	5.4	5.2	5.1	4.7	4.6	4.5
就业增长率（%）	-0.2	-0.1	-0.1	-0.2	-0.2	-0.3	-0.3	-0.3	-0.3	-0.4
劳动生产率增长率（%）	6.7	6.5	5.9	5.7	5.6	5.5	5.4	5.0	4.9	4.9
人均GDP										
2010年美元	8 293	8 790	9 271	9 759	10 263	10 783	11 319	11 843	12 387	12 949
1990GK 国际元	13 732	14 468	15 176	15 892	16 628	17 384	18 160	18 915	19 697	20 502
现价美元	11 237	12 430	13 638	14 937	16 078	17 584	19 218	20 897	22 715	24 680
现价人民币	70 793	77 066	83 190	89 624	96 469	103 744	111 464	119 386	127 825	136 796
经济结构（期末）										
GDP支出结构										
投资率（%）	42.6	41.3	39.8	38.3	37.0	35.8	34.6	33.9	33.2	32.5
消费率（%）	56.0	57.3	58.8	60.3	61.6	62.8	64.0	64.7	65.4	66.1
产业结构										
第一产业（%）	6.8	6.3	5.8	5.3	4.8	4.4	3.9	3.5	3.1	2.7
第二产业（%）	39.8	39.0	38.1	37.2	36.4	35.6	34.9	34.3	33.7	33.1
服务业（%）	53.5	54.8	56.2	57.6	58.9	60.1	61.3	62.4	63.3	64.3
就业结构										
农业（%）	24.4	23.1	22.0	20.9	19.8	18.6	17.5	16.4	15.2	14.0
第二产业（%）	27.7	27.5	27.2	26.9	26.7	26.4	26.2	26.1	26.0	25.9
服务业（%）	47.9	49.4	50.8	52.2	53.6	54.9	56.3	57.5	58.8	60.1

第二章 2019年经济形势展望

经济增长中枢下移，以高标准市场经济推动高质量发展

王建平 李 杨

要点透视

➢ 由于国内去杠杆和中美贸易摩擦的双重影响，2018年中国经济增长中枢下移，呈现"持续走弱"的态势。展望2019年，我们认为中国经济基本面仍面临继续下行的压力，消费、投资、出口将出现不同程度走弱。

➢ 在经济下行压力加大背景下，中央经济工作会议提出加大逆周期调节力度，货币政策继续保持稳健，流动性整体保持充裕，疏通货币传导机制、促进信用扩张成为工作的重心，财政政策更加积极，地方专项债发放明显加快，基建投资将逐步触底反弹，实质性减税推进加快，或将切实减轻小微企业的税收负担，提振企业投资信心。预计2019年全年经济呈现前低后稳的走势，基于上述基本判断，我们预计2019年是"经济下，政策上"的一年，中国GDP增速放缓至6.2%左右。

➢ 过去两年中国去杠杆总体上初见成效，中国宏观杠杆率逐步企稳。值得注意的是，中国总体上"高杠杆""高负债""高风险"的现象依然突出。为有效实现"去杠杆"或者"稳杠杆"，仍需解决高杠杆背后的体制机制问题，中国需要建立更高标准的市场经济，实现生产要素的市场化，促进经济的高质量发展。

2018年中国宏观经济在去杠杆、中美贸易摩擦等因素的影响下持续下行。2018年房地产去库存周期接近完成,地产商回补库存意愿较强叠加高周转的经营方式,房地产投资韧性较足,由于过去两年工业企业资产负债表持续修复,制造业投资出现较大程度反弹,中央政府严控地方政府新增债务,基建投资出现断崖式下跌,2018年广义基建增速约为2%,较2017年下滑约13个百分点。基建投资的回落带动固定资产投资的回落。居民持续加杠杆使得居民整体偿债压力加大,消费受到明显抑制,社会消费品零售总额增速较2017年下行约0.4个百分点。中美贸易摩擦爆发之后,国内企业"抢出口"行为造成出口前移,出口不降反升,但中美贸易摩擦带来的一系列深远影响将逐步显现。国内实际GDP增速由第一季度的6.8%下降到第四季度的6.4%,名义GDP增速由第一季度的10.2%下降到第四季度的8.1%,宏观经济增速明显放缓。

2019年经济形势展望

经济前低后稳

2019年预计实际GDP增速放缓至6.2%。房地产销售增速下行,全年销售增速预计回落到-10%~-5%,投资增速小幅回落至5%;基建投资回升,但幅度有限,预计增长6%;居民收入增速放缓,消费平稳回落至8.5%;企业盈利弱化,制造业投资回调至6%;全球经济增速放缓,出口增速回落至-4%。

房地产调控基调未变,房价有望稳中趋缓,房地产投资预计有所回落,全年投资预计增速约为5%

2018年全年房价整体上涨态势明显。首先,商品房低库存支撑房价上涨,经过2016—2017年房地产去库存,商品房的绝对库存和去化周期都明显降低,开发商手中商品房库存较少。其次,地方政府的"抢人大战"刺激房价上扬。2018年初部分地区政府相继推出了"抢人大战",一方面是要解决地方政府经济长期发展的人力资本问题,另一方面由于中央政府对地方政府举债管控较严,地方政府对土地依赖较重,"抢人"能够发展本地房地产市场,进而获得较多土地出让收入,从而平衡地方财政收支。货币政策转向也有利于房价上涨,从2018年4月份正式降准开始,宣告货币政策全面转向,利率下行。而正是由于这些原因不少地区房价开始大幅上涨,部分城市新房及二手房出现明显倒挂。

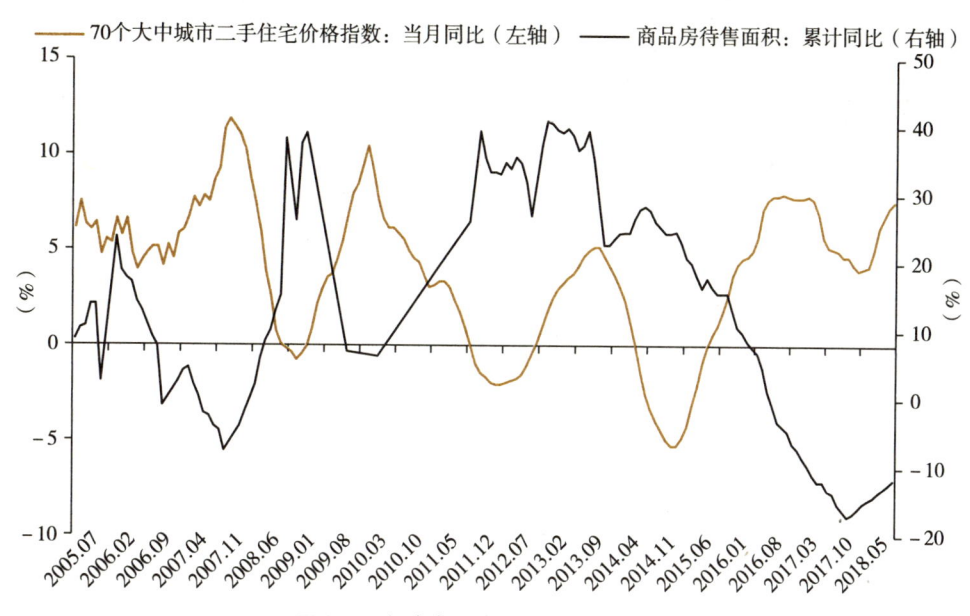

图2.1 低库存是房价上涨的重要原因

资料来源:Wind。

2018年房地产企业博弈色彩较重。一般说来,房地产销售面积领先于房地产投资6~12个月,且关系较为稳定,但2018年两者关系却出现明显异常。一方面,本轮地产去化较为彻底,开发商补库存意愿很足;另一方面,中美贸易摩擦之后,地产商降低了开发投资的进度,与此同时加快了拿地的速度,地产商或认为贸易摩擦使经济下行,刺激地产仍是调控手段;在融资受限的基础上,各大房企开启高周转模式,缓解资金紧张的压力。

房价预计稳中趋缓,投资小幅回落。2019年中央经济工作会议提出,构建房地产市场健康发展长效机制,坚持"房子是用来住的、不是用来炒的"定位,因城施策、分类指导,夯实城市政府主体责任,完善住房市场体系和住房保障体系。住建部同时提出,以稳地价稳房价稳预期为目标,促进房地产市场平稳健康发展。2019年房地产调控基调大体不变,地产调控权力下放到地方,中央实行问责

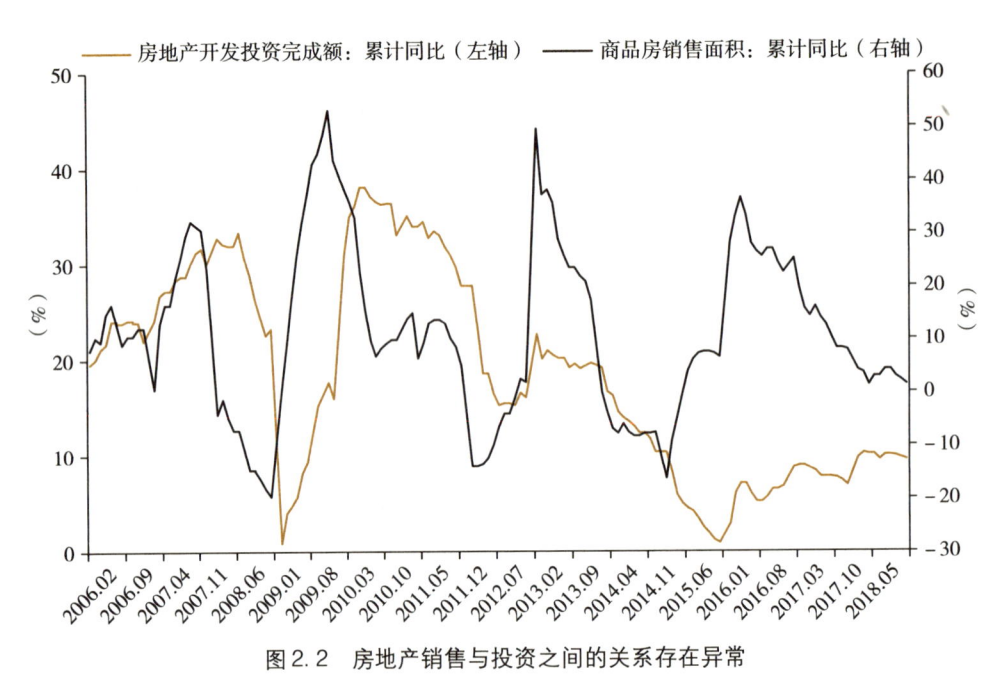

图 2.2 房地产销售与投资之间的关系存在异常

资料来源：Wind。

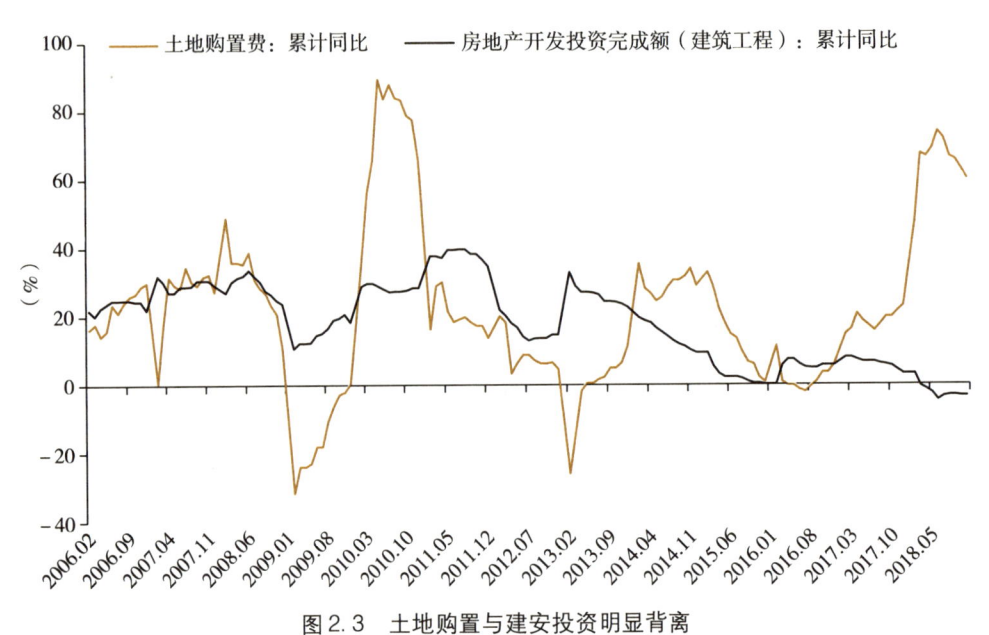

图 2.3 土地购置与建安投资明显背离

资料来源：Wind。

制，区域地产调控政策可能出现一定程度的分化，因而房地产销售面积可能逐步回落，而从长周期来看 2018 年住宅销售面积约 14.5 亿平方米，这可能是历史天量，预计 2019 年住宅销售面积增速为 -10%~-5%。随着新开工面积持续高于销售面积，房地产库存将逐步回补。当前房价过高的主要问题是供给不足，不同以往的供给不足，这次供给不足的问题不在于土地供给不足，2017—2018 年城市土地供给是有所放开的，所以这次房地产开发商拿地的积极性一直很高，2018 年土地购置面积增速是 15.3%。关键在于资金供给不足，2018 年房地产销售面积下降，而且银行的贷款、信托、债券发行都出现了明显的收缩，所以要解决高房价的问题还是需要解决资金供给不足的问题。因此政府或将逐步放松对房企融资的限制，提高总体供给能力，进而稳定房价，而房地产开发投资总体预计小幅回落，2019 年全年投资增速约为 5%。

基建投资有望逐步企稳，预计 2019 年投资增速约为 6%

广义基建投资主要包括三个部分：电力、热力、燃气及水的生产和供应业，交通运输、仓储和邮政业，水利、环境和公共设施管理业。基建投资是宏观经济逆周期的调节手段，在经济上行阶段，减少基建投资，而在经济下行阶段，增加

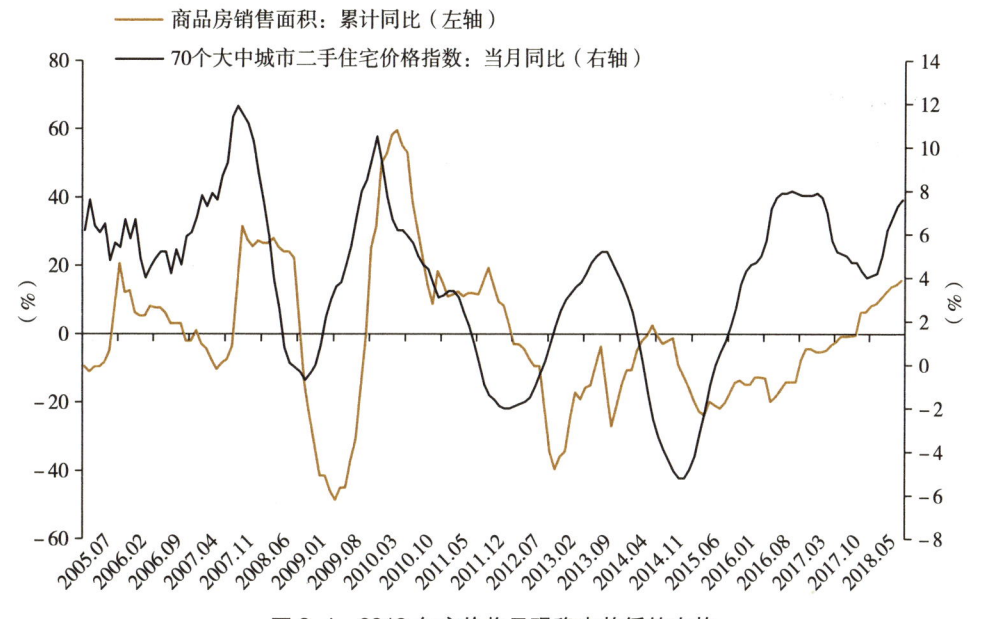

图 2.4 2019 年房价将呈现稳中趋缓的态势

资料来源：Wind。

基建投资。从长周期看基建投资的历史需求峰值已经过去，与此同时，金融危机之后，为了对冲宏观经济下行压力，政府逐步加杠杆，部分地区积累了较多的隐性债务。财政问题金融化比较明显，金融系统性风险有所加大。2018年，政府工作报告提出，推动重大风险防范化解取得明显进展，加大精准脱贫力度、推进污染防治取得更大成效。将防范金融风险放在首位，中央政府对地方政府举债做出严格限定。2018年广义基建增速不足2%，成为2018年宏观经济下行的重要力量。自2018年7月政治局会议提出"六稳"之后，8—10月地方政府专项债发行规模约1.2万亿元，同时2019年初地方政府专项债提前发行，规模约1.4万亿元，能够有效解决当前基建投资面临的资金缺口问题。与此同时，发改委项目审批速度明显加快，预计2019年基建投资有望企稳回升，但回升的力度相对有限，广义基建投资增速约为6%。

收入放缓制约消费增长，预计2019年社会消费品零售总额同比增长8.5%

2018年，消费对经济增长的贡献愈加明显。前三季度，最终消费对GDP增长的贡献率达到了78%，是历年来同期的最高水平。2018年社会消费品零售总额总体偏弱。1—11月社会消费品零售总额累计增速9.1%，创2003年来的新低，也是2004年来首次跌破10%的水平。

名义GDP决定居民收入，居民收入决定消费。从名义GDP的角度看，2019年名义GDP增速向下是大概率事件，居民收入增速放缓，且居民部门杠杆率快速上涨也制约消费增长。从分项看，汽车消费明显拖累社会消费品零售总额。1—11月，中汽协统计的汽车销量累计同比回落1.65个百分点，统计局统计的汽车消费累计同比为-1.6%，拉动限额以上企业商品零售总额累计同比-0.4个百分点，汽车消费走低的原因在于前期乘用车购置税优惠政策透支了汽车消费需求。预计2019年汽车类消费增速有望小幅回升，增速在0~2%。地产类消费走势受房地产景气周期影响明显。房地产销售增速低迷时，家电、家具、建筑装潢消费增速也会相应回落，预计2019年房地产销售面积增速或回落至负区间，致使地产类相关消费走弱。

盈利增速回落压制生产性投资整体增速，但结构性亮点仍在

回顾2018年，生产性投资稳健回升，1—11月制造业投资同比增长9.5%，

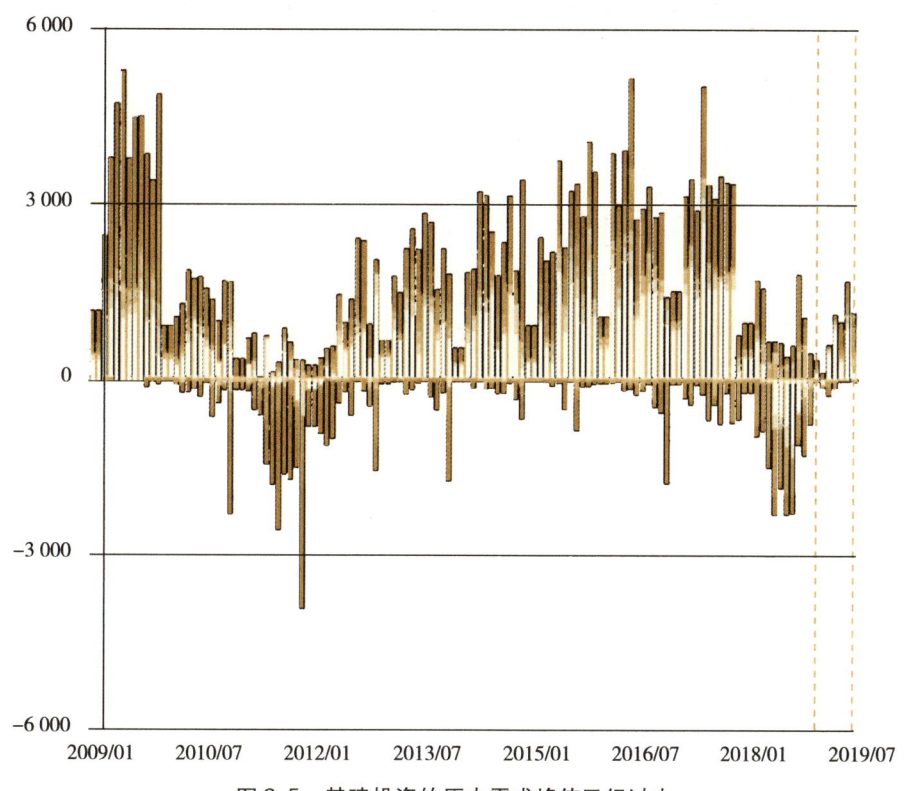

图 2.5 基建投资的历史需求峰值已经过去

资料来源：腾景经济预测。

较 2017 年高 4.7 个百分点。究其原因，主要来自两个方面。一是工业企业营收和盈利的滞后影响。工业企业进行投资的逻辑起点在于营收状况的改善，一般情况下，工业企业营收增速领先投资一年左右。自 2016 年下半年来，工业企业营收状况不断好转，企业资产负债表修复，2017 年全年保持高增长，2018 年增速虽有下滑，但仍处于相对高位。在此背景下，生产性投资自 2017 年下半年来逐渐回升，2018 年全年维持高增长。二是得益于设备更新换代需求和海外需求增加。2009—2011 年投入的设备到 2018 年已经有相当一部分折旧完毕，带来新增需求，如挖掘机在 2018 年全年销量增速达到 45%，创历年来新高，从我们的测算看，40% 以上的销售需求来自更新换代。同时，2017 年以来出口增速维持高增长，2018 年虽然中美贸易摩擦给出口带来了很大不确定性，但"抢出口"使得出口增速维持高位，为投资高增长创造了条件。

生产性投资结构不断优化。高技术制造业和装备制造业投资成为拉动投资增

图 2.6　社会消费品零售总额中枢不断下移

资料来源：Wind。

图 2.7　居民收入增速放缓叠加杠杆率过高压制消费

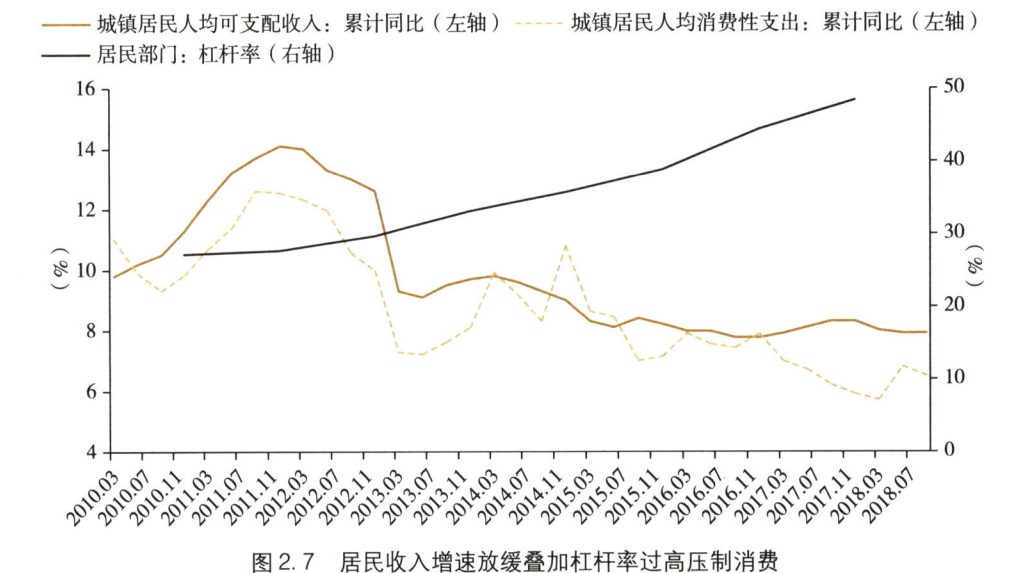

资料来源：Wind。

长的重要力量。1—11 月，高技术制造业投资增长 16.1%，高于全部制造业投资 6.6 个百分点；装备制造业投资增长 11.6%；计算机、通信和其他电子设备制造业投资增长 19.1%。

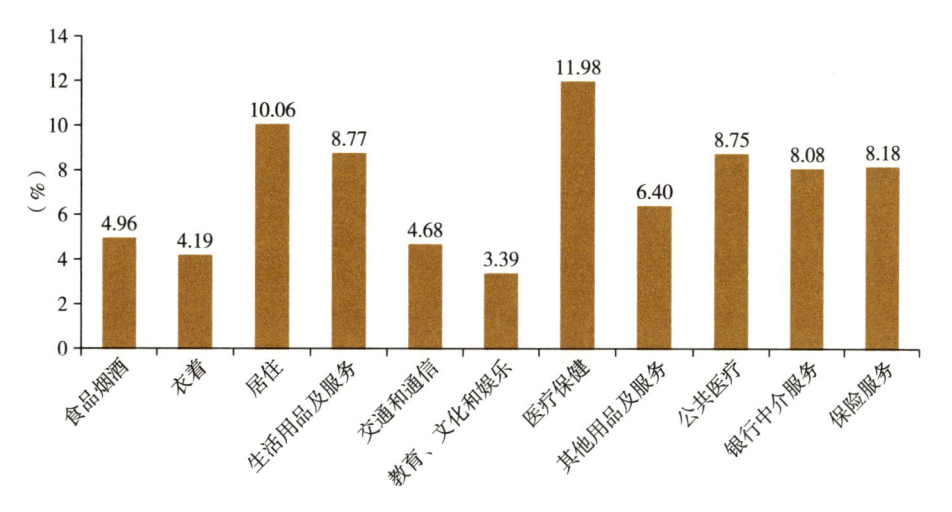

图2.8 居民消费结构

资料来源：Wind。

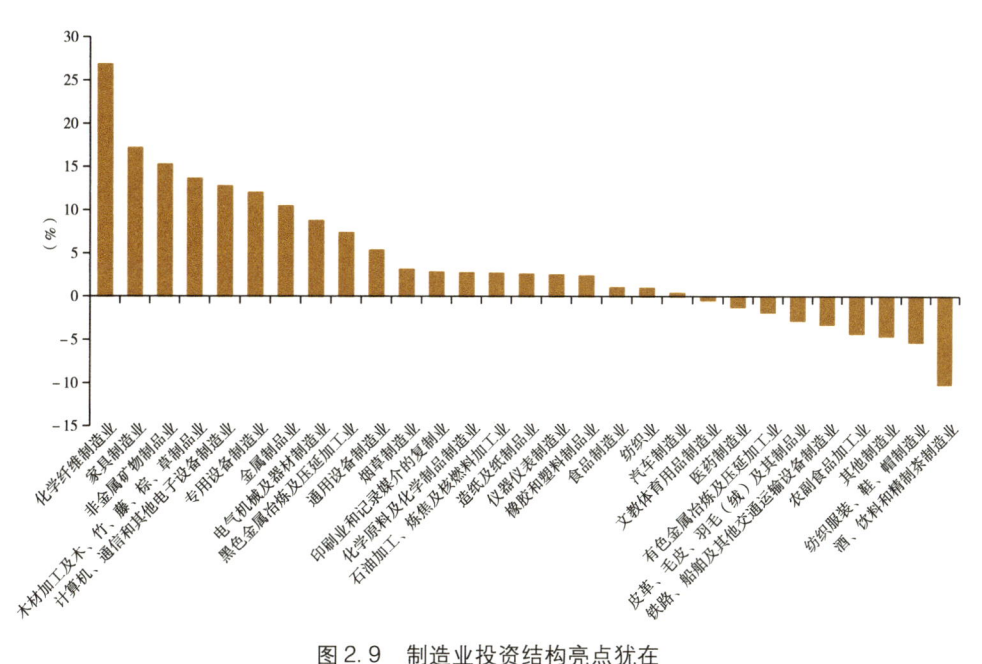

图2.9 制造业投资结构亮点犹在

资料来源：Wind。

展望2019年，工业企业营收下滑，需求放缓制约生产性投资进一步上涨，但设备更新需求仍在且减税降费将支撑生产性投资不会出现失速，生产性投资将维持较高增速，预计制造业投资增速在6%左右。

全球经济复苏动能衰减，出口承压，预计2019年出口增速回落至 -4%

2018年出口增速表现稳健。 1—12月出口增速同比增长9.9%（以美元计价），较2017年提升2个百分点。一方面由于全球经济整体平稳，全球制造业、欧元区PMI（采购经理人指数）、美国PMI虽有回落，但持续处于扩张区间。另一方面，2018年3月起，美国首先挑起中美贸易摩擦，并于7月6日、8月23日、9月24日对中国出口的约340亿美元、160亿美元和2 000亿美元的商品加征关税，中国也相应对自美国进口的商品加征关税。企业的"抢出口"行为使出口增速不降反升，致使总体出口保持稳健。

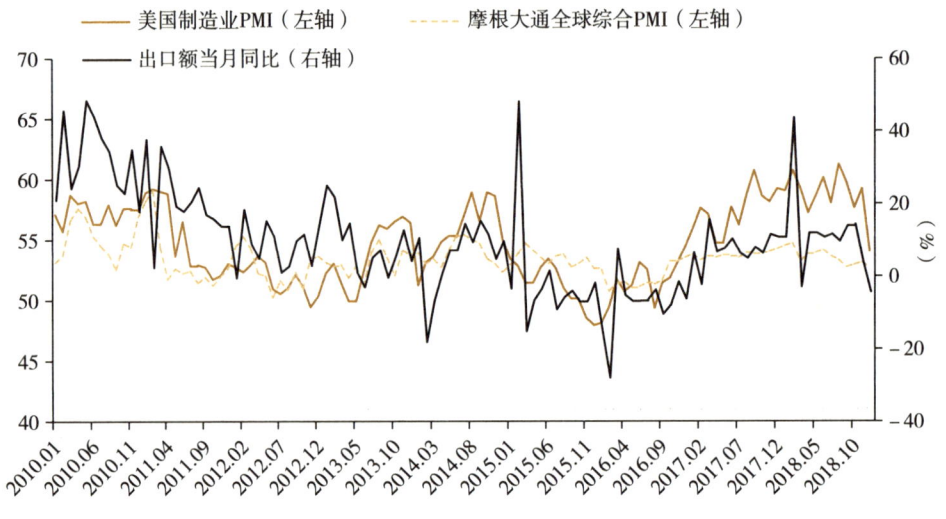

图2.10　全球经济增速动力放缓压制出口

资料来源：Wind。

展望2019年，全球需求下滑叠加贸易摩擦的负面影响，出口增速将回落至 -4%。 影响2018年出口走势的全球需求和贸易摩擦将在2019年对出口产生实质性影响，我们看到全球经济的领先指标——摩根大通全球综合PMI均出现一定程度的回落。全球需求走弱，决定了出口增速的大方向是向下的。另一方面，中美贸易摩擦阶段性缓解，但是并未出现实质性改变，中美贸易摩擦将会是一个长期性的过程。中美贸易摩擦仍存在很大的不确定性，但我国对美国的出口增速下行是相对确定的，从而对我国出口带来进一步的压制。基于全球需求下滑以及中美贸易摩擦的影响，预计2019年出口增速将回落至 -4% 左右。

库存继续去化

我国的库存周期一般持续 40 个月的时间，但本次库存周期在顶部的运行时间明显超过以往。 究其原因，供给侧结构性改革和环保限产的扰动导致 PPI（工业品出厂价格指数）一直维持高位，工业企业去库存意愿不足；另外我们可以看到，本轮房地产周期受棚改等因素的影响，被明显拉长，高周转率下房地产企业赶工也会对工业品需求形成支撑。展望 2019 年，随着内需增速放缓，环保限产政策松动，PPI 将出现明显回落，主动去库存阶段已经来到。

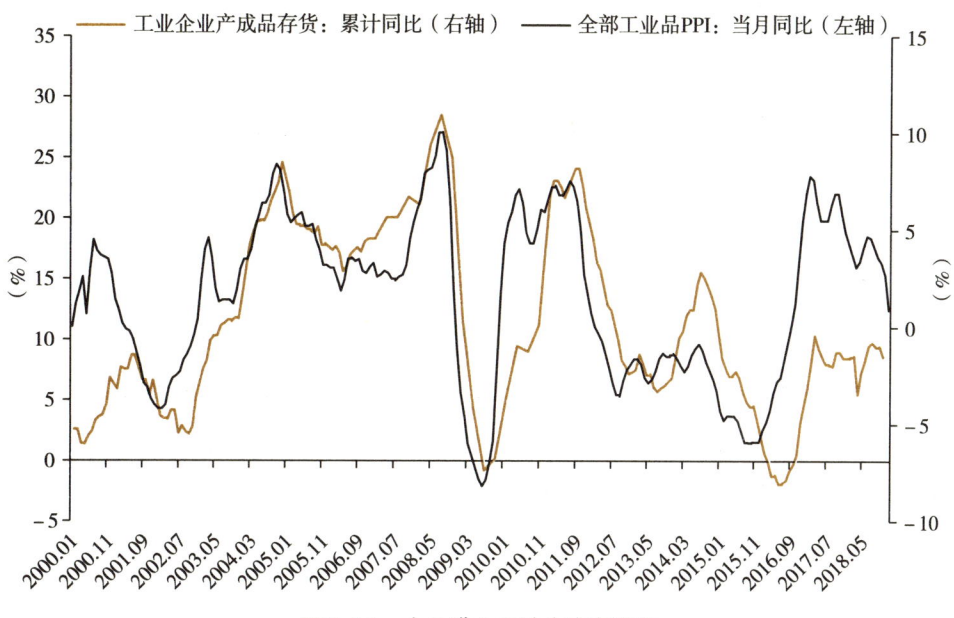

图 2.11 企业进入主动去库存阶段

资料来源：Wind。

CPI 中枢上升，PPI 回落，企业利润预计 2019 年下半年触底

2019 年 CPI（消费者价格指数）将温和上涨，预计全年增长 2.3% 左右。 新一轮"猪周期"可能推高食品价格和新涨价因素。受 2016 年以来禁养限养和环保政策等因素影响，猪肉价格从 2016 年年中高点开始回落，2017 年初价格增速出现负增长，此后一年半的时间价格增速持续收窄，产能处于出清过程。2018 年第三季度以来非洲猪瘟的暴发，加速了生猪产能出清进程。按时间为 3~5 年推算，2019 年我国大概率进入"猪周期"的价格上升期，尤其是 5 月以后猪肉价格进

入季节性上涨期，猪肉价格上涨将给相关食品价格带来新的涨价动力。此外，非食品项 CPI 将出现增速放缓，因全球经济增速降低，需求相对不足，大宗商品价格难以为继。综上预计 2019 年 CPI 增速在 2.3% 左右。

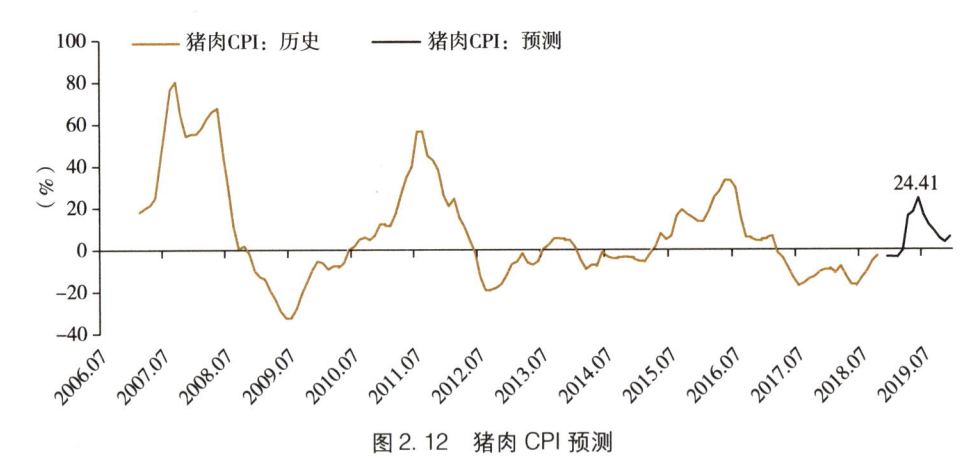

图 2.12 猪肉 CPI 预测

资料来源：Wind，作者计算。

2019 年 PPI 同比下行，预计全年增速在 0% 左右，工业企业利润增速承压。一方面，全球经济增长动能放缓，带动全球定价的铜、原油价格回落；另一方面国内经济面临下行风险，钢价、动力煤等价格也有下行压力。在此基础上，我们预计全年 PPI 增速在 0% 左右。工业企业利润与 PPI 走势密切相关，并且与库存周期紧密相连。PPI 和库存下滑是基本确定的，工业企业利润也将明显回落。

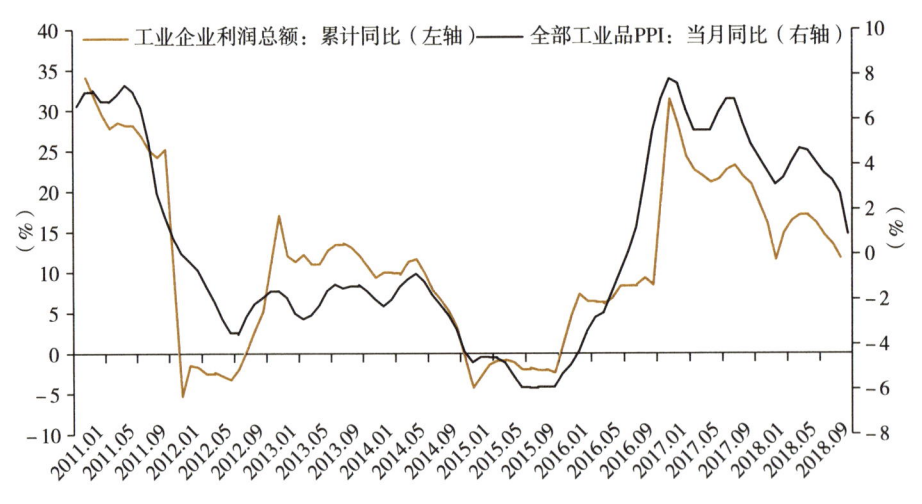

图 2.13 企业利润将放缓

资料来源：Wind。

可能面临的不确定性及风险

短期看，国内当前宏观经济政策调整相对滞后，且力度相对有限，如不进一步采取措施，宏观经济下行风险可能会进一步加大。

当前世界经济增速明显放缓，美国经济顶点已现，而欧洲经济正处于下行阶段，日韩经济体下行压力逐步显现，全球或将面临通缩的风险。中国经济当前处于稳杠杆阶段，全球经济放缓可能会对中国宏观经济产生较大冲击。

中美贸易问题实际上是全球经济不平衡的集中体现，全球经济的再平衡是一个历史难题，全球贸易体系及秩序可能会重塑，而中国在新秩序下可能会被边缘化。

政策建议

疏通货币政策传导机制。从央行的角度来看，继续定向降准，增大货币供应量，允许商业银行通过发行永续债的方式增加资本金，使得表外资产继续回表，提升银行系统的风险偏好。另外，地产相关信贷占总体信贷体量30%以上，当前房价过高的原因在于供给不足，而这次供给不足的主要原因是资金供给不足，应适当考虑逐步放松对地产公司的融资限制。

财政政策应逐步发力。当前货币政策的空间相对有限，财政政策的功能也是货币政策取代不了的，货币政策不能包打天下，财政政策应当更加积极。一方面需要进一步减税降费，减轻中小企业的税负，另一方面也需要进一步优化支出结构，减少一些不合理的财政支出。

进一步改革开放。当前国内宏观经济一些体制机制问题较为突出，应逐步推动要素市场的流动，如户籍、土地、金融等，进一步推动国企改革，理顺中央及地方财政关系。进一步加大开放，使中国经济与世界经济进一步融合。

第三章 新发展理念指数国际比较

钱胜存 王子豪

要点透视

➢ 通过将80个具体指标合成创新、协调、绿色、开放、共享五个方面的发展评价指数，对约40个国家进行量化评估，为我国贯彻新发展理念、实现高质量发展提供了国际参考。

➢ 创新发展方面，我国在知识产出方面已达到发达国家水平，未来在继续加大研发投入力度的同时，还应着重增强前沿性创新，提升知识转化效率，特别是提高全要素生产率。

➢ 协调发展方面，未来我国应继续提高城镇化水平，以促进城乡协调、城镇化与工业化协调发展，同时应着重完善收入分配。

➢ 绿色发展方面，我国绿色金融发展迅速，绿色生产和绿色消费方兴未艾；未来应在继续巩固环境治理成果的同时，注重提升生产环节的资源能源利用效率，加快形成绿色发展新模式。

➢ 开放发展方面，我国的贸易规模巨大，国际交往状况较好，人员往来密切，营商环境显著提升；未来应继续坚持扩大开放，促进贸易投资便利化，提升我国技术水平与全球价值链参与度。

➢ 共享发展方面，我国新生儿预期寿命稳步提高、劳动力市场就业良好、性别平等发展较好；未来应着重加强在居民教育、健康和社会保障方面的投入，进一步提高人民生活水平与获得感。

习近平总书记在党的十九大报告中强调，发展是解决我国一切问题的基础和关键，发展必须是科学发展，必须坚定不移贯彻创新、协调、绿色、开放、共享的发展理念。坚持新发展理念，是新时代坚持和发展中国特色社会主义的基本方略之一。本文构建国际比较视野下的新发展理念指数，为我国实现高质量发展提供有力参考。

构建新发展理念指数，推动实现高质量发展

坚持新发展理念是实现高质量发展的必然要求

当前，我国经济已由高速增长阶段转向高质量发展阶段，高质量发展需要新发展理念来指引。在坚持稳中求进工作总基调的前提下，必须坚持以新发展理念为抓手，着力解决我国经济运行中供给侧结构性矛盾，提升供给质量，着力打好防范化解重大风险攻坚战、脱贫攻坚战、污染防治攻坚战，解决发展中遇到的突出问题，着力推动高水平对外开放，建设高标准市场经济，从而实现高质量发展。

新发展理念是解决我国当前发展过程中遇到的不平衡不充分问题的指导思想。只有坚持创新发展，通过增强创新能力，才能实现发展动力的变革；只有坚持协调发展，促进城乡之间、地区之间协调发展，才能解决发展不平衡的问题；只有坚持绿色发展，形成资源高效利用、绿水青山式的发展模式，才能建设好美丽中国；只有坚持开放发展，建设高水平的开放经济，才能实现发展的内外联动；只有坚持共享发展，促进社会公平正义，才能使全体人民共享改革发展的成果，提升人民的获得感、幸福感。

构建新发展理念指数的意义

坚持和贯彻新发展理念，需要有一套科学合理的衡量指标体系。通过构建指标体系，可以客观地判断新发展理念的落实情况，准确地评价我国的发展质量。

我国目前仍处于社会主义初级阶段，发展不平衡不充分的问题依然存在，通过与其他国家尤其是发达国家进行比较，可以更加客观地评价已经取得的成就，更加清醒地认清当前发展阶段面临的困难与挑战，指明未来改革和发展的重点方向和领域，更好地推动实现高质量发展。

构建国际比较视角下的新发展理念指数具有十分重要的现实意义。

第一，全面衡量我国当前发展阶段的质量和水平。创新、协调、绿色、开放、共享的"五大发展理念"是对高质量发展最全面的理解，最准确、最科学地阐释了高质量发展的内涵，因此基于五大发展理念的指标评价体系能够起到客观且全面的指导作用。

第二，客观认识我国与其他国家相比存在的长处与短板。指标评价体系不仅通过指数衡量各个国家的发展水平，还通过细分维度揭示发展的结构性差异，从而为比较各国的发展提供了全方位的视角。

第三，为推动我国实现高质量发展提供国际经验参考。新发展理念是实现高质量发展的思想指引，是建设高水平市场经济的方法指导。国际比较视野下的新发展理念指数，为中国如何实现高质量发展、建设高标准市场经济提供有益借鉴。

新发展理念指数国际比较体系的构建

新发展理念指数国际比较体系的逻辑框架

从创新、协调、绿色、开放、共享五个维度出发，分别构建创新发展指数、协调发展指数、绿色发展指数、开放发展指数、共享发展指数五个分项指数，每个分项指数从六个方面评价，最后汇总成新发展理念指数。

创新发展指数，从投入资金、投入结构、投入人员、知识产出、知识收益和生产效率六个方面进行评价。协调发展指数，从城乡协调、城镇化与工业化协调、收入分配协调、区域协调、金融协调和结构协调六个方面进行评价。绿色发展指数，从资源利用、环境质量、生态保护、绿色技术、绿色消费和绿色金融六个方面进行评价。开放发展指数，从贸易发展、贸易便利、人员开放、资本开放、营商环境和全球价值链参与度六个方面进行评价。共享发展指数，从人口与就业、生活水平、性别平等、教育发展、健康发展和社会保障六个方面进行评价。

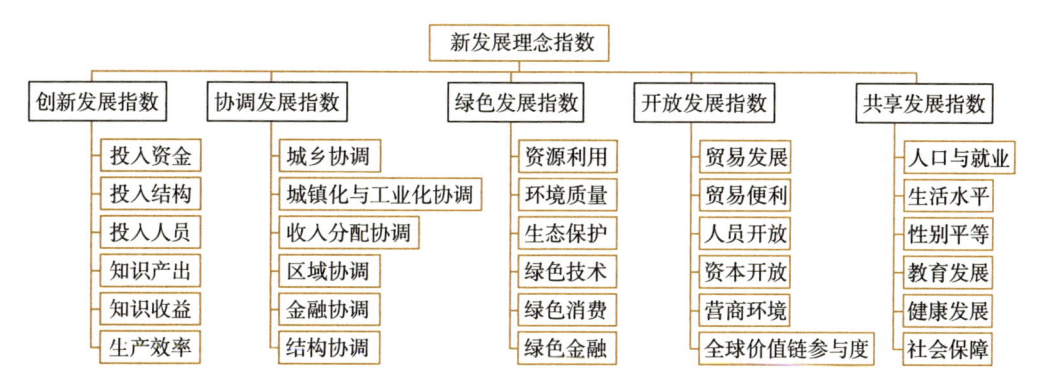

```
                          新发展理念指数
    ┌──────────┬──────────┼──────────┬──────────┐
 创新发展指数  协调发展指数  绿色发展指数  开放发展指数  共享发展指数
  ├投入资金    ├城乡协调    ├资源利用    ├贸易发展    ├人口与就业
  ├投入结构    ├城镇化与工业化协调 ├环境质量 ├贸易便利 ├生活水平
  ├投入人员    ├收入分配协调 ├生态保护    ├人员开放    ├性别平等
  ├知识产出    ├区域协调    ├绿色技术    ├资本开放    ├教育发展
  ├知识收益    ├金融协调    ├绿色消费    ├营商环境    ├健康发展
  └生产效率    └结构协调    └绿色金融    └全球价值链参与度 └社会保障
```

图 3.1　新发展理念指数构成

新发展理念指数国际比较体系的构建方法

本文针对创新、协调、绿色、开放、共享五个维度，共计采用 80 个指标进行评价。为了消除原始数据间量纲的差异，对原始数据采取"最大值－最小值"标准化处理方法，其中对于单调递增指标（即数值越大代表发展越好）线性转换为 50 至 100；对于单调递减指标（即数值越大代表发展越不好）逆向线性转换为 50 至 100；对于既不是单调递增也不是单调递减的指标，本文根据样本中 OECD（经济合作与发展组织）国家均值上下浮动 5% 作为最优区间，偏离最优区间越远则分数越低。每一级均采取平均加权的方法合成指数。

新发展理念指数的国际比较结果

本文合成了创新发展指数、协调发展指数、绿色发展指数、开放发展指数、共享发展指数，并最终合成新发展理念指数。下面每部分将分别简要介绍指数排名情况、指数分项对比情况以及中国与发达国家的对比情况。

创新发展指数的国际比较

根据指标体系及数据的可得性，本文最终通过 8 个指标、6 个维度对 35 个国家的创新能力和水平进行了比较。

创新发展指数排名。在 35 个样本国家中，排名前三的国家分别是丹麦、瑞士和美国，其中韩国排名第 4 位、日本排名第 7 位。

表 3.1 创新发展指数

国　家	创新指数	创新排名	投入资金	投入结构	投入人员	知识产出	知识收益	生产效率
丹麦	82.28	1	83.87	71.51	95.18	74.09	96.79	72.26
瑞士	81.83	2	83.26	100.00	76.45	70.68	85.67	74.94
美国	78.08	3	81.03	67.68	74.90	67.41	100.00	77.45
韩国	77.96	4	99.51	66.29	92.71	83.90	64.28	61.05
以色列	76.67	5	100.00	59.60	100.00	69.08	67.01	64.33
冰岛	76.00	6	73.58	75.56	85.32	69.10	88.05	64.37
日本	75.61	7	87.34	61.12	81.13	72.93	86.85	64.29
卢森堡	74.00	8	61.63	99.84	80.05	55.79	59.95	86.76
挪威	73.05	9	69.95	68.25	85.40	64.33	62.42	87.92
荷兰	72.82	10	70.98	83.03	76.87	66.67	65.37	74.01
法国	72.43	11	73.79	78.13	74.50	62.56	71.92	73.70
奥地利	71.77	12	84.61	68.82	79.41	64.87	63.39	69.54
新加坡	71.40	13	73.35	71.91	90.04	60.32	57.53	75.23
比利时	71.10	14	76.69	65.74	78.91	64.73	68.23	72.26
英国	69.89	15	66.98	67.32	76.39	67.94	75.65	65.05
澳大利亚	69.81	16	73.41	72.51	76.76	71.74	55.07	69.36
捷克共和国	68.88	17	70.15	85.46	71.03	72.11	56.05	58.51
新西兰	68.06	18	59.89	78.53	73.50	73.02	57.58	65.80
斯洛文尼亚	67.74	19	73.54	68.86	72.33	76.96	54.42	60.33
爱尔兰	67.45	20	64.55	67.66	77.04	58.49	52.64	84.34
意大利	67.40	21	62.24	79.03	61.08	66.26	67.88	67.91
希腊	67.03	22	57.37	96.51	68.47	68.15	53.72	57.98
爱沙尼亚	66.26	23	64.30	84.01	68.39	67.24	55.76	57.83
葡萄牙	66.23	24	61.52	77.14	72.35	72.62	53.01	60.72
波兰	65.62	25	57.97	90.45	61.84	65.91	53.10	64.45
西班牙	65.36	26	60.76	74.79	65.05	64.82	58.50	68.25
匈牙利	64.45	27	62.79	70.05	64.52	59.94	71.38	58.00
拉脱维亚	62.85	28	53.10	94.42	59.93	61.79	52.42	55.46
罗马尼亚	60.64	29	51.33	87.51	54.07	60.91	51.11	58.89
中国	60.48	30	71.65	50.00	55.83	82.65	52.75	50.00
阿根廷	60.24	31	52.63	85.99	55.99	52.17	51.25	63.39
俄罗斯	59.99	32	59.63	63.36	68.03	57.53	51.94	59.43
智利	59.11	33	50.00	85.95	51.33	57.18	50.21	59.99
南非	58.00	34	54.36	80.59	51.22	56.33	50.64	54.86
墨西哥	57.46	35	52.16	84.81	50.00	51.42	50.00	56.39

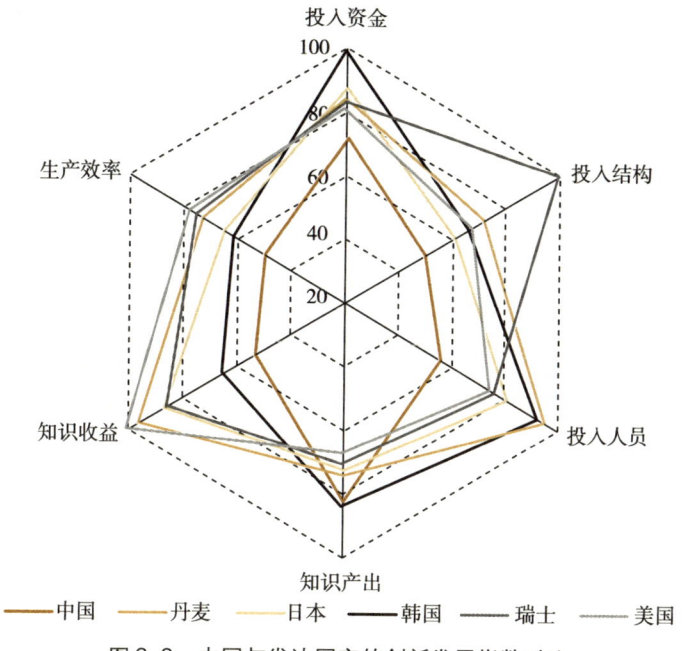

图3.2 中国与发达国家的创新发展指数对比

创新发展指数分项对比。为了具体分析各国创新能力的差异，本文进一步对创新发展指数的六个分项进行对比：

投入资金方面，以色列、韩国和日本等国家研发投入的力度最大；投入结构方面，瑞士和卢森堡对基础研究的重视程度更高；投入人员方面，以色列、丹麦和韩国从事研发的科技人员密度较高；知识产出方面，韩国研发人员创造的知识成果多于其他国家；知识收益方面，美国、丹麦等欧美发达国家的知识产权收益较高；生产效率方面，挪威、卢森堡拥有较高的生产效率。

中国与发达国家的创新发展指数对比。通过与发达国家对比，可以发现我国在知识产出方面已达到发达国家水平，但知识产出只表示知识成果的数量，并不能完全反映知识创新的经济价值。对标发达国家，未来我国应在投入资金、投入结构、投入人员、知识收益和生产效率五个方面继续加快发展，注重提高基础研发投入比重，提升知识转化效率和生产效率，特别是提高全要素生产率。

协调发展指数的国际比较

根据指标体系及数据的可得性，本文最终通过8个指标、6个维度对34个国家的协调发展程度进行了比较。

协调发展指数排名。 在34个样本国家中，排名前三的国家分别是澳大利亚、西班牙和意大利，其中日本排名第14位、美国排名第16位。

协调发展指数分项对比。 为了具体分析各国协调发展的差异，本文进一步对协调发展指数的六个分项进行对比：

城乡协调方面，比利时、日本和荷兰的城镇化发展水平较高；城镇化与工业化协调发展方面，芬兰、葡萄牙和意大利等国家较好地平衡了城镇化与工业化发展之间的关系；收入分配协调方面，发达国家普遍好于发展中国家；区域协调方面，意大利、加拿大、英国和德国等国家的地区之间发展更为平衡；金融协调方面，除日本外大部分发达国家金融发展较为健康；结构协调方面，德国、丹麦和西班牙等国家的产业结构发展较为协调。

中国与发达国家的协调发展指数对比。 通过与发达国家对比可以发现，我国在收入分配协调、区域协调和金融协调三个方面的发展已接近部分发达国家水平，在城乡协调和经济结构协调方面差距较为明显。此外，我国城镇化与工业化协调程度不够，这主要是由于过去几十年我国城镇化速度远远落后于工业化发展速度造成的。未来需要加快城镇化进程，进一步完善收入分配制度和金融体系，促进产业转型升级。

表3.2 协调发展指数

国家	协调指数	协调排名	城乡协调	城镇化与工业化协调	收入分配协调	区域协调	金融协调	结构协调
澳大利亚	97.11	1	90.63	97.62	100.00	97.09	97.32	100.00
西班牙	96.16	2	86.11	98.17	97.96	95.91	98.82	100.00
意大利	95.98	3	78.39	99.95	99.39	100.00	100.00	98.17
芬兰	95.88	4	90.18	100.00	91.73	94.64	100.00	98.72
加拿大	95.05	5	87.10	91.61	100.00	100.00	92.39	99.19
瑞典	94.58	6	91.60	92.40	95.49	94.94	93.27	99.81
保加利亚	92.78	7	81.91	94.00	95.82	92.43	96.31	96.24
丹麦	92.60	8	92.07	80.32	93.70	95.98	93.56	100.00
德国	92.15	9	83.92	87.85	99.96	99.52	81.67	100.00
英国	91.28	10	88.49	78.90	100.00	99.63	90.64	90.05
葡萄牙	90.91	11	74.12	100.00	99.22	91.54	85.23	95.38
挪威	90.77	12	87.50	86.33	92.44	93.98	91.81	92.57
法国	90.71	13	86.19	75.35	100.00	97.76	89.10	95.84
日本	89.30	14	95.01	95.89	100.00	87.51	59.47	97.95
瑞士	88.90	15	81.20	91.11	100.00	87.69	83.30	90.10

续表

国　家	协调指数	协调排名	城乡协调	城镇化与工业化协调	收入分配协调	区域协调	金融协调	结构协调
美国	88.83	16	87.65	82.41	88.48	94.26	99.20	80.98
奥地利	88.68	17	69.03	75.35	97.81	93.12	96.76	100.00
比利时	88.53	18	100.00	66.81	92.80	94.85	78.83	97.87
匈牙利	88.51	19	79.10	85.05	97.63	95.90	82.79	90.57
智利	87.37	20	91.87	90.88	77.38	82.16	86.79	95.16
克罗地亚	86.69	21	67.92	82.97	98.89	82.14	91.73	96.52
荷兰	85.74	22	94.65	60.92	93.70	94.86	76.69	93.61
希腊	85.46	23	85.06	57.72	98.32	95.73	89.05	86.89
土耳其	84.78	24	81.89	81.80	87.76	93.25	74.99	88.99
墨西哥	84.16	25	85.94	84.57	85.08	83.26	66.13	100.00
捷克共和国	83.56	26	81.13	72.92	89.58	90.32	80.71	86.69
巴西	83.23	27	90.95	74.02	70.94	81.67	87.21	94.59
哥伦比亚	80.71	28	86.39	86.63	71.83	77.81	73.14	88.48
罗马尼亚	80.49	29	65.80	62.74	98.50	82.20	80.57	93.11
南非	80.35	30	75.05	81.43	50.00	98.71	79.39	97.52
爱尔兰	78.04	31	72.80	60.94	100.00	87.56	80.12	66.84
中国	74.74	32	68.92	53.70	87.22	87.43	81.16	69.99
印度	74.36	33	50.00	50.00	99.93	83.92	79.74	82.58
印度尼西亚	66.25	34	66.36	52.59	92.06	50.00	65.13	71.34

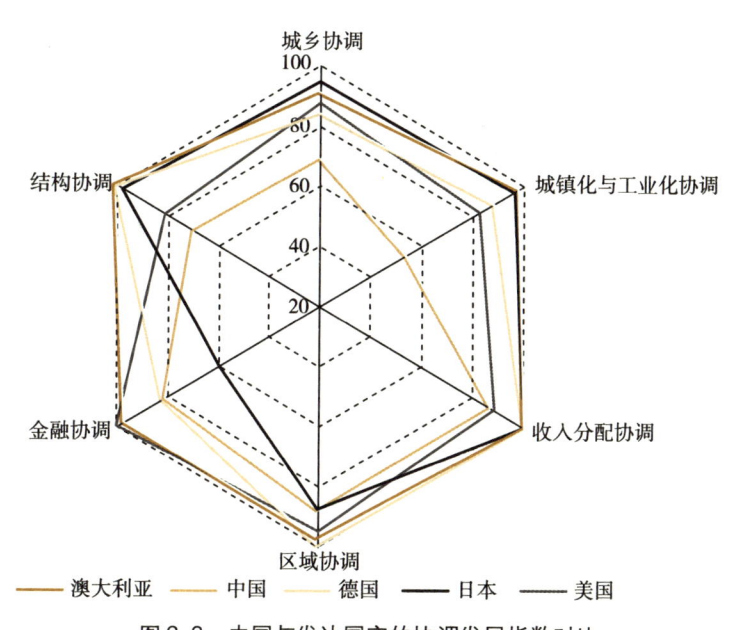

图 3.3 中国与发达国家的协调发展指数对比

绿色发展指数的国际比较

根据指标体系及数据的可得性,本文最终通过21个指标、6个维度对47个国家的绿色发展水平进行了比较。

绿色发展指数排名。在47个样本国家中,排名前三的国家分别是美国、瑞典和丹麦,其中日本排名第17位、韩国排名第31位。

绿色发展指数分项对比。为了具体分析各国绿色发展的差异,本文进一步对绿色发展指数分项进行对比:

资源利用方面,挪威、丹麦和新西兰拥有较高的资源利用效率;环境质量方面,哥斯达黎加、瑞典和日本的环境质量状况较好;生态保护方面,斯洛文尼亚、巴西和波兰的生态保护做得更好;绿色技术方面,韩国、日本与欧洲国家环境保护方面的技术发展更为成熟;绿色消费方面,瑞士、丹麦和瑞典等欧洲国家的绿色消费发展较好;绿色金融方面,美国遥遥领先于其他国家。

中国与发达国家的绿色发展指数对比。通过与发达国家对比发现,我国绿色金融已经走在发达国家前列,生态保护和环境质量也有了一定程度的提升,资源利用效率方面则有待提高。未来在推进乡村振兴战略和经济转型的过程中应注重建设现代绿色发展经济体系,推动传统农业、工业和服务业的绿色转型,实现生产方式和生活方式的绿色化。

表3.3 绿色发展指数

国家	绿色指数	绿色排名	资源利用	环境质量	生态保护	绿色技术	绿色消费	绿色金融
美国	76.79	1	67.02	80.39	81.36	59.95	72.03	100.00
瑞典	76.07	2	73.66	93.26	79.31	73.78	85.98	50.43
丹麦	75.31	3	75.99	81.29	78.78	73.91	91.46	50.43
瑞士	73.79	4	70.62	86.14	70.10	64.15	100.00	51.74
奥地利	73.48	5	71.07	87.41	82.96	66.78	82.34	50.29
德国	72.41	6	68.42	84.56	86.19	71.59	71.22	52.46
卢森堡	71.46	7	75.66	80.19	76.59	61.72	84.27	50.29
法国	71.20	8	64.48	87.55	85.55	63.14	68.39	58.12
芬兰	70.40	9	70.33	89.68	80.03	72.84	59.07	50.43
巴西	69.26	10	72.77	90.55	87.93	56.18	50.68	57.45
加拿大	69.07	11	74.68	84.37	76.15	58.95	65.08	55.22
斯洛文尼亚	68.93	12	67.58	89.99	94.92	55.14	54.85	51.09

续表

国家	绿色指数	绿色排名	资源利用	环境质量	生态保护	绿色技术	绿色消费	绿色金融
英国	68.74	13	70.84	86.14	79.65	57.52	56.86	61.45
匈牙利	68.38	14	67.98	86.91	81.37	71.32	50.55	52.14
挪威	68.10	15	79.81	83.88	74.37	56.00	63.80	50.72
澳大利亚	67.85	16	72.42	76.07	86.79	55.60	57.20	58.99
日本	67.76	17	66.58	92.63	64.41	74.15	51.43	57.39
拉脱维亚	67.70	18	72.85	89.49	80.37	61.28	50.36	51.86
荷兰	67.08	19	67.04	83.08	71.23	64.38	62.57	54.20
克罗地亚	66.76	20	69.67	89.43	82.05	54.39	54.28	50.74
秘鲁	66.58	21	73.44	88.82	78.78	54.12	50.09	54.26
罗马尼亚	66.57	22	69.66	87.95	82.79	53.89	50.68	54.43
西班牙	66.44	23	65.56	89.89	75.26	57.42	56.62	53.91
智利	66.07	24	71.25	86.86	83.71	52.89	50.02	51.69
波兰	66.06	25	65.99	86.29	87.04	56.11	50.80	50.14
土耳其	66.01	26	68.76	84.15	69.63	50.46	50.01	73.07
爱尔兰	65.97	27	74.85	79.68	72.87	61.52	55.77	51.16
立陶宛	65.92	28	71.28	85.49	79.48	56.01	50.36	52.90
哥斯达黎加	65.75	29	75.25	93.83	72.05	52.31	50.05	51.00
新西兰	65.57	30	75.76	76.40	77.62	57.18	54.98	51.45
韩国	65.45	31	62.88	88.68	60.57	78.11	51.02	51.45
墨西哥	65.44	32	67.33	87.94	78.41	52.85	50.02	56.10
捷克共和国	65.39	33	63.19	88.92	79.84	58.82	51.35	50.24
中国	65.25	34	58.41	82.66	73.48	54.42	50.76	71.79
比利时	65.18	35	66.52	85.41	72.29	57.14	59.44	50.29
印度	64.89	36	64.45	76.16	70.70	50.12	50.01	77.90
意大利	64.77	37	65.92	88.14	71.57	53.92	57.94	51.16
葡萄牙	64.70	38	69.89	89.52	76.08	52.22	50.36	50.14
保加利亚	64.68	39	63.16	86.28	84.64	52.04	50.17	51.79
希腊	64.41	40	67.69	87.97	73.79	53.55	50.96	52.49
乌克兰	64.36	41	56.63	86.52	73.25	52.67	50.09	67.03
津巴布韦	64.19	42	67.10	79.89	82.32	55.85	50.00	50.00
塞浦路斯	63.96	43	67.11	88.75	50.68	76.59	50.34	50.27
泰国	63.60	44	65.49	88.85	75.71	50.11	50.03	51.42
越南	63.12	45	59.03	89.72	71.86	50.09	50.03	57.99
肯尼亚	62.35	46	65.34	73.44	74.81	54.24	50.01	56.23
波黑	61.90	47	60.45	87.94	70.51	51.39	50.02	51.11

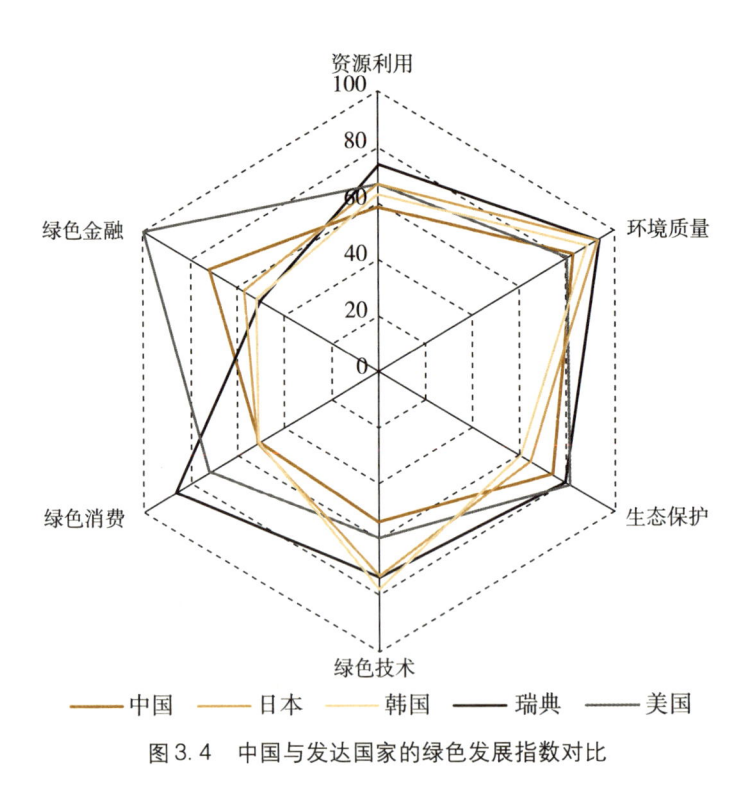

图 3.4 中国与发达国家的绿色发展指数对比

开放发展指数的国际比较

根据指标体系及数据的可得性，本文最终通过 18 个指标、6 个维度对 41 个国家的开放发展水平进行了比较。

开放发展指数排名。 在 41 个样本国家中，排名前三的国家分别是英国、澳大利亚和挪威，其中日本排名第 7 位、韩国排名第 24 位。

开放发展指数分项对比。 为了具体分析各国开放发展的差异，本文进一步对开放发展指数分项进行对比：

贸易发展方面，比利时、立陶宛和拉脱维亚的贸易结构较为均衡；贸易便利方面，拉脱维亚、爱尔兰和斯洛文尼亚设置的贸易壁垒较少、贸易相对便利；人员开放方面，冰岛、澳大利亚和美国的人员流动程度高、国际交往水平高；资本开放方面，爱尔兰、卢森堡和荷兰的资本流动性高；营商环境方面，新西兰、丹麦和韩国的营商环境较好；全球价值链参与度方面，挪威、俄罗斯和日本的全球价值链参与度更高。

中国与发达国家的开放发展指数对比。 通过与发达国家对比，可以发现我国的贸易发展、人员开放度与发达国家相当；贸易便利度、资本开放度与全球价值链参与度仍有一定的提升空间；营商环境取得较大程度的提高，2018 年世界银行发布的营商环境报告显示，中国在 190 个国家中排名第 46 位，较 2017 年提高 32 位。未来我国应继续坚持扩大开放，建设开放包容的制度体系，促进要素有序自由流动。

表 3.4 开放发展指数

国　家	开放指数	开放排名	贸易发展	贸易便利	人员开放	资本开放	营商环境	全球价值链参与度
英国	80.80	1	75.00	93.81	76.78	74.56	92.59	72.04
澳大利亚	79.93	2	75.37	90.04	78.76	67.85	87.85	79.74
挪威	79.36	3	73.14	82.99	75.48	51.38	93.15	100.00
瑞典	79.26	4	70.33	91.14	69.98	82.53	89.99	71.59
法国	78.24	5	75.69	94.30	77.92	71.83	82.51	67.22
美国	77.67	6	69.69	83.95	78.68	68.84	92.78	72.09
日本	77.67	7	74.00	88.92	66.86	71.85	79.42	84.96
奥地利	77.48	8	73.77	86.99	73.52	74.15	84.91	71.54
新西兰	77.40	9	76.70	89.54	76.35	64.13	100.00	57.68
丹麦	77.30	10	65.12	94.01	69.36	68.33	96.33	70.67
西班牙	77.17	11	72.41	92.77	77.22	74.00	83.24	63.37
拉脱维亚	77.16	12	78.90	97.54	63.65	65.67	86.83	70.38
爱尔兰	76.88	13	61.49	96.40	61.45	100.00	85.55	56.38
俄罗斯	76.84	14	65.33	73.70	72.75	71.61	82.66	95.01
比利时	76.63	15	83.22	86.52	68.34	75.20	76.22	70.30
荷兰	76.40	16	58.57	92.96	66.26	85.88	80.15	74.58
德国	75.97	17	62.96	95.03	71.99	69.57	85.53	70.73
立陶宛	75.78	18	79.79	94.27	60.48	61.68	89.16	69.27
爱沙尼亚	75.72	19	73.79	92.82	68.48	66.29	88.54	64.43
芬兰	75.63	20	77.97	89.36	66.97	62.79	88.26	68.40
智利	75.38	21	73.90	85.61	65.41	71.70	72.20	83.45
加拿大	74.91	22	73.18	83.87	64.41	79.91	86.21	61.86
卢森堡	74.54	23	75.00	93.85	61.45	100.00	66.93	50.00
韩国	74.47	24	67.35	83.08	67.40	69.28	95.39	64.33
葡萄牙	74.12	25	77.24	92.05	72.07	62.27	81.11	59.98
波兰	73.79	26	71.82	89.15	66.29	64.41	81.87	69.22
哥伦比亚	73.41	27	64.67	81.04	71.32	74.23	67.36	81.84
冰岛	73.36	28	70.75	71.49	79.00	57.62	86.38	74.93

续表

国　家	开放指数	开放排名	贸易发展	贸易便利	人员开放	资本开放	营商环境	全球价值链参与度
以色列	73.29	29	73.24	80.90	69.83	78.24	74.87	62.68
意大利	72.51	30	71.13	89.98	72.86	61.90	73.61	65.61
斯洛文尼亚	72.43	31	62.62	95.57	65.89	63.16	79.35	67.98
南非	72.14	32	74.81	84.46	70.17	67.79	61.32	74.31
希腊	72.07	33	76.03	88.70	76.85	64.95	65.18	60.74
哥斯达黎加	71.41	34	76.80	87.63	66.91	72.08	66.70	58.33
印度尼西亚	70.50	35	74.00	67.58	68.17	65.34	64.95	82.96
土耳其	69.91	36	67.69	84.43	71.60	63.11	76.94	55.71
匈牙利	69.55	37	67.76	89.30	65.24	64.01	73.08	57.88
墨西哥	69.21	38	75.06	77.76	67.72	66.63	72.72	55.36
中国	69.20	39	72.78	67.30	77.79	65.51	75.64	56.17
巴西	65.82	40	73.45	66.10	67.90	65.82	50.00	71.64
印度	64.55	41	70.33	61.03	66.09	64.28	63.58	62.01

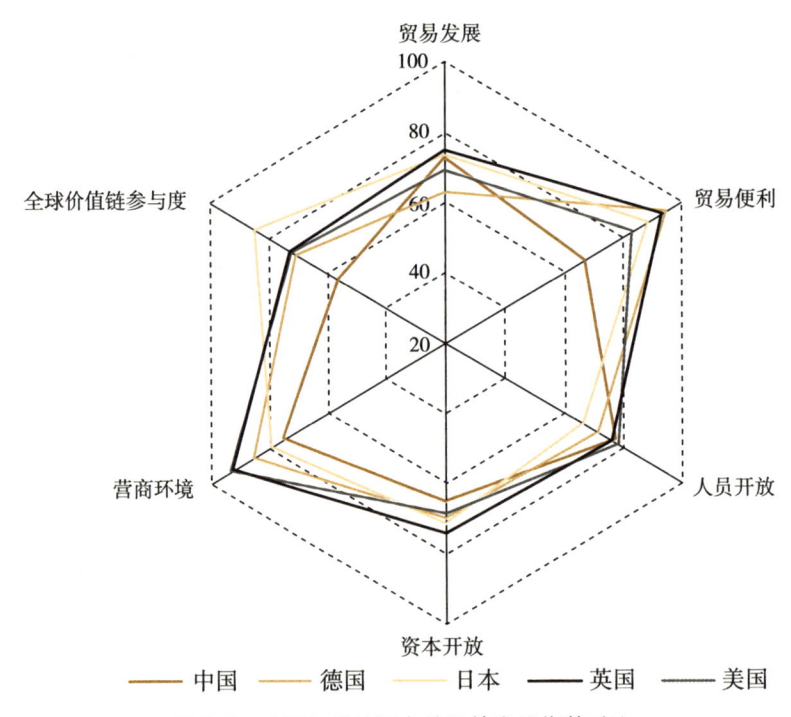

图 3.5　中国与发达国家的开放发展指数对比

共享发展指数的国际比较

根据指标体系及数据的可得性，本文最终通过 28 个指标、6 个维度对 60 个国家的共享发展水平进行了比较。

共享发展指数排名。在 60 个样本国家中，排名前三的国家分别是挪威、瑞士和丹麦，其中日本排名第 23 位、韩国排名第 36 位。

共享发展指数分项对比。为了具体分析各国共享发展的差异，本文进一步对共享发展指数分项进行对比：

人口与就业方面，越南、哈萨克斯坦和新西兰发展得较好；生活水平方面，挪威、日本和瑞典等国的居民生活水平和质量更高；性别平等方面，除印度和非洲国家外，各国性别平等状况均表现良好；教育发展方面，挪威、丹麦等欧洲国家的教育发展水平较高；健康发展方面，挪威、瑞士和德国等国家居民的健康发展程度较好；社会保障方面，瑞典、比利时和芬兰等福利制度发达国家优势明显。

中国与发达国家的共享发展指数对比。通过与发达国家对比，可以发现我国人口发展和就业方面与发达国家基本处于同一水平，性别平等方面的发展已经超过部分发达国家。未来应着重提高居民生活水平，加快教育事业发展、促进教育公平，加大公共医疗供给，扩大社会保障覆盖范围，促进基本公共服务的全民共享，提升人民的获得感和幸福感。

表3.5 共享发展指数

国家	共享指数	共享排名	人口与就业	生活水平	性别平等	教育发展	健康发展	社会保障
挪威	94.16	1	86.53	92.72	93.95	95.70	97.15	98.90
瑞士	93.18	2	86.71	89.41	97.91	91.07	95.89	98.09
丹麦	92.78	3	84.30	89.65	97.70	95.05	92.73	97.25
德国	92.52	4	83.09	87.89	99.70	91.24	93.31	99.87
瑞典	92.28	5	84.55	90.14	94.67	92.32	92.00	100.00
奥地利	92.15	6	83.16	89.93	99.47	91.46	89.26	99.63
荷兰	91.85	7	85.33	88.82	100.00	88.59	88.99	99.35
比利时	91.24	8	81.39	88.50	100.00	89.91	87.63	100.00
芬兰	90.87	9	81.14	89.55	97.57	89.67	87.27	100.00
澳大利亚	90.48	10	86.73	84.95	100.00	91.12	84.81	95.29

续表

国　家	共享指数	共享排名	人口与就业	生活水平	性别平等	教育发展	健康发展	社会保障
爱尔兰	89.88	11	85.28	86.56	99.96	85.65	84.44	97.41
法国	89.82	12	80.70	86.99	99.51	84.30	87.40	100.00
英国	89.11	13	84.97	84.71	96.81	85.87	84.02	98.30
加拿大	88.90	14	85.04	81.97	99.52	82.61	84.33	99.95
斯洛文尼亚	88.60	15	81.95	83.71	96.01	90.11	79.81	100.00
爱沙尼亚	88.39	16	82.45	80.81	97.76	92.32	77.39	99.58
俄罗斯	88.33	17	80.79	86.24	100.00	88.78	77.20	96.99
美国	88.14	18	84.37	81.86	100.00	90.26	87.53	84.83
西班牙	88.01	19	79.39	85.68	100.00	86.97	80.99	95.01
乌拉圭	87.92	20	84.26	82.99	97.91	83.24	79.12	100.00
斯洛伐克共和国	87.72	21	79.98	83.86	99.51	86.78	78.25	97.93
葡萄牙	87.69	22	80.25	83.32	98.72	85.40	80.99	97.44
日本	87.14	23	79.58	90.80	93.71	85.14	86.48	87.13
新西兰	87.10	24	87.54	86.13	99.32	90.59	83.45	75.54
拉脱维亚	87.08	25	79.38	80.24	99.79	90.31	73.66	99.08
匈牙利	86.61	26	79.69	80.14	99.02	87.83	76.60	96.39
波兰	86.20	27	80.19	79.48	99.13	88.42	73.91	96.05
塞浦路斯	86.12	28	81.68	84.87	98.31	89.38	72.64	89.85
以色列	85.93	29	86.86	87.95	98.82	87.66	77.89	76.41
立陶宛	85.63	30	80.18	79.38	97.91	90.51	79.20	86.56
哈萨克斯坦	85.38	31	88.51	83.89	98.11	85.65	74.01	82.14
罗马尼亚	84.43	32	78.51	77.12	96.83	81.56	73.87	98.69
保加利亚	83.84	33	77.77	78.56	100.00	85.94	75.87	84.91
阿根廷	83.44	34	83.95	82.92	89.93	85.44	76.15	82.27
智利	83.42	35	83.62	82.96	92.23	81.78	68.58	91.34
韩国	82.60	36	81.46	88.70	87.68	88.56	77.94	71.28
格鲁吉亚	82.52	37	79.94	77.76	92.81	89.61	73.69	81.33
巴西	82.51	38	81.19	76.47	95.48	80.10	72.31	89.49
哥斯达黎加	82.18	39	83.54	84.55	91.09	86.95	69.88	77.10
阿塞拜疆	82.14	40	84.21	78.42	91.58	82.53	71.69	84.39
蒙古	81.35	41	85.03	69.31	96.91	78.72	66.61	91.50
墨西哥	79.74	42	87.15	71.89	86.14	78.24	69.12	85.88
多米尼加共和国	79.57	43	87.34	72.28	88.18	76.08	63.85	89.70
亚美尼亚	78.86	44	76.96	76.71	93.62	85.82	69.36	70.69

续表

国　　家	共享指数	共享排名	人口与就业	生活水平	性别平等	教育发展	健康发展	社会保障
中国	78.49	45	83.35	68.72	98.45	75.38	66.84	78.16
哥伦比亚	77.74	46	84.67	75.88	97.82	74.95	67.98	65.12
南非	77.23	47	74.06	75.35	99.11	72.82	69.23	72.80
玻利维亚	76.89	48	85.65	67.70	88.51	77.91	62.15	79.44
越南	76.82	49	89.60	74.06	91.86	75.10	62.76	67.52
博茨瓦纳	75.71	50	84.14	73.75	100.00	79.80	60.81	55.75
斯里兰克	73.09	51	82.61	72.67	77.00	76.48	60.19	69.61
加纳	73.06	52	86.57	70.79	89.61	72.75	61.37	57.27
阿拉伯埃及共和国	69.22	53	79.89	71.06	60.79	73.64	62.95	67.00
肯尼亚	67.76	54	81.56	57.02	89.39	66.68	58.79	53.14
赞比亚	66.99	55	81.60	51.63	94.66	64.23	52.38	57.42
莱索托	66.70	56	72.85	55.40	89.53	67.30	62.58	52.51
孟加拉国	65.67	57	84.62	60.93	68.81	62.73	57.98	58.91
尼日利亚	65.43	58	73.80	54.24	86.43	67.61	60.49	50.00
喀麦隆	65.33	59	82.12	59.58	76.67	63.12	59.38	51.12
印度	63.37	60	82.70	62.04	52.98	68.60	60.43	53.45

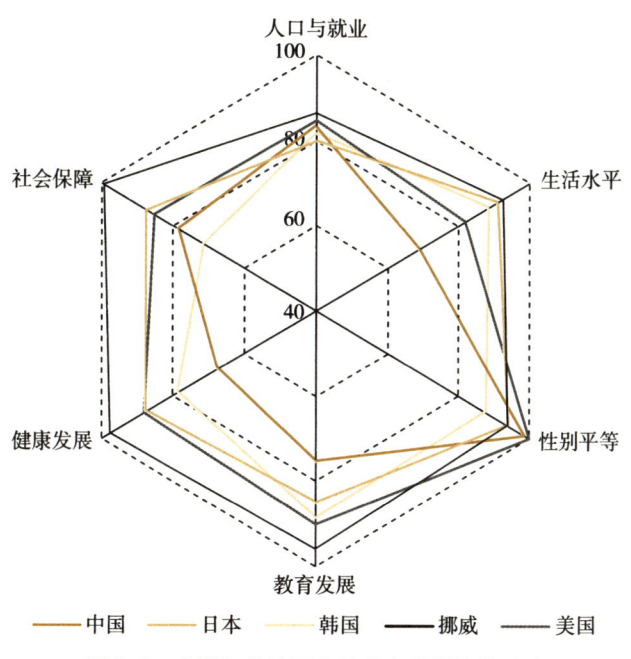

图 3.6　中国与发达国家的共享发展指数对比

新发展理念指数的国际比较

为了更全面地比较中国与发达国家之间的差异，本文根据数据指标可得性，最终合成中国和 14 个发达国家的新发展理念指数。

新发展理念指数排名。在 15 个样本国家中，排名前三的国家分别是丹麦、美国和挪威，其中日本排名第 8 位，中国则处于最后一位。可以明显看出，中国作为一个发展中国家，与发达国家相比仍存在一定差距，但与发达国家样本中最低的爱尔兰、匈牙利等相比差距并不算大，未来在新发展理念的指引下会更加趋近发达国家水平。

中国与发达国家的新发展理念指数对比。通过新发展理念指数的分项对比发现，我国在创新、协调、绿色、开放、共享五个方面的发展与发达国家相比存在结构性差异，这可以让我们客观地认识到我国经济社会发展取得的成绩和存在的短板，给未来我国实现高质量发展的方向和路径提供了有益参考。

表 3.6 新发展理念指数

国家	新发展理念指数	排名	创新指数	协调指数	绿色指数	开放指数	共享指数
丹麦	84.06	1	82.28	92.60	75.31	77.30	92.78
美国	81.90	2	78.08	88.83	76.79	77.67	88.14
挪威	81.09	3	73.05	90.77	68.10	79.36	94.16
澳大利亚	81.04	4	69.81	97.11	67.85	79.93	90.48
奥地利	80.71	5	71.77	88.68	73.48	77.48	92.15
法国	80.48	6	72.43	90.71	71.20	78.24	89.82
英国	79.97	7	69.89	91.28	68.74	80.80	89.11
日本	79.50	8	75.61	89.30	67.76	77.67	87.14
荷兰	78.78	9	72.82	85.74	67.08	76.40	91.85
西班牙	78.63	10	65.36	96.16	66.44	77.17	88.01
比利时	78.54	11	71.10	88.53	65.18	76.63	91.24
葡萄牙	76.73	12	66.23	90.91	64.70	74.12	87.69
爱尔兰	75.65	13	67.45	78.04	65.97	76.88	89.88
匈牙利	75.50	14	64.45	88.51	68.38	69.55	86.61
中国	69.63	15	60.48	74.74	65.25	69.20	78.49

图 3.7 中国与发达国家的新发展理念指数对比

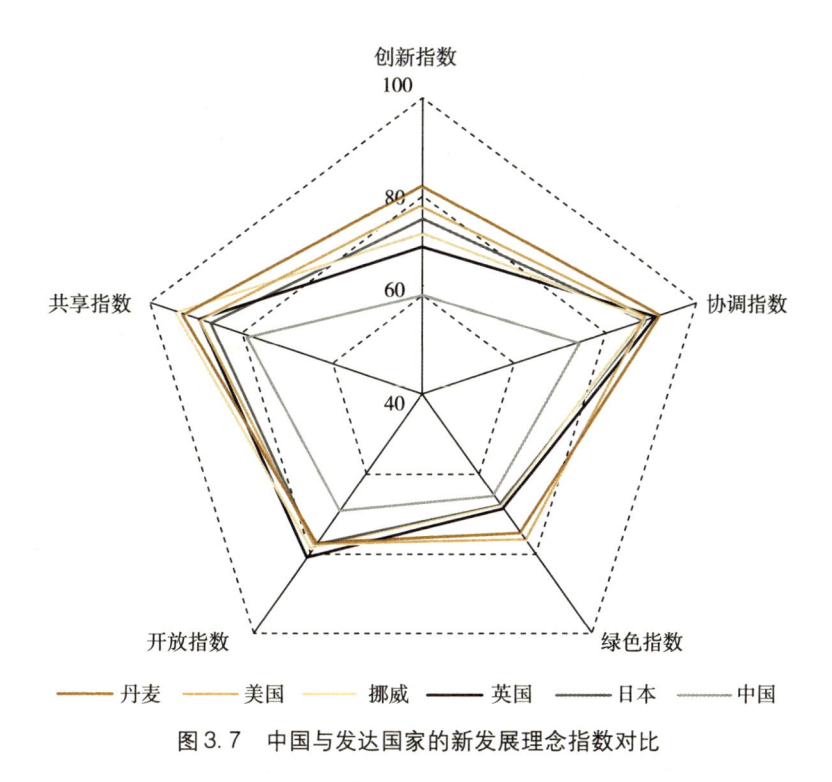

国际经验对我国贯彻新发展理念的启示

党的十八大以来，我国的创新能力显著增强，经济发展的地区协调、结构协调明显提高，绿色转型加快推进，对外开放水平不断提高，脱贫攻坚战取得重大进展，人民的获得感和幸福感显著提升。为贯彻新发展理念，推动我国实现高质量发展，通过借鉴发达国家的发展经验，本文提出以下政策建议：

一是加快建设创新型国家，实现高质量发展的动力变革、质量变革、效率变革。加强对研发投入的支持力度，尤其是基础研发投入和创新基础设施投入，实现重大科技的引领性发展；提升人力资本，推动人才培养体制机制变革，培养造就一大批高水平科技人才和创新团队；强化知识产权创造、保护、运用，着力提升研究成果转化能力，培育鼓励创新、支持创新、保护创新的良好环境；注重国际交流与合作，提升在全球科学前沿和技术前沿的创新能力；加强对中小企业创新的支持，增强企业创新能力。

二是推进实施乡村振兴战略、区域协调发展战略，实现高质量发展的城乡结合、区域联动。以提升城镇化水平为主要抓手，统筹推进大都市圈建设和乡村振兴战略，建立健全的城乡融合发展体制机制和政策体系，全面推动人员、资金、土地等生产要素在城乡之间的市场化配置，实现城乡共同发展；协调推进城镇化与工业化发展，改善我国城镇化发展水平落后于工业化发展水平的局面，增强人口流动与产业发展的协同性；加快发展现代服务业，特别是知识密集型服务业，提升服务业发展水平和质量，促进居民消费转型升级。

三是加快形成绿色发展新模式，建设高质量发展的美丽中国。注重提高资源、能源利用效率，大力发展节能环保产业，推动绿色产业蓬勃发展，建立健全绿色低碳循环发展的经济体系；加快构建市场导向的绿色技术创新体系，加快实现农业、工业和服务业的绿色转型，倡导绿色城镇化建设；倡导绿色消费、绿色出行，提供更多符合节能减排的公共服务，在全社会形成绿色生活的新风尚，推动生产、生活的绿色化，实现中国经济的绿色转型。

四是推动形成全面开放新格局，实现高质量发展的开放新境界。加快从贸易大国向贸易强国的转变，促进贸易均衡、健康发展；加强与国际经贸规则对接，促进贸易和投资自由化、便利化；提高营商环境质量，保护产权，特别是知识产权，鼓励竞争、反对垄断，创造有吸引力的国内投资环境；大幅度放宽市场准入，扩大服务业对外开放，特别是金融业对外开放；坚持引进来和走出去并重，拓展与各国的深层次合作，扩大双向投资和贸易往来，推动"一带一路"合作走向深入，共建开放型世界经济。

五是提高保障和改善民生水平，促进高质量发展的成果惠及全体人民。加快建设公共服务型政府，调整财政支出结构，提高教育、卫生、社保、福利等公共服务支出比重；促进居民收入稳步提升，缩小收入分配差距，提高居民生活水平和质量；加快推进基本公共服务均等化，完善公共服务体系，保障群众基本生活；优先发展教育事业，深化教育改革，促进教育资源均等化发展；实施健康中国战略，加大公共医疗资源供给水平，增进全民身体健康水平；加强社会保障体系建设，全面建成覆盖全民、城乡统筹、权责清晰、保障适度、可持续的多层次社会保障体系，让全体居民共享改革发展的成果。

参考文献

《中共中央关于制定国民经济和社会发展第十三个五年规划的建议》，新华社 2015 年 10

月 29 日。

刘世锦编著，《陷阱还是高墙？中国经济面临的真实挑战和战略选择》，北京：中信出版社，2011 年。

刘世锦主编，《中国经济增长十年展望（2013—2022）》，北京：中信出版社，2013 年。

李晓西、刘一萌、宋涛，《人类绿色发展指数的测算》，《中国社会科学》，2016 年第 4 期。

国合会，《中国绿色经济的发展机制与政策创新》，2011 年。

Organization for Economic Cooperation and Development，2008，"Handbook on Constructing Composite Indicators".

数据来源

Soumitra Dutta, Bruno Lanvin, and Sacha Wunsch-Vincent，2018，"Global Innovation Index".

United Nations Development Programme（UNDP），2018，"Human Development Indices and Indicator".

United Nations Department of economic and social affairs，2018，Promoting Inclusion through Social Protection".

World Bank，2018，"Doing Business 2018：Reforming to Create Jobs".

World Bank，2018，"World Development Indicators".

Climate Business Department，2016，"Green Finance：A bottom–up approach to track existing flows".

European Union，2018，"EuroStat Database".

Feenstra, Robert C., Robert Inklaar and Marcel P. Timmer（2015），"The Next Generation of the Penn World Table." *American Economic Review*，105（10），3150–3182，available for download at www.ggdc.net/pwt.

附表　新发展理念指数国际比较体系

新发展指数	一级指标	二级指标
创新指数	投入资金	全社会研发支出占 GDP 的比重
	投入结构	基础研究支出占全部研发支出之比
	投入人员	每百万人中研究人员的数量
	知识产出	平均每研究人员专利申请数量
		每 10 亿美元 GDP 科技论文数
	知识收益	知识产权收入支出比
	生产效率	劳动生产率
		全要素生产率
协调指数	城乡协调	城镇化率
	城镇化与工业化协调	城市化率与工业化率之比
	收入分配协调	基尼系数
	区域协调	地区人均 GDP 变异系数
	金融协调	杠杆率
		M2/GDP
	结构协调	最终消费率
		服务业占比
绿色指数	资源利用	人均耕地面积
		人均可再生淡水资源
		可再生能源供给占比
		单位能源产出
		单位水资源产出
		单位 GDP 国内物质消费
		每千美元 GDP 的 CO_2 排放量
	环境质量	PM2.5 浓度
		人均 CO_2 排放量
		每万人氮氧化物排放量
		享有清洁饮用水源人口占总人口的比重
		森林覆盖率
		享有卫生设施人口占总人口比重
		人均城市垃圾产生量
	生态保护	生态盈余率
		自然保护区面积占比
	绿色技术	环境相关专利占全部专利的比重
		人均环境技术发明
	绿色消费	人均有机消费
	绿色金融	绿色贷款份额
		气候金融

续表

新发展指数	一级指标	二级指标
开放指数	贸易发展	贸易的 GDP 占比
		净出口的 GDP 占比
	贸易便利	关税率
		发起非关税措施数
		服务贸易限制指数（电信、商业银行、保险、计算机）
		FDI 限制指数
	人员开放	净移民率
		高等教育国际学生占比
		国际入境游客数
		国际旅游支出占进口的比重
		国际旅游收入占出口的比重
	资本开放	外商直接投资的 GDP 占比
		对外投资的 GDP 占比
	营商环境	世界银行营商便利指数
	全球价值链参与度	全球价值链参与指数
共享指数	人口与就业	人口的自然增长率
		新生儿预期寿命
		人口抚养比
		老龄化率
		劳动参与率
		失业率
	生活水平	贫困率
		恩格尔系数
		人均 GNI
		个人网络使用率
		移动电话注册率
	性别平等	女性与男性平均受教育年限之比
		女性与男性人均国民总收入之比
		女性与男性劳动参与率之比
	教育发展	平均受教育年限
		高等教育入学率
		学前学生与教师比
		小学学生与教师比
		中学学生与教师比
		大学学生与教师比
		政府教育支出的 GDP 占比

续表

新发展指数	一级指标	二级指标
共享指数	健康发展	每千人医生数
		每千人护士数
		营养不良比例
		人均政府健康支出
		政府健康支出的 GDP 占比
	社会保障	至少被一项社会保障福利所覆盖的人口占比
		贫困人口中被社会保障制度覆盖的人口占比

需 求

第四章 房地产

构建长效机制，稳步回归本源

韩　阳

要点透视

➤ 2018年，我国房地产销量约17.2亿平方米，同比增速下滑至1.3%；房地产投资名义增速在土地购置费的支撑下未出现下滑，同比升至9.5%，与销售增速出现背离。

➤ 预计未来十年年均新增住宅需求将以9.8亿平方米为中枢，总体呈现先震荡后回落的态势；房地产投资将进一步收敛于中长期趋势，实际增速逐步回落至0附近，并有可能达到负值。

➤ 预计2019年房地产市场进一步降温，销售面积同比降至-3.5%附近，投资实际同比降至1.5%附近，房价涨幅收窄。

➤ 要通过改革的手段打通城乡之间土地、人员等生产要素的流通渠道，进一步释放市场潜力，因城施策，使住宅稳步回归居住属性。

2018年："变"与"不变"

2018年，房地产市场调控政策密集出台，调控手段更加侧重"因城施策"。GDP构成中，房地产业保持6.6%的较高比重，住宅销售面积连续两年突破14亿平方米，但销售同比平稳回落。与以往不同的是，尽管销售增速放缓，但库存水平却下降迅速，开发商补库存意愿强烈，土地购置费创下新高，房地产投资因此韧性十足，与销售走出了一上一下的局部性背离。房价整体涨幅平稳上升，但一线城市二手房价格出现松动。房地产开发资金来源增长平稳，然而内部结构调整明显，其中传统的国内贷款收缩幅度较大，开发商更加依赖销售回款。总体来看，房地产作为我国国民经济支柱的重要地位并未改变，但行业内部衍生出了诸多新特点。

销售先扬后抑

2018年房地产销售面积约17.2亿平方米，同比增长1.3%，较2017年下降6.4个百分点，总体呈现降速趋势。其中住宅销售14.8亿平方米，连续两年突破14亿平方米，接连刷新历史纪录，若按照每套住房85平方米估算，约折合1 740万套住房；办公楼和商业营业用房销售面积分别为0.4亿和1.2亿平方米，均不及2017年水平，同比分别下降8.3%和6.8%。

2018年商品房销售呈现明显的高开低走态势：上半年，商品房销售面积在2017年高基数的基础上，继续保持了正增速，并一度冲高到7月的4.2%才开始趋势性回落，12月收于1.3%。销售增速的起落与调控政策的松紧有较高的契合度，2018年上半年，以"抢人大战"、棚改货币化安置的持续推进为代表的相关政策有力推升了购房需求、促进了房地产销售，而下半年在棚改货币化收紧、住建部等七部门联合整治房地产市场乱象、7月底政治局会议首次表态"坚决遏制房价上涨"等一系列收紧信号的打压下，商品房销售面积增速自7月起开始连续回落，且9—11月已连续出现单月同比负增速，调控成效初步显现。

图 4.1　商品房销售同比前高后低

投资韧性十足

2018 年，全国房地产开发投资完成额约 12.0 万亿元，同比增长 9.5%。其中住宅投资 8.5 万亿元、办公楼 0.6 万亿元、商业营业用房 1.4 万亿元，同比增速分别为 13.4%、-11.3%、-9.4%。相较明显下行的房地产销售增速，房地产投资整体却稳中有进，韧性十足。

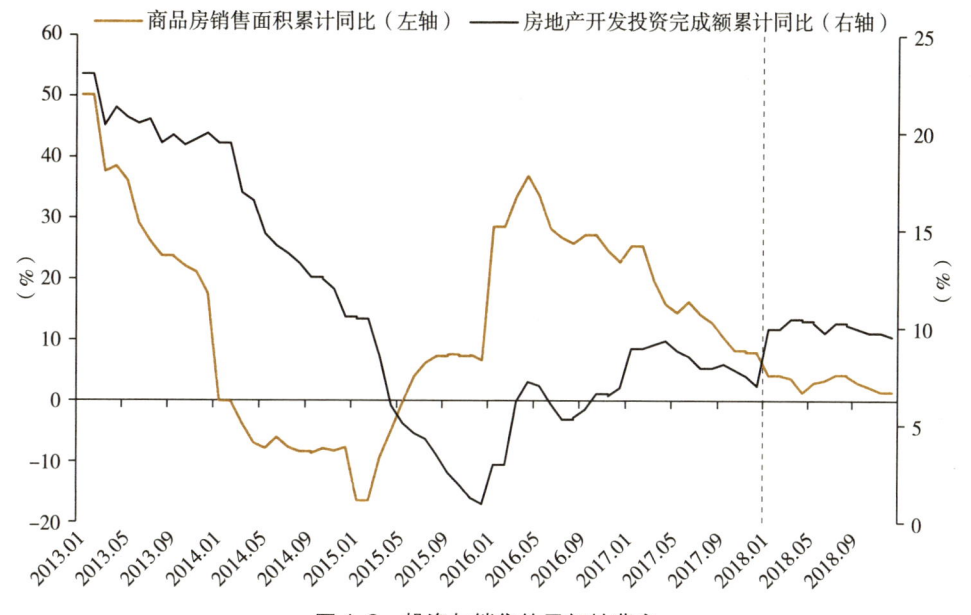

图 4.2　投资与销售的局部性背离

投资与销售的"一高一低"局部性背离与高额的土地购置支出关系较大。由于近三年住宅市场处于加速去库存阶段，待售面积存量从2015年下半年起便迅速回落，同比增速已达历史低位，开发商有强烈的购地补库存意愿。在此背景下，2018年购置土地面积达到2.9亿平方米，同比增加14.3%，土地购置费更是达到3.6万亿元的历史新高，同比增速达到57.0%，增幅较2017年多33.6个百分点。高企的购地费用在房地产市场整体下行的环境下有力支撑了房地产投资增速，同时也造成了房地产投资内部结构的明显调整：按资金使用用途来说，土地购置费对房地产投资的贡献率大幅提升，建安投资的贡献率相应萎缩；按投资标的类型来说，住宅投资占比上升，写字楼、商业营业用房占比下降。

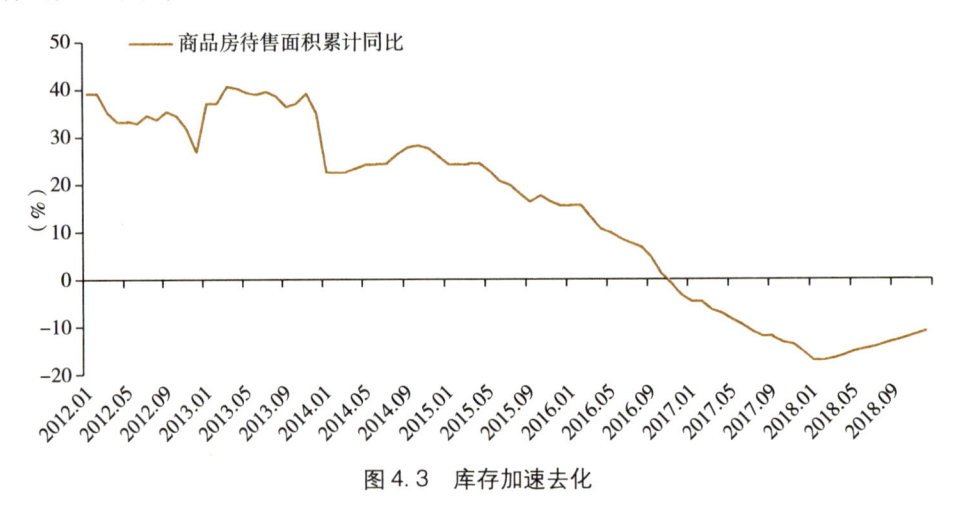

图4.3 库存加速去化

房价涨幅平稳上升

2018年，房价同比增速呈现前低后高的态势。2018年12月，70个大中城市新建商品住宅价格指数同比增长10.6%，涨幅保持4月以来的持续扩大态势，且创下近22个月的新高。其中一、二、三线城市同比变化分别为2.8%、11.3%、10.8%，较2017年同期分别上升2.2个、6.2个、3.9个百分点。二手房价格方面，同比增速与新房价格同比变动趋势类似，12月增速升至7.6%，也较2017年同期增速有了一定程度的上升。

分城市看，一、二线城市由于限购、限贷、限价、限售、限商等措施更加严厉，房价同比涨幅较2017年水平有所放缓，表现平淡；三线城市则受益于货币化棚改释放出的大量资金以及库存水平下降过快等因素的影响，房价同比增幅明

图 4.4 房价同比平稳上升

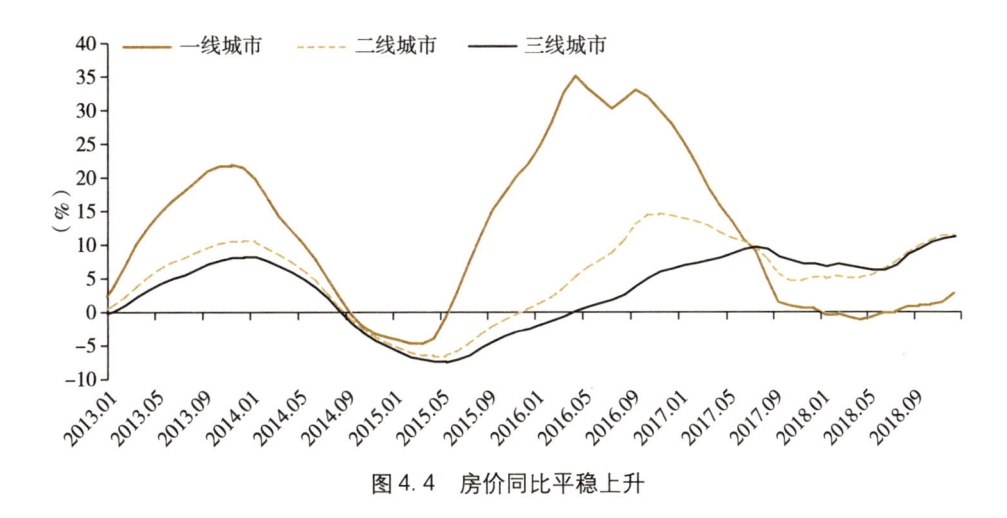

显扩大,成为拉动整体房价增速的引擎。值得注意的是,2018 年 12 月一线城市二手房价格环比增速录得 -0.3%,已连续四个月为负。在以存量房为主的一线城市,二手房价格的环比下跌反映了市场边际的温和性调整。

行业分化加剧

写字楼、商业营业用房库存压力大,以商业地产开发为主要经营业务的相关企业面临更大挑战。住宅经历了近三年的去库存阶段,截至 2018 年 12 月,住宅待售面积已降至 2.5 亿平方米。若简单将待售面积与当年的销售情况对比,可以发现,2018 年住宅待售面积仅能销售 2.0 个月,是近七年最低水平。而写字楼、商业营业用房等商业地产在此期间并没有去库存要求,当前库存水平仍处于历史高位,2018 年写字楼和商业营业用房的库存去化周期分别达到 10.0 个与 13.8 个月。同时,办公楼和商业营业用房的需求在于企业和居民部门对办公和消费场所的依赖。在当前宏观经济下行压力较大的环境下,企业规模扩张和居民增加消费的动力不足,叠加线上销售对传统实体销售的冲击,商业地产逆势去化库存的可能性较低。综上,住宅在房地产库存中的比重有所下降,写字楼以及商业营业用房占比上升,商业地产相关业务占比较大的房地产开发公司面临更大的挑战。

同时,房地产行业的集中度继续上升,外部资源以及市场份额更加向大型房地产开发商倾斜,行业龙头价值愈加凸显。在去杠杆的进程中,中小型房地产开发商融资环境较差,作为主要资金来源的银行贷款呈快速收紧状态,而信用债、海外融资、资产证券化等融资渠道对房企的规模、资质、评级等指标均有较高要

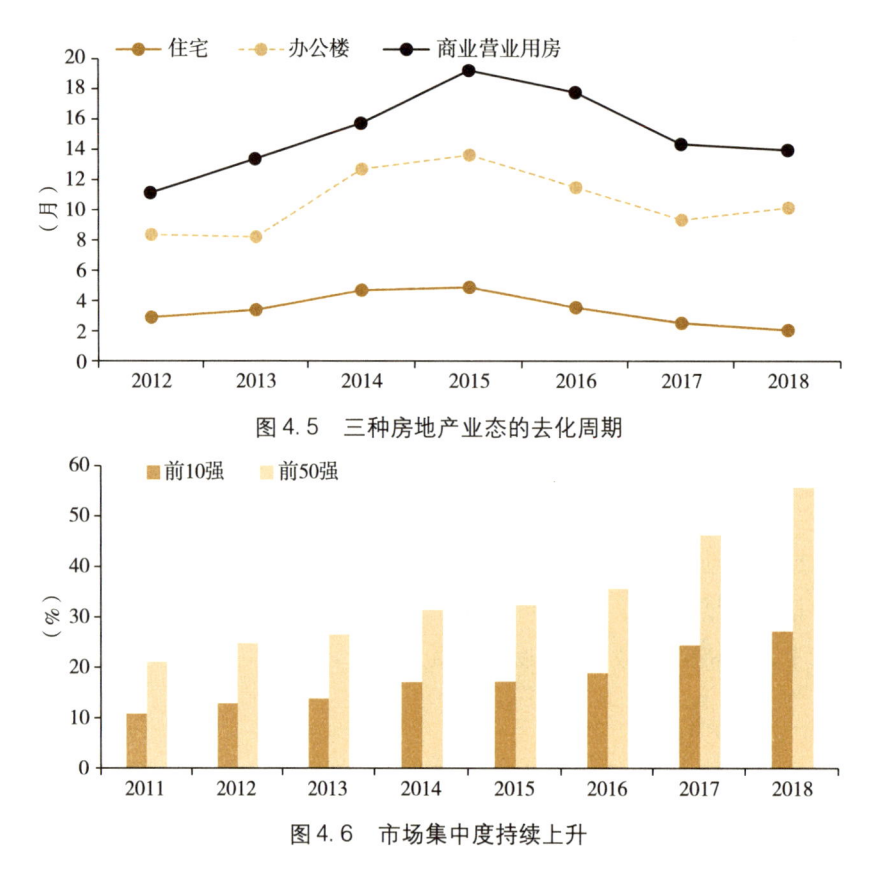

图 4.5 三种房地产业态的去化周期

图 4.6 市场集中度持续上升

求,所以中小型开发商对销售回款的依赖程度更强,在资金链极度紧张的情况下被龙头开发商并购的可能性大增。2018 年,前 10 强、前 50 强开发商销售收入集中度已经升至 26.9%、55.1%。

2019—2028 年:进一步收敛于中长期趋势

虽然我国房地产历史需求峰值已过,但未来十年,随着我国城镇化率和人口数量的进一步提升,叠加改善型住房需求,我国长期需求仍蕴含着较大潜力。根据模型预测结果,未来十年年均新增住宅需求预计将以 9.8 亿平方米为中枢,总体呈现先震荡后回落的态势,房地产投资将进一步收敛于中长期趋势,实际增速逐步回落至 0 附近,[①] 并有可能达到负值。上述预测结果较为符合国际经验,合理性较强。

---

① 本文房地产投资实际增速剔除的价格指标为固定资产投资价格指数。

长期需求潜力可观

2018年，我国城镇化率达到59.58%，[①] 城镇常住人口约8.31亿。按照国际经验，2015年时发达国家人口城镇化的平均水平已经达到78.1%，高收入国家的平均水平为80.9%，并且一些国家在达到这个水平后还会进一步提高。

根据联合国的预测，我国人口城镇化水平2030年将达到70%，2050年达到80%；根据中国社科院人口与劳动经济研究所的预测，中国总人口将在2028年达到峰值14.42亿。在此基础上，考虑到一国的城镇化率和人口总量总体上符合生命周期理论的特征，利用Logistic模型可大致模拟出未来数年我国城镇化率和人口总量的变化情况。模型结果显示，2028年我国城镇化率将达到68.44%，人口总量约为14.39亿，即城镇常住人口约为9.85亿，而2018年我国城镇常住人口约为8.31亿。这意味着未来十年我国城镇常住人口年均增幅约为1540万。按照2028年人均住宅面积达到35平方米计算，届时我国大致需要住宅面积344.7亿平方米，长期需求可观。

2019—2028年我国住宅需求以及房地产投资的动态路径

上文已提及，结合联合国对我国城镇化率以及中国社科院对我国人口的估计，利用Logistic模型对两个指标未来十年的变动进行模拟估算，到2028年我国城镇化率将达到68.44%，人口总量约为14.39亿，城镇常住人口约为9.85亿，需要住宅面积约344.7亿平方米。按此需求推算，未来十年，我国住宅面积将净增约97.9亿平方米，相应增加约9 508万套住房（新增住房按103平方米/套计算）。再考虑到折旧拆迁、城镇规划扩围带来的住宅增加等因素，预计需要新建122.4亿平方米，相当于1.19亿套新房。但房地产需求峰值已过，即使不考虑当前的在建住宅面积以及待售面积，未来十年城镇住宅年均新建量也不超过1 200万套。

在此长期视角下回溯近两年的房地产市场，2017年和2018年我国商品住宅销售面积均超过14亿平方米，接连刷新历史纪录，楼市的火爆也带动了房地产投资增速的回升。但考虑到人口增长以及城镇化速度的趋缓等因素，未来十年年均新增住宅需求预计将以9.8亿平方米为中枢，总体呈现先震荡后回落的态势。

---

① 2017年我国城镇化率为58.52%。

投资方面，由于住宅投资在房地产投资中所占比重较大且比例较为稳定，可利用我国每年的新增住宅需求水平推算相应的住宅投资完成额，从而估算相应的房地产投资变动趋势：未来十年房地产投资将进一步收敛于中长期趋势，实际增速逐步回落至0附近，并有可能达到负值。①

表4.1 住宅需求以及房地产投资预测

年份	城镇人均住宅建筑面积（平方米）	人口总数（亿人）	城镇化率（%）	城镇常住人口（亿人）	城镇住宅存量（亿平方米）	新增住宅需求（亿平方米）	房地产投资实际增速（%）
2019	30.2	14.00	60.55	8.48	256.01	9.16	1.5
2020	30.8	14.05	61.51	8.64	266.18	10.17	1.2
2021	31.4	14.10	62.46	8.81	276.54	10.36	1.0
2022	31.9	14.15	63.38	8.97	286.09	9.55	0.8
2023	32.5	14.19	64.28	9.12	296.44	10.36	0.5
2024	33.0	14.23	65.18	9.28	306.08	9.64	0.2
2025	33.6	14.28	66.00	9.42	316.67	10.59	0
2026	34.2	14.32	66.85	9.57	327.39	10.72	-0.3
2027	34.7	14.35	67.66	9.71	336.91	9.52	-0.5
2028	35.0	14.39	68.44	9.85	344.70	7.79	-0.6

注：人口总数、城镇化率为模型预测结果，分别参考联合国及中国社科院的相关预测；城镇人均住宅建筑面积请参见刘世锦主编，《中国经济增长十年展望（2018—2027）》，第五章。

资料来源：作者计算。

图4.7 房地产投资实际增速预测

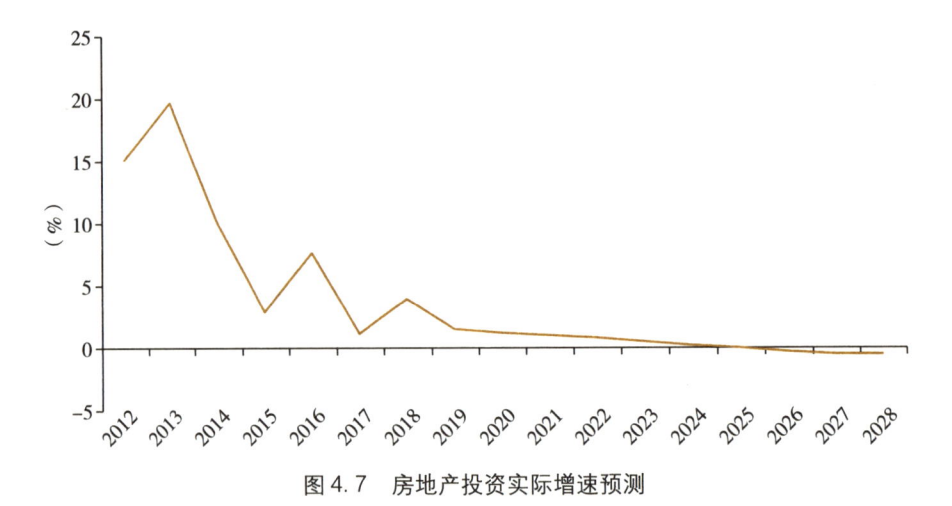

① 运用这种方法得到的预测结果更多的是反映中国房地产业的中长期趋势，具体年份的预测结果可能会存在一定误差。

预测合理性的检验

GFP（终端产品）理论认为，不同经济体之间居民终端需求结构及其演进有着相似性，同时终端需求结构随着收入水平提升呈现显著的趋同性。① 因此本文进一步考察了与中国人均土地拥有情况相似的日韩以及德国等发达经济体的房地产投资演变路径，以验证上节预测的合理性。

根据宾夕法尼亚大学世界表 9.0（Penn World Table 9.0）公布的数据测算，2016 年中国按购买力平价衡量的人均 GDP 在 14 000 美元左右，到 2025 年、2035 年这一指标将分别达到 25 000 美元、35 000 美元左右。我国在 2019 年时的人均 GDP 应高于 2016 年水平，即超过 14 000 美元，在 2028 年时应处于 25 000 美元和 35 000 美元之间，相应地，通过观察日本、韩国、德国从人均 GDP 位于 14 000 美元逐步发展至 25 000 美元、35 000 美元时的房地产投资变动趋势可以大致勾勒出我国未来十年房地产投资的演进路径。

房地产投资在 GFP 结构中的贡献率随着人均收入的增长逐步回落。日本由人均 GDP 14 000 美元时的 12.1% 下降至人均 GDP 25 000 美元时的 8.9%，当人均 GDP 达到 35 000 美元时仅剩 5.3%；韩国则相应由 11.3% 降至 7.1%，接着进一步降至 5.9%；德国的情况也基本类似，贡献率逐步降低。同时，房地产投资的同比增速②将逐步回落并收敛于某个平台。韩国和德国分别稳定于 3% 和 1.5% 附近，日本虽然数据波动范围较大，但也能明显看出房地产投资增速随着人均 GDP 的上升由 5% 左右下移至 -3% 左右。若剔除价格因素，上述中枢还将有所下移。上述国际经验均可以验证我们对中国未来十年房地产投资的动态路径预测基本合理。

表 4.2　各样本国家不同发展水平的"时间节点"

国家	人均 GDP 达到 14 000 美元的年份	人均 GDP 达到 25 000 美元的年份	人均 GDP 达到 35 000 美元的年份
日本	1973	1989	2005
韩国	1992	2003	2014
德国	1970	1990	2004
中国	2016	2025	2035

注：相关数据请参考《2035：中国经济增长的潜力、结构与路径》（中国发展研究基金会"博智宏观论坛"中长期发展课题组，2018）。

---

① GFP 理论相关解释请参考《GFP 及其驱动的经济增长》（刘世锦，2015）。
② 此处数据为扣除价格因素前的名义值。

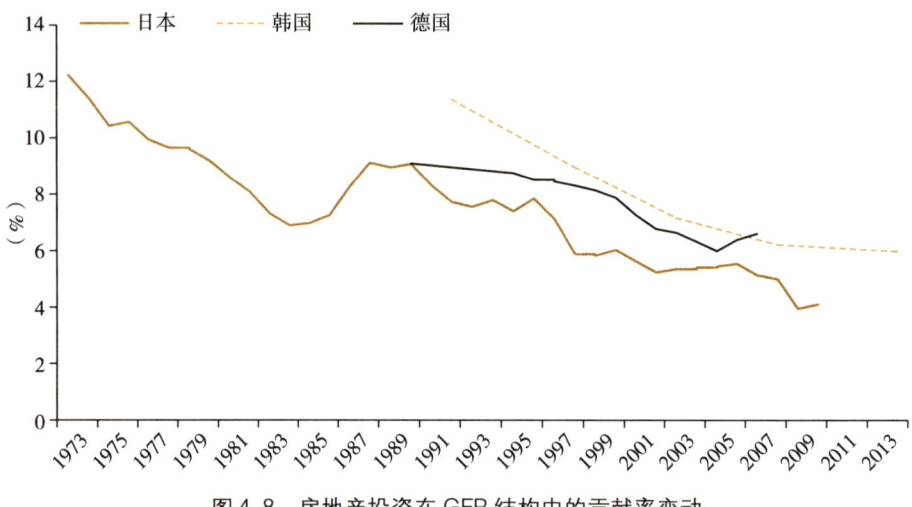

图 4.8　房地产投资在 GFP 结构中的贡献率变动

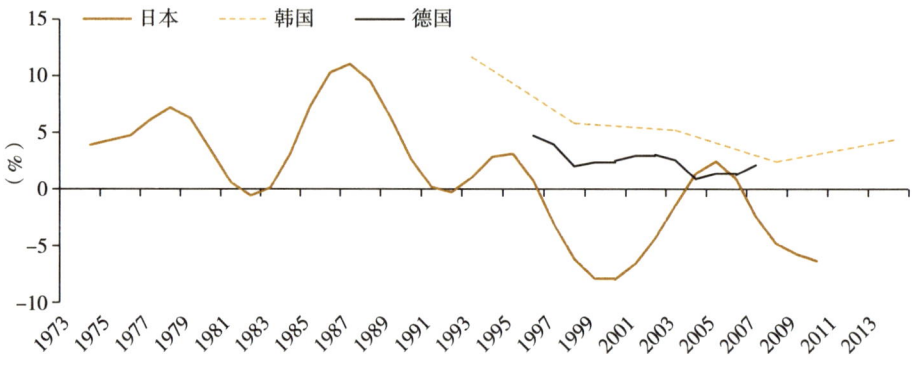

图 4.9　房地产投资同比增速变动（名义值）

2019 年：楼市换挡，稳中有降

当前我国经济运行稳中有变、变中有忧，外部环境复杂严峻，经济面临下行压力。展望未来，预计 2019 年我国仍将坚持稳中求进的工作总基调，确保经济平稳运行。对于房地产市场，继续坚持"房住不炒"和"长效机制"的基本方向，预计调控思路以稳为主，同时视具体情况在地方层面对相关政策进行微调，政策分化加速，房地产区域特征凸显。楼市进入换挡期，市场整体温和下行。

销售继续下降

从 2018 年 7 月起，我国商品房销售面积同比增速便处于下行通道，其中 9—11 月更是连续三个月为负。考虑到目前去库存基本完成，短期内政策以稳为主，大幅刺激的概率不大，叠加棚改货币化安置比例的下调，2019 年销售下行压力较大。结合房贷利率下行、"因城施策"下的局部政策放松以及户籍人口城镇化进程加速等支撑因素，预计 2019 年房地产销售将延续此前的下行态势，但降幅可控。参考模型预测情况，2019 年商品房销售面积增速预计为 -3.5%，先低后高。

投资平稳回落

房地产投资大致由建安投资和土地购置费构成。2018 年，尽管房地产投资中的建安投资持续走低，但土地购置费暴涨对地产投资形成有力支撑，也使房地产投资呈现了十足的韧性。然而，随着房地产销售趋缓以及开发商资金压力加大，商品房库存水平预计逐步回升，土地市场将加速降温。考虑到住房金融条件有进一步宽松的可能，房地产销售及建安投资或将企稳。结合模型预测结果，2019 年房地产投资实际增速预计为 1.5%。

图 4.10 商品房销售面积增速预测

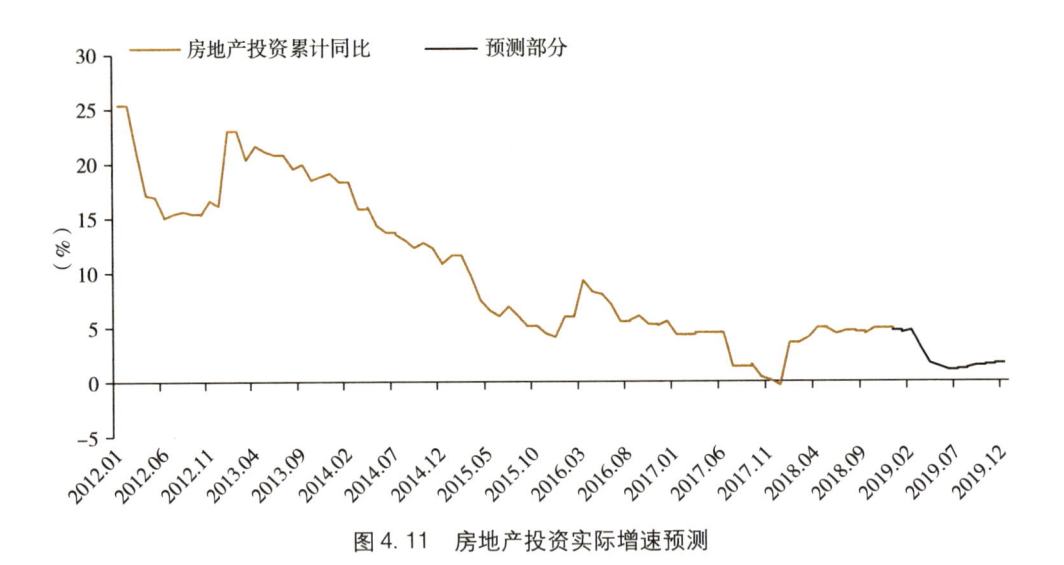

图 4.11　房地产投资实际增速预测

房价同比收窄

2018年新房及二手房价格同比增速均平稳上升，三线城市成为拉动整体房价上涨的引擎。但随着棚改力度的下降，预计三四线城市的房价上涨速度难以继续维持。同时12月一线城市二手房价格环比增速录得-0.3%，已连续四个月为负，且跌幅呈逐步扩大趋势。在以存量房为主的一线城市，二手房价格的环比下跌反映了市场边际的温和性调整。预计随着房屋销售面积增速的下探，房价上涨的动力减弱，结合模型预测结果，2019年房价同比涨幅将收窄。

政策建议：房住不炒，向改革要动力

长期以来，我国房地产调控更多依靠行政性色彩较浓的需求管理措施，例如限购、限贷等政策。但房地产长效机制的建立，根本上在于增加供给弹性，稳定需求预期。下一步，要通过改革的手段打通城乡之间土地、人员等生产要素的流通渠道，进一步释放市场潜力，因城施策，使住宅稳步回归居住属性。

稳步开放土地市场，加快推进土地市场多主体供应机制

建设用地资源目前基本上是由各级政府进行配置，这种土地市场的垄断实际上排斥了市场在土地资源配置中应该起的决定性作用，造成了土地资源的严重浪

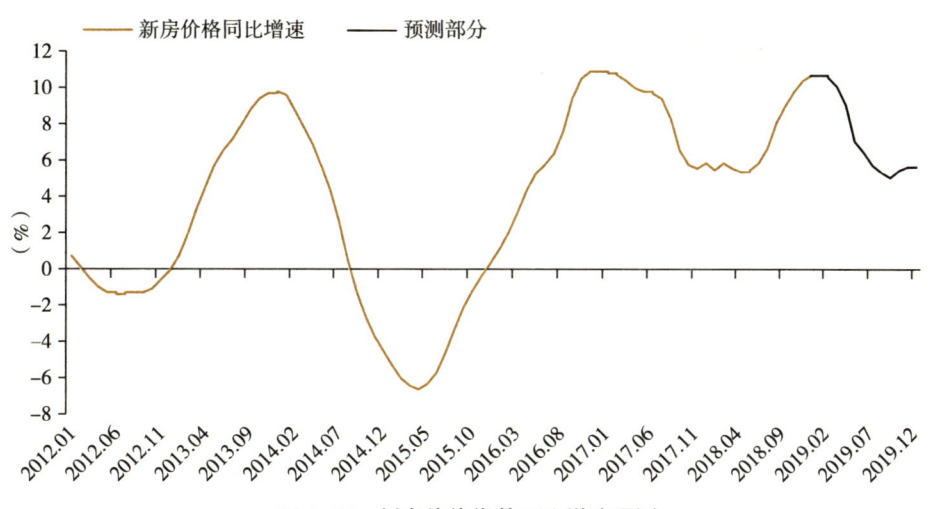

图 4.12 新房价格指数同比增速预测

费。同时，在现行制度下，为了提高政府收入，地方政府往往热衷于征地卖地、抬高地价、推动房地产开发，促进了房价的不断攀升，加重了民众的住房负担，提高了商业租金成本，也不利于房地产市场长效机制的形成。

2018年初，国土资源部首次做出"探索土地市场多主体供应机制""政府不再是居住用地唯一供应者"等表述；12月23日全国人大审议的土地管理法、城市房地产管理法修正案草案进一步明确了非农建设用地将不再"必须国有"，对工业、商业等经营性用途的集体建设用地，允许土地所有权人通过出让、出租等方式交由单位或者个人使用。这些涉及农村土地制度改革的相关举措可以增加租赁住房土地供给，有助于推进长效机制，本质上属于积极的探索与制度突破，然而距离形成真正的土地市场多主体供应机制还有较大差距。下一步在认真落实现有政策的同时还要朝着建设高标准市场经济的目标迈进，继续深化农村土地制度改革，建设更加规范的土地交易市场，允许农民通过市场转让闲置宅基地使用权，加快推进土地市场多主体供应机制，在符合土地管理和规划的前提下实现市场配置土地资源，通过市场化改革的手段促使房子回归居住属性，构建相对完善的房地产长效机制。

深入推进户籍制度改革，促进楼市长期稳定发展

城镇对土地资源的利用效率普遍高于乡村，城镇化可以有效利用非农土地资源。中国2018年城镇化率仅为59.58%，与发达国家相比仍有至少20个百分点

的发展空间，城市化和农业现代化进程都还远未完成。但当前户籍制度改革以及社会保障体系对城乡转移人口的覆盖进程依然偏慢，很多已经举家迁徙到城市并长期在城市就业的农村转移人口仍然无法在城市正常落户、实现市民化。[①] 在这种情况下，这些长期在城市生活的农村人口由于无法享受市民待遇而常常不被允许购买城市住房，同时又由于缺乏"安全感"不敢轻易放弃农村住房，既造成了农村土地资源的空置浪费，也抑制了其在城市的消费，拖慢了城镇化进程。若能通过户籍制度改革的深入逐步打通城乡之间人员要素的正常流通渠道，将有助于提高土地利用效率，加速城镇化进程，稳定住房长期需求，促进房地产市场的持续健康发展。

一城一策，避免土地供给的空间错配和结构错配

中国国家卫生健康委员会于近日发布的《中国流动人口发展报告2018》显示，从城市群流动人口的发展趋势看，长期居留流动人口上升，以珠三角、长三角、京津冀、长江中游和成渝城市群为代表的五大城市群仍将是我国流动人口的主要集聚区和城镇化的主战场。同时，省内人口向省内核心城市以及外省大城市集聚。

在大都市圈加速发展的进程中，我国楼市也相应呈现明显的区域性特征：人口净流入的核心城市需求强劲、市场火爆；人口净流出的城市却库存累积、难以去化。在这种区域市场差异性日益增强的形势下，需要进一步理顺中央政府和地方政府在住房市场管理、调控与住房保障体系建设中的关系。2018年中央经济工作会议再次强调"因城施策"，并首提"夯实城市政府主体责任"，楼市具体调控主体明确下移。各级地方政府应根据本地经济社会发展情况和住房市场供求情况自主决定住房供给调控、住房保障方式等内容，一城一策，精准调控，在打击投机需求的同时保护合理的改善性住房需求。并且，政府的供地行为应与当地需求水平及变动趋势相匹配，充分尊重人口迁徙规律，避免土地供给的空间错配和结构错配：人口集聚的城市应加快供地进度、提高住宅用地比例，避免房价上涨过快；人口流出的城市应减少土地供给，防止库存累积。

---

① 具体可参考《中国户籍制度改革研究》（王峰，2018）。

第五章 基础设施

加快补短板，促进高质量发展

邵 挺

要点透视

➢ 2018年中国基础设施投资名义同比增速逐月回落，全年大幅回落至3.8%，是2012年以来的最低水平。大幅回落与中长期因素虽然不无关系，但主因是短期政策特别是隐性债务控制和金融机构资产管理新规。

➢ 2019年基础设施投资名义增速较快提高，预计在8%左右。宏观政策预计趋向宽松、投融资环境适当改善，基础设施投资增速较2018年快速提升。但高质量发展阶段将逐步告别投资驱动型增长模式，基础设施投资也将告别高速增长态势。发挥投资的关键作用，要把扩大投资与补短板、强弱项有机结合起来。

➢ 2019年加快基础设施领域"补短板"，要以稳定和提振市场信心为首要任务，以打破行业垄断和加大开放力度为重心，深化投资领域"放管服"改革、持续改善投资环境，深化投融资体制改革、保障资金来源，以及深化基础设施领域市场化改革、激发和盘活优质资产三方面出台针对性的政策举措，投资重点要向人口流入多、集聚效应强的一二线城市倾斜，增强人口、产业、基础设施的协调共生性。

未来十年中国基础设施增长潜力

2018年中国基础设施发展回顾

2018年基础设施投资增速大幅回落

2018年,中国基础设施投资(不含电力、热力及水生产和供应业)同比增长3.8%,增速比2017年全年大幅回落15.2个百分点,是2012年以来的最低水平。分行业看,水利、环境和公共设施管理业投资降幅最多,仅同比增长3.3%,比2017年全年回落17.9个百分点。其次是交通运输、仓储和邮政业,同比增长3.9%,比2017年全年回落10.9个百分点。

2018年,中国基础设施投资累计达到14.53万亿元,占全社会固定资产投资(不含农户)的比重是22.9%。分月度看,基础设施投资增速的逐月回落特征明显,1—9月达到3.3%的最低值,如果扣除价格因素,实际增速就是负的。尽管10月以来增速有所回升,但仍处于2012年以来最低月度水平。

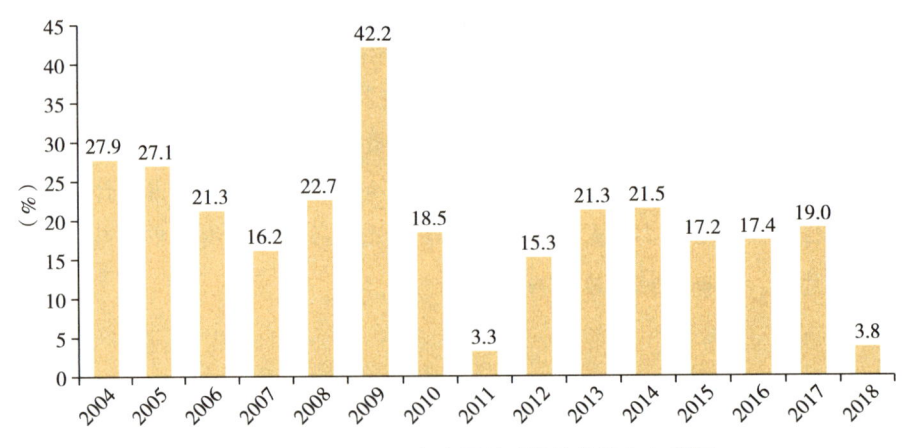

图5.1 2004—2018年中国基础设施投资名义增幅

资料来源:Wind。

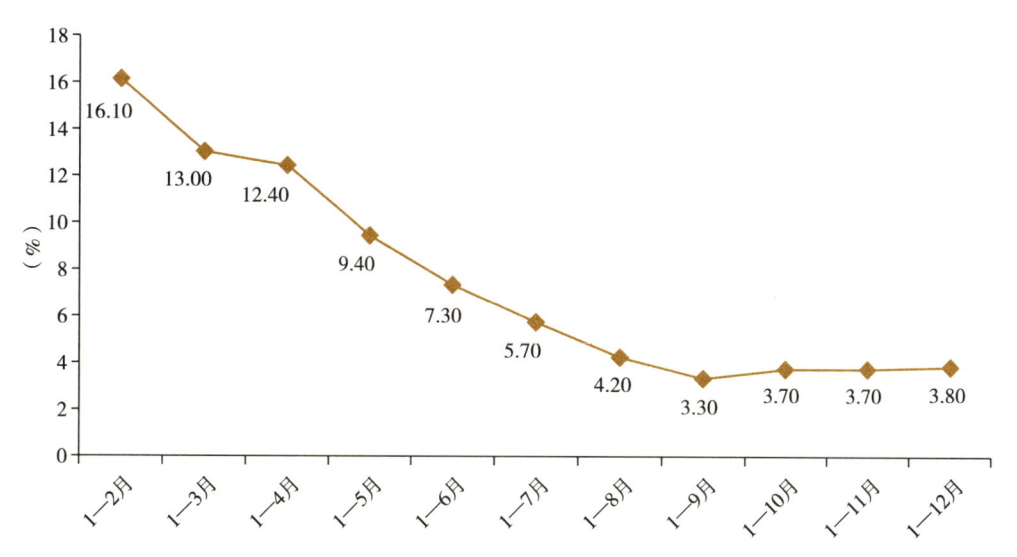

图 5.2　2018 年中国基础设施投资月度名义累计同比增幅

资料来源：Wind。

2018 年中国基础设施投资名义同比增速的大幅回落，中长期和短期因素交织并存，但短期因素特别是政策变化起到主要作用。从中长期因素看，长期高速增长阶段结束后的峰值到来、投资回报率走低等中长期因素，因此 2013 年以来基础设施投资增速就呈现回落趋势，东部沿海地区投资峰值逐步到来，中西部投资回报率开始持续走低。

从短期因素看，隐性债务控制和金融机构资产管理新规是造成 2018 年基础设施投资大幅回落的最重要因素。特别是 2018 年 3 月 28 日财政部《关于规范金融企业对地方政府和国有企业投融资行为有关问题的通知》（财金〔2018〕23 号文），认为"金融企业支持地方基础设施和公共服务领域建设中仍然存在过于依靠政府信用背书，捆绑地方政府、捆绑国有企业、堆积地方债务风险等问题，加剧了财政金融风险隐患"，要求"国有金融企业除购买地方政府债券外，不得直接或通过地方国有企事业单位等间接渠道为地方政府及其部门提供任何形式的融资，不得违规新增地方政府融资平台公司贷款，不得提供债务性资金作为地方建设项目、政府投资基金或政府和社会资本合作（PPP）项目资本金"。还注明"其他金融企业参照执行"。这在《国务院关于加强地方政府性债务管理的意见》（国发〔2014〕43 号）的基础上进一步收紧地方政府投资资金来源。2018 年 4 月以来，化解地方隐性债务与金融机构收紧流动性相互作用、相互强化，地方政府通过撤销承诺函等方式，消除了隐性担保行为，金融机构不愿意为此承担风险，开始收紧甚至停止对地方基建项目的资金支持；金融监管部门要求建设项目资本金必须为自有资金，实行"穿透"原则，但资本金一般来自各项收入，有顺周期特征，在严控地方债务背景下项目资本金难以有效落实。在去杠杆和强监管的背景下，2018年广义货币（M2）增速显著回落，12月末同比增速为8.1%，与2017年同期持平；社会融资规模增量累计为19.26万亿元，比2017年少3.14万亿元。

除了隐性债务控制和金融机构资产管理新规以外，造成2018年基建投资增速快速回落的原因还包括一些体制机制性因素，影响了市场信心和预期转变。第一，既有基建项目没有充分发挥作用，不能形成有效投资。主要是不少存量优质资产难以盘活，比如一些城市的供水、污水处理等仍是事业单位运营，没有开展市场化改革。第二，运营管理机制不合理。比如，前些年搞的许多基建、保障房项目，国企和平台既当建设平台又当运营主体，没有引入社会资本参与经营管理。第三，不够重视总体规划和可行性论证。近些年我国PPP项目规模搞得很大，地方政府觉得社会资本方掏钱，社会资本方认为政府可以兜底，双方都有做大投资规模的动力，但彼此都缺乏对项目方案可行性论述，造成不少PPP项目"明股实债""偷梁换柱"，在严控地方债务风险背景下，许多PPP项目都被叫停，不少成为"半拉子"工程。

2018年交通基础设施投资情况回顾

2018年，全国公路水路完成投资2.3万亿元，铁路完成投资7 920亿元，民航完成投资810亿元。截至2018年底，全国铁路营业里程达到13.1万公里，公路通车总里程达到486万公里，高速公路里程上升至14.2万公里。其中，高速铁路①发展迅速。2009—2018年，高速铁路总里程从6 600公里快速上升到27 600公里以上，稳居世界首位。

表4.1给出了中国历年的铁路和公路密度情况。1949—2018年，中国铁路密度从22.71公里/万平方公里，提高到136.46公里/万平方公里，增长了6倍多；公路密度从84.06公里/万平方公里提高到4 881.25公里/万平方公里，增长了近60倍。

---

① 高速铁路是指最高营运速度达到200公里/小时及以上的铁路。

表 5.1　1949—2018 年中国铁路和公路密度　　　　　　　　　　　　　　（单位：公里/万平方公里）

年份	铁路密度	公路密度	年份	铁路密度	公路密度	年份	铁路密度	公路密度	年份	铁路密度	公路密度
1949	22.71	84.06	1975	50.63	816.25	1989	59.37	1 056.56	2003	76.04	1 885.21
1950	23.13	103.75	1976	51.15	857.71	1990	60.31	1 071.15	2004	77.50	1 948.65
1955	26.67	174.27	1977	52.71	891.25	1991	60.21	1 084.48	2005	78.58	3 484.58
1960	35.31	531.25	1978	53.85	927.29	1992	60.52	1 100.73	2006	80.30	3 601.04
1965	39.58	535.94	1979	55.21	912.29	1993	61.04	1 128.65	2007	81.21	3 733.02
1966	40.94	566.25	1980	55.52	925.31	1994	61.46	1 164.38	2008	83.01	3 885.63
1967	41.77	580.73	1981	56.15	934.90	1995	64.99	1 205.21	2009	89.08	4 021.67
1968	41.98	595.52	1982	55.54	944.79	1996	67.60	1 235.21	2010	94.98	4 175.21
1969	43.44	625.63	1983	56.87	953.23	1997	68.75	1 277.50	2011	97.14	4 277.50
1970	45.52	663.23	1984	57.05	965.31	1998	69.17	1 331.77	2012	102.08	4 368.10
1971	47.19	703.54	1985	57.52	981.67	1999	70.21	1 408.02	2013	107.14	4 428.53
1972	48.23	729.06	1986	58.14	1 002.92	2000	71.56	1 749.79	2014	109.84	4 538.48
1973	48.54	745.42	1987	58.31	1 023.13	2001	72.98	1 768.75	2015	125.13	4 760.42
1974	49.48	768.65	1988	58.58	1 041.25	2002	74.90	1 838.75	2018	136.46	4 881.25

注：密度的计算公式是：密度＝里程数/国土面积（960 万平方公里）。

资料来源：Wind。

2019—2028 年基础设施投资和资本存量增长潜力预测

考虑到用于预测的其他基础数据均没有大的变动，只是把未来十年的时间跨度从"2018—2027 年"延后到"2019—2028 年"，因此，关于基础设施实物量和投资、资本存量水平的测度和国际比较部分，请参见课题组 2018 年的研究成果。

为节省篇幅，表 4.2 只给出最后的预测结果。与 2018 年的预测结果相比，由于 GDP 增速、人均 GDP 水平的预测值有所调整，对 2028 年各个实物量指标值变动产生一定影响，但总体趋势没有变化。

表 5.2　未来十年中国交通和通信基础设施实物量预测值

	2010	2019	2028
参考指标			
人口数量（百万人）	1 341	1 400	1 419
GDP 增速（％）	10.3	6.5	4.5
人均 GDP（1990GK 国际元）	8 032	13 732	20 502

续表

预测指标	2010	2019	2028
铁路营运里程数（万公里）	9.12	13.7	15.5
公路营运里程数（万公里）	401	486	546
每百人手机拥有量	55	71	83
每百人电话主线拥有量	29	37	43
基础设施投资占比（％）	17	15	15
基础设施资本存量占比（％）	15	13	12

资料来源：笔者预测。

2019年中国基础设施发展展望

2019年是中华人民共和国成立70周年，是全面建成小康社会关键之年。对2019年中国基础设施投资的展望，既要考虑全年宏观经济和政策环境变动的影响，还要兼顾未来十年有关指标的长期变动趋势。从投资领域看，2019年中国基础设施投资的发力点是经济社会各类短板和卡脖子领域，既包括"城际交通、物流、市政基础设施、农村基础设施和公共服务设施"等传统基建领域短板，还包括"制造业技术改造和设备更新、人工智能、工业互联网、物联网"等新型基建领域短板。从区域布局看，2018年中央经济工作会议提到的京津冀、粤港澳大湾区、长三角等高质量发展区域，基础设施密度和网络化程度高、创新要素快速集聚的区域将成为新型基础设施投资的重点。另外，在生态环境系统性保护修复、已经在城镇就业的农业转移人口落户需求大的城市，则是城际交通、水利环保、公共服务等传统基础设施投资的重点。

总体判断是，2019年基础设施投资名义增速较快提高，预计在8%左右。这一增速符合进入高质量发展新阶段的新特征。投资尤其是基础设施投资高速增长是过去经济高速增长阶段的主要特征，随着我国经济从高速增长阶段转向高质量发展阶段，将逐步告别投资驱动型增长模式，基础设施投资也将告别过去高速增长态势。就短期而言，8%的增幅还能较好兼顾发挥投资增长稳定器作用和地方债务风险处置这两个目标。

第一，经济下行压力加大情况下稳定总需求的宏观政策预计趋向宽松。2018年中央经济工作会议提出，宏观政策要强化逆周期调节，继续实施积极的财政政策和稳健的货币政策。预计 2019 年社会流动性会加快改善，地方政府专项债券较大规模增加，财政减税降费措施的逐步落实，适度宽松的宏观经济政策环境有利于基础设施投资的回升。

第二，基础设施领域投融资环境预计适当改善。尽管去杠杆和防范地方隐性债务风险仍是 2019 年防范和应对系统性风险的两大重点，但 2018 年中央经济工作会议提到"坚持结构性去杠杆的基本思路，稳妥处理地方政府债务风险，做到坚定、可控、有序、适度"，去杠杆逐步变成稳杠杆，严控新增地方政府隐性债务也变成稳妥处理。地方政府债务管理也会增强灵活性和针对性，因此 2018 年前一大批由于地方政府偿债压力大或者自身负债率高出现缓建甚至停建的在建基础设施项目，在规范政府举债融资机制的前提下会重新开工，"半拉子"工程数量会大幅减少，带动在建、续建的基础设施项目投资。此外，2019 年将较大幅度增加地方政府专项债券规模，优先用于解决在建项目"半拉子"工程、存量隐性债务项目政府拖欠工程款问题等，在具备施工条件的地方抓紧开工一批交通、水利、生态环保等重大项目。

基础设施领域补短板重点领域和发力点

2018 年中央经济工作会议明确提出，我国发展现阶段投资需求潜力仍然巨大。当前我国人均基础设施存量水平低于发达国家，2017 年底人均铁路营业里程和高速公路里程仅相当于美国的 1/8 和 1/3。从国际经验看，公共领域投资资本占 GDP 的比重，跟城市化进程存在"先升后稳"的关系。在城市化率达到 70% 之前，基础设施投资的 GDP 占比会持续上升，这跟日本、韩国和台湾地区的经验一致。这意味着，我国基础设施投资占 GDP 的比重还有一个缓慢提升的进程。

但近年来，我国基础设施领域投资饱受诟病，其中一大原因是投资效率不高、错配现象严重。很多人口流入少、净流出甚至持续净流出的三四线城市和部分二线城市，基础设施投资增长很快。张斌（2018）的一项研究表明，一线城市的基建相对 GDP 占比是偏低的，但是人口的流入又是偏高的，最典型的是深圳，深圳基建在 GDP 中的占比非常低，但是人口流入从全国来看非常高。① 因此，中

---

① 2018 年 5 月 22 日，张斌研究员在中国发展研究基金会主办的博智宏观论坛第二十八次月度例会"中国基建投资的增长潜力"上的发言。

国基建未来面临的挑战，是找准未来可实现可持续发展的城市进行投资，短期内可能因为其他因素的考虑来决定在哪些城市投资，但中长期看仍要以人口和产业为依据把握投资的总体方向。

当前，中国经济已经从高速增长阶段转向高质量发展阶段，不能把"稳投资"简单片面地理解为依赖投资刺激经济，更不能搞"大水漫灌"的老套路。在基础设施领域全面铺摊子、平均用力，既容易导致一些增后劲、惠民生的短板领域无法得到重点关照，也容易带来巨大的资金需求，累积新的金融风险。因此，发挥投资的关键作用，要把扩大投资与补短板、强弱项有机结合起来，精准聚焦基础设施的短板领域，聚焦影响民生改善、生态环境保护和增强发展后劲的领域。

从补短板的具体领域看，2018年10月31日国务院办公厅出台《关于保持基础设施领域补短板力度的指导意见》（国办发〔2018〕101号），提出加强重大项目储备、加快推进项目前期工作和开工建设、保障在建项目顺利实施、加大对在建项目和补短板重大项目金融支持力度等十项政策措施，重点投向脱贫攻坚、铁路、公路及水运、机场、水利、能源、农业农村、生态环保和社会民生九大领域。同时强调坚持尽力而为、量力而行，坚决避免盲目投资、重复建设，管控好新增项目融资的金融闸门，牢牢守住不发生系统性风险的底线。

2018年中央经济工作会议明确提出，发挥投资关键作用，要在"建设和改造"两端发力。"建设"端主要为：一是加强新型基础设施建设，推进人工智能、工业互联网、物联网建设，加快5G（第五代移动通信网络）商用步伐；二是加强城乡基础设施建设，推进市政、物流基础设施建设，推进脱贫攻坚、农村基础设施建设；三是加强能源、交通、水利等重大基础设施建设；四是加强民生和公共服务项目建设力度，尤其是补上教育、医疗、健康、养老这些方面的短板；五是加强生态环保和自然灾害防治能力建设。"改造"端主要是"加大制造业技术改造和设备更新"。

政策举措

2019年加快基础设施领域补短板，要以稳定和提振市场信心为首要任务，以打破行业垄断和加大开放力度为重心，进一步优化投资结构、扩大有效投资，加快推进一批在建项目、加快开工一批新项目和加快储备一批重大项目，为发挥投资关键作用提供项目支撑。具体来看，要从深化投资领域"放管服"改革、持续改善投资环境，深化投融资体制改革、保障资金来源，以及深化基础设施领域市场化改革、激发和盘活优质资产三方面出台针对性的政策举措，投资重点要向人口流入多、集聚效应强的一二线城市倾斜，增强人口、产业、基础设施的协调共生性。

第一，深化投资领域"放管服"改革，改善投资环境。 一是大幅度压减项目审批时间。在 16 个地区开展投资领域"放管服"试点基础上，推动在全国实现工程建设项目审批时间压减一半。二是进一步放宽市场准入。加快出台《政府核准的投资项目目录》以及《企业投资项目核准和备案管理条例》，2019 年在全国范围内全面实施市场准入负面清单制度，各类市场主体依法平等进入清单以外和清单许可领域。三是全面推行营商环境评价制度。基础设施投资环境是营商环境的重要组成部分，在 22 个城市试点的基础上，2019 年要在全国大中城市、国家级新区全面开展营商环境试评价。特别要把加大对各类所有制财产的法律保护，尤其是对合法民营资本投资的产权保护作为改善营商环境的重中之重。

第二，深化投融资体制改革，保障资金来源。 2019 年要在资金保障上下功夫，在有效防范风险的前提下用好财政和社会资金。一是加快发行和用好地方政府专项债券，重点确保在建工程资金需求，不形成"半拉子"工程。二是创新基础设施项目市场化运作的盈利模式，加大金融支持力度，充分调动社会资本积极性，更加有效地吸引外商投资。对一些市场前景良好的基础设施项目，可以尽快推向市场。一些规模相对较小、公共性较弱的服务性设施，可允许社会资本拥有所有权和经营权。

第三，深化基础设施领域市场化改革，激发和盘活优质资产。 过去一段时期，基础设施领域"重增量轻存量""重投资轻盘活"，部分基础设施领域市场化改革滞后是其中一个重要原因。比如，国企和平台既当建设平台又当运营主体。一些城市供水、污水处理、高速公路等是事业单位运营，没有开展市场化改革。目前我国在能源、交通、水利、环保、重大市政工程、农林业等基础设施领域积累了大量优质存量资产，相当一部分掌握在地方政府手里。这些资产一经盘活，可以拓宽基建资产来源，减轻地方债务负担，还能有利助推国企混改，吸引民间资本进入。为激发和盘活存量资产，合理确定国有资产公允价值，推动相关事业单位和国有企业改制工作，优先推出边界明确、商业模式清晰、现金流稳定的优质存量资产，运用PPP等模式盘活资产后回收的资金，除支付职工安置、债权债务处置外，主要用于支持补短板项目。再投资后形成的新的优质资产，可再次盘活实现良性循环。

第六章　优化投资体制，提高投资质量

许召元

要点透视：

➢ 2018年，我国基础设施投资增速大幅下降，但转型升级需求等带动制造业投资持续回暖，总投资呈触底趋稳态势。

➢ 2019年我国投资增速仍有一定下行压力，但随着中美贸易摩擦等外部不稳定因素解除，以及大幅度减税降费措施的支撑，预计降幅有限。但我国经济已经进入工业化后期，预计未来十年投资增速将小于GDP名义增速，投资率呈下降趋势。

➢ 在我国投资领域仍然存在不少需要进一步完善之处，一是要素价格，包括资本、劳动、能源等，形成机制不完善，价格水平较高。二是不少垄断性行业的准入门槛仍然较高，三是政策性投资的比重仍然较大。需要着力推动改革，塑造高标准市场化的投资体制。

2018年，我国人均GDP接近1万美元，按照1990年麦迪森不变价格计算达到1.3万国际元，经济发展已经接近跨越中等收入阶段向高质量发展转变的时期。投资是影响经济质量的重要方面，提高投资效率不仅影响当期经济增长，还将影响后期的增长基础。当前，我国仍然存在投资效率不高的情况，需要通过不断优化和完善投资体制，提高投资质量，以高质量投资促进高质量发展。

2018年固定资产投资的两大特点

2018年，全国固定资产投资（不含农户）完成63.6万亿元，累计同比增长5.9%，增速比2017年下降1.3个百分点，这也是自2016年我国投资增速首次低于10%以后，连续第三年增速持续下降。也是自2012年以后，连续第6年投资增速持续下调，但是从2018年全年各月份的变化看，在市场力量作用和政策引导下，2018年已经扭转了前几年几乎持续下行的趋势，在2018年8月达到5.3%的低点后，投资增长已经呈现短期反弹，趋于触底企稳的态势。

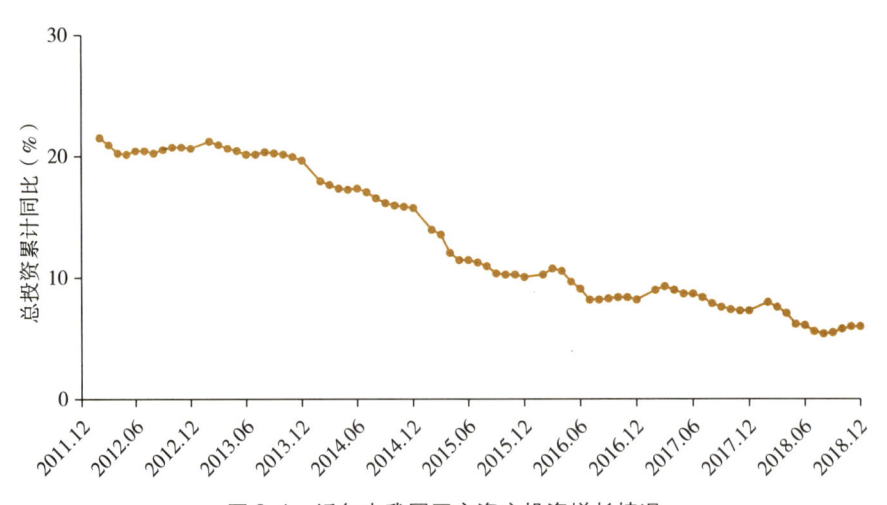

图6.1 近年来我国固定资产投资增长情况

资料来源：CEIC数据库。

政策性投资出现了大幅度的增速下调

在经济周期的下行期，固定资产投资往往都会出现比 GDP 增速下降幅度更大规模的调整，从这个意义上，投资是经济周期的放大器，是经济波动的主要直接原因，投资企稳回升也往往意味着经济企稳甚至复苏。我国的投资变化规律与其他国家有所不同，主要是国家依靠强大的宏观调控能力，在市场性投资快速下行时，利用政策性投资实现托底，从而使总投资下行的幅度更小，经济运行更加平滑，更有利于经济的平稳调整。

2012—2018 年，我国投资增速从 23.8% 持续下行到 5.9% 的速度，平均每年下降 3 个百分点，有效实现了投资的周期性调整，充分释放了投资快速调整的压力。在这一过程中，以制造业投资为代表的市场内生性投资从 31.8% 下降到 2016 年 8 月的 2.8%，然后出现缓慢反弹，到 2018 年底实现 9.5% 的增长，与以基础设施投资为代表的政策性投资相比，制造业投资下调更快，幅度更大，也更早实现了触底企稳和反弹。可以说，到 2018 年底，市场内生性投资下行的压力已经得到了一轮完整的调整和释放。

与制造业投资相比，基础设施投资经历了完全不同的增长模式，也就是持续几年保持高增长，但到 2018 年出现短期大幅度的集中调整。2012—2017 年，基础设施投资从 2012 年 6.7% 提高到 2014 年的 20.9%，然后又逐步下调到 2017 年的 17.6%，一直保持了较高的增长速度。但 2018 年基础设施投资（含电力燃气水）从上年的增长 17.6% 快速下跌到 2018 年 9 月的 0.8%，到 12 月略微回升到

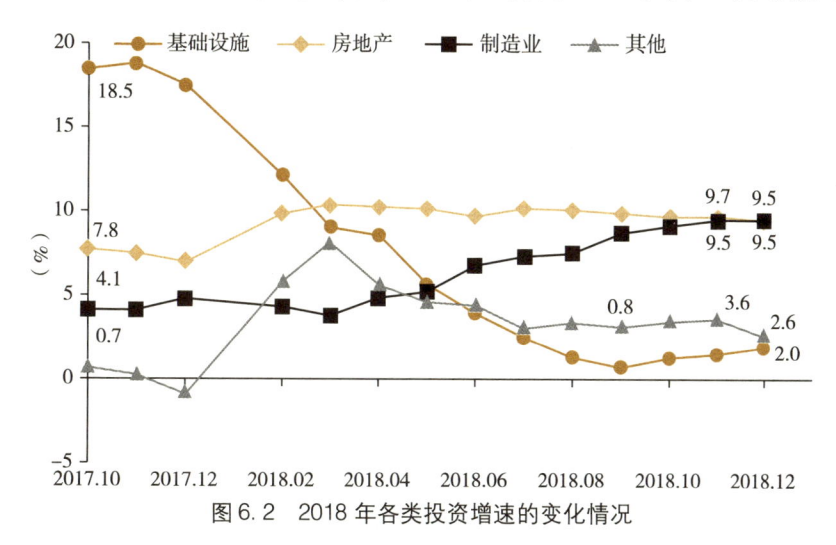

图 6.2 2018 年各类投资增速的变化情况

2.0%，一年内下降了近16个百分点，基础设施投资也在短期内实现了一个周期性的调整，大幅度释放了下行的压力。

制造业投资显著回升是2018年投资稳定的最大贡献因素

2018年投资增速止跌回稳主要是由于制造业的贡献。经过比较计算，与2017年相比，2018年我国制造业投资增速提高4.7个百分点，使总投资增速加快1.15个百分点（表6.1），其他各类投资中，基础设施投资下滑15.6个百分点，拖累总投资下跌3.36个百分点，房地产投资加快2.5个百分点，带动总投资增速提高0.35个百分点，其他投资也拉动总投资增速回升0.56个百分点，因此，制造业投资回升是2018年基础设施投资大幅度下滑背景下，总投资能够保持相对稳定的最主要贡献因素。

表6.1 与2017年相比2018年各项投资对总投资增速变化的贡献 （单位:%）

投资类别	上年同期总投资（亿元）	2017年增速	2018年增速	与2017年相比对总投资增速的贡献
基础设施	169 799	17.6	2.0	-3.36
房地产	109 830	7.0	9.5	0.35
制造业	193 616	4.8	9.5	1.15
其他	126 978	-0.9	2.6	0.56
合计	600 223	7.2	5.9	-1.30

资料来源：CEIC数据库。

制造业投资回升的行业有着较大的差别。2018年制造业投资持续回升，从一季度的3.8%一直增长到全年的9.5%。在整个投资下行的大形势下表现尤为突出。但各行业的表现有很大的差异性，例如增长最快的化纤行业投资增速高达29.0%，而酒、饮料和茶行业的投资为-6.8%（图6.3）。

从分行业的变化看，2018年制造业投资回升的主要贡献者是为制造业升级服务的行业。虽然在图6.3中，制造业增速最快的是化纤、家具、计算机、建材等行业，但如果与年初相比，并考虑各行业的投资规模大小，则在制造业投资从2017年4.8%提升到2018年9.5%的过程中，贡献最大的前6个行业分别是：建材（带动制造业投资回升1.8个百分点）、专用设备制造业（使制造业投资加快增长0.8个百分点）、化学原料和化学制品业（0.8）、金属制造业（0.7）、电气机械制造业（0.6）和通用设备制造业（0.4）（图6.4）。在这6个行业中，通用设备制造业、专用设备制造业、电气机械制造业都是直接服务于企业转型升级的重要行业，金属制造业也与转型升级需求密切相关。因此，可以认为2018年制造业投资持续回升，主要是因为在经历了前几年的去产能后，当前我国制造业投资正处于转型升级的过程中，企业对更新改造的需求仍然较为旺盛。

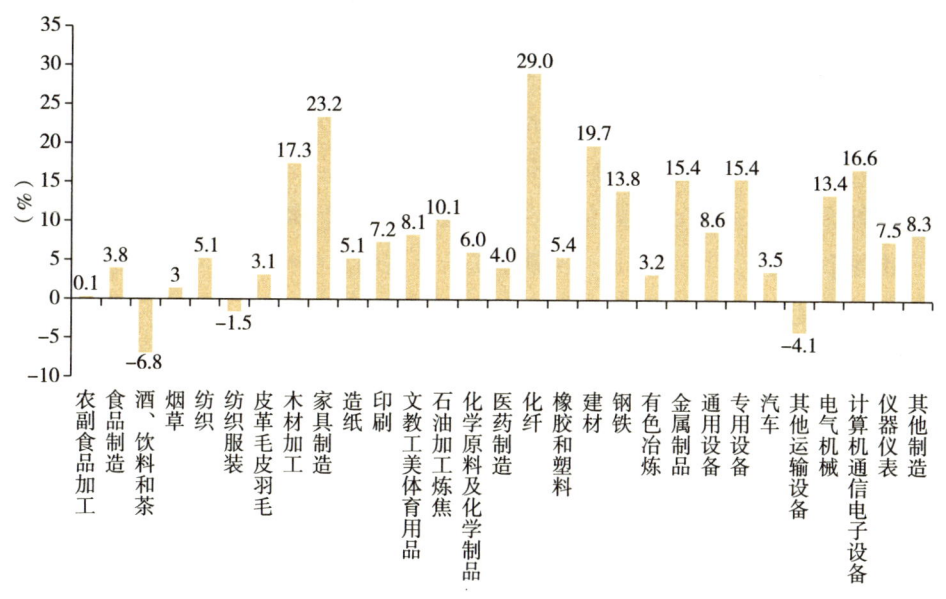

图6.3　2018年1—10月制造业内部各行业投资增速
资料来源：CEIC数据库

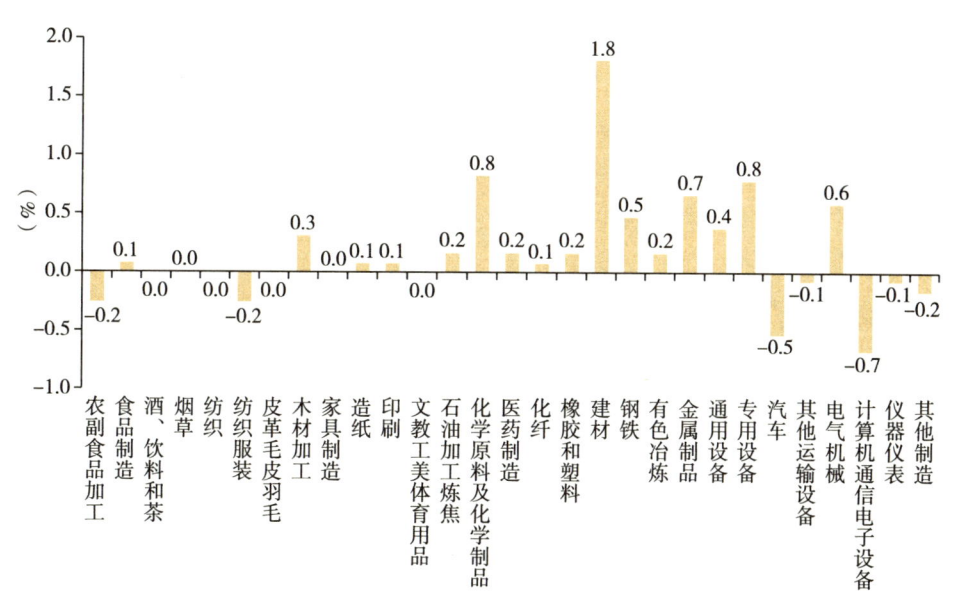

图6.4　2018年与2017年相比制造业各行业对制造业投资增长的贡献
资料来源：CEIC数据库。

2019 年和未来十年投资发展趋势

2019 年房地产投资增速存在较大的下行可能

2018 年房地产投资一直保持较高的增长速度。全年房地产投资累计达 12.0 万亿元，占总投资的 18.9%，同比增长 9.5%，而且自年初以来一直保持 10% 左右非常稳定的态势，在基础设施投资增速出现断崖式下落的情况下，成为除制造业投资外保持总投资较为稳定的又一关键因素。但 2018 年下半年以来，我国房地产市场形势发生了显著变化，特别是房价上涨的趋势出现了明显扭转，很多地方出现了土地流拍或底价、低价成交的现象，多种迹象显示 2019 年房地产投资增速可能会出现较大幅度下降。

房地产开发投资完成额可以分为土地购置费和建安支出两大部分，而建安支出的增速直接取决于房地产施工面积的增长情况，因此对 2019 年房地产投资的判断仍然要分别考虑这两个部分的变化。

从历史经验看，房地产土地购置费的变化主要取决于房地产市场的形势，特别是房地产销售情况的变化。从 2006 年以来，房地产销售面积一直与土地购置面积增速的变化关系非常稳定，房地产销售面积一般是土地购置面积的领先指标，2007—2016 年大致领先一年时间，而且当销售面积负增长时，土地购置面积往往负增长幅度更大。2016 年 4 月以来，房地产销售面积增速持续回落，预计

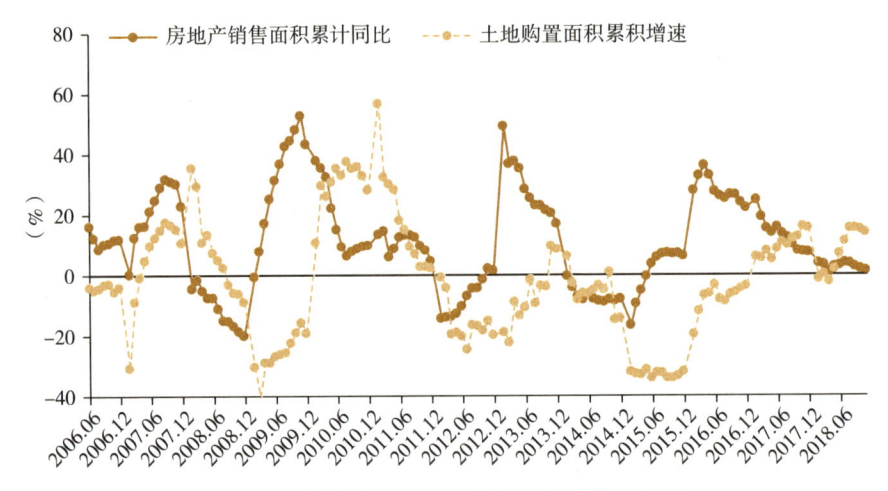

图 6.5 房地产销售面积与土地购置面积的关系

资料来源：Wind 数据库。

2019年土地购置面积很可能进入负增长。进一步，土地购置面积和购置费的增速高度相关，但购置费的波动幅度更大。

土地购置面积增长的变化还将直接影响新开工面积的变化。从历史经验看，这两者是高度相关的，而且几乎没有时滞。因此，2019年如果由于销售面积持续走缓导致土地购置面积出现负增长的话，当年的房地产新开工面积也很可能出现负增长。

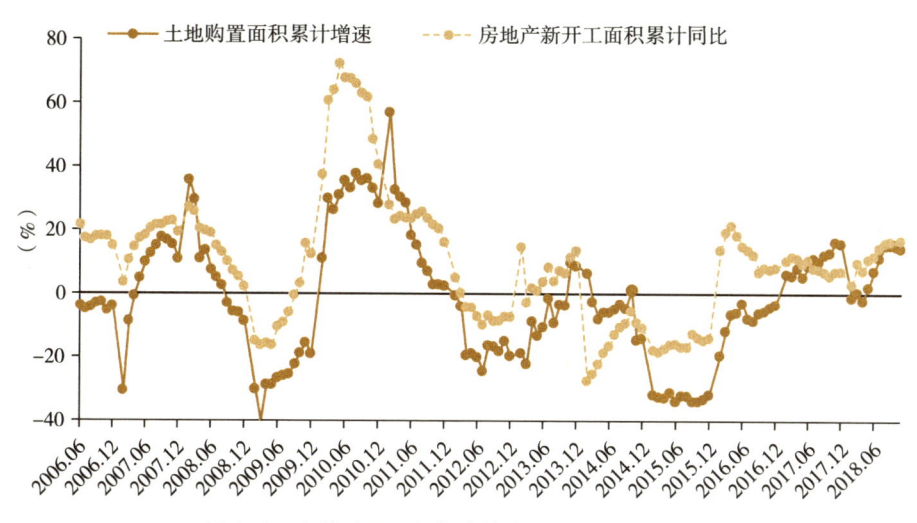

图6.6 土地购置面积与房地产新开工面积的关系
资料来源：Wind数据库。

新开工面积将直接影响房地产施工面积的变化。从构成上看，房地产施工面积等于尚未竣工的房地产施工面积加上新开工面积。如果2019年房地产新开工面积出现负增长，房地产施工面积增速一定会出现下滑，并带动房地产投资中的建安支出走低（若建材价格下降，则建安支出降低幅度更大）。从历史经验看，由于房地产在施工的存量较大，所以施工面积的变化幅度要远小于开工面积的变化幅度。2018年1—12月，房地产施工面积累计增长5.2%，预计2019年可能下降至零增长左右。

综合考虑土地购置费的变化和房地产施工面积的变化，预计在房地产调控政策没有大的变化的情况下，2019年的房地产投资可能降至零增长附近的水平，类似于2015年从10%降至1%的情况，这将给2019年的稳投资带来较大的压力。

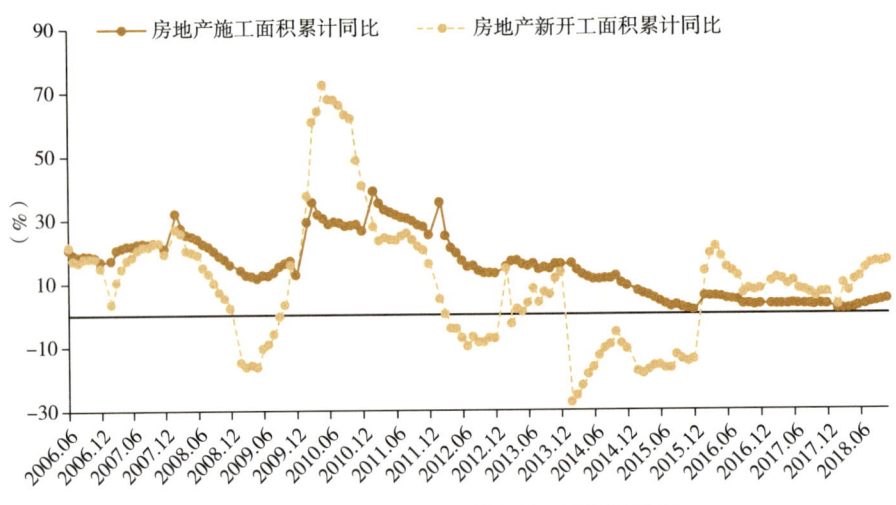

图 6.7　房地产新开工面积与施工面积的关系
资料来源：Wind 数据库。

基础设施投资因受融资来源的约束难有较大回升

2018 年四季度基础设施增速实现触底反弹主要受政策的强力推动。2018 年前三季度，我国基础设施投资（包括电力燃气水）同比增长仅有 0.8%，增速比 2017 年全年的 17.6% 下降了 16.8 个百分点，降速非常迅猛。在下半年一系列稳投资的作用下，四季度基础设施投资出现了全面的企稳回升，其中 1—12 月电力燃气水的投资增长为 -6.7%，比 1—9 月回升了 4.0 个百分点。交通运输和仓储邮政业的投资回升较小，在 1—9 月仅增长 3.2% 的最低点上，全年增速回升到 3.9%。另外，水利、环境和公共设施管理业共投资 8.5 万亿元，同比增长 3.3%，也比 1—9 月回升 1.2 个百分点，从这三部分的发展趋势看，2018 年基础设施投资已经触底企稳（图 6.8）。

虽然 2018 年四季度基础设施投资已经出现回升，但 2019 年全年仍然难有明显回升，主要有几个方面的原因：

一是减税降费的大政策和地方政府的债务约束决定了基础设施投资的资金来源难有大的增长。 2018 年以来，我国实体经济面临较大的困难，迫切需要减税降费提高竞争力，中央政府也明确了 2019 年将进一步推进大力度的减税降费政策。减税降费必然带来中央和地方政府可支配财力增长放缓甚至绝对减少。另外，近年来，中央政府切实加强地方政府债务管理，坚决遏制违法违规举

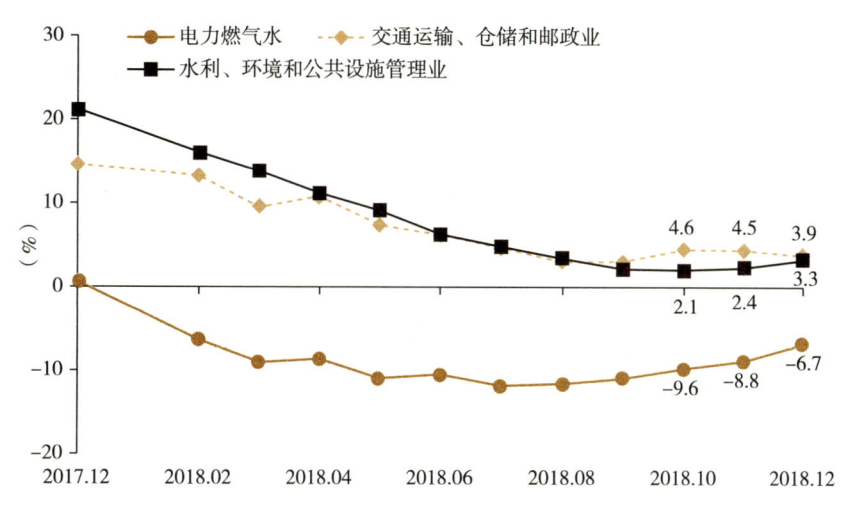

图 6.8　水利、环境和公共设施管理业及分项投资增速变化情况
资料来源：CEIC 数据库。

债，坚持堵"后门"，开"前门"，地方政府举债的途径、规模和用途受到明确的约束。虽然 2019 年地方政府的一般债和专项债规模都有大幅度增长，但主要用于基础设施投资的专项债受到项目本身效益情况的约束，难有快速增长。

二是 2019 年地方政府来自土地的收入可能有所下降。2018 年 9 月以后全国房地产市场形势出现变化，各地土地流拍现象增多，土地出让价格下降，这两方面的变化都将制约 2019 年地方可用于基础设施投资的资金规模。

三是近年来各地基础设施的主体来源——PPP 项目，也出现明显的不足现象。2018 年 1—11 月，全国 PPP 项目总投资额达到 17.5 万亿元，低于 2017 年全年的 18.2 万亿元，从构成看，项目执行和采购阶段分别为 7.2 万亿和 3.4 万亿元，高于上年同期的 4.6 万亿和 3.3 万亿元，而反映后续项目多少的准备和识别阶段分别为 2.3 万亿和 4.6 万亿元，远远少于上年同期的 2.9 万亿和 7.2 万亿元。这说明，2019 年基础设施投资将面临较大的项目不足问题。

另外，从回报机制看，当前的 PPP 项目还存在有收益项目比重减少，政府负担加重的问题。2018 年 1—11 月，在 17.5 万亿元的 PPP 项目中，使用者付费的投资额为 2.0 万亿元，比 2017 年的 4.2 万亿元减少了 2.2 万亿元，相应地可行性缺口补助部分的投资规模增加了 1.2 万亿元，可见 2019 年还面临有收益的基础设施投资更少的问题。

出口增速可能回落以及企业投资信心下降，制造业投资预计将有回调压力

2018年制造业投资持续回升，主要受益于出口和投资拉动。2017年，我国对外出口增长7.9%，部分行业增长更快，如计算机、通信和其他电子设备制造业出口增长13.2%。出口较快增长拉动了2018年这些行业的投资，例如，计算机、通信和其他电子设备制造业投资增长高达16.6%，电气机械和器材制造业的投资增速为13.4%，家具制造业的投资增速达到23.2%，这几个都是出口比重较大的行业。

2019年，受中美贸易摩擦的影响，我国出口增速很有可能回落，另外，2018年的投资增速进一步降低也会对2019年相关制造业行业的新增投资产生影响，所以出口和投资这两个因素对制造业投资的拉动都会减弱，另外，国际经济环境变化已经引起企业投资信心不足，因此，预计制造业投资的增速可能会显著回落，甚至降至2016年时的较低水平。

未来十年投资增速低于GDP增速将是一个常态

从主要国家长期投资增长规律看，到了经济成熟期，投资增速与GDP名义增速大致相同是一个普遍规律。投资增长具有明显的顺周期性，也就是经济繁荣期投资增长速度一般高于GDP名义增速，而到了经济下行期投资增速低于GDP名义增速，这一规律在经济发展起飞阶段更为显著。但是，到了经济成熟期，特别是到了工业化后期，甚至后工业化时期，投资增速与GDP增速的背离就比较小了，投资占GDP的比重也相对稳定。例如美国自1950年后投资占GDP的比重长期在20%左右，投资增速与GDP增速大致保持相当的水平。除美国外，日本、韩国和欧洲等发达国家大多有这个特点。

中国自2012年以后开始进入工业化后期，到2018年，人均GDP接近1万美元，市场经济体制也不断完善，基本进入了成熟的经济发展阶段。而且，中国投资占GDP的比重明显偏高，中长期看有进一步下行的趋势，按照本书第一章对未来十年中国经济增长展望，我国投资率将从2019年的42.6%逐步下降到2028年的32.5%，今后十年我国投资增长速度在4.8%左右，比GDP增速低3.1个百分点。

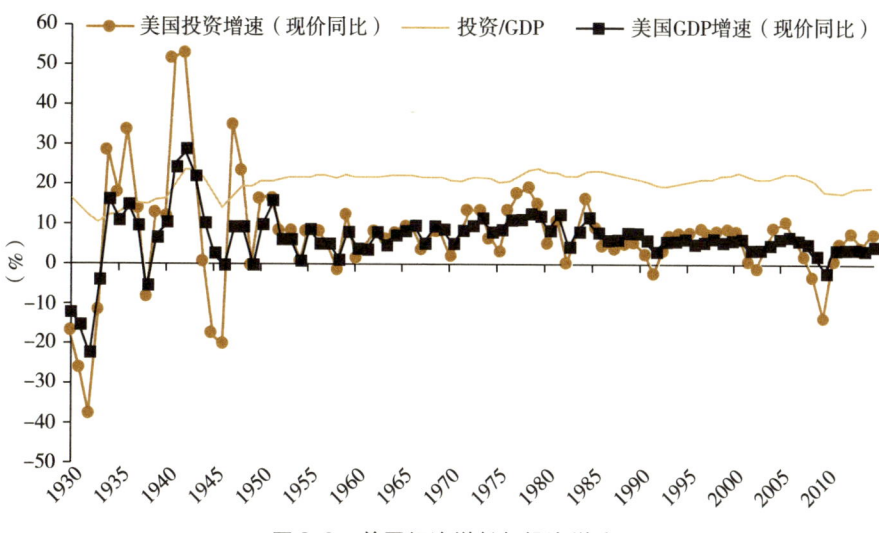

图 6.9 美国经济增长与投资增速

资料来源：CEIC 数据库。

我国投资体制方面需要完善的主要方面

重要投资要素的价格形成机制不够完善

完善的要素价格形成机制是投资体制的重要内容，也是提高投资效率的重要保障。一个好的要素价格形成机制可以有效反映各种要素的机会成本，通过价格引导投资结构的优化，还可以降低投资成本、促进投资。

改革开放以来，我国各方面的价格形成机制有了很大的改善，绝大多数商品和要素的价格已经市场化，但是，在一些重要的投资要素方面，仍然存在需要完善的地方。

一是资金价格仍然相对较高。随着经济发展，各国资金价格，特别是贷款利率都经历了显著的从高到低的变化过程。例如，日本 1992 年前的贷款利率在 5%~8% 之间，多数时间在 7% 左右，但到 1996 年，已经降至 2.7%，2017 年降至 1.0%。美国的贷款利率也从 2000 年前的 8% 以上降至 2017 年的 3.9%。类似地，马来西亚和泰国 2017 年的贷款利率也都降至 4% 左右。与这些国家相比较，2017 年我国的贷款基准利率为 4.4%，与美国、马来西亚、泰国等差不多。

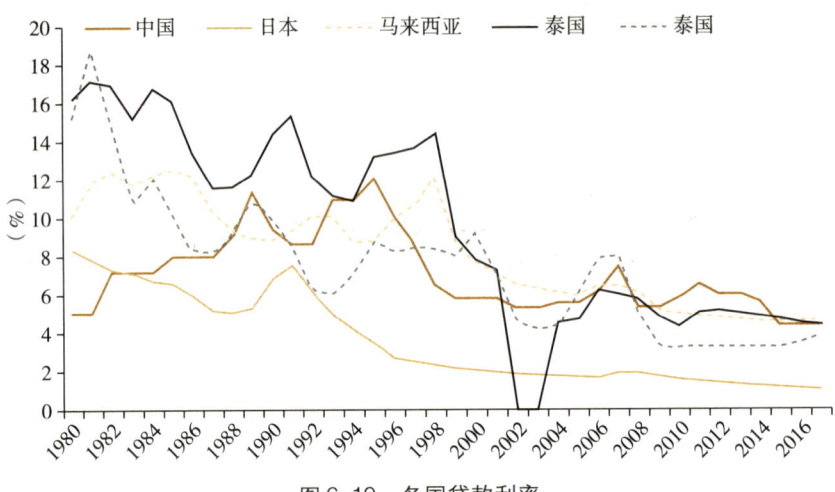

图 6.10　各国贷款利率

资料来源：世界银行数据库。

但是中国的利率情况与其他国家有显著差别，大量中小企业的实际贷款利率远远高于4.4%的基准水平。例如，根据温州民间金融价格指数，2018年底民间借贷综合利率水平为13.7%，2019年2月降至13.2%，这一利率水平基本上是官方基准利率的3倍，远远超过了其他主要经济体的贷款利率（图6.11）。

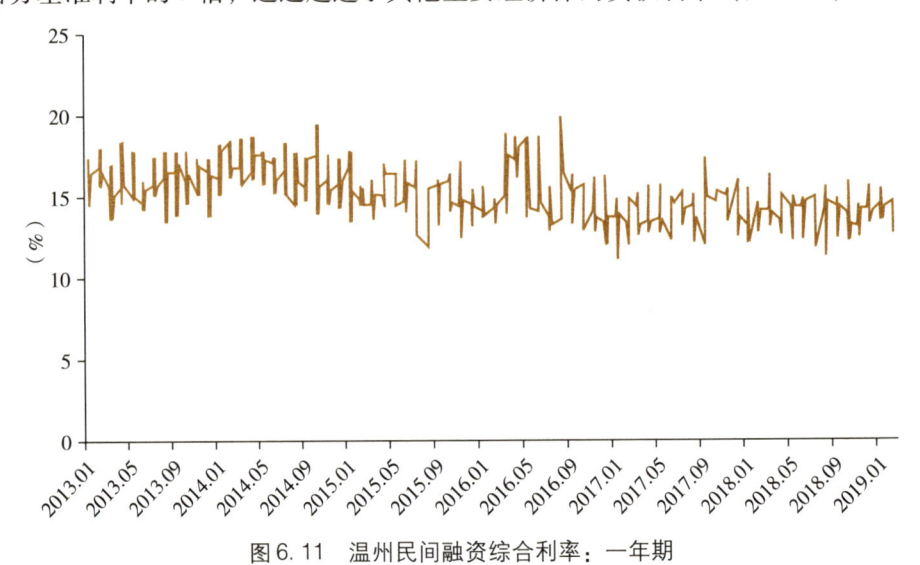

图 6.11　温州民间融资综合利率：一年期

资料来源：CEIC。

由于基准利润与中小企业的实际贷款成本有巨大差别，这就不可避免对投资质量带来多方面的不利影响：一是民间借贷利率过高，提高了投资成本，降低了投资积极性；二是不同类型的贷款利率相差过大，会使部分企业，特别是国有企业的投资冲动更大，而另一部分企业的投资意愿过小，可能导致严重的投资结构不够优化的问题。

资金价格过高，不同类型贷款成本相差过大，背后有着复杂的原因。我国银行业竞争程度不足，银行拥有较高的垄断势力是一个重要因素。目前，从绝对数量看，我国除了大型国有商业银行外，还有大量的城市商业银行、农村商业银行、民营银行、网络银行、P2P（互联网借贷平台）等多种形式的金融服务机构，但仍然存在管制过多、竞争不充分的问题。例如，各个银行，特别是城商行、农商行的运营地域范围和业务范围仍然受到较多的管制，并不能充分依据市场需求进行有效竞争。

二是能源和土地等要素价格相对偏高。各国的能源成本不太好具体比较，我们用单位 GDP 能源成本来比较。单位 GDP 能源成本是指单位 GDP 中消耗的能源价值量，该指标综合反映了能源消费的数量和价格水平。从历史数据看，中国单位 GDP 能源成本已经经历了一个先增加后下降的倒 U 形变化。20 世纪 90 年代以后，单位 GDP 能源成本急剧上升，从 1990 年的 0.1 提高到 2005 年的 0.18，提高了 80%，并在 2005 年前后达到峰值，到 2012 年已经下降到 0.12。

与美国、日本和韩国等相比，中国目前的单位 GDP 能源成本与韩国相当，但显著高于美国和日本。2011 年，韩国单位 GDP 能源成本为 0.18，中国略低于韩国。但日本仅为 0.09，美国仅为 0.08，中国高于美国和日本约 66%，特别是 2011 年以后，美国单位 GDP 能源成本大幅下降，2016 年已经减少到 0.04，仅是中国的 30% 左右。

能源价格偏高与我国的能源供应体系密切相关。我国能源供给以国有企业为主，在石油和电力供应方面垄断程度较高，导致不少环节的运行效率较高，竞争不足，最终价格偏高。另外，不少地方反映，投资的土地成本较高，这与我国的土地分区域调控，过于强调土地本区域的占补平衡有一定关系。

部分行业仍然存在不少准入障碍

我国不少行业仍然存在明显的准入限制，影响了投资体制的优化。需要加快推动行政性垄断行业的改革，重点是石油、天然气、电力、通信、铁路、金融等领域放宽准入。

铁路领域的准入障碍是投资难以进入的一个典型案例。近年来，我国铁路投资

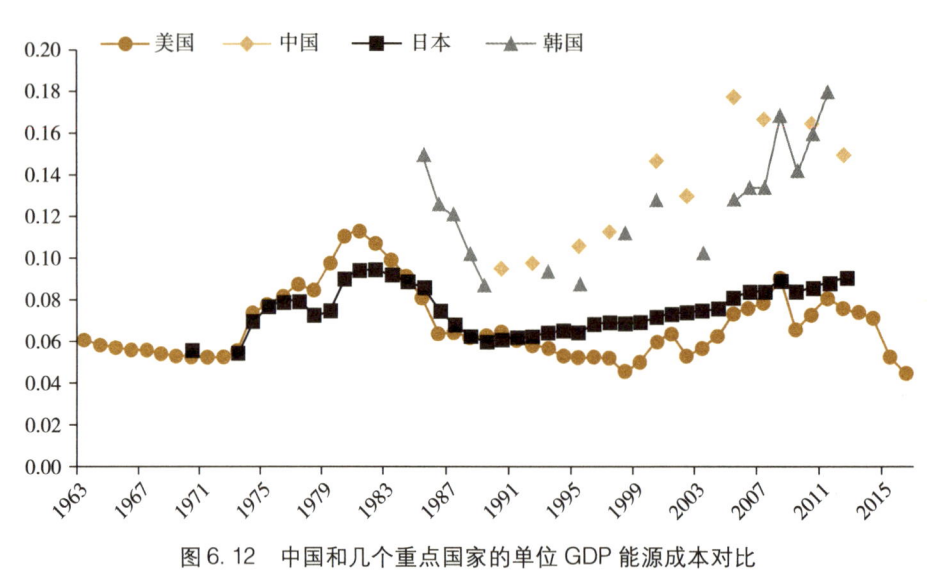

图6.12 中国和几个重点国家的单位GDP能源成本对比
资料来源：各国投入产出表

巨大，特别是高铁投资受到了普遍关注，由于铁路具有稳定可预期的现金流，社会资本也非常有兴趣。党中央、国务院对加快改革，引入社会资本也非常重视，2015年7月，国家发改委等部委联合发布《关于进一步鼓励和扩大社会资本投资建设铁路的实施意见》，鼓励社会资本进入铁路领域。此后出现了两条民营资本控股的铁路，分别是杭绍台铁路和杭温铁路义乌至温州段，其中，2017年由复星集团牵头的民营联合体与浙江省交通投资集团等签署了"杭绍台铁路PPP项目"投资合同，这也是中国首条民营控股高铁项目。复星集团牵头的民营联合体占股为51%。2018年，百胜联合集团与浙江省交通集团及各市签署杭温铁路义乌至温州段PPP合作协议，其中民资控股51%，采用"建设－拥有－运营－移交"（BOOT）模式，合作期为34年，包括建设期4年、运营期30年。但是实际运作过程中，仍然存在合作方式不明确，收益计算方式、具体运营模式不清晰等诸多障碍，不少民营企业反映，点对点式的单独铁路，特别是地方城际铁路等计算收益相对容易，一旦联网运营的铁路，涉及跨网运营的收益如何计算仍然没有明确的体制，而且社会资本也很难有具体运营的管理和决策权，制约了社会资本大规模进入铁路行业。

政策性投资份额较大

我国的政策性投资，也就是以政府投入为主或起重要引导作用的投资主要是基础设施投资。2012—2017年，我国基础设施投资继续保持高速增长。这一时期，基础设施投资从7.6万亿元增长到17.3万亿元，年均增长17.9%，5年间增长了1.3倍，高于同期总投资增速（年均11.6%）6.3个百分点。基础设施投资占总投资的比重从2012年的20.9%提高到了2017年的27.4%，平均每年增加1.1个百分点。

虽然由于基础设施投资的直间和间接效益很难度量，也很难判断政策性投资的比重或规模是否过高，但根据初步测算结果，2012年以来我国基础设施投资的边际产出已经大幅度下降（廖茂林等，2018），而非基础设施投资的边际产出仍然保持较高的水平，这说明我国基础设施投资总规模可能已经过大，进入了低效率区间，这将对整体的投资效率有不利影响，因此，如何更合理地调控政策性投资的规模、增长速度和投资结构，也是优化投资体制的重要内容。

参考文献

国家发改委等，《加大力度推动社会领域公共服务补短板强弱项提质量 促进形成强大国内市场的行动方案》，发改社会〔2019〕0160号。

《2019年中央经济工作会议公报》。

廖茂林、许召元、胡翠、喻崇武，《基础设施投资是否还能促进经济增长？——基于1994—2016年省际面板数据的实证检验》，《管理世界》，2018年第5期。

国办发〔2018〕101号，《国务院办公厅关于保持基础设施领域补短板力度的指导意见》。

刘世锦，《建设高标准市场经济，推动高质量发展》，《经济参考报》，2018年12月19日。

第七章 汽车

多重因素叠加共振，市场难有明显改观

王 青

要点透视

➢ 2018年，中国汽车市场出现罕见负增长，全年国产新车销量为2 808.1万辆，同比下降2.8%；当年民用汽车保有量和千人汽车拥有量分别约为2.3亿辆和166辆。

➢ 预测到2028年，中国汽车保有量和千人汽车拥有量将分别达到4.1亿辆和288辆。

➢ 在不出现新的扰动因素和宏观经济保持平稳运行前提下，预计2019年新车销量将保持在2 820万~2 850万辆，较2018年基本持平并略有增长。

➢ 当前不宜再出台短期刺激政策，政策导向上更多考虑从刺激短期增量需求转向以存量结构调整带动增量扩张。

2018 年汽车市场增速继续下滑

2018 年中国汽车市场继续下滑,出现多年未见的负增长,并在细分市场、集中度等方面,呈现一些新的结构特征。

2018 年:市场出现负增长,企业盈利水平持续下滑

产销增幅大幅下滑,市场价格降幅小幅扩大

2018 年国产汽车产销量分别为 2 780.9 万辆和 2 808.1 万辆,同比下降 4.2% 和 2.8%(见图 7.1),产销增幅较上年分别回落 7.4 和 5.8 个百分点。从全年各月销售情况看,从二季度开始,市场增速出现回落,下半年各月均为负增长,且降幅有所扩大(见图 7.2)。

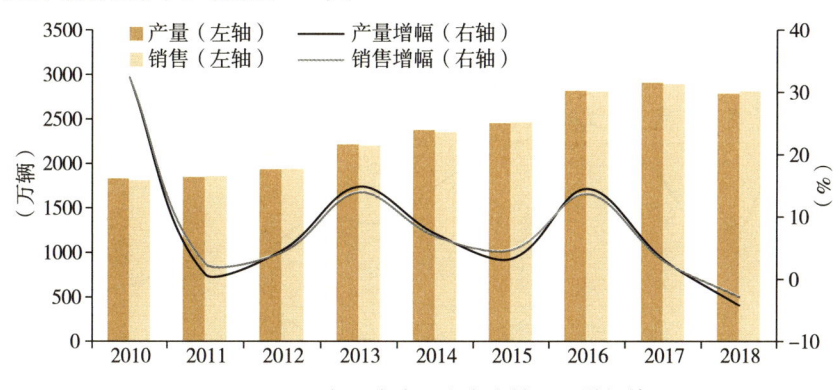

图 7.1 2010 年以来中国汽车产销量及增长情况

资料来源:中国汽车工业协会。

从车型结构看,2018 年乘用车和商用车分别销售 2 371.0 万辆和 437.1 万辆,同比分别增长 -4.1% 和 5.1%(见图 7.3)。[①] 乘用车需求继续回落,商用车

---

① 依据 2001 年国标(GB/T3730.1-2001),汽车从用途上被划分为乘用车和商用车。其中乘用车是"在其设计和技术特性上主要用于载运乘客及其随身行李和/或临时物品的汽车,包括驾驶员座位在内最多不超过 9 个座位。它也可以牵引一辆挂车"。乘用车具体可细分为基本型乘用车(轿车)、多功能车(MPV)、运动型多用途车(SUV)和交叉型乘用车。

需求明显好于乘用车。

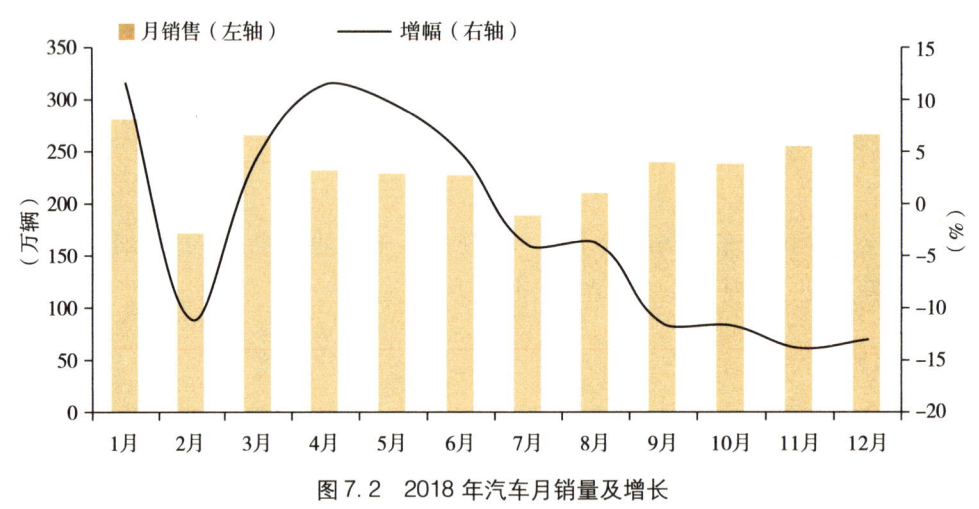

图 7.2　2018 年汽车月销量及增长
资料来源：中国汽车工业协会。

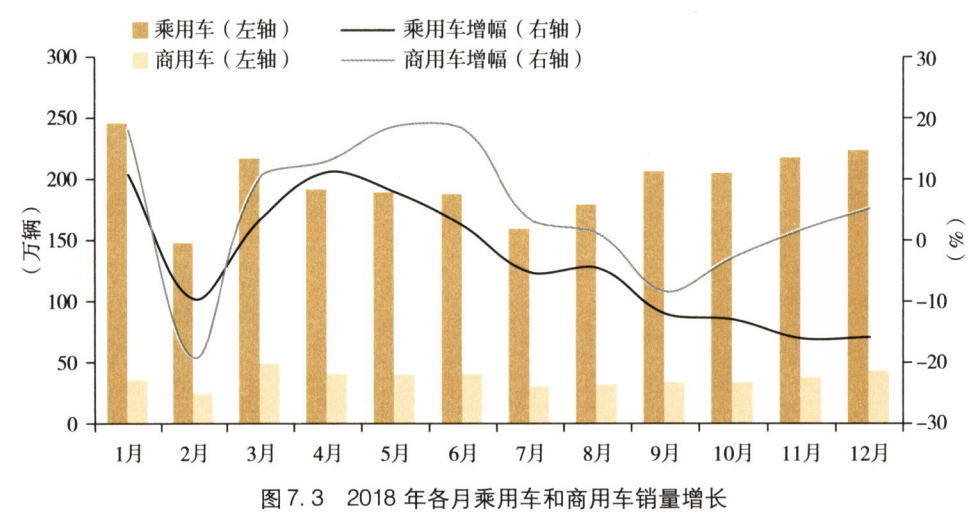

图 7.3　2018 年各月乘用车和商用车销量增长
资料来源：中国汽车工业协会。

2018年乘用车市场的主要结构特征表现在：

从车型结构看，各类型乘用车均出现负增长，以交叉型乘用车和多功能车增速下降最为突出，特别是运动型多功能车（SUV）在连续多年保持高速增长后，也出现销量下滑的情况（见表7.1）。

表7.1　2018年乘用车车型结构变化

车型	生产情况		销售情况	
	产量（万辆）	增幅（%）	销量（万辆）	增幅（%）
基本型	1 146.6	-4.0	1 152.8	-2.7
多功能车	168.5	-15.87	173.5	-16.2
运动型多功能车	995.9	-3.2	999.5	-2.5
交叉型	42.0	-20.8	45.3	-17.3

资料来源：中国汽车工业协会。

从排量结构看，除1.0~1.6升、2.0~3.0升排量车型销量比重有所降低外，其余排量车型销售比重均有不同程度提升，以1.6~2.0升最为明显（见表7.2）。

表7.2　2018年乘用车排量结构变化情况

排量区间	销量比重（%）		变化
	2018	2017	
排量≤1.0升	0.89	0.56	0.33
1.0升＜排量≤1.6升	68.20	70.35	-2.15
1.6升＜排量≤2.0升	27.73	25.48	2.25
2.0升＜排量≤2.5升	2.81	3.06	-0.25
2.5升＜排量≤3.0升	0.22	0.47	-0.25
排量＞3.0升	0.16	0.08	0.08

资料来源：根据中国汽车工业协会公布的数据整理。

从价位结构看，10万元以下车型比重继续降低，而15万元以上特别是20万元以上车型需求比重明显提升，汽车消费升级的趋势进一步显现（见图7.4）。

从能源结构看，[1] 燃油乘用车共销售2 263.1万辆，同比降低6.2%；新能源汽车需求继续保持超高增速，全年共销售107.9万辆，同比增长78.9%，其中纯电动汽车占73%。

在商用车市场上，客车产销量继续下滑，而货车市场在2017年实现较快增长的基础上，依然保持了6.9%的增速（见表7.3）。

---

[1] 本章中燃油车包括汽油、柴油和普通混合动力车型，新能源汽车包括插电式混合动力、纯电动、燃料电池、天然气及其他替代燃料车型。

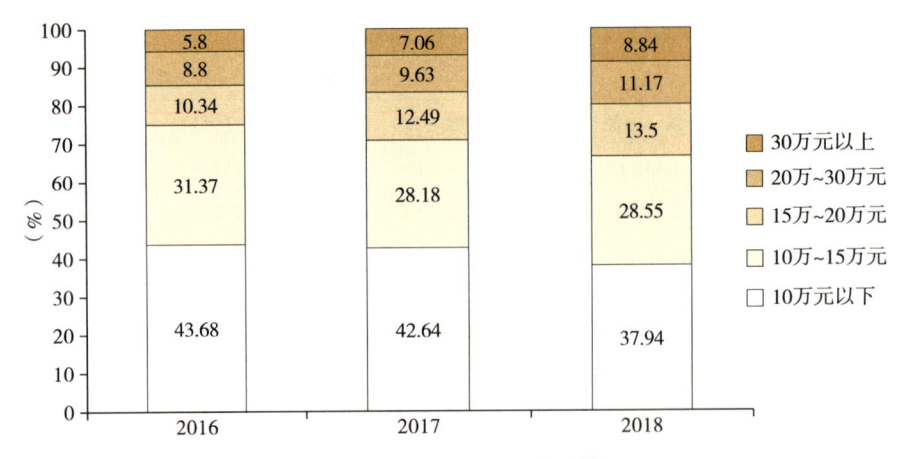

图 7.4 乘用车价位结构变动情况

资料来源：国务院发展研究中心市场经济研究所。

表 7.3 2018 年商用车产销结构变化

车型	数量（万辆）		同比增幅（%）	
	生产	销售	生产	销售
客　车	48.91	48.5	-7.0	-8.0
其中：非完整车辆	3.51	3.50	-24.4	-24.9
货　车	379.1	388.6	2.9	6.9
其中：非完整车辆	52.6	53.2	3.3	16.1
半挂牵引车	47.0	48.3	-19.6	-17.2

资料来源：中国汽车工业协会。

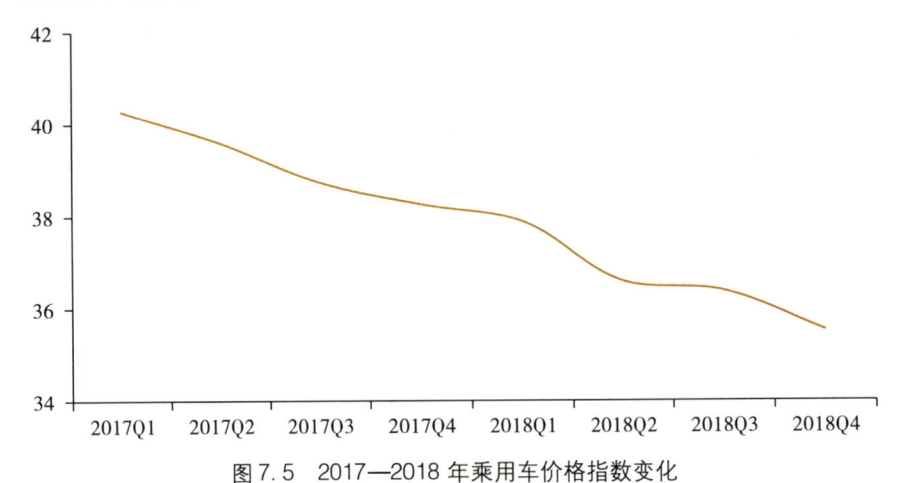

图 7.5 2017—2018 年乘用车价格指数变化

注：该指数以 2004 年 1 月末价格水平为 100。

资料来源：国务院发展研究中心市场经济研究所。

2018 年 12 月末国产乘用车市场价格指数为 35.55，较 2017 年末下跌 2.7 点，价格降幅略高于 2017 年（见图 7.5）；不同价位车型价格均有所下跌，其中 20 万元以上车型跌幅较大（见表 7.4）。

表 7.4　2018 年不同价位车型指数变化

价位	2018 年 12 月	2017 年 12 月	指数下跌（点）
10 万元以下	34.00	36.76	-2.76
10 万~15 万元	35.35	37.93	-2.58
15 万~20 万元	36.40	39.60	-3.20
20 万~30 万元	37.89	41.25	-3.36
30 万元以上	38.58	42.50	-3.92

资料来源：国务院发展研究中心市场经济研究所。

千人汽车拥有量达到 166 辆，长江中游地区保持较快增长

2018 年中国大陆民用汽车保有量（不含三轮汽车和低速货车）和千人汽车拥有量分别为 2.3 亿辆和 166 辆，较上年分别增长 10.6% 和 10.2%（见图 7.6 和图 7.7）。

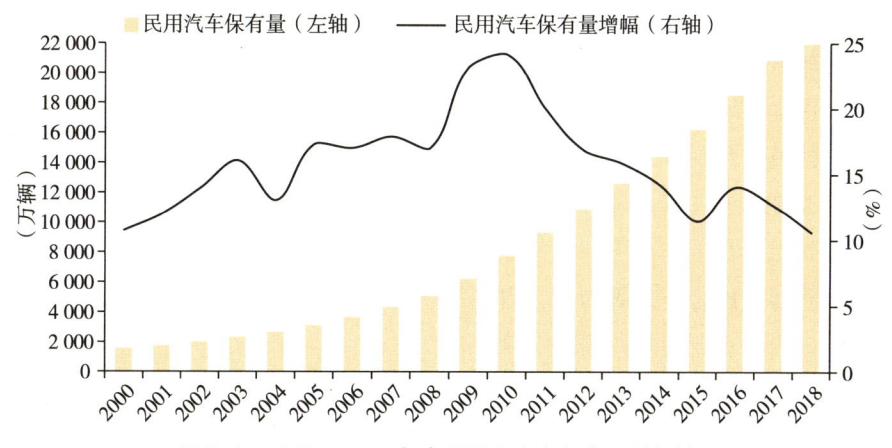

图 7.6　2000—2018 年中国民用汽车保有量增长情况
资料来源：根据国家统计局公布的数据整理。

近年来三个沿海经济区和东北经济区[①]保有量增速继续回落，明显低于全国

---

① 本章依据国务院发展研究中心李善同研究员提出的中国大陆经济区域划分方法，具体是：南部沿海地区（广东、福建、海南），东部沿海地区（上海、江苏、浙江），北部沿海地区（山东、河北、北京、天津），东北地区（辽宁、吉林、黑龙江），长江中游地区（湖南、湖北、江西、安徽），黄河中游地区（陕西、河南、山西、内蒙古），西南地区（广西、云南、贵州、四川、重庆），西北地区（甘肃、青海、宁夏、西藏、新疆）。

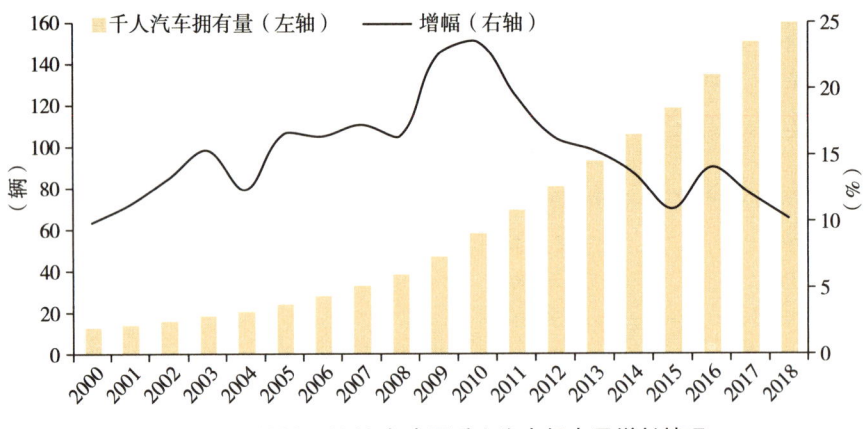

图 7.7 2000—2018 年中国千人汽车拥有量增长情况
资料来源：根据国家统计局公布数据整理。

平均水平；而长江中游、西南经济区持续保持较快增长，对中国汽车市场增长的作用和地位不断增强（见图 7.8）。

主要厂商效益指标大幅下滑，市场集中度继续下降

2018 年汽车重点企业[①]效益指标大幅下滑，在营业收入保持增长的条件下，利润总额却出现下降，这在我国汽车市场发展历史上极为罕见，也是 20 世纪 90 年代以来首次出现的状况（见表 7.5）。在销量负增长的影响下，2018 年利润率为近年来的最低水平（见图 7.9）。

2017 年销量前五位和前十位厂商市场份额分别为 38.97% 和 57.95%（见表 7.6），在销量下滑的情况下，市场集中度较上年有大幅提升。第一梯队厂商集中度有所提升并且以合资品牌为主，自主品牌厂商在第二梯队表现突出，并且成为第三梯队厂商的重要力量（见表 7.7）。

前期政策因素和居民消费增速整体回落，共同引发汽车市场下滑

课题组 2017 年末对汽车市场的预测为：2018 年国产汽车销量约为 2 915 万辆，略高于 2017 年，全年增速将保持在 0~2%。但 2018 年汽车实际销量为 2 808.1 万辆，同比下降 -2.8%。我们认为，前期政策效应继续对汽车市场产生一定抑制影响，以及居民消费增速整体回落，共同导致 2018 年汽车市场下滑。

---

① 根据中国汽车工业协会的抽样企业，重点汽车企业集团（公司）包括北汽、中国长安、华晨、一汽、上汽、吉利、江淮、奇瑞、东南（福建）、厦门金龙、郑州宇通、重汽、东风、广汽、庆铃、陕汽和比亚迪 17 家企业。

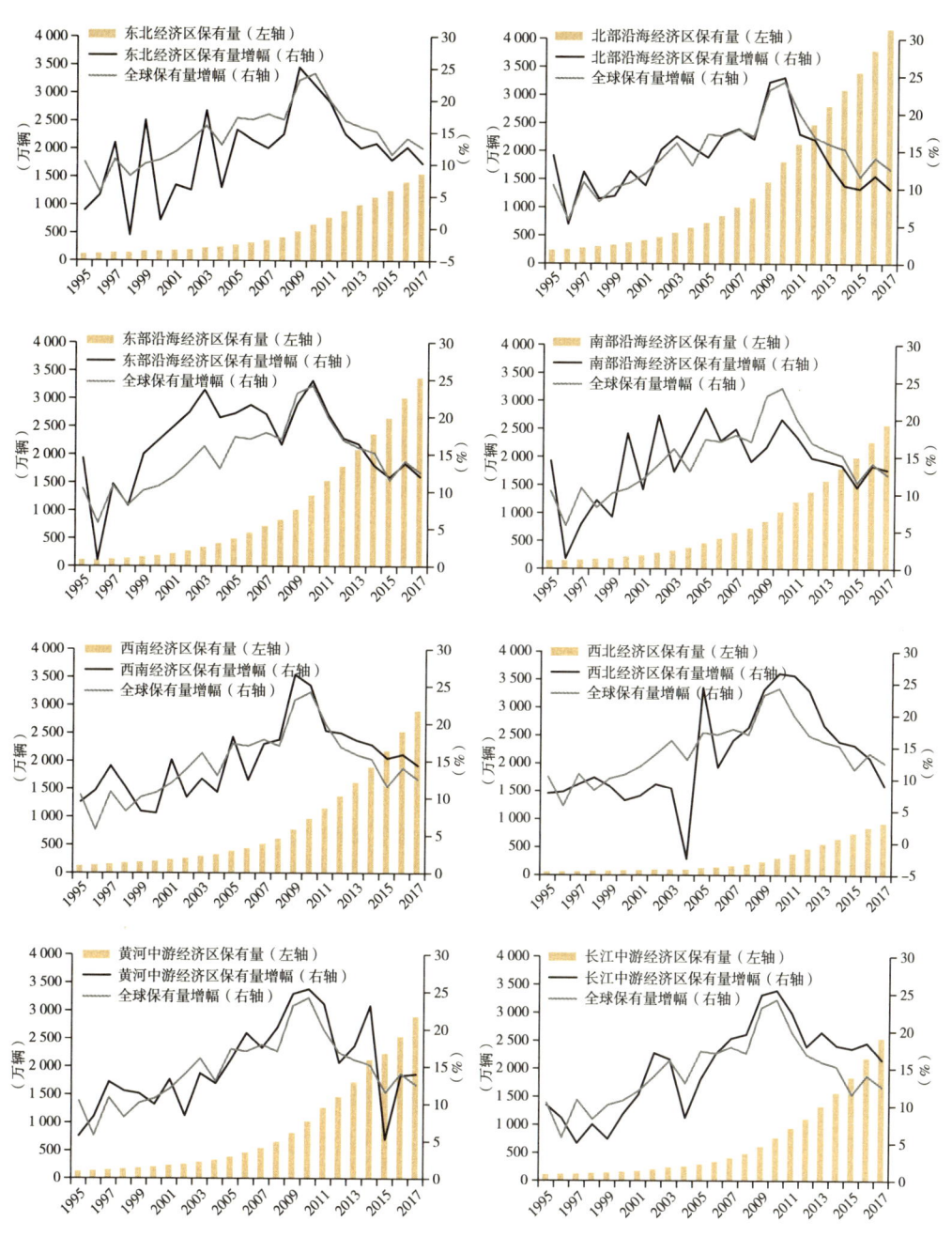

图 7.8　1995—2017 年中国主要经济区汽车保有量及增长情况
资料来源：根据国家统计局公布的数据整理。

表 7.5　2016—2018 年主要汽车企业收益指标变化

时期	利润总额		营业收入		营业成本	
	当期	同比	当期	同比	当期	同比
2016	3 653.35	5.66	36 406.30	15.66	29 245.62	16.15
2017	3 937.28	8.27	40 074.09	9.90	32 532.76	11.04
2018	3 840.56	-2.52	41 716.44	4.54	34 052.73	4.54

资料来源：中国汽车工业协会。

图 7.9　2016—2018 年主要汽车厂商利润率变化情况

资料来源：中国汽车工业协会。

表 7.6　2013—2018 年主要汽车企业市场销售份额变化情况

	2013	2014	2015	2016	2017	2018
前五位份额（%）	39.30	40.33	38.29	33.33	33.99	38.97
前十位份额（%）	59.54	61.08	59.21	56.73	56.52	57.95

资料来源：根据中国汽车工业协会发布的数据整理。

表 7.7　2018 年主要汽车企业市场占有率变化情况

	企　业	2018 年销量份额（%）	销量份额变化
第一梯队	上海大众	8.71	0.36
	一汽大众	8.60	0.68
	上海通用	8.31	0.22
第二梯队	上汽通用五菱	7.02	-0.65
	吉　利	6.33	1.28
	东风日产	4.88	0.39

续表

	企　业	2018年销量份额（%）	销量份额变化
第三梯队	长　城	3.86	0.01
	长安汽车	3.69	−0.88
	北京现代	3.42	0.24
	广汽本田	3.13	0.28

资料来源：根据中国汽车工业协会发布的数据整理。

从乘用车需求看，经过2017年的市场调整后，购置税优惠等政策对乘用车市场透支效应逐步弱化，正常情况下，2018年乘用车需求向潜在需求收敛，市场有小幅回升的内在动力。从商用车市场看，新版国标（GB1589）、"9·21"新规、全国范围淘汰黄标车、取消低速货车产品类别等政策对商用车更新的支撑效应也出现弱化迹象，商用车销量增速回落也在预期之内。但综合来看，2018年汽车整体市场小幅回升则是主要趋势。

但与此同时，2018年宏观经济出现新的负面因素，引发下行压力加大，特别是导致居民消费增速出现大幅回落，进而抑制了汽车消费和汽车市场回升。一方面，在投资增速回落及中美贸易摩擦背景下，消费者对经济增长和收入增长的预期日益负面倾向，消费者信心指数逐月回落，到9月已低于同期，部分消费者开始缩减开支，延迟甚至搁置汽车购置更新。另一方面，住宅价格经历一轮全国范围的过快上涨后，房价整体上已处于较高水平，加之全年房贷利率水平的整体上浮，对汽车等消费的挤出效应日益显现。在这两方面因素的叠加共振下，占汽车市场基础地位的中低价位、中小城市及中西部地区汽车消费，以及占换购增购需求主要车型的SUV市场，均出现大幅下滑，这也成为2018年汽车市场整体下滑的突出特征。

在上述背景下，2018年汽车市场供大于求的压力较2017年明显加大，经销商库存系数①和经销商预警指数②均居近年高位（见图7.10），库存压力较大的是自主品牌车型。③

---

① 经销商库存系数＝期末库存量/当期销售量。该系数由中国汽车流通协会每月定期发布，认为库存系数在0.8~1.2之间处于合理范围，而库存系数预警临界值为1.5。
② 经销商库存预警指数是中国汽车流通协会采用扩展指数编制方法编制发布的，以50%作为荣枯线，库存预警指数越高，表明市场的需求越低。
③ 根据中国汽车流通协会发布的数据，2018年12月进口及豪华品牌、合资品牌和自主品牌汽车库存系数分别为1.49、1.70和1.99。

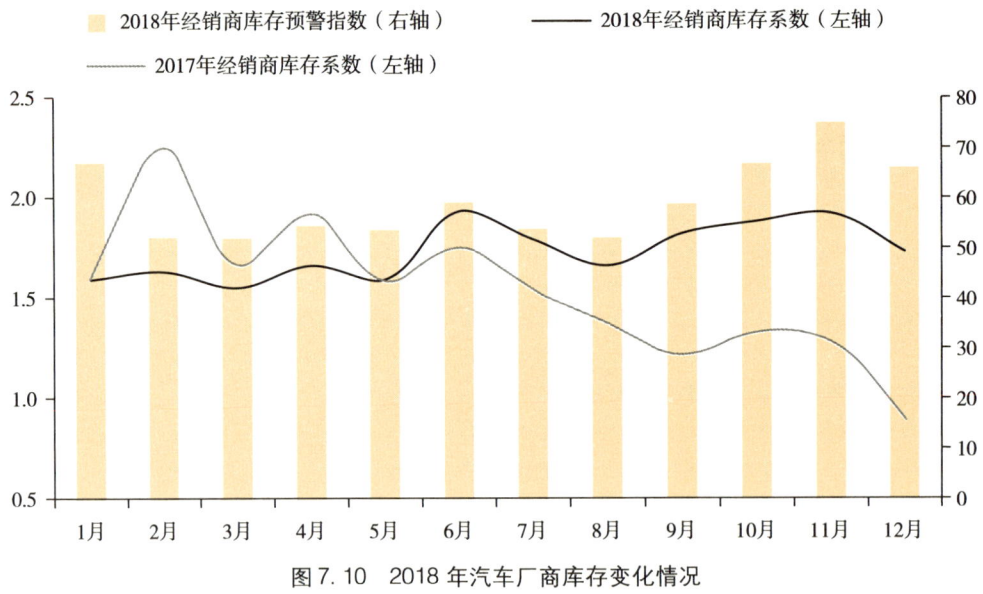

图 7.10　2018 年汽车厂商库存变化情况

资料来源：中国汽车流通协会。

未来十年中国汽车需求增长前景

中国汽车需求未来十年增长展望

依据近年的预测思路和方法，我们继续采用国际经验推算和 Logistic 模型测算方法，对未来十年的中国汽车市场进行预测并对预测结果进行相互验证。

根据国际经验推算

2018 年中国人均 GDP 已超过 13 000 国际元。根据典型国际经验，未来一段时期，中国千人汽车拥有量增速将从 11%～12% 的增长区间，逐步向 5%～7% 的潜在增长区间转换（见表 7.8）。预测到 2028 年中国人均 GDP 将超过 20 000 国际元，中国汽车市场将进入饱和期发展阶段。根据国际经验推算，预计到 2028 年，中国汽车保有量将接近 4.1 亿辆，新车产销规模将达到 3 300 万辆，千人汽车拥有量约为 288 辆（见图 7.11 到图 7.13）。

表7.8 工业化国家或地区汽车需求增长的阶段特征

发展阶段	增长特征		千人汽车拥有量（辆）	人均GDP（1990年国际元）	年均增速（%）	历时（年）
孕育期（0~t_1）	低速		0~5	0~3 500	—	—
普及期（t_1~t_2）	高速		5~20	3 500~4 500	18~21	7~9
			20~100	4 500~9 000	19~20	8~9
	中速	中高速	100~200	9 000~12 000	11~12	5~7
		中低速	200~400	12 000~16 000	4~5	14~16
饱和期（t_2~）	低速		400及以上	16 000及以上	1~2	—

资料来源：国务院发展研究中心"中国经济增长十年展望"课题组。

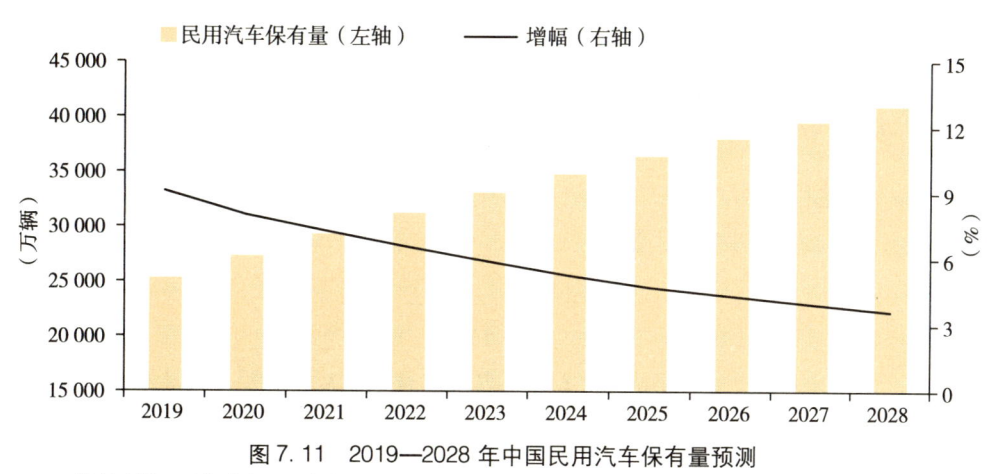

图7.11 2019—2028年中国民用汽车保有量预测

资料来源：国务院发展研究中心"中国经济增长十年展望"课题组。

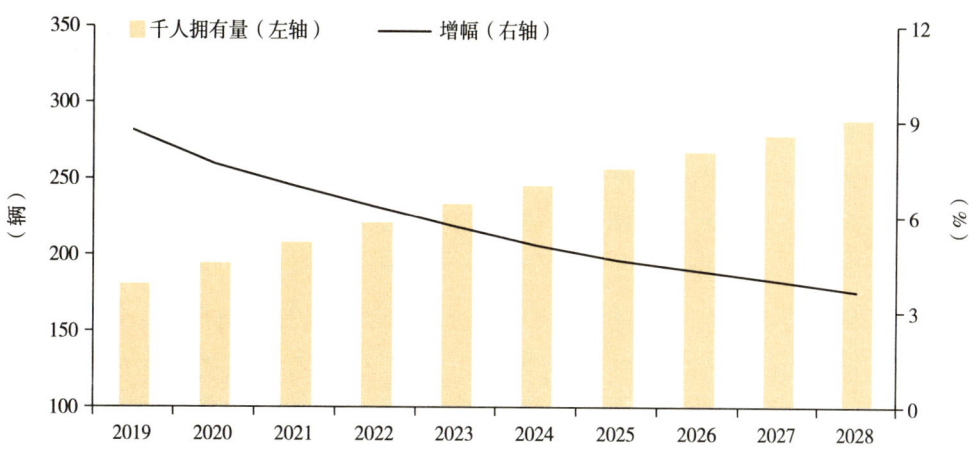

图7.12 2019—2028年中国民用汽车千人拥有量预测

资料来源：国务院发展研究中心"中国经济增长十年展望"课题组。

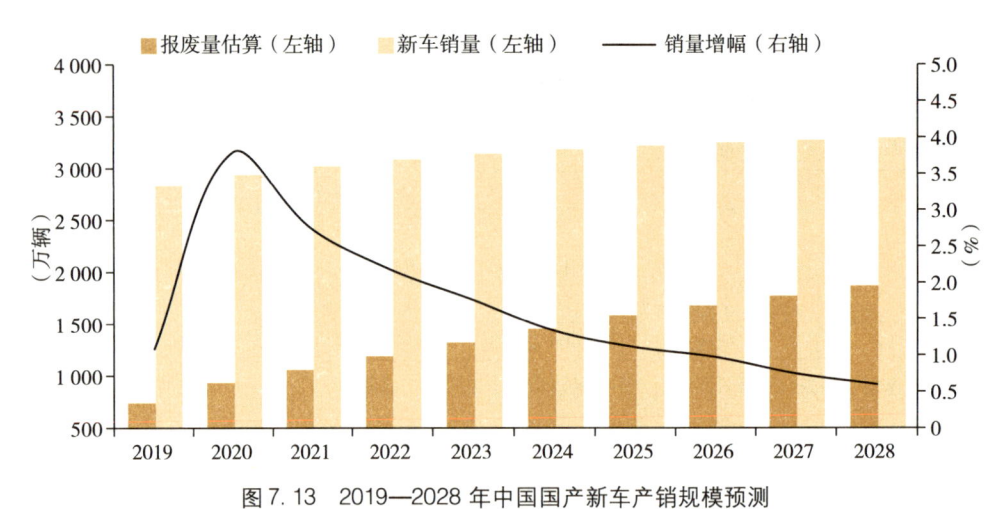

图 7.13　2019—2028 年中国国产新车产销规模预测

资料来源：国务院发展研究中心"中国经济增长十年展望"课题组。

Logistic 模型预测

Logistic 模型的基本公式为：

$$y(t) = \frac{m}{1 + e^{b-r(t-t_0)}} \tag{1}$$

式（1）中 $y(t)$ 表示市场上 t 时点汽车保有量（$t_0 = 1995$，则 1996，1997，1998，…，即 $t-t_0$ 分别为 1，2，3，…）；其中 y 为市场最大汽车潜在保有量，t 为年份，b、r 为参数，m 为汽车保有量的增长极限值。

通过 SPSS 软件对方程的 b、r 参数进行估计：m 取 44 000 万辆，b 和 r 估计值分别为 4.518 和 0.206，$R^2 = 0.999$，模型预测结果为：到 2028 年中国汽车保有量约为 4.0 亿辆（见图 7.14）。

综合两种预测方法，到 2028 年中国汽车总保有量将接近 4.1 亿辆，届时千人汽车拥有量约为 288 辆。

对 2019 年汽车的市场预测及影响因素分析

2018 年汽车消费增速出现大幅下滑，部分原因是市场自身有调整的内在要求，有一定合理性。总体而言，汽车市场内部存在的短期影响因素将在 2019 年有所缓解。一方面，2016 年购置税优惠政策对后期销量的透支效应在 2019 年基本消除，市场逐步向现阶段 4%～5% 的潜在增长率回归。另一方面，商用车政策的影响也将在 2019 年有不同程度弱化。

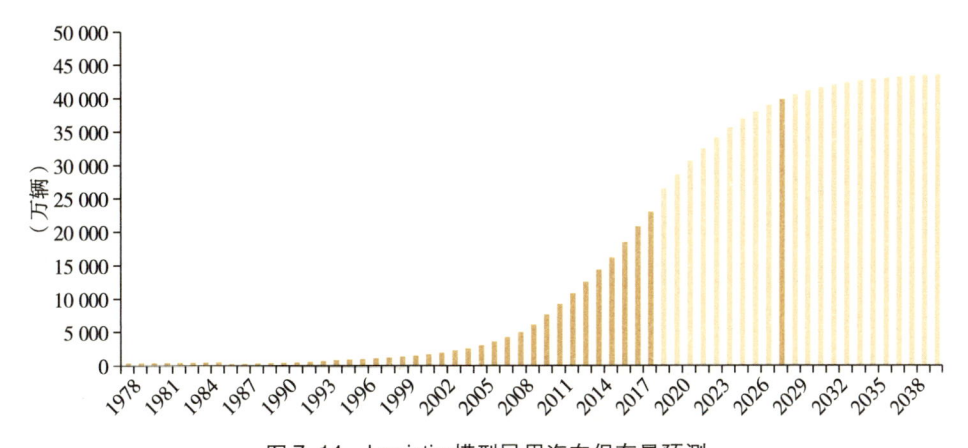

图 7.14　Logistic 模型民用汽车保有量预测
资料来源：国务院发展研究中心"中国经济增长十年展望"课题组。

从外部环境看，中美贸易摩擦对我国宏观经济的不利影响尽管有所弱化，但此前对中小企业和外贸企业已经产生的影响仍然会在 2019 年有所显现，而且中美贸易和产业摩擦仍面临新的不确定性因素。从国内经济看，固定资产投资有回升迹象，但难以出现大幅增长，而投资对增长的拉动效应亦有所弱化。同时，在宏观经济运行风险有所缓解、货币政策有所放松，以及一二线城市住宅成交量出现回升的情况下，部分热点城市住宅价格有回升苗头，同时全国住宅价格整体上处于历史高位，对居民消费的挤出效应依然突出，而汽车消费作为居民消费支出的大头，面临的抑制首当其冲。整体而言，负面效应依然会在 2019 年对汽车消费产生主导作用。

综合考虑 2019 年国内外经济和市场环境，在不出现新的政策扰动因素以及宏观经济保持平稳运行的前提下，预测当年汽车销量将保持在 2 820 万~2 850 万辆，增速将保持在 1.0% 左右，销量及其增幅较 2018 年基本持平并略有回升。在有新的政策因素影响或宏观经济出现明显下行趋势下，不排除 2019 年继续出现负增长的可能性。

短期内稳定和扩大汽车消费的政策建议

尽管 2019 年汽车市场面临诸多负面影响因素，但在稳定和扩大汽车消费方面仍有一些政策空间。当前不宜再出台短期刺激政策，否则会对后期市场运行产生更为不利的影响。在尽量弱化中美贸易摩擦影响、稳定房价、保持宏观经济平稳运行的同时，政策导向上更多考虑从刺激短期增量需求转向以存量结构调整带动增量扩张。政策措施上宜更多从促进结构优化、统筹环境保护等方面着眼，突出存量为主、长短结合的特点。

一是加快引导老旧车型更新淘汰。在大气污染防治重点区域以及全国重点城市，一方面加大补贴力度，进一步落实国家在二手车迁移等方面的相关政策，引导鼓励消费者更新国三以下排放标准的老旧车型；另一方面，逐步提高对国三排放标准车型的年检要求，合理制定或调整国二及以下排放标准车型的限行时间及区域。结合经济和行政手段，增强消费者形成政府对老旧车型淘汰更新的预期，加速部分消费者车辆更新行为，并建立汽车消费与环境保护协调互动的长效机制。

二是优化乘用车购置税税率结构，引导绿色消费、合理消费。针对不同技术路线和排量车型，调整车辆购置税、消费税等税率，重点鼓励小排量、先进排放标准和新能源汽车消费。例如将购置税税率与排放挂钩，适当降低1.5升及以下排量车型购置税税率，阶段性下调国六排放标准车型购置税税率。借助税收手段促进汽车消费结构优化。

三是继续加大新能源汽车消费的政策扶持。在总量控制的前提下，合理制定和动态调整燃油汽车和新能源汽车牌照比例，逐步增加新能源汽车牌照数量及比例；在限购城市，允许已购燃油汽车消费者增购新能源汽车。继续加大充电基础设施建设力度并优化布局，提高电动汽车充电便捷性。继续提高政府、国企公务用车采购中新能源汽车的比例。鼓励城市巡游出租车、网约车和分时租赁用车使用新能源汽车，并在牌照等方面给予政策支持。

主要参考文献

Roy Dave. "The Study on the Car Sharing under the Sharing Economic." *Journal of Business*, 2017, 1 (8).

United States. Bureau of Public Roads, Robert H. Burrage, "Parking Guide for Cities." U. S. Govt. Print. Off., 1956.

邓恒进等，《基于Logistic模型的我国汽车保有量增长期分析》，《企业经济》，2008年8月。

杜勇宏，《对中国汽车千人保有量的预测与分析》，《中国流通经济》，2011年6月。

刘世锦等，《中国经济增长十年展望（2013—2022）：寻找新的动力和平衡》，北京：中信出版社，2013年。

刘世锦等，《中国经济增长十年展望（2018—2027）：中速平台与高质量发展》，北京：中信出版社，2018年。

蒋艳梅等，《Logistic模型在我国私人汽车保有量预测中的应用研究》，《工业技术经济》，2010年11月。

第八章　2019年中国出口将在压力中前行

赵福军

要点透视

➢ 2018年中国出口形势好于2017年，出口结构不断优化。集成电路、自动数据处理设备及其部件等高新技术产品和机械、电气设备等传统产品出口增长仍相对较多，一般贸易出口增长继续相对较快，面向美国、东盟、欧盟出口增长的绝对量仍相对较多，但增速最快的市场则是金砖国家和东盟。

➢ 中美贸易摩擦对2018年出口影响的预期作用大于实质性影响。一些企业为应对中美贸易摩擦影响，提前抢出口，使得中美贸易摩擦升级对我国出口影响有限，对我国出口影响主要体现在预期。

➢ 从影响出口的中长期因素与短期因素研判中国出口形势，2019年中国出口面临机遇和挑战。中国出口面临国际经济格局仍在调整等长期因素与短期全球经济下行压力叠加，国内低成本优势逐步削弱与外部需求下行叠加，中美贸易摩擦必然化、长期化等确定性因素与中美贸易摩擦升级等不确定性因素叠加，使中国面临较大的出口下行压力。

➢ 外部形势越是严峻，越要加快促进经济高质量发展、建设高标准市场经济。建议当前和今后把加快完善营商环境作为促进经济高质量发展和稳外贸、建设高标准市场经济的重要抓手。坚持加快完善营商环境和出口转型升级并举策略。

本章分析2018年中国出口形势，总结2018年出口特征，从影响出口的中长期因素与短期因素两个层面预测2019年出口形势。2019年出口压力较大，建议既要积极应对中美贸易摩擦，又要加快完善营商环境和出口转型升级。

出口结构不断优化

2018年出口增长虽然好于2017年同期，但有所回落

2018年，我国货物出口累计24 874.01亿美元，比2017年增加2 240.56亿美元（见图8.1），同比增速为9.9%，高于上年同期2.0个百分点。

图8.1　2017—2018年出口额

资料来源：Wind。

出口增速有所回落，且波动幅度有所扩大。从出口累计同比增长率看，总体呈现下行态势。前8个月出口累计同比增长率分别为10.70%、23.70%、13.70%、13.20%、12.90%、12.50%、12.40%、12.00%，呈现回落态势，虽然9月和10月出口增长率回升至12.20%和12.40%，但11月和12月又跌落到

11.50%和9.90%。从单月出口增长率看，2018年1—12月出口增长波动前行。前三个月，出口增长波动较大，1月、2月、3月的出口增长率分别为10.70%、43.60%、−3.00%。从4月开始逐步回落，4月、5月、6月、7月、8月的出口增长率分别为11.90%、11.90%、10.70%、11.60%、9.60%，9月、10月又有所回升，分别上升至13.90%、14.30%，但11月、12月出口增长再次大幅回落至3.90%和−4.40%。

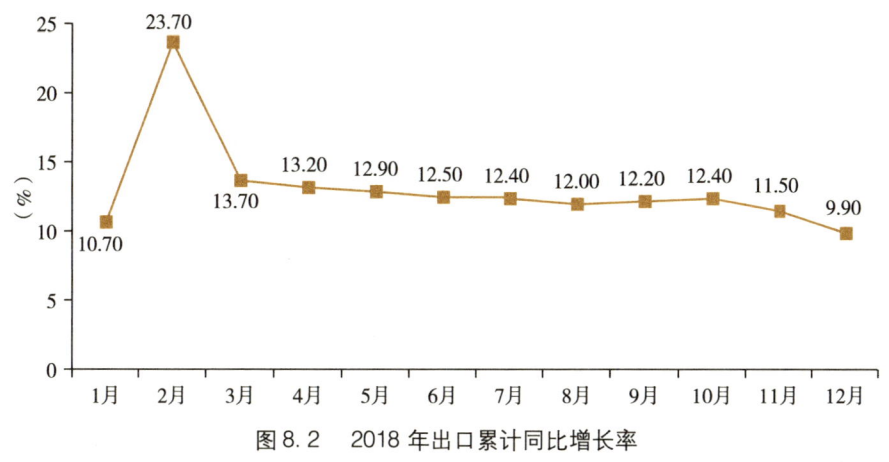

图8.2　2018年出口累计同比增长率

资料来源：Wind。

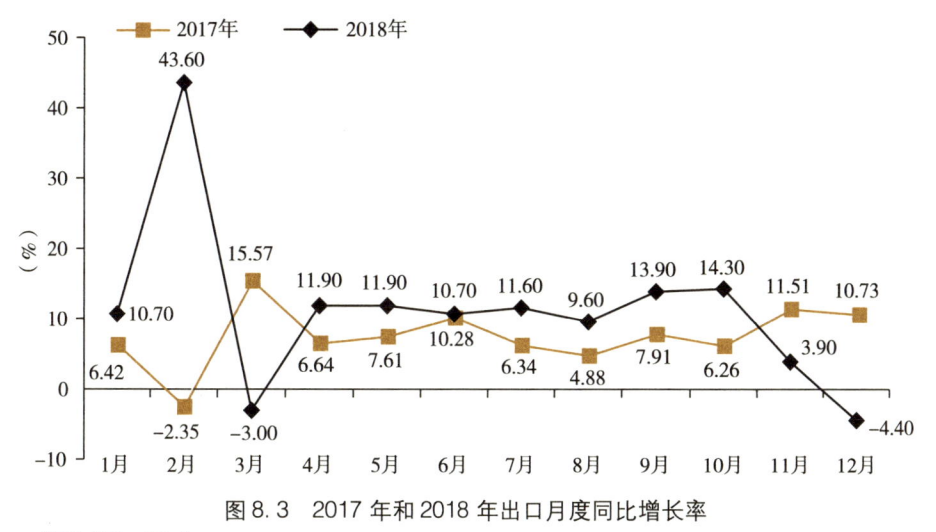

图8.3　2017年和2018年出口月度同比增长率

资料来源：Wind。

出口结构继续优化

第一，集成电路、自动数据处理设备及其部件等高新技术产品和机械、电气设备等传统产品出口增长仍相对较多。 2018年，主要出口产品中出口额同比增长较多的是机械设备、集成电路、电话机、手持或车载无线电话机、自动数据处理设备及其部件、手持无线电话机及其零件和自动数据处理设备的零件这七类产品，出口额分别增加458.26亿、177.59亿、147.54亿、146.12亿、137.34亿、136.96亿元和112.39亿美元，七类合计占出口额增量的58.74%。从出口增长率看，主要出口产品出口增速排在前三位的分别是成品油（海关口径）、自动数据处理设备的零件和集成电路，增长率分别为41.65%、33.98%和26.55%。可见，集成电路、自动数据处理设备及其部件、零件等高新技术产品的出口保持较快增长的态势。相比之下，一度作为我国出口增长主要动力之一的劳动密集型产品的出口增速已经大大放缓，2018年服装及衣着附件出口只略有增长，出口增长率仅为0.27%，而鞋类出口下降2.62%。

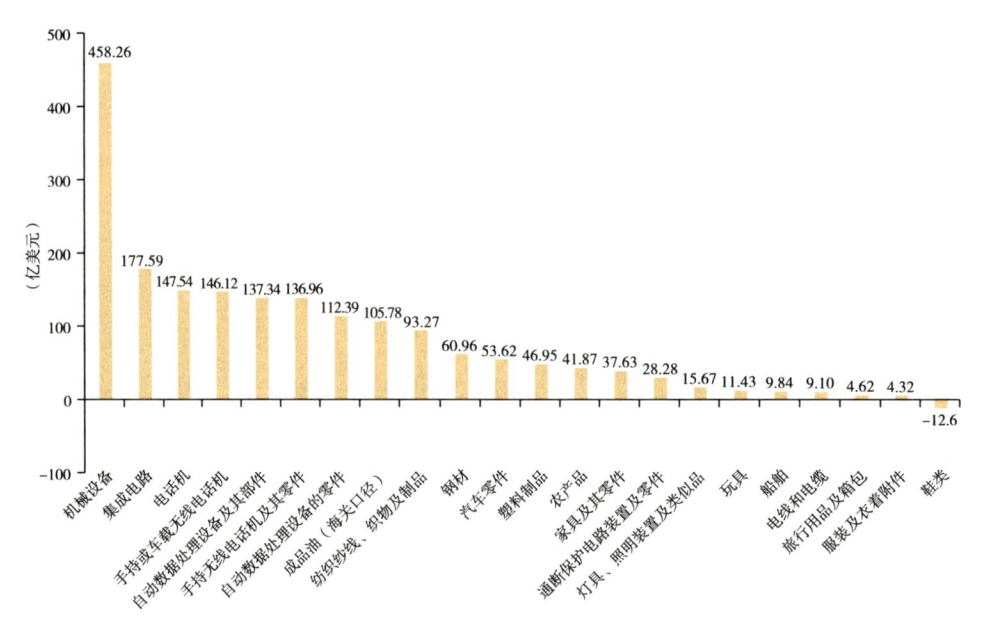

图8.4 2018年主要出口产品的出口额增量

资料来源：Wind。

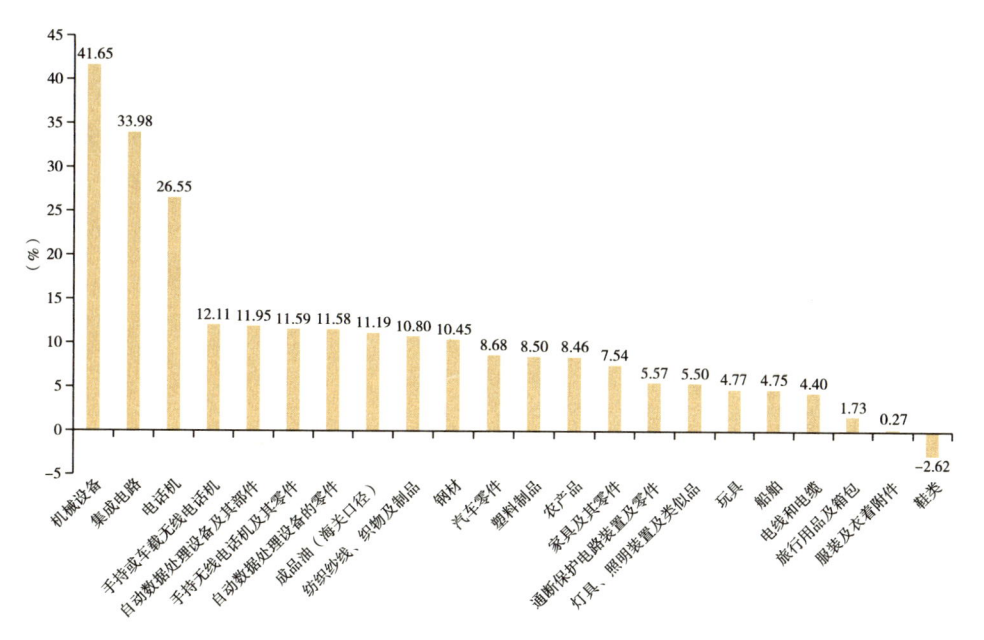

图8.5 2018年主要出口产品的出口同比增长率

资料来源：Wind。

第二，一般贸易出口增长继续相对较快，但增速呈现回落态势。 2018年，一般贸易出口额为14 009.92亿美元，比2017年增加1 709.08亿美元；一般贸易出口同比增长13.9%，不仅高于2018年全国出口增长率4.0个百分点，还高于2017年同期5.2个百分点。但是，从2018年2月开始，一般贸易出口累计同比增长率呈现回落态势（见图8.6）。

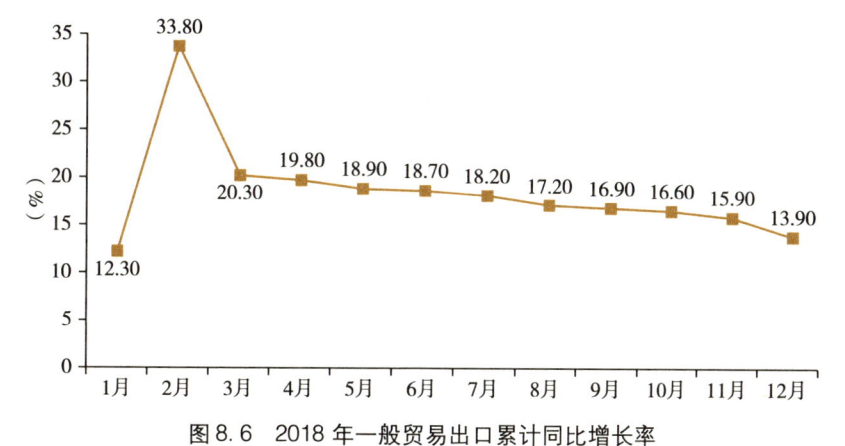

图8.6 2018年一般贸易出口累计同比增长率

资料来源：Wind。

第三，美国、东盟、欧盟作为我国出口的三大主要市场，增长的绝对量仍相对较多，但增速最快的市场则是金砖国家和东盟。2018 年，出口额增长较多的市场仍是美国、东盟、欧盟，出口增长额分别为 486.69 亿、401.23 亿、365.90 亿美元，占我国全部出口增量的 55.96%（见图 8.7），而我国对巴西、东盟、澳大利亚、新西兰、印度、加拿大和俄罗斯的出口增长相对较快，增长率分别为 16.27%、14.37%、14.23%、13.24%、12.70%、12.04% 和 11.84%（见图 8.8）。

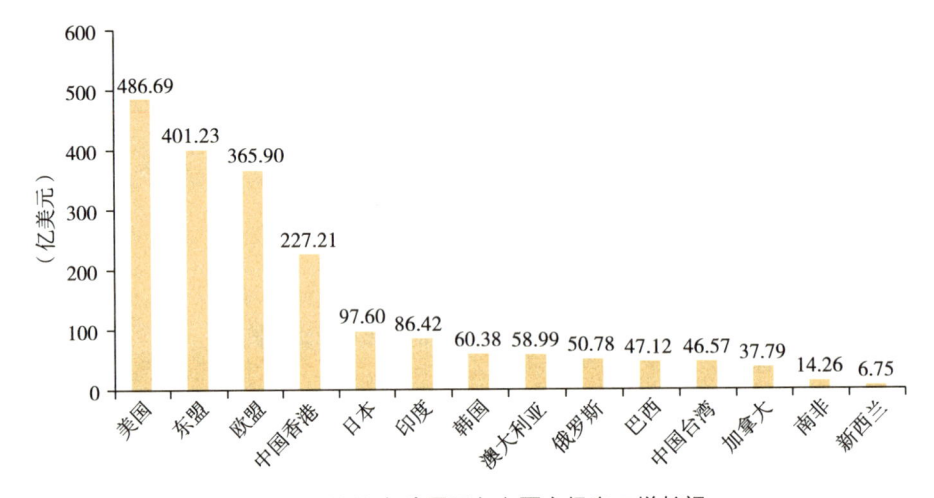

图 8.7　2018 年我国面向主要市场出口增长额

资料来源：Wind。

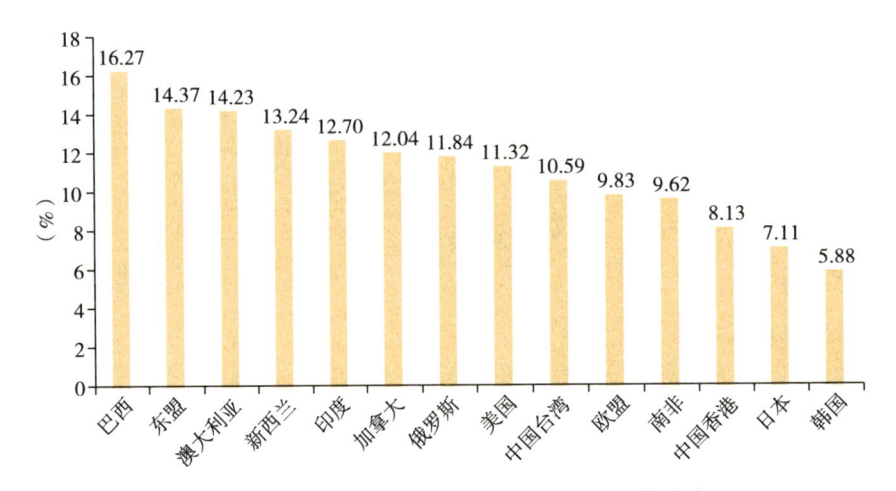

图 8.8　2018 年我国面向主要市场出口同比增长率

资料来源：Wind。

中美贸易摩擦对 2018 年我国出口影响的预期作用大于实质性影响

2018 年中美贸易摩擦升级，贸易调查案件数量明显增多，力度呈增强之势。2018 年 1 月对进口洗衣机、光伏组件分别征收 50%、30% 的关税。2 月底裁定对我国铝箔产品征收 48.64%～106.09% 的反倾销税和 17.16%～80.97% 的反补贴税。7 月 6 日美国对中国 340 亿美元输美产品加征 25% 的关税；美方决定自 8 月 23 日起对 160 亿美元中国输美产品加征 25% 的关税。7 月 11 日，美国公布拟对中国 2 000 亿美元产品加征关税的清单。美国考虑对 2 000 亿美元产品征收 25% 的关税，远高于之前表示的 10% 加征关税率。另外，从贸易领域向科技、全球经济治理、对华高新技术出口管制扩大企业范围等领域蔓延。

受中美贸易摩擦影响，中国对美国出口累计同比增长率总体呈现回落态势，2018 年全年出口增长率为 11.32%，比 2017 年同期低 0.2 个百分点。一些企业为应对中美贸易摩擦影响，提前抢出口，使得中美贸易摩擦升级对我国出口影响有限，对我国出口影响主要体现在预期，因此，我国对美国出口累计同比增长率仍高于我国总体出口增长率 1.42 个百分点。

一是对企业出口影响已开始显现。调研企业反映，美国对我国出口产品加征关税，增加了对美出口成本，降低了企业利润，加征关税清单内的企业和产品出口开始受影响，但不同类型的企业和产品受加征关税影响不同。议价能力较强的企业受影响相对较小，而议价能力较弱的企业受影响则相对较大；已在全球布局的企业受影响相对较小，企业可以将面向美国出口的转向其他地方生产，而只在国内生产的企业受影响则相对较大；在美国进口市场份额较高的产品受影响相对较小，而在美国进口市场份额较低的产品受影响则相对较大，比如我国产品在空调、除湿机、吸尘器、小烤箱、冷柜、单门冰箱等在美国进口市场份额占比较大，面临压力较小，而在双门和多门冰箱等产品上，受加征关税影响较大。

二是对出口预期和信心影响已显现，客户不敢下订单、企业不敢接订单。中美贸易摩擦升级，已影响企业出口预期和信心。面对美国对我国出口产品加征关税的时间、产品范围的不确定性，美国客户不愿下订单；我国出口企业为减少损失，也不敢接订单，持观望态度；即便有订单，不愿意接长单，将出口订单由长单变短单。为化解美国加征关税导致的成本上升，我国企业对出口产品涨价，在竞争较为激烈的情况下，部分美国客户必然将订单交给其他国家的竞争对手或取消订单。另外，受美国301调查影响，我国企业与美国企业洽谈的新业务无法达成。

三是不仅延缓了企业在国内的投资进度，还加速产能转移到全球的步伐。 受美国加征关税影响，我国出口企业延缓新上马投资项目进度。调研企业反映，考虑到中美贸易摩擦呈长期化、持续化趋势，企业开始谋划在东南亚、北美、欧洲等地布局生产，正在评估把部分生产线转移到以上区域的可行性与收益。

四是对技术进步产生不利影响。 调研企业反映，虽然中美贸易摩擦会倒逼企业加快技术进步、创新，但也对技术进步产生了不利影响。比如企业在美国投资了企业，但技术、知识产权不能流到中国；高校研究人员赴美交流受限；科研平台进口美国相关设备受限，转向从日本、韩国进口，而日本、韩国借机涨价，让我国企业付出更高的代价。

2019年中国出口将面临较大的下行压力

展望2019年，中国出口面临一些机遇，比如，中国人力资本的提升、基础设施的完善、产业配套的完善等综合优势正在形成；"一带一路"建设深入推进，为中国开拓新兴市场的出口提供了有力支撑；中国企业竞争力的提升，受中美贸易摩擦升级的影响，能在摩擦中生存下来的企业，竞争力肯定越来越强等。但中国出口也面临一些不利挑战。中国出口面临国际经济格局仍在调整等长期因素与短期全球经济下行压力叠加，国内低成本优势逐步削弱与外部需求下行叠加，中美贸易摩擦必然化、长期化等确定性因素与中美贸易摩擦升级等不确定性因素叠加，使中国面临较大的出口下行压力。总的来看，2019年中国出口下行压力较大。

国际格局调整将给全球贸易增长和我国出口带来较大的下行压力

国际格局调整是影响出口的中长期因素。20世纪80年代至2008年前后，发展中国家与发达国家之间产业分工总体呈现互补性。以中国为代表的发展中国家，依靠低劳动力成本等优势，优先发展具有比较优势的劳动密集型产业，发展加工贸易，以出口初级产品、轻纺等劳动密集型产品为主，发达国家向发展中国家出口相对高端产品。发展中国家与发达国家互补性产业分工，支撑国际贸易快速增长。1981—2008年全球贸易平均增速为7.93%。近年来，受劳动力、土地等要素成本不断上升的影响，一些加工贸易企业和部分劳动集型产业转移到成本更低的周边国家，部分制造业回流到发达国家。与此同时，发展中国家也在加快产业转型升级的步伐。目前，发展中国家与发达国家之间的产业同质化程度在提升，不仅与发达国家在产业高端领域进行竞争，而且在传统产业、制造业等领域与发达国家甚至是发展中国家进行竞争。发展中国家与发达国家产业分工格局发生变化，将对全球贸易增长带来较大的影响。从全球贸易增速看，2009—2017年全球贸易平均增速为1.93%，较1981—2008年全球贸易平均增速大幅下降。从全球贸易规模看，全球贸易规模在2014年已经到了峰值，2015年、2016年、2017年都在下行，预计未来全球贸易规模还将往下走。

当前国际格局正在发生深刻变化，习近平总书记指出"当前的国际格局处于百年未有之变局，世界格局处于大调整、大发展、大变革阶段"。国际经济格局仍在调整之中，预计未来全球贸易规模将可能呈现下行态势、全球贸易增速也将下行，这将对我国2019年及以后出口带来较大的压力。

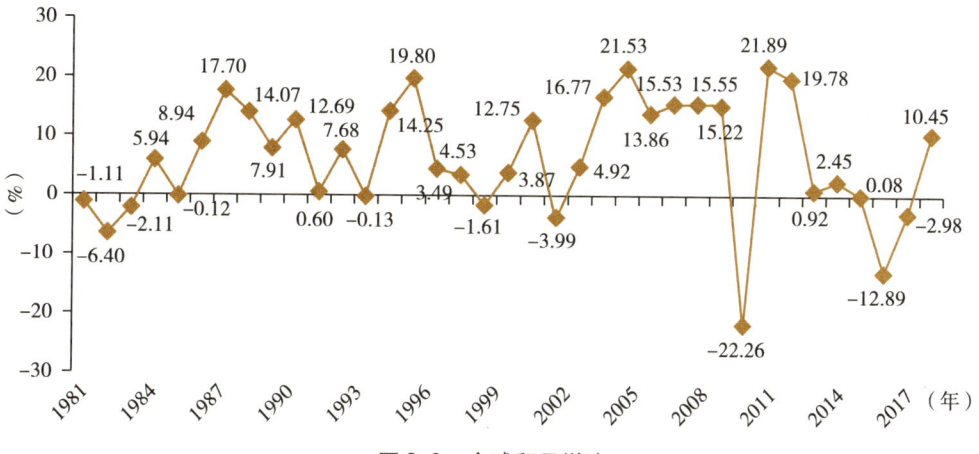

图8.9　全球贸易增速

资料来源：联合国贸发会议（UNCTAD）。

中美贸易摩擦必然化、长期化等确定性因素与中美贸易摩擦升级等不确定性因素叠加，加大了出口下行压力

中美产业结构分工关系已经发生了改变，使中美贸易摩擦必然化、长期化

改革开放之初，中美之间的产业结构处于互补状态，美国出口高端产品给中国，中国依靠低成本（低劳动力成本和环境成本）优势，出口劳动密集型产品到美国。很长一段时间，中国与美国等发达国家之间产业分工呈互补格局，这种格局支撑了中国与发达国家，包括中国与美国之间贸易的快速增长。2008年金融危机之后，美国等发达国家实施产业回流，再制造业化，中国也在加快产业升级，大力发展高端产业，中国开始与美国在高端领域形成竞争关系，中美之间产业分工由原来的互补关系逐步转变为在高端领域有竞争，这种产业分工决定了中美之间的摩擦必然升级。

中国作为新兴大国崛起必然会受到守成大国的遏制

中国经济实力和经济规模到了今天的地位，已经决定了中美摩擦是不可避免的。中国现在经济规模全球第二，货物贸易规模全球第一，吸引外资全球第二，对外投资全球第三，在部分科技领域处于世界领先地位，但大部分领域处于跟跑阶段。中国经济实力在上升，成为全球第二之后，中美贸易摩擦必然化。2035年中国经济规模将赶超美国，成为世界经济规模第一大国，以前美国把中美之间界定为合作伙伴关系，特朗普上台之后把中美关系转变为战略性竞争关系，未来的挑战、压力是不可避免的。中国的经济发展了，地位提升了，发达国家既想搭中国经济发展的快车，又担心中国发展得过于强大，所以对中国采取各种压制、遏制。具体来讲，这种遏制的表现在短期内会采取贸易保护主义，不仅对中国出口加征关税、实施单边主义，还在科技领域、全球治理领域遏制中国。比如，美国以安全审查的名义阻止中国企业收购。在全球治理领域，现在美国重谈《北美自由贸易协定》，美国、加拿大、墨西哥重新签订《北美自由贸易协定》后有一个很重要的条款，如果与其他"非市场经济"地位的国家再签自贸协定就要提前三个月告诉对方，也就意味着加拿大、墨西哥要跟任何一个"非市场经济"国家谈自贸协定，就不能再跟美国谈了，"非市场经济"国家目标就是指向中国，这将排挤中国，会带来多元化、全面化的影响。美国二战以后，建立了以美国为主导的WTO规则，美国既是受益者，也是贡献者。但美国现在却以国内的法律替代WTO规则实施贸易保护主义。

中美贸易摩擦升级对2019年出口压力将显现

尽管2018年中美贸易摩擦升级，一些企业为应对中美贸易摩擦影响，提前抢出口，使中美贸易摩擦升级对我国出口影响有限，中美贸易摩擦对出口影响的预期作用大于实质性影响。预计2019年中美贸易摩擦对出口压力将逐步显现。

2018年向美国出口占中国出口的比重接近20%，2017年这一比重是19%左右，中美贸易摩擦不仅会对中国的出口产生影响，还会对全球经济、贸易产生不利影响，因为中国作为全球最大的发展中国家，美国作为全球最大的发达国家，两个国家贸易摩擦升级后，不可避免会对全球贸易和经济增长带来不利影响。受美国制造贸易摩擦的影响，国际货币基金组织发布报告，将2019年全球经济增长预期从3.7%下调到3.5%。世界知名投资管理公司瑞银在其年度展望中指出，在2018年实现3.8%的经济增长后，预计2019年全球经济增速将放缓到3.6%。世界银行全球经济前景展望报告预计，2019年全球经济增长将放缓至2.9%。世界银行、国际货币基金组织都下调了2019年全球经济增长预期，这足以说明，中美贸易摩擦不仅影响两国，还影响全球其他国家，进而对中国的出口产生不利影响。

政策建议

积极应对中美贸易摩擦

中美两国互为重要的贸易伙伴，短期内美国制造贸易摩擦，会给中美双方带来不利的影响。因此，应加强中美双方对话与协商，增进共识，推动中美经贸关系深入发展。以更加成熟的心态，沉着应对中美贸易摩擦。根据中美贸易摩擦动态变化，及时出台有力的应对措施。与此同时，加大对企业市场开拓、降成本、研发等各种创新的政策支持力度，对冲美国提高进口关税对我国出口企业的不利影响。

坚持实施加快完善营商环境和出口转型升级并举策略

虽然中美贸易摩擦升级对企业产生不利的影响已逐步显现并不断加大，稳外贸、稳外资、稳预期、稳就业、稳投资等压力加大且尤为迫切，但仍要牢牢坚持推进经济高质量发展，建设高标准市场经济。将中美贸易摩擦升级带来的不利影响，转化为促进经济高质量发展、建设高标准市场经济的动力，外部形势越是严峻，越要加快促进经济高质量发展；经济发展质量提升了，创新能力增强了，更有能力抗击外部风险。建议当前和今后把加快完善营商环境作为促进经济高质量发展和稳外贸、建设高标准市场经济的重要抓手。完善营商环境能化解新问题与老问题、长期性问题与短期性问题、应对国内经济下行压力与外部风险相结合，防范各种不利风险叠加引发的不利影响。主动进一步扩大市场开放，重点扩大服务业开放。与此同时，练好内功，按照WTO规则要求，做好知识产权保护等工作；持续推进降成本工作。继续减税降费，研究出台降低增值税税率，企业所得税税率和社会保障费费率，企业用电、用工、用气成本等政策，不断降低企业负担。继续深化改革，更大力度推进简政放权，降低制度性交易成本。

为应对未来中美贸易摩擦必然化、长期化的态势，应加快出口转型升级步伐。政府搭建各种经贸平台，帮助企业与"一带一路"沿线国家合作，拓展多元化的出口市场；积极扩大内需，为部分出口企业转向内需市场提供有力支撑。与此同时，加强创新步伐，推动我国出口产品"人无我有""人有我优"，尽可能减少正面竞争。比如，在纺织服装、玩具等传统出口领域植入互联网、人工智能等元素，不断提升传统行业出口竞争力。

供 给

第九章 人力资本

就业人口减少和技术变革的双重冲击

赵 勇

要点透视

➢ 2018年,我国经济运行"稳中有变、变中有忧",经济出现新的下行压力,但就业仍保持增长态势,城镇新增就业人数创近年来新高,城镇登记失业率和调查失业率创近年来新低。

➢ 2019年,我国经济增速将进一步放缓,新增就业人口总量仍将保持高位,劳动力供需结构不匹配问题和部分人群就业困难问题仍将存在。"稳就业"政策,将在一定程度上对冲因经济下行带来的就业风险。

➢ 未来十年我国劳动年龄人口将保持加速下降的态势,就业人口也将持续下降,人工智能领域人力资本结构性短缺状况将持续存在,人工智能和机器人对就业岗位的替代将进一步加深。

➢ 人工智能的发展和应用,扩大了我国相关岗位间的工资差距。

2018年，中国经济增速较2017年有所回落但整体运行稳定，固定资产投资增速继续放缓，进出口贸易成绩再创新高，消费需求在增长中的贡献度继续提高，成为连续5年经济增长的第一动力。中国宏观经济稳中向好的发展态势进一步改善了就业，给劳动力市场带来积极的变化。

2018年经济出现新的下行压力，就业仍保持增长态势

2018年国民经济"稳中有变、变中有忧"，经济出现新的下行压力，针对外部环境变化给就业带来的影响，及时出台稳就业举措。在此背景下，全年就业人数达到77 586万，城镇新增就业人数达到1 361万，调查失业率稳定在5%左右的较低水平，总体就业和非农就业保持增长趋势。

2018年经济整体运行基本稳定

2018年，全年GDP 900 309亿元，按可比价格计算，比上年增长6.6%。全年全国规模以上工业增加值比上年实际增长6.2%，增速比上年减缓0.4个百分点。

从投资来看，全年全国固定资产投资（不含农户）635 636亿元，比上年增长0.6%。其中，全年全国房地产开发投资120 264亿元，比上年增长9.5%，增速比上年加快2.5个百分点。从进出口来看，全年进出口总额305 050亿元，比上年增长9.7%，延续2017年高增长态势。从消费需求来看，全年社会消费品零售总额380 987亿元，比上年增长4.02%，增速比上年回落6.2个百分点。全年全国居民人均可支配收入28 228元，比上年名义增长8.7%；扣除价格因素实际增长6.5%，比上年减缓0.8个百分点。

此外，宏微观去杠杆工作收效显著。2018年宏观杠杆率稳定，全国地方政府债务余额控制在全国人大批准的限额之内。微观杠杆率用规模以上工业企业资产负债率衡量，2018年11月末同比下降0.4个百分点。

城镇新增就业人数再创历史新高

2018年，中国就业人员达到77 586万，同比增长-0.07%，成为50年来第一次就业人员负增长。2014—2017年，就业人员总量尽管仍有一定的增加，但涨幅不断下降，直至2018年就业人员总量较上年减少了54万人（见图9.1）。中国城镇新增就业人员则保持了相对较快的增长速度。2018年，中国城镇新增就业人员达到1 361万，在2017年的历史高位上又增加了10万，城镇新增就业人员连续六年超过1 300万；中国城镇新增就业人员同比增速达到0.7%，较2017年的增速有所放缓，与2014年的增速接近（图9.2）。

从中国城镇新增就业人员的构成来看，高校毕业生成为新增就业人员的主要来源（图9.3）。2018年，中国普通高校毕业生人数（包括研究生）超过800万。其中，普通高校预计毕业生人数达到820万，同比增长3.14%，延续了近年来相对较高的增长态势；研究生毕业人数达到59.2万左右，维持较低增速的增长态势（图9.4）。[①] 新增农村外出务工劳动力人数2010年达到峰值，之后数量持续下降，到2017年出现一次明显反弹后，2018年新增人数较2017年大幅降低，但较2015年和2016年有所增加。2018年，新增农村外出务工劳动力人数为81万，2015—2017年分别为63万、50万和251万。

图9.1 2003—2018年中国就业人员数量及增速

资料来源：Wind。

---

① 2017年，研究生毕业人数达到57.8万，同比增速2.49%。

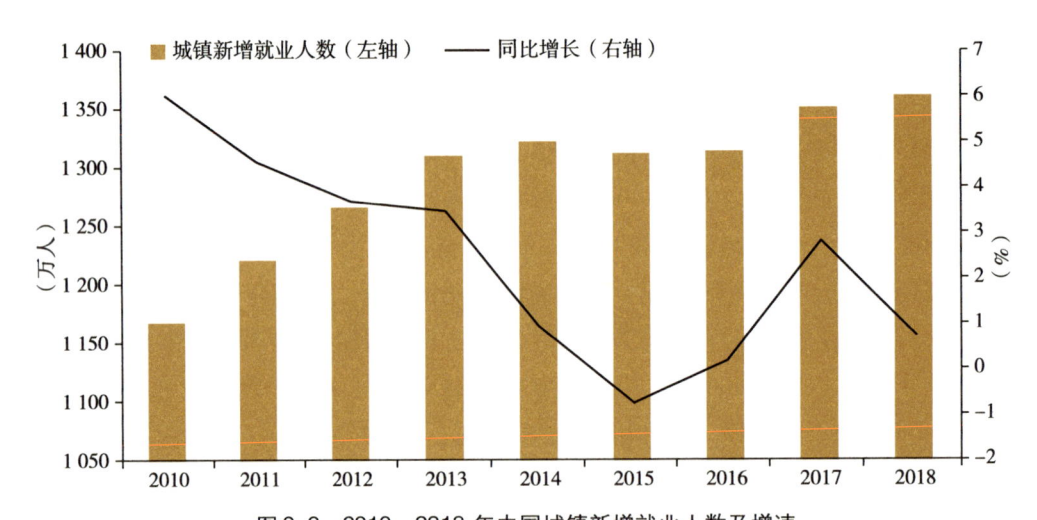

图9.2 2010—2018年中国城镇新增就业人数及增速

资料来源：2010—2017年数据来自Wind，2018年数据来自国家统计局。

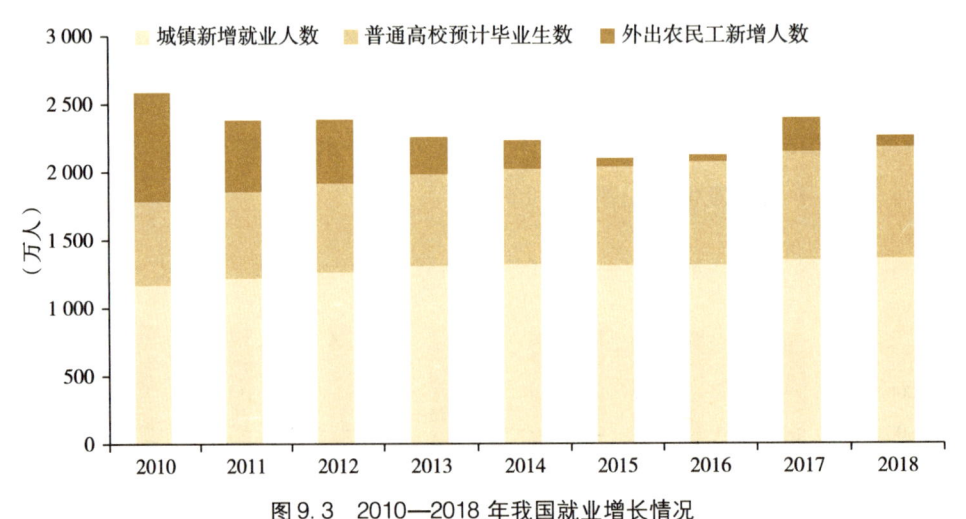

图9.3 2010—2018年我国就业增长情况

资料来源：2010—2017年数据来自Wind，2018年高校预计毕业生数据来自教育部。

公共就业服务机构统计的求人倍率持续增长

根据中国人力资源市场信息监测中心对全国约100个城市的公共就业服务机构市场供求信息的统计，2018年，100个监测城市中，用人单位通过公共就业服务机构招聘各类人员共约2 035万人，进入市场的求职者约1 635万人，求人倍率（指岗位空缺数与求职人数之比）为1.24，更新了2017年求人倍率为1.15的

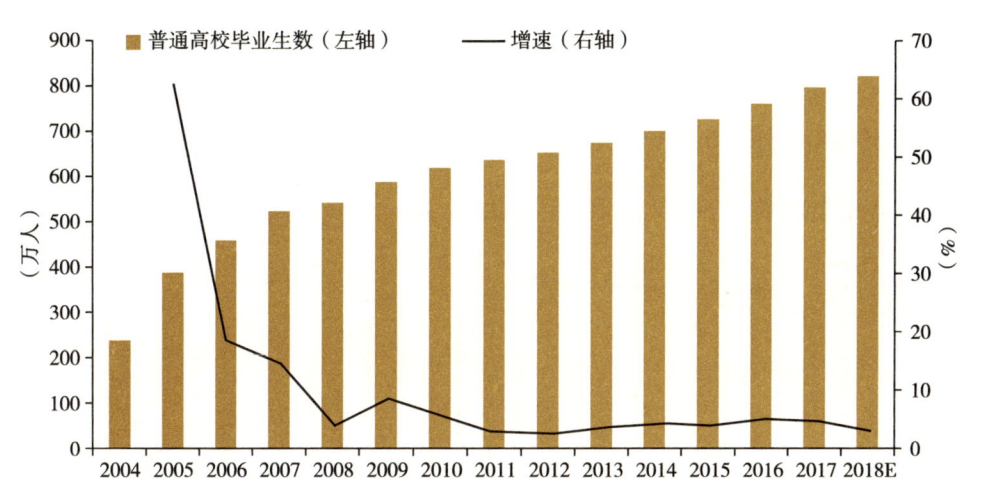

图 9.4 2004—2018 年普通高校毕业生数及增速

资料来源：2004—2017 年数据来自 Wind，2018 年数据来自教育部。

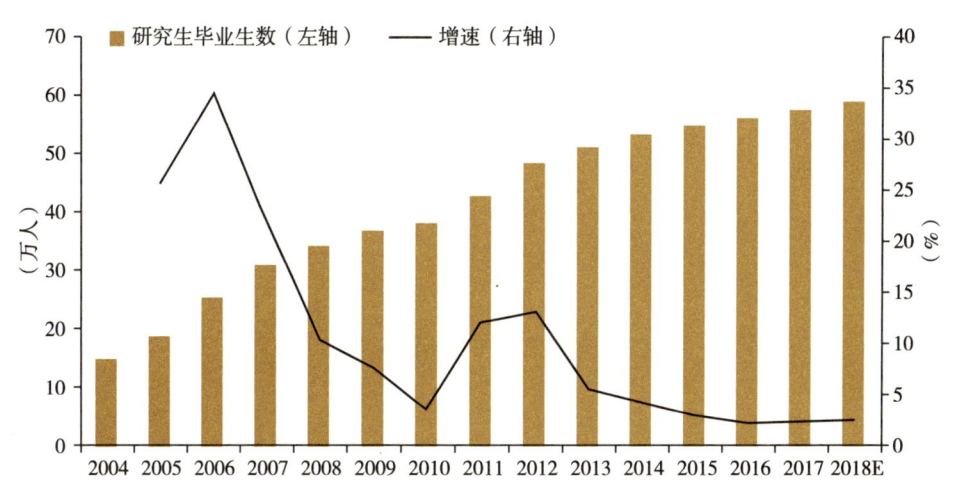

图 9.5 2004—2018 年研究生毕业生数及增速

资料来源：2004—2017 年数据来自 Wind，2018 年数据作者估算。

历史峰值。分季度来看，2018 年四个季度的求人倍率分别为 1.23、1.23、1.25 和 1.27，求人倍率逐渐增大，说明普通劳动力市场就业形势持续向好（图 9.6）。

城镇登记失业率和调查失业率持续保持低位

从失业率来看，2018 年城镇登记失业率在 2017 年降至 4% 以内的基础上，连续四个季度持续下滑，2018 年四个季度的城镇登记失业率分别为 3.89%、

3.83%、3.82%和3.80%（图9.7），创自2008年以来的新低。

从国家统计局调查失业率指标来看，2018年月度调查失业率最大值为5.1%，实现年初提出的低于5.5%的预期目标。2018年各月调查失业率在4.8%～5.1%

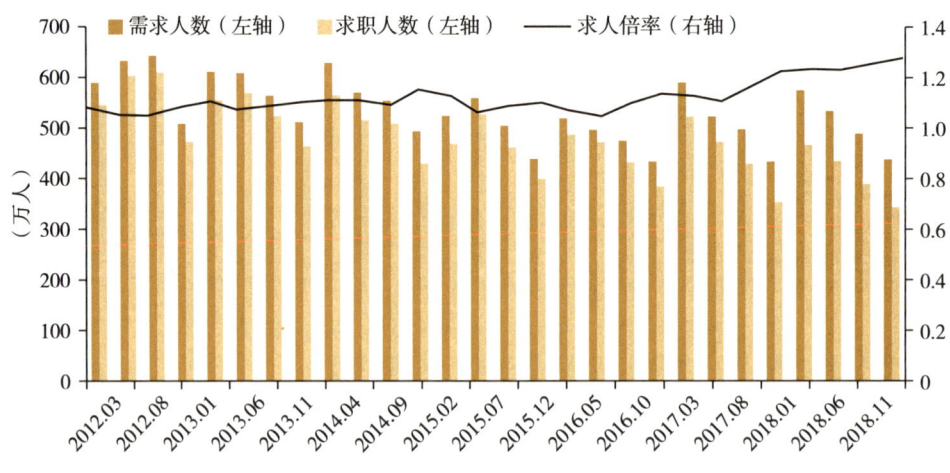

图9.6　全国100个监测城市职业供求分析

资料来源：Wind。

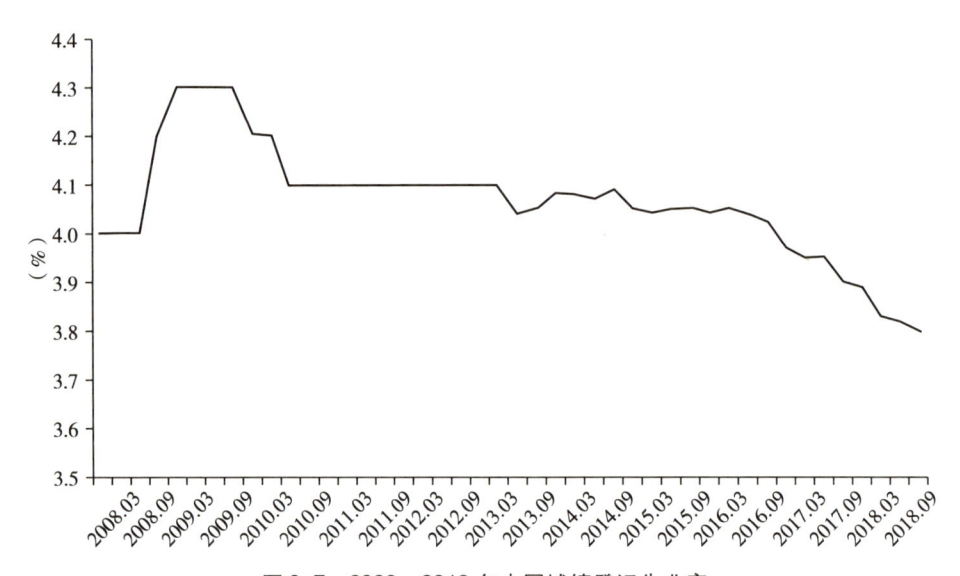

图9.7　2008—2018年中国城镇登记失业率

资料来源：Wind。

区间内小幅波动，四个季度的调查失业率分别为5.1%、4.8%、4.9%和4.9%，表明2018年的就业形势总体稳定（图9.8）。

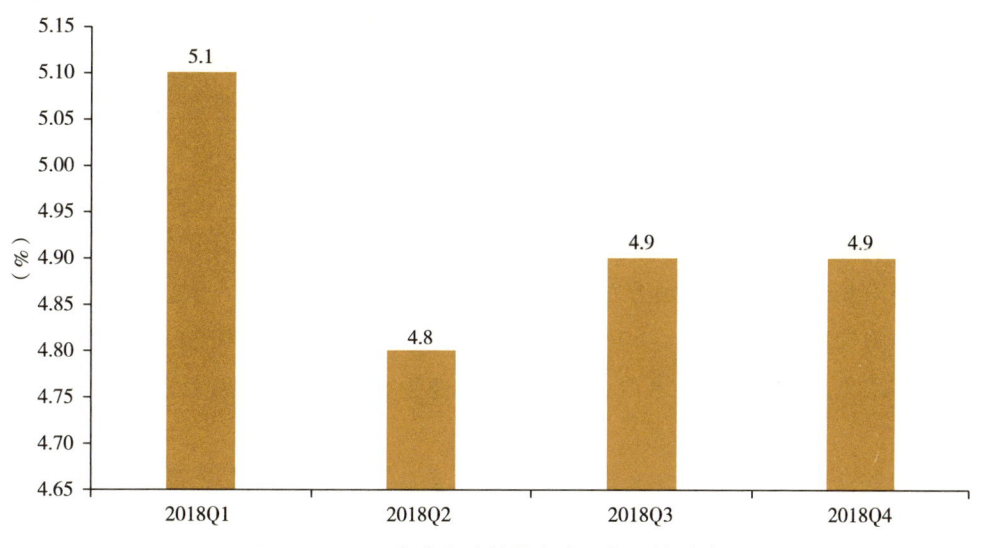

图9.8 2018年全国城镇调查失业率（按季度）
资料来源：国家统计局。

此外，随着"放管服"改革的深入推进，民营企业对就业增长的拉动作用渐趋明显，2018年12月，城镇私营企业和个体工商户就业人数比上年同期分别增长5.7%和6.7%，增速分别高于城镇就业人员3.4和4.4个百分点。2018年四季度末，城镇失业人员再就业551万，就业困难人员实现就业181万，较上年增加4万人，为2014年来的最高值。

2019年与未来十年就业态势

2019年我国就业市场将承受一定的压力

2019年，宏观经济下行压力会对就业需求产生一定的影响。一是有效投资增长乏力。从2018年的数据看，全社会固定资产投资和消费的增速持续回落。其中，全社会固定资产投资（不含农户）增速比上年回落1.3个百分点，较2016年回落2.2个百分点。2019年，在经济持续下行以及防控重大金融风险、地方政府债、房住不炒等政策导向下，制造业、房地产和基建投资增速不可能出现明显反弹。二是消费增速减慢。2018 年，社会消费品零售总额增速比上年回落 1.2 个百分点，较 2016 年回落 1.4 个百分点。同时，不同群体间的消费分化也较为明显。2019 年，伴随经济增速持续回落，消费增速也缺乏回升的基础。三是出口出现一定程度的回落。受贸易保护、国际大宗商品价格大幅波动等因素的影响，世界经济增速将放缓，尤其是中美贸易谈判的不确定性，会影响我国进出口增速。总体判断，2019 年出口将出现一定程度的回落。

同时，劳动力供给规模保持高位带来的就业压力依然存在。 2019 年，我国新增劳动力可能超过 1 500 万。其中，全国普通高校毕业生规模预计将达 834 万，再创历史新高。同时，970 万左右的登记失业人员需要再就业，农村新增转移劳动力、隐性失业人员数量也将保持一定的规模。从结构来看，劳动者技能水平和岗位需求不匹配的结构性矛盾、部分高校毕业生和低技能劳动者就业困难问题仍将存在。

值得注意的是，从 2018 年下半年开始实施的"稳就业"政策受到高度重视，政策效应将在 2019 年逐渐显效，在一定程度上对冲因经济下行带来的就业压力。

未来十年人力资本与就业市场态势

全国劳动年龄人口和就业人口预计将呈加速下降趋势

按照国家统计局统计数据，2018 年末，我国劳动年龄（16～59 岁）人口为 89 729 万，与 2017 年末相比，劳动年龄人口减少 470 万，比重下降 0.6 个百分点。自 2012 年起，我国劳动年龄人口的数量和比重连续 7 年出现双降，7 年间减少了 2 600 多万。同时，受劳动年龄人口持续减少的影响，劳动力供给总量下降，2018 年末全国就业人员总量也首次出现下降。[①]

按照联合国人口署的最新人口模型预计（2017 年模型），我国劳动年龄人口，2018 年为 9.3 亿，2019 年将下降为 9.29 亿，2029 年将进一步降到 8.67 亿，分别比 2018 年减少约 180.9 万、6 359.2 万（图 9.9），呈现加速递减的态势。因此，在未来十年及更长的时期内，随着劳动年龄人口加速下降，我国就业人口也将持续下降。

---

① 李希如，"人口总量平稳增长，城镇化水平稳步提高"，http://www.stats.gov.cn/tjsj/sjjd/201901/t20190123_1646380.html。

图 9.9 2018—2030 年中国劳动年龄人口变化
资料来源：联合国世界人口展望（2017）。

人工智能领域的人力资本结构性短缺将持续存在

人工智能的发展和应用异常迅速，呈现在更多领域、更大范围、以更快速度渗透覆盖的趋势性特征，各个领域对人工智能相关人力资本的需求快速增加。受教育培训发展滞后、人工智能技术更新快、学习掌握难度较大等因素的影响，人工智能相关领域的人力资本供给相对滞后，难以满足全社会对其快速增长的需求。同时，全球范围内各国对人工智能领域的重视，对相关领域顶尖和高端人力资本的竞争日益加剧，从海外引进相关人才的难度越来越大、成本越来越高。在上述因素的共同作用下，人工智能领域人力资本供需缺口将不断扩大，特别是顶尖和高端人力资本。

人工智能和机器人对就业岗位的替代将进一步加深

近年来，我国东南沿海省份制造业领域机器对人的替代已经日益普遍。未来一段时期，随着劳动力成本的进一步提高，机器对人的替代将进一步加快。同时，随着人工智能的日益成熟和低成本商业化应用，人工智能将在更大范围和领域广泛应用，将会对大多数重复性劳动产生替代，特别是随着人工智能越来越接近人类通用智能，所有领域的大部分人类劳动都将面临被替代的风险。

人工智能对岗位间工资差距的影响

人工智能除了会对就业产生冲击外，还会使掌握人工智能技术的劳动者的收入水平增加更快，进而扩大群体间的收入差距（联合国，2016）。但是，人工智能对收入差距的影响，会因条件的不同而存在一定的差异，在人工智能发展的不同阶段，其对收入差距的影响也可能是不同的（A. K. Agrawal，2017）。本部分利用智联招聘的岗位薪酬数据，分析人工智能岗位与受人工智能影响岗位之间的工资变动情况，评估人工智能对岗位间工资差距的影响。①

总体来看，人工智能岗位与受人工智能影响岗位之间的工资差距呈现不断扩大的趋势。2017—2018年，人工智能岗位的中位数工资由18 200元提高到20 940元，受人工智能影响岗位的中位数工资则由5 030元下降到4 860元。人工智能岗位与受人工智能影响岗位中位数工资之间的差距由3.62倍扩大到4.31倍。

进一步，从各分位数变动情况来看，人工智能岗位与受人工智能影响岗位的工资差距，75分位之间和90分位之间的差距扩大得更为明显。2017—2018年，人工智能岗位各分位工资的增幅均超过了10%，而受人工智能影响岗位的各分位工资中，除10分位增加外，其余各分位均有不同程度的下降（图9.10）。人工智能岗位与受人工智能影响岗位各分位工资差距中，10分位之间的差距由2.56倍扩大到3.28倍，25分位之间的差距由3.34倍扩大到3.87倍，50分位之间的差距由3.62倍扩大到4.31倍，75分位之间的差距由3.80倍扩大到4.78倍，90分位之间的差距由3.94倍扩大到5.16倍（图9.11）。

未来十年提升人力资本的对策建议

未来十年中国将面临就业人口持续减少、人工智能领域人才结构性不足以及人工智能对就业替代不断加剧等问题，应积极采取相关政策加以应对。

第一，以优化配置人力资本为重点应对就业人口减少。就业人口减少和劳动参与率下降，意味着劳动力成本将不断上升。应通过不断优化就业人口的配置效率和利用效率，来应对就业人口减少带来的冲击。一是按照高标准市场经济的要求，加快落实《关于在市场体系建设中建立公平竞争审查制度的意见》和《公

---

① 按照智联招聘岗位分类和职位标签，人工智能岗位共选取了8大类岗位，受人工智能影响岗位选取了生产制造、批发零售、办公行政、仓储运输等行业的相关岗位。因人工智能在中国的发展始于2016年，2017年智联招聘才有相关的统计数据。因此，本部分研究仅选择了2017—2018年的岗位薪酬数据进行分析。

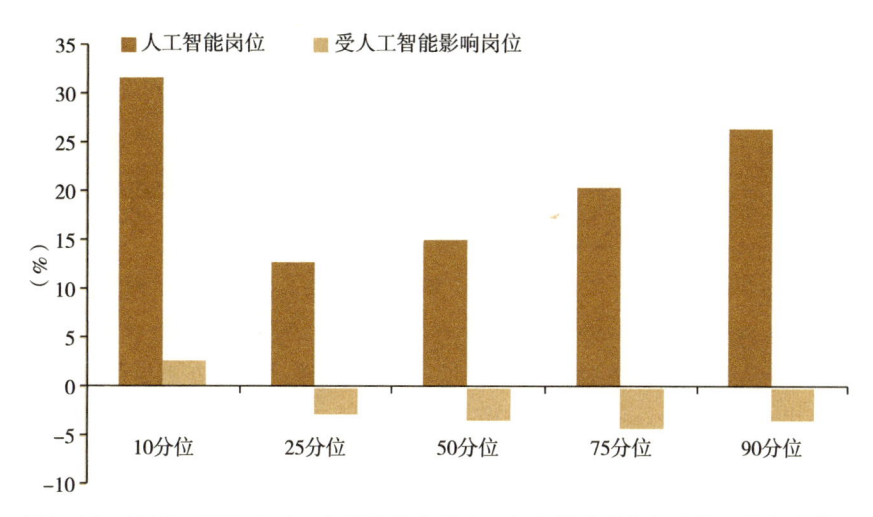

图 9.10　2017—2018 年人工智能岗位和受人工智能影响岗位各分位工资变动情况
资料来源：智联招聘。

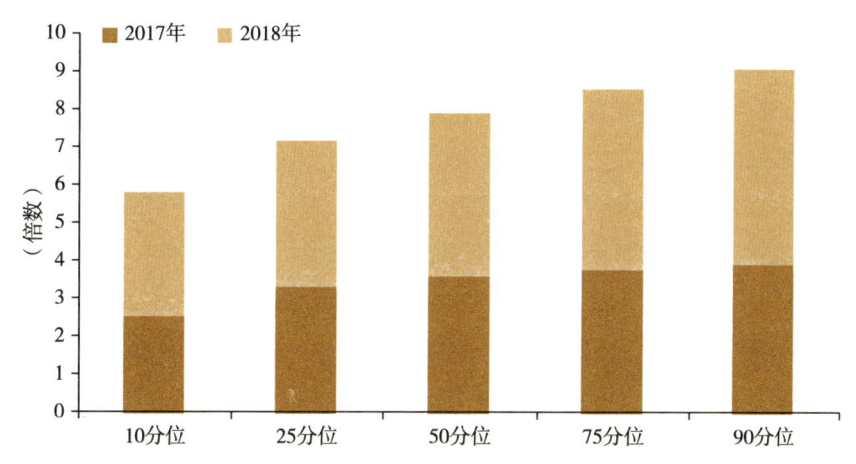

图 9.11　2017—2018 年人工智能岗位和受人工智能影响岗位各分位工资差距变动情况
资料来源：智联招聘。

平竞争审查制度实施细则（暂行）》，取消与相关法律不一致的地方行政性规定，特别是取消制约劳动力平等获得就业机会或就业市场准入的诸多限制（譬如，户籍、性别、身份限制以及不合理的职业资格许可和认定等规定），不断降低人力资本在体制内外、地区之间、行业之间流动和转换的障碍和成本，不断提高人力资本与岗位之间的匹配度。二是加快推动落后产能和僵尸企业退出，进一步收缩国有企业经营领域，加快事业单位转企改制，促进既有人力资本在不同行业、部门间的再配置和优化配置。三是加快人力资本服务业发展，不断提高劳动生产率。积极支持招聘、培训、职业指导、测评、管理咨询、人力资本信息软件服务等业态融合发展。适应行业数字化和平台化发展趋势，支持人力资本服务平台带动相关企业、高校、职业培训机构等多元协作发展。积极推动"大数据＋人力资本服务""人工智能＋人力资本服务"等人力资本服务形式的发展。四是试点实施延迟退休制度，继续挖掘既有劳动力潜力和人口红利。

第二，以国外引进和本土培养相结合加快培育人工智能领域各类人才。人力资本是人工智能发展的关键所在。在未来十年，按照引进和培养并重的方式，加快培育人工智能领域各类人才。一是进一步提高国际人力资本引进政策的含金量，加大力度从国外引进人工智能相关领域的华人及华裔顶尖科学家和工程师，以及外籍科学家和工程师。二是支持相关企业和机构在人工智能领域发达的经济体设立人工智能实验室、人工智能研发中心等机构，以更加灵活的方式吸引国外人工智能领域相关科学家和工程师。三是加快人工智能领域科学家和工程师的本土培养。根据人工智能发展快速、学科交叉性强等特点，积极创新投入支持方式，革新人工智能人才培养计划，创新相关课程体系和培养方式，更加突出综合运用科学、技术、工程和数学的能力，进一步提高高校在科学、技术、工程和数学教育等领域的质量。

第三，以加强职业培训和完善税种为关键应对人工智能对就业和收入差距的冲击。人工智能的就业冲击和收入差距扩大效应会带来一定程度的风险。为此，一是加大对普通劳动者的人工智能技术教育培训。适应大数据、云计算和人工智能发展要求，在相关职业教育和培训机构开设数字技术、人工智能和自动化职业教育和技能培训课程。积极推广慕课等在线教育，为全社会低成本、高效率地提供数字技术和人工智能技术相关课程和学习资源。二是研究开征人工智能税来调节岗位间工资差距。人工智能领域的科学家和工程师的收入具有资本所得的特征。根据上述特点，可综合考虑不同岗位间收入总量和结构性差异，通过调整个人所得税税收分档标准和累进税率，或通过完善已有相关资本所得税种，通过分类征税的方式，调节因人工智能广泛应用而不断扩大的岗位间收入差距。

参考文献

刘世锦主编，《中国经济增长十年展望（2018—2027）：中速平台与高质量发展》，北京：中信出版社，2018年。

张车伟,《人口与劳动绿皮书:中国人口与劳动问题报告 No. 19》,北京:社会科学文献出版社,2019 年。

United Nation, 2016. The Impact of the Technological Revolution on Labour Markets and Income Distribution. https://www.un.org/development/desa/dpad/theme/development-strategies-and-policies/.

A. K. Agrawaletal (eds), *Economics of Artificial Intelligence*. University of Chicago Press, 2017.

第十章 制造业岗位都去哪儿了

中国就业结构的变与辨

卓 贤 黄 金

要点透视

➢ 我国已进入劳动密集型服务业主导就业阶段，制造业成为就业净流出部门，2014—2017年制造业就业年均下降逾200万。

➢ 效率提升、分工深化和跨境转移三大因素，分别解释了我国制造业就业下降的34%、35%和31%，总体而言符合现代经济发展规律。

➢ 我国在人均收入较低时就出现了制造业就业规模的峰值，制造业就业比重峰值（19.2%）比发达国家平均水平低10个百分点以上。

➢ 中西部地区就业出现的"未充分工业化"、劳动密集型服务业增长有不确定性、服务贸易国际竞争力不高等因素，加大了维系当前就业增长模式的难度。

➢ 稳制造业就业是稳就业的重要途径，要依靠"智能+"改造提升传统制造业，依靠完整的产业链提高中西部地区制造业就业，依靠产教融合提高制造业就业的含金量。

中国不仅是全球制造业增加值第一大国，也是制造业就业第一大国。近年来，我国制造业就业拐点相继出现，就业规模年均下降逾 200 万，制造业就业比重已降至德国当前水平。这不由引人深思：如何解释就业结构的趋势性变动？中国制造业就业是否过早和过快下滑？当前劳动密集型服务业主导的就业增长能否持续？

就业结构变迁的三个拐点

21 世纪以来，我国就业结构随经济转型升级而调整，出现了三个拐点。

劳动密集型制造业主导阶段。受国有企业改制影响，制造业就业占全社会就业比重从 1998 年的 15.4% 下降到 2002 年的 13.6%。中国加入 WTO 扭转了这一趋势，农业人口大规模转移至制造业，2004—2008 年制造业年均新增就业 580.1 万，制造业就业比重提高到 17.1%。同期，建筑业和采矿业年均新增就业 204.5 万和 167.2 万，使得第二产业就业比第三产业年均多增 370.4 万。推动就业井喷的是劳动密集型制造业。以富士康为代表的电子设备企业贡献了 25% 的新增城镇单位制造业就业，纺织服装、制鞋皮革业拉动 15% 的新增城镇单位制造业就业。

劳动密集型建筑业主导阶段。为应对国际金融危机，2008—2013 年基础设施建设和城镇化进入加速通道，建筑业成为吸纳劳动力的第一大行业，年均新增就业 451 万人，比上一阶段年均多增 246.2 万人，比同期制造业年均多增 82.6 万人。制造业年均新增就业 368.1 万，比上一阶段每年少增 212 万，其占全社会就业比重在 2012 年达到 19.2% 的峰值后下滑。在制造业内部，电子设备行业城镇单位就业每年比上一阶段还多增 62.5 万，但纺织服装、皮革制鞋等劳动密集型行业则出现负增长。同期，批发零售以年均新增 429.3 万就业超过制造业成为第二大就业行业。

劳动密集型服务业主导阶段。在 2013 年达到 1.48 亿就业规模峰值后，制造业就业开始下滑，此后四年制造业就业下降 854.2 万。除了以汽车为代表的交通

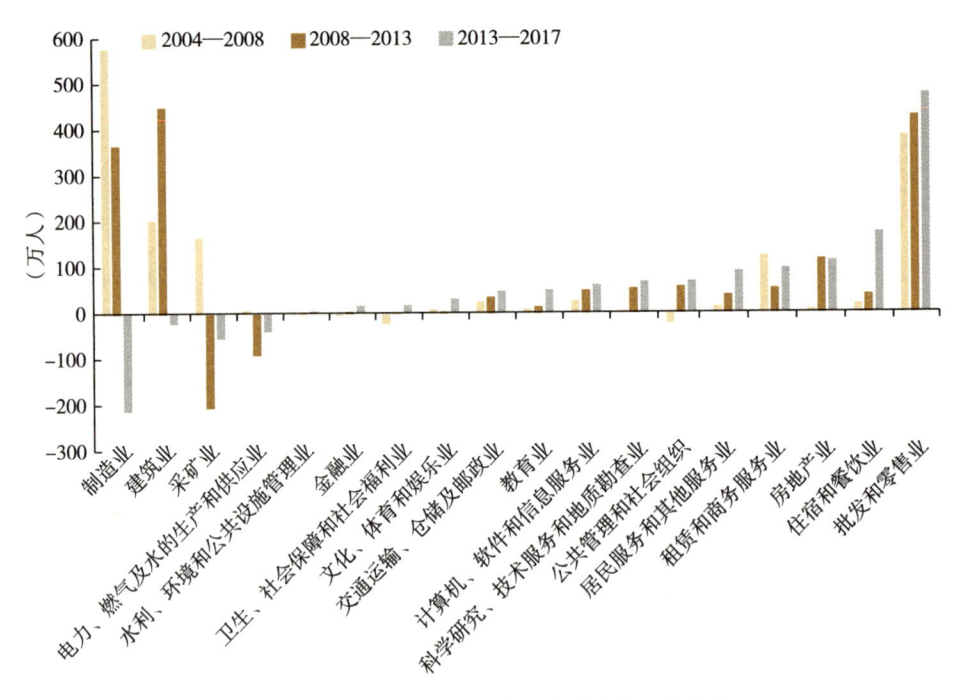

图 10.1　三个阶段各非农行业就业人数年均变化

资料来源：《中国统计年鉴》、《中国劳动统计年鉴》、《中国人口和就业统计年鉴》、三次经济普查数据、亚洲生产力组织数据库 APO 及作者计算。

设备制造业等个别行业在增长外，其余制造业细分行业就业均明显下滑。同期，建筑业也以年均减少 23.5 万成为就业净流出部门。幸运的是，服务业发挥了就业"稳定器"功能，同期年均新增 1 309 万人，吸纳了大量制造业流出的劳动力。劳动密集型服务业尤为引人注目，批发零售和住宿餐饮业年均新增就业分别达 476.2 万和 174.1 万，两者创造就业的能力超过 2004—2008 年高峰期的制造业。

制造业岗位都去哪儿了

从制造业的劳动力需求端分析，中国制造业就业的下降源于效率提升、分工深化和跨境转移这三大因素。

"机器换人"可解释制造业就业下降的 34%

劳动节约型技术进步提高了生产效率。虽然我国制造业就业人数有所下滑，但制造业增加值占全球比重却由 2013 年的 20.8% 上升至 2017 年的 28.6%。一升一降背后浓缩了我国制造业从大规模人工生产向机械臂、真空吸力、机器视觉系统等自动化场景的转变。

成本倒置推动企业实施"机器换人"。 根据国际机器人联盟数据，2017 年我国工业机器人平均售价为 23.69 万，[①] 而根据相关研究，机器人系统集成费用约等于机器人价格，每年维护费用为机器人售价的 15%。我们用式（1）估算工业机器人时薪。其中，我们将机器人最低使用年限设为三年，在每年 250 个工作日中不间断运转，国家统计局公布的 2017 年制造业产能利用率为 77.5%。据此估算，2017 年我国工业机器人"时薪"为 41.6 元。

$$工业机器人时薪 = \frac{销售均价 + 系统集成费用 + 三年维护费用}{3 年 \times 250 个工作日 \times 产能利用率 \times 24 小时} \quad (1)$$

主要城市的制造业工人时薪高于工业机器人平均时薪。 按"城镇非私营职工平均工资／（250 个工作日 ×8 小时）"计算，2017 年北京、上海、杭州、深圳制造业工人时薪分别为 53.1 元、52.9 元、43.6 元、41.7 元，都已超过当年工业机器人时薪。考虑到企业还要为工人缴纳社保等各项税费，即使合肥、重庆等中西部中心城市的制造业工人实际用工成本也超过机器人。再考虑到效率和季节性人工短缺等因素，企业倾向以触手可及的技术红利替代渐行渐远的人口红利，自然也就不足为奇了。

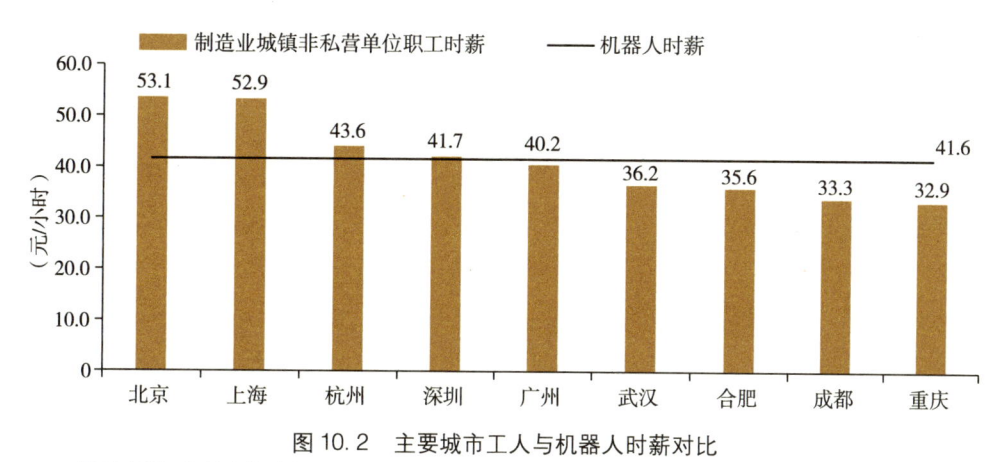

图 10.2 主要城市工人与机器人时薪对比

资料来源：各城市统计年鉴。

机器换人解释了制造业就业下降的 34%。 中国已连续五年成为工业机器人

[①] 数据来自国际机器人联盟 IFR。

销量最大且增长最快的市场，2017年共购买13.8万台，占全球销量的36%，超过欧美总销售量（11.2万）。根据国际机器人联盟数据，2017年末中国制造业工人的机器人使用密度达97台/万人，超过世界平均水平（85台/万人），比2013年（25台/万人）高出72台/万人。阿西莫格鲁和雷斯特雷波（2017）对美国就业市场的研究表明，生产线上每增加1台机器人，就会有3~5.6名工人失去工作。鉴于中国制造业自动化水平低于美国，我们取该研究中的低值，按式（2）计算中国制造业机器换人的规模。测算结果表明，2013—2017年，我国新增工业机器人替换了293万名工人，解释了制造业就业下降的34%。

$$机器换人规模 = （期末制造业就业 \times 期末机器人使用密度 - 期初制造业就业 \times 期初机器人使用密度）\times 人机替代率 \qquad (2)$$

市场分工深化解释了制造业就业下降的35%

技术进步推动制造业内部服务性环节分离出本部门。制作和装配是制造业的核心流程之一，但并非其产业价值链的全部。得益于信息技术的发展，制造业中的研发、设计、物流、营销等活动，能以极低成本被转移至独立的生产性服务业企业（江小涓，2017）。当这些工作被外包给信息科技公司、物流公司等企业之后，原本统计在制造业部门的部分岗位就计入服务业部门。近年来，数字技术催生的中国制造业分工深化，是发达国家在相似发展阶段未曾经历的。

市场分工深化是影响中国制造业就业下降的最大因素。利用迄今公布的我国最新投入产出表（2012年），我们首先计算出制造业对交通、信息、金融、科研等生产性服务业①的中间需求率（生产性服务业的总产出中作为制造业中间投入的比重）约为26.5%。假设近年来中间需求率保持不变，我们按照式（3）计算出2013年和2017年为制造业提供各类服务的生产性服务业人员分别为1 595.4万和1 898.0万，因此这四年间有302万就业岗位从制造业企业中分离出来，流入研发、信息、财务、法律等独立的生产性服务业企业，解释了制造业就业下降的35%。

$$为制造业服务的生产性服务业就业 = \frac{生产性服务业增加值 \times 中间需求率}{生产性服务业劳均增加值} \qquad (3)$$

---

① 生产性服务业包括交通运输、仓储和邮政业，计算机、软件和信息服务业，金融业，租赁和商务服务业，科学研究、技术服务和地质勘查业。

跨境产业转移解释了制造业就业下滑的 31%

劳动密集型产业向落后国家转移的趋势明显。 在加入 WTO 后，中国劳动密集型制造业爆发式增长。近年来，随着东南亚和非洲国家低成本竞争优势的显现，我国加工贸易从 2013 年的 8 600.4 亿美元降为 2017 年的 7 588.3 亿美元。[①] 综合统计局、海关和商务部数据，按"加工贸易出口增加值/制造业劳均增加值"的方法，我们估算 2013—2017 年从事加工贸易出口的就业人数下降了约 250 万。

全球产业转移表现出"双路线"特征，先进制造业回流发达国家渐成趋势。 据美国"回流倡议"（The Reshoring Initiative）组织统计，2010—2017 年，由中国回流至美国的企业达 721 家，为美国增加近 2.8 万制造业就业，约为美国总回流就业岗位的 60%。我们根据 2017 年中美制造业劳均增加值的差异，估算出 2013—2017 年我国制造业就业岗位回流美国的规模为 17 万个。综上数据，这四年来，产业跨境转移解释了我国制造业就业下滑的 31%。

上文分析表明，制造业就业下降是我国产业转型升级在就业结构上的反映，总体而言符合现代经济发展规律。那么，与发达国家相比，我国制造业就业下降速度是快还是慢呢？

中国制造业就业比发达国家下降得更早且更快

相较于劳动人口增长，全球制造业就业是一块做不大的蛋糕。制造业更容易推动一国融入全球价值链，并创造出远超国内市场的需求空间，是一国经济增长的关键引擎，也为数以亿计的蓝领提供了跻身中产的阶梯。不过，由于技术进步降低了劳动力需求，全球制造业就业占各类就业的比重从 2000 年的 15.3% 下降到 2017 年的 14.4%。基于国际劳工组织数据，我们发现，尽管全球制造业就业在 1991—2018 年增长 28%，但远低于同期全球总劳动人口（15 岁以上参与就业的人口）43% 的增幅，劳动者从事制造业的机会在下降。

制造业就业是一国制造业竞争力的综合反映。 21 世纪头 10 年，美国失去了 570 万个制造业岗位，制造业就业基础缩减近三分之一。此后，由于国内能源成本

---

① 商务部，《全球价值链与中国贸易增加值核算研究报告》，2018 年。

降低和自动化生产技术渗透，美国制造业综合竞争力出现反弹，2010—2017年新增近100万个制造业岗位，汽车、金属和机械行业尤为抢眼（Abel et al., 2019）。在智能制造技术迭代加快的背景下，劳动力等要素成本高低已不是企业空间决策的唯一因素，一国的技术进步速度只有快于要素成本上升速度，才能保持制造业比较优势，并将就业留在本国。在某种程度上，就业本身就是反映一国制造业竞争力的重要指标。中国制造业就业占全球的比重从2003年的36.1%提高到2013年的38.5%，2018年又下降到36.3%，这不只是要素成本提升的结果。

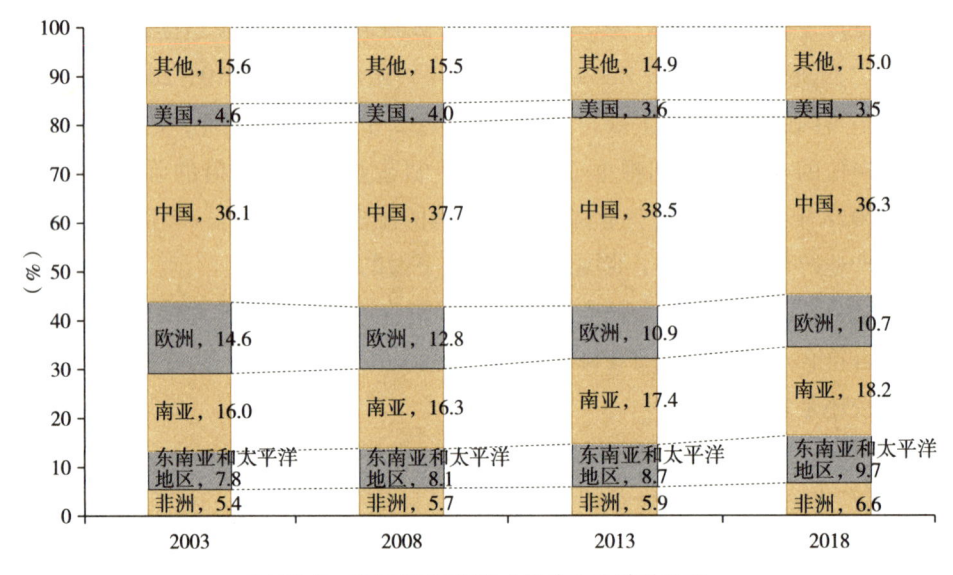

图 10.3　各国/区域制造业岗位在全球的比重
资料来源：WorldBank，ILO。

中国制造业就业在人均收入较低时较快下降。哈佛大学丹尼罗·德里克教授在2018年出版的《贸易的真相》一书中重提发展中国家"过早去工业化"现象。他指出，发达国家制造业就业比重峰值在30%以上，其中德国在20世纪70年代曾接近40%。中国制造业就业比重在2012年就已现峰值（19.2%），比发达国家峰值水平低10个百分点以上。当2017年中国制造业就业比重降为17.9%时，人均GDP为7 329美元（2010年不变价美元，下同）。德国和日本制造业就业比重分别在2002年和2009年才降到中国目前水平，当时两国人均GDP都高于4万美元。即使制造业就业比重峰值较低的美国和韩国，人均GDP达到3.3万美元和1.9万美元时，制造业就业比重才降到中国当前水平。

表10.1　各国达到我国当前制造业就业比重的时间及人均GDP

	年份	制造业比重（%）	人均GDP（2010年不变价美元）
中国	2017	17.90	7 329
日本	2002	17.77	42 191
韩国	2005	18.07	18 568
美国	1986	17.60	33 134
德国	2009	17.80	40 086

资料来源：World Bank，EU-CLEMS，亚洲生产力组织APO。

中国制造业就业下降速度也颇为引人注目。中国制造业就业比重在2014—2017年四年间下降了1.2个百分点。在中国制造业就业较快下降的背景下，近年来美国和韩国制造业就业比重略有提高，日本和德国则保持稳定。若按近年趋势，中国制造业就业比重将在2020年低于德国。

辨析就业结构调整的可持续性

由于技术创新迭代、生产模式重构和国际分工变化，仅用国际历史数据比较判断中国是否"过早去工业化"，难免有刻舟求剑之嫌。但就业结构过快调整提醒我们，有必要辨析当前就业结构调整的可持续性。

中西部地区就业有未充分工业化的隐忧

2008年开始，中西部地区加速承接东部制造业转移，2008—2017年年均新增121.3万制造业就业。但2013年后，中西部承接制造业就业增速明显降低。安徽、河南、四川和重庆等我国劳动力输出大户，虽然在2013—2017年制造业新增就业排名中分列第1、2、7和10位，但近四年四省市制造业就业年均增加量较金融危机后的头五年减少了105.2万。如图10.4所示，我国只有11省市的制造业就业比重高于17.9%的全国平均水平。除河南和江西外，其余中西部省份制造业就业比重都低于全国均值，但这些省市整体的制造业就业绝对规模和相对比重已出现下降。西部地区整体制造业就业比重甚至在只有10%左右的较低峰值后就开始下滑，呈现"未充分工业化"的趋势。

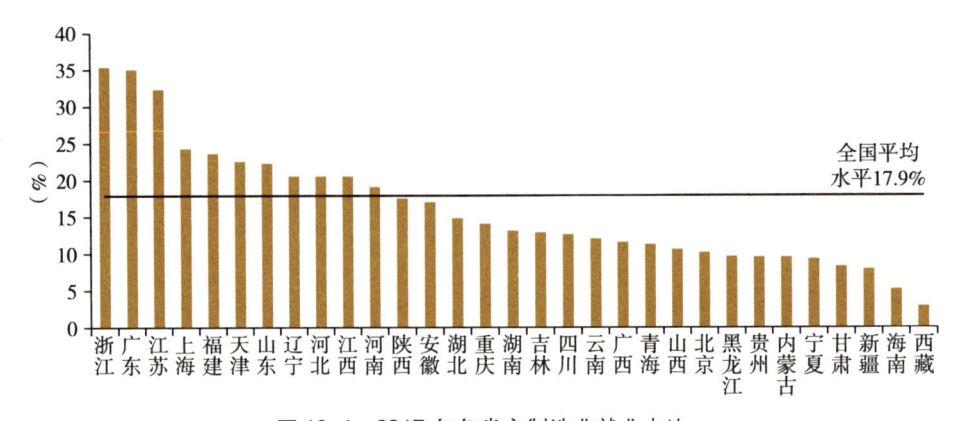

图10.4 2017年各省市制造业就业占比

资料来源:《中国劳动统计年鉴》、《中国人口和就业统计年鉴》、各省市统计年鉴和经济普查数据。

劳动密集型服务业就业增长面临不确定性

服务业已接替制造业成为新的"就业海绵",但从细分行业来看,其可持续性不容乐观。 在2013—2017年新增服务业就业中,劳动密集型服务业占61.2%,公共服务业占9.1%,高端服务业和单列的金融房地产业各占19.7%和10%。[①] 公共服务业就业在2008年金融危机后有较大幅度提高,但近年来增速趋缓,并不具备较大扩容空间。随着扩张速度放慢,金融和房地产的就业增量近年已略有下降。高端服务业已是服务业中第二大就业来源,但年均新增就业不到劳动密集型服务业的三分之一,且不具备吸纳大量中低端劳动力的能力。未来,劳动密集型服务业能继续扮演就业发动机的角色吗?

互联网平台经济拉动的就业增长存在不确定性。 平台经济提高了服务业就业市场的配置效率,零工经济等新就业形态方兴未艾,吸纳了大批制造业流出的劳动力。例如,根据《2017年滴滴出行平台就业研究报告》,2016年6月至2017年6月,共有2 108万人在滴滴平台获得收入,其中18.6%为去产能行业的职工。但一方面,许多互联网企业仍处于亏损和烧钱阶段,相关就业岗位有"虚高"的成分;另一方面,互联网金融、网络直播、网约车等行业都曾因宽松的监管吸纳大量就业,但随着监管收紧,其就业增长的不确定性加大。

---

① 劳动密集服务业包括:批发和零售业,住宿和餐饮业,居民服务和其他服务业,交通运输、仓储及邮政业;高端服务业包括:计算机、软件和信息服务业,租赁和商务服务业,文化、体育和娱乐业,科学研究、技术服务和地质勘查业;公共服务业包括:水利、环境和公共设施管理业,教育业,卫生、社会保障和社会福利业,公共管理和社会组织;金融和房地产业单列为一类。

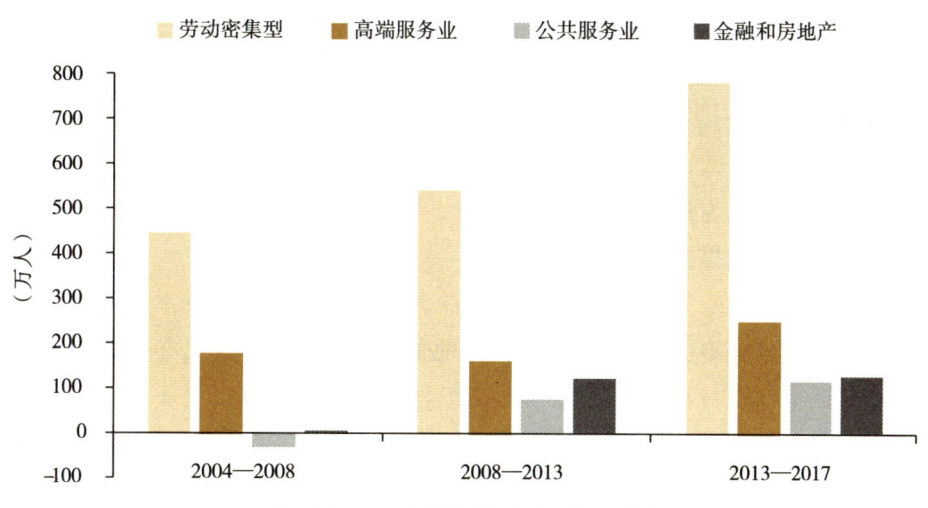

图 10.5　不同类型服务业就业年均增量

资料来源：笔者估算。

服务贸易国际竞争力不强限制服务业就业增长

一个经济体的服务业就业比重是否可以逼近100%？如果世间存在这样不从事物质生产的经济体，它必有能力形成很大的服务贸易顺差，大到足以购买充足的农产品和工业品。这对于一些拥有独特资源的小型经济体而言是可能实现的，比如依赖旅游业的太平洋岛国，或具备金融等商务服务优势的中国香港。对一个大型经济体而言，服务业就业比重的上限取决于其可贸易服务产品的国际竞争力，而这体现在服务贸易顺差上。

由于服务业贸易尚处逆差状态，我国就业增长仍须依赖制造业的强健发展。我国服务业新增就业多集中在面向国内消费的生活性服务业。但只有当制造业高度发达或（且）生产性服务业国际竞争力相当强大时，一个经济体才能创造出足够规模的生活性服务需求。2018年，我国服务业贸易出口额为2 327亿美元，进口额则高达5 242亿美元，形成2 915亿美元的逆差。[①] 除旅行和交通之外，专利特许使用费、金融和保险等生产性服务是发达国家最主要的服务出口，而中国这两项服务的出口额只有美国的6.5%和3.8%。在中国能依靠科技和金融等生产性服务获得足够贸易顺差之前，国内就业增长必须有坚实的

---

① 数据来自国家外汇管理局。

制造业作为支撑。

稳制造业就业是稳就业的关键

虽然服务业成为我国就业增长新引擎，但保持制造业就业稳定仍是稳就业的关键。为此，我们提出三点思路性建议。

依靠"智能+"改造提升传统制造业。应对制造业要素成本优势弱化，必须以智能制造培育制造业新的比较优势。改造提升传统制造业并不是简单地用机器替代人，而应通过拓展"智能+"赋予制造业新生。要以工业互联网打通需求信息、原料采购、智能制造、物流配送、消费体验等环节，让人、机、物在网络化生产流程中高效互动，将劳动者的灵活性和自动化设备的高效率充分结合，实现从"机器换人"到"机器助人"，提升劳动者的生产效率，提高企业对定制化高附加值产品的柔性生产能力。

依靠完整的产业链提高中西部地区制造业就业。德国政府近期颁布的《国家工业战略2030》指出，研发创新和工艺改进能力须植根于生产的土壤，只有将制造、加工、研发和服务环节置于一个地理空间，才能保持或扩大产业竞争优势，才能为本国劳动者提供多元化且充裕的就业选择。这是德国制造业就业稳定的重要原因。我国应进一步推动全国统一大市场建设，完善中西部地区营商环境，发挥完整产业链带来的综合优势，促进制造业在国内跨区转移中实现产业升级，避免制造企业大规模、成产业链地跨境外流，从而提高中西部地区的工业化水平和制造业就业比重。

依靠产教融合形成制造业人力资本红利。在同样的薪酬待遇下，年轻一代劳动者偏爱工作灵活性更高的劳动密集型服务业。在2018年270万美团外卖骑手中，拥有大学文凭的骑手比例就高达15%。[①] 过多新生代劳动者进入低端服务业，不仅限制了劳动者再就业能力和职业上升空间，也导致中高端制造业的劳动力供给短缺。为此，要支持企业和社会力量兴办职业教育，加快产教融合实训基地建设，重点开展订单式培训、定向培训，以"干中学"的模式培养中高端制造业所需的高技能劳动力，提高制造业就业的含金量和从业者收入，从而提升制造业就业的吸引力。

---

① 数据来自美团点评研究院，《新时代 新青年：2018年外卖骑手群体研究报告》。

参考文献

Abel, J. R., and Deitz, R., 2019, "The (Modest) Rebound in Manufacturing Jobs", *Liberty Street Economics*.

Acemoglu D., Restrepo P., 2017, "Robots and Jobs: Evidence from US Labor Markets", NBER Working Paper.

Lawrence, R. Z., 2019, "Factory employment is defying expectations. Should the president get the credit?", *The Economist*.

丹尼·罗德里克著，卓贤译，《贸易的真相：如何构建理性的世界经济》，北京：中信出版集团，2008年。

丹尼·罗德里克，《过早去工业化》，《比较》，2016年第1期。

戴维·奥德兹、埃里克·莱曼著，颜超凡译，《德国的七个秘密》，北京：中信出版集团，2018年。

江小涓，《网络时代的服务型经济》，北京：中国社会科学出版社，2017年。

世界银行，《2016年世界发展报告：数字红利》，北京：清华大学出版社，2016年。

张车伟，《2017中国人口与劳动问题报告：新经济，新就业》，北京：社会科学文献出版社，2017年。

卓贤，《去工业化的喜与忧》，《财经》，2015年第27期。

第十一章 创新

典型国家发明专利变迁与启示

石 光

要点透视

> 专利保护是激励近代技术进步的重要制度创新。从典型国家百余年历史看,处于上升期的国家发明专利数量普遍增长,但增幅差异很大。

> 按照技术优势和市场规模,典型国家可分为三类:小型发达国家技术优势强、国内市场规模小,主要通过技术输出在全球获益;新兴国家市场规模大,但技术高度依赖国外;大国兼具技术优势和市场规模,总体相对均衡。

> 我国发明专利数量近十年来急剧增长,但发达国家的有效发明专利和高质量发明专利仍有明显优势。中国发明专利数量膨胀的主要原因是制度激励导致的专利申请量激增,并非发明专利授权标准放松。

> 中国发明专利质量仍不乐观。发明专利生命周期仅约国外平均水平的一半。大部分 PCT(《专利合作条约》)专利是在华外国人持有的。中国的发明专利产业化率近年来有下降趋势。

> 我国在发达国家的专利竞争力十分有限。2016 年,来源地为中国的全部发明专利中,在境外寻求保护的仅占 6%,而美国为 37%。

专利制度是激励创新的重要制度设计。它以赋予创新者一定期限的垄断权为代价，实现技术的公开化，兼顾了让创新者获益和促进技术扩散的双重目标。专利制度与工业革命相伴而生，① 1852 年现代专利制度最早在英国建立。我国 1985 年开始实施专利制度，虽然起步较晚，但近年来在全球表现突出。回顾百余年来的典型国家专利变迁历史，快速崛起时期的国家普遍伴随专利数量的增长，专利与国家竞争力显著相关。本文利用世界知识产权组织（WIPO）数据库，分析了 1880 年至今近一个半世纪以来，典型国家发明专利的变化趋势，并将中国放在全球背景下，考察三十余年来我国专利发展的特征，最后对我国专利未来发展进行展望。

全球发明专利百年变迁特征

专利保护是激励近代技术进步的重要制度创新

现代专利制度起源于 17 世纪早期的英国，1624 年英国议会颁布了《垄断条例》，禁止一切垄断行为——但保留了一个例外，即发明者对自己的发明的垄断在一定时期内受到保护，这被认为是现代专利制度的起源。1852 年英国《专利修正案》标志着现代专利制度的确立，英国随后成立了专利局，此后专利申请量开始大幅增长，在电力、信息等后续科技革命中发挥了重要作用。

如果追溯更早的历史，印刷术是催生知识产权制度的重要原因。印刷术发明产生后，受到手写工行业协会强烈反对，因为技术进步颠覆了一个传统行业。为了鼓励印刷术普及，1491 年威尼斯授予了印刷特权，禁止其他人复制，1545 年又规定未经作者同意不准印刷，英国 1510 年制定了图书印刷特权。上述特权的目的主要是支持印刷者与手写工行业协会抗衡，而不是保护作者。现在通行的以

---

① 专利制度虽然不是工业革命的决定性因素，但它起到了重要推动作用。例如，"工业革命之父"瓦特曾积极为自己的发明申请专利。

保护作者为目的的著作权制度，源于1702年英国实施的《著作权法》，[①]它也是受《垄断条例》的影响产生的。著作权制度与专利制度同为知识产权制度，二者都促进了科学和文化传播，推动了技术进步和工业革命的辉煌。

发达国家在18—19世纪陆续建立知识产权制度。1699年，法国开始审查专利申请，同时，为保护工匠行业协会的利益，根据里昂纺织品商的要求，法国推出了关于外观图案设计权的保护条例。1815年，普鲁士建立了专利制度，并对发明者进行奖励。1780年以后，日本对个人发明授予垄断销售的特权，类似于专利制度。自19世纪以来，专利申请开始普遍起来，技术的保护变得愈加重要。各国设立专利制度，根本目的在于激励发明创新。

快速成长国家发明专利增幅差异大

世界知识产权组织数据库中，各国发明专利开始时间各异，我们关注的国家主要分为三类，美、日、英、法、德等发达国家从1883年开始，韩国等从二战后开始，中国从1985年开始。世界知识产权组织按照来源地和专利局两个口径，对各国发明专利进行了统计。来源地是指专利权人所在国，专利局是指专利申请国。例如，一名中国人在美国申请一件专利，那么按来源地统计属于中国，按专利局统计属于美国。世界知识产权组织从多个维度进行了国别统计，包括申请数、授权数、有效发明专利数、PCT专利数等。

以1980年为界，在其前后两个时期，全球典型国家发明专利竞争呈现不同格局。图11.1是1880—1980年七个国家的发明专利授权数（专利局口径）。美国在一个世纪中一直保持优势，1900—1950年，美国优势最为突出，每年的专利授权数在2万~6万件之间波动，是英、法、德的两倍左右，英、法、德三国不相上下；苏联和日本在此期间专利数量很少。一战和二战期间，各国发明专利大幅下降，尤其是欧洲国家。二战后，发明专利数量恢复增长，美国、英国、法国和日本增速较快，但德国数量增长并不明显，保持稳定。苏联专利授权数量从1965年加速增长，1977—1980年短短四年间翻倍，达到10万件，追上了美国，这正是美苏争霸的高峰期。总体来看，发明专利授权数量在一个世纪中有两个峰值，分别是1930年前后和1970年前后，峰值期美国分别接近6万件和8万件。

[①] 富田彻男，《市场竞争中的知识产权》，北京：商务印书馆，2000年。

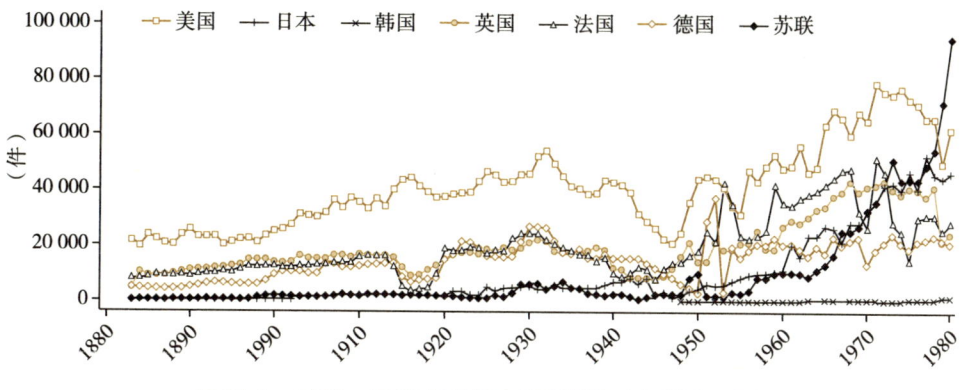

图 11.1　1880—1980 年发明专利授权数（专利局口径）

图 11.2 是 1980—2016 年的专利授权数（专利局口径）趋势。20 世纪 80 年代后，美、日、中、韩四国主导了全球发明专利，数量急剧膨胀，2010 年后，中、美、日、韩专利授权数都在 10 万~40 万件；而英、法、德数量都在 2 万件以下，相差一个量级。图 11.3 是英、法、德三国在近一个半世纪以来的专利授权数趋势，英、法的高峰期出现在 50—70 年代，年授权量在 4 万~5 万件，是德国的两倍左右，80 年代后英、法下降趋势明显。德国较为例外，二战后专利授权数一直平稳在 1 万~2 万件，波动很小，80 年代中期后由于英、法下降较大，德国再次领先于英、法。

总体来看，处于上升期的国家，发明专利数量普遍增长，但增幅差异很大。二战前的美国、二战后的美国和日本、70 年代的苏联、2000 年后的中国，专利数量都大幅增长，英、法、德等欧洲国家则较为平缓。

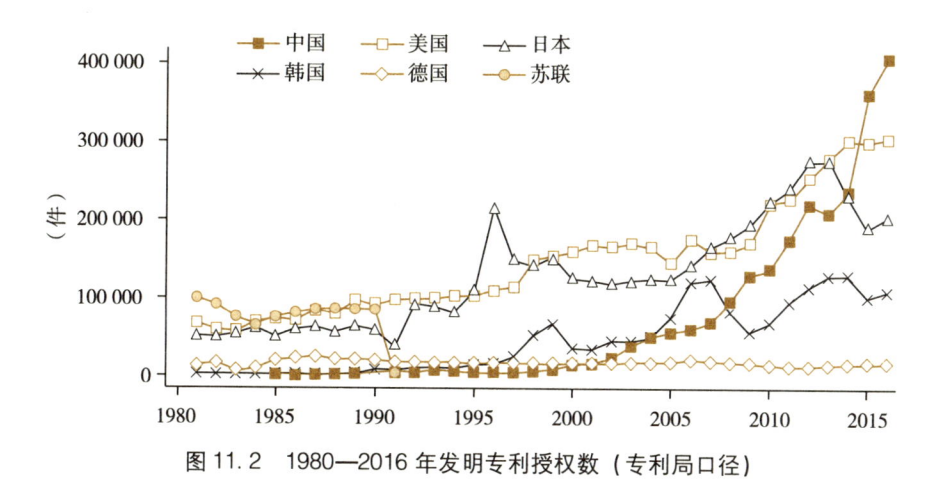

图 11.2　1980—2016 年发明专利授权数（专利局口径）

图 11.3　英、法、德 1880—2016 年发明专利授权数（专利局口径）

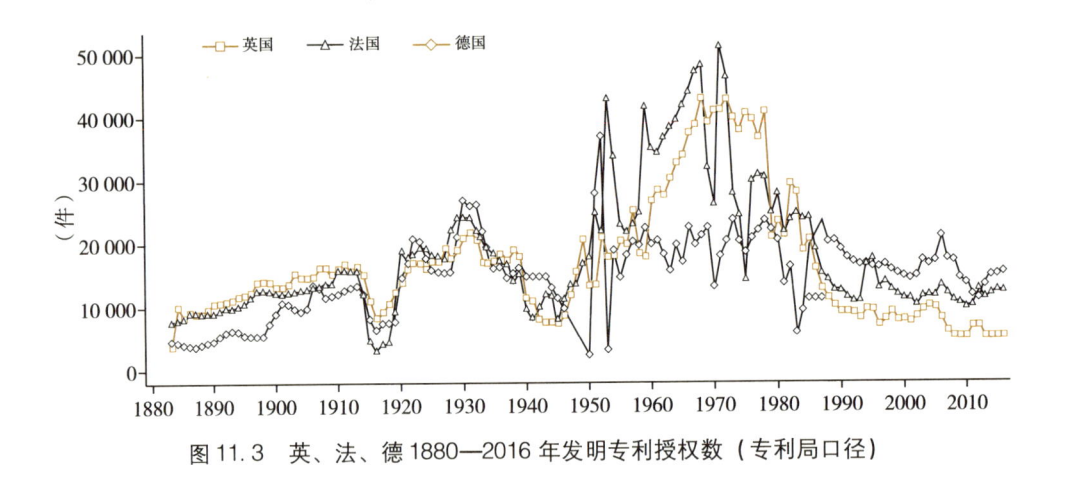

依据市场规模和创新能力典型国家可分为三类

来源地口径与专利局口径的发明专利数量差异，具有重要意义。由于专利局口径是寻求在该国获得保护的专利数量，而来源地口径是专利发明者所在国家的专利数量，所以按来源地口径更多体现技术优势，按专利局口径更多体现市场吸引力。来源地口径大于专利局口径的国家，更多具有技术优势，可以理解为技术净输出国；来源地口径小于专利局口径的国家，更多具有市场优势，外国发明者愿意在该国申请专利、寻求技术保护，并通过专利在该国市场上盈利。例如，日、韩作为来源地的有效发明专利数量，要高于其专利局口径的数量，而中国相反。

我们按下述公式构造变量，测量各国的技术净输入程度：

技术净输入程度 =（专利局口径专利数量/来源地口径专利数量 - 1）× 100。

在上述公式下，技术净输入国的值为正，技术净输出国取值为负，取值单位为%。图 11.4 是 2016 年典型国家或地区的技术净输入情况，其中，左图是净输入经济体，右图是净输出经济体。净输入经济体主要是东南亚经济体、拉美国家、金砖国家，其中，菲律宾接近 100%，即全球各国在菲律宾专利局的专利数量，是菲律宾人在全球各国的专利数量的两倍；发达国家中，加拿大、澳大利亚对外技术依赖度较高。净输出国前十位都是欧洲国家，最高的是瑞士、瑞典、荷兰，分别为 40 倍、16 倍、10 倍，由于这三国高出其他国家幅度太多，所以在右下角单独制图列出；① 芬兰、奥地利、德国、比利时也都在 4 倍以上。

---

① 这三国高出其他国家太多，如果右图中添加这三国，会使得其他国家的横柱都很短，难以辨识。

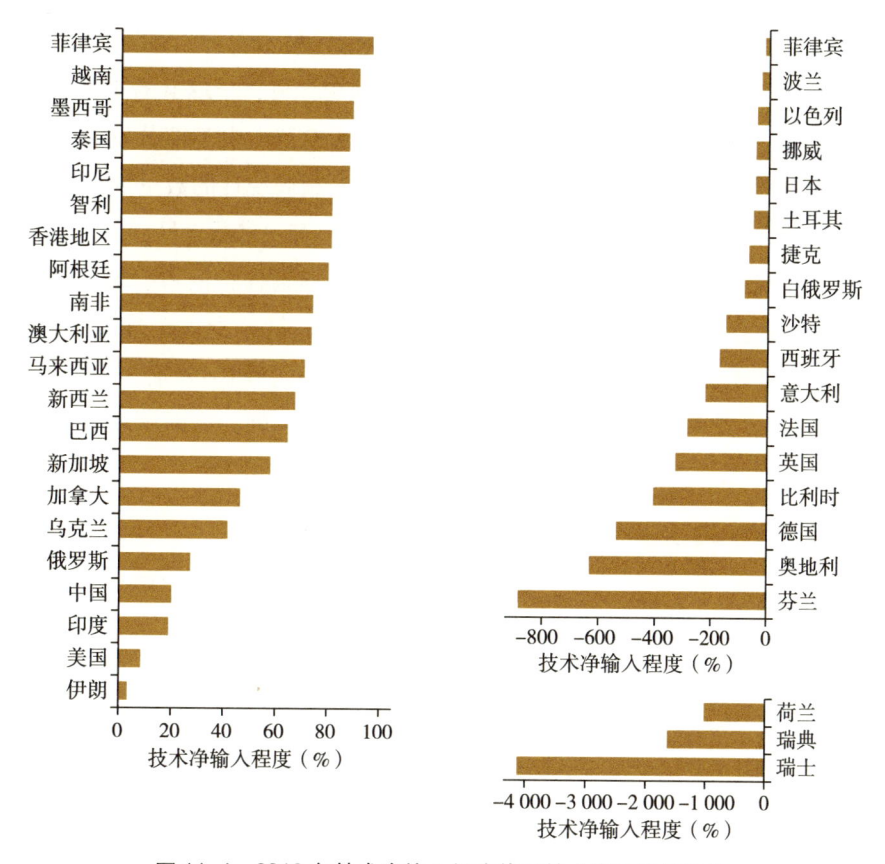

图 11.4　2016 年技术净输入经济体和技术净输出经济体

因此，按照技术优势和市场规模两个维度，典型国家可分为三类。第一类是技术优势强、国内市场规模偏小的国家，如英、法、德、北欧国家，以及荷兰、瑞士、比利时等发达小国，它们主要通过技术输出在全球获益。第二类是市场规模大但技术优势弱的国家，主要是新兴国家，虽然国内人口多，但技术高度依赖国外，创新能力薄弱。第三类是兼具技术优势和市场规模的国家，其中，美国、印度、中国存在小幅技术净输入，日本、韩国存在小幅技术净输出。总体来看，第三类国家总体较为均衡，而前两类国家则各有偏重。其中，第一类国家在全球化时代，利用技术输出获得红利。第二类国家主要是开放程度较高的后发国家，通过积极引进技术，利用本国低要素成本优势，推动劳动密集型制造业发展。

发达国家持有全球有效发明专利的七成以上

有效发明专利是专利持有人持续维护的专利，以真正具有价值的专利为主，是发明专利的存量。有效发明专利的数量更多体现了国家的技术实力。2007—2016年，全球有效发明专利数量翻了一倍。2016年，按专利局计算，全球共有1 294万件有效发明专利，按来源地计算共有922万件有效发明专利。由于部分发明专利没有来源地信息，所以按来源地统计的专利数量比按专利局统计的数量少。

总体来看，全球有效发明专利主要由发达国家持有，来源于日、美、韩、德四国的有效发明专利占全球三分之二，在四国专利局申请保护的占全球一半。2016年，按来源地计算，日、美、韩、德有效发明专利数量分别占全球29%、23%、10%、6%，合计占68%，中国为13%。按专利局计算，四国分别为15%、21%、7%、5%，合计占48%，中国为14%。此外，日、美、韩、德四国来源地口径的有效专利数量高于专利局口径的有效专利数量，中国恰好相反。

表11.1 全球发明专利存量　　　　　　　　　　　　　　　　　　　　　　（单位：万件）

	按专利局	按来源地
2005	549	447
2006	555	448
2007	623	457
2008	680	522
2009	723	559
2010	907	587
2011	963	578
2012	1 027	680
2013	1 109	751
2014	1 166	806
2015	1 224	866
2016	1 294	922
2017	1 364	1 042

注：由于部分发明专利缺乏来源地信息，所以数量更少。

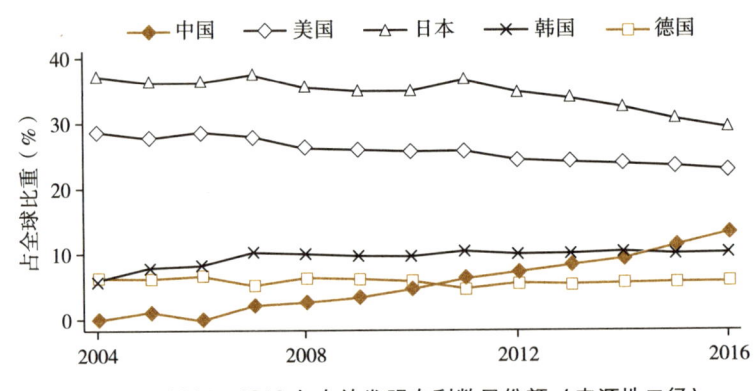

图11.5 2004—2016年有效发明专利数量份额（来源地口径）

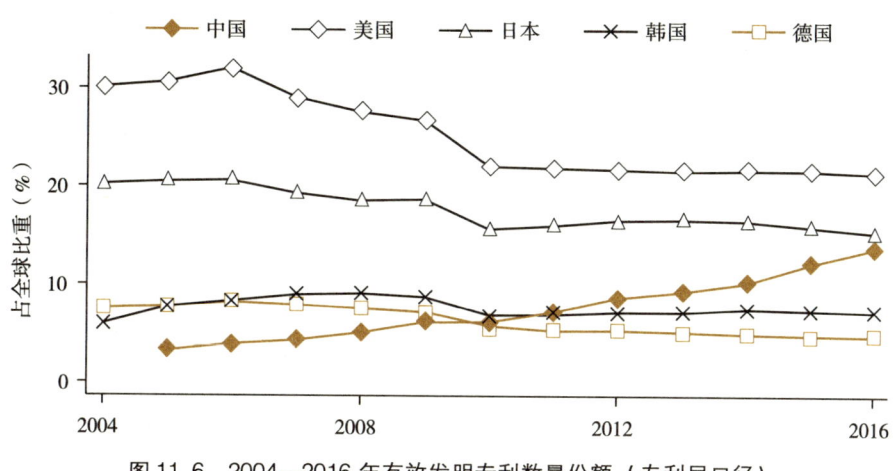

图 11.6　2004—2016 年有效发明专利数量份额（专利局口径）

高质量发明专利发达国家优势更强

1978 年生效的 PCT《专利合作条约》是专利领域重要的国际合作条约，它为申请国际专利提供了高效便捷的渠道。① 通过 PCT 途径申请的专利，可以同时在多国获得保护，避免了逐个国家申请的烦琐程序。在 1994 年加入 PCT 之后，中国专利申请人想利用 PCT 途径，仅需向中国专利局提出一份中文的国际申请，而不必分别向每个国家提出国家申请。PCT 专利可以理解为发明专利中质量较高的部分，可以在一定程度上衡量发明专利的质量。

按来源地口径，美、日、德是全球 PCT 专利的主导者。2016 年，全球 PCT 专利申请量和授权量分别为 66 万件和 41 万件。按来源地口径，2016 年，美、日来源地的 PCT 专利授权量分别为 10.1 万件和 8.3 万件，而中国为 1.4 万件，不足美国的 1/7。美、日、德三国分别占全球 PCT 专利授权量的 25%、20%、13%，远高于其他国家，三国合计近 60%。中、韩 PCT 专利授权量占全球比重都略高于 3%。图 11.7 和图 11.8 对比了五国 PCT 专利和发明专利的授权量，中、韩等虽然发明专利授权量很高，但 PCT 专利授权量差距还很大。2016 年中国为来源地的发明专利授权量超过 32 万件，已高于美国的 28 万件。

发达国家 PCT 专利的很大部分是在新兴国家专利局获得授权的，目的是在境

---

① PCT 途径在多个国家或地区同时申请的手续较简单，费用较低，可用中文撰写，并具有更长准备时间等优势，因此，许多中国机构选择以 PCT 途径申请国际专利。

外获益。因此，在专利局口径下，发达国家 PCT 专利授权量的比重更低，而新兴国家比重更高。按专利局口径，2016 年中国、美国的 PCT 专利授权量分别为 6.8 万件和 5.8 万件，占全球的 19% 和 16%，日本、韩国、德国分别为 13%、6%、0.4%，如图 11.9 所示。

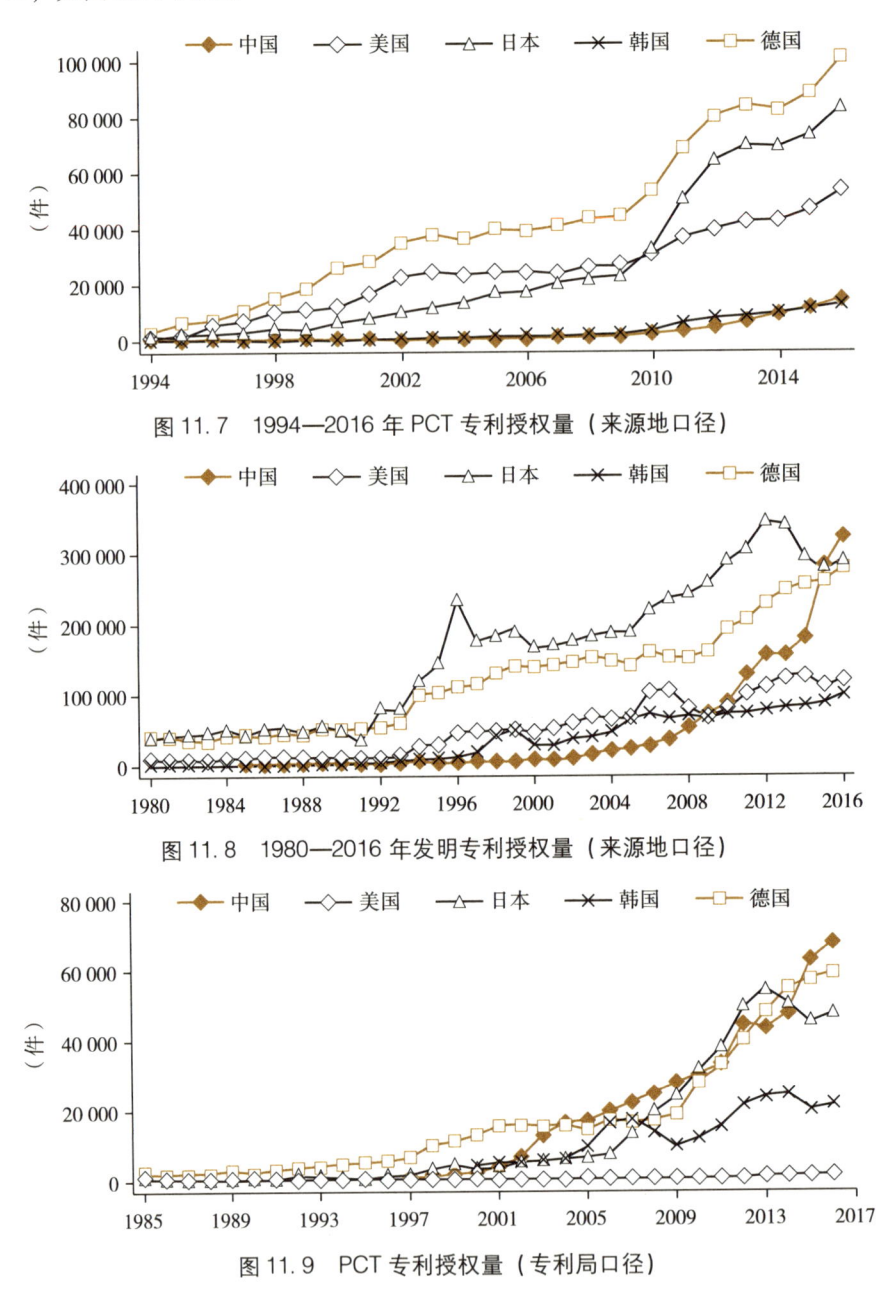

图 11.7　1994—2016 年 PCT 专利授权量（来源地口径）

图 11.8　1980—2016 年发明专利授权量（来源地口径）

图 11.9　PCT 专利授权量（专利局口径）

跨国专利保护近十年来有增强趋势

随着全球化趋势加强和信息技术进步，承载着知识产权的产品或服务随着贸易而流动，技术创新在全球的扩散加快，一国的新技术可能很快会被其他国家效仿。在这种情况下，创新者跨国寻求专利保护的必要性将会增强。如果专利持有人所在国和专利保护国不是同一个国家，我们定义其为跨国保护，否则为本国保护，图 11.10 显示了全球有效发明专利中，跨国保护和本国保护的比重。2010—2016 年，寻求跨国保护的发明专利比重有较为显著的增长，从 40% 提高到 44%，而本国保护的比重从 60% 降至 56%。这段时期也恰好是金融危机后贸易摩擦和知识产权纠纷更加频繁的时期。

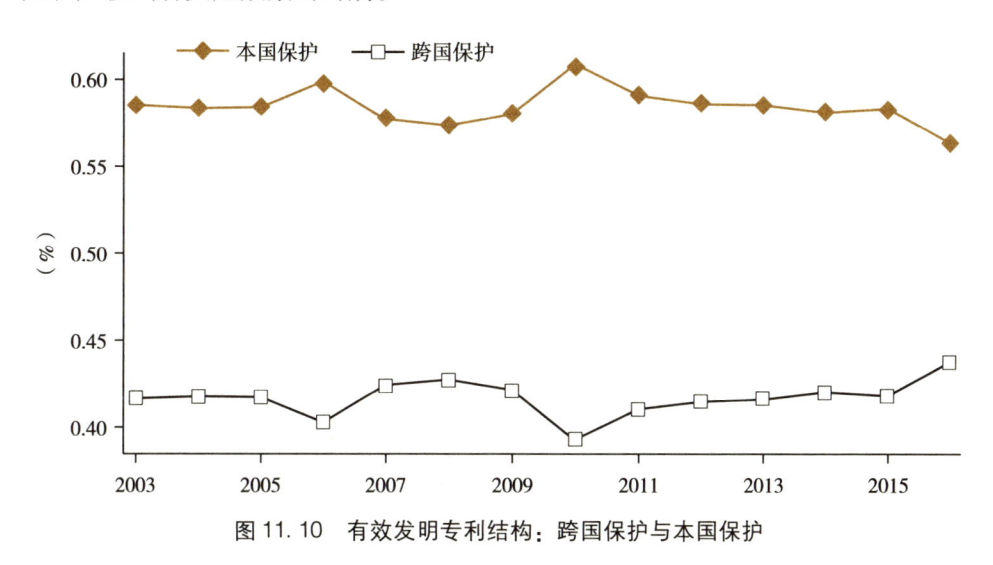

图 11.10 有效发明专利结构：跨国保护与本国保护

中国发明专利的主要趋势

发明专利数量近十年急剧增长

如果放在过去一个多世纪的背景下看，中国近十余年发明专利的急剧增长是国际上少有的。图 11.11 和图 11.12 是 1880—2016 年中、美、德、日、韩五个典型国家的发明专利授权量和申请量，可以看到，在近十年中国专利数量急速膨胀的对比下，其他国家的历史波动都显得很小了。2005—2016 年，中国发明专利申请和授权量占全球的比重大幅提升。2005年,全球发明专利申请量共170万件,授权量共63万件,其中,中国分别占全球的10%和8%。2016年,全球发明专利申请量共313万件,授权量共135万件,中国分别占全球的43%和30%。

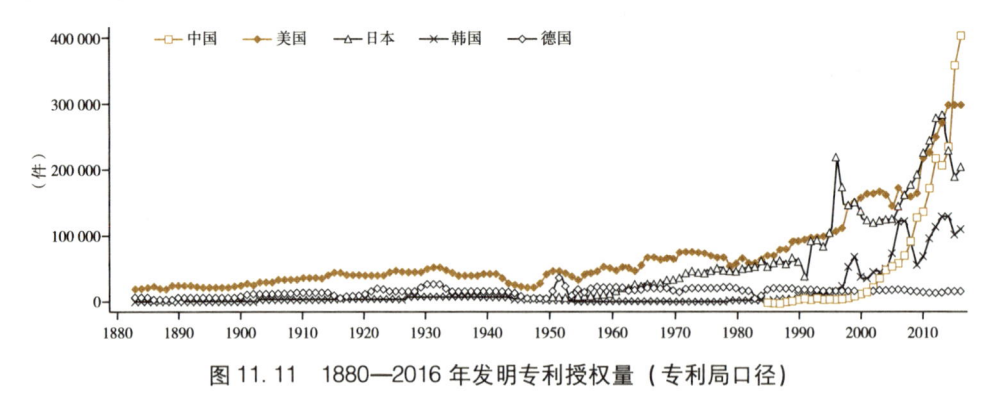

图 11.11　1880—2016年发明专利授权量(专利局口径)

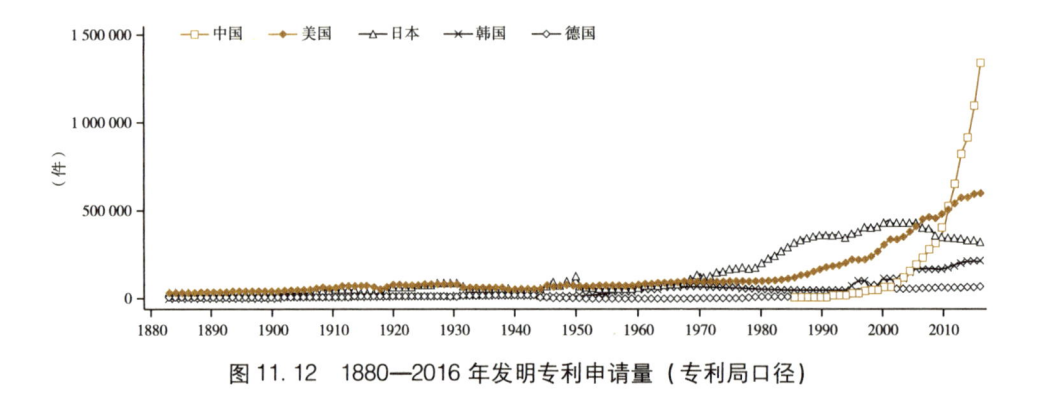

图 11.12　1880—2016年发明专利申请量(专利局口径)

国内发明者是我国发明专利增长的主力,外国持有者占比有下降趋势。而从全球来看,近十年跨国专利保护有增强趋势,我国恰好相反。图11.13是中国有效发明专利的来源地结构。2004年,中国有效发明专利共18万件。其中,30%是中国人持有,70%是外国人持有,日本是最大的国外来源地,占比达到30%。2016年,中国有效发明专利共209万件,是2004年的11倍。其中,中国人持有接近70%,外国人持有降至30%多。与之相比,2003—2016年美国有效发明专利从160万件增至300万件,增幅不到1倍,图11.14是美国有效发明专利的来源国结构,与中国相反,美国本国持有人比重略有下降,稳定在50%左右。

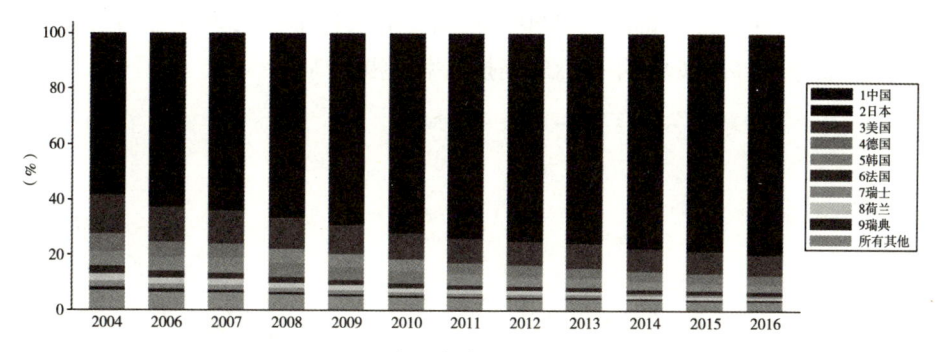

图 11.13　中国有效发明专利的来源国结构

注：2005 年数据缺失。

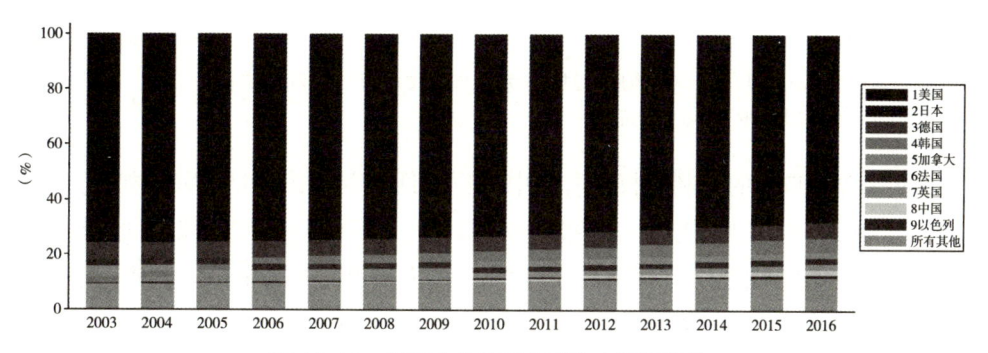

图 11.14　美国有效发明专利的来源国结构

发明专利授权率总体较低

发明专利数量增长主要有两个可能原因，一是在源头环节，申请量增长；二是在审查环节，授权率提高。我国主要原因是前者。从国际对比来看，2016 年，中国发明专利申请量是美国的 2.2 倍，是日本的 4.2 倍，但授权量分别只有 1.3 倍和 2 倍。此外，对比图 11.11 和图 11.12 可以明显看到，我国专利申请量的增幅远高于授权量增幅。这意味着，虽然中国的专利申请量很大，但提出申请的专利质量低，导致授权率较低，专利审查环节把关较为严格。

如果假设各国专利局专利审查标准基本一致，授权率越高则提出申请的专利质量越高。图 11.15 对比了 1880—2016 年典型国家专利局口径的发明专利授权率，2016 年中国授权率为 28%，即平均近四个专利申请能获得一个授权，处于偏低水平；美国为 50%，韩国为 56%，日本为 69%，都远高于中国；德国授权率低于中国，为 22%。从历史趋势来看，美国专利授权率一直处于较高水平，但70年代之后有所下降;德国在1990年前后专利授权率达到50%左右的峰值,此后回落;日本、韩国在90年代后专利授权率大幅提高。

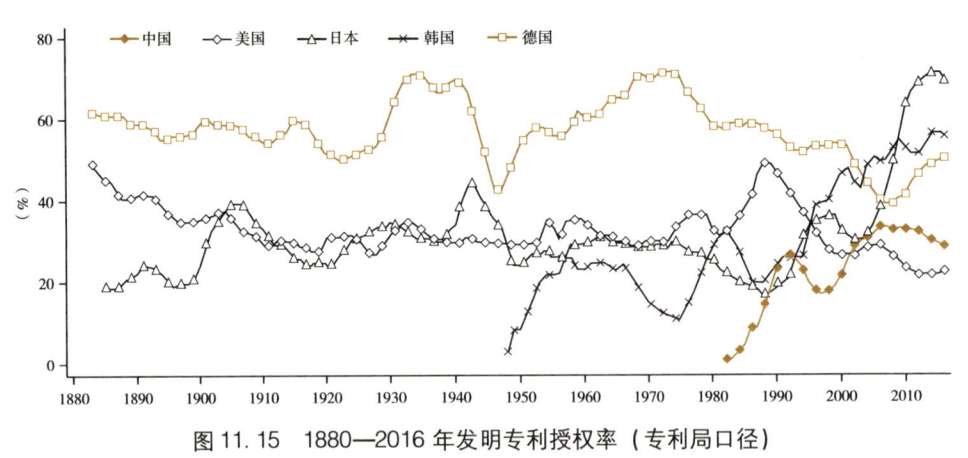

图 11.15 1880—2016 年发明专利授权率(专利局口径)

注:因波动较大,取了移动平均值。

从来源地口径的专利授权率看,中国更是低于美、德、日、韩。如图 11.16 所示,2016 年中国来源地口径的授权率为 21%,低于专利局口径 28% 的授权率。来源地口径授权率低于专利局口径,说明本国人提出的专利申请质量要低于平均水平。美、德、日、韩来源地口径的专利授权率在 50%~65%,是中国的两倍以上。特别是,对比图 11.15 和 11.16 可见,德国的来源地口径授权率,比其专利局口径授权率高一倍。这表明,德国人自身的专利申请质量很高,高于各国人向德国专利局提出的专利申请。因此,德国专利局口径授权率在 20 世纪 90 年代后的回落,主要是因为外国人来德国的专利申请质量较低所致。

制度因素是专利数量膨胀的重要原因

我国发明专利数量近十年来的急剧增长,既有创新能力提升的内生性原因,也有制度激励等外部因素。从百余年来的国际经验看,创新能力提升带来的发明专利增长是一个自然过程。美、德、日等在经济快速发展阶段,发明专利都经历了较快增长,但远未达到中国近十余年的增幅。中国发明专利数量的加速膨胀,难以完全用创新能力提升解释,对此,国内外有很多争议。《经济学人》2010 年的文章提出,由于政府对专利申请的慷慨资助,一些发明即使缺乏足够价值,也会申请专利。[①]

---

① 参考 *Economist* (2010),"Patents, Yes, Ideas, Maybe"。

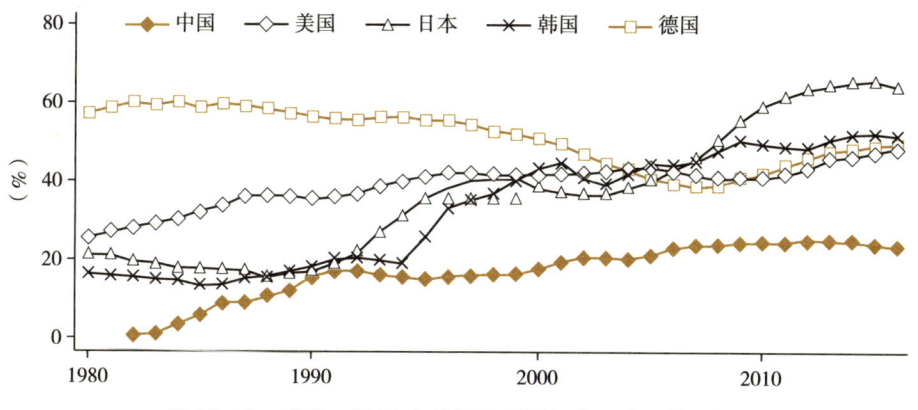

图 11.16　1980—2016 年发明专利授权率（来源地口径）

注：因波动较大，取了移动平均值。

虽然中国研发投入强度在持续增长，但这难以充分解释专利申请量的暴增（Eberhardt 等，2016）。① 特别是，中国专利保护环境总体较为宽松，在这种情况下，专利申请量还能持续加速增长，这存在较大疑问（Hu 等，2006）。② 部分地方政府为本地企业申请专利提供直接补贴，如果专利能够获得授权，企业还能获得额外奖励，这是我国专利数量激增的重要原因。根据国家知识产权局调查，约有半数的企业接受过政府专利资助，少数企业获得了过度的专利资助，即专利资助覆盖了其专利活动的所有成本，③ 无限制、无差别的专利资助催生了大量低质量专利。其他一些制度性因素对专利增长也发挥了一定作用，但作用是相对次要的。例如，外资企业更重视专利，吸引外资促进了专利申请；加强对专利权人的保护，提高个人对职务发明转化收益的分成比例等，也激励了专利申请的增长。

专利数量与个人福利、企业税收优惠等因素直接挂钩，是专利申请量急剧膨胀的重要制度性原因。例如，一些高校和科研机构将专利数量作为晋升和职称评审的标准之一，促使科研人员大量申请专利。一些地方政府在吸引人才时，将持有的专利数量作为人才判定标准，并作为城市落户积分的加分项。高新技术企业是重要的企业资质，如果被认定为高新技术企业，企业所得税税率可以从 25%

---

① Eberhardt, M., Helmers, C., & Yu, Z. (2016). "What can explain the Chinese patent explosion?". *Oxford Economic Papers*, 69 (1), 239-262.

② Hu, A. G., & Jefferson, G. H. (2009). "A great wall of patents: What is behind China's recent patent explosion?". *Journal of Development Economics*, 90 (1), 57-68.

③ 不仅包括申请费，还包括后续每年的维持费等。

降至15%，这对企业具有巨大吸引力。而高新技术企业认定标准中，明确包含专利数量指标要求，一些企业如果专利数量不够，就从外部购买专利——即使购买的专利并无太大的技术价值，这也进一步导致我国技术交易量的虚增。

发明专利质量指标仍不乐观

我国发明专利的生命周期短。我国发明专利的最长保护期限是20年。但专利保护需要很高的维持成本，保护期内每年要缴纳年费，且年费是逐年递增的，保护期第1~3年每年需缴900元，而第16~20年每年需缴8 000元。理论上，如果一个发明专利是具有价值的，能够带来经济回报，那么专利权人愿意付出成本维持专利权，维持时间长的通常是经济价值较高的专利。但是，根据国家知识产权局统计，2014年，国内有效发明专利维持年限多集中在3~6年，而国外则集中在6~10年。国内有效发明专利中，维持年限超过5年和10年的分别只占49.2%和7.6%，而国外分别占89.1%和32.8%。[①]

由于发明专利生命周期短，从流量口径看我国发明专利增长很快，但从存量口径看仍差距很大。从流量看，2016年，我国发明专利申请量和授权量分别占全球的43%和30%。但从存量看，全球有效发明专利近1 300万件，按来源地和专利局口径，中国分别只占13%和14%，远低于申请量和授权量比重。

来源地口径指标逊于专利局口径，这表明我国技术净输入特征明显。如表11.2所示，无论是发明专利还是PCT专利，中国的来源地口径都低于专利局口径，对外技术依赖度较高。对比来看，美国虽然发明专利的来源地口径也低于专利局口径，但PCT专利却相反，来源地为美国的PCT专利授权数占全球的25%，远高于专利局口径的16%。这表明，美国虽然在总体上也存在技术净输入，但在核心专利方面具有很强的掌控力和自主性。

从高质量发明专利角度看，我国来源地口径更是远远低于专利局口径。虽然中国PCT专利申请和授权量近年迅猛增长，但这主要是外国在华专利，来源地为中国的并不多。如表11.2所示，2016年我国专利局口径的PCT专利授权量占全球的19%，而来源地为中国的只占全球3%。这表明我国的大部分PCT专利是在华外国人持有的。按专利局口径，中国PCT专利授权量2015年超过美国和日本，位居全球首位；但按来源地口径，中国PCT专利授权量2016年仍排在美国、

---

① 国家知识产权局《2014年中国有效专利年度报告》。

日本、德国、法国、瑞士、荷兰、英国之后，位居第 8 位。

表 11.2　2016 年不同口径下中美发明专利数量占全球比重　　　　　　（单位:%）

	中国				美国			
	发明专利		PCT 专利		发明专利		PCT 专利	
	申请	授权	申请	授权	申请	授权	申请	授权
专利局口径	43	30	13	19	19	24	24	16
来源地口径	39	23	5	3	16	20	27	25

发明专利产业化率有下降趋势

我国专利质量存在两极分化特征。一方面，发明专利总量急剧膨胀，但总体来看质量仍然不高。另一方面，少部分创新型龙头企业的专利竞争力正在快速提升。从企业角度看，申请专利的根本目的是保护自身的创新成果，将创新转化为经济价值。因此，能否实现产业化，是衡量专利质量和价值的重要标尺。我国部分龙头企业已具有很强的专利竞争力。根据世界知识产权组织统计，[①] 2018 年，全球 PCT 专利申请量前五位企业分别是华为（5 405 件）、三菱（2 812 件）、英特尔（2 499 件）、高通（2 404 件）和中兴通讯（2 080 件），此外，我国面板制造企业京东方排在第七位（1 813 件）。前十位企业中，中国有 3 家，美国和韩国各 2 家，日本、瑞典、德国各 1 家。通信设备、面板制造是近年来我国高速发展的产业，这三家企业 PCT 专利数量的增长，与当前我国产业竞争力的变化高度吻合。龙头企业具备一定的高质量专利数量优势后，议价能力显著提升，初步形成了你中有我、我中有你、相互依赖的格局。例如，近年来，苹果和高通开始向华为支付与通信技术相关的专利费用。

但从我国总体来看，发明专利的产业化率有下降趋势。近年来我国专利授权数急剧增长，基数膨胀自然导致产业化率下降。根据国家知识产权局调查统计，2014 年以来，我国有效发明专利产业化率在下降，[②] 2018 年为32.3%，同比下降 3.9%。有效发明专利实施率从 2009 年的 60.6% 降至 2018 年

[①] https：//www.wipo.int/export/sites/www/pressroom/zh/documents/pr_2019_830_annex.pdf. http：//www.zhichanli.com/article/8061.html.

[②] 产业化率的定义是，生产出产品并投放市场的专利数/拥有的有效专利数。

的48.6%。① 2015年至2018年，有效专利许可率逐年下降，2018年专利许可率为5.5%；有效专利转让率也在下降，2018年转让率为3.1%，同比下降2.3%。

中国在发达国家市场的竞争力仍然有限

我国发明专利主要集中在国内，在境外获得授权的发明专利数量十分有限。2016年，来源地为中国的全部发明专利中，94%左右是在中国境内寻求保护，在境外专利局寻求保护的仅约6%，过去十余年来该比例基本稳定，如图11.17所示。如果进一步分解我国在境外获得授权的发明专利的结构，美国、法国、韩国分别占3.7%、0.5%、0.4%。

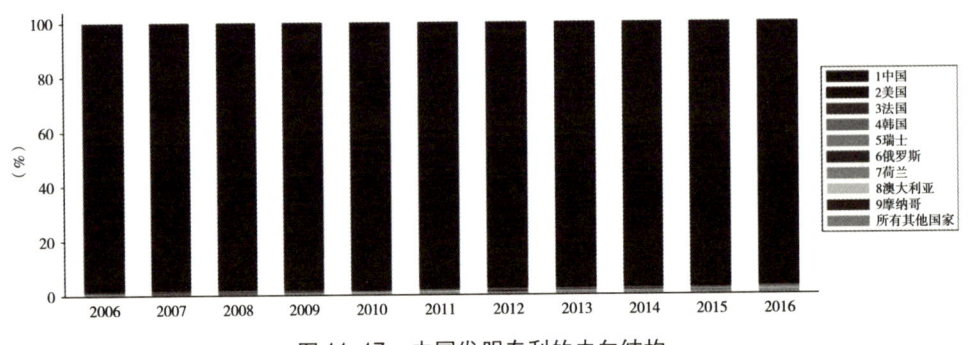

图11.17 中国发明专利的去向结构

与中国不同，美国企业有效地利用了专利工具在全球市场获益，近年来在境外的专利比重逐年上升。图11.18是美国发明专利的去向结构，2006—2016年，来源地为美国的全部发明专利中，在美国境内寻求保护的比重从75%降至63%，在境外专利局寻求保护的从25%升至37%。2016年，在中国、法国、加拿大的比重分别为6.6%、4.1%、3.6%。

启示与展望

第一，专利制度受经济社会发展背景的强烈制约。从百余年来典型国家的

---

① 专利实施率的定义是，已经实施的专利/拥有的有效专利数量。专利实施：专利权人以生产经营为目的自行或许可他人制造、使用、许诺销售、销售、进口其专利产品，或者使用其专利方法以及使用、许诺销售、销售、进口依照该专利方法直接获得的产品，或者将专利权转让给他人。

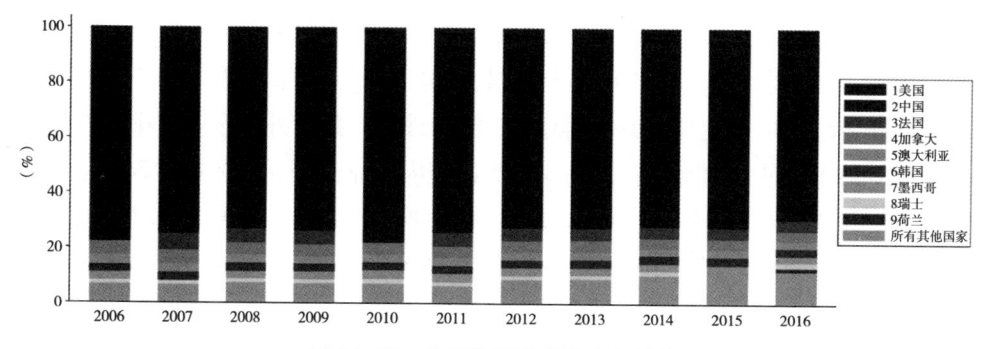

图 11.18 美国发明专利的去向结构

专利发展史看,如果一个社会的经济发展尚未达到一定程度,专利制度可能无法有效发挥作用。日本明治维新后的经济起飞过程中,专利制度虽然起到了重要作用,但那是由于江户时代经济发展到一定程度才有可能。[①] 一些后发国家以各种方式对专利权加以限制,以保护国内产业,避免国内市场被外国企业占据。例如,1970 年印度修订《专利法》,对食品、药品只授予工艺专利,不授予产品专利,放弃了对药品化合物的知识产权保护,这推动了印度仿制药产业快速发展。发达国家在早期也都曾实施过限制外国专利权的政策。例如,美国曾规定,外国人在美国保护专利的成本是本国人的 10 倍,这具有明显的歧视性。[②]

第二,对于知识产权制度的社会福利效应,一直存在争议。特别是在全球竞争时代,知识产权制度可能会巩固发达国家技术优势,不利于后发国家追赶。但反过来看,若知识产权保护不力,又会导致发达国家不愿转移技术,不利于后发国家的技术引进和消化吸收。从历史来看,各国都会根据发展阶段和现实需求调整知识产权策略。例如,英国早期的专利保护制度就几经摇摆。英国王室在 1559 年后,为了吸引外国先进技术,向掌握技术的外国人授予专利。但后来印刷术发展起来,通过文献就能获取技术,而不必向外国人授予专利,所以对技术特权的保护有所放松。后来英国王室为增加收入而滥发特许权,[③]引起议会不满,1624 年才制定了《垄断条例》,禁止垄断行为,但专利除外,这表明当时英国仍希望通过专利激励创新。在专利权制度保护下,瓦特就曾只出

---

① 富田彻男,《市场竞争中的知识产权》,北京:商务印书馆,2000 年,第 14 页。
② 张勤,《知识产权基本原理》,北京:知识产权出版社,2012 年。
③ 这里的特许权,不只是专利权,更多是指特许经营权,如烟草专卖等。

租、不出售自己发明的蒸汽机，一度引起了社会对蒸汽机专利的强烈反对。①

第三，近十余年来中国发明专利数量大幅增长，具有积极意义。中国经济仍处于追赶阶段，加强专利保护，既有助于吸引外资，鼓励外国企业向中国转移技术，也有助于迫使国内企业直面竞争，促进国内企业创新。虽然补贴等制度性因素加剧了我国专利数量膨胀，但也确有一批企业在良好的专利保护制度下脱颖而出，成为引领我国创新的龙头，显著提升了相关产业的国际竞争力。事实上，电信设备、电子产品等专利依赖度较高的产业，恰恰是过去二十年来我国发展最快的产业。当然，过去十余年来我国专利数量的高速增长，具有很强的政策依赖性。如果与发明专利挂钩的补贴、减税等支持政策逐步退出，预计我国专利数量增速可能会有所放缓，专利增长将回归到创新能力提升引领的自然过程。未来，我国专利将从数量高速增长转向高质量发展，提升专利质量、优化专利结构是重中之重。专利授权率逐步提高，来源地口径专利和PCT专利数量加速增长，是专利结构优化的重要方向。

---

① 富田彻男，《市场竞争中的知识产权》，北京：商务印书馆，2000，第67页。

第十二章　全要素生产率

完善企业退出机制，提高整体生产率

何建武

要点透视

➢ 2018年增量资本产出比微弱回升，资本效率有所下滑。

➢ 有效的企业退出机制可以通过改进市场筛选、防止低效率企业占用稀缺资源、降低企业家失败的成本和促进创新产业，以及推动技术的传播四方面推动生产率的提升。

➢ 世界银行的营商指数显示，中国企业退出机制较不完善且进展相对较慢。

➢ 相比进入机制，退出机制对于较高发展水平国家或者发展阶段更为重要。发达国家在退出机制方面的表现普遍要好于发展中国家；退出机制与发展水平之间的正相关关系明显强于进入机制与发展水平之间的关系。

➢ 高质量发展对企业退出机制提出了更紧迫的要求。

➢ 新一轮技术革命对企业退出机制提出了新的要求。新技术发展的不确定性迫切需要更多的风险资本。新技术的发展更多依赖无形资本的投资。数字经济在加快企业成长同时更容易导致"赢家通吃"。

➢ 预计2019—2028年中国的TFP（全要素生产率）平均增速有望继续保持在略高于2%的水平。

我国经济已由高速增长阶段转向高质量发展阶段。提升增长质量和效率迫在眉睫。推动高质量发展的重要途径就是完善市场机制，进一步挖掘要素效率提升的潜力。本章将重点分析市场退出机制对全要素生产率提升的影响，以及新形势下完善市场退出机制的重要性，并在此基础上为完善中国的市场退出机制提升全要素生产率给出相关的政策建议。

2018年全要素生产率的变化回顾

对于近些年来全要素生产率的变化趋势，往年的报告已经做了分析。由于目前缺乏2018年全要素生产率测算的具体数据，因此这里从资本生产率的角度分析生产率的变化。图12.1给出了1978年以来增量资本产出比的变化。从图中的数据看，金融危机之后较长时期内增量资本产出比整体处于上升趋势，反映的是资本深化的速度明显加快。固定资本投资率[①]由危机前的不足40%迅速上升至2013年的45.4%。2014年以来固定资本投资率开始呈下降趋势，增量资本产出比整体处于较为稳定的状态。2018年增量资本产出比相比2017年出现微弱回升，从之前的6.3上升至6.5，反映了资本效率有所下滑。这在一定程度上说明全要素生产率提升的速度仍然不高。

企业退出机制与全要素生产率

以往的市场化改革更多强调放宽市场准入，通过新企业的进入促进竞争，提高生产效率。然而越来越多的研究表明市场的退出机制同样重要，只有建立完善的市场退出机制，"创造性破坏"的过程方可更大程度地推动创新和效率的提升。这部分将从企业退出机制对TFP的影响渠道、中国企业退出机制现状、新形势下完善企业退出机制的必要性等不同方面展开分析，最后对完善中国的企业退出机制提出若干政策建议。

---

① 固定资本形成总额占支出法GDP的比重。

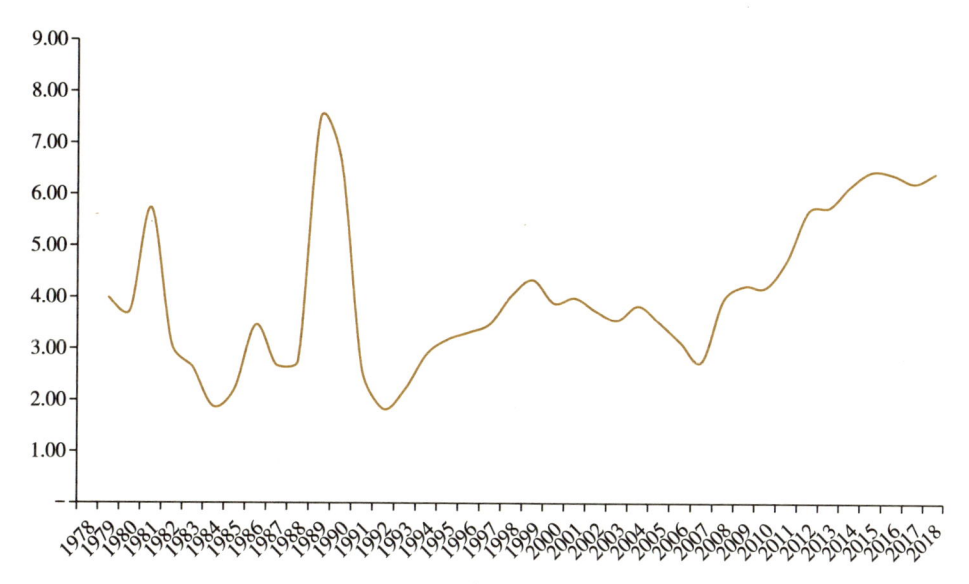

图 12.1　增量资本产出比

资料来源：统计年鉴，作者计算。

企业退出机制影响全要素生产率提升的渠道

关于企业退出机制对生产率的影响已经有很多研究成果（OECD，2003；Alam et al.，2008；Røed and Skogstrøm，2014；Adalet et al.，2016）。如麦高文等人（Adalet McGowan et al.，2016）给出了有效破产制度对整体生产率影响的框架（参见图 12.2）。总结现有的成果，大致可将企业退出机制影响全要素生产率提升的渠道归纳为四种。

一是有效的企业退出机制是市场筛选不同效率企业的根本途径。市场机制通过市场选择配置资源，而这种市场选择离不开企业退出机制。有效的市场退出机制可以较早地帮助市场甄别可以存活的企业（Viable firms，高效率企业）和不可存活的企业（Non-viable firms，低效率企业），帮助可存活的企业通过重组提高市场活力，推动不可存活的企业尽快退出市场，从而提升市场中留存企业整体的效率。

二是有效的企业退出机制可以防止缺乏活力、低效率的企业（比如"僵尸企业"）占用稀缺资源。有效的企业退出机制可以促进低效率企业尽早退出市场，避免这些企业过长时间占用稀缺资源和市场空间，防止造成市场"拥堵"，推动将稀缺资源配置到高效率的企业，为新进入的企业腾退市场空间，从而提高

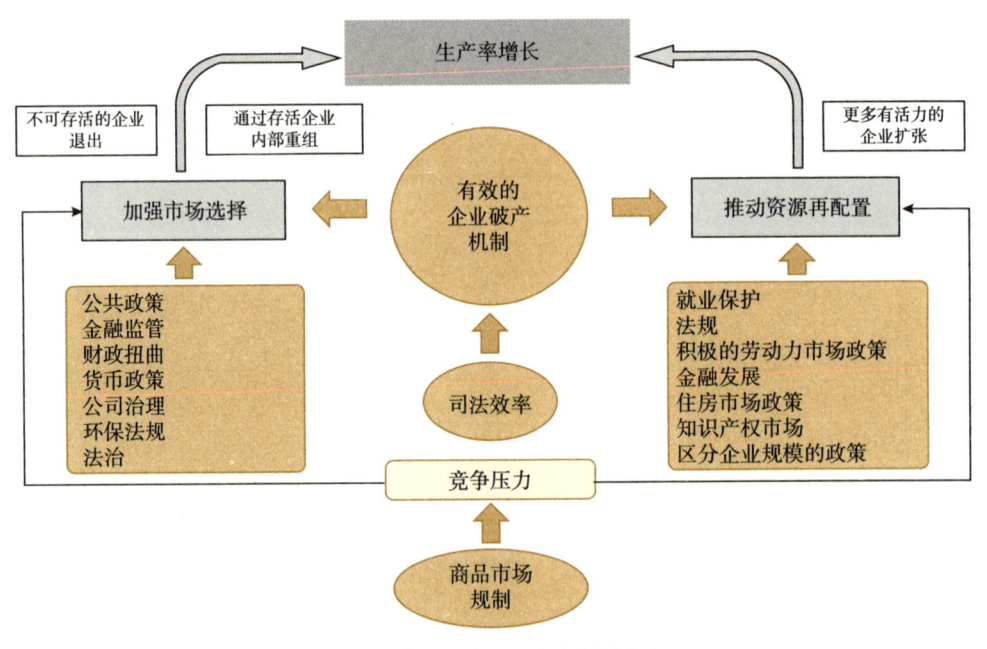

图 12.2　破产制度对生产率影响框架图

资料来源：转引自 Adalet McGowan, M. and D. Andrews (2016)。

资源配置的速度，提升资源整体的利用效率。

三是有效的企业退出机制可以降低企业家失败的成本，激励更多创新创业者进入市场。企业退出机制直接决定企业家创业失败的成本。企业退出成本的高低直接影响市场新进者创新创业的意愿。研究表明，过度惩罚创业失败（企业倒闭）的机制会降低风险资本的供给（Armour and Cumming, 2006）和企业进入率（Peng et al., 2010）。另外，企业退出成本还会影响风险投资和企业投资选择。

四是有效的企业退出机制有利于推动技术的传播。一方面，有效的企业退出机制可以加剧企业之间的有效竞争，推动企业更多、更快地采用新的技术，有利于提高技术扩散效率；另一方面，有效的企业退出机制也可以让一些低效率企业内部仍然具有市场价值的技术专利得到更好的配置、利用，提高技术的溢出效应。

中国的市场退出机制相对较不完善

从广义上讲，市场退出机制涉及的内容，既包括破产等直接企业关闭的机制，也包括相关的各种监管机制，如金融监管、环境监管、市场监管等。由于各国具体的法律体系、文化传统、市场基础等差异，往往较难直接比较各国的市场退出机制。这里将不对机制内容本身进行比较，而是聚焦企业破产机制导致的办理破产的成本。数据主要利用世界公布的各国营商环境数据库。

从国际比较中也可以看出中国在企业退出机制方面表现相对较差，尤其是与进入机制相比。《2019 年营商环境报告》给出各国进入和退出机制指数排名。目前，中国在企业退出机制方面的表现在全球排名第 61 位，许多具体指标大幅落后于发达国家。如中国办理破产的时间平均需要 1.7 年，而发达国家基本都在 1 年或 1 年以内，日本只需要半年左右；中国破产的成本平均占资产总值的 22%，而发达国家很多不足 10%，OECD 国家平均只有 9.3%；中国办理破产后资产的回收率只有 36.9%，而发达国家多在 70% 以上，日本甚至高达 92.4%。另外，需要特别指出的是，中国企业退出机制的国际排名远远落后于进入机制。目前中国在进入机制方面的表现在全球排名第 28 位，要明显好于很多发达国家。

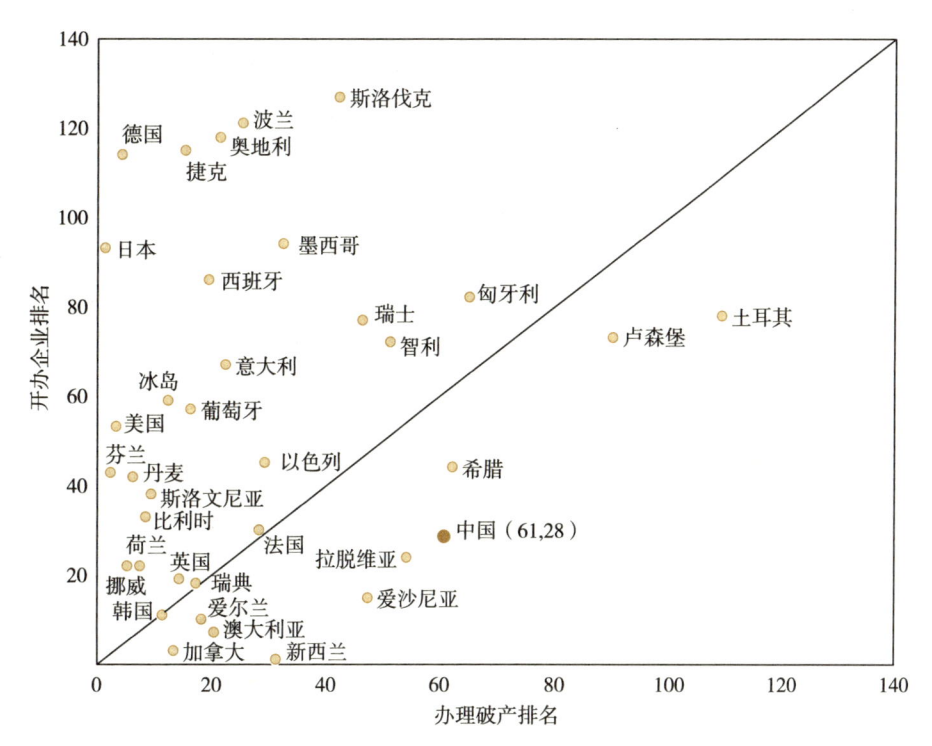

图 12.3　中国、OECD 国家开办企业指数和办理破产指数全球排名

资料来源：World Bank, *Doing Business 2019*。

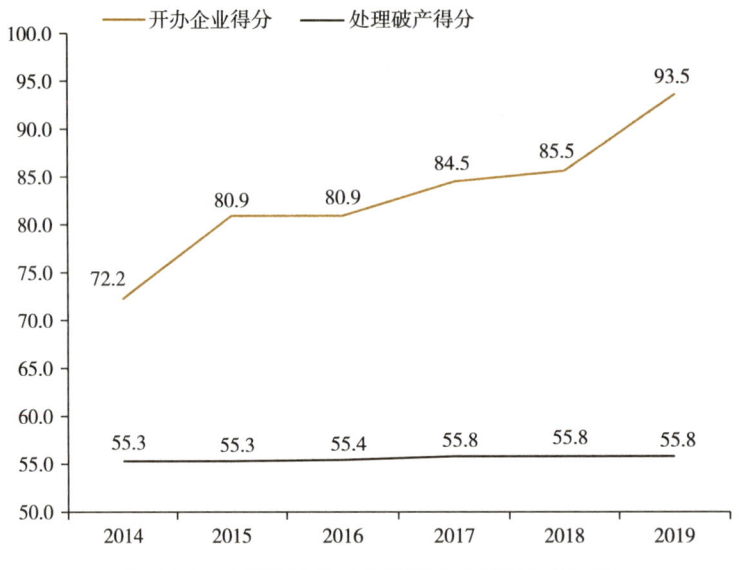

图 12.4　中国开办企业指数和办理破产指数得分

资料来源：World Bank, *Doing Business*。

从动态角度看，相比进入机制，中国的企业退出机制进展较慢。近些年来，中国市场的进入机制改革和完善方面都取得了很大的进展，特别是随着商事制度改革、地方政府职能转变以及十八届三中全会部署的其他相关企业准入机制改革的推进，中国的市场进入机制改善非常明显。从世界银行的营商环境数据库显示的数据来看，中国"开办企业"指数得分从2014年的72.2迅速上升至2019年的93.5，五年间提高了30%左右。然而，中国办理破产指数得分仅从2014年的55.3提升至2019年的55.8，几乎没有什么变化。

新形势下完善市场退出机制更为紧迫

中国特色社会主义进入了新时代。中国发展的内外部环境正在经历重大变化，这些变化也要求必须加快完善市场退出机制。

发展阶段的跃升对创新能力提出更高要求，必须配套更加完善的市场退出机制

国际经验表明，随着发展水平的提升，市场退出机制对创新能力的培育作用日趋明显。在市场进入和退出机制的国际比较中，有两方面现象值得关注。一方面，发达国家在退出机制方面的表现普遍要好于发展中国家，而且发达国家退出机制的指数排名要远高于进入机制,另外部分发达国家的进入机制的表现其至明显劣于发展中国家,如日本办理破产指数全球排名第1位,而开办企业指数全球排名第93位。另一方面,也可以观察到,退出机制与发展水平之间的正相关关系明显强于进入机制与发展水平之间的关系。这两方面现象从一个侧面说明了退出机制对于较高发展水平国家或者较高发展阶段的重要性。巴特斯曼等人(Bartelsman et al., 2008)的研究对此给出了充分的解释。他们认为欧洲对于社会稳定和社会保险的较高要求导致了制度的僵化,使其企业退出成本明显高于美国。这一点从世界银行营商环境报告中的办理破产指数排名中也得到了印证。然而企业退出成本越高对于倾向创新的高风险企业影响越大,也越容易阻碍创新。因此欧盟企业只能更多专注于中等技术创新领域,创新竞争力明显弱于美国;而且随着全球化的深入,欧盟在创新领域越来越多受到新兴国家的挑战。国际比较可以发现,与发达国家正好相反,中国的退出机制要远落后于进入机制。欧美的对比经验意味着,随着发展对创新提出更高要求,中国在注重完善进入机制的同时,更要注重改革退出机制。

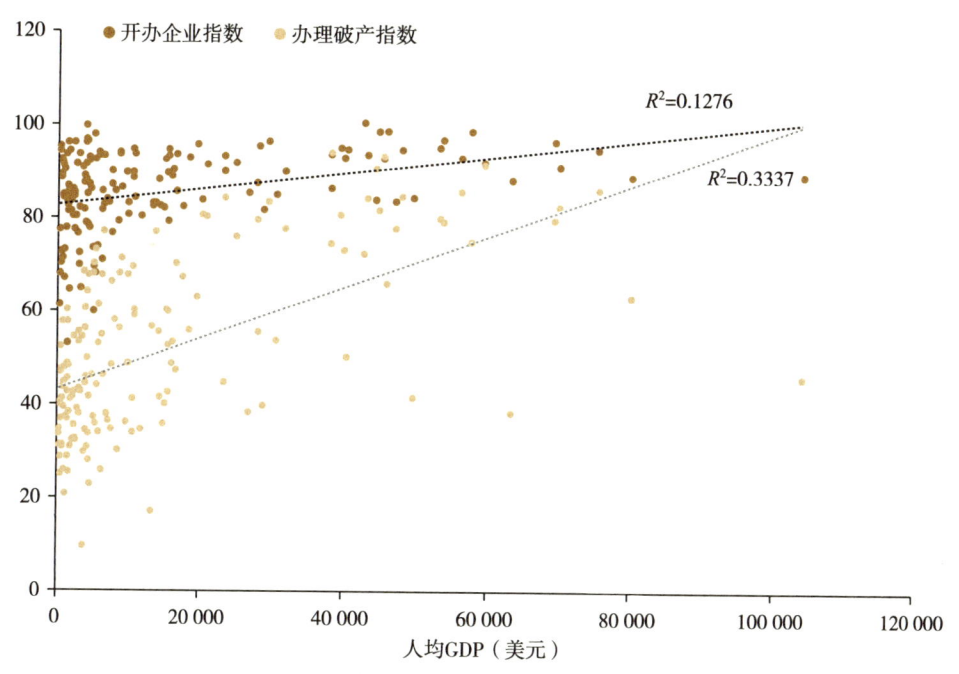

图 12.5 开办企业指数、办理破产指数与发展水平的关系

资料来源:World Bank, Doing Business 2019。

高质量发展对经济社会转型提出了更紧迫的要求，必须尽快完善市场退出机制，加快转型速度

一方面，在经济由高速增长阶段向高质量发展阶段转型的过程中，企业经营周期性压力不断增强。全球经济的持续低迷与逆全球化趋势的盛行导致外向型企业面临很大的下行压力；国内发展环境的变化（如发展成本的提升、投资需求增长的受限等）使得很多侧重国内市场的企业（尤其是资源性和重化工企业）也承受较大的压力。企业亏损的数据很好地反映了这一现象。图12.6给出21世纪以来亏损企业数量变化情况。从图中可以看出，金融危机以来，已经出现了几次亏损企业数量大幅增长的现象。另一方面，随着高质量发展的推进，对于发展效率和质量的要求越来越高，很多不符合发展要求的企业急需转型。除了财务上不可持续，不少企业在产品质量、环保要求上也不能满足高质量发展的要求。供给侧结构性改革中很多举措就是从供给侧解决不符合高质量发展要求的问题。如"去产能"重要的就是要关闭效率低、环保不达标的产能。无论是企业经营的周期压力，还是从高质量发展的要求来看，都需要加快企业的转型。缺乏完善的市场退出机制，这种转型不但成本高昂，且难以成功。

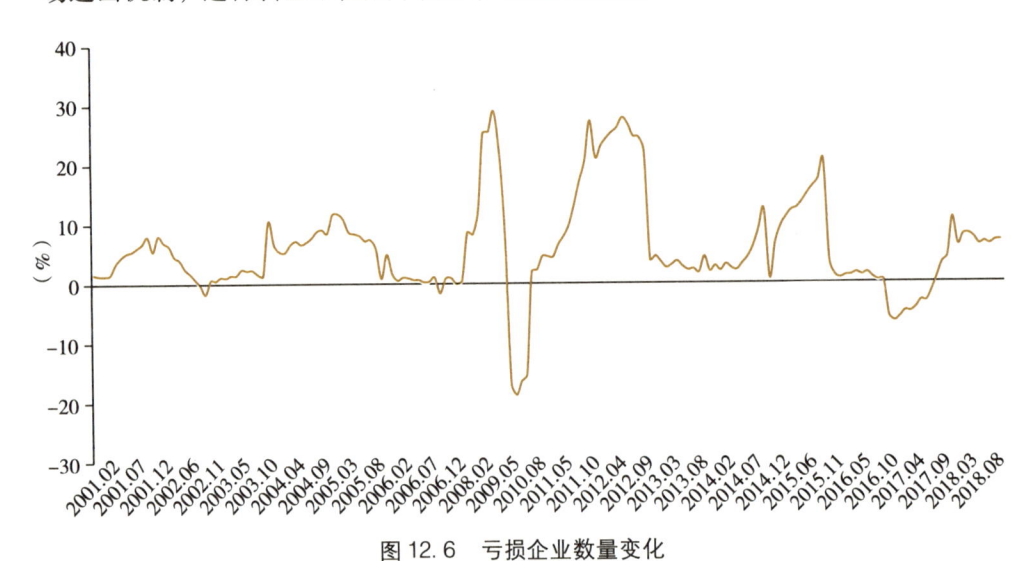

图12.6 亏损企业数量变化

资料来源：www.stats.gov.cn。

新一轮技术革命对创新和企业发展提出了新的要求，必须尽快完善市场退出机制，抓住技术革命的新机遇

近年来，以人工智能、增材制造、物联网、分布式能源等为特征的新一轮技术革命正在兴起。各国围绕新一轮技术革命的竞争日趋激烈。中国企业发展面临新的要求。一是新技术发展的不确定性迫切需要更多的风险资本。与传统技术相比，新技术的发展存在极大的不确定性。解决这种不确定性往往需要依赖风险资本。而众多的研究和历史经验表明，企业退出成本的高低直接影响风险资本供给。企业退出成本越低越容易吸引风险资本的供给。二是新技术的发展更多依赖无形资本的投资。从目前的发展趋势看，很多新技术（如人工智能、信息技术）的发展等更多需要的不是有形资本，而是无形资本，如专利技术、数据信息等。而研究表明企业退出成本也会直接影响企业投资选择。由于有形资本更容易用于抵押，过高的企业退出成本导致企业倾向于投资有形资本而非无形资本，也会影响投资的效率（García-Posada and Mora-Sanguinetti，2014）。三是数字经济在加快企业成长的同时更容易导致"赢家通吃"。数字信息技术的发展，极大地缩小了时空距离，更容易让企业在较短的时间内形成规模经济，加快企业的成长。另外，互联网为企业带来规模效益，也可能导致市场力量的过度集中，滋生市场和技术的垄断，导致新技术的扩散速度放慢，扩大前沿企业和非前沿企业生产率的差距（世界银行，2016）。促进新技术的传播和推动非前沿企业的转型都需要完善企业退出机制。

政策启示

从前面的分析可以看出，企业退出机制与生产率的提升存在十分密切的关系，而且新形势下完善企业退出机制更加紧迫。具体来看，以下几方面的工作值得关注。

加快制定和完善与企业破产相关的法律和法规。 法律和法规是企业退出机制中最为重要也是最为根本的内容。整体来看，目前企业破产的门槛高、周期长、成本大、程序复杂等问题没有得到很好的解决。近年来企业"跑路"现象屡见不鲜，这些"非正常的"退出机制也从侧面反映了破产机制的不完善。今后需要加快完善和修订《企业破产法》以及《公司法》等与企业破产相关的法律条款，合理降低企业破产成本。

注重研究和制定中小企业特别是小企业简易退出机制。 中小企业特别是小企业抵御经济风险的能力相对较弱，更容易受经济周期性波动和外部冲击的影响。因此更需要为中小企业提供较为便捷的退出机制。今后应该在坚持法治原则的前提下，研究和制定符合中小企业特别是小企业现实条件的简易退出机制，为这些

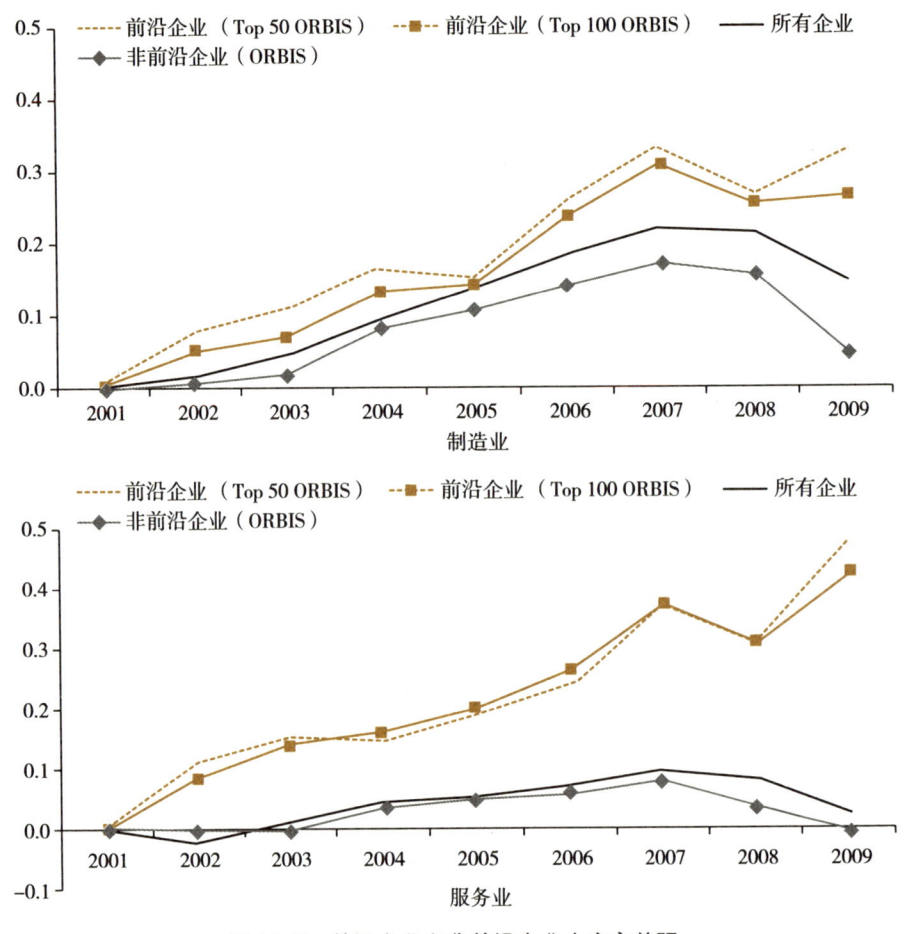

图 12.7　前沿企业和非前沿企业生产率差距

注：劳动生产率与 2001 年的百分点差异（其中 2001 年为 0）。
资料来源：转引自 Andrews et al.（2015）

企业提供更加适用的退出渠道，如在《公司法》和《企业破产法》中增设符合一定条件的企业的相应简易退出条款。

加快改革和完善各项法治和监管制度，为高质量发展下的企业优胜劣汰提供支撑。正如前面提到的，企业退出机制不仅涉及企业的破产，还涉及很多其他的机制和制度。为推动企业优胜劣汰，除了要完善破产相关的制度，还需要加快改革和完善其他配套制度。如加强法治环境，提高企业退出相关法律的执行力；完善金融监管，防止各类经营不善的企业无法有效退出增加金融风险；加强环境监管，防止"劣币驱逐良币"，为环境友好型企业发展提供更好的市场环境。

未来十年全要素生产率的展望

对未来十年 TFP 增长率的展望，主要还是沿用我们以往采用的国际经验比较法，同时结合近期发生的一些重大变化和考虑 TFP 的顺周期特性，预期未来较长时期内 TFP 的增长将处于上升周期之中；同时考虑到发展阶段的变化，预计 2019—2028 年中国的 TFP 平均增速将继续呈现回升趋稳态势，有望继续保持在略高于 2% 的水平。

参考文献

Adalet McGowan, M. and D. Andrews (2016), "Insolvency Regimes and Productivity Growth: A Framework for Analysis", OECD Economics Department Working Papers, No. 1309.

OECD (2015), *The Future of Productivity*, Paris.

Armour, J. and D. Cumming (2006), "The Legislative Road to Silicon Valley", Oxford Economic Papers, Vol. 58.

Peng, M. W., Y. Yamakawa and S. H. Lee (2010), "Bankruptcy Laws and Entrepreneur Friendliness", *Entrepreneurship Theory and Practice*, Vol. 34, pp. 517–530.

García-Posada, M. and J. S. Mora-Sanguinetti (2014), "Are there Alternatives to Bankruptcy? A Study of Small Business Distress in Spain", *Journal of the Spanish Economic Association*, Vol. 5.

Bartelsman, E. J., E. Perotti and S. Scarpetta (2008), "Barriers to Exit, Experimentation and Comparative Advantage", RICAFE2 Working Paper, No. 056, London School of Economics.

Andrews, Dan, Chiara Criscuolo and Peter N. Gal (2015), "Frontier Firms, Technology Diffusion and Public Policy: Micro Evidence from OECD Countries", OECD Productivity Working Papers, 2015-02, OECD Publishing, Paris.

World bank (2016), "World Development Report 2016".

第十三章 汇率

升值步伐显著放缓，中长期取决于竞争力

许 伟

要点透视

➢ 2018年，人民币汇率走势大体上反映了中美经济周期差异和中美贸易摩擦升级的影响，短期因素对汇率扰动更加显著，双向波动特征明显。

➢ 对人民币美元利率平价的偏离继续收窄，一定程度上表明国内资本市场和国际资本市场的整合度提升。加之我国国际收支更加平衡，人民币汇率单边升值步伐大幅放缓，中长期走势很大程度上取决于工资水平（或者更广义的名义成本）和劳动生产率的相对变化。

➢ 提升成本竞争力，需要继续深化供给侧结构性改革，增强名义成本（工资）的弹性，持续提高劳动生产率。单位劳动成本综合了名义成本和劳动生产率，是一个重要的成本竞争力测度指标，可考虑引入高质量发展指标体系。

汇率走势总体反映中美经济周期差异和贸易摩擦升级的影响

2018 年，人民币汇率（美元兑人民币，下同）全年走势呈倒 S 形，总体小幅贬值，具体可分为三个阶段。 第一阶段是 2018 年初到 4 月上旬，人民币汇率小幅升值。该阶段，各方面对全球经济复苏和中国经济增长的预期都比较乐观，美国虽然单方面挑起贸易摩擦，但实质影响尚未显现，汇率延续 2017 年年中以来的升值趋势。与 2017 年末相比，人民币对美元累积升幅达到 3.9%。第二阶段是 2018 年 4 月中旬到 10 月底，人民币对美元小幅贬值。4 月中旬到 6 月上旬，美元兑人民币大致在 6.2～6.4 之间震荡。6 月中旬，美元兑人民币汇率跌破 6.4，之后贬值速度有所加快。从 6 月中旬到 8 月中旬，人民币汇率累积贬值幅度超过 8%。9 月，跌幅逐步放缓，汇率走势在双向波动中走弱，10 月底一度接近 7。第三阶段是 2018 年 11 月初到 2019 年 1 月底。与 2018 年 10 月 31 日相比，三个月内美元兑人民币累积升值 3.8%。总体来看，人民币汇率有升有贬，双向波动特征明显。若从年度平均看，美元兑人民币汇率年度均值已经连续 8 年保持在 6～7 之间。

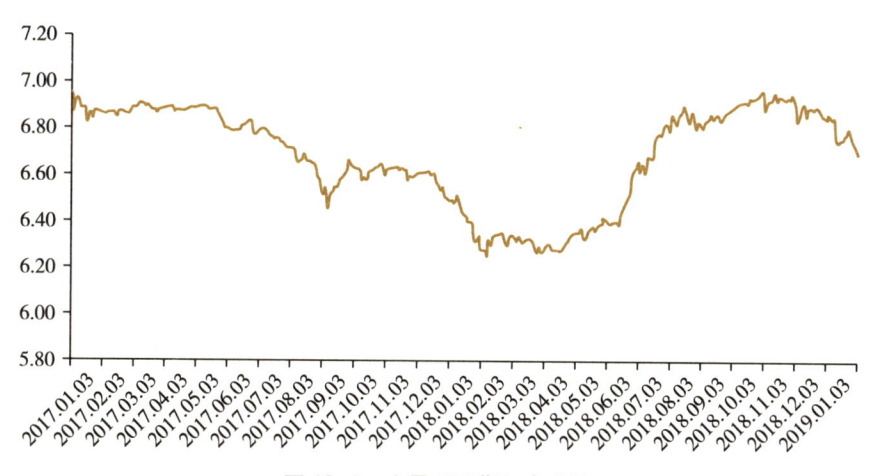

图 13.1 人民币即期汇率走势

资料来源：Wind。

人民币汇率走势总体反映了中美经济周期差异。从2018年一季度开始,中美经济周期的不同步性凸显(见图13.2)。2017年一季度,我国名义GDP同比增速升至11.1%,之后逐步回落。2018年,中国经济延续周期下行态势。尤其是去杠杆措施的滞后效应显现,名义GDP增速降幅更加明显。截至2018年四季度,名义GDP增速降至9.1%。与此同时,由于消费意愿强劲和特朗普政府减税刺激,美国名义GDP增速有所加快,从2017年一季度的4.1%升至2018年9月份的5.5%。从宏观政策的变化看,去杠杆取得初步成效,债务快速累积步伐放缓,去杠杆政策力度有所调整,政策协调性有所增强。尤其是7月31日中央政治局会议提出"六稳"之后,市场对政策松动预期有所升温。同期,美国经济继续走强,劳动力市场偏紧,美联储持续加息预期不减,人民币汇率贬值压力有所上升。2018年末,由于美国股市波动幅度加大,全球经济复苏信心减弱,美联储加息预期减弱,人民币汇率贬值压力也有所减轻。

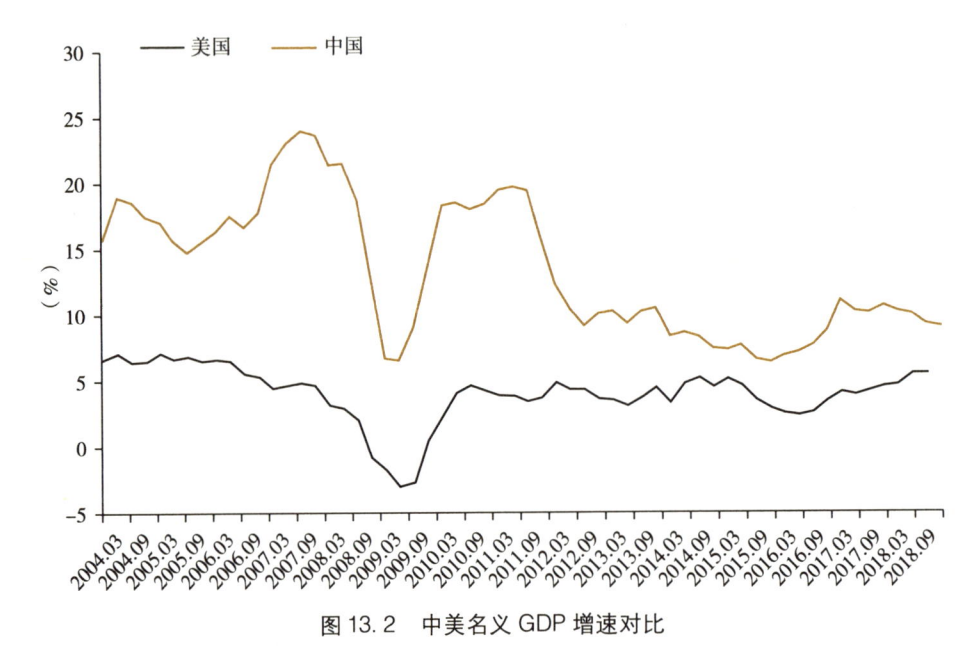

图13.2 中美名义GDP增速对比

资料来源:Wind。

中美贸易摩擦升级对汇率走势也产生了一定影响。2018年,人民币对美元累积贬值5.4%。同期,主要新兴经济体货币大多对美元贬值,而且贬值幅度大多超过人民币。但与上一轮新兴经济体货币对美元贬值情况有所不同,墨西哥和部分东南亚国家货币的贬值幅度明显低于人民币。这些新兴经济体,国内政治形

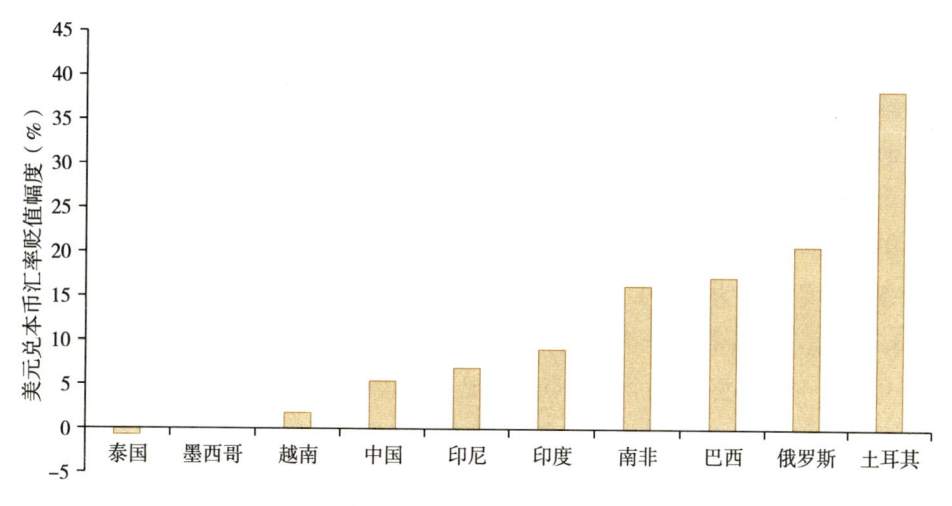

图 13.3　主要新兴经济体货币对美元变化幅度

资料来源：Wind。

势相对稳定，没有明显的财政和国际收支失衡，也更容易承接全球制造业转移。其中，越南盾对美元仅贬值1.8%，墨西哥比索全年走势持平，而泰铢对美元略有升值（见图13.3）。中美贸易摩擦升级以后，部分订单和产业很可能从中国转移至上述经济体，替代作用相对明显。另一些新兴经济体，比如巴西、俄罗斯、南非等，或政局不稳、或宏观失衡、或产业升级困难，货币贬值幅度明显超过人民币。其中，南非兰特、巴西雷亚尔、俄罗斯卢布、土耳其里拉对美元贬值幅度分别为16.2%、17.2%、20.7%、30.8%。

国内外资本市场整合度提高，汇率更加接近均衡水平

对抵补利率平价的偏离是衡量境内外资本市场整合程度的重要指标。抵补利率平价（covered interest rate parity）是国际经济学理论的重要基石。满足利率平价，意味着境内资产的收益，与考虑外汇变化以后的境外资产收益相当，理论并不存在显著的套利机会。但现实当中，由于存在资本管制、交易成本、税收政策差异等因素，抵补利率平价并不总是成立（Abiler，1973）。使用抵补利率平价的偏离程度，可以测度资本流动摩擦和汇率不均衡。有学者（Ito，1986）基于利率平价理论，研究了日本1980年实施新版外汇交易和外贸限制法案的影响。该法案大幅取消了国外投资者投资日本境内短期资产的限制。研究发现，20世纪

70年代，由于短期资本流动受到严格限制，日美之间存在明显的抵补利率平价偏离；但1980年以后，由于短期资本跨境流动性增强，日本国内短期资本市场和全球资本市场的整合度明显提高，平价偏离明显收窄。无独有偶，这一时期，日本政府尽力推动日元国际化，金融开放步伐有所加快。

中美之间抵补利率平价的偏离近年来大幅收窄。具体计算方法如下：分别选取中美1年期国债利率作为中国和美国利率的代理变量，即期汇率为美元兑人民币汇率，远期汇率为1年期NDF（无本金交割远期），数据来自Wind数据库。图13.4显示对抵补利率平价的偏离变化。2010年到2015年8月，偏离幅度始终大于0，且一度高达4~6个百分点，明显高于其他主要经济体与美国之间的平价偏离程度。但2015年8月以后，偏离值由正转负。尽管短期震荡幅度较大，但之后偏离度逐步收敛，2018年平均偏离值为0.7个百分点。以上结果至少有两个方面的含义。一是对人民币汇率走势的预期在2015年8月前后发生了较大变化。2015年8月11日汇改之前，人民币汇率升值预期较为显著，但2015年"8.11汇改"之后，利率平价偏离持续为负值，某种程度上显示人民币有贬值倾向，而且由于货币当局对资金跨境流出的限制以及对汇率中间价管理使得市场没有办法完全实现均衡。二是偏离幅度收窄说明，跨境资本流动的摩擦事实上有所减小，

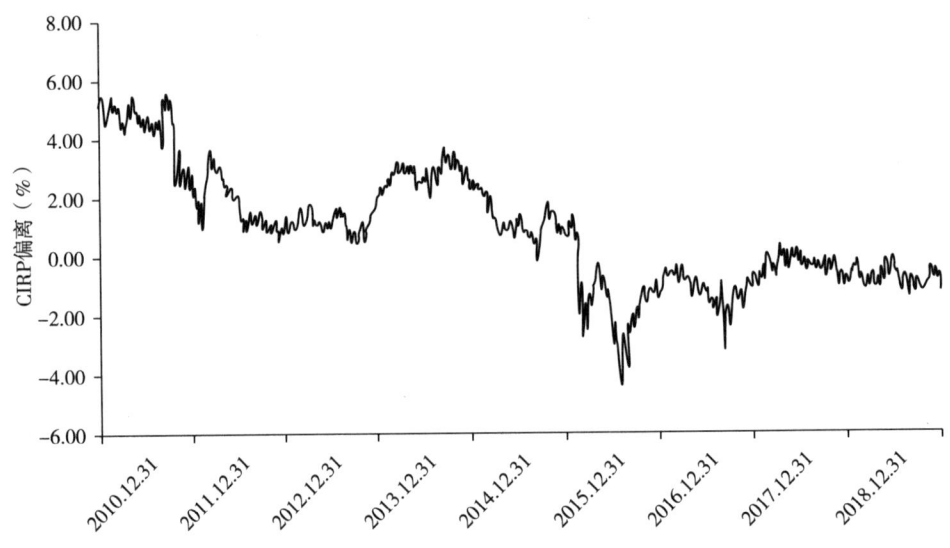

图13.4 对抵补利率平价的偏离

注：对抵补利率平价的偏离（CIRP偏离）=本币收益率－外币收益率－汇率变化收益。
资料来源：Wind，作者计算。

国内资市场和国际资本市场的整合度有所提高，汇率形成机制更加市场化，汇率水平也更加接近均衡。

汇率中长期走势最终取决于竞争力

人民币汇率形成机制更加灵活，加之国内资本市场和国际资本市场的联通性和整合度提高，汇率偏离均衡程度显著缩小，双向波动特征更加明显。在经济高速追赶进程基本结束的背景下，中长期走势更加取决于竞争力变化。从购买力平价的角度看，汇率变化本身可以对冲可贸易部门竞争力变化。若可贸易部门的竞争力下降，给定其他条件不变的情况下，汇率很难长期走强或者保持稳定；若可贸易部门的竞争力增强，汇率也将更为坚挺。

一个经济体的国际竞争力变化，既取决于生产效率，也取决于成本变化。 单位劳动力成本（Unit Labor Cost，以下简称为ULC）是名义工资与劳动生产率的比值，是测度竞争力的重要指标，在国际比较研究中使用广泛。ULC上升，表示劳动力成本上升的速度超过劳动生产率上升速度，意味着整个经济的成本竞争力下降，反之则意味着竞争力上升。初步测算，2004年至今，我国ULC走势大体上经历了三个阶段。其中，2010年之前保持较快增长，年均增幅约为4.8%；2010年以后，ULC上升速度更快，2010—2013年短短三年期间，累积上升幅度约为60%，年均增幅约为之前的三倍多，成本竞争力下降明显；2014年以后单位劳动成本掉头向下，2014—2017年，年均降幅在3.4%左右，应该说成本竞争力快速削弱的态势有所缓解。与此同时，OECD成员的整体ULC年均增速仅为1.4%，其中美国年均增速仅为1%。将ULC分解来看，美国的工资增速虽然高于其他OECD国家，但美国的劳动生产率进步速度更快。综合来看，2014年之前，我国成本竞争力相对于主要贸易伙伴快速削弱，2014年以后略有修正。这可能与可贸易部门的工资变化更有弹性、生产厂商加大自动化信息化投资力度、制造业产能集中度不断提升有关。

从成本竞争力与汇率的关系看，在快速追赶时期，由于生产率提升速度较快，与主要贸易伙伴的国际收支平衡是通过单位劳动力成本上升和本币升值实现的，但随着高速增长阶段基本结束，实际汇率单边升值步伐也将大幅放缓，本币汇率和成本竞争力反向变化的特征更加突出。例如，1973年以后，日本的高速增长基本结束，实际汇率升值步伐放慢。1980年以后，实际汇率中长期走势更

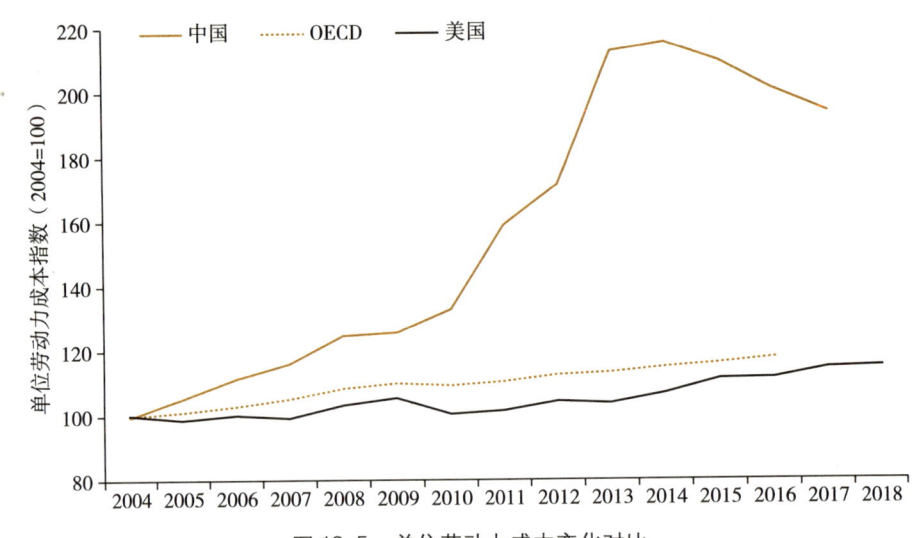

图 13.5　单位劳动力成本变化对比
资料来源：Wind，美联储圣路易斯分行，作者计算。

无明确趋势。同期，日本 ULC 与美国 ULC 的比值持续下降（日本成本竞争力增加），与日元对美元持续升值（削弱日本竞争力优势）并存。期间，由于名义成本粘性、劳动生产率变化相对缓慢等因素，名义汇率的波动幅度明显大于 ULC 比值（见图 13.6）。类似情况，也可以从韩国、土耳其、波兰等其他后发经济体的例子中观察到。台湾地区相对特殊，由于对资本流动和汇率浮动限制相对严格，美元兑新台币汇率更为稳定，实际竞争力变化主要通过台湾地区的 ULC 变化来调整，但从近年趋势看，两者走势逐步趋向收敛。

就中国的成本竞争力和汇率关系而言，2014 年是一个转折点。之前，人民币汇率升值和成本竞争力下降并存。2014 年以后，成本竞争力修正和人民币汇率贬值压力并存。结合上述国际经验，随着劳动生产率快速追赶告一段落，人民币真实汇率升值步伐将大幅放缓，未来 ULC 比值和人民币汇率走势似乎有两种调整途径。一种与日本和韩国类似，通过逐步开放资本账户、增加汇率弹性，让名义汇率与 ULC 比值很快趋于收敛。另一种调整途径则是类似台湾地区，短期内竞争力变化主要通过单位劳动力成本，即名义工资、劳动生产率等因素调整，名义汇率保持基本稳定，但长期看两者仍然趋于收敛。

作为一个开放的大国，从要素配置效率、货币政策自主性等角度考虑，逐步提高资本账户开放程度、增强汇率弹性的政策取向更为占优。事实上，对利率平价偏离度的评估表明，我国国内资本市场和全球资本市场的整合度已在逐步提

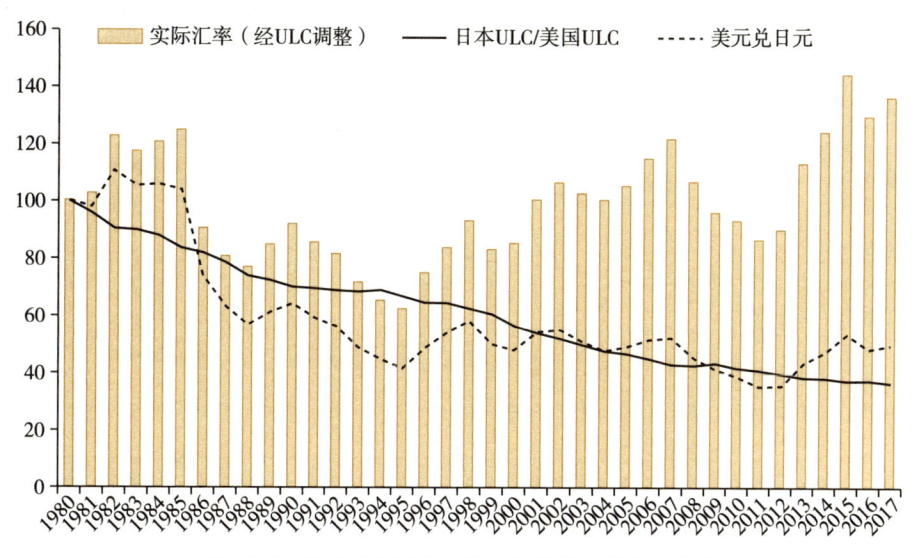

图 13.6 日本成本竞争力和日元汇率走势趋于收敛

注：1980 年 = 100。
资料来源：Wind，日本统计局，作者计算。

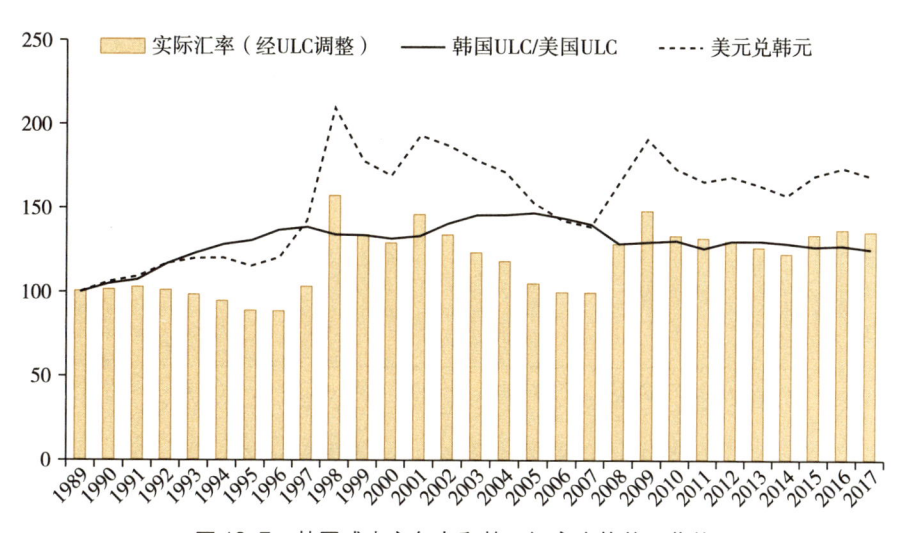

图 13.7 韩国成本竞争力和韩元汇率走势趋于收敛

注：1980 年 = 100。
资料来源：Wind，作者计算。

升。未来汇率弹性可能进一步增强，汇率中长期看更可能成为一个内生变量，更多取决于我国成本竞争力的变化。

基于以上分析逻辑，结合单位劳动力成本相对变化与汇率的关系，本文构建

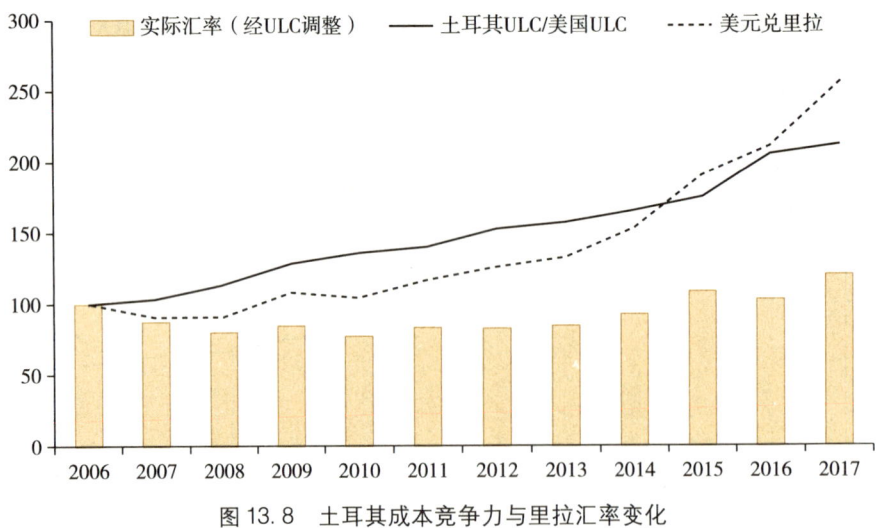

图 13.8 土耳其成本竞争力与里拉汇率变化

注：2006 年 = 100。
资料来源：Wind，作者计算。

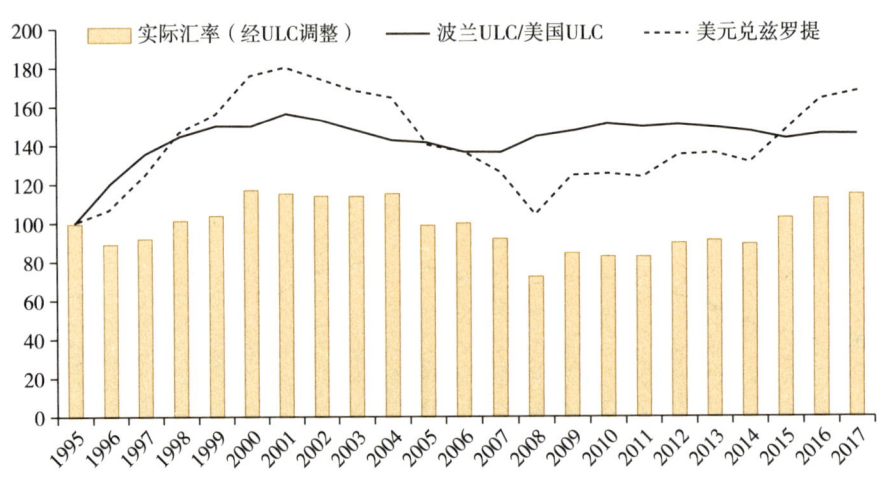

图 13.9 波兰成本竞争力与兹罗提汇率变化

注：1995 年 = 100。
资料来源：Wind，作者计算。

了人民币汇率的中长期预测模型。从追赶型经济体的经验看，高速增长阶段结束以后，或者说真实汇率升值步伐大幅放缓以后，通过工资涨幅放缓和劳动生产率的持续提升，ULC 比值（与美国 ULC 相比）每年以大约 2.5% 的速度下降。我国经济已经从高速增长阶段转向高质量发展阶段，高速追赶进程基本结束，加之国际收支基本实现平衡，实际汇率升值空间明显收窄。在这样的前提下，结合国

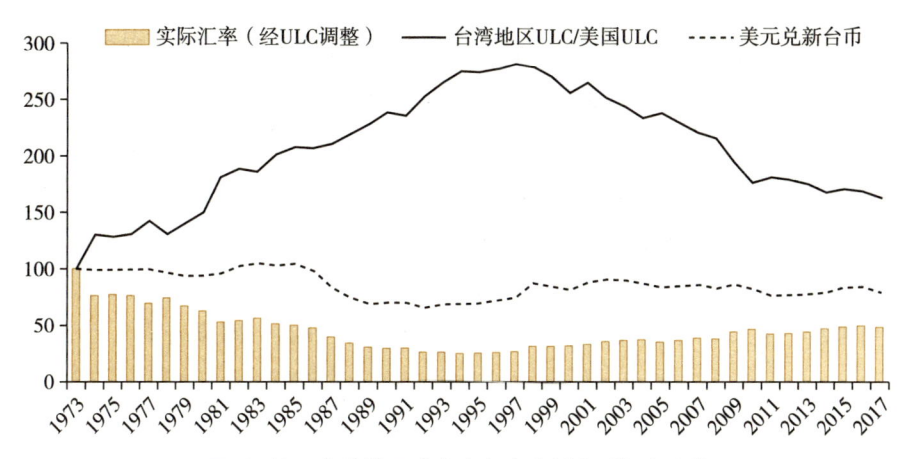

图 13.10 台湾地区成本竞争力和新台币汇率变化

注：1973 年 =100。
资料来源：Wind，作者计算。

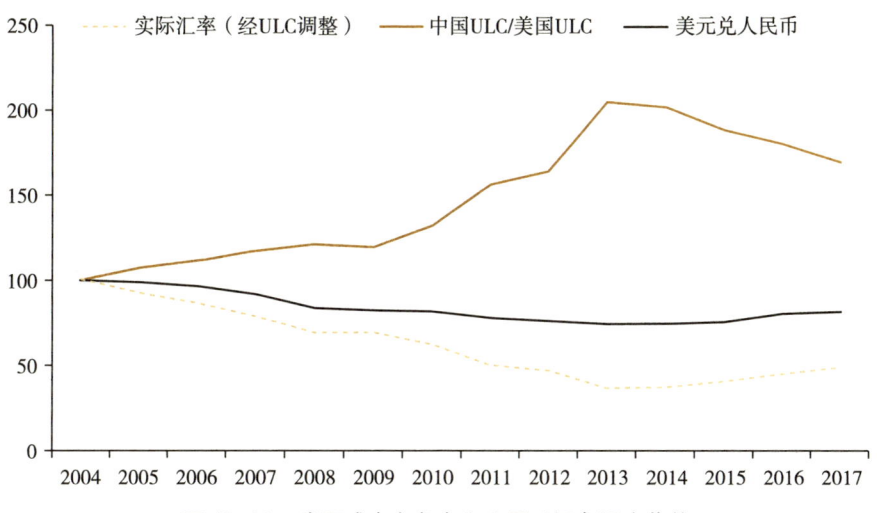

图 13.11 我国成本竞争力和人民币汇率逐步收敛

注：2004 年 =100。
资料来源：Wind，作者计算。

际经验大致判断，人民币对美元在未来十年之内预计呈现缓慢升值态势，但由于即期汇率更加接近均衡，国内资本市场和全球资本的整合度提升，短期因素对汇率的扰动将更加突出。

再进一步考虑短期扰动因素。2018 年，中国去杠杆、美国加息以及中美贸易摩擦升级是全球经济运行面临的三大重要参数。进入 2019 年，上述影响因素有所变化。美联储 2019 年 1 月 30 日会议纪要显示，考虑全球经济下行压力、金融市场动荡与温和通胀，联储在调整利率方面将会比较谨慎，这是近年来美国货币政策表述的重大变化，可能暗示美联储连续加息的步伐会有所放缓。另一方面，中国继续保持积极财政政策和稳健货币政策的取向，结构性政策更加注重政策协调，之前从紧的货币金融条件也逐步调整至中性位置附近，继续宽松预期有所下降。与此同时，中美贸易谈判出现一定积极迹象，贸易摩擦暂缓升级，人民币对美元短期贬值的压力有所减轻。综合中长期趋势和短期因素判断，2019年汇率可能维持在6.7附近波动，与2018年末的水平相比，略微升值。

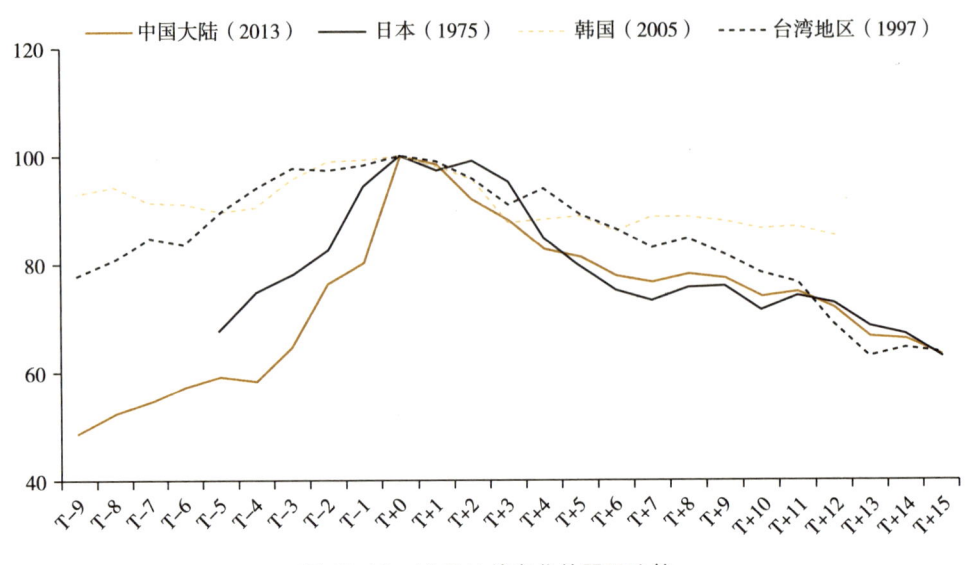

图 13.12 ULC 比值变化的国际比较

注：最高点为 100。
资料来源：Wind，作者计算。

政策建议

继续推进汇率形成机制改革，完善外汇市场。中国经济更加依靠内需，国际收支更加平衡，汇率更加接近均衡水平，有条件进一步推动汇率形成机制市场化改革。中国经济周期处于下行阶段，宏观调控需要兼顾促改革、调结构、稳就业、去杠杆、惠民生等多重任务，货币政策面临多重目标的约束，实施更加浮动的汇率体系是增强货币政策自主性的重要前提，同时也有助于降低道德风险，约束因国家隐性担保所致的国内企业过度负债。此外，还需要健全外汇市场，逐步

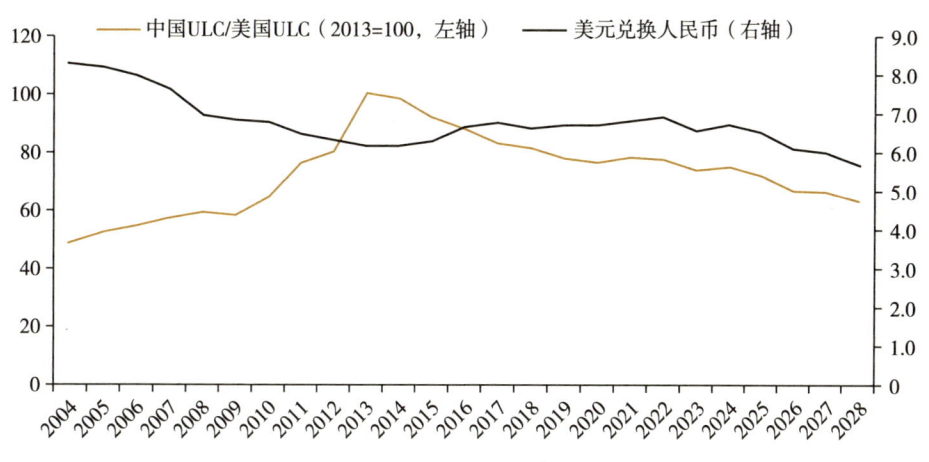

图 13.13 人民币汇率走势

注：2019 年及以后数据为预测值。
资料来源：Wind，美联储，作者计算。

放开无本金交割远期交易，扩大外汇市场的深度和广度，增强市场流动性，为企业和投资者提供更多风险对冲工具，夯实汇率形成机制的微观基础。

有序推进资本账户开放。要更好地发挥市场在汇率中的决定性作用，需要按照负面清单原则，继续优化外汇管理，增加购汇用汇的便利程度。同时，完善跨境资本流动的宏观审慎框架，健全事中事后监管，提升风险防范、预警和处置能力。加强国际协调，完善对短期跨境资本流动的监测，促进内外均衡，防止风险过度积累。

推进供给侧结构性改革，提升成本竞争力。继续深化供给侧结构性改革，优化行业管制，增强名义工资和其他广义成本的弹性，释放中高级生产要素的活力，持续提升劳动生产率，保持中国企业在全球的竞争力。单位劳动成本综合名义成本和劳动生产率，是一个重要的成本竞争力测度指标，可考虑引入高质量发展指标体系。

参考文献

Aliber, Robert Z. (1973), "The Interest Rate Parity Theorem: A Reinterpretation", *Journal of Political Economy*, Vol. 81, pp. 1151 – 1459.

Takatoshi Ito, "Capital Controls and Covered Interest Parity Between the Yen and the Dollar", *The Economics Studies Quarterly*, Vol. 37, No. 3, September 1986.

产　业

第十四章 农业

深化农业供给侧结构性改革

伍振军　周群力

要点透视

➢ 近年来,我国大力推进农业供给侧结构性改革,在降成本、调结构、去库存、补短板等方面取得明显成效。

➢ 当前,我国面临着农业支持结构不合理、稻谷库存形势严峻、粮食生产可能滑坡等问题,农民收入增速减缓。

➢ 要完善农业支持政策体系,保障农民收入,推进粮食价格市场化改革,确保粮食生产不滑坡。

➢ 2019年,我国粮食生产将保持稳定,结构进一步调优。未来十年,农业综合生产能力将持续提升,消费结构明显升级,农产品进出口更加多元化。

自 2015 年 12 月中央农村工作会议提出要着力加强农业供给侧结构性改革以来，农业供给侧结构性改革成为近几年我国农业农村工作的主线。三年多来，我国从改革农业支持保护政策、推进粮食去库存、调整农业种植结构、调整农产品进口方面大力推进农业供给侧结构性改革并取得较好成效，同时也暴露出一些深层次的问题和矛盾，需要进一步深化改革加以解决。

农业供给侧结构性改革主要举措及成效

近年来，我国推进农业供给侧结构性改革的主要举措包括农业支持保护政策改革、粮食去库存、调整农业种植结构以及调整农产品进口节奏四个方面。

农业支持保护政策改革

2004 年以来，我国逐步建立了比较完善的农业支持政策体系，基本达成了粮食增产和农民增收的双重政策目标。但我国农业支持水平越来越高、支持力度越来越大，在取得显著成效的同时，粮食库存压顶、财政压力巨大，农产品国内国际价格严重倒挂，农业竞争力迅速下降等负面作用也逐步凸显。比如，近几年粮食库存较高，压低了粮食价格，农民种粮收益不高。通过目前的农业支持政策已经难以达成粮食增产和农民增收的双重目标。

落实农业供给侧结构性改革政策主线，在农业支持保护政策改革方面，政策重点是推进农产品市场价格改革。包括取消玉米临时收储政策，实行"市场定价、价补分离"政策。2015 年 9 月，国家首次降低玉米临时收储价格，降幅最高达 0.13 元/斤，玉米价格大幅度下滑。2015 年 10 月 16 日，全国玉米现货价仅为 2 062.19 元/吨，与上年同期相比下降了 428.23 元/吨，下降幅度达 17.19%。包括降低稻谷最低收购价。2017 年是 2004 年实行稻谷最低收购价以来的首次全面下调，早籼稻、中晚籼稻、粳稻的最低收购价每公斤分别下调 3 分、2 分和 5 分钱。2018 年生产的早籼稻、中晚籼稻和粳稻最低收购价格分别为每 50 公斤 120 元、126 元和 130 元，比 2017 年每公斤分别下调 2 分、2 分和 4 分钱。包括对农业补贴政策调整，大力支持集中化、规模化种植，扶持特色农业、绿色农业以及生态农业的发展。包括推进棉花目标价格改革，棉花结束临时收储政策之后，国家不再直接干预市场价格，国内棉花价格完全由市场供求决定，逐步实现与国际接轨。

粮食去库存

近年来，我国粮食库存连创历史新高，主产区粮仓爆满、轮库艰难，仓容空前紧张，去库存压力巨大。这两年，落实农业供给侧结构性改革，国家针对粮食，尤其是玉米采取了一系列去库存措施并取得明显成效，粮食总体库存快速增长的势头得到遏制。一方面，粮食总体产量下降。随着玉米取消临时收储，稻谷、小麦陆续下调最低收购价，近几年我国粮食产量已经呈下降趋势。2018年全国粮食播种面积17.56亿亩，比2017年减少1 428万亩，下降0.8%；全国粮食总产量65 789万吨，比2017年减少371万吨，下降0.6%。2015—2018年，我国稻谷、小麦、玉米三大主粮产量从60 977.3万吨持续下降到60 089.2万吨，减少888.1万吨，连续三年下降；同期玉米从26 499.2万吨持续下降到25 733万吨，减少766.2万吨，连续三年下降。

并且，稻谷也存在减产的可能性。自2004年实行稻谷最低收购价以来，国家通过多次上调稻谷的最低收购价，有效保证农民种粮积极性与收入。自2017年稻谷最低收购价首次全面下调以来，全国稻谷播种面积、产量就开始小幅下降。

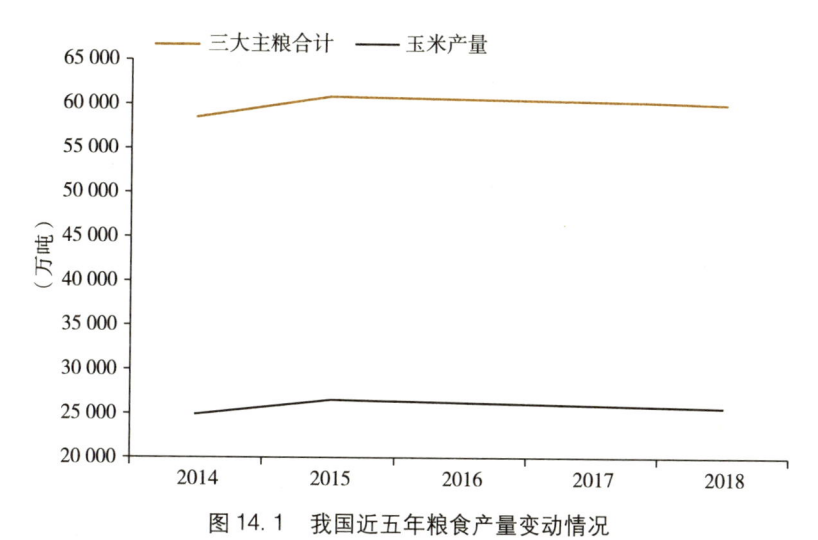

图14.1 我国近五年粮食产量变动情况

资料来源：国家统计局、国家粮油信息中心。

据国家统计局公告数据，2018年稻谷总产量为21 213万吨，同比减少55万吨，减幅为0.26%。

另一方面粮食总体需求提升。近几年粮食需求提升主要集中在谷物饲料消费和工业消费增长方面。根据国家粮油信息中心修正后的数据，2015/2016年度国内谷物饲料消费、工业消费量合计23 310万吨，2018/2019年度预计提高到33 150万吨，增长9 840万吨，增幅42.2%。尤其是玉米饲料消费量、工业消费量大幅增加。根据国家粮油信息中心数据，2015/2016年度国内玉米消费量为20 850万吨，2018/2019年度预计提高到27 300万吨，增长6 450万吨，增幅30.9%。玉米饲料消费量增长很快，据美国农业部预测，2018/2019年度我国玉米饲料消费量为19 500万吨，比2015/2016年度增加4 150万吨，增幅27.0%。同时，玉米工业消费量也有较大幅度的增长，根据国家粮油信息中心数据，2018/2019年度我国玉米工业消费量为7 800万吨，比2015/2016年度增加2 300万吨，增幅41.8%。

根据Wind最新数据，我国2018年度玉米、稻谷、小麦期末库存合计为4.47亿吨，比2017年减少2 942.6万吨，三大主粮库存已经开始下降。其中，全国稻谷期末库存上升到1.78亿吨，比2017年提高849.9万吨；小麦期末库存上升到8 066.1万吨，比2017年提高1 217.1万吨；玉米期末库存下降幅度较大，下降到1.89亿吨，库存消费比下降到60.8%，比2017年下降24.2个百分点。粮食去库存尤其是玉米去库存取得明显成效。

农业种植结构调整

第一，重点是调减玉米种植面积。 落实农业部《关于"镰刀弯"地区玉米结构调整的指导意见》，调减"镰刀弯"地区，包括东北冷凉区、北方农牧交错区、西北风沙干旱区、太行山沿线区及西南石漠化区等重点地区玉米种植面积。政策目标是到2020年，"镰刀弯"地区玉米种植面积稳定在1亿亩，减少5 000万亩以上。随着农业部《关于"镰刀弯"地区玉米结构调整的指导意见》深入实施，我国玉米种植面积持续调减。根据国家统计局数据，2017年我国玉米播种面积为4 239.9万公顷，同比减少177.8万公顷，减幅4.0%；国家统计局公告显示，2018年玉米播种面积4 212.9万公顷，同比减少27万公顷，减幅0.64%。我国玉米产量在2015年达到历史最高点之后持续降低。2015—2018年，我国玉米从26 499.2万吨持续下降到25 733万吨，减少766.2万吨，连续三年减产。

第二，适度调减稻谷种植面积。近几年国内稻谷市场供需状况持续供大于求，在农业供给侧结构性调整的背景下，国家通过降低稻谷最低收购价、增加休耕轮作面积等方式引导农民进行种植结构调整，以减少稻谷市场的供给压力。根据国家统计局公告数据，2018年稻谷播种面积为3 018.9万公顷，同比减少56万公顷，降幅为1.8%。

调整农产品进口

一是减少玉米进口。前几年我国玉米国内国际价格倒挂非常严重，玉米进口激增。随着我国调低玉米临储收购价继而取消玉米临储收购政策，玉米国内国际价格倒挂程度逐步减轻。2017年以来，我国玉米现货价与玉米进口到岸完税价差距不大，玉米国内国际价格倒挂程度减轻，玉米进口量大幅度减少。根据海关总署数据，2015年我国玉米进口量高达473.1万吨，2018年下降到353万吨。

二是减少玉米替代品进口。高粱是玉米的重要替代品，2012年之前我国多数年份高粱进口数量不足10万吨，2014年增加到1 016.2万吨的历史最高水平，到2015年仍然进口828.4万吨。随着玉米价格下调，高粱进口量大幅度下滑，2016年降到364.9万吨。

三是玉米酒糟进口量大幅度下降。受进口玉米酒糟价格打压，2015年末国内玉米酒糟价格跌至1 340元/吨左右，远远低于成本价。国内玉米酒糟加工企业处于长期严重亏损状态，开工率严重不足，2016年8月，国内玉米酒糟产业开工率甚至跌到30%以下。2013年我国进口玉米酒糟293.74万吨，2014年激增到541.49万吨，增长84.34%。到2015年进一步激增到681.80万吨，同比增长25.91%，玉米酒糟进口量大增，受大量国外低价玉米酒糟进口冲击，国内玉米酒糟产业几乎处于崩溃的边缘。2016年1月12日，商务部对原产于美国的进口干玉米酒糟进行反倾销立案调查，国内玉米酒糟价格逐步上升。2016年9月23日玉米酒糟反倾销初步裁定，确定反倾销税税率为33.8%，国内玉米酒糟价格大幅上涨，到2016年10月已经上涨到1 936.8元/吨，比2016年1月上涨423.85元/吨，上涨了28%，同时国内玉米酒糟产业开工率大幅度提升，玉米酒糟产业才避免完全崩溃。近几年，我国玉米酒糟进口量快速下跌，2015年我国玉米酒糟进口量高达681.8万吨，到2018年降到14.79万吨，下降了97.8%。

当前农业生产面临的新问题新挑战

农业支持结构仍然不合理

一是从支持结构看，我国农业总体支持[①]**中仍然以生产者支持为主，一般服务支持不足。** 根据OECD统计数据，2008年我国一般服务支持总额占农业支持总额的49.3%，之后逐年快速下降，到2017年我国一般服务支持总额仅占农业支持总额的14.6%。低于日本（17.1%）、美国（20.9%）、加拿大（26.5）、巴西（21%）的水平，远低于新西兰（72.4%）、澳大利亚（56.3%）的水平。

二是生产者支持中，基于产出的支持份额仍然过高。 21世纪以来，我国市场价格支持比例快速提升。特别是2008年至2015年，根据OECD数据，我国市场价格支持占生产者支持的比例从55.56%快速提升到81.75%，占农业支持总额的74%左右。[②] 2017年，"基于产出的支持份额"仍然高达73.51%，远高于加拿大（60.97%）、美国（28.81%）、欧盟（20.92%）、澳大利亚（0%）的水平，以及OECD平均水平（47.74%）。

三是一般服务支持中，农业知识创新体系及农业基础设施建设和维护投入过低。 在有限的一般服务[③]投入中，我国对农业知识创新体系投入仍然明显不够。2017年我国农业知识创新体系投入降到一般服务投入的22.65%。而其他发达国家农业知识创新体系投入占一般服务投入的比例一直都比较高，OECD平均水平（31.43%）、澳大利亚（42.50%）、加拿大（35.52%）、新西兰（44.71%）、欧盟（59.46%）等都远远高于我国。

稻谷库存形势严峻

一方面，随着多年的稻谷增产，稻谷和大米的大量进口等，我国稻谷供给不断攀高。另一方面，由于长期存在的"稻强米弱"状况，极大地压缩了加工企

---

① 根据OECD报告，农业总体支持（TSE, Total Support Estimate）主要包括生产者支持（PSE, Producer Support Estimate）及一般服务支持（GSSE, General Services Support Estimate）两大部分。
② 根据OECD数据，2015年我国市场价格支持占生产者支持的比例为81.75%。我国生产者支持总额占农业支持总额的90.5%。
③ 根据OECD报告，一般服务支持主要包括农业知识创新体系、品质监测和管理、基础设施建设和维护、市场营销及推广四个部分。

业的利润空间，用粮企业竞买积极性不高，稻谷销售成交率很低，大量稻谷压在库里。据国家粮油信息中心数据，近两年我国稻谷年度结余量保持在 2 000 万吨上下，库存增长速度很快。据 Wind 数据，2018 年我国稻谷库存达到 1.78 亿吨，库存消费比高达 88%，库存积压严重。与小麦、玉米相比，稻谷储存期限较短，正常储存年限只有三年。超期储存品质下降较快、容易变质，尤其是南方高温潮湿地区储存时间更短，品质下降速度更快。

表 14.1　中国稻谷供需平衡分析　　　　　　　　　　　　　　　　　　　（单位：万吨）

	2014	2015	2016	2017	2018
生产量	20 960.9	21 214.2	21 109.4	21 267.6	21 213
进口量	434.9	511.4	564.3	465.4	400
新增供给	21 395.8	21 725.6	21 673.7	21 733	21 613
食用消费	15 753.2	15 750	15 700	15 880	15 850
饲用及损耗消费	1 120	1 220	1 380	1 450	1 500
工业消费	1 160	1 200	1 300	1 600	1 850
种用量	128	130	131	134	130
年度国内消费	18 161.2	18 300	18 511	18 560	19 330
出口量	63.6	45.6	149.2	238.5	350
总消费量	18 224.8	18 345.6	18 660.2	18 660	19 680
年度结余	2 860.8	2 988.3	2 611.6	2 425	1 933

资料来源：国家统计局、海关总署、国家粮油信息中心。

若稻谷政策不做太大调整，按照目前我国稻谷结余量增长速度，可以合理预计，到 2020 年，我国谷物年度结余量将在 1 500 万吨左右，稻谷库存增量可能增加 3 000 万吨左右，稻谷总体库存将达到 2 亿吨左右，超过玉米，成为库存最大的粮食，给库存、财政支出、农民收入等带来巨大压力。

粮食生产可能滑坡

降低保护价是解决粮食收储压力的有效手段，但也要高度警惕农民种粮收益长期偏低引发粮食大幅度减产的可能性。从历史经验看，粮食大幅度减产之后，要恢复当时的产量，需要 8～10 年的时间（伍振军，2016）。[1]

---

[1] 20 世纪 90 年代中期，我国粮食连年丰收，粮食供大于求，出现结构性过剩，粮价下跌，严重挫伤了农民种粮积极性，直接导致 1998—2003 年我国粮食大幅减产 15.9%。直到 2008 年，我国粮食产量才达到 5.29 亿吨，略超过 1998 年的水平。

据全国农产品成本收益数据，2011年稻谷每亩净利润为327.27元，到2017年已经下降到132.55元；2011年小麦每亩净利润为327.27元，到2017年已经下降到132.55元；小麦净利润更是长期偏低，2011年小麦每亩净利润为117.92元，到2017年已经下降到6.10元；2011年玉米每亩净利润为263.09元/亩，到2017年已经下降到-175.79元/亩，已经连续三年为负值。2011年大豆每亩净利润为121.95元，到2017年已经下降到-130.89元，连续四年为负值。

从近几年的政策措施看，降低保护价是解决粮食收储压力的有效手段，但压低农民收入，打击农民生产积极性，农民收益长期难以保证的情况下，必然影响粮食生产，带来粮食大幅度减产的可能性。实际上，我国三大谷物总产量已在持续下降。2015—2018年我国稻谷、小麦、玉米三大主粮产量从60 977.3万吨持续下降到60 089.2万吨，减少888.1万吨，连续三年下降。

农民收入增速减缓

工资性收入和经营净收入是农民收入最为重要的构成部分，在工资性收入增长乏力的情况下，农业生产收益偏低，家庭经营收入不高，必然影响农民收入增长。从农村居民人均可支配收入构成看，经营净收入仍然占有重要地位。2016年农民经营净收入增速只有5.27%，这两年略有增长，2018年只有6.57%。近几年稻谷利润率在波动中快速下降；随着玉米价格大幅度下跌，近几年玉米利润率下降速度惊人；小麦利润率偏低。大豆、棉花、糖料等大宗农产品生产净利润长期偏低甚至为负值，必然影响农民收入。

未来十年中国农业发展趋势展望

党的十九大做出了实施乡村振兴战略的重大决策部署，这是今后一段时期"三农"工作的总抓手。未来十年，乡村振兴战略将稳步推进，城镇化进程继续深化，城乡居民收入水平持续提高，农产品需求量将保持增长态势，消费结构将稳步升级。这对持续提高农业综合生产能力提出了更高要求，也提供了强劲动力。未来十年，我国农业综合生产能力将稳健提升，"粮经饲"结构进一步优化；农产品消费结构持续转型升级，优质农产品供给明显增加；对国际市场和国际资源的利用更为充分，进口来源地布局更趋多元化。

2019—2022 年主要农产品生产形势展望

《乡村振兴战略规划（2018—2022 年）》（以下简称《规划》）指出，要"深入实施藏粮于地、藏粮于技战略，提高农业综合生产能力，保障国家粮食安全和重要农产品有效供给，把中国人的饭碗牢牢端在自己手中"。《规划》还进一步对夯实农业生产能力基础提出了具体的量化要求，如确保到 2020 年永久基本农田保护面积不低于 15.46 亿亩，确保到 2022 年建成 10 亿亩高标准农田,[①] 到 2022 年农田有效灌溉面积达到 10.4 亿亩，耕地质量平均提升 0.5 个等级（别）以上等。

预计 2019—2022 年，我国将持续巩固和提升粮食产能，粮食综合生产能力保持在 6 万亿吨以上，满足"确保谷物基本自给、口粮绝对安全"的要求。优质稻谷、小麦的面积和产量逐渐增加，非优势区籽粒玉米种植面积继续调减，大豆生产规模稳步扩大，棉油糖胶的生产保持稳定。畜牧业、奶业、渔业进一步发展，特别是集约化、工厂化水产养殖和深远海养殖，远洋渔业以及草食畜牧业等。预计到 2022 年，我国稻谷产量 2.1 亿吨、小麦产量 1.3 亿吨、玉米产量 2.4 亿吨、大豆产量 1 580 万吨。猪肉产量 5 800 万吨、牛肉产量 800 万吨、羊肉产量 520 万吨、禽蛋产量 3 225 万吨、奶制品产量 4 000 万吨、水产品产量 6 700 万吨。

未来十年农业生产形势展望

2018 年中央一号文件提出，到 2020 年，我国"农业综合生产能力稳步提升，农业供给体系质量明显提高"；到 2035 年，"农业结构得到根本性改善"。未来十年，我国将紧紧围绕国家粮食安全战略和乡村振兴战略，提升农业综合生产能力，优化农业生产结构。

未来十年我国粮食产能仍将稳定增长，2028 年预计可达 6.5 亿吨左右。未来十年，我国谷物消费总量将在 2.0 亿~2.2 亿吨的区间，总体上呈稳中有降趋势。2028 年可能会下降至 2.0 亿吨以下。稻谷总种植面积稳中略减，优质稻谷种植面积将增加。预计 2028 年稻谷总产量将稳定在 2 亿吨左右，稻谷进口量将维持在 550 万吨上下的规模。小麦种植面积和产量保持稳定，优质、专用小麦产量会稳定增长，小麦进口量逐年减少。预计 2028 年小麦总产量将达到 1.3 亿吨，小麦

---

① 2019 年中央一号文件要求，2020 年确保建成 8 亿亩高标准农田。

进口量降至 280 万吨左右。玉米种植面积先减后稳，产量先降后升，预计 2028 年玉米产量为 2.1 亿吨。大豆种植面积和总产量将恢复性增长，预计 2028 年大豆产量为 1 600 万吨左右。预计到 2028 年，我国猪肉产量 6 200 万吨、牛肉产量 880 万吨、羊肉产量 590 万吨、禽肉产量 2 200 万吨、禽蛋产量 3 340 万吨、奶制品产量 4 200 万吨、水产品产量 7 080 万吨。

2019 年中国农业将稳供给、调结构

根据国家统计局数据，2018 年，我国粮食总产量 65 789 万吨，比 2017 年减少 0.6%；其中谷物产量 61 019 万吨，比 2017 年减少 0.8%。从播种面积看，全国粮食播种面积比 2017 年减少 95.2 万公顷，下降 0.8%。其中谷物播种面积比 2017 年减少 107.9 万公顷，下降 1.1%。2019 年是全面建成小康社会关键之年，确保国家粮食安全和重要农产品有效供给，对于稳定经济社会发展大局具有"压舱石"的重要意义。按照中央农村工作会议和中央一号文件的要求，2019 年，我国将毫不放松抓好粮食生产，把稻谷、小麦作为必保品种，稳定玉米生产，确保谷物基本自给、口粮绝对安全。预计全年稻谷、小麦等口粮播种面积为 8 亿亩，粮食播种面积将稳定在 16.5 亿亩，粮食总产量仍将保持 6.5 亿吨左右的水平。

在完善扶持政策方面，2019 年将继续加大对农业和粮食生产的支持力度，完善稻谷、小麦最低收购价，玉米、大豆生产者补贴政策，完善粮食主产区利益补偿机制。在生产能力建设方面，2019 年将新增高标准农田 8 000 万亩以上，到 2020 年确保建成 8 亿亩高标准农田。在优化种植结构方面，将合理调整"粮经饲"结构，因地制宜发展优质稻和专用麦，以及青贮玉米、苜蓿等优质饲草料，多途径增加大豆种植面积，巩固棉花、油料、糖料、天然橡胶生产能力；并继续调减低质低效区水稻种植面积和东北地下水超采区井灌稻种植面积，适当调减西南西北条锈病菌源区和江淮赤霉病易发区的小麦种植面积，巩固非优势区玉米结构调整成果。

2019 年种植业生产将稳产量、调结构

2018 年，我国稻谷最低收购价再次下调。受此影响，2018 年稻农的种植收益出现了较大幅度的下滑，特别是在人工和种植成本上涨的局面下，很多稻农甚至出现亏损。作为必保品种，为保护稻农利益，2019 年国家继续在稻谷主产区实行最低收购价政策，且早籼稻、中晚籼稻和粳稻最低收购价保持 2018 年水平

不变。目前，国内稻谷总体库存仍保持在较高水平，去库存的巨大压力仍未根本改变。[1] 预计2019年我国将加大稻谷去库存力度，稻谷市场价格走势呈稳中偏弱态势。由于稻谷种植收益下降，与小麦、玉米、大豆等作物相比，稻谷的种植收益已相对偏低，2019年稻谷种植面积将略微下降，预计全年稻谷产量将略微下降至2.1亿吨左右。

2018年，小麦最低收购价为每斤1.15元，比上年低了0.03元/斤。2019年小麦最低收购价继续小幅下调了0.03元/斤。因此，预计2019年小麦播种面积略有减少。小麦最低收购价连续两次下调，说明国家正在逐步将小麦最低收购价调整至合理水平，让政策回归托底功能，既守住粮食安全底线，又激发市场活力。在优质优价的市场机制作用下，制粉企业等收购主体对优质小麦的收购更加积极，市场优质麦的价格一直处于高位。预计2019年优质小麦依然广受青睐，高筋小麦等优质小麦种植面积会增加。地下水超采区、条锈病菌源区、赤霉病重发区的小麦种植面积则会进一步调减。预计2019年我国将努力提高小麦单产水平，在小麦播种面积略有减少的局面下，力争使全年小麦产量仍维持在1.3亿吨左右。

2018年，我国玉米产量继续下滑，消费量大幅度增加，产需缺口扩大。玉米库存消化进度加快，临储拍卖累计成交突破1亿吨。随着这一轮玉米去库存接近尾声，未来玉米供应或将重新出现紧平衡甚至供需缺口。一是受大豆生产者补贴提升、玉米生产者补贴降低[2]的影响，部分农户倾向于改种大豆。二是中美存在贸易关系缓和的可能性，玉米及其替代品进口的增加将冲击国内玉米种植。2019年，我国将巩固当前玉米去库存成效，同时也要稳住玉米生产、防止供需缺口，预计全年玉米种植面积略有减少，为6.1亿亩；产量略有降低，为2.5亿吨左右。当前玉米库存依然处于较高水平，市场粮源供给充足，预计全年玉米价格大幅上涨的可能性不大，呈稳中略升态势。

---

[1] 2018年政策性稻谷收购量估计约2 000万吨，而当年政策性稻谷拍卖成交量为857.5万吨，较上年减少110.5万吨。对比可知，托市收购量仍大幅高于政策性稻谷拍卖成交量，政策性稻谷库存继续增加。目前国家托市收购稻谷的库存量在1.3亿吨左右，占到年产量的近50%。

[2] 以黑龙江省为例，玉米和大豆补贴一增一减，促进种植结构调整。2018年，黑龙江玉米生产者补贴标准为25元/亩，与2017年的标准133.46元/亩相比，降幅高达108.46元/吨；而2018年的大豆生产者补贴标准为320元/亩，比2017年大涨了146.54元/亩。2019年，黑龙江省将继续实行玉米、大豆生产者补贴政策，在上年基础上适当提高玉米生产者补贴标准，大豆生产者补贴每亩高于玉米生产者补贴200元以上，达每亩300元左右。

2019年的一号文件首次明确了实施大豆振兴计划,要求多途径扩大大豆种植面积。我国将进一步提高大豆补贴标准,在东北、黄淮海地区扩大大豆种植面积。预计2019年我国大豆种植面积增加1 000万亩左右,产量将增加到约1 600万吨。需要指出的是,我国虽然一直在积极恢复和发展大豆生产,但是大豆供给以进口大豆为主的格局难以根本性改变。我国大豆的需求量每年大概在1.1亿吨左右,90%的大豆需要进口,其中从美国进口的大豆占总进口量的1/3左右。但是,2018年,受中美贸易摩擦影响,我国大幅减少了从美国的大豆进口,同时增加了从巴西的大豆进口,[①] 巴西大豆占我国大豆进口总量的75%,美国大豆占19%。2018年,我国全年进口大豆8 803.1万吨,同比下降7.9%,这是自2011年以来中国大豆进口量的首次年度下降。2019年1月,在中美贸易关系有所缓和的背景下,我国进口大豆738万吨,较上月的572.1万吨提高近30%。预计2019年大豆进口将恢复性增加,但进口来源更加多元化。

2019年畜牧业生产将继续稳增长、扩进口

2018年,"非洲猪瘟"疫情发生后,农业农村部重点管控生猪调运环节,产销区间的运输呈现割裂状态,销区价格暴涨、产区价格低迷。随后,产区养殖户销售困难,母猪和种猪被迫育肥。育肥成本使养殖户现金流更加紧张,最终不得不将肉猪低价售卖或提前宰杀。种猪企业也出现滞销后母猪转肉猪销售的情况,一些企业的母猪价格和成交量迅猛下跌。当然,总体上看,非洲猪瘟整体影响的数量相对于全国范围内的存栏量来说微乎其微,对猪肉产量的影响并不大。[②] 考虑到非洲猪瘟疫情防控的复杂性、长期性,2019年,生猪养殖户的补栏积极性显著降低,产区淘汰力度将继续加强,春季生猪补栏量将低于往年同期,加上生猪的捕杀,短期内生猪存栏数量难以恢复,预计全年猪肉产量将下降到5 200万吨左右。

近年来,随着城乡居民收入水平不断提高,饮食结构逐渐改善,以牛羊肉为主的高档肉制品需求增加。特别是2018年,由于替代产品猪肉受非洲猪瘟影响,消费者对猪肉的消费需求下降,对牛肉的消费量明显上升。再加上养殖成本的增

---

① 2018年,中国进口美国大豆总量1 664万吨,比上年的3 285.6万吨下滑1 621.6万吨,降幅为49.35%;进口巴西大豆总量为6 608万吨,比上年的5 092.7万吨增加1 515.3万吨,增幅为29.93%。
② 据国家统计局数据,2018年,猪肉产量5 404万吨,下降0.9%;生猪存栏42 817万头,比上年下降3.0%;生猪出栏69 382万头,比上年下降1.2%。

加，预计 2019 年牛肉价格和产量稳步提升，全年牛肉产量将增加到 650～655 吨。同时，牛肉进口仍将大幅增加，增速远高于产量的增速。2018 年，我国牛肉进口 103.9 万吨，比上年增长 49.5%。预计 2019 年仍将保持高速增长，牛肉进口量将达到 120 万～130 万吨。

随着畜牧业的环保压力不断加大，羊的散养户越来越少，逐渐向圈养转型。由于圈养需要大量的牧草和人工成本，再加上豆粕、玉米饲料的成本上升，羊肉价格处于持续上涨的态势。目前羊肉的价格基本达到了近两年来的最高点，养殖户补栏意愿增强，羊肉供给增加，促使价格回落、趋稳。预计 2019 年羊肉价格以稳为主，全年产量可达 480 万吨，比 2018 年预计增长 1%。2018 年，我国羊肉进口 31.9 万吨，比上年增长 28.1%，预计 2019 年仍将增加羊肉进口，全年进口量可达 40 万吨左右。

政策建议

改革完善农业支持政策体系

一是降低生产者支持。继续降低市场价格支持比例，取消玉米、棉花临时收储政策之后，继续深化粮食、棉花市场价格改革，降低补贴力度。从国外经验看，目标价格补贴容易扭曲农产品市场价格，仍属于 WTO 农业支持中的"黄箱"政策范畴。因应 WTO 对农业补贴政策的要求，棉花目标价格补贴还是面临改革的压力。同时，从欧盟改革历程看，我国实施的玉米生产者补贴与种植面积挂钩，在一定程度上扭曲了市场信号，未来也面临改革的压力。

另一方面是提高一般服务投入。提高农业知识创新体系投入力度，加快农业科技创新。农业知识创新投入属于 WTO《农业协定》规定的"绿箱"政策范围，也将是各国政府最主要的农业支持措施。应加大投入力度、补齐历史欠账。加快发展农业科技、加快农业科技创新和农业技术推广，尤其是加大种业科技投入，加大种业知识产权保护，加快与国际接轨速度，促进我国种业发展转型。同时，提高基础设施建设和维护投入，促进农业生产降成本、提效率。加强农业基础设施建设，也属于 WTO《农业协定》允许的"绿箱"政策范畴。增加对以上领域的投入，不但能提高农产品供给能力，还可显著降低农产品生产成本（伍振军，2017）。加大对农田基础设施、机耕道等农业基础设施建设和维护的投入力度，推动规模经营和机械化作业，促进我国农业降成本、提效率。

确保粮食生产不出现大幅度滑坡，开辟玉米进口来源，保障粮食供给

应针对稻谷、小麦、玉米生产特点，采取不同措施，防止粮食产量大幅度滑坡。一是慎重制定和发布粮食保护价。口粮最低收购价降幅不宜太大，甚至应保持合理小幅上涨，以保护好农民积极性，确保口粮安全。保护价是农民进行种植决策的关键参考。应从保障粮食安全的高度慎重制定保护价，合理选择发布时机，避免粮食种植之后发布保护价，打乱农民种植决策。二是以建设高标准基本农田为抓手，以解决土地细碎化、提高土壤质量为重点，加大对土地集中连片整理、被污染农地修复治理力度。促进农业降成本、提效率。三是加强对玉米进口规模、价格和来源地研究。玉米价格大幅降低后，今后几年玉米产量很可能大幅下降。应未雨绸缪，加强对全球农业开发潜力、环境与风险分析，预先做好玉米进口规模、价格和来源地研究，统筹利用国际国内两个市场两种资源，保障玉米等谷物供给。

保障农民收入，提高农民积极性

近几年农产品进口激增和农业生产净利润下降，给农产品有效供给带来严峻挑战。保障国家粮食产能，土地生产能力和农民种粮意愿缺一不可。保障农民收入，就是保障农民积极性，就是保障粮食安全和重要农产品供给。必须建立种粮农民收入保障机制，保护种粮农民积极性，保护农民种粮意愿，从根本上保障粮食生产能力。借鉴美国经验，构建农产品价格损失保险和农民收入保险双重保险制度。建议第一步，监测农产品价格，当农产品市场价格低于设定的警戒线时，按照价格损失比例，向农民支付一定的补贴。第二步，监测农民收入，当农户实际收入低于平均收入时，向农民支付一定的补贴（伍振军、周群力、叶兴庆，2018）。

科学确立粮食储备规模，推进粮食价格市场化改革

首先应科学确立国家粮食储备规模，建议国家根据稻谷、小麦生产周期、消费情况等确定国内口粮储备安全线，根据国家粮食中长期需求-产能缺口，合理制定阶段性产能安全目标。适度增加中央储备粮规模，进一步提升安全保障系数，使其

达到国内粮食消费总量的15%。目前可考虑直接划转3 000万~4 000万吨政策性库存为中央储备粮（程国强等，2017）。其次，根据国家粮食安全线，建立国家粮食产量调控目标制度。根据粮食库存、国际市场形势等情况，每年都制定公布未来短期和中长期粮食国内产量目标，引导预期，调节进出口。再次，合理储备粮食调控工具。通过最低收购价、市场价等调整农民预期，调控粮食生产；通过关税、关税配额、技术壁垒等贸易政策，粮食深加工产品反倾销、合理调整粮食及其深加工产品进口增长速度。维持一定规模的粮食转化燃料乙醇产能，为消化多余的进口粮食、超期库存粮食留下空间。

同时，在完善农民种粮收入保障的前提下，坚定推进粮食价格市场化改革。在不能保证农民种粮收入不降低的情况下，采取过激措施，很难保证粮食产量不发生大幅度滑坡。短期看，应调整完善最低收购价政策。可减少最低收购价政策覆盖的品种和地区范围，实施大豆、玉米等市场定价，仍然为稻谷、小麦等口粮提供必要的市场价格支持政策。利用WTO规则允许范围下的"黄箱"支持，突出重点，优先保口粮，支持口粮生产。进一步完善最低收购价政策，参考前五年平均市场价格，平滑来年最低收购价，辅以配额外关税保护，实现国内生产和流通市场化。在保障农民收入的前提下，更多发挥市场力量的作用，采取一边补农民收入，一边取消最低收购价政策、放开市场价格的办法，在国家储备调节配额外关税保护下，实现国内生产和流通市场化。

参考文献

伍振军，《粮食去库存要警惕生产滑坡》，《农民日报》，2016年1月。

程国强、朱满德，《关于改革粮食最低收购价政策的建议》，国务院发展研究中心《调查研究报告》，2017年第108号。

伍振军、周群力、叶兴庆，《把握好粮食去库存与稳产能的平衡》，《发展研究》，2018年第08期。

伍振军，《改革农业支持政策 提升农业竞争力》，《发展研究》，2017年09期。

第十五章　能源

需求逐步恢复，结构持续优化

宋　健

要点透视

➢ 2018年能源消费总量46.4亿吨标煤，增速为3.3%，反弹至近五年高点，并呈现"煤炭回暖、石油稳增、气电双快"的特点。

➢ 采用情景分析法展望未来十年能源需求，能源消费总需求增速不断下降，初步测算到2030年中国能源消费总量将增至52.6亿吨标煤左右。中国成功开发页岩气后，石油对外依存度到2030年可以下降到52%。

➢ 2019年煤炭、电力消费增速预计分别减缓至1.8%、5.5%，石油需求温和增长，天然气增速在10%，石油、天然气的对外依存度分别是70%、48%。2019年能源领域着重关注煤电去产能和清洁能源无补贴现象。

➢ 推动能源发展方式转型，加快建立高质量发展的能源体系。继续推进供给侧改革，化解煤炭、煤电过剩产能，保障煤炭、煤电行业健康发展。加快电力、油气体制改革，坚持"放开两头，管住中间"的原则，推动国企混改，大力发展清洁能源，优化能源供给结构。

2018 年能源供需形势分析

2018 年中国能源消费总量 46.4 亿吨标煤，增速为 3.3%，反弹至近五年高点，并呈现"煤炭回暖、石油稳增、气电双快"的特点。其中煤炭消费量增长 1%，原油消费量增长 6.5%，天然气消费量增长 17.7%，电力消费量增长 8.5%。煤炭消费量占能源消费总量的 59%，比上年下降 1.4 个百分点；天然气、水电、核电、风电等清洁能源消费量占能源消费总量的 22.1%，上升 1.3 个百分点。每千瓦时火力发电标准煤耗下降 0.7%，万元 GDP 二氧化碳排放下降 4.0%。

图 15.1 1999—2018 年中国能源消费和增速情况
资料来源：国家统计局。

在供应方面，2018 年能源生产总量 37.7 亿吨标煤，同比增长 5%；全国煤炭产量 36.8 亿吨，同比增长 4.5%；原油产量 1.89 亿吨，同比下降 1.3%；天然气产量 1 603 亿立方米，同比增长 8.3%；全口径电力装机容量达到 189 967 万千瓦，同比增长 6.5%；能源进口量 8.7 亿吨标煤，其中石油 4.6 亿吨，同比增长 10%，天然气 9 039 万吨，同比增长 31.9%。石油对外依存度达到 69.8%，天然气对外依存度升至 45.3%。

图 15.2　1999—2018年中国能源生产和增速情况
资料来源：国家统计局。

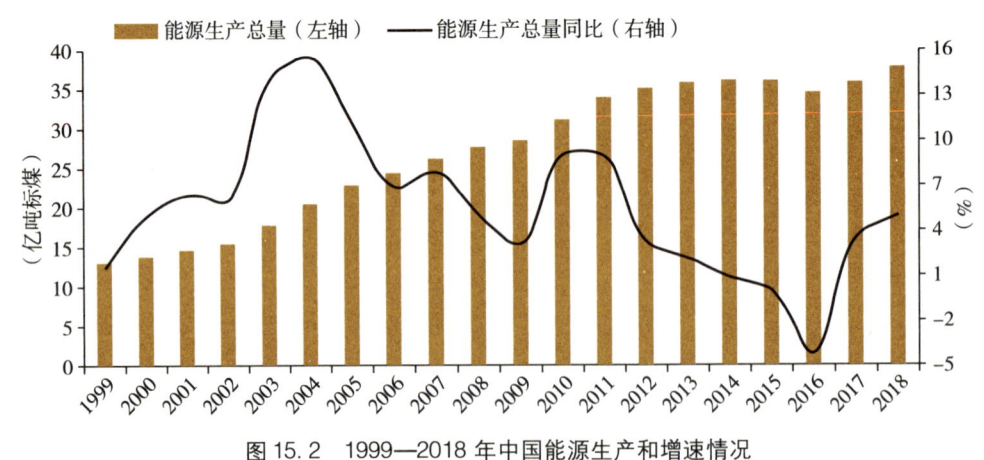

2018年能源需求增速增长，既是中国中长期经济结构变化的体现，也有短期的波动因素，具体原因如下：

经济结构调整继续深化。经过40年改革开放，中国经济增长已经从年均10%的高增长阶段向中速增长阶段转变，以先进制造、现代科技为代表的新兴产业蓬勃发展，逐渐成为经济发展的新动能。在结构变化上，2018年经济结构调整进一步加快。一是第三产业的增速继续大于第二产业，第三产业增加值增长速度为7.6%，第二产业增加值增长速度为5.8%；二是第三产业比重继续超过第二产业，全年第三产业的比重达到52.16%。在国内外环境发生巨大变化、经济下行压力不断加大的形势下，2018年国民经济增长6.6%，第二产业和第三产业对GDP的拉动作用分别是2.4%和3.9%。第三产业的拉动作用更加明显。上述变化将对能源消费增速、能源消费弹性系数以及能源消费结构产生深刻影响。

从能源消耗增速和能源消耗弹性系数看，能源消耗增速从2011年的7.3%逐年减缓至2015年的1%，2016—2018年恢复性增长。能源消费弹性系数也出现触底反弹，2015年能源消费弹性系数下降至0.15，2018年恢复至0.5。

从能源消费结构看，具体到煤炭行业，2018年全国煤炭消费量增长1%。分行业看，2018年电煤消耗约上涨6%，钢铁行业用煤消耗微弱上涨0.6%，建材用煤消耗略微下降0.6%左右，化工用煤消耗增长4%。在石油领域，2018年国内石油表观消费量估计为6.25亿吨，比上年增加0.41亿吨。国内成品油表观消费量 3.25 亿吨，增长 6%，其中汽油增长 7.8%，柴油增长 4.1%。

电力需求结构也发生重大变化。2012 年工业用电增速首次慢于商业用电和居民用电增速，这种格局延续至今，且差距越来越大。2018 年第三产业用电增速达到 12.8%，明显高于第二产业的 7.1%。特别是重化工业用电增速较慢的格局仍然持续。受冬季低温与夏季高温提前等天气因素影响，居民用电增速达到 10.5%。

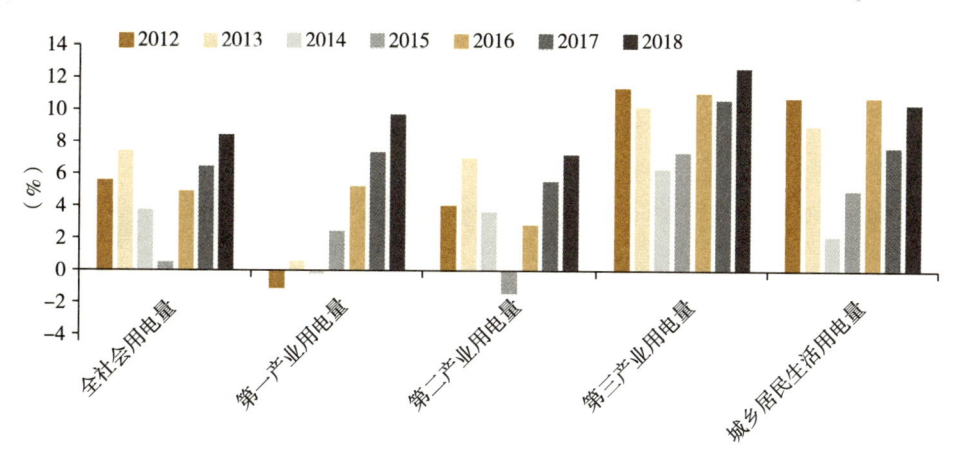

图 15.3 2011—2017 年各产业用电同比增长
资料来源：国家统计局。

对 2030 年之前能源供需形势的基本判断

我们采用情景分析法展望未来十年能源需求，设定两种情景，分别是经济常规转型情景和能源安全情景。其中，经济常规转型情景是在经济转型已经成为发展新常态情况下，以加快经济转型带动能源结构变化；能源安全情景将能源安全因素作为发展战略中的重点要素加入常规情景中，分析规避能源供给风险情况下的能源供需情景。

情景一：常规转型情景

我国已经进入经济增长转型期，假设中国未来保持当前的经济转型惯性，即中国将进一步降低增长速度，加速经济转型，淘汰落后产能和化解过剩产能，不断增加战略性新兴产业、高端服务业的供给，发展高质量经济。到2020年中国基本完成工业化，参考发达国家的发展路径，在工业化后期和后工业化时期，第三产业成为主导产业，预计到2030年，第三产业占比将超过60%。同时，第二产业内部也会发生结构性变化，即高耗能、高污染行业的主导地位逐渐被低能耗、绿色、信息化程度高的行业替代。

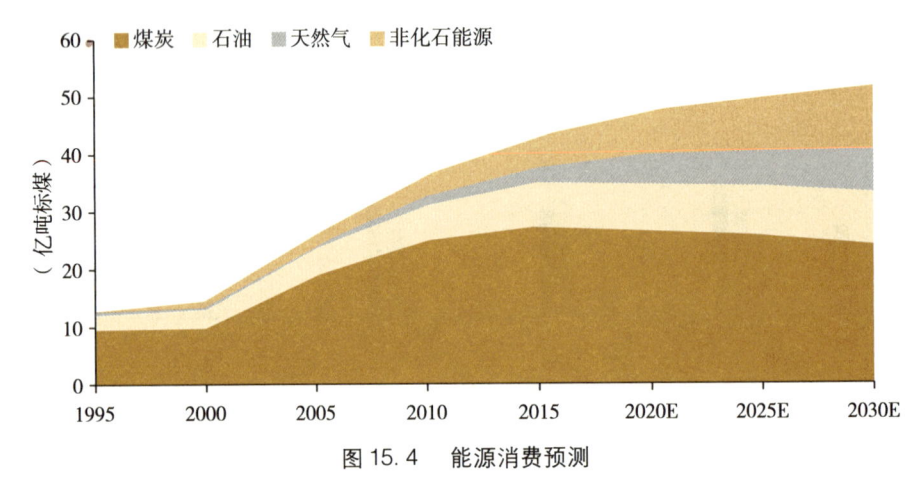

图 15.4　能源消费预测

注：2019年及以后为预测值。下同。

经济新常态对能源需求结构将产生关键性影响。未来十年，中国将处在一个全新的、低能源强度、低碳经济的转变之中。中国对降低能源强度以进行竞争和发展经济的需要更加迫切，并必须解决由于大量使用煤炭资源带来的严重污染问题，这对能源改革强度和速度提出了更高要求。中国能源方案是转向更有效率的能源使用。加快非化石能源技术研发将是能源供给结构转变的重要推力。能源需求调整是通过提高效率措施、产业转型和技术升级实现的。

能源消费总需求增速不断下降，到2030年中国能源消费总量将增长到52.6亿吨标煤左右，年均增速从2000—2010年的14.53%，降至2010—2020年的3.12%、2020—2030年的1.02%。

能源结构调整逐渐加速。煤炭长期以来一直是我国的主力能源，这与中国的资源禀赋和目前的能源转化利用结构有关。但是中国的煤炭消费目前已经达到顶峰，其地位正在削弱。在一系列"去煤化"政策的推动下，煤炭在一次能源消费中的占比将大幅下降，到2020年和2030年占比分别为58%和47%。

加快清洁能源利用技术的研究初见成效，大力推广新能源交通方式，逐渐淘汰石油驱动的传统交通工具。石油占比将小幅降至17%，对外依存度基本保持稳定。

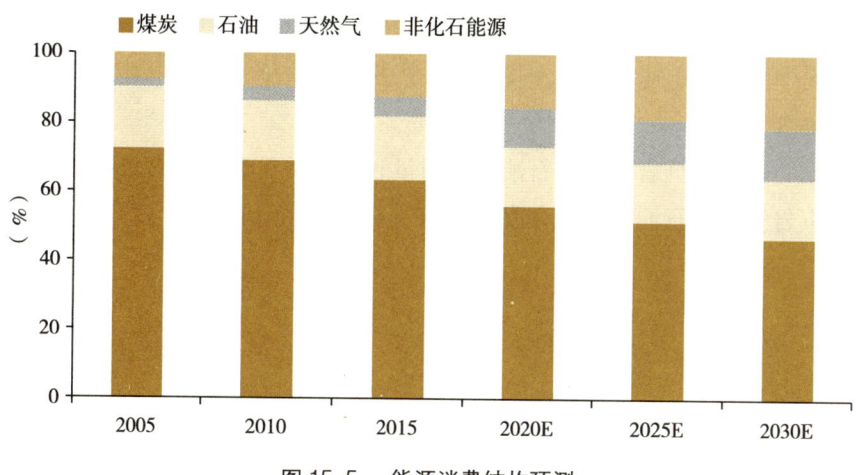

图 15.5　能源消费结构预测

能源消费增长主要集中在天然气和非化石能源部分，在污染治理力度持续加大的情况下，各类环保设施持续推进，天然气在发电和工业燃料中的占比将进一步增加，我国天然气的需求和消费仍将维持在一个快速的增长幅度上。到2030年，我国天然气消费量有望达到 5 699 亿立方米，占能源消费总量的 15%。其中发电是天然气消费最大的部门，发电对天然气的需求将由 2015 年的 1 391 亿立方米升至 2030 年的 2 197 亿立方米，增幅近 57%，占 2030 年天然气总需求的约 40%。非化石能源的建设投资量和技术水平增长迅速，新能源成本不断下降，消费量快速上升，到 2030 年约占能源消费总量的 20%。

情景二：能源安全情景

进入 21 世纪，中国的一次能源需求急速增长，成为石油和天然气净进口国，受制于中国的能源禀赋和技术水平，中国的石油和天然气进口量会继续增加。到 2018 年 11 月，中国石油对外依存度达到 70.63%，天然气对外依存度达到 47.4%，创历史新高。

不断增长的能源进口加大了中国面临的众多潜在安全供应风险，包括遥远而昂贵的供应链渠道；暴露于国际定价市场和增加价格不稳定性的风险；与大型海外能源投资相关的金融风险等。再加之中美贸易摩擦前景不明，逆全球化趋势兴起，能源安全将是未来中国发展战略的重大考量。

除了通过提高燃料效率和可用性以降低需求外，参考美国的能源策略，加快科研速度、发展国内非常规油气，将是提升能源安全的一条可能道路。

非常规油气主要包括致密油气、煤层气、页岩油气。中国页岩油气储量丰富，假设中国能够迅速掌握关键技术，并快速投入使用，那么中国的能源供给结构将发生重大变化。

根据美国开发页岩油后的石油产量增量和中国的石油供需做出预测，中国成功开发页岩气后，石油对外依存度到2030年可以下降到52%。

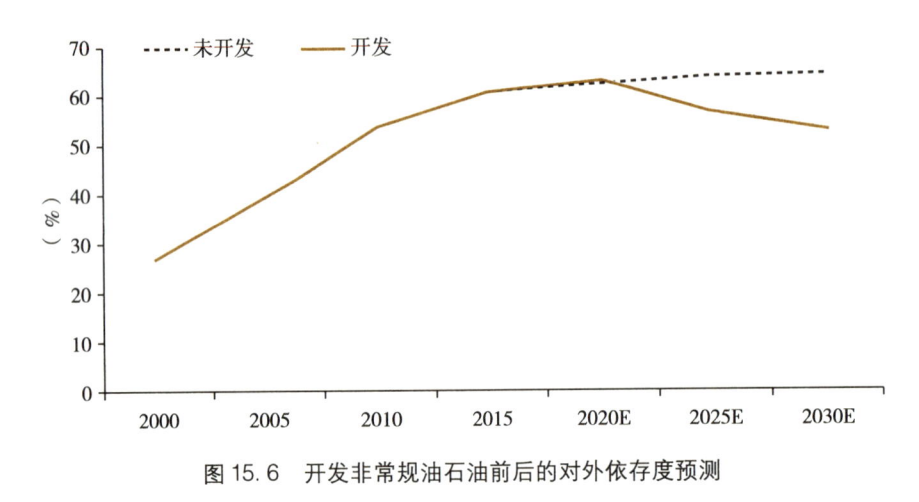

图15.6 开发非常规油石油前后的对外依存度预测

2019年能源形势预测分析

伴随全球流动性收紧，利率中枢上行，全球贸易摩擦升级，2019年全球经济见顶回落成为共识，IMF、世界银行等机构下调了2019年的经济增速，经济增长的不确定性显著增强。预计中国2019年GDP增长6.2%左右。初步测算，2019年全国能源消费总量同比增长3%，能源消费弹性系数约为0.48，其中煤炭消费比重继续下降，石油消费比重基本持平，天然气占比稳步提高，电力装机、发电量小幅增长，能源进口保持增长。能源消费预计维持低速增长态势。具体分品种来看：

煤炭需求增速下降。宏观经济下行压力较大，发电增速减缓成为必然，新旧动能转换不断深入，新兴行业对煤炭的需求远不及传统重化工业。煤炭去产能取得阶段性成果，化解8亿吨过剩产能的目标提前完成，煤炭供给恢复性增长。预计 2019 年煤炭消费增速减缓至 1.8% 左右。

石油需求预计温和增长，天然气保持快速增长。 预计国内汽油将保持小幅增长，全年消费增速 3% 左右，柴油消费量继续走弱，煤油消费增速在 10% 左右。原油消耗量在 6.7 亿吨左右，对外依存度依然超过 70%。天然气消费量也保持较较快增长，预计 2019 年消费达到 3 050 亿立方米，同比增长 10%，天然气的进口依存度进一步扩大，预计 2019 年天然气进口依存度将达到 48%。

电力增速预计低于 2018 年。 从长期来看，经济增长方式的转变或将导致用电量增速长期低于 GDP 增速。我国经济正在转向高质量发展模式，经济维持中速增长，将在用电量上得到反映。由于第二产业内部发生结构性变化，四大高耗能产业对全社会用电量拉动逐步下降的趋势将会持续，第三产业的稳定强健增长、居民用电量随着生活水平平稳增加在短期内也不会改变。预计 2019 年电力需求增速在 5.5% 左右。

"十三五"期间，能源领域最大的变化是供给侧结构性改革和清洁能源迅速发展。2019 年将继续围绕这两项工作展开。

煤电去产能成为供给侧结构性改革重点。 煤炭行业去产能阶段性目标基本实现，2019 年围绕供给侧结构性改革不放松，巩固取得的成果，确保煤炭行业"轻装上阵"。2019 年煤电领域的供给侧改革可能会大范围展开。2017 年 8 月，发改委等 16 部委联合印发《关于推进供给侧结构性改革防范化解煤电产能过剩风险的意见》，提出化解煤电产能过剩等政策。煤电去产能要求："十三五"期间，全国停建和缓建煤电产能 1.5 亿千瓦，淘汰落后产能 0.2 亿千瓦以上。到 2020 年煤电装机总规模控制在 11 亿千瓦以内。政府接连多次发文强调煤电去产能，"十三五"仅剩两年，势必将加快煤电去产能步伐。

2019 年将是清洁能源无补贴项目与有补贴项目并存的一年。 虽然 2018 年补贴退坡的政策对行业造成了一定震动，短期内企业面临较大压力，但高歌猛进、烈火烹油的发展模式已然难以为继，降本提质增效才是产业发展的核心和关键。从发改委、能源局等相关部委的文件中，我们认为 2019 年将是无补贴项目与有补贴项目并存的一年。2019 年无补贴平价（低价）上网项目主要在资源条件优越、消纳市场有保障的地区开展。同时，还无法做到无补贴平价上网的地区，继续按照国家能源局发布的竞争性配置项目的政策和管理要求组织建设，但是这些项目也要通过竞争大幅降低电价水平以减少度电补贴强度。光伏、风电的最终目标是平价上网。

政策建议：构建高质量发展的能源体系

近年来，中国在能源领域不断改革，推动能源发展方式转型，加快建立高质量发展的能源体系。继续推进供给侧改革，化解煤炭、煤电过剩产能，保障煤炭、煤电行业健康发展。加快电力、油气体制改革，坚持"放开两头，管住中间"的原则，推动国企混改，大力发展清洁能源，优化能源供给结构。

但是能源领域面临着市场化程度依然不高、行政性垄断强、经济效率低下和能源对外依存度高、安全供应体系还未建立健全等方面的挑战。建立高质量发展的能源体系必须采取行动，化解挑战。

继续推动供给侧结构性改革

继续推进化解煤炭过剩产能。 用市场化和法治化办法化解煤炭过剩产能。把处置"僵尸企业"作为重要抓手，加快退出违法违规、不达标和安全风险大的煤矿，继续淘汰落后产能，引导长期亏损、资不抵债等煤矿有序退出，适当提高南方地区煤矿产能退出标准。继续按照减量置换原则有序发展优质产能，倒逼无效低质产能加快退出，提高煤炭先进产能比重，更多发挥北方地区优质先进产能作用。推进煤矿企业兼并重组和煤电、煤运、煤化工上下游产业融合，提高抵御市场风险的能力。加强化解煤炭过剩产能和建设先进产能的统筹，实现煤炭供需动态平衡，保持价格稳定。

推动化解煤电过剩产能。 坚持市场化手段和政府调控并举，充分发挥煤电规划建设预警机制的作用，从严控制新增规模，清理整顿违规项目，继续加快淘汰落后产能，促进煤电转型升级和结构优化。建立健全目标分解和责任落实机制，强化事中事后监管和督查问责。加强化解煤电过剩产能与电力供应保障的统筹，科学规划电源规模、布局和建设时序。加强需求侧管理，合理安排运行方式，有效化解区域性、时段性电力供应紧张矛盾，保障电力可靠供应和系统安全稳定运行，实现电力供需动态平衡。

保障清洁能源健康发展

毫不动摇支持清洁能源发展。 光伏、风电等清洁能源是我国为数不多的、能够同步参与国际竞争、具有产业化领先优势的行业。光伏、风电基本面好，发展潜力大，国家必须坚定不移地发展清洁能源，毫不动摇地支持清洁能源。

着力解决清洁能源消纳问题。认真落实《解决弃水弃风弃光问题实施方案》，多渠道拓展可再生能源电力消纳能力。完善可再生能源开发利用目标监测评价制度，推动实行可再生能源电力配额制，落实可再生能源优先发电制度，推进可再生能源电力参与市场化交易，建立可再生能源电力消纳激励机制，做好可再生能源消纳与节能减排、能源消费总量控制等考核政策的衔接。优化可再生能源电力发展布局，优先发展分散式风电和分布式光伏发电，鼓励可再生能源就近开发利用。完善跨省跨区可再生能源电力调度技术支持体系，优化电网调度运行，提升可再生能源电力输送水平。加强电力系统调峰能力建设，继续实施煤电机组调峰灵活性改造，加快龙头水库、抽水蓄能电站、燃气电站和先进储能技术示范项目建设，推动先进储能技术应用。做好全国抽水蓄能电站选点规划及规划调整工作。出台关于提升电力系统调节能力的指导意见，建立健全辅助服务补偿（市场）机制，切实提高电力系统调峰和消纳清洁能源的能力。

加强油气供给安全

提高油气供给保障能力。坚持"盘活保有储量和加快新储量发现动用"两手抓，加强常规油气资源勘探开发，保证石油产量基本稳定，天然气产量较快增长。加大页岩气、煤层气、深水石油天然气资源的勘探开发力度。研究完善页岩气、煤层气、衰竭老油气田、煤制油、煤制气等支持政策。重点支持深层页岩气资源的勘探开发，完善页岩气安全、环保、技术等有关标准，推动页岩气产业化发展。加强煤矿瓦斯综合防治，推进煤层气（煤矿瓦斯）规模化开发利用，加快建设山西沁水盆地、鄂尔多斯盆地东缘、贵州毕水兴、新疆准噶尔盆地南缘煤层气产业化基地。充分利用好境外油气资源，增强境外油气资源供应，加强重大项目协调，巩固油气战略通道建设。

加快推进油气管网建设。加快油气主干管网、区域性支线管网和配气管网建设，完善液化天然气接收站布局和配套外输管道。增强中石油、中石化、中海油等企业管网互联互通，实现应联尽联、应通尽通。

加强能源基础设施互联互通。加强能源资源保障能力建设，深化与相关国家的能源资源合作。加强与周边国家能源基础设施互联互通，完善东北、西北、西南和海上四大油气进口通道，维护跨境油气管线的安全稳定运营，积极落实"全球能源互联网"倡议,促进与周边国家电网互联。

加快体制机制改革

深入推进电力体制改革。 持续完善中长期电力交易机制,进一步推进电力辅助服务市场建设,积极稳妥推进电力现货市场建设试点,规范电力市场交易行为,加快推进配售电改革,完善增量配电业务改革试点配套政策,加强售电侧市场规范与引导,提高电力市场化交易比重,进一步降低企业用能成本。以电力体制改革为重点,推动新疆、内蒙古等地区能源综合改革。

加快推进油气体制改革。 贯彻落实中共中央、国务院《关于深化石油天然气体制改革的若干意见》,研究制定相关配套政策和措施,推动油气管网运营机制改革,理顺省级管网体制,加快推动油气基础设施公平开放,完善油气储备设施投资和运营机制。推进四川、重庆、新疆、贵州、江苏、上海、河北等地方油气体制改革综合试点及专项试点。

附表 中国能源消费峰值预测数据源

编号	峰值时间	峰值大小 (百万吨标煤)	参考文献
1	2035	3 629	牛文元等(2009)
2	2045	4 242	
3	2042	5 943	中国石油经济技术研究院(2009)
4	2035	5 357	
5	2025	4 672	
6	2022	4 614	
7	2043	7 473	朱永彬等(2009)
8	2040	7 600	朱永彬等(2009)
9	2035	9 630	EIA(2010)
10	2038	1 1279	
11	2030	7 214	Wang等(2010)
12	2045	6 367	
13	2033	8 899	于汶加等(2010)
14	2042	7 882	Zhou等(2011)
15	2042	7 830	
16	2042	6 512	

续表

编号	峰值时间	峰值大小 (百万吨标煤)	参考文献
17	2035	5 522	Yuan 等（2014）
18	2040	6 014	
19	2040	5 731	
20	2045	6 283	
21	2040	5 424	
22	2035	5 027	
23	2035	5 251	
24	2030	4 899	
25	2040	5 606	
26	2030	4 747	
27	2030	4 484	
28	2030	4 655	
29	2030	4 403	
30	2045	190.1（EJ）	Zheng 等（2014）
31	2030	4 950	柴麒敏和徐华清（2015）
32	2030	5 210	
33	2030	5 780	
34	2040	6 920	
35	2030	4 643	杜祥琬等（2015）
36	2 039	7 000	发改委能源研究所（2015）
37	2 034	4 200	
38	2 040	6 907	沈镭等（2015）
39	2 036	6 209	
40	2 020	6 489	
41	2025	5 160	郝宇等（2016）
42	2 030	5 323	
43	2035	5 140	何铮和李瑞忠（2016）
44	2032	4 960	
45	2030	5 540	霍健等（2016）
46	2040	5 800	马丽和刘立涛（2016）

续表

编号	峰值时间	峰值大小 （百万吨标煤）	参考文献
47	2032	5 214	Wang 等（2016）
48	2040	5 500	中国工程院（2017）
49	2034	5 500	熊华文（2017）
50	2025	5 280	郝宇和魏一鸣（2016）
51	2020	4 000	社科院（2017）
52	2028	5 241	Wu et al.（2017）
53	2030	6 112	He（2014）
54	2030	6 475	Green 和 Sten（2015）
55	2030	6 112	
56	2040	4 773	Guo et al.（2015）
57	2025	4 970	Yuan et al.（2017）
58	2025	5 250	
59	2025	5 882	Chang et al.（2016）
60	2020	5 700	Wu and Peng（2017）
61	2030	6 100	
62	2042	6 281	周伟和米红（2010）
63	2031	5 176	

参考文献

郝宇、张宗勇、廖华，《中国能源"新常态"："十三五"及 2030 年能源经济展望》，《北京理工大学学报：社会科学版》，2016 年第 2 期，第 1—7 页。

郝宇、魏一鸣，《能源需求预测误差历史回顾与启示》，北京理工大学能源与环境政策研究中心，2016 年。

何铮、李瑞忠，《未来 20 年中国能源需求预测》，《当代石油石化》，2016 年第 9 期，第 1—8 页。

霍健、翁玉艳、张希良，《中国 2050 年低碳能源经济转型路径分析》，《环境保护》，2016 年第 16 期，第 38—42 页。

马丽、刘立涛，《基于发达国家比较的中国能源消费峰值预测》，《地理科学》，2016 年第 7 期，第 980—988 页。

沈镭、刘立涛、王礼茂等，《2050 年中国能源消费的情景预测》，《自然资源学报》，2016 年第 3 期，第 361—373 页。

王安建,《认识资源消费规律 把握国家资源需求》,《科学新闻》,2012 年第 2 期,第 17 页。

张炎治,《中国能源强度的演变机理及情景模拟研究》,中国矿业大学出版社,2010 年。

中国石油经济技术研究院,《2050 年世界与中国能源展望》,2018 年。

中国工程院,《推动能源生产和消费革命战略研究》,2017 年。

第十六章　设备制造业

加快向设备制造强国迈进

王文宾　王自然

要点透视

➢ 2018年,设备制造业总体延续了2017年的良好发展态势,设备制造业在制造业中的比重持续上升,主要指标表现良好。

➢ 近几年来,在市场化驱动和政策引导下,设备制造业转型升级取得了较大进展,主要表现为以下几个方面:核心技术不断取得突破,区域性创新中心逐步形成,加快向全球价值链顶端移动。这些现象显示我国正在向设备制造强国迈进。

➢ 设备制造业体现了一国的科学技术水平。当前我国正处在由制造大国向制造强国转变的关键时期,传统设备行业的改造升级、新兴成长行业的挖掘都大有可为,需要在完善市场化机制、政策引导等方面建立长效机制,推动设备制造业迈向更高水平。

2018年我国制造业发展情况回顾

按照国家统计局对国民经济行业的分类，装备（设备）制造业主要由金属制品业，通用设备制造业，专用设备制造业，汽车制造业，铁路、船舶、航空航天和其他运输设备制造业，电气机械及器材制造业，计算机、通信和其他电子设备制造业，仪器仪表制造业八个行业组成。总体来说，设备制造业是国民经济中资本和技术密集度较高的行业，是高技术产业和战略性新兴产业的重要组成部分，是一国综合国力的重要保证。自改革开放以来，我国设备制造业快速发展，成为设备制造大国，但是"大而不强"。近年来，在市场驱动与政策引导下，我国设备制造业与制造强国的差距不断缩小，在某些领域已经达到国际领先水平。"十三五"规划明确中国要加速制造业转型升级，其中2018年是"十三五"规划中的关键一年。2018年，在宏观经济放缓、对外贸易面临严峻形势的背景下，我国设备制造业仍然保持较快的增长速度，在不同领域都有重大成果涌现，反映了我国设备制造业转型升级效果逐步显现，向制造强国迈出重要步伐。

设备制造业保持良好发展态势，工业结构继续优化

如图16.1所示，自2016年下半年开始，中国制造业开始复苏，但制造业增加值增速持续低于GDP增速。这说明制造业在国民经济中的比重有所下降，但设备制造业增加值增速显著高于GDP增速，说明设备制造业在国民经济中的比重显著提高。2018年各行业工业增加值如图16.2所示，设备制造业中占比最大的行业——计算机、通信和其他电子设备制造业的增速较快，达到13.2%，其他占比较大的行业中电气机械及器材制造业、通用设备制造业、专用设备制造业增加值增速都在7%以上，表现出良好的发展势头；其他行业增速相较低，行业发展短期承压。

从利润看，2018年设备制造业利润同比增长1.9%，低于2017年同期的

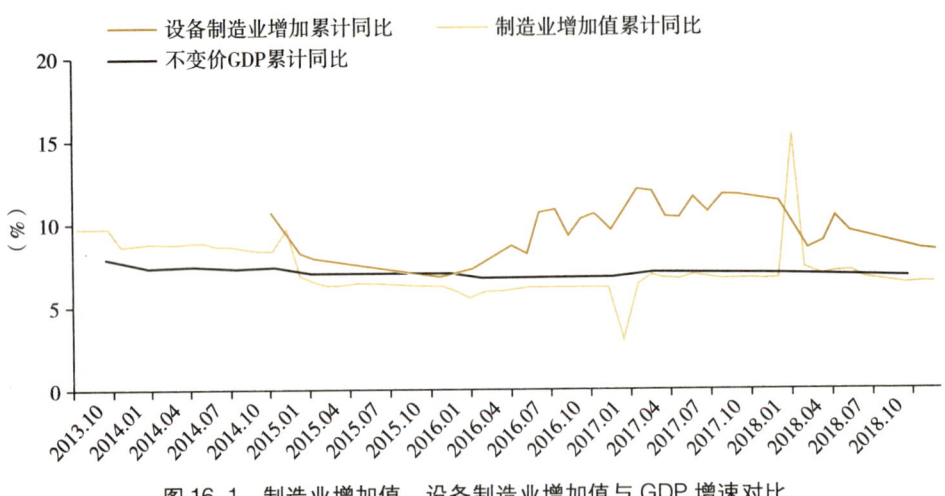

图 16.1 制造业增加值、设备制造业增加值与 GDP 增速对比

资料来源：Wind。

11.7%，同时也低于制造业的 8.7%。其中利润总量最大的汽车制造业，计算机、通信和其他电子设备制造业利润分别同比下降 4.7%、3.1%，拉低了设备制造业的利润增速；专用设备制造业增速较高，但利润总量较小；其他行业的利润增速在 5% 附近。从行业利润看，行业盈利能力的可持续性有待观察。

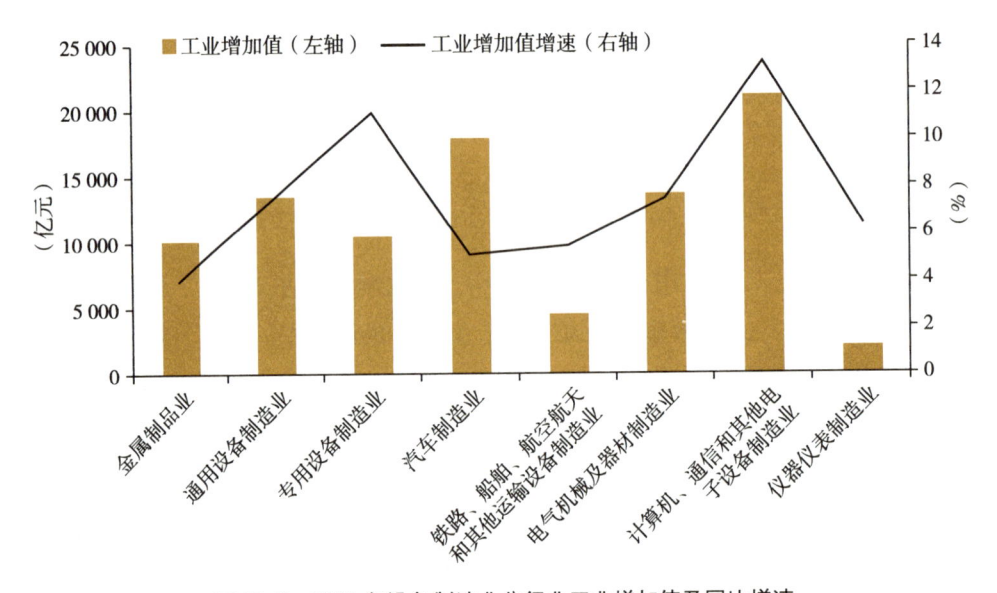

图 16.2 2018 年设备制造业分行业工业增加值及同比增速

资料来源：国家统计局，腾景经济预测。

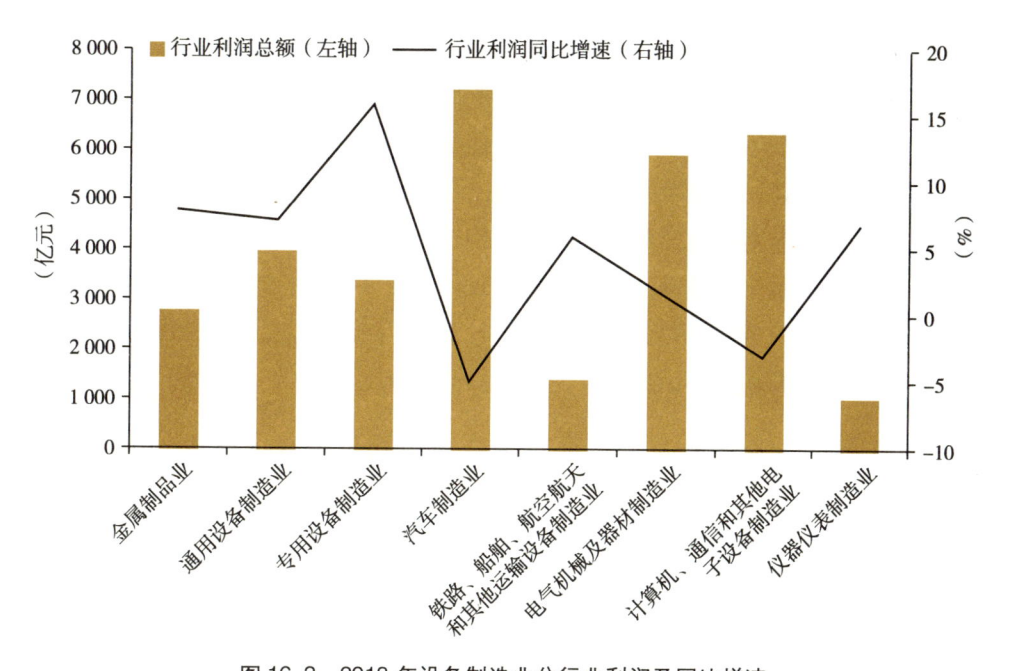

图 16.3　2018 年设备制造业分行业利润及同比增速
资料来源：国家统计局，腾景经济预测。

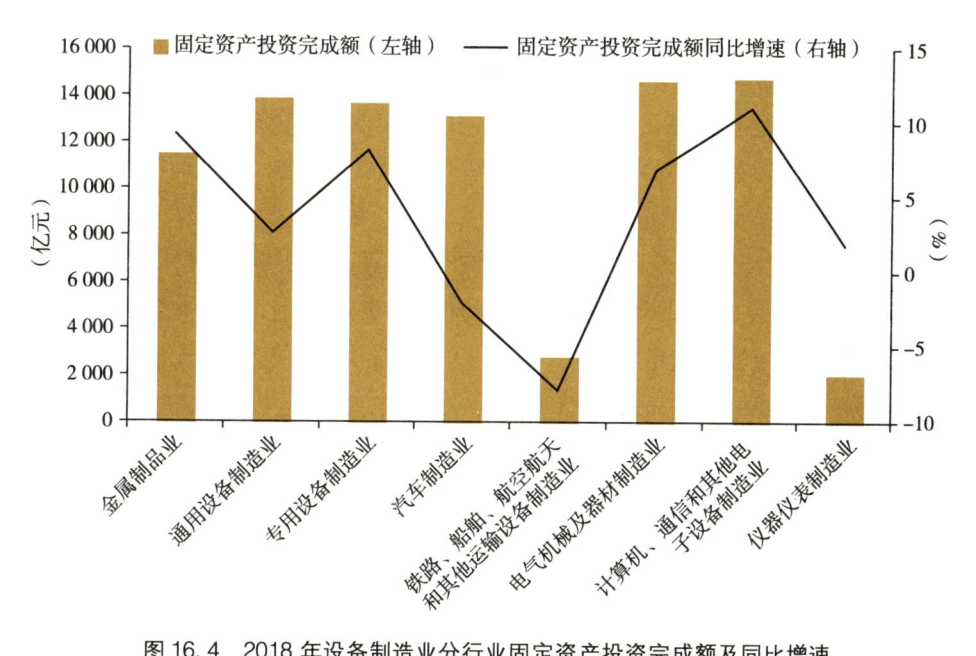

图 16.4　2018 年设备制造业分行业固定资产投资完成额及同比增速
资料来源：国家统计局，腾景经济预测。

从投资看，2018年设备制造业固定资产投资完成额同比增长5.2%，高于2017年同期的2.8%，低于制造业固定资产投资9.5%的增速。2018年以来，国家陆续出台的降低增值税率、提高出口退税率等减税降费措施在一定程度上降低了企业成本，支持民营经济发展等政策的出台也提高了民营企业的投资信心，以上措施使得设备制造业投资和民间投资保持较快增长。

以上数据显示，设备制造业整体保持较好的发展态势，这与高技术产业和战略性新兴产业增长较快的趋势是一致的。这说明当前工业生产结构在持续优化，设备制造业增长新动能不断出现。

设备制造业重要突破不断涌现，主要产品发展各异

2018年中国设备制造业重点领域的突破不断涌现，部分产品全球份额持续提升，技术达到国际领先水平。

据IDC（国际数据）统计，2018年三季度华为智能手机的全球市场份额从10.4%上升至14.6%，市场份额首次超过苹果，跃居全球第二；小米、OPPO的市场份额也有所上升，分别位列第四位和第五位。国产品牌手机的销售均价也有所上升，不断扩展高端机型的销售。国产显示面板厂家在国产品牌手机的带领下，逐步打入全球高端手机屏幕市场，不断提高市场占有率。

2018年汽车销量低迷，但新能源汽车销量逆势增长。2018年1—11月，新能源汽车销量已经达到100万辆，同比增长86.64%。虽然行业面临补贴退坡，但随着汽车续航里程的提高、充电设施的完善、市场认可度的增加，新能源汽车销量仍将保持快速增长。新能源汽车产业拉动了动力电池行业的快速发展。2018年动力电池装机总量约为56.98亿瓦时（GWh），同比增长56%；动力电池技术快速发展，电池能量密度大幅提高。以宁德时代为代表的中国电池企业积极向海外拓展，在德国建立研发中心并为宝马提供电池，大大提高了中国品牌的国际影响力。

2018年中国首款按照国际最新适航标准设计的干线民用飞机C919圆满完成后续的试飞任务，当前订单数已经接近千架，这将提供巨大的高端工程职位，带动我国航空产业集群的形成。2018年民营企业加速进入航天发射领域，并密集进行发射试验。民营企业的进入将填补当前小微卫星发射领域的空白，为国内外的研究、商业机构提供更丰富、灵活的空间技术服务，并倒逼传统航天企业进行市场化改革。

在高端制造领域取得突破的同时，传统设备制造业表现有所分化。2018 年，受房地产投资、折旧与环保带来的更新需求、出口等因素拉动，挖掘机销量超过 20 万台，同比增长 40.3%，销量达到历史最高水平。工程机械行业主要企业业绩大为改善，一方面是由于主要产品销量增长较快，另一方面得益于行业环境的改善。在本轮工程机械复苏周期中，主机与零部件厂家、代理商在投资、生产、销售等方面都保持了足够的理性，这有利于行业的健康持续发展。2018 年随着房地产销售增速回落，家用空调销量增速明显下滑：2018 年销量增长率为 5.0%，远低于 2017 年 31.0% 的同比增速。随着中国城镇化率达到较高水平，房地产销售和基建将难以保持过去的高速增长，预计挖掘机和空调将进入慢速增长时期。

中美贸易摩擦影响初现，设备出口不确定性增加

2018 年 3 月，美国贸易代表办公室发布调查报告，认定中国政府相关政策不合理或者具有歧视性，随后美国总统特朗普签发了对中国的制裁措施备忘录。2018 年 4—5 月，美国贸易代表办公室公布了拟征税清单，听证结束后特朗普批准了对中国的征税清单。首批两份清单共包括 500 亿美元的中国产品，主要包括海关分类 HS 编码中的 84 章（核反应堆、锅炉、机械器具及零件），85 章（电机、电气、音像设备及其零附件），86 章（铁道车辆、轨道装置、信号设备），87 章（车辆及其零附件，但铁道车辆除外），90 章（光学、照相、医疗等设备及零附件），39 章（塑料及塑料制品）等。以上产品主要集中在制造业中的设备制造板块，是中国出口中金额最大、最具竞争力的部分。

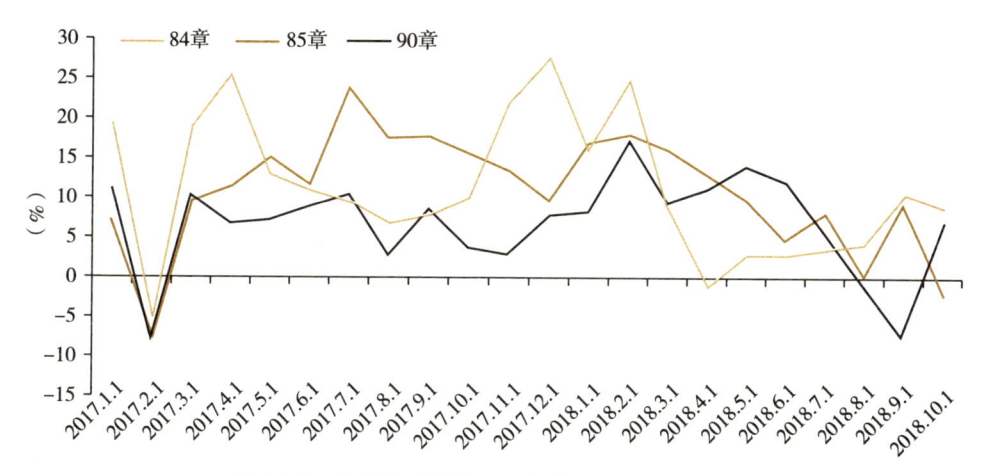

图 16.5 美国自中国进口金额前三的产品同比增速

资料来源：USITC。

从图 16.5 可以看到，自中美互征关税以来，主要产品出口增速有不同程度的下降，同时出口增速较 2017 年同期有明显的下滑。美国市场中以上进口产品的替代国主要包括墨西哥、日本、德国等。总体来看这些国家的产品对中国出口产品具有一定的替代性，这将对中国的设备出口造成一定影响。贸易摩擦、逆全球化浪潮将给设备出口带来一定的不确定性，但是中国的设备制造业具有完备的产业链、适应全球标准的品质保障体系、不断提高的技术与管理水平，仍然具有长期健康发展的前景。

未来十年我国设备制造业发展趋势展望

设备制造业继续保持较高比重，比较优势逐步形成

本部分结合典型工业化国家制造业发展历程研究中国设备制造业的发展趋势。以美国、日本、德国为例，自 1980 年人均 GDP 接近或达到 1 万美元后，工业增加值在 GDP 中的比重持续下降。近年来，德国、日本的制造业增加值占 GDP 的比重下降至 30% 附近，而美国的比重下降至 20% 左右。当前中国人均 GDP 接近 1 万美元，由发达国家的历程推断未来制造业增加值占 GDP 比重将持续下降。作为后发追赶型国家，韩国与中国在工业化进程的时间、比重方面比较

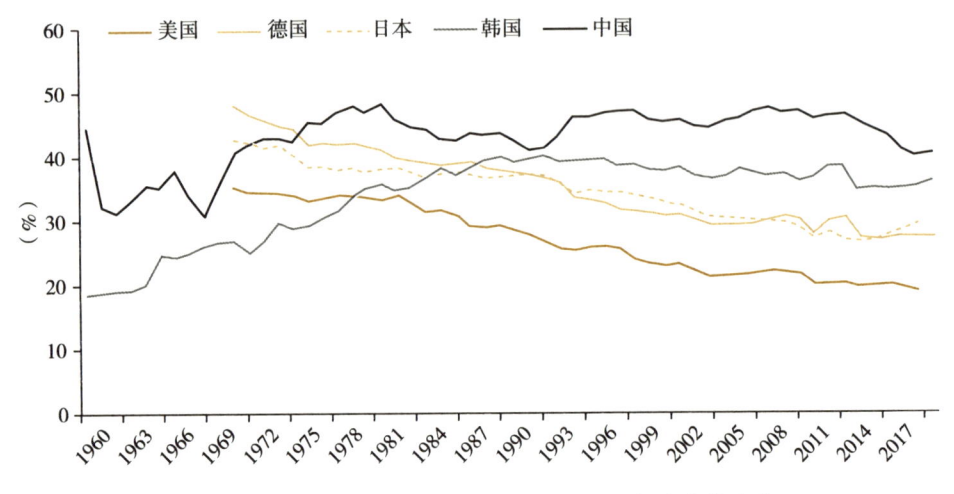

图 16.6 部分经济体与中国的制造业在国民经济中的比重
资料来源：Wind。

相近，我们用韩国来推断中国的情况。韩国在 1991 年人均 GDP 约为 7 500 美元时制造业占 GDP 的比重达到 40.2% 的历史峰值，2001 年时下降为 36.8%，2017 年下降至约 35.9%。发达国家制造业比重下滑的背后是企业向价值链顶端移动，技术含量高、附加值高的产业比重在增加，而附加值低、高污染、高耗能的产业向发展中国家转移。以苹果公司为例，其手机设计与研发在美国完成，核心部件由美国、日本、韩国等公司提供，最后在中国组装再销往全球，而利润绝大部分由美国、日本、韩国公司获取。虽然发达国家制造业增加值占 GDP 的比重持续下降，但是 2008 年金融危机以后，以美国为代表的发达国家意识到产业空心化的问题，将振兴制造业作为发展实体经济、应对经济危机、扩大就业的重要抓手，引导制造业回流。

在当前高端制造业向发达国家回流、低端制造业向发展中国家转移的形势下，中国制造业面临双重压力。设备制造业作为技术与资本密集型的代表，将面临更大的竞争。制造业尤其是设备制造业仍然是国家核心竞争力的基础，发展实体经济的重点还是要发展制造业。

近年来中国制造业增加值在 GDP 中的比重持续下降，但装备制造业比重却从 9.5% 提升至 11.2%，显示了设备制造业的良好发展态势。随着中国加快制造业转型升级、大力发展先进制造业，高端设备制造业有望继续保持较高的增长速度，从而稳定设备制造业在国民经济中的比重。由于具有庞大的人口数量、多层次超大规模的消费市场、完备的工业生产与供应链体系、逐步完善的市场经济制度，中国有望在对社会发展具有重大引领作用、社会需求大、附加值高的相关行业，如航空航天设备，计算机、电子与通信设备，新能源汽车及动力电池行业，高铁装备，工业机床等方面建立起比较优势，向全球价值链顶端移动。

设备制造业内部结构调整优化，区域创新中心逐步形成

2014 年我国的设备制造业产值已经突破 20 万亿元人民币，占世界 1/3 左右。但是我国仍然不是设备制造强国。主要表现在以下方面：自主创新能力薄弱、核心技术与关键原材料受制于人；低端产能过剩，高端产能不足；生产性服务业与设备制造业整合程度偏低，行业的增加值率较低；生产过程的能耗及污染较高。

由于挖掘机在基建、房地产、采矿业中应用广泛，在机械设备行业中具有代表性。我们根据 Logistic 模型对其产品销量进行了长期预测。我们做出如下假设：

挖掘机设备使用寿命为 8 年；参考日本最大保有量为 46 台/万人，由开工小时数设定中国最大保有量为 23 台/万人；人口保持现有的增长率。基于最大潜在保有量计算得到的挖掘机销量如图 16.7 所示。随着中国城镇化率达到较高水平，基建、房地产投资将难以保持过去的高速增长，以挖掘机、空调为代表的传统设备产品将进入低速增长区间。未来中国需要重点发展技术含量高、附加值高、在产业链中占据核心部位、对整个产业链拉动大、环境友好的新型产业，比如新一代集成电路、信息与网络设备、民用飞机与航空发动机、智能制造设备、轨道交通装备、海洋工程装备、新能源发电装备、新能源汽车等产业。

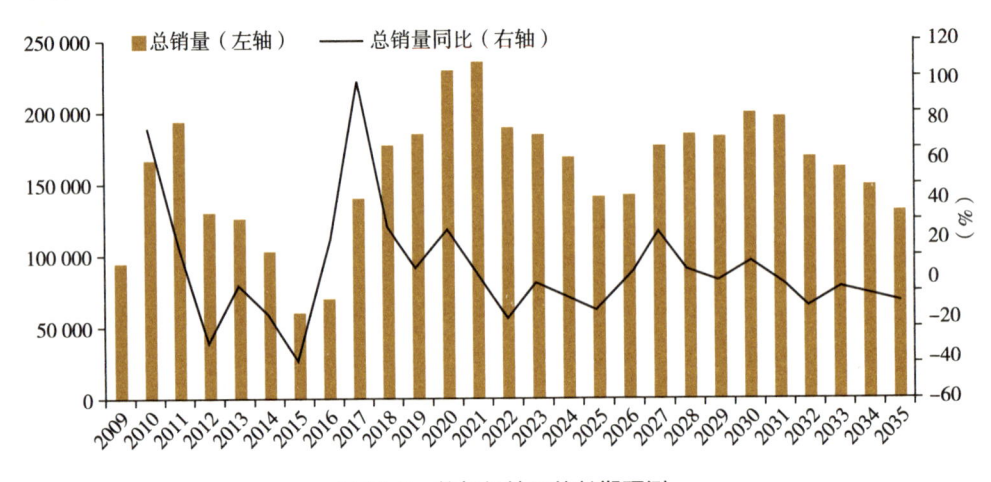

图 16.7　挖掘机销量的长期预测

资料来源：Wind。

我国空调保有量长期处于不均衡状态，城镇的百户空调保有量远高于农村。根据国家统计局的数据，我们结合联合国公布的中国城市化率计算过去几年的全国空调平均每百户拥有量，并用 Logistic 模型估计未来十年的空调平均百户拥有量。同时我们也找到了与中国类似的日本在 20 世纪八九十年代的数据作为参考，发现二者相似度极高，再考虑到中国 2017 年基于购买力平价的 GDP 恰好与日本在 1988 年左右的水平相当，由此来看未来十年中国空调需求有机会翻一倍。在此期间，空调也会不断进行更新升级，全国户数同样会有所增长，中国的空调市场在未来十年内需求也因此会更加稳定。

当前中国的设备制造业相当大一部分是在生产与制造、组装环节。设备制造业的转型升级需要关注与生产性服务业的融合。在"微笑"曲线中，两端是研发与销售，附加值较高，而研发与销售属于生产性服务业。由于设备制造业对技

中国百户空调保有量（含预测）

年份	2013	2014	2015	2016	2017	2018	2019	2020	2021	2022	2023	2024	2025	2026	2027	2028
保有量	68	74	81	91	97	106	114	123	132	142	151	160	169	178	187	196

日本每百户空调保有量

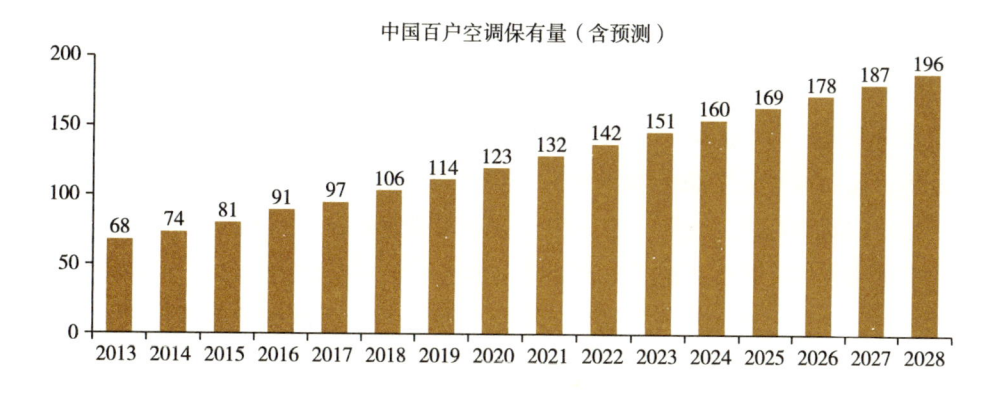

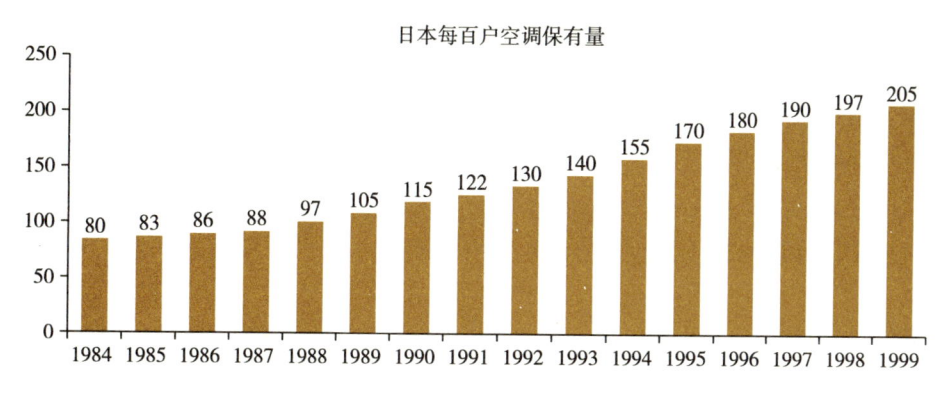

年份	1984	1985	1986	1987	1988	1989	1990	1991	1992	1993	1994	1995	1996	1997	1998	1999
保有量	80	83	86	88	97	105	115	122	130	140	155	170	180	190	197	205

图 16.8　空调保有量的预测与比照

术的依赖性较高，研发在产业链从中低端向高端转变的过程中起着至关重要的作用。未来需要提高产业链中以研发为代表的生产性服务业的比例。

由于设备制造业产业链较长，对上下游产业的配套要求较高，对技术及高端人才的需求量大。区域创新中心能够根据各地特色及优势，由企业、科研院所、高校承担从技术研发、商业尝试、批量生产的整个产品生产周期，使上下游形成更紧密的联合体。区域创新中心通过集聚效应提高技术攻关能力、国际合作能力，通过放大效应加大共性技术的有效转换能力。当前我国已形成珠三角、长三角、环渤海经济带等不同产业聚集的区域生产与研究中心。自 2016 年开始，工信部开始围绕新一代信息技术、智能制造、增材制造等领域建设国家制造业创新中心。截至目前已经建立起国家动力电池、集成电路、信息光电子、机器人等 9 个国家级区域创新中心，并计划到 2020 年形成 15 家国家制造业创新中心。未来在市场驱动和政策引导下，中国将形成更多符合地方优势、具有国际竞争力的区域创新中心。

设备制造业将受益于更高标准的市场经济，迎来长期发展的良好环境

设备制造业新产品的研发通常需要较长的周期、巨大的资本投入、稳定的研究队伍，这就需要一个高标准、公平、规范的市场经济来保护企业的知识产权、提供稳定的资本与人才保障。当前中国设备制造业面临的一系列影响行业健康持续发展的市场因素在逐步改善。从行业认知上看，以前市场总体对产品的性价比等因素较为关注，现在对装备品质与服务的关注与认可度开始逐步提升；生产、投资与销售行为的理性度开始提高。以挖掘机为例，在本轮行业景气度高时并未出现大量的盲目投资或非理性销售行为。大量的设备制造企业是国有企业，国有企业存在市场竞争意识不强、效率较低的问题，并对民企、外企造成挤压。随着中国国企不断深化所有制改革，并向"管资本"的方式转变，有利于解决当前国企内部结构及市场主体不平等的问题。未来随着中国高标准市场经济的建立，行业认知、知识产权保护、国企改革、资本市场对实体经济支持能力等因素的改善将使中国的设备制造业迎来长期发展的良好环境。

设备制造业走向全球市场，向全球价值链顶端移动

近年来中国设备制造业质量和性能逐步提升，较高的性价比使中国设备产品在国际市场的竞争力日益变强。但是与发达国家相比，中国设备制造业集中在价值链的中低端，在附加值高、拥有核心技术的领域占有率仍然较低。当前中国已经成为全球出口规模第一大国，大部分装备产品已经走向全球市场。设备产品向全球价值链顶端移动一方面需要提高出口产品的竞争力、品牌影响力与经济效益，另一方面需要积极参与海外投资、并购重组，充分利用海外公司的市场与技术。近几年中国企业在手机通信、半导体器件、集成电路、工程机械、新能源汽车等领域国内市场份额有了明显的提升，部分行业已经具有国际先进水平，开始加速在国外进行并购重组。未来十年，中国有望占据全球设备制造业价值链顶端的位置，同时将附加值低、污染大、能耗高的产业逐步迁出中国。

2019年我国设备制造业短期发展趋势展望

2018年中央经济工作会议再次提出："我国将大力推动制造业高质量发展，推动先进制造业和现代服务业深度融合，坚定不移建设制造强国。"可以预见在

2019 年，中国设备制造业将延续 2018 年的特点，工业增加值同比增速与 2018 年相比亦不会产生过多变化。设备制造业会向着"高端制造""绿色制造"进一步演化，并向着全球价值链顶端移动。

2019 年周期性行业稳定增长，成长性行业延续快速增长态势

虽然 2019 年我国的经济预期并不会维持高速增长，但设备制造业将会是 2019 年亮眼的存在，其中金属制品业，通用设备制造业，专用设备制造业，汽车制造业，铁路、船舶、航空航天和其他运输设备制造业，电气机械及器材制造业等周期性行业受经济大环境的影响将会以稳定的速率平和增长，而计算机、通信和其他电子设备制造业作为成长性行业的代表将会延续快速增长的态势。中国政府坚定不移发展制造业的路线预示了 2019 年政策端利好于设备制造业。通用设备制造业作为设备制造业中的基础性产业，对整个设备制造业起支撑作用，受经济大环境影响，2019 年工业增加值同比增速将会在 7% 左右。专用设备制造业也会被经济大环境影响，房地产的新开工率也会有所下滑，工业增加值同比增速预计会在 10.3% 附近浮动。电气机械及器材制造业将受到房地产和基建双重影响，2019 年房地产的不景气将会影响家电的销售，而基建的回升会稍微带动电气设备行业的上升，再考虑到发改委在 2019 年出台了刺激家电消费的政策，虽然在效果上未必比肩之前的"家电下乡"政策，但也会对家电行业有一定促进作用，因此电气机械及器材制造业的工业增加值同比增速不会有较大幅度下滑，预计维持在 6.7% 左右。近年来金属制品业的工业增加值同比增速持续走低，但整个行业的产品趋向于多元化，随着国家对金属制品行业的进一步规范管理，相关优惠政策的出台实施，预计 2019 年同比增速不会继续之前的趋势，相反会较 2018 年有所回升，维持在 4.2% 左右的水平。铁路、船舶、航空航天和其他运输设备制造业与 2017 年相比会有所下降，预计工业增加值同比增速为 5%。计算机、通信和其他电子设备制造业作为成长性行业，风头正劲，连续多年维持高水平增长。在 2019 年，受 5G 概念影响并结合行业自身特性分析，预计工业增加值同比增速会超过 15%。鉴于以上情况，整个设备制造业的工业增加值同比增速与 2018 年相比会有所下降。

行业加快并购重组，市场向龙头企业集中

2019 年，设备制造业将迎来转型升级的契机，对新一年经济环境的预期，恰恰推动了转型升级的过程。因为转型升级往往是环境所迫，在经济尚可的期

间，企业不愿主动做出改变，反而是经济的调整期加剧了企业的竞争，竞争的加剧会带来产业的分化，产业的分化推动设备制造业的转型升级。由于竞争的加剧，设备制造业将会加快并购重组，国企将会在政府的引导下开展并购重组，而民企之间的竞争则更为残酷，小企业将在激烈的竞争下承压，不得不通过并购重组等方式谋求出路。因此，市场会向龙头企业集中，行业集中度会进一步提高。中国设备制造业转型要守住已有优势，拓展新的优势。前者靠降低成本，后者靠加快创新。由于创新是一件长久且持续的事情，所以当务之急要把成本降下来。在2019年，我们所要降低的不仅是劳动力、土地这样直观的成本，还包括降低经济体系的成本。市场将进一步在资源配置中发挥作用，基础产业领域将进一步打破垄断、鼓励竞争，促进生产要素流动和优化配置，发展"高端制造""绿色制造"，建立高标准的市场经济。

空调、挖掘机等产品产销下降

2019年，受房地产销售与投资下行的影响，家用电器行业将会承压。空调作为家电的重要组成部分，也将迎来不景气的一年。虽然房地产固定资产投资有超预期的增长，但仍难以改变市场对2019年房地产销售的预期，因此空调的新增需求不会增多。回顾2009—2011年国家曾出台"家电下乡"的补贴政策，在当时刺激了一轮家电消费。由于空调的使用期限一般在8~10年，上一轮销售高峰带来的置换需求可以缓解一部分空调企业的压力。从短期天气情况看，2019年会是厄尔尼诺年，南方凉夏，北方暖夏，中国整体会出现暖冬趋势，这样的天气对空调的销售有不利影响。从长期需求看，我国平均每百户空调保有量在100台左右，比起发达国家的280台还有较大的差距。从政策方面看，2019年1月8日晚，国家发改委副主任宁吉喆表示，我国将制定出台促进汽车、家电等热点产品消费的措施，家电企业补贴预期进一步增强。综上所述，2019年空调产销量同比增速均会有一定程度的下降，但受长期需求和政策方面的影响，空调行业虽会承压，但不伤元气。

2019年挖掘机仍有望保持正增长。2019年房地产投资增速大概率下滑，但是随着宏观经济下行，通过基建稳增长的预期不断提升。2018年12月中央经济工作会议提出要进行"逆周期"调节，再考虑到相关政策不断细化落地，农村基础设施建设项目进一步增多，2019年基建投资将企稳回升，对挖掘机销量起到一定的支撑作用。由于设备折旧，上一轮销售高峰时进入市场的挖掘机即将临近退役期；挖掘机排放标准的提高将使大量排放不达标的挖掘机退出市场。与2017年相比，折旧与环保标准趋严带来的更新需求较为稳定，对挖掘机销量的增长起到支撑作用。结合以上因素，我们预计2019年挖掘机销量大致保持5%的增速。

政策建议

推动国企改革，建立更具竞争性的市场。中国应当在坚持基本经济制度的基础上，对国有企业与民营企业一视同仁，贯彻竞争中性原则，避免意识形态争论。在国企应当参与的领域，推动产权保护，切实保护各类产权的合法权益，积极推进混合所有制改革，建立与市场挂钩的绩效考核标准。而在国企必须控制或参与的领域内，推进国企内部竞争式改革，建立相应考核机制、进入及退出机制，制定公开、透明、合理的补贴标准。同时也要避免"一刀切"式的推进，更多依靠市场化手段完善国资监管体系，防止政策在执行中变形。

鼓励以企业为主体的创新，加快核心瓶颈技术的突破。政府部门应当继续通过财税、金融、政府采购以及科技计划等方面的政策措施，鼓励和引导企业成为创新的主体。国家应该进一步将科技计划和重大工程项目向优秀的企业开放，不断加强企业的技术成果产权保护力度，通过兼并重组等手段引导和支持创新要素向产业集聚，打造良好的创新生态环境，寻求市场驱动与政府激励相容的道路，加速促进产学研结合，形成"万众创新"的新气象。

淘汰落后产能，推进企业并购重组。鼓励企业围绕发展战略，以获取关键技术、核心资源、知名品牌、市场渠道等为重点，积极开展并购重组，提高产业集中度，推动质量品牌提升。建立健全重组评估机制，加强并购后企业的联动与整合，推进管理、业务、技术、市场、文化和人力资源等方面的协同与融合，确保实现并购预期目标。并购重组中要充分发挥各企业的专业化优势和比较优势，尊重市场规律，加强沟通协调，防止无序竞争。

加强法律制度建设，保护知识产权。知识产权的保护，有利于调动企业的积极性，保证企业的收益，并促进对外贸易。我国先进设备制造业涉及的高价值专利必须得到健全的法律机制的保护。政府应积极完善知识产权法律体系，提高知识产权的审查质量和效率，加强知识产权保护机制的建设，注重行政执法和司法保护双重作用。同时，我国也应当积极参与知识产权保护领域的国际交流合作，与不同国家、地区进行知识产权对话，完善商业秘密保护的战略和法律制度，保证我国的设备制造业在"走出去"的同时，更好地维护自身利益，也进一步提高我国在国际知识产权领域的影响力和话语权。

发挥区位优势，建立区域创新中心。区域创新中心的设立和发展不仅是国家设备制造业战略部署的需要，也是各地方设备制造业发展的内生需求。政府应该继续推进区域设备制造业创新中心的建成，让一些具有业界影响力的企业作为牵头组建单位，以资本为纽带，联合具有较强研发能力的高校、具有行业领先地位的科研院所共同发展区域创新中心，配置更多的资源要素向中心聚集，围绕一些共性技术和地区共性科学问题，建立联合研究中心及实验室，并积极开展技术成果的转移转化，真正发挥创新中心的区位优势。

与大数据、物联网技术融合，推动传统制造业转型升级。设备制造业是实体经济的主体，因此也成了大数据与物联网技术应用的核心领域。政府应当促进加速设备制造业大数据供给侧的发展，加速发展和培育大数据领域平台型龙头企业，加速推进物联网技术与工业化的融合，收集大数据、分析大数据、使用大数据。利用大数据加快设备制造业技术创新，加快智能制造、高端制造的发展进程，充分利用大数据及物联网技术，培育新模式、新业态。

深度融入全球产业链，推动行业向全球价值链顶端移动。纵观全球，发达国家"再工业化"与"制造业回流"的步伐加快，而发展中国家也加快了推进工业化的进程。在此大环境下，我国政府应当加快推进设备制造业智能化、绿色化，切实增强我国设备制造业的核心竞争力，实现国内价值链与全球价值链的高效对接，合理地通过比较优势迈向全球价值链的顶端。

第十七章　消费品制造业

消费升级，长期可期

冯丽扬　姜淑佳

要点透视

➢ 受内需乏力、出口增速趋缓的综合制约，2018年消费品制造业低位增长，利润缓中趋稳，落后于制造业整体水平，消费升级的趋势放缓。

➢ 各国的居民消费结构变动趋势具有一致性。预计未来十年居民在食品饮料、服装、家庭设备及用品方面的消费占比进一步下降，交通通信、教育文娱、医疗保健消费占比逐渐上升，从而引起消费品制造业的内部变迁。同时，居民追求健康、便捷、舒适的消费理念正逐渐增强。应将消费升级作为产业升级的重要导向。

➢ 当前宏观经济增长承压、居民收入增速持续放缓、中美贸易摩擦不确定性加大，2019年消费品制造业的发展难有明显回暖，消费升级趋势将继续放缓。但在个税扣减、PPI回落等利好因素推动下，消费品制造业的表现将优于整体制造业，全年产出与利润增速或呈前低后高格局。

➢ 营造公平、健康的市场竞争秩序是消费品制造业高质量发展的必要条件。政府需要从保护企业品牌、鼓励自主创新、持续推动节能减排、优化企业注销流程等措施着手，推动消费品制造业的产能转移与转型升级。

消费品制造业以生产居民消费品为目的，涵盖了食品、纺织、造纸、文化用品、医药等工业门类，① 是国民经济和社会发展的基础性、民生性和战略性产业。按投入的生产要素分类，多数消费品制造业都属于劳动密集型产业。在我国经济发展前期阶段，依托人口和资源优势，消费品工业率先实现高速增长，制造业借此迅速完成早期工业化积累。当前，消费品制造业在满足国民庞大需求的同时，业已深入融合到全球产业链中。随着国内劳动力成本的持续提升、国际竞争不断加剧、居民消费结构有序转变，消费品制造业迎来了新的挑战和机遇，亟须转型升级。

2018年我国消费品制造业运行态势回顾

2018年，我国制造业增长低于预期，缓中趋稳。受国内外多种因素的综合影响，消费品制造业的表现相对更为疲软，消费升级趋势有所放缓。

生产低位增长，利润缓中趋稳

整体上，2018年制造业增速持续放缓，重回下滑通道。市场信心逐步减弱，12月制造业PMI回落至49.4，位于荣枯线下方。消费品制造业表现相对不佳，全年增速稳中趋缓。截至12月，消费品制造业增加值累计增长4.4%，较2017年增幅下降2.5个百分点，低于制造业整体水平2.1个百分点，且差距呈逐渐拉大趋势。

分行业看，除烟草制造业外，其他消费品制造业增速均出现回落。2018年，规模以上烟草制造企业增加值累计增长6.0%，高于2017年2.5个百分点，但月度增速正逐渐回落。食品饮料、服装和文教等必需消费品类表现较稳定，纺织、造纸、家具等轻工类行业下滑幅度较大。

经济下行压力加大背景下，PPI逐渐下行，制造业整体利润增速回落。

---

① 理论上，汽车制造业中的轿车制造，通用设备中的家电制造业也可划分到消费品制造业。

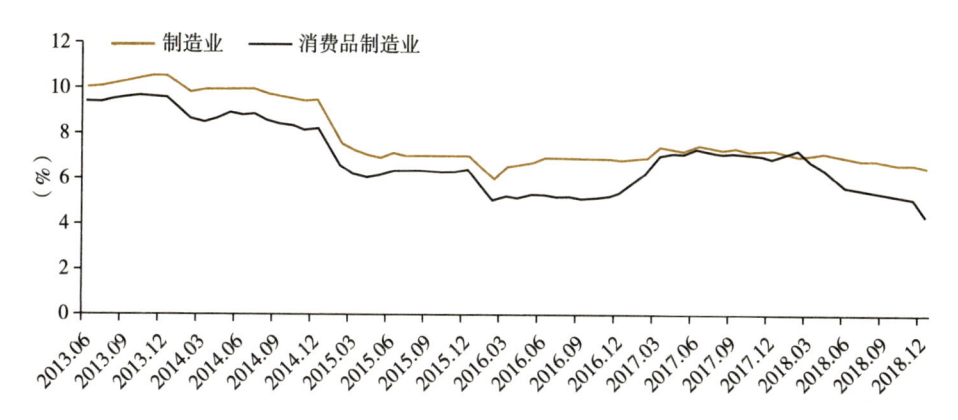

图 17.1 工业增加值累计同比

资料来源：Wind 和腾景经济预测。

受供给侧改革及居民消费疲软影响，生产资料 PPI 仍远高于生活资料 PPI，但差距正逐步收窄。2018 年，生活资料 PPI 同比增长 0.5%，分别低于生产资料 PPI、生产资料加工品 PPI 4.1 和 3.0 个百分点，较 2017 年收窄 3.5 和 2.4 个百分点。消费品制造业利润增速持续下降至 5.4% 后企稳反弹，全年累计增幅 6.5%，低于制造业整体水平 2.2 个百分点，但同 2017 年相比差距已大幅收窄。

分行业看，造纸及纸制品行业表现最差。受原材料价格上涨、需求减少及 2017 年高基期的拖累，该行业利润总额增速同比减少 8.5%，较 2017 年下降 44.7 个百分点。皮革制品、木材、家具、医药等行业利润总额增速放缓，全年分别增长 4.2%、-1.5%、4.3% 和 9.5%。农副食品加工、食品制造、烟草制品、纺织、印刷、文教等行业利润增速表现稳健，较 2017 年变动不大。酒与饮料、纺织服装与服饰行业表现较为亮眼，利润总额分别增长 20.8%、10.8%，较 2017 年增速增长 3.3 和 7.9 个百分点。值得注意的是，农副食品加工、酒与饮料、印刷、文教等行业利润下半年利润增速持续下降，在 12 月触底反弹，这将影响 2019 年的投资进度。

投资触底回升，低于制造业整体水平

一般来说，制造业投资平均增速滞后利润增速一年左右。2017 年制造业整体盈利水平较佳，且供给侧改革的边际效应正逐步减弱，导致 2018 年制造业投资增速回升。受利润增速相对低、供给侧改革影响深度相对较弱等因素影响，消费品制造业利润增速不及整体制造业。2018年，消费品制造业固定资产投资完成额增长4.7%，落后制造业投资增速9.5%的平均水平，但对比2017年（1.9%）回升2.7个百分点。

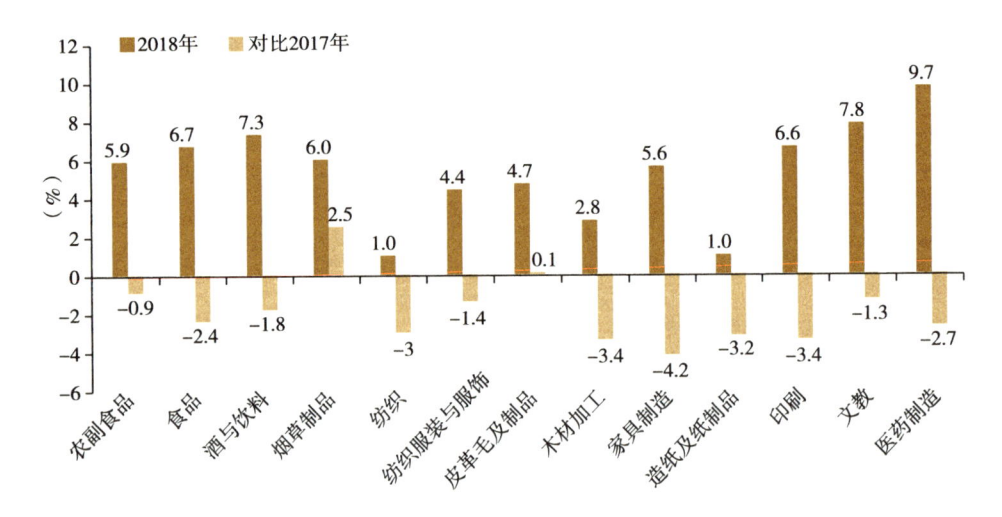

图17.2 行业增加值增速及变动情况

资料来源：Wind。

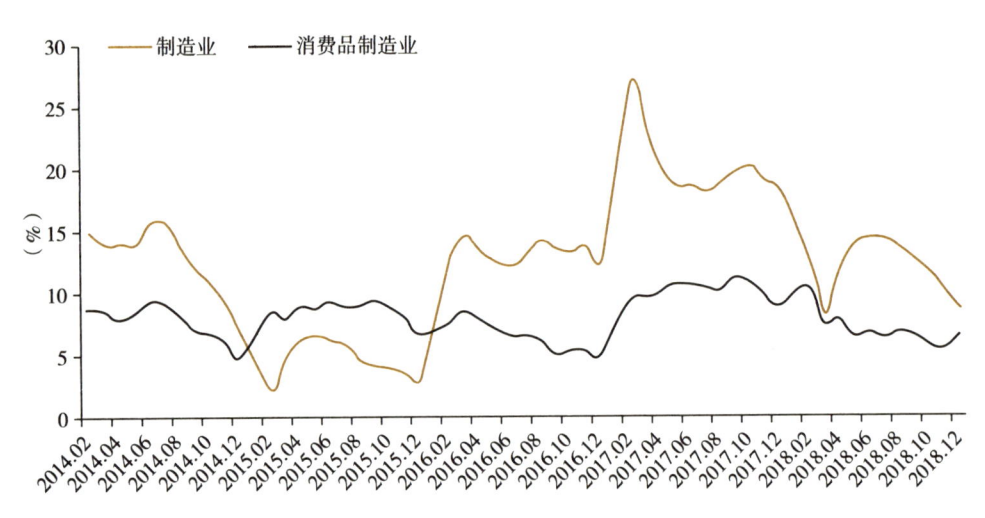

图17.3 消费品制造业利润总额累计同比

注：消费品制造业利润增速由2013年各行业利润总额及2014—2018年利润累计增速折算得来。同时，消费品制造业利润增速均值与中位值亦表现出相同趋势。

资料来源：国家统计局。

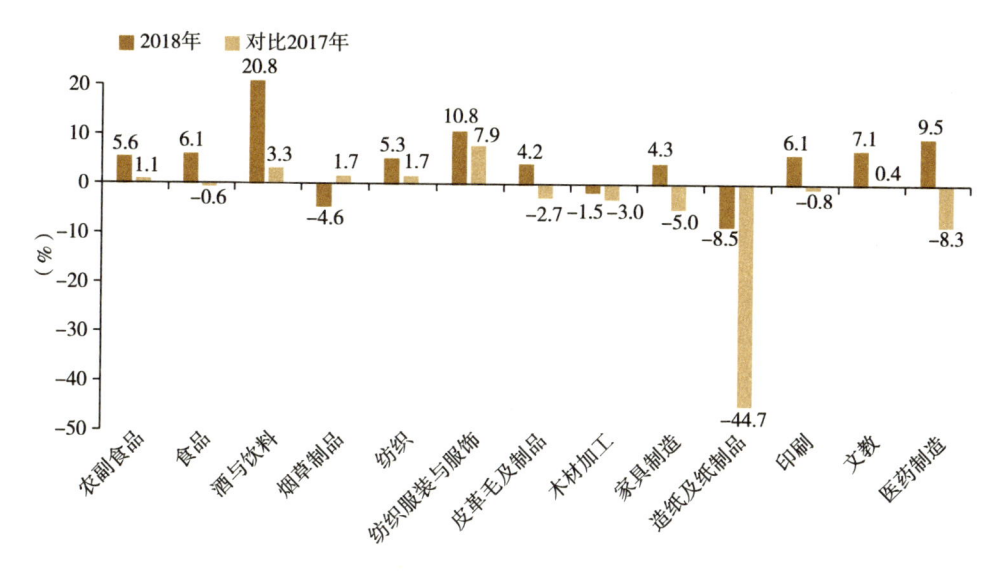

图17.4 利润总额增速与变动情况

资料来源：Wind。

分行业看，投资增速增长幅度较大的行业包括烟草、木材、造纸和印刷。产能布局需求带动2018年烟草制品业投资增长1.3%，较2017年上升12.8个百分点；地产后周期行业投资热情不减，家具制造业全年实现投资增速23.2%，家具需求带动上游原材料木材加工行业投资增长17.3%，较2017年大幅上升11.6个百分点。降幅较大的行业包括农副食品、纺织服装等。其中，受市场持续走淡和产能海外转移影响，纺织服装业国内投资增长-1.5%，较2017年下滑8.5个百分点。

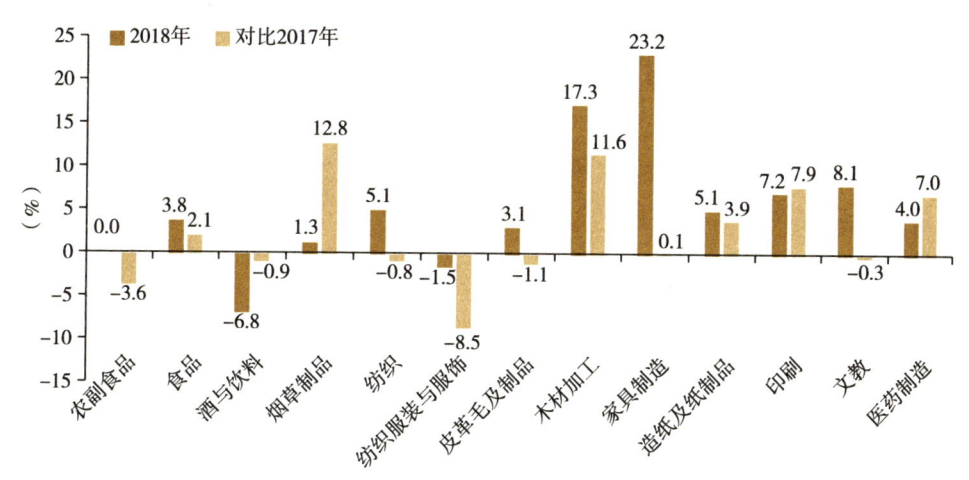

图17.5 固定资产投资完成额增速及变动情况

资料来源：Wind。

内外需疲软，消费升级趋缓

2018 年，受欧盟经济下行、中美贸易摩擦升级等影响，外需逐步放缓，工业企业出口交货值同比增长 8.5%，增速低于 2017 年 2.2 个百分点。消费品制造业出口增速同步下行，全年增长 3.1%，低于 2017 年 1.3 个百分点。[①] 其中，农副食品、皮革、家具等贸易摩擦影响程度深、国际竞争优势下降的行业出口下滑明显，同比增速分别回落 3.3、2.7、5.6 个百分点。酒与饮料、烟草等行业出口增速仍较强劲，同比增速分别上升 7.5 和 16.7 个百分点。

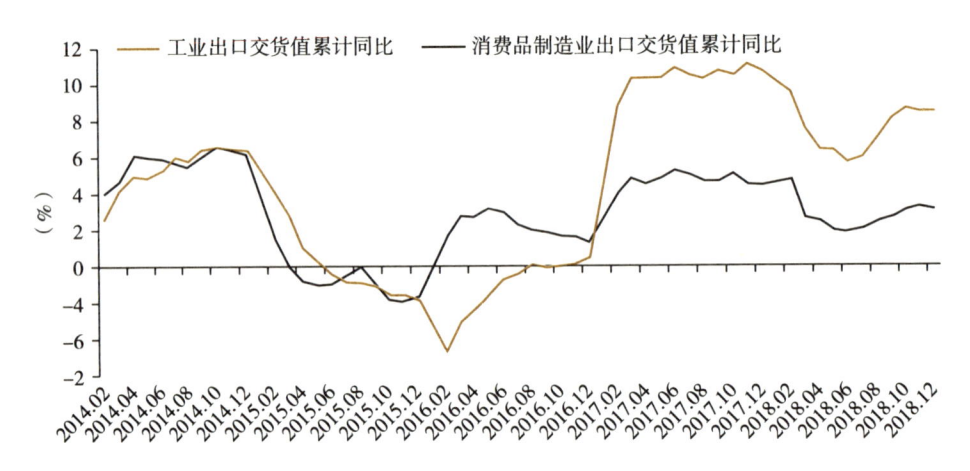

图 17.6　出口交货值累计同比

资料来源：国家统计局。

相较于外需放缓，居民消费增速下降对消费品制造业增长的制约更为明显。2017 年，短期消费贷款爆发式增长，居民部门杠杆率快速提升，驱动全年社会消费高速增长。进入 2018 年，居民收入增速逐渐放缓，同时"居民去杠杆"政策实施，各渠道消费贷款增速均放缓。金融机构住户短期消费贷款同比增速从高点 40.12% 一路下滑至 29.30%，年末增速较 2017 年下跌 8.58%。P2P 贷款余额持续收缩，12 月贷款余额 7 889.65 亿元，较上年同期减少 24.3%。收入增速及贷款增速放缓直接制约了居民的消费能力。2018 年，社会消费品零售总额增速一路下行，全年实际增速仅 6.9%，创十年来新低。由于居民是消费品制造业产出的直接购买者，居民

---

① 使用 2013 年消费品制造业出口交货值、2014—2018 年出口交货值累计增速计算。同时，利用增速中位值、平均值计算，表现相同趋势。

消费疲软导致行业需求被抑制，消费品制造业增速明显放缓。

图 17.7　居民收入增速与消费品制造业相对增速
资料来源：Wind，腾景经济预测。

同时，居民消费持续升级，但趋势放缓。全年居民恩格尔系数为28.4%，比上年下降0.9个百分点。从消费品零售额增速看，2018年必需消费品类整体表现稳健。食品烟酒、服装类消费增速与2017年持平，分别增长9.5%和8.0%。日用品消费增长13.7%，较2017年增加5.7个百分点。受原料及政策因素影响，石油制品、药品类价格波动较大，致使消费增速较2017年分别变动4.1和-3.0个百分点，但仍较稳定（见图17.8和表17.1）。

可选消费品中，除奢侈品属性的金银珠宝消费增速有所上涨外，其他品类增速均下行。化妆品、文化办公用品、家具、通信器材类消费下滑相对明显，增速分别下降3.9%、6.8%、2.7%和4.6%，汽车消费下滑最为严重，增速下降8.0%，拖累整体消费增速。可选消费品增速下滑的主要原因即居民收入增速的放缓，其中家具销量增速下滑还受到2017年商品房销售增速放缓的拖累，汽车消费增速下滑受到居民提前消费、排放标准实施等因素的影响。

消费品制造业十年展望

消费品制造业产品的属性是以满足居民消费为目的，居民消费增速及消费结构的变化将直接影响整个行业的发展及内部变迁。不同收入水平下，居民的消费结构存在差异，对消费品制造业具体部门产生的拉动也有所不同。

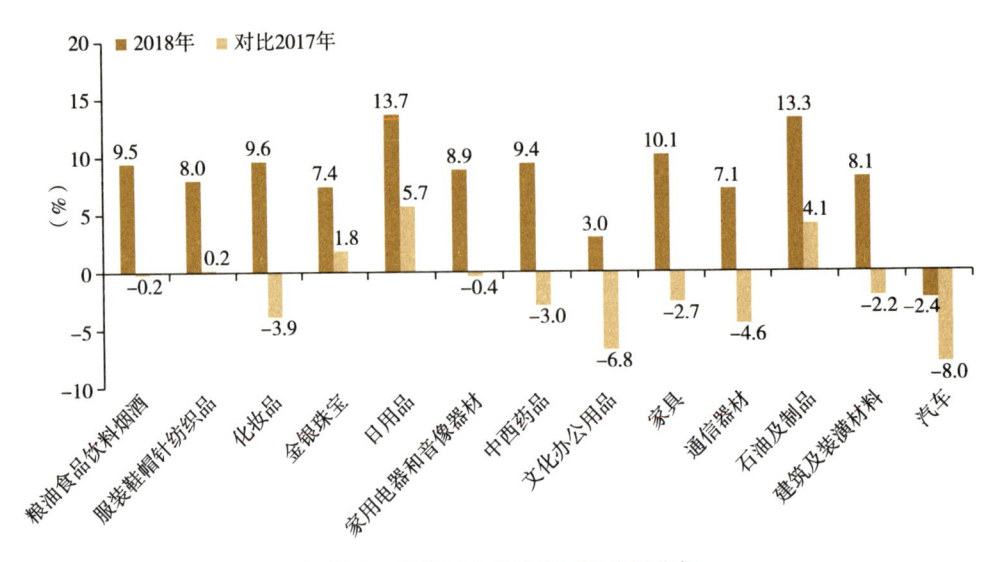

图 17.8　限额以上批发和零售业零售额

资料来源：Wind。

表 17.1　不同时期居民消费在消费品制造业中的结构变动（部分行业）　　（单位:%）

行业	1990	1997	2010	2015
食品和烟草	19.87	21.23	19.27	16.23
纺织品	4.76	1.90	0.35	0.54
纺织服装鞋帽皮革羽绒及其制品	3.77	6.66	5.72	5.36
木材加工品和家具	0.88	1.13	0.51	0.89
造纸印刷和文教体育用品	1.40	0.77	0.53	2.04

资料来源：我国 1990 年、1997 年、2010 年、2015 年投入产出表。

居民消费结构受居民收入水平、人口结构等因素的影响，并在全球范围内呈现趋势的一致性。研究先进国家居民消费结构的演变趋势，对预测我国居民消费结构具有借鉴意义。基于数据准确性与可得性原则，我们选择美国、日本、韩国、俄罗斯、波兰五国作为参照国。根据佩恩表 9.0 及我国人均 GDP 历史增速，预计 2019 年我国按照购买力平价衡量的人均 GDP 约 16 000 美元，2028 年达到 28 000 美元，[①] 并确定参照国对应年份（表 17.2）。

---

① 预计未来十年人均 GDP 复合增速在 6% 左右。

表 17.2　相同 GDP 下中国与其他国家的时间对应关系

人均 GDP（美元）	中国	美国	日本	韩国	俄罗斯	波兰
16 000	2018	1953	1975	1994	2003	2004
28 000	2028E	1978	1990	2007	—	—

资料来源：Penn World Table 9.0。

在此基础上，选取食品、衣着、家庭设备用品及服务、交通通信、教育文娱及医疗保健等与消费品制造业关联较强的居民消费类别进行权重变动分析。由于俄罗斯、波兰两个发展中国家人均 GDP 尚未达到 28 000 美元，仅比较十年间的消费结构变动情况。

表 17.3　一定时期内参照国居民消费结构占比的变动

（单位:%）

国家	食品	衣着	家庭设备用品及服务	交通通信	教育文娱	医疗保健
美国	-7.4	-2.9	-1.3	0.6	1.4	5.6
日本	-9.4	-1.4	-0.7	2.2	3.9	0.7
韩国	-5.2	-1.3	-1.9	2.0	2.3	0.9
俄罗斯	-10.1	-3.0	-0.8	8.9	1.1	1.4
波兰	-2.5	-0.2	0.1	0.7	0.2	0.7

资料来源：CEIC。

可以看到，上述五国在人均 GDP 达到 16 000 美元后，居民消费结构变动趋向呈现较强的一致性。食品、衣着、家庭设备用品及服务方面的占比均呈下降趋势，尤其是食品消费占比下降明显，而交通通信、教育文娱、医疗保健等消费占比总体上行。居民消费结构的变动趋向实际上反映了在仅考虑居民消费的情况下未来相关行业市场规模增速的快慢，未来十年食品、服装与家庭设备用品及服务业的发展速度将落后于交通通信、教育文娱、医疗保健等行业。①

值得注意的是，对纺织、服装等出口占比较大的行业而言，居民消费增速叠加净出口增速，方能完整反映行业的产值增长空间。近年来，我国劳动力成本显著增加，劳动密集型产业在国际范围内的比较优势不断下降，纺织、服装制造等行业的产品出口竞争力明显减弱，叠加国内需求增速放缓，预计未来该类行业的

---

① 家庭设备用品及服务、交通通信、教育文娱与医疗保健均包含服务业，但考虑到服务与产品相辅相成，因此认为该类行业的增速快于食品制造等行业。

产值将持续下降。

同时，我们还应注意各行业内部的细微变化。历史经验表明，居民消费结构的变化，不仅导致行业间增速上的差异，还带来各行业内部产品的转换与升级，而后者与居民的消费理念紧密相关。近年来，居民在健康性、智能化与便捷性、满足情感需求三个方面的消费理念明显增强，这与其他国家的历史经验也相符，预计未来十年这三大理念将继续强化，影响产业内部的结构变迁。

居民消费更加关注健康。无论是从国内还是其他发达国家看，碳酸饮料、糖果等产品的销售额增速均出现了明显回落，代之以乳饮料、纯净水销量的快速增长。随着人口老龄化加剧，营养保健品的市场规模正持续增长。同时近年来居民对空气质量的担忧也明显加深，空气净化器成为家庭必备品。

智能便捷型产品受到欢迎。在技术进步带动下，产品成本的降低使居民对更智能、更便捷产品的需求得以释放。家电、家具等行业正围绕智能化进行深刻变革，智能空调、智能音箱、电动牙刷等产品已被越来越多的居民接受，预计未来十年产品的智能与便捷性将持续提升。

居民消费更加追求情感上的满足。从国际经验看，居民消费上的情感需求表现为社交需求、情感愉悦、个性化与自我实现等方面。老龄化、少子化、家庭核心化背景下，社交与情感归属问题日益突出，预计未来国内对宠物、家用机器人等的需求将不断攀升。个性化与自我实现则体现为产品的多样化，传统单一型、统一型产品越来越难以满足居民需求。而消费的愉悦感更多体现在服务业上。

2019年中国消费品制造业发展展望

外需不稳，内需承压，增长动力有限

中美贸易摩擦升级以来，为避免加征关税，许多行业出现"抢出口"现象，导致2018年出口表现优于预期。12月，进出口总值同比下降5.8%，"抢出口"效应逐渐消退。2019年，美国经济见顶回落可能性较强，欧盟、日本等未见经济复苏迹象，且中美贸易关系存在较多变数，外需不确定性增强。

同时，受国内原料成本及劳动力成本上升等因素影响，纺织、罐头加工等行业的国际竞争优势逐步下降，预计2019年该趋势将持续。叠加前期"抢出口"

现象挤占后期需求，制造业净出口增速维持低位增长的概率较大，部分竞争压力较大的行业出口额可能持续负增长。

从国内看，2019 年宏观经济下行压力较大，就业形势相对严峻，在个税专项附加扣除等政策的逐步实施下，居民可支配收入增速虽难有明显回升，但表现可能优于 2018 年。尤其是随着"居民去杠杆"影响的逐渐弱化，下半年居民实际购买力将逐步回暖，进而提振消费品制造业的需求。因此，2019 年消费品制造业的国内需求虽仍面临较大压力，但预计好于 2018 年，呈前低后高格局。受制于居民可支配收入的有限增长，居民消费升级的趋势持续放缓，可选消费品的需求仍将低迷。在促进汽车、家电消费政策的推动下，部分消费品的需求或得到提振。

消费品制造业利润增长方面的挑战也较大，将继续受下游需求不足、原料价格上涨的双重约束。但由于当前供给侧改革的影响正在弱化，PPI 逐渐回落，部分生产资料 PPI 也可能完成向生活资料 PPI 的传导，2019 年消费品制造企业的盈利能力将有所改善，与制造业整体盈利水平的差距将进一步收窄。从个别行业看，受年末药品带量采购政策实施的影响，部分药品价格出现明显回落，医药制造企业的利润或将明显下滑，居民医疗支出、社保支出有望减少。

竞争优势下降，投资增长乏力

行业盈利状况是投资的先行指标。2018 年消费品制造业利润持续下行，限制 2019 年行业的整体投资能力与意愿。当前制造业 PMI 持续回落至荣枯线以下，反映出企业信心不足，投资意愿持续走弱。同时，去产能和环保治理等政策影响力逐渐式微，预期 2019 年改建投资增长动力不足。

2018 年，纺织、皮革、家具、造纸等行业的国外投资增速均较高，主要原因是这些行业多为低附加值的劳动密集型产业，且对国际出口依赖较大。随着国内劳动力成本的不断上涨，以及环保成本的增加，这些行业的国际比较优势逐渐下降。尤其是中美贸易摩擦升级以来，这些行业的原料进口成本、出口关税均增加，国际竞争力进一步下降。许多企业在越南等新兴经济体进行投资并购，以应对成本上行压力和贸易摩擦困扰，预计 2019 年该趋势将持续。长期看，部分低端制造业的产能转移符合国际分工规律，是必然趋势。在我国政府鼓励高端制造业发展的政策推动下，2019 年消费品制造业的投资将进一步朝转型升级与智能制造发展。

政策建议

消费品制造业以轻工业为主,在繁荣市场、扩大出口、增加就业等方面的作用举足轻重。推动消费品制造业的发展,核心是建立更完善、更高效的市场经济体制,充分发挥消费品制造企业的自主性与灵活性,不断提升投资与创新效率,优化产业结构,提升产业竞争力与附加值,实现产业升级。

弱化行政干预,强化法律制度管理,建立公平、健康的市场竞争秩序

政府引导和干预经济可以有效促进经济快速发展,但需要注意干预方式和干预程度。地方保护主义带来的行政性壁垒,明显弱化了市场的优胜劣汰机制。同时,当前我国部分产业政策调整呈短期性、频繁性特征,导致企业常因一纸命令陷入困境或过度"繁荣",严重影响了企业的战略规划与长期稳定发展。

另一方面,政策制度的执行仍存在缺失。对消费品制造企业而言,保护品牌是保护企业知识产权,鼓励优质企业做大做强的核心保障。多年来,假冒伪劣产品屡禁不止,严重影响了品牌与创新在市场竞争中的作用。同时,当前依然存在食品安全、传销、医药营销垄断等市场乱象,需要强化法制管理予以整顿。

总体上,在处理政府与市场的关系时,政府应着眼于建立公平、健康的市场竞争秩序,既要避免对市场竞争规则的不当干预,又要补足制度执行缺失,充分发挥市场的资源配置作用。

提升服务效率,完善配套服务体系

当前,行政申报部门多、审批时间长、许可性报告繁杂等问题依然是企业申请行政审批的拦路虎,造成企业精力消耗与资金闲置。部分地区通过集中办公、时长考核、统一解读许可报告等方式优化了行政审批体验,为企业经营提供了良好的政务环境,值得研究与推广。在经济转型期,企业转移难、注销难的问题日益突出,实际上反映出配套服务体系的不完整性,限制了市场要素的正常流动。下一步,地方政府应积极补足制度上的缺位,明确具体的操作流程,建立起规范的、市场化的企业转移与退出机制。

鼓励企业自主创新，推动产业转型升级

科技创新是企业发展的核心动力，也是实现产业提质增效的关键一环。当前，国内资源与劳动力成本逐年增长，国际贸易摩擦频繁，科技创新的意义更加凸显。中央和各地政府要继续完善和落实激励企业自主创新的相关政策，加强创新人才队伍建设。同时，将国际比较优势、消费结构升级、高附加值产品等作为产业转型升级的重要导向，推动智能制造在消费品制造业中的深入应用，提升企业的实力与竞争力。对于内需不足、附加值低且缺乏比较优势的产业，应通过完善的配套服务，帮助相关企业转型或迁移，提高资金利用效率，实现新旧动能的转换。

持续节能减排，实现绿色发展

绿色发展是经济发展的长期趋势，当前已成为许多国家调整经济结构的重要方针。目前地方政府对绿色发展重要性的认识还不够深刻，消费品制造业中水电资源浪费、污染物排放超标的问题仍较普遍，妨碍了经济的可持续发展。有必要将单位 GDP 能耗、单位 GDP 水耗等列入政绩考评范围，完善制度端顶层设计。同时，持续推进企业的节能减排工作，强化减排指标监控，鼓励利用清洁能源，并做好废弃物的回收利用。对造纸、皮革、食品等重点行业，针对性地推进技术性改造，淘汰高耗能、高耗水、污染大、效率低的落后工艺与设备，基于技术与设备革新推进企业节能减排，提高资源利用效率。

第十八章 生产性服务业

经济结构优化之擎

彭双宇 韩 阳

要点透视

➢ 2018年，中国的生产性服务业维持稳中向好的发展趋势，增加值占比进一步增长至36.5%，并呈现改革深化、质量提升、业态多样的特点。

➢ 未来十年，我们预计中国生产性及流通性服务业增加值比重将稳步上升，预计2028年将达到40%左右。其中生产性服务业占比随人均GDP的增长持续上升，流通性服务业增加值比重则先升后降，但总体保持稳定。

➢ 2019年，我们预计在经济环境不确定性提升的大背景下，生产性服务业将继续承担经济结构优化之擎的作用，其在稳步增长的同时，继续向高质量发展迈进。

➢ 发展高水平的市场经济，必须有高水平的生产性服务业。具体而言，应该进一步培育人才，保护知识产权，坚持供给侧改革，提升服务品质，进一步推进服务业开放，优化营商环境，健全统计制度，追踪发展趋势，从而增强服务经济发展新动能、促进经济结构优化升级、服务市场经济高质量发展。

根据辛格曼的分类，服务业可被划分为生产性服务业、流通性服务业、个人服务业以及社会服务业四类。本章分析的生产性服务业是一个广义概念，同时包含了上述分类中的生产性以及流通性两类服务业。本节首先回顾了生产性和流通性服务业在 2018 年的发展状况，[①] 我们从定量和定性的角度均有论述；其次，结合行业发展的一般经验规律，我们给出对未来十年生产性和流通性服务业的预测；关于如何进一步建设高质量的生产性服务业，我们在最后给出了相关政策建议。

2018 年生产性服务业发展回顾

生产性服务业稳中有进

2018 年，我国不变价 GDP 增长 6.6%，增速比 2017 年降低 0.2 个百分点，第一产业、第二产业和第三产业不变价 GDP 分别增长 3.5%、5.8% 和 7.6%，生产性服务业增速表现各异，信息传输、软件和信息技术服务业同比增长 30.7%，租赁和商务服务业同比增长 8.9%，交通运输、仓储和邮政业同比增长 8.1%，均好于服务业整体增速；批发和零售业、金融业、房地产业表现逊于服务业整体。在绝对值层面，第三产业 GDP 在 2018 年录得 469 574.6 亿元，对 GDP 的贡献率约为 52.2%；其中，生产性服务业对 GDP 的贡献率约为 36.5%。从增速角度看，第三产业对 GDP 增长的贡献率达到 59.3%；其中，生产性服务业对 GDP 增长的贡献率约为 42.7%，该行业对保持经济动能、优化经济结构的作用不容小觑。

生产性服务业投资放缓

2018 年，我国全行业固定资产投资完成额为 635 636 亿元，同比增长 5.9%；其中，服务业固定资产投资完成额为 375 324 亿元，同比增长 5.5%。分行业看，

---

① 生产性服务业包括：信息传输、计算机服务和软件业，金融业，房地产业，租赁和商务服务业，科学研究、技术服务和地质勘查业；流通性服务业包括：交通运输、仓储和邮政业，批发和零售业。

租赁和商务服务业,科学研究、技术服务和地质勘查业,房地产业的固定资产投资增速高于服务业整体水平,交通运输、仓储和邮政业以及金融业显著低于行业平均水平。与 2017 年相比,全行业固定资产投资完成额同比放缓 1.3 个百分点,服务业同比放缓 4 个百分点。分行业看,房地产业以及科学研究、技术服务和地质勘查业的投资同比较前值高,交通运输和金融业的投资完成额同比增速较前值低。在宏观经济下行压力较大的形势中,生产性服务业投资增速有所回落。

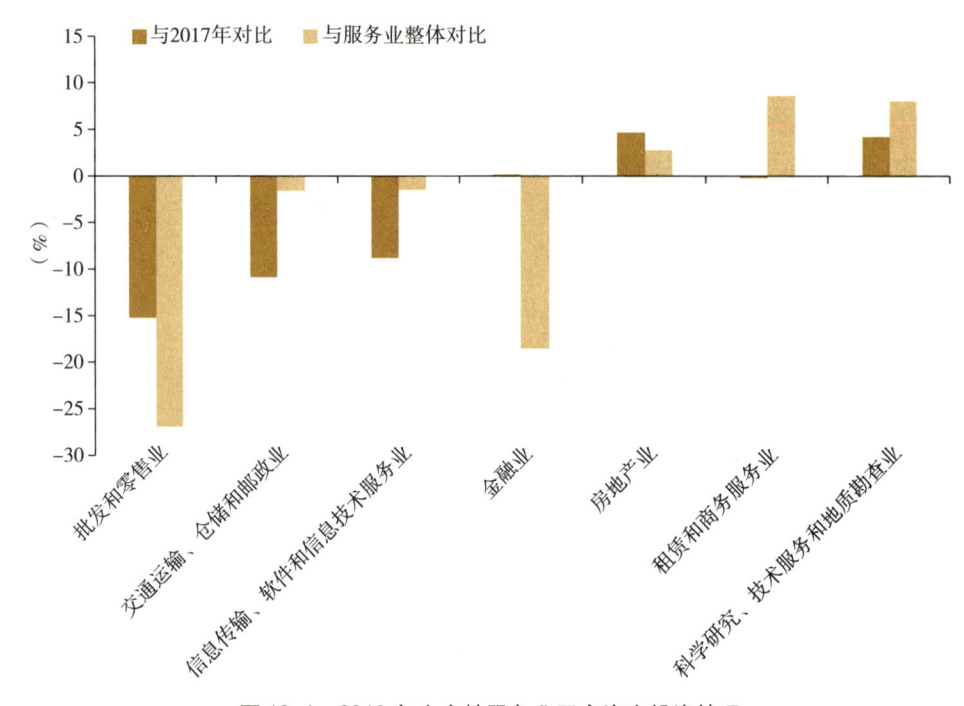

图 18.1 2018 年生产性服务业固定资产投资情况

此外,2018 年服务业实际利用外商直接投资 918.5 亿美元,同比增速 -3.8%;其中,生产性服务业占据绝大部分:房地产业的投资额最高,达到 224.7 亿美元;租赁和商务服务业以及信息传输、软件和信息技术服务投资额同样保持在百亿美元以上。

生产性服务业企业效益较好

2018 年,我国规模以上服务企业营业收入同比增长 11.4%,增速较 2017 年小幅下滑;其中,战略新兴服务业同比增长 14.6%,同样较 2017 年小幅下滑,但依旧高于服务业整体的增速。2018 年,我国规模以上服务企业营业利润同比增长 6.5%。

生产性服务业发展质量优化

我国经济正由高速增长阶段转向高质量发展阶段，生产性服务业在推动和实现高质量发展的过程中，发挥了巨大的引擎作用。在 2018 年，我们看到有如下进步：

国企改革深化。国企改革在 2018 年得以深化，混合所有制继续发展。比如，铁路总公司在 12 月正式更名为"中国国家铁路集团有限公司"，标志其公司制改革的最后一步完成。在铁总混改的过程中，铁路总局在 2018 年开始与顺丰和菜鸟合作，其子公司在混改招标引入了民企外部股东，并启动历史上规模最大的公开招标。国企改革的深化，在一定程度上填补了行政性垄断带来的"效率洼地"，给生产性和流通性服务行业注入了竞争活力，降低了社会基础成本，提升了企业效率，进一步释放经济增长动能。

服务质量提升。服务业在过去几年高速发展的同时，其质量的提升也愈来愈引人注目。根据中国标准研究院的调查，我国服务业顾客满意度在稳步提升。以民航为例，我国运输航空在 2018 年创造了持续安全飞行 100 个月、6 836 万小时的安全新纪录，在航班总量同比增长 5.65% 的情况下，全国航班正常率达 80.13%，同比提高 8.46 个百分点，创下 2010 年以来的历史新高。

科技创新提速。生产性服务业的高质量发展离不开行业内不断涌现的创新成果。以邮政业为例，截至 2018 年 12 月，全国已投产 232 个大型自动分拣中心，建成 7.1 万个快递末端公共服务站点，投入运营 27.2 万组智能快件箱。行业内的末端平台化、发展集约化已成为趋势，"精准数据"的有效利用可以节省接近四分之三的人工成本。

新业态发展壮大。在物联网、机器学习、高端制造等新一代信息技术的升级过程中，互联网加速向各行业渗透，生产性和流通性服务业内的新业态、新模式、新产业持续涌现。在生产性服务业领域，数据处理、数据存储、集成电路设计、信息技术咨询等创新领域持续快速发展；在流通性服务业领域，也涌现了即时配送、高端紧急运输、新零售、无人便利店等新业态。

未来十年我国生产性服务业发展趋势

分析模型的更新

根据典型工业化国家服务业结构演变的经验事实，生产性服务业增加值比重与人均GDP呈强正相关。同时，由于生产性服务业存在向城市集聚发展的特征，生产性服务业占比与城市化发展水平密切相关。而流通性服务业增加值比重随人均GDP的提高呈先升后降的态势，且随着工业比重的逐步回落，流通性服务业比重的降幅有所收窄。[①]

对未来十年我国生产性、流通性服务业发展趋势的分析和预测，可根据上述国际经验，结合我国人均GDP（以1990年国际元衡量）的预测值，对照这些国家在相近收入水平上的生产性和流通性服务业的增加值比重，以其均值作为我国这两类服务业增加值比重的基本走势。在此基础上，综合其他影响因素（第二产业增加值比重、城镇化率等），对预测结果进行必要的修正。[②]

根据这一分析模型对2018年的预测，生产性服务业、流通性服务业的增加值比重变动基本符合实际情况：生产性服务业增加值比重有所上升，流通性服务业基本保持稳定。具体来看，生产性服务业中的信息服务业发展迅速，增加值占比由2017年的3.2%上升至3.6%，房地产业、租赁和商务服务业以及科学研究、技术服务和地质勘查业增加值比重无变化，金融业比重则有所下降，由8%下降至7.7%。流通性服务业中的交通运输、仓储和邮政业占比无变动，仍为4.5%，批发和零售业占比9.4%，较2017年下降0.1个百分点。

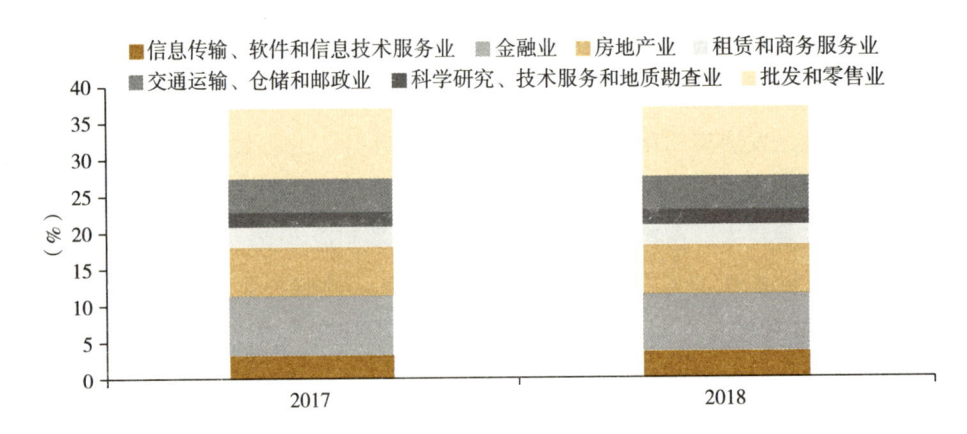

图18.2　2017年和2018年主要生产性、流通性服务行业增加值比重

[①] 参见《中国经济增长十年展望（2013—2022）》第十三章的内容。
[②] 运用这一方法得到的预测结果更多的是反映我国生产性、流通性服务业发展的中长期趋势，具体年份的预测结果可能会存在一定误差。

对 2019—2028 年生产性、流通性服务业发展趋势的预测

总体上看,未来十年我国生产性及流通性服务业增加值比重合计将稳步上升,预计 2028 年将达到 40% 左右。其中生产性服务业占比随人均 GDP 的增长持续上升,流通性服务业增加值比重则先升后降,但总体保持稳定。

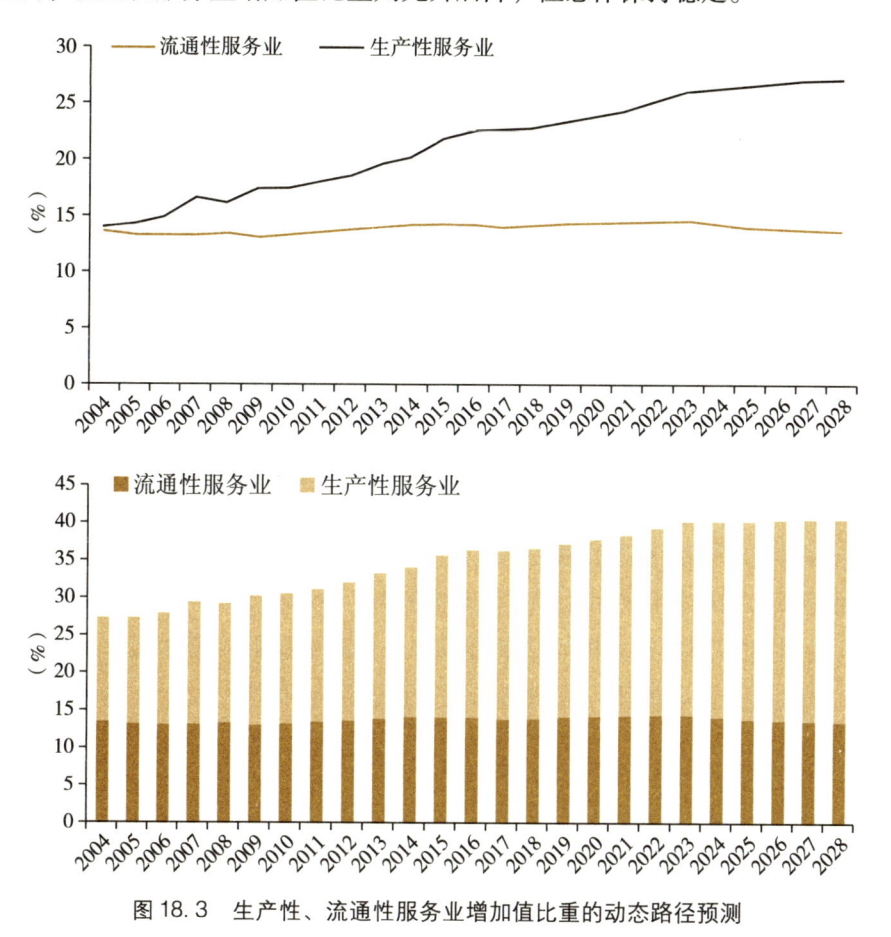

图 18.3 生产性、流通性服务业增加值比重的动态路径预测

预测合理性的进一步检验

GFP 框架认为,不同经济体之间居民终端需求结构及其演进有着相似性,同时终端需求结构随着收入水平提升呈现显著的趋同性。[①] 因此本文进一步考察了

---

① GFP 框架相关解释请参考《GFP 及其驱动的经济增长》(刘世锦,2015)。

日本、德国以及美国等发达经济体的生产性、流通性服务业类相关消费在GFP结构中的演变路径，以进一步验证上节预测的合理性。

根据宾夕法尼亚大学佩恩表9.0公布的数据测算，2016年中国按照购买力平价衡量的人均GDP在14 000美元左右，到2025年、2035年这一指标将分别达到25 000美元、35 000美元左右。我国在2019年时的人均GDP应高于2016年水平，即超过14 000美元，在2028年时应处于25 000美元和35 000美元之间，相应地，通过观察日本、德国、美国从人均GDP位于14 000美元逐步发展至25 000美元、35 000美元时的相关服务业类消费变动趋势可以大致勾勒出我国未来十年生产性、流通性服务业的发展路径。

日、德、美三国涉及生产性服务业的相关消费在GFP中的贡献率在人均GDP处于14 000~35 000美元时与人均收入水平呈正相关关系，但值得注意的是，美国在2002年，即人均GDP大幅高于35 000美元后出现了小幅下滑，说明这种上涨趋势在人均GDP达到高水平后或是不可持续的。同时，日本、德国和美国涉及流通性服务业的相关消费在GFP中的贡献率基本保持稳定。其中日本和美国在人均GDP14 000~25 000美元期间都呈现小幅上升的态势，且峰值均出现在人均GDP达到25 000美元的年份左右，但随着人均GDP的进一步上升，两国流通性服务业类消费比重逐步下降并最终稳定在12%附近。德国的流通性服务业类相关消费占比始终较为稳定，1995—2007年均保持在12%左右。上述利用GFP框架分析的结果可以进一步验证我们对于中国未来十年生产性与流通性服务业增加值比重的动态路径预测基本合理。

表18.1　各样本国家不同发展水平的"时间节点"

国家	人均GDP达到14 000美元的年份	人均GDP达到25 000美元的年份	人均GDP达到35 000美元的年份
日本	1973	1989	2005
德国	1970	1990	2004
美国	1950	1972	1987
中国	2016	2025	2035

注：相关数据请参考《2035：中国经济增长的潜力、结构与路径》（中国发展研究基金会"博智宏观论坛"中长期发展课题组，2018）。

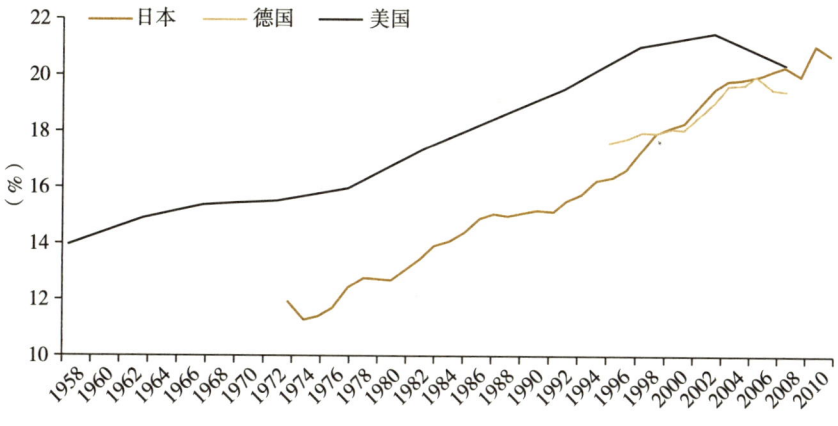

图 18.4 生产性服务业类相关消费在 GFP 结构中的贡献率变动

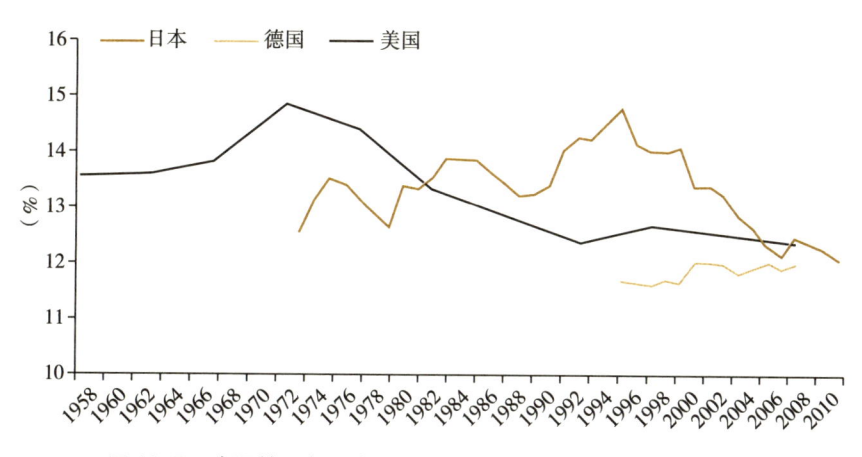

图 18.5 流通性服务业类相关消费在 GFP 结构中的贡献率变动

2019 年：建设高质量生产性服务业的关键年份

当前我国经济运行稳中有变、变中有忧，外部环境复杂严峻，经济面临下行压力。在这样的大背景下，坚定不移地建设高水平、高效率的生产性服务业，对促进经济结构优化转型、稳定预期和就业、提升全要素生产率有重要意义。我们预计，2019 年生产性服务业将发生如下改变：

生产性服务业会继续承担加快经济结构优化升级的重任。随着生产性服务业质量的进一步提升，科技含量更高的生产性服务业将在更深层次上促进制造业优化升级，其经济结构优化之擎的作用将更加凸显。同时，当前不稳定的外部环境也将在一定程度上"倒逼"国内相关行业以更加开放的姿态拥抱创新和改革，进一步提升整体行业科技水平。

知识产权保护力度加大。健全知识保护体系，包括深化促进知识产权综合运用，完善知识产权运营服务体系，进一步提升知识产权公共服务能力，进一步强化知识产权领域综合监管等相关举措。在这样的改革环境下，生产性服务企业的创新倾向才会最大限度得以激励，也将为高标准市场经济的建立奠定良好的行业基础。2019年初，中国最高人民法院知识产权法庭已在北京揭牌成立，统一了知识产权案件裁判标准和尺度。同时，预计2019年将出现更多涉及知识产权保护的相关举措。

服务业领域市场化程度提高。预计2019年，国企改革将继续深化，垄断性的生产性服务业领域将向社会资本和海外资本进一步开放，更高水平的市场经济有望在行业内建立。在高标准市场经济条件下，行业内的供给效率将提升，市场需求将进一步被激发，行业内不断涌现的新业态将成为新的增长动能。同时，已有业态将加速迭代发展，市场资源和要素配置过程中的扭曲将进一步消除，经济结构得到优化升级。

增加值比重方面，我们预计在2019年，生产性服务业将达到23.0%，流通性服务业将达到14.1%，二者合计将达到37.1%，较2018年上升0.6个百分点。具体而言，生产性服务业中，信息传输、软件和信息技术服务业占3.9%，金融业占7.6%，房地产业占6.6%，租赁和商务服务业占2.7%，科学研究、技术服务和地质勘查业占2.2%；流通性服务业中，交通运输、仓储和邮政业占4.6%，批发和零售业占9.5%。

政策建议

今后一段时间，中国经济的发力点在于建设高标准的市场经济。在这个大背景下，如何合理利用政策，加快生产性服务业的创新发展、增强服务经济发展新动能、促进经济结构优化升级，成为2019年工作的重中之重。

进一步提升人力资本，保护知识产权。人才是服务业高质量发展的核心要素。近年，我国服务业人才结构有所改善，但是高层次、高技能人才缺口仍然较大，存在素养技能不匹配和人才体制较落后的问题。所以，应该多层次、多渠道培养和引进各类生产性服务业所需的人才，构建强有力的人才支持体系。创新是高水平生产性服务业的核心标志。因此，应进一步加大知识产权创新、保护和运用的力度，有效发挥知识产权制度在促进创新、技术扩散和公平竞争等方面的作用，鼓励服务企业加大研发投入，加大对重点行业和领域的专利申请资助力度，促进知识产权的推广和交易，建立健全各类知识产权交易市场，激发市场主体创新意识和行为。

坚持供给侧改革，提升产业质量。 服务业供给侧结构性改革要从产业发展、保障制度与市场要素等途径切入制定精准的改革措施，同时应努力提升服务质量、摒弃低端服务，低质低效的服务产品会给社会公众带来较大负面影响。以共享经济为例，2017年中国共享经济市场规模达到5.7万亿元，同比增长44.6%，而2018年市场增速却放缓至31.2%，[①] 其中典型的共享单车企业在经历了火箭般蹿升之后却面临急转直下的命运，一辆辆单车更是被无序堆放在城市街头。令人唏嘘的陨落背后是服务产品本身附加值较低，同时参与者过于重视市场占有率、缺乏核心竞争力。发展高标准的市场经济，必须大力发展知识密集型服务，淘汰低质低效的企业，提升服务质量。

进一步推进服务业开放。 建设高标准市场经济，服务业的内外开放必不可少。对内来讲，进一步优化政策环境，降低市场准入条件，建立公开、平等、规范的服务业准入制度，消除市场壁垒，为民营企业创造平等竞争的机会，填补行政性垄断带来的"效率洼地"；深化国有企业改革，进一步理顺国有企业与政府的关系，优化国有经济布局和结构。对外而言，全面实行准入前国民待遇加负面清单管理制度，促进内外资企业一视同仁、公平竞争，实施新一轮高水平对外开放，扩大金融、商贸物流、批发零售等服务领域的适度开放，特别要推动知识密集型生产性服务业对外开放，促进国内微观主体在竞争中对标国际一流水平。

建设健康友好的营商环境。 目前，生产性服务业中小企业数量较多，但小微企业融资难融资贵的现象依旧存在，加大对生产性服务业的金融支持力度十分迫切。同时应进一步简化企业投资审批，压减行政许可等事项，降低生产性服务业的商务成本。再者，加强诚信政府建设，加快制定政务服务事项清单和推进政务服务标准化创造良好氛围，营造优质环境。

---

① 相关数据请参考《2017—2018中国共享经济行业全景调查报告》。

健全生产性服务统计监测体系。 按照国家现行的行业标准，从我国生产性服务业发展的实际情况出发，加大对生产性服务业统计工作的人财物投入，改进服务业统计调查制度，完善统计指标体系，制定服务业统计报表制度和方案，加强对生产性、流通性服务业发展状况的经常性调查，提升统计数据的时效性和准确性；建立健全生产性和流通性服务业发展的监测体系，及时反映行业的最新动态和发展趋势，同时为政策修订提供依据。

第十九章　生活性服务业

深层次市场化驱动中长期增长潜力释放

许庆华　黄　伟

要点透视

➤ 2018年，我国生活性服务业继续保持快速平稳增长，吸纳就业的主力作用进一步显现，行业投资增速分化趋势明显，同时以生活性服务业为代表的服务消费呈增长态势，服务业企业规模和利润持续增长，数字经济带动产业结构优化的特征愈发显著。

➤ 未来十年，我国生活性服务业增加值比重将保持平稳上行，预计2028年可达到24.5%，个人服务业增加值比重稳中有增至约4.5%，社会服务业增加值比重逐渐提高至约20%。

➤ 2019年，虽然我国宏观经济增速具备一定的下行压力，中美贸易摩擦背景下的外部环境复杂，但我国生活性服务业发展的新活力将被激发，生活性服务消费升级和市场下沉的特征将进一步凸显，预计全年生活性服务业增加值比重为17.8%左右。

➤ 我国生活性服务业中长期发展存在开放水平不高、政府公共供给不到位、供给端要素不足及环境设施差等问题，因此在生活性服务业领域，要扩大对内和对外开放，明晰市场和政府的分工职责，夯实生活性服务业市场化的法治基础，强化生活性服务领域基础设施建设，聚焦人力资本建设的短板等，以期生活性服务业领域的深层次市场化进一步释放行业乃至整个经济的中长期增长潜力。

本章回顾了 2018 年我国生活性服务业发展的概况和主要特点，依据长期预测模型展望了未来十年服务业增长前景及 2019 年发展趋势；并通过分析我国生活性服务业中长期发展存在的主要问题，提出了通过深层次市场化驱动生活性服务业释放中长期增长潜力的相关政策建议。

2018 年我国生活性服务业发展回顾

行业整体保持快速平稳增长

2018 年，服务业增加值 469 575 亿元，占 GDP 比重为 52.2%，比 2017 年提高 0.3 个百分点，比第二产业高 11.5 个百分点；同比增长 7.6%，增速比 2017 年回落 0.3 个百分点，但较整体 GDP 增速、第二产业增加值增速分别高出 1.0 和 1.8 个百分点。服务业对国民经济增长的贡献率为 59.7%，比 2017 年提

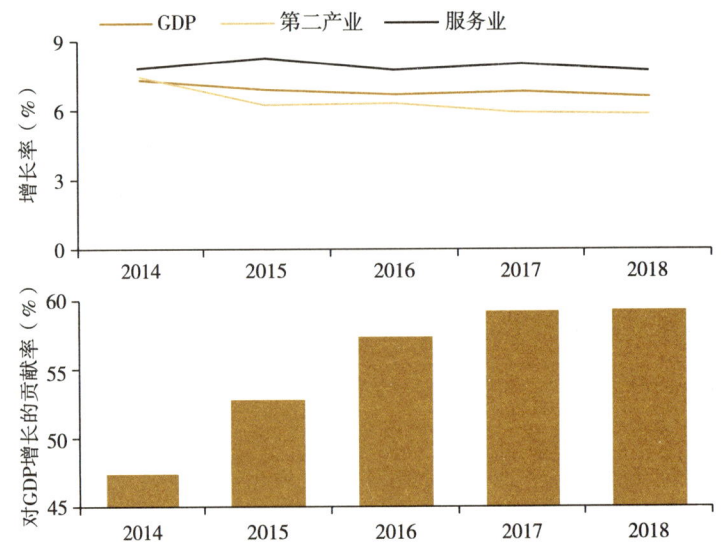

图 19.1　2014—2018 年服务业增长率及对 GDP 增长的贡献率
资料来源：国家统计局。

高 0.1 个百分点，比第二产业高 23.6 个百分点；拉动 GDP 增长 3.9 个百分点，比第二产业高 1.5 个百分点。生活性服务业占 GDP 的比重由 2017 年的 16.7% 提高到 2018 年的 17.2%，其中个人服务业占比持平，社会性服务业占比提高 0.5 个百分点。在中国经济增长下行压力不断加大的 2018 年，生活性服务业的持续性增长，有效支撑了国民经济的平稳运行。

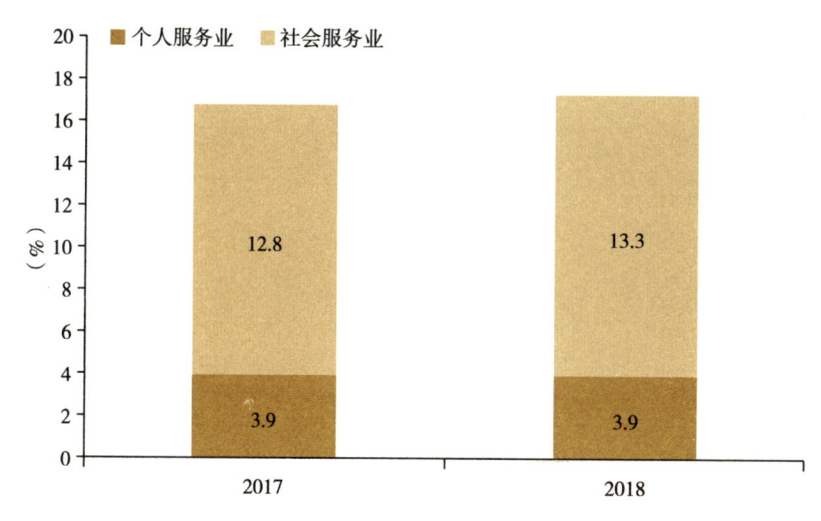

图 19.2　2017 年和 2018 年生活性服务业占 GDP 比重
资料来源：国家统计局。

吸纳就业主力作用日益凸显

2018 年全国就业人数 7.76 亿人，较 2017 年略有下滑，同比下降 0.07%。根据城镇失业率和以前年度分行业就业数据测算，生活性服务业就业人数合计 2.32 亿人，较 2017 年增长 3.04%；占总就业人数比重为 29.87%，较 2017 年提高 0.85 个百分点，是吸纳就业的主力行业。其中教育行业、公共管理和社会组织行业的吸纳作用尤为突出，2018 年相应的就业人数分别为 7 719.76 万人和 7 936.78 万人，占比分别为 9.93% 和 10.21%；卫生、社会保障和社会福利业的就业人数为 4 145.65 万人，也高于其他行业，占比为 5.34%。2018 年生活性服务业名义增加值每增长 1 个百分点，就业人数增加 52.80 万人（见图 19.3）。

行业投资增速分化趋势明显

服务业固定资产投资同比增长 5.5%，占全部固定资产投资比重达 59.0%，

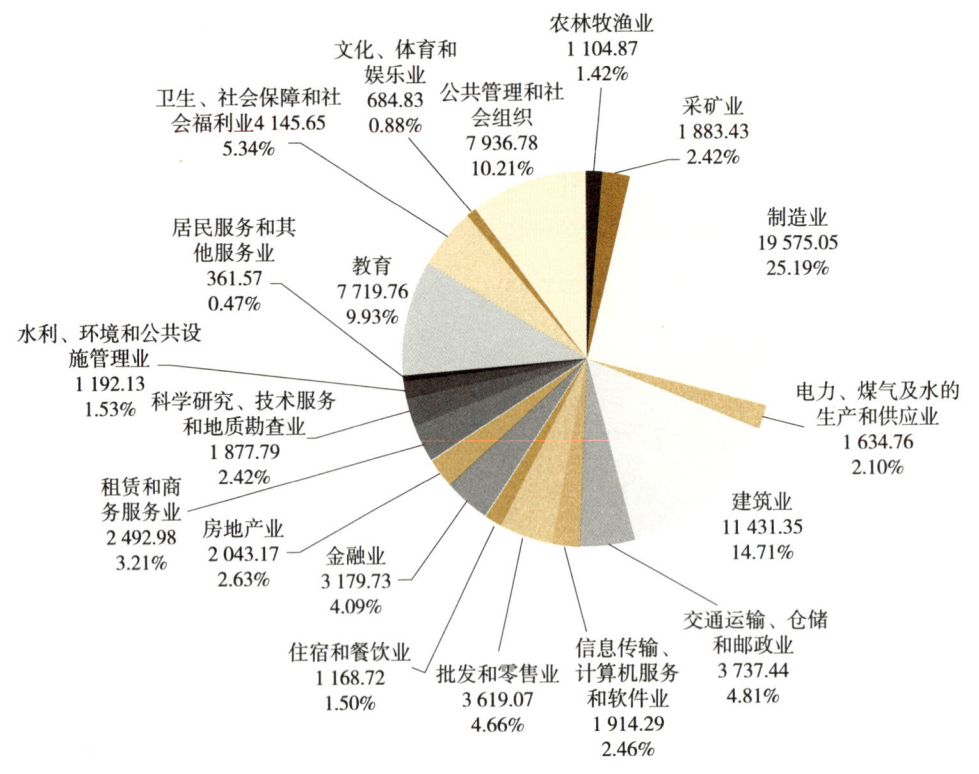

图 19.3 2018 年全国各行业就业人数及比重（万人，%）

资料来源：国家统计局及笔者测算。

高出第二产业 21.6 个百分点。服务业投资占比高，稳投资引领作用进一步夯实。生活性服务业方面，投资增速呈分化趋势，生态保护和环境治理业，文化、体育和娱乐业同比增速保持两位数，分别为 43.0% 和 21.2%，分别高于整体服务业 37.5 和 15.7 个百分点。教育，卫生和社会工作投资增速分别为 7.2% 和 8.4%，较 2017 年分别下降 13.0 和 9.7 个百分点，但分别高于整体服务业 1.7 和 2.9 个百分点。公共设施管理业的同比增速大幅下滑，并低于服务业整体增速；而水利管理业，住宿和餐饮业，居民服务、修理和其他服务业，及公共管理、社会保障和社会组织均为负增长（见图 19.4）。

2018 年，全国居民人均消费支出为 19 853.00 元，较 2017 年增加 1 530.85 元，同比增速为 6.20%，较 2017 年高出 0.81 个百分点。其中，食品烟酒和衣着的消费占人均消费支出的比重继续下行，服务性消费比重不断攀升。国民核算的居民消费中，服务消费占比为 49.5%，比 2017 年提高 0.3 个百分点。全国居民人均食品烟酒和衣着消费支出占比为 28.36% 和 6.49%，较 2017 年分别下降

0.96 和 0.26 个百分点；人均医疗保健支出占比为 8.49%，较 2017 年上升 0.57 个百分点；人均居住消费支出占比为 23.41%，较 2017 年上升 0.99 个百分点。人均交通通信和教育、文化和娱乐消费支出占比分别为 13.47% 和 11.21%，较 2017 年小幅回落 0.16 和 0.17 个百分点（见图 19.5）。

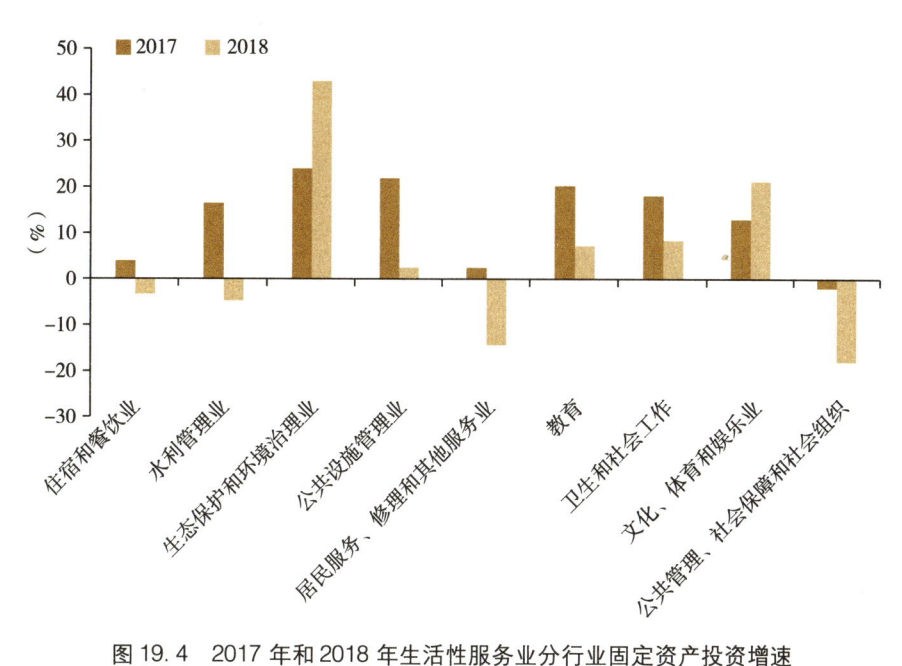

图 19.4　2017 年和 2018 年生活性服务业分行业固定资产投资增速

资料来源：国家统计局。

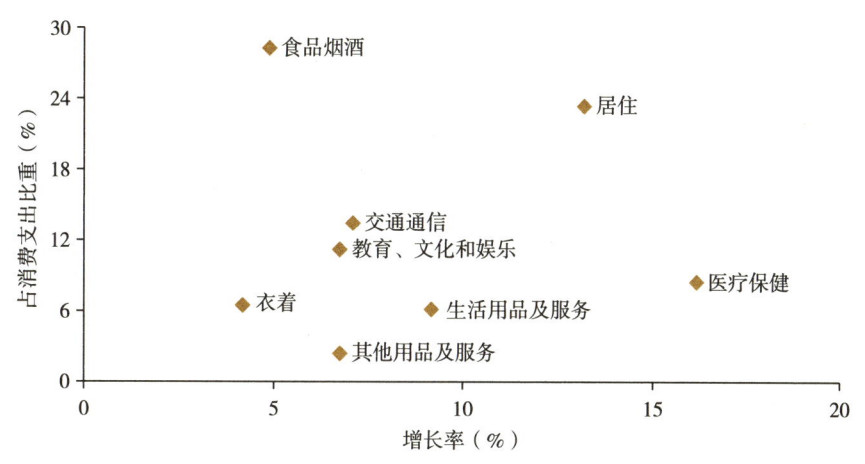

图 19.5　2018 年居民人均消费支出构成和同比增速

资料来源：国家统计局。

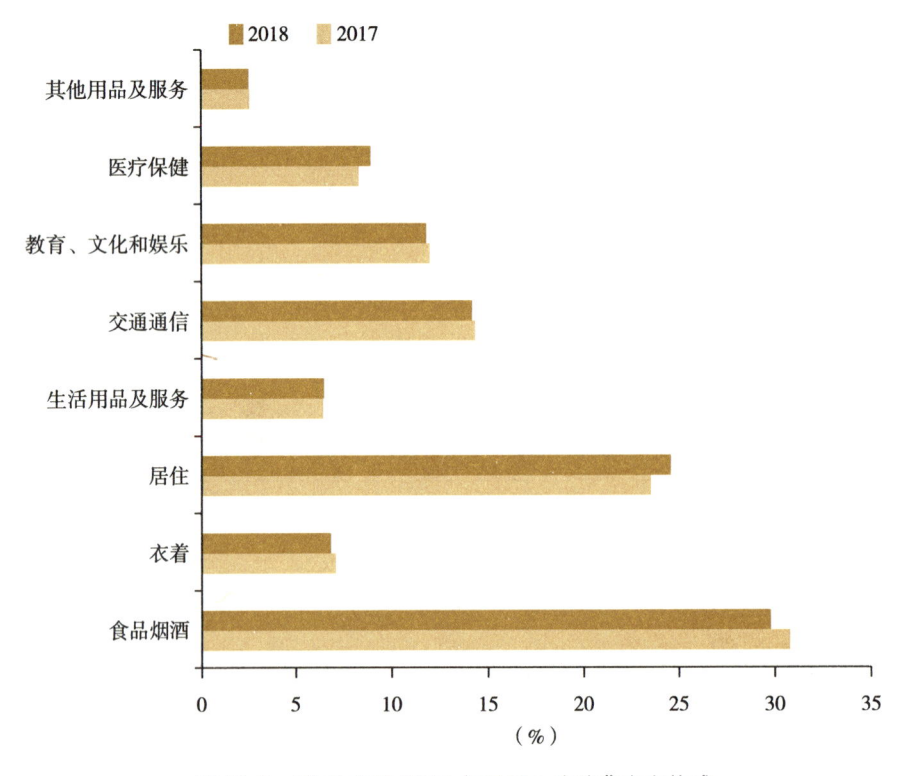

图 19.6 2017 年和 2018 年居民人均消费支出构成
资料来源：国家统计局。

服务性消费比重呈攀升态势

人均消费增速方面，居民人均医疗保健和居住消费支出同比增速加快明显，为 16.11% 和 13.15%，较 2017 年分别上升 3.52 和 5.08 个百分点，医疗保健消费支出增速尤为突出；人均食品烟酒和衣着消费支出同比增速亦有所上升，为 4.79% 和 4.15%，较 2017 年分别上升 0.47 和 1.27 个百分点；人均教育、文化和娱乐消费支出同比增速则有所放缓，为 6.70%，较 2017 年下降 2.24 个百分点；人均交通通信支出同比增速为 7.05%，较 2017 年上升 0.16 个百分点。一方面居民可支配收入增速放缓至 6.5%，较 2017 年下降 0.8 个百分点，导致消费增速整体放缓，并向商品消费结构性倾斜，而居民住宅和租房价格不断上涨则引致服务性消费向居住消费倾斜；另一方面以拼多多引领的电商开始将消费市场下沉到三四线以下城市，部分中低收入者的低端商品消费偏好开始显性化，居民消费分级。但总体看消费并未降级，只是消费升级速度放缓，服务性消费比重继续呈上升趋势。

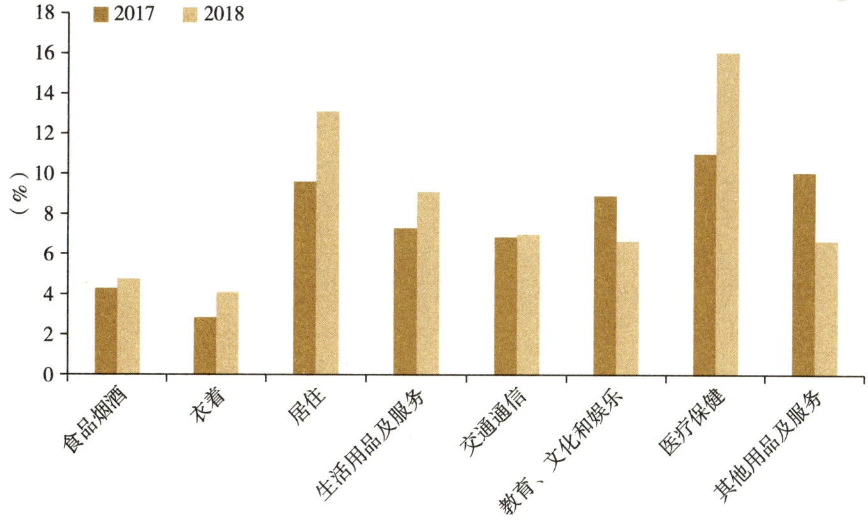

图 19.7 2017 年和 2018 年居民人均消费增速
资料来源：国家统计局

企业规模和利润持续性增长

2018 年，规模以上服务业企业营业收入和营业利润同比增速分别为 11.4% 和 6.50%。生活性服务业规模和利润也保持高速增长，从上市企业数据看，2018 年三季度沪深股市 133 家生活性服务业企业累计营业收入 2 910.59 亿元，同比增速为 14.69%；累计净利润为 396.13 亿元，同比增速为 20.75%，其中亏损企业 7 家，比 2017 年度同期减少 2 家，行业整体营收和净利润均保持较高增速。分行业看，主要行业营业收入和净利润均保持增长，其中卫生行业和文化艺术业表现抢眼：卫生行业营业收入和净利润增速分别为 30.77% 和 149.51%，文化艺术业营业收入和净利润增速分别为 61.02% 和 56.08%。而居民服务业和体育行业由于只有 1 家上市企业，营业收入和净利润增速变化幅度较大。

数字经济带动产业结构优化

2018 年移动互联网累计流量 711.06 亿 GB（吉字节），同比增长 189.10%；移动互联网用户数 13.97 亿，同比增长 9.85%。随着互联网流量的飙升和用户的持续性增长，"互联网＋"已经深深融入和渗透各行业、各领域，催生了数字经济、平

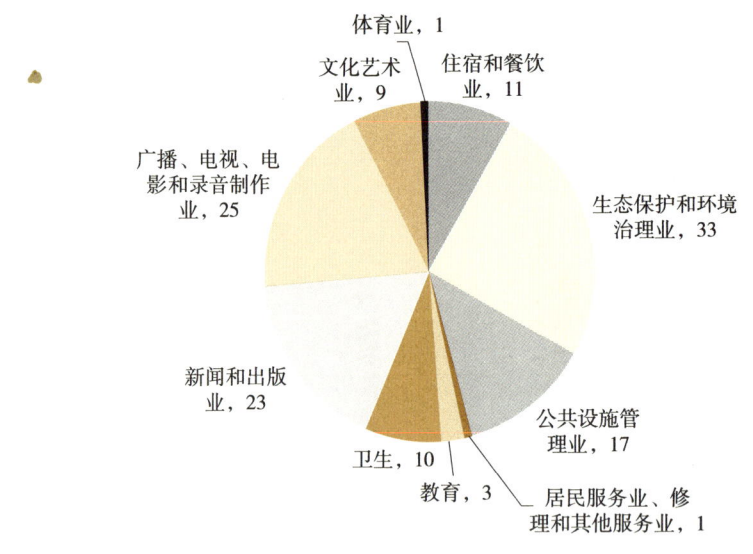

图 19.8 2018 年生活性服务业分行业上市企业数（家）

资料来源：Wind。

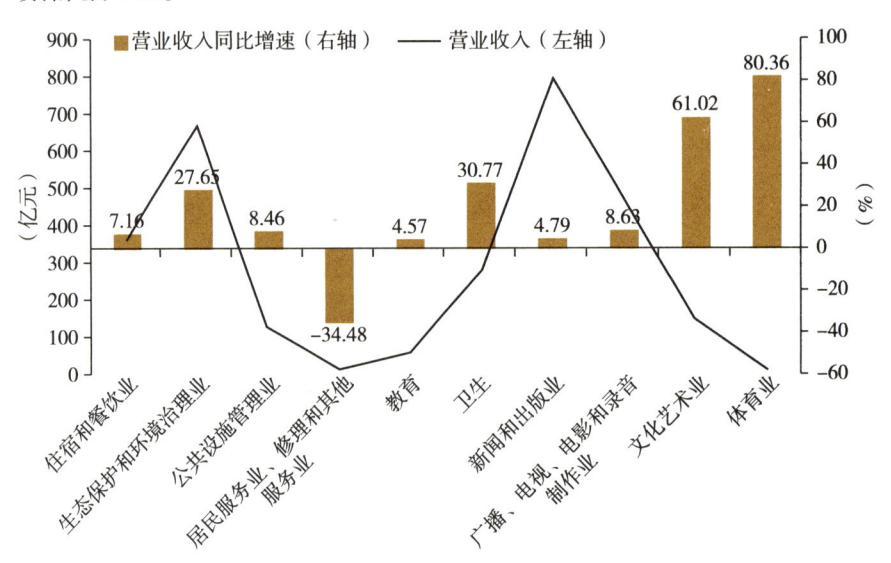

图 19.9 2018 年三季度生活性服务业上市企业分行业营业收入和增速

资料来源：Wind、上市公司季报。

台经济、共享经济等新产业、新业态及新商业模式的发展，带动传统产业结构优化升级。生活性服务业领域，短视频/直播、网络视频、网络文学、网上外卖、在线教育、在线旅游、在线政府服务等业务也迅速发展。2018 年末，网络音乐、网络新闻、网络视频及网络游戏用户规模分别为 5.76 亿、6.75 亿、6.12 和 4.84 亿人，同

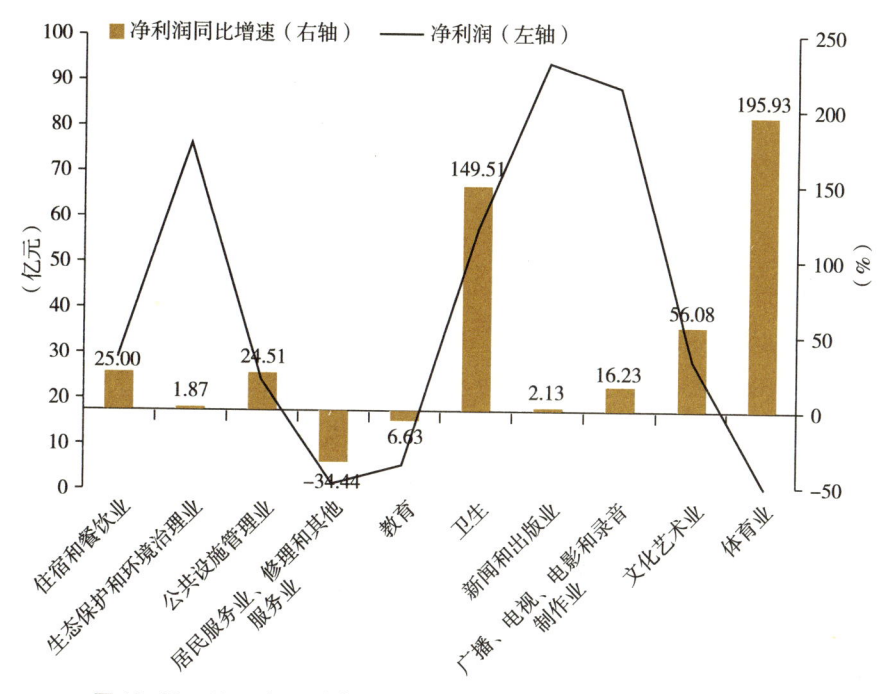

图 19.10　2018 年三季度生活性服务业上市企业分行业净利润和增速
资料来源：Wind、上市公司季报。

比增速分别为 5.02%、4.30%、5.72% 和 9.56%；网络文学、旅行预订、网上外卖和在线教育用户增长较快，同比增速分别为 14.37%、9.11%、18.24% 和 29.68%，用户规模分别为 4.32 亿、4.10 亿、4.06 亿和 2.01 亿人。

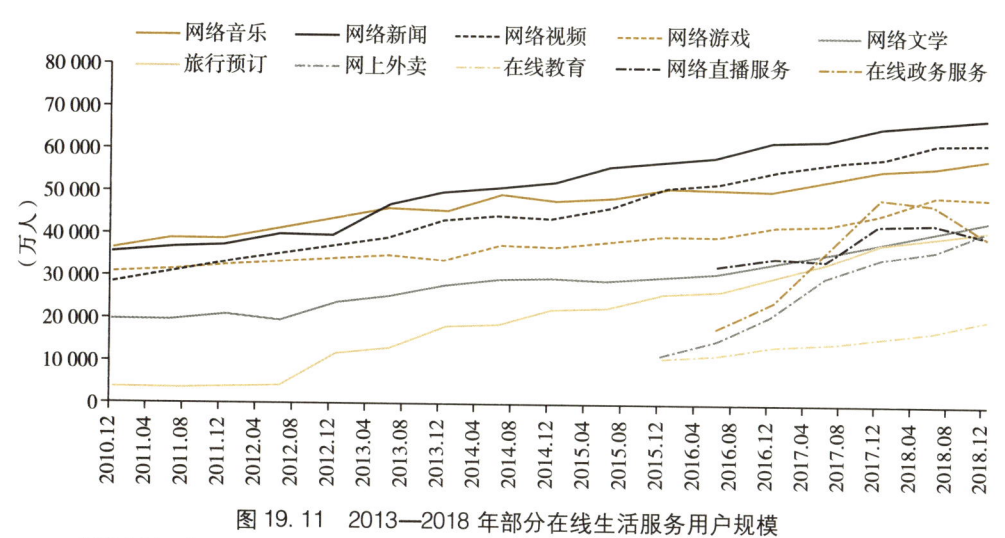

图 19.11　2013—2018 年部分在线生活服务用户规模
资料来源：中国互联网络信息中心。

未来十年我国生活性服务业发展趋势

分析模型的逻辑

对未来十年我国生活性服务业发展趋势的分析和预测，是根据典型工业化国家服务业结构演变的经验事实，结合我国人均GDP（以1990年国际元衡量）的预测值，对照这些国家在相同发展阶段的个人服务业和社会服务业的增加值比重，以其均值作为我国这两大类服务业增加值比重的基本走势。在此基础上，综合其他影响因素（第二产业增加值比重、城市化率等），对预测结果进行必要的验证和修正。最后，考虑到当前是中国经济从高速增长向中速增长的转换期，参考这一阶段主要发达国家GFP结构的趋势变化，即居民的生存型消费占比逐步下降，居民的享受型消费占比总体呈上升态势，其中住宿餐饮、文化体育娱乐和其他居民消费的占比有0.5~1个百分点的增长，卫生、教育等消费则提升2~5个百分点。① 对个人服务业和社会服务业的增加值比重进行加总，得到整个生活性服务业的增加值比重。需要说明的是，运用这一预测方法更多是得到我国生活性服务业发展的中长期趋势，具体年份的预测结果可能有误差。②

对2019—2028年服务业发展趋势的预测

以2018年修正后的个人服务业和社会服务业的增加值比重为基准，按照上述分析模型，预测未来十年我国服务业发展趋势。总体上看，我国生活性服务业增加值比重将保持平稳上行，2028年预计达到24.5%左右，个人服务业增加值比重稳中有增，将达到4.5%左右，社会服务业增加值比重逐渐提高，将达到20%左右（见图19.12）。

综上所述，预计2019年我国生活性服务业增加值比重将达到17.8%左右。其中，个人服务业增加值比重为4.0%，上升0.1个百分点；社会服务业增加值比重为13.8%，提高0.5个百分点。

---

① 具体参见《2035：中国经济增长的潜力、结构与路径》相关内容。
② 参见《中国经济增长十年展望（2013—2022）》第十三章的内容。

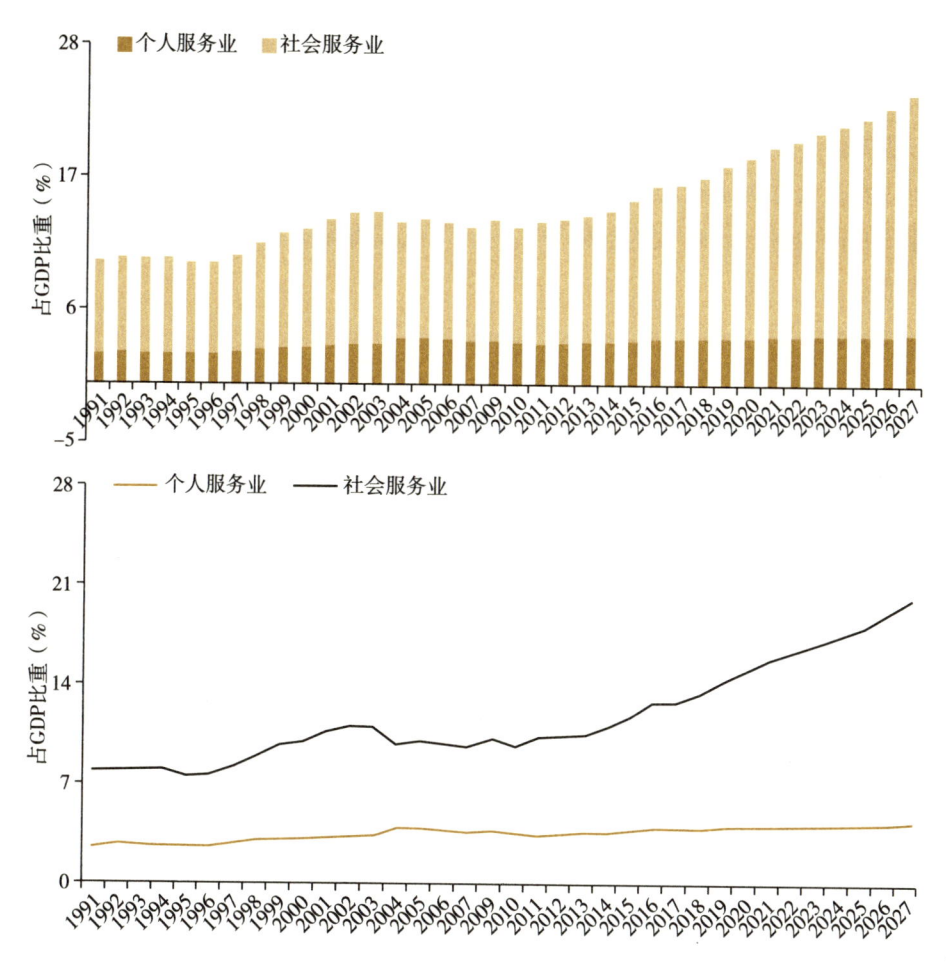

图 19.12　1991 年以来服务业增加值的比重及对 2019—2028 年的预测
资料来源：相关年份的《中国第三产业统计年鉴》及作者测算。

2019 年我国生活性服务业发展展望

宏观经济下行压力下的生活性服务业调整

2019 年宏观经济下行压力较大，但同时"六稳"政策逐步落地，积极财政政策着力减税降费，货币政策由"宽货币"向"宽信用"转化，以确保经济运行在合理区间。在此宏观背景下，生活性服务业整体增速可能会略有回落，生活性服务业内部则会出现新的调整和变化。个人服务业方面，住宿和餐饮业由于旅游行业发展的带动和外出就餐习惯的养成，继续保持小幅回落态势；文化体育娱乐行业则在内容质量的不断提升下，继续保持较高增速。社会服务业方面，卫生和社会工作行业伴随着医保局的成立，加之分级诊疗、多点执业以及社会办医政策的持续推行，将继续保持高位运行，而教育行业由于普惠性幼儿园推进和教培机构整顿等影响，增速或将略有回落，但仍高于服务业整体增速。

中美贸易摩擦倒逼生活性服务业转型加速

中美贸易摩擦主要集中在货物贸易领域，短期来看对服务贸易的影响较小，但是中长期美国对技术出口的管控将会限制技术贸易和知识产权服务贸易的发展。2019年，中美贸易摩擦将倒逼生活性服务业加大对外开放，包括教育、医疗及文化体育娱乐等领域的开放，既会引入外资服务企业共同参与竞争，发挥外资企业在人才、技术、知识、管理、商业模式等方面的外溢效应，也会推动中国优秀的服务企业走出去，扩大服务业市场规模，提升企业竞争力。我国生活性服务业在服务品质、标准建设及品牌培育等方面，将在与国际接轨的道路上更进一步。

大众付费意识崛起引领的服务性消费升级

消费群体代际演进、移动支付普及以及知识产权的保护正在驱动知识、内容等生活性服务领域的付费意识崛起：2018年知乎移动App活跃用户数由2015年的311.24万人增加到1 506.61万人，复合增长率（CAGR）为69.16%，同比增速为16.12%；2018年喜马拉雅"123狂欢节"内容消费总额达4.35亿元，是2017年的2.2倍，超过2 135万用户参与；2018年三季度爱奇艺公布付费用户数为8 090万人，同比激增89%。2018年12月，发改委等38个部委印发《关于对知识产权（专利）领域严重失信主体开展联合惩戒的合作备忘录》的通知，加强对知识产权侵犯行为的联合惩戒。对知识产权保护力度的加大也将进一步从供给侧推动消费者教育文化娱乐的支出增长；医疗体制改革的深化则将持续从供给侧推动居民医疗卫生消费的增加，2019年服务性消费的增长和升级这一主流趋势将愈发显现。

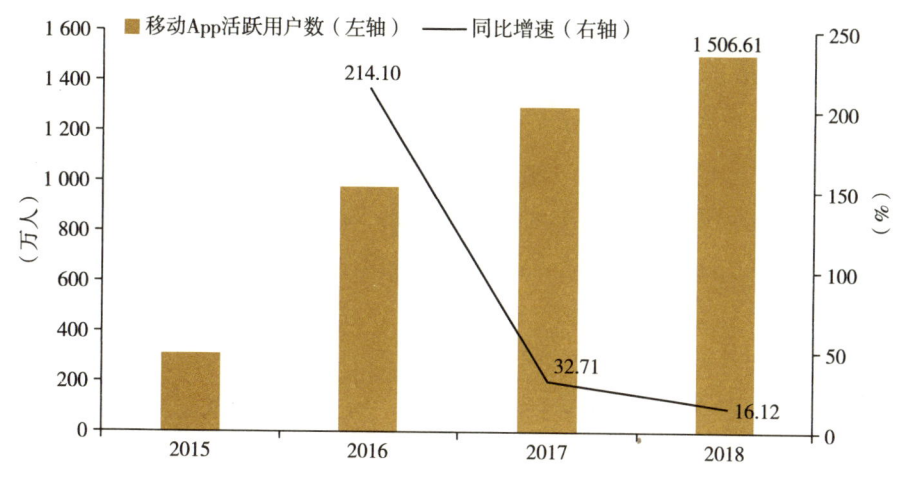

图 19.13　2015—2018 年知乎移动 App 活跃用户数与增速

资料来源：Wind。

互联网普及时代的生活性服务业市场下沉

2018 年拼多多另辟蹊径的市场扩张，让我们看到了三四线城市及以下低收入人群的消费需求。2018 年末，拼多多移动 App 活跃用户数 1.44 亿人，较 2017 年末增长 43.86%。2019 年，移动互联网和低价移动终端的广泛普及，将让下沉流

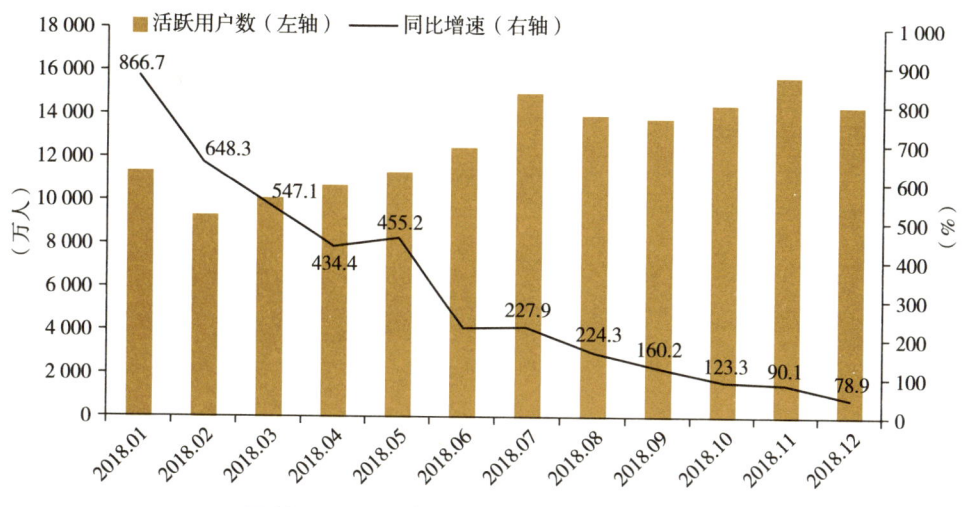

图 19.14　2018 年各月拼多多活跃用户数与增速

资料来源：Wind。

量人群的文化娱乐和教育等生活服务性需求在线上加速显性化。2018年末,中国网民规模8.29亿人,手机网民规模8.17亿人,同比增速分别为7.32%和8.55%;互联网普及率为59.60%,较2017年同期增长3.8个百分点。从中国网民的学历结构、年龄结构及收入结构看:高中及以下学历人群占比为81.40%,10~49岁高消费需求群体占比为83.40%,收入在5 000元及以下的群体占比为76.00%(图19.15)。百度移动App流量平台用户兴趣分布数据显示,除影视音乐外,近两年每月关注教育培训、影视音乐、医疗健康、书籍阅读及餐饮美食领域的用户占比均在上升,且2018年末整体比例上升到37.38%(图19.16)。互联网和生活性服务业的不断渗透和融合,也让中小城镇居民及低收入群体的生活性服务供给端得到了有效保障。

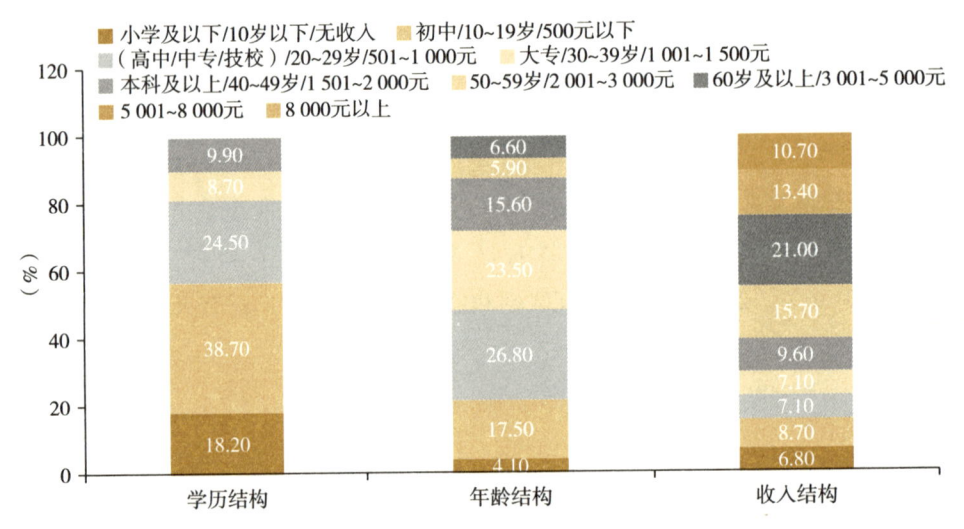

图19.15 中国网民的学历结构、年龄结构及收入结构
资料来源:中国互联网络信息中心。

深层次市场化驱动中长期增长潜力释放

生活性服务业中长期发展存在的问题

服务业开放水平不高,产业国际竞争力弱

我国生活性服务业开放水平不高,在文化、教育、卫生等领域对内外资企业准入都存在较多限制,导致生活性服务业领域竞争不足、供给质量差,比如"学

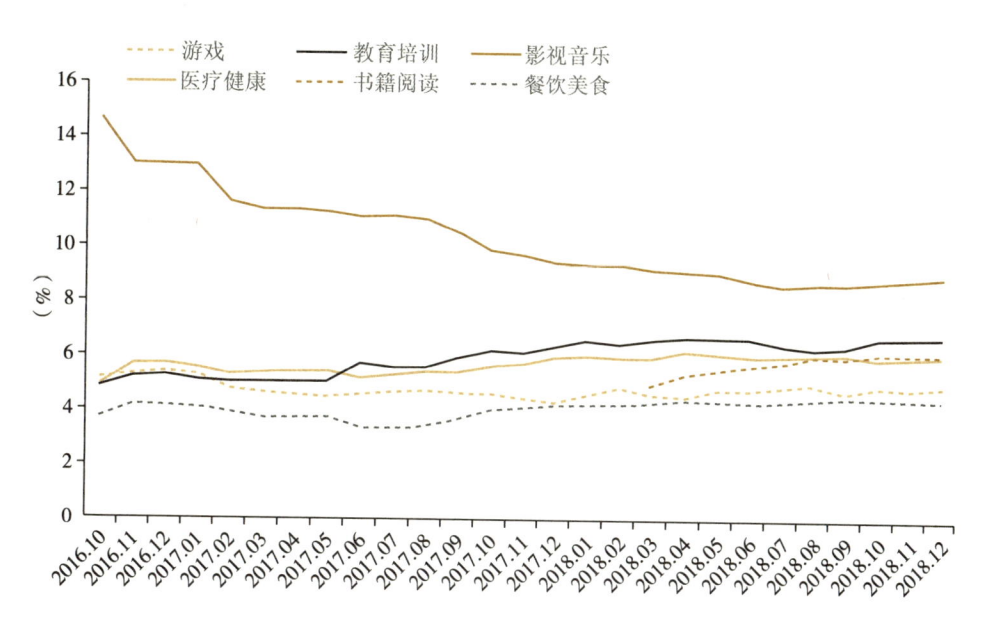

图 19.16　移动 App 流量平台用户兴趣分布

资料来源：百度。

区房"竞争激烈，三甲医院人满为患，居民"入园难""看病难"等问题依然突出。部分服务业如教育、医疗、文化等行业的准入限制较多，部分服务业初创企业还存在"准入不准营"问题，出版等领域则行政垄断色彩较强。同时，我国教育、文化体育娱乐、医疗卫生及商务服务业等产业的国际竞争力弱。以电影行业为例，近年国产电影质量虽有明显的提升，但与好莱坞电影工业化能力和制作水准差距明显。再如体育行业，CBA（中国职业篮球联赛）和 NBA（美国职业篮球联赛）在观众上座率和赛事影响力方面也有较大差距。

政府公共供给不到位，管理体系亟待优化

生活性服务业发展过程中政府缺位现象严重，政府公共管理和服务不到位。首先，政府监管理念及体制机制滞后，多头监管和监管漏洞依然存在，例如 2018 年被社会媒体曝光的影视行业偷税漏税问题。同时监管能力不足、监管手段落后，政府难以在适当时机出台适用的行业监管标准，行业监管缺乏前瞻性和灵活性。其次，生活性服务业法律法规不完善，一些关键领域和重点环节法律缺失情况较为突出，违法成本低，执法力度不严，难以对市场参与者的行为进行有效约束，对于部分服务业出现的新业态和新模式存在法律法规滞后，外卖配送人员、家政服务人员等生活性服务业从业者的合法劳动权益缺乏相关法律法规的保护，对知识产权保护的立法和执法还不够。

供给端人才培养落后，生产要素不足

我国生活性服务业人才和资金供给不足问题突出，高层次服务业人才缺乏，人才培养机制落后产业发展，相关专业教育与产业实际发展脱钩，阻碍优秀医生、教师等人才自由流动的障碍依旧存在，部分服务业从业人员素质低，服务意识差。同时服务业企业由于缺乏可抵押的固定资产，难以获得银行贷款，服务业企业在无形资产抵押、债券融资等方面获得的支持力度也不够。我国生产要素价格存在扭曲，要素价格的改革和要素市场的开放滞后，土地要素交易市场亟须放开，官方利率与民间利率之间经常存在较大差异，要素价格不能作为配置资源的信号。

需求端环境设施欠缺，居民消费体验不佳

消费环境方面，服务消费领域消费者投诉问题多、维权现象不断，质量安全、价格欺诈及虚假广告等问题不停地牵动和刺激着我国国民的神经。近年来幼儿园教师虐童和医疗卫生事故频发等都表明服务消费环境亟待改善。消费者隐私信息易被侵犯，消费者维权难，多方参与的监督体系尚待完善。消费基础设施方面，物流、网络基础设施等的渗透和普及尚待加强，交通设施建设与主要商业网点、旅游景点的布局规划还存在脱节，公共教育、卫生、文化及生态环境等方面的基础投入和建设也严重不足。

深层次市场化驱动产业释放增长潜力

深化生活性服务领域扩大开放

优先推动生活性服务业的对内开放，重点加快医疗、教育、文化、体育、娱乐等知识密集型服务业的开放，充分利用各类社会资本，加快充分竞争领域的国有服务业企业的股权多元化建设，积极推动部分事业单位的混合所有制改革，引入市场化机制。扩大和深化生活性服务业的对外开放，以开放促进市场有效竞争，逐步推进生活性服务业各领域的有序开放，支持内外资企业更广泛、更多元的合作。构建法治化、国际化、便利化的营商环境，加大"放管服"改革力度，提高人员出入境和境内外投资的便利性，提升外籍高端服务人才配套生活环境。积极推动双边、多边、区域服务贸易谈判和全球服务贸易规则制定和不断升级，推进亚太自贸区建设，逐步构筑起立足周边、辐射"一带一路"、面向全球的高标准服务贸易网络，在融入全球性市场经济体系中推动生活性服务业长期高质量增长。

明晰市场和政府的职能与分工

发挥市场经济在生活性服务业领域配置资源的决定性作用,政府聚焦于引导市场制度的建立,维护市场秩序,提供公共服务和产品,弥补市场失灵。大力破除生活性服务业领域计划经济遗留的过渡性体制机制,消除不合理的政府行政垄断、产业政策及产业补贴等对生活性服务业发展的制约。完善要素市场化配置机制,深化土地制度改革,推动教育机构、公立医院等的人事管理制度改革,推动金融实质性的去财政化,在生活性服务业领域建立全国统一、公平竞争、开放有序的现代市场体系。修订和完善对服务业的监管政策,加强高水平行业管理规范和标准的出台、更新,健全以服务质量为导向的动态监管机制,提高政府监管政策的前瞻性和灵活性。提高政府管理效能,优化政府公共服务,推动政府公共服务市场化,发挥社会力量的作用,发展政府高端智库,建立科学合理的政府购买服务机制。

夯实生活性服务业法治化基础

社会主义市场经济是法治经济,生活性服务业市场化必须依赖法治保障。积极建设完备的、高水平的服务业市场法律法规体系,加强教育、医疗、文化等领域市场化发展的立法保障,以法律形式规范服务业相关领域的市场准入制度,推动服务业竞争领域市场主体的多元化,并明确民营、外资等各类服务业机构的合法地位,保障其合法经营的权益。加快新兴服务领域的立法规范,明确适用条款和细则,防范和化解各类交易和服务纠纷。不断完善价格管理、规范垄断等相关法律法规,加强知识产权保护法律法规的完善,加强服务业从业人员的劳动权益立法保护。明确界定各类违法行为,加大对违法行为的处罚力度,建立一套完备的贯彻实施体系、执法监督体系及评估检测体系,做到执法必严、违法必究,并不断完善和更新。积极构建行业协会、消费者、新闻媒体等多方参与、多层次的服务业市场监督体系。

强化基础设施与人力资本建设

在积极的财政政策下,将基础设施建设重点转向医疗、养老、教育、社保等薄弱的民生领域,加快完善各类公共服务设施及商业服务载体。积极推进人力资本提升,全面改善低收入阶层的生存发展条件,推动教育、医疗、社保等资源向低收入群体倾斜,大力发展职业教育,加速医疗卫生体制改革,加大国有资本转向社保基金的规模和力度,增加社会流动机会。改善进城务工人员的生活、住房及公共服务条件,加强职业技能培训,拓宽进城务工人员继续学习和提升的渠道。以生活性服务领域基础设施建设和人力资本的全面提升，推动生活性服务业和中国经济中长期增长潜力的进一步释放。

参考文献

刘世锦主编，《中国经济增长十年展望（2018—2027）：中速平台与高质量发展》，北京：中信出版社，2018年。

中国发展研究基金会"博智宏观论坛"中长期发展课题组，刘世锦、王子豪、蔡俊韬、钱胜存，《2035：中国经济增长的潜力、结构与路径》，《管理世界》，2018，34（07），第1—12页。

刘世锦，《稳杠杆、稳预期需要着力解决高杠杆背后的体制政策问题》，《21世纪经济报道》，2018年11月20日，第004版。

刘世锦，《优先推动与高质量发展配套的改革》，《领导科学》，2018（31），第21页。

刘世锦，《着力降低五大基础性成本》，《理论与当代》，2018（03），第62页。

刘世锦，《要做实做优而非人为做高中国经济》，《财经界（学术版）》，2018（06），第7—8页。

刘世锦，《中国经济的"要害问题"》，《商业观察》，2018（09），第13—17页。

刘世锦，《中国发展研究基金会副理事长刘世锦：中国经济如何转入高质量发展轨道？》，《环境经济》，2018（01），第42—45页。

刘涛，《如何推进服务业提质增效升级》，《新经济导刊》，2018（08），第50页。

刘涛，《把开放成果转化为服务业高质量发展的强大动力》，《人民政协报》，2018年8月14日，第005版。

王微、王青、赵勇，《消费性服务业亟须深化供给侧结构性改革》，《中国经济时报》，2018年8月16日。

第二十章 推动金融实现高质量市场化

陈道富

要点透视

➢ 2018年我国货币金融运行整体呈现紧缩态势，不同领域不同群体普遍出现融资难融资贵和投资难并存状况。

➢ 近年来我国金融风险事件频发，"宽货币"无法顺畅转化为"宽信用"。表面上是风险化解和货币政策传导机制问题，但深层次上反映了我国投融资体制的不足。

➢ 深化投融资体制改革，既要着眼于根本，也要从经济和体制转型入手，回应当前迫切的政策诉求。我国宜减税降负稳住市场信心，保持市场活力，为经济转型创造条件。提高财政资金使用效率，平衡中央和地方的融资能力和财政支出责任。严格区分不同责任，理顺各类主体和平台的激励约束机制，推动金融的开放竞争。做好过渡性制度安排，科学制定和实施政策。

2018年受外部环境变化、宏观经济下行及"去杠杆"和"严监管"等影响，我国信用扩张速度出现下降，微观主体普遍面临融资难融资贵，金融风险也出现集中的暴露。货币政策传导不畅和风险暴露，都从某个侧面揭示了我国金融运行的深层体制机制问题。2019年我国仍继续推动防范化解风险尤其是金融风险攻坚战，开展金融供给侧结构性改革，除货币政策和监管制度完善外，重要的就是投融资体制改革，优化金融结构，实现金融的高质量市场化。

2018年货币金融运行回顾

2018年我国货币金融运行整体呈现紧缩态势，不同领域不同群体普遍出现融资难融资贵和投资难并存状况。2018年也是金融风险集中爆发的年份，以P2P、信用债违约、股权质押风险和银行不良贷款攀升为表现形式的风险事件此起彼伏，处于风险高发状态。

信用扩张速度处于历史低点，普遍存在融资难融资贵问题

2018年我国M2同比增速已降至有历史记录以来的最低值，最能反映企业资金松紧状况的M1同比增速降至1.5%，综合反映企业外部融资的社会融资总量同比增速也降为9.8%。评级在AA-及以下的企业债券基本上得不到市场资金支持。非银行信贷融资和资产管理业务出现历史上较少见的大幅度净减少。受债券市场违约、股票质押爆仓、表外融资大幅萎缩的影响，由于之前过度膨胀和多元化，杠杆率较高，市场化运作的工业、服务业企业资金状况急剧恶化。在经济下行期，受所处经济领域不同和体制性因素的影响，民营企业的融资难问题更加突出，受到了广泛关注。原来融资便利的上市公司也开始出现融资难问题。股票市场为防止"妖精""害人精"，避免造假和市场操纵，在缺乏集体诉讼制度的前提下，大幅修改并实质性收紧了IPO（首次公开发行）、再融资、并购重组、举牌和减持等规定，在一定时间内暂停IPO审核，后又实质性提高IPO审核标准。上市公司股权融资（IPO、再融资、老股出售）出现困难，加上信用债市场

违约事件频发,更加依赖股权质押和要求实际控制人有保底承诺的定向增发融资,一旦股价下跌则陷入恶性循环。前些年我国基础设施和政府项目的融资渠道较畅通,但2018年融资问题严峻,已成为新的"融资难"领域。2018年基础设施投资增速持续下行,目前总体上已接近零增长,部分地区和行业甚至出现负增长。基础设施的资金来源增速更是低迷,普遍面临财政投入不足,资本金匮乏,难以吸引社会资本,难以通过传统融资渠道如银行、政策性银行和资本市场融资。中小微企业融资难融资贵问题是世界性难题,我国政府采取了大量措施应对,取得了积极成效,但尚未根本逆转。除受宏观环境和传统融资渠道收窄影响外,表外金融业务和民间借贷萎缩,极大地降低了中小微企业最终能够获得的资金量。商业信用环境的恶化进一步加剧我国中小微企业融资难融资贵问题,尤其是地方政府和国企的各类欠款,严重影响了中小微企业商业信用链条的良性循环。

金融风险事件集中爆发,金融市场大幅震荡

2018年以来,我国股票、债券、期货和汇率等金融市场均出现大幅震荡,还出现股票质押风险暴露、债券信用违约等风险事件。银行不良贷款率再次反弹,部分中小银行更是出现不良贷款率大幅提升。

2018年股票市场大幅下跌。全年上证综指下跌24.59%,深圳成指下跌34.42%,创业板指数下跌28.65%,中小板指数下跌37.75%。随着股票市场价格下跌,大量质押股票达到警戒线和平仓线。据证监会官员披露,2018年11月底,A股市场共有3 456只股票存在股权质押,占比超过90%;涉及市值4.66万亿元,对应融资额高达2.7万亿元;质押股票触及平仓线市值约为7 000亿元,对应风险暴露融资额在6 000~7 000亿元。2018年企业债券违约风险显著增大。2018年共有43家公司119只债券发生违约,违约债券金额达到1 161.51亿元。债券违约金额是2017年的3.5倍,超过2014—2017年违约金额的总和。

2018年互联网金融风险集中暴露。据网贷之家统计,2018年7月起,P2P风险集中暴露,新增问题平台大幅增加后有所回落,P2P成交额和贷款余额持续下降。

2019年货币金融前瞻和未来十年展望

2019年我国面临"百年未有之变局",既有外部不确定性,还面临"六稳"挑战,宏观调控更注重逆周期、前瞻性和灵活性。货币金融是实体经济的一种反

映，在这种不确定性加大和转型的环境中，货币金融运行也将可能突破原有的运行轨迹，使预测准确性下降。

2019年货币金融数据预测

人民币贷款

假设2019年固定资产投资增速与2018年保持稳定，企业的中长期贷款增速企稳。在稳健货币政策下，票据融资等渠道投放的资金处于高位。受居民收入和债务负担的影响，居民贷款增速有所下降。通过人民币贷款不同构成部门贷款增长预测，可初步预测2019年人民币贷款余额达152.84万亿元，同比增速13.45%，新增人民币贷款规模18.1万亿元。

M2

近些年由于金融市场多元化，为更准确反映市场流动性状况，M2统计口径进行了多次调整。与此同时，银保监会不再按照75%考核存贷比。从货币创造角度看，人民币贷款/M2比值不再稳定，在边际上该比值近两年都超过1，人民币贷款重新成为货币创造的主渠道且通过金融创新漏出（相当部分属于表外信用创造的再回表）。考虑到2019年这些状况不会进一步加剧，初步假设两者的转换比例为1.2，则2019年新增货币15.1万亿元，货币余额197.78万亿元，实现同比增速8.27%。

社会融资

除新增人民币贷款1.81万亿元外，表外融资由于2017年和2018年大幅波动，考虑到2019年政策趋于稳定，假定新增量为零，股票市场融资能取得过去两年融资的平均值，债券市场保持融资量不变。2017年和2018年社会融资统计增加了地方政府专项债券、资产证券化资产和贷款核销三项，其综合在这两年保持稳定，考虑到2019年将加大地方专项债券的发行量，银行不良贷款的核销力度可能还会加大，但资产证券化的规模可能会有所削弱，假设2019年也维持在3.7万亿元，综合考虑，2019年新增社会融资规模24.9万亿元。

未来十年货币金融数据展望

基于中期视角，仍可假设通过十年的努力，我国的货币金融体系发展接近发达国家金融与实体经济相对和谐的状态，即各个货币金融指标与GDP的比重处于相对稳定的阶段。根据对未来十年GDP的预测，可对未来的M2、社会融资和金融业增加值的数值预测（如表20.1所示）。

表 20.1　2019—2028 年金融发展指标预测　　　　　　　　　　　（单位：亿元）

	2019	2020	2021	2022	2023
GDP（现价人民币）	985 169	1 076 074	1 165 065	1 258 443	1 357 436
金融业增加值	69 099.9	73 883	78 667	83 450	88 233
M2	1 977 800	2 114 510	2 251 220	2 387 930	2 524 640
社会融资	249 000	254 622	260 244	265 865	271 487
	2024	2025	2026	2027	2028
GDP（现价人民币）	1 462 212	1 572 908	1 686 022	1 805 930	1 932 645
金融业增加值	95 044	102 239	109 591	117 386	125 622
M2	2 661 350	2 798 060	2 934 771	3 071 481	3 208 191
社会融资	292 442	314 582	337 204	361 186	386 529

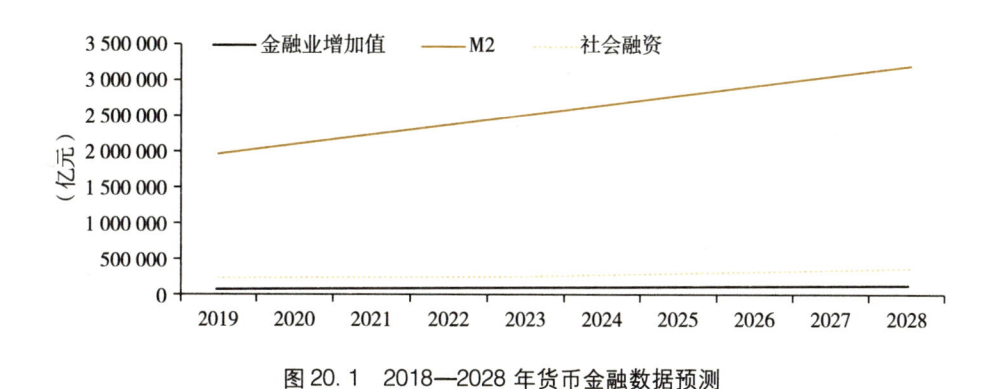

图 20.1　2018—2028 年货币金融数据预测

推动投融资体制改革，缓解我国融资难融资贵问题

近年来我国金融风险事件频发，"宽货币"无法顺畅转化为"宽信用"。表面上是风险化解和货币政策传导机制问题，但深层次上反映了我国投融资体制的不足。

我国当前投融资面临的主要问题

当前，我国投融资面临的问题集中体现为融资难、融资贵和投资难。现有机构和项目难以合理的价格获得必要的融资，金融机构难以其风险收益评价标准找到合意的融资企业和项目，出现"有钱人找不到投资对象，有投资项目的人融不到钱"的现象。

一是融资难。融资难不仅出现在国际社会普遍存在融资难融资贵的中小微企业领域，也开始出现在交通运输、水利工程等基础设施和政府项目上，市场化运作的工业和服务业领域也广泛存在。

二是融资贵。我国企业资金成本偏高，面临普遍的融资贵问题。我国资金市场还存在明显的三元结构：银行、资本市场构成的正规金融体系；资产管理和各类准金融机构构成的影子银行体系；互联网金融和民间借贷。融资成本高度取决于进入哪类金融体系融资。

三是投资难。社会投资机会的匮乏，在某种程度上表现为市场对房地产和银行理财产品的追捧。政府设立了大量各种各样的"产业基金"，有些也以较大的杠杆获得了社会融资，但难以找到符合风险收益标准的项目，投资落地率不高。国有资本结构性调整基金、扶贫基金也存在同样的问题，投资方的收益要求出现分歧，难以被市场接受。社会资金同样充裕，前些年的社会资本以高PE入股企业，2018年已出现大量企业上市发行价低于最后融资方成本。

我国当前融资难融资贵的深层次原因分析

融资难是经济转型期的典型特征，合理但不合意，需要适当引导。经济转型期意味着经济增长需要从原来的增长模式转向新的增长模式，动力和结构都要发生根本性转变。这也意味着原来的增长逻辑普遍面临"过剩"，新增投入并不能产生效益甚至出现负面效果，但新的增长逻辑尚未经过市场检验，大量的基础设施和配套环境不健全。因此这个时期，建立在商业运作基础之上的信任较低，即信任是昂贵的。作为商业信任的载体——融资也必然会表现为"难"和"贵"。另一方面，不论是"难"还是"贵"，都是相对概念，都有相对的"不难"和"不贵"。我国当前融资"难"和"贵"，是相对"4万亿"扩张及此后一段时间内的"容易"和"便宜"，是过度扩张和多元化带来的"后遗症"；也是相对于政府隐性担保泛滥，隐性债务急剧扩张而言的规范和转型。民营企业和中小企业的"难"和"贵"是相对于政府、国企和房地产企业的融资不难和不贵，这是商业信任降低后，社会信任从"商业"转向"物"（以房地产为代表）和政府的表现。当金融运作是基于商业效率的信任，其融资难是市场"优胜劣汰"机制中"劣汰"部分功能发挥作用的表现，但从不规范、过度扩张向规范、有序扩张的转型，从商业信任向政府信任的变化，既是转型过程中的合理结果，但可能并不合意，需要政府"有为"来引导。

现有的投融资体系尚不能很好地满足高质量增长和开启新时代的要求。 党的十九大开启了新时代，提出了建设富强民主文明和谐美丽的社会主义现代化国家目标。我国经济增长转向高质量增长，提出了七大战略，设定了近三年的攻坚战目标。这是我们想要做的事，类似于资产负债表中的资产方。为了实现这些目标，需要在负债方有足以保证完成这些目标的融资安排，包括：商业性融资体系（银行、债券、多层次资本市场），政策性金融机构和政策性业务实现的融资体系，财政（预算内、基金、社会保障和国有资本）和货币。我国曾事实上以土地出让金、地方融资平台、大量政策性业务和房地产市场的繁荣支撑着资产方需要完成的目标。随着我国加强对房地产、政府隐性债务的规范，增加更有社会效益的目标，资产和负债之间出现缺口，需规模庞大的政策性金融体系加以弥补。政策性金融是将商业和财政相互结合形成混合机制，需要较长的磨合过程，在机制有效运作前由于财政资金和社会资金之间不同的目标诉求和考核机制，容易带来预算软约束等潜在问题，进而引发财政和货币被动增加。

资产		负债
历史欠账：泡沫和社会保障	三大攻坚战	商业性金融机构
五位一体开启新时代		多层次资本市场
		政策性金融业务
高质量增长：七大战略		政策性金融机构
		公共财政
		货币

理想模式与实际运行巨大落差，快速转型带来"不适"和"紧缩"。 我国金融运行面临社会信任不足和缺乏长期、股权类资金。市场以嵌套、分级和夹层融资等非标方式弥补这类资金的缺口，并通过引入（滥用）政府信用弥补社会信任的不足。这是不合意的"合理"方式，短时间内以人为干预方式破坏这种不合意平衡，带来市场参与主体的不适，引发信用的整体收缩。以金融领域为例，金融领域去杠杆和严监管带来了信用紧缩。在信用扩张的基础上，当前我国金融体系信用扩张主要依靠三个领域：房地产、个人和基础设施。这三大领域贷款加总起来，占金融机构信贷比重为80%左右，政府希望金融机构的支持不超过20%。信用扩张能力从政府信用、资本金双支撑到以资本金为主支撑，短期内会

制约信用扩张能力，进而影响信用扩张速度。当着力打破刚性兑付，市场的利率开始真正反映企业的信用风险，致使中低信用等级的企业利率成本上升。这些都是市场的合理回归，但转型也带来了信用收缩。政府和企业也面临快速的巨大转型压力，从而出现短期内的行为变异。

影响我国投融资体制功能发挥的其他因素

平衡经济转型期潜在经济增速下移和实现合理经济增速要求，为投融资体系设置科学目标。当追求超过潜在经济增速的增长时，就给投融资施加了不现实的压力，容易产生变异和泡沫。在合理设定经济增长目标下，激化市场主体活力，则是实现投融资动态平衡的关键。融资是为投资服务的，"巧妇难为无米之炊"，投融资活力的关键在于投资。当前投资预期严重制约了投融资功能的发挥。经济转型期新增长动能正在培育但尚未成为新的支撑，具有明确盈利预期的投资项目稀缺。当前不论是政府、企业、金融机构还是个人，行为都出现一定程度的变异，对未来的预期不稳。

财政、金融、企业之间的功能定位交叉和错位，金融功能还不发达。财政的金融化（财政的挤出效应）、金融的财政化（金融的道德风险）、问题解决的货币化是我国始终存在的，但又没有根本解决、制约金融功能发挥，导致我国总体利率水平偏高的老问题。金融制度和政策设计时往往预设：企业或金融机构自我约束不强，能力不足，政府不得不替代市场主体而不是帮助主体成长。到目前为止，我国金融机构和市场主要实现资源组织和再配置，价格发现和风险管理功能不足，金融功能大量转嫁到国家和企业身上。如银行发放短期贷款，将流动性风险转嫁到企业。政府融资平台和交通运输运营公司需要统筹协调才能获得外部融资，事实上在企业层面进行了资金的再配置。资产管理行业的快速发展，金融业增加值的快速增加，并不反映金融功能的过度。我国金融体系的开放竞争，还远远不能满足实体经济的需求。

激励约束相容机制设计是核心，但当前出现较普遍的不一致现象。投资、生产、财政和党性要求具有不同的文化和激励约束机制。我国投融资体制涉及投资、生产和财政不同类型的行为，这些行为的文化和逻辑有较大差异。投资是基于未来的行为，是需要企业家冒险精神支撑的。成功的投资在初期往往并不能获得大众的普遍认可，按照现有的数据和标准很难证明其正确性。生产是经济资源的组织，是有明确预期下受成本约束的追求收益最大化。财政更重视社会效益，重视程序的合规性和实现既定目标的成本最小化。党性强调政治纪律，注重党领导一切。当前我国探索了大量新的混合机制，如投贷联动、PPP、政府引导基金和产业基金。这些混合机制在实际运行中出现了一定程度的文化和激励约束机制上的冲突，特别是在目标设定、考核机制上，最终效果并不理想，或者出现行为变异，或者真正落地的不多。经济责任不同于一般意义上的主体责任，但在具体的财务审计、纪律审查中没有有效区分，甚至无视一些法律上的免责规定，影响了经济活力。

政策制定和实施的艺术是难点。政策不合理、不协调、节奏不和谐会严重影响投融资体系的有效运作。我国当前的经济转型中存在大量不合意的机制，既有原有机制不适应经济运行要求，也有泡沫、空转等机制扭曲。转型任务重，要求紧，甚至有大量的"救火"需求。这导致部分政策在短时间内匆忙出台，科学性、灵活性有所欠缺，特别是针对中国具体情况的考虑不足。从不同目标出发的政策协调难度大，同方向的政策同时推动会带来共振叠加，方向不同的政策又容易引发预期混乱。一刀切、运动式追求理想模式的政策实施方式，经常与经济实际运行要求的相对稳定和渐进调整矛盾，一些政策的反复和调整，也给经济主体带来不必要的巨大调整成本，企业家甚至表达最大的期望是政府政策不要过于频繁变动。转型的政策，很多属于"堵后门，开前门"，但当前开前门的政策，或者门槛太高，或者管道太小，破坏了"破"和"立"之间的平衡。

深化我国投融资体制改革的政策建议

深化投融资体制改革，既要着眼于根本，也要从经济和体制转型入手，回应当前迫切的政策诉求。为此，我国宜合理确定经济增长目标，稳定市场预期。在税收征管水平不断上升的环境下，大幅降低增值税和所得税税率。继续深入推进放管服改革，减少不必要的行政性收费。提高财政资金使用效率，平衡中央和地方的融资能力和财政支出责任。严格区分不同责任，理顺各类主体和平台的激励约束机制。区分投资、经济和政治责任，根据不同主体平台特点，设计合理的激励约束机制，激发市场主体活力。此外，划分财政和金融职能，设计不同类别的投融资机制，推动金融的开放竞争。做好过渡性制度安排，科学制定和实施政策。

减税降负稳住市场信心，保持市场活力，为经济转型创造条件。近几个月消费需求出现较大幅度下降，民营企业的税收负担快速上升。为了保持市场活力，有必要在加强征管力度、改革征管体制的同时，较大幅度地实质性降低企业税收等负担，特别是大幅降低增值税和所得税税率。继续深入推进放管服改革，减少不必要的行政性收费。尽快通过推动一两项能见到实效的改革和政策，稳定市场信心，为经济转型创造必要条件。

提高财政资金使用效率，平衡中央和地方的融资能力和财政支出责任。 对于高质量增长而言，财政资金相当宝贵，特别是资本性财政资金，政策上应节约使用一般性财政支出，提高投资性财政支出的使用效率。（1）可考虑重新评估现有的各种财政性奖励和补贴资金的实际效果，将效果不明显的资金适当归拢并转为财政性投资，如可取消2018—2020年免征金融机构贷款规模1000万以下中小微企业增值税，改作成立政策性融资担保公司的资本金来源。（2）减少对竞争性行业的财政性投资支出，将财政资金重点投向战略性和民生性行业。对于能形成投资的项目，尽可能地将财政拨款转为财政投资，如对政策性融资担保公司的拨款改为投资等。（3）在严格控制地方隐性担保和隐性债务的背景下，应考虑在划分中央和地方事权的基础上，平衡中央和地方的融资能力和财政支出责任，根据地方财政支出责任设置与其相一致的地方债务融资渠道和额度。（4）允许地方专项债券在单个项目自求平衡的基础上，在交通运输等领域探索整体平衡的债务偿还模式。

做好制度转型的过渡性安排，尽快明确在建和存继项目的政策。 在历史问题尚未有效解决前，可设计必要的过渡性制度安排。（1）重启地方专项建设基金机制，弥补重大项目和战略性准公益项目财政性资本投入不足的缺口。基于收入形成的资本金不足以支撑我国重大项目和战略性准公益项目的资本金需求，为了防止地方政府和国有企业出现分散的债权转股权机制，弱化预算约束，有必要在中央层面统一实现特殊的债权转股权机制。2015年国务院已建立以发改委、财政部和国开行、农发行合作的地方专项建设基金，在特定时期发挥了积极作用。可考虑在完善机制的基础上重启，以弥补现有投融资体制缺口，发挥宏观功能。（2）可考虑对动态变化的表外非标债权，按照其承诺的风险责任测算所需要的资本金，并在一定年限内按照逐步增加的比例提足，从而入表或者转为完全的净值管理产品。（3）尽快完善股票市场的IPO、再融资、并购重组、举牌和减持规定，引入集体诉讼制度，平衡合理的融资需求和恶意造假、市场操纵，恢复股市必要的融资功能和定价能力。（4）在加强资本金管理的要求下，考虑到大量企业历史上的资本投入不足，部分地方融资平台事实上承担的公益性项目，可考虑政府隐性担保的有序退出，发行一定规模的特殊国债补足。（5）对于新立项的国道建设，或者中西部高速公路建设，可探索由政府注资高速公司建设运营公司，并由后者作为出资代表，吸引社会资本形成PPP模式，并由政府确认高速公路收费中的补贴和购买服务等行为。

积极应对股权质押和信用债市场的风险。 关键是有效分割上市公司优质资产和集团公司不良资产，分离股东、管理者和市场投资者的功能，打破市场上不合理的自我强化机制。区分控股权转让市场和中小股东为主的二级交易市场，尽快修订协议转让中过于严格的规定，如禁止5%以下股份的协议转让、修改协议价格的确定规则等，主要在场外市场按照控股权交易的合理协商方式进行股权质押转让重组。如有必要，可组建基金入场以市场合理价值暂时持有控股权，使上市公司能继续运作。利用好当前设立的各类基金，为仅仅只是流动性冲击的集团公司提供必要的流动性支持，弥补股权质押融资和股权转让之间的缺口。除扩大央行再贷款的抵押品范围、发挥信用缓释工具的作用外，可允许以垃圾债投资为主的私募基金成立备案，为债券市场引入不同的投资理念。

探索真正符合企业需要的融资模式。 为发展基于商业信用的供应链金融创造条件。（1）要求地方政府和国有企业对其应付账款加以确认，探索实现票据化。鼓励发展基于应收账款、商业票据的金融行为和流转，包括保理、证券化等。可考虑推动债券市场的多层次，除现有的银行间和交易所债券市场之外，针对商业票据建立流通市场，并规范发展非标债权市场。（2）加快推动物权的统一登记，鼓励并支持物联网的发展。（3）尽快修改《贷款通则》，允许银行等金融机构探索适合企业融资需求的融资模式，特别是避免贷款期限和资金需求之间的错配。提高中小微企业的不良贷款容忍度，探索落实贷款投放中的尽职免责原则。近期，可加快推进政策性融资担保体制的构建和良性运作。

第二十一章　中国数字经济发展的经验与展望

郭　巍　宋紫峰

要点透视

➢ 2017年3月，"数字经济"首次被写入《政府工作报告》，体现国家层面对数字经济发展的高度关注，它已成为推动中国经济转向高质量发展的新引擎。2018年底，我国数字经济规模达到31万亿元，占GDP的1/3。

➢ 中国能在数字经济领域维持较大竞争优势，与多方面因素有关：一是政府支持数字经济发展，秉持"包容审慎"原则对待新业态；二是未来中国数字经济发展潜力巨大；三是中青年网民已成为数字经济的积极推动者和主要受益者。

➢ 当前阻碍中国数字经济发展的主要因素包括：发展不平衡、不充分的矛盾客观存在；监管政策面临来自新业态新模式的挑战；对传统经济社会的稳定秩序构成冲击；重要核心技术受制于人；高端数字人才储备不足。

➢ 随着监管政策逐步完善和网民生活服务需要的不断升级，我国数字经济发展进入下半场。未来中国数字经济的发展将从规模扩张转向质量提升，为了加快新旧动能转换，政府应做好总体规划布局，从体制机制改革入手，从国家层面制定出台数字经济发展规划，进行科学的顶层设计。

随着与传统产业的融合程度不断加深,近年来数字经济在全球范围内方兴未艾,正以超出我们预测的速度呈指数化扩张。[①] 党的十九大报告指出,过去五年我国"数字经济等新兴产业蓬勃发展"。我国正处于从经济高速增长向高质量发展转变的历史关键时期,加快发展数字经济,不仅有助于推动产业结构升级、缩小与发达国家技术差距,还能创造更多新的就业岗位、提升劳动力素质。

全球数字经济发展的历史和现状

目前社会各界对数字经济内涵的理解仍然众说纷纭,例如有学者提出数字经济包括产业数字化和数字产业化两部分,前者指传统产业由于应用数字技术带来的生产数量和生产效率提升,后者指信息产业。[②] 业界认可度较高的定义来自G20(二十国集团)杭州峰会发布的《二十国集团数字经济发展与合作倡议》,即"以使用数字化的知识和信息作为关键生产要素、以现代信息网络作为重要载体、以信息通信技术(ICT)的有效使用作为效率提升和经济结构优化的重要推动力的一系列经济活动"。

全球数字经济发展概况

数字经济的概念可追溯至被誉为"数字经济之父"的加拿大商业策略大师唐·塔普斯科特(Don Tapscott)1995年出版的著作《数字经济:网络智能时代的希望和危险》。他将数字经济看作网络时代由信息技术支撑的经济社会运行新范式,并归纳了数字经济的若干特征。之后随着曼纽尔·卡斯特《信息时代:经济、社会与文化》、尼葛洛庞帝《数字化生存》等著作出版畅销,数字经济理念在全球逐渐流行开来。20世纪末是全球数字技术发展的一个小高潮,日本政府开始使用"数字经济"一词,美国商务部先后发布了《浮现中的数字经济》

---

① 联合国贸发会议,《2017年信息经济报告》。
② 中国信通院,《中国数字经济白皮书(2017年)》。

(I，II）和《数字经济》等系列研究报告。

不过直到2008年全球金融危机之后数字经济才迎来了真正爆发式增长。从历史发展的周期规律看，重大经济危机是一系列深层次矛盾和问题的总爆发，但也是新技术加速成熟、新理论不断涌现、新观念深入人心的总开端，同时还是新经济部门成长的加速期。根据这个逻辑，国际金融危机爆发之后，全球出现新一轮科技革命和产业变革，并催生一系列新经济部门符合历史规律。一方面，以苹果公司第一代智能手机iPhone上市为标志，全球移动互联网跨入新时代，智能手机的普及催生了生活服务业领域数字经济新业态不断出现，如网购、外卖、网约车、民宿等极大改善了民众福利。2015年，全球市值最大的企业中，首次出现前五名均被数字经济巨头占据；另一方面，数字化制造是第三次工业革命核心的理念得到越来越多国家的认可。新软件、新工艺、机器人和网络服务逐步普及，大量个性化生产、分散式就近生产将成为重要特征，大规模流水线的生产方式将终结（麦基里，2012）。金融危机后，全球主要经济体不约而同地密集推出一系列重大战略举措，其中"再工业化"和"再制造业化"是重点之一。主要经济体高度重视发展制造业，绝不是简单恢复传统制造业，而是将数字化、智能化、绿色化制造作为增强制造业竞争力的利器，推动制造业转型升级，最终实现提升制造业国际竞争力及保持市场领先地位的目标。美国推动的"高端制造计划"、德国提倡的"工业4.0"，都体现了这种发展思路。

数字经济作为一种全新的经济社会发展形态，与传统的农业经济和工业经济存在较大的差异，主要体现在以下几方面：

数据成为推动经济社会发展新的生产要素

农业社会的生产要素是土地和劳动力，工业社会的生产要素是资本和技术，可是进入数字经济时代，随着移动互联网和物联网的蓬勃发展，数据成为新的也是非常重要的生产要素。根据大数据摩尔定律，人类社会产生的数据每两年会增加一倍。当前数据储存、数据挖掘和数据算法技术日益成熟，利用大数据企业可以更加精确地了解市场需求、政府可以及时跟踪政策实施效果，所以个别发达国家政府才会做出"大数据是未来的新石油"的重要判断。

数字经济时代基础设施有了新的内涵

数字经济是工业经济发展到特定阶段的结果，与后者依赖公路、铁路和机场等传统基础设施相比，宽带、无线网络以及物联网的普及程度直接影响了数字经济的运行效果。越来越多发达国家已将普及互联网作为重要施政目标，将宽带作

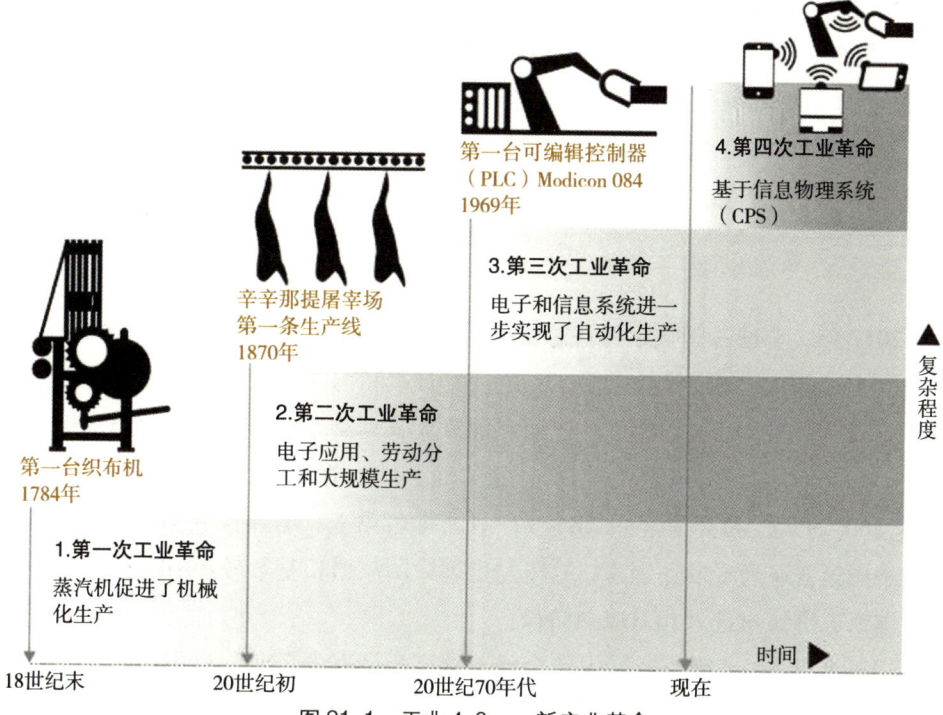

图 21.1　工业 4.0——新产业革命

资料来源：Securing the future of German manufacturing industry: Recommendations for implementing the strategic initiative INDUSTRIE 4.0. April 2013。

为公共服务提供给本国民众，极力缩小区域间数字鸿沟，满足各阶层民众使用数字资源的各类需求。

对劳动力素养的要求更高

数字素养是指人在数字环境下利用一定的信息技术手段和方法，能够快速有效地发现并获取、评价、整合、交流信息的综合技能和文化素养。数字经济时代，劳动力除了要具备必要的专业技能，还需具备一定的数字素养，它可视为新时代与听说读写同等重要的基本能力，是数字时代的基本人权。[①] 不过当前各国普遍面临数字技术人才短缺的问题，这也是近年来全球数字经济快速发展的必然结果。

平台成为数字经济的重要载体

进入数字经济时代，平台化生态化成为产业组织的重要特征。当前全球主要的

---

① 马化腾，《数字经济》，北京：中信出版集团，2017 年。

互联网企业大部分都是平台型企业，其中很多都是双边平台，平台上聚集了大量的供需双方企业和用户。平台具有显著的网络外部性、用户多归属性和非对称的价格结构，改善消费者福利的同时也有可能形成市场垄断。先后出现掠夺性定价、"二选一"、平台间并购、算法共谋或歧视等受到关注的行为对原有的反垄断规则提出挑战，如何科学看待数字平台竞争与垄断行为已引起各国政府的高度关注。

全球主要国家数字经济发展现状

2017年，全球各国数字经济总量排名中，美国（11.5万亿美元）高居榜首，中国以4万亿美元的规模排名第二，之后是日本和德国，规模均在2万亿美元以上，英国、法国、韩国、印度、巴西和加拿大分列第5~10名，数字经济规模均超过1万亿美元；数字经济占GDP比重方面，排名前三位的是德国（61.36%）、英国（60.29%）和美国（59.28%），中国排名第七；数字经济规模增速方面，发展中国家普遍高于发达国家，这既与发展中国家增长基数较小有关，也反映出发达国家数字技术进入相对成熟阶段。

2018年9月，《福布斯》发布全球"数字经济百强企业"榜单，上述企业来自17个国家和地区，其中美国有49家公司上榜，几乎占到一半，前十名企业全部来自美国，亚马逊高居榜首。上榜的16家中国企业里，腾讯排名最高，位居第18位。百度排名第23位，阿里巴巴第42位，京东第46位。

随着大数据、云计算和平台经济的出现，为保护消费者隐私，2018年5月，欧盟正式实施《通用数据保护条例》（GDPR，以下简称《条例》），它被称为史上最严的个人信息保护法。《条例》规定了数据处理应遵循六大原则（合法、正当与透明原则，目的有限原则，数据最小化原则，准确性原则，储存限制原则，完整性与保密性原则），针对严重违法的数据处理行为提高处罚力度（最高可处罚2 000万欧元，或上一财年全球营业额的4%），并确立"长臂"管辖原则（即《条例》的管辖范围不限于在欧盟国家境内注册的法人实体，还包括在欧盟境外注册、涉及收集欧盟公民信息的企业）。《条例》对全球数字经济产生了深远影响，如推特、照片墙、YouTube和微软等行业巨头在《条例》颁布前都相继更新各自的产品服务条款和隐私政策。根据普华永道测算，为了适应《条例》的监管要求，美国互联网公司普遍需投入超过100万美元进行系统维护升级，极少数企业在这方面的支出可能会超过1 000万美元。

当年另一件影响全球数字经济领域的重大事件是欧盟公布了对互联网巨头谷

歌的处罚决定，处以 43.4 亿欧元罚金，创造了处罚金额的历史新高。这是欧盟 2017 年开出 24.2 亿欧元罚单后再次处罚谷歌（2019 年 3 月，欧盟第三次处罚谷歌，罚金 14.9 亿欧元，累计 82.5 亿欧元）。欧盟对谷歌的处罚主要是基于后者违反公平竞争法规、滥用市场主导地位，抹杀了消费者选择空间，遏制了创新。尽管遭遇连续巨额处罚后谷歌股价波动不大，但是该典型判例为各国政府修订完善反垄断法规提供了重要参考，发挥了警示作用。

2018 年中国数字经济发展回顾

中国数字经济的快速发展与政府的引导和推动密不可分。2015 年 7 月，《国务院关于积极推进"互联网+"行动的指导意见》发布，强调"推动互联网与制造业融合，提升制造业数字化、网络化、智能化水平"，之后相关部委陆续出台了一系列鼓励数字经济发展的政策和指导意见；2017 年 3 月，"数字经济"首次写入《政府工作报告》，体现了国家层面对数字经济发展的高度关注，它已成为推动中国经济转向高质量发展的新引擎。2018 年底，我国数字经济规模达到 31 万亿元，占 GDP 的 1/3。

数字经济成为新时期推动中国经济增长的新引擎

麦肯锡研究认为，中国现已成为全球公认的数字化大国，是世界消费领域数字技术的主要投资国以及领先的技术应用国。[①] 据统计，自 2013 年超过日本跃居世界第二位以来，中国数字经济规模持续高速增长，与领头羊美国的差距逐年缩小。如麦肯锡中国行业数字化指数显示，2013 年美国的数字化程度是中国的 4.9 倍，三年后缩小为 3.7 倍。

事实上，随着中国经济进入"新常态"，长期依赖的粗放型发展方式遭遇瓶颈，须在保持国民经济平稳运行的同时加快新旧动能转换。数字经济不仅能运用"互联网+"的先进理念对传统制造业实施数字化改造，还能衍生更多新业务、创造新的就业岗位，已经成为新时期推动经济发展的重要引擎。

根据上海社科院研究发现，2016—2018 年中国数字经济增速连续三年排名世界第一，分别为 21.51%、20.35% 和 17.65%，均显著高于同年我国 GDP 增

---

① 麦肯锡，《数字时代的中国》。

速。三年里,中国数字经济对 GDP 增长的贡献率分别达到 74.07%、57.50% 和 60.00%,呈现出"三产高于二产、二产高于一产"的特征,吸纳就业人数占当年总就业人数的两成以上。在传统制造业陷入产能过剩,尚未走出亏损困境之际,以网约车和外卖为代表的互联网平台企业正成为当下吸纳就业的重要渠道,如 2017 年共有 2 107.8 万人(含专车、快车、顺风车、代驾司机)在滴滴平台获得收入,为 133 万失业人员解决就业问题;2018 年共有 270 多万骑手在美团外卖获得收入,带动 67 万贫困骑手就业,占公司骑手总人数的 1/4。

庞大的消费市场需求、数以亿计的互联网用户、相对宽松的监管政策让中国能在短期内诞生多家世界级企业。2018 年全球上市互联网公司市值排行榜前 20 全部来自美(11 家)中(9 家)两国,它们共同构成了数字经济时代全球第一阵营。其中苹果、亚马逊、微软、谷歌、脸书五家巨头牢牢占据着前 5 位,以阿里巴巴和腾讯为代表的中国互联网企业发展势头迅猛,小米、滴滴和头条等后起之秀未来可期。然而短短五年前该排行榜上的中国企业仅有腾讯和百度两家。

2018 年底召开的第五届世界互联网大会发布了由中国网络空间研究院编制的世界互联网发展指数排名,该指标体系基于基础设施、创新能力、产业发展、互联网应用、网络安全和网络治理六大维度,对全球 45 个国家和地区互联网发展的总体态势进行评价,基本涵盖了五大洲主要经济体和互联网发展有代表性的国家。评价显示,美国得分(60 分)第一,中国(53.23 分)紧随其后,入围前十名的国家还包括英国、新加坡、瑞典、挪威、荷兰、瑞士、德国和日本。其中欧美地区占 7 席,剩下 3 席均来自亚洲,中国是其中唯一的发展中国家。

另一方面,数字化转型已成为全球性变革的主要趋势,不仅影响企业的生产方式,也深刻影响包括政府部门在内的组织变革。以数字技术创新公共服务、保障和改善民生、大力推进社会事业信息化、优化公共服务资源配置,受到社会各界广泛重视。例如在本轮省级机构改革中,山东、重庆、广东和浙江等多省市均组建大数据管理局,旨在帮助当地政府更好地收集和汇集数据,更好地促进政务服务业务重组与流程再造,为政府数字化转型提供有力支撑。而日前引起媒体关注的成都七中开设网络直播课给边远地区儿童带来优质教育资源的新闻,则体现了数字技术在改善教育资源公共服务均等化方面所做的努力。据统计,当前全国超过 90% 的学校已经安装宽带,超过 60% 的学校拥有多媒体教室。下一步教育部将推进信息技术与教育教学深度融合，力争全国中小学互联网接入率达到97%以上、出口带宽100Mbps（兆/秒）以上，加快发展"互联网+教育"，促进优质资源共享。

中国将保持和增强在全球数字经济领域的竞争力

尽管我国数字经济规模与全球数字经济领头羊美国的差距仍然较大，仅为后者的1/3，但是不可否认，当前以美国和中国为核心的全球数字经济发展的第一阵营已基本形成，两国在互联网行业、人工智能行业等数字经济重点领域已具备领先大多数国家的较强竞争力。据全球知名管理咨询公司波士顿（BCG）测算，2035年中国数字经济规模会增长至16万亿美元，数字经济渗透率将达到48%。而中国信息通信研究院也预测，2035年中国数字经济规模将达到150万亿元，占GDP的55%，达到发达国家的平均水平。

中国能在数字经济领域维持较大的竞争优势，与多方面因素有关：

一是政府支持数字经济发展，秉持"包容审慎"原则对待新业态。近年来习近平总书记多次在公开场合阐述了发展数字经济的重要性，如在第二届世界互联网大会上发表主旨演讲时指出"中国将推进数字中国建设，发展分享经济"，在中央政治局第36次集体学习时提出"要做大做强数字经济，拓展经济发展新空间"，在全国网络安全和信息化工作座谈会上强调"新常态要有新动力，数字经济在这方面可以大有作为"，等等。与此同时，面对数字经济领域不断出现的新业态、新模式，我国相关政府主管部门普遍秉持"包容审慎"原则，"先试水、后监管"，允许企业在试错中长大。支付宝和网约车就是典型的例子，前者早在2005年就推出线上转账功能，但监管部门直到11年后才设置转账额度上限。截至2018年底，我国非现金支付业务笔数达到2 203亿笔，金额达到3 767万亿元，十年间分别增长了9.3倍和4.9倍，其中移动支付的交易金额过去五年增长超过27倍；后者让中国成为全球首个宣布网约车合法化的国家。目前我国网约车逐步进入了规范发展轨道，全国已有247个城市发布了网约车规范发展的具体办法和意见，已有110多家网约车平台公司获得经营许可。

二是中国数字经济发展在未来的潜力巨大。一方面，国内庞大的网民数量为数字经济发展提供了广阔市场。截至2018年底，我国互联网用户达到8.29亿，超过了欧盟和美国网民的总和，其中手机网民8.17亿，占比98%，大大高于欧美数据。与此同时，中国电商销售总额中移动端的贡献率接近70%，美国仅为

30%，而且中国的移动支付用户占比超过 70%，美国仅为约 20%；另一方面，数字经济领域我国拥有相当数量的独角兽企业。据前瞻产业研究院统计，截至 2018 年底，中国共有 205 家独角兽企业，约占全球独角兽总量的一半，超过了美国（149 家）。205 家企业分布于 18 个行业，汽车交通、金融和企业服务行业数量最多，中国独角兽合计估值 9 573.31 亿美元，金融、文化娱乐和汽车交通行业估值最高。当年中国的超级独角兽有 13 家，合计估值为 5 506.31 亿美元，占比 57.52%，其中一半以上企业与数字经济相关，如蚂蚁金服、今日头条、阿里云、滴滴出行等。

三是中青年网民已成为数字经济的积极推动者和主要受益者。据 2016 年我国人口统计数据，"80 后"总数 2.28 亿，"90 后"总数 1.74 亿，两者共计约 4 亿人。与"60 后""70 后"不同，这部分群体出生和成长于互联网时代，对数字化相关的新科技更加青睐，对个性化定制理念更加推崇，而且如今他们也已具有一定的经济基础和消费实力，自然成为各类智能制造新产品新业态的坚实拥护者。如全球知名市场调研咨询机构凯度（Kantar）公司研究发现：中国消费者对智能联网汽车的购买欲望，和对无人驾驶汽车、共享汽车和新能源汽车的接受程度均大幅高于北美和欧洲。有 79% 的中国受访者计划购买智能联网汽车，高于北美的 52% 和欧洲的 53%；75% 的中国受访者接受无人驾驶车，北美和欧洲只有 24% 和 36%；共享汽车在中国、欧洲和北美的接受度分别是 68%、21% 和 8%。而在我国服装行业，个性化的私人服装定制正在成为发展潮流和趋势。越来越多的国内服装制造企业开始为客户提供个性化服务，通过智能互联技术更好地满足客户需求。青岛红领集团、宁波慈星公司、浙江报喜鸟公司和泉州海天公司等服装企业在这方面的探索投资都已获得丰厚回报。

当前发展面临的突出问题

尽管中国数字经济发展迅猛，当前总体规模已经超过大多数国家，但是仍然面临许多亟待解决的突出问题。

发展不平衡、不充分的矛盾客观存在

一是国民经济的各个行业间发展水平差异较大。总体而言，第三产业数字经济的发展水平相对超前，第一产业明显滞后。其中信息和通信技术、媒体和金融

等行业的数字化程度最高，这与许多国家相似，符合消费驱动型数字经济模式的特征。上文提到的蚂蚁金服、今日头条、阿里云等国内超级独角兽企业就来自这类行业。

二是地区间数字经济的发展参差不齐。我国数字经济类企业已经形成了京津地区、珠三角地区、成渝地区等五大聚集区域。根据各地数字经济规模大小，大致可分为四个梯队（超过 1 万亿元、0.6 万亿~1 万亿元、0.2 万亿~0.6 万亿元、低于 0.2 万亿元）。广东、江苏、山东、浙江、上海和北京属于第一梯队，全国城市人均数字消费排名前 5 位也来自上述地区，即上海、北京、广州、深圳和杭州。

监管政策面临来自新业态新模式的挑战

近些年，我国数字经济的快速发展推动新业态新模式不断涌现，让民众目不暇接。从 2013 年"互联网反垄断第一案"的"3Q 大战"，到近些年围绕"滴滴与优步合并""阿里京东二选一""菜鸟顺丰之争""头腾大战""百度滥用搜索算法限制竞争""携程等在线预订网站杀熟"等问题，持续曝光的热点新闻不断挑战现有政策法规，也对政府的监管能力提出了更高的要求。与此同时，即使面对同一新业态，各地政府的监管方式和力度也可能差异较大，例如网约车监管。据人民网舆情数据中心发布的《2018 年中国 25 个重点城市网约车包容度排行》显示，成都、三亚、无锡名列三甲，大连、重庆、青岛因为严苛的准入门槛位于末席。成都在全国创造性地探索出了"互联网+巡游车"转型升级路径，其制定的网约车政策一度被称为"成都模式"，而排名靠后的城市大多在汽车排量和轴距等方面设置了较高的门槛。

对传统经济社会的稳定秩序构成冲击

依托数字化手段，居民生活衣食住行等多方面都得到改善，满足了民众对美好生活的向往和追求，但也不能忽视数字经济带来的生产方式变革对社会稳定的冲击。一是加剧结构性失业。回顾历史上每次大的技术革命，尽管技术进步促进了全社会整体福利水平的提升，但这一过程需要较长时间，而且对各类人群福利水平的影响程度各异。与之前的技术变革不同，数字化生产和人工智能技术的推广短期内会冲击劳动密集型产业，中长期内可能波及法律和金融服务，以及教育和医疗等知识密集型产业；二是损害消费者福利。"携程等在线预订网站杀熟"就是一例，依托大数据、云计算等数字技术，损害消费者利益的恶性经营行为会变得更加隐蔽，对福利损失的核算更加复杂。此外，与"80后"和"90后"伴随互联网成长的这代人不同，数字鸿沟正在成为中老年人安享幸福生活的拦路虎。尽管他们也学会了微信发语音、会抢红包、会在朋友圈点赞，但在共享单车、移动支付、智能可穿戴设备等互联网深度交互领域并不在行。据统计，67%的中老年人有过在互联网上受骗的经历，不会用手机提前挂号、购买火车票或者预约出租车的现象也比较普遍；三是加大了金融市场风险。曾几何时，互联网金融是高投资收益的代名词，各家公司都以承诺超过10%，甚至20%的年化收益率吸引民众投资。然而据不完全统计，2018年全国出现问题的P2P平台超过1 200家，主要集中在北上广以及浙江等经济发达地区，浙江涉及问题平台数量最多，占比约20%。随着投融家、钱妈妈、唐小僧和联璧金融等小有名气的P2P平台频繁爆雷，众多投资客损失巨大，恐慌情绪蔓延，直接影响了国内金融市场的稳定。

重要核心技术受制于人

核心技术是国之重器。习近平总书记多次指出，核心技术是我们最大的命门，核心技术受制于人是我们最大的隐患。长期以来，我国对信息和数字关键技术研发投入严重不足，对基础材料、关键元器件等关键共性技术研发缺乏长期稳定的支持，导致技术进步更新慢甚至断档。2018年4月，美国商务部宣布未来7年禁止美国公司向中兴通讯销售零部件、商品、软件和技术，这一突发事件让中国众多电子产业将要面临"缺芯"之痛。芯片被喻为信息时代的"发动机"，是一国高端制造能力的综合体现。然而国内在芯片设计和制造等方面一直存在短板，制造环节相对较弱，尤其是尚未掌握重要核心技术和关键设备。可以预见，在新的国际经济政治形势下，美国等少数国家会强化针对我国高技术领域的人才、投资和技术交流限制，包括人工智能、机器人和互联网等数字技术领域。因此只有提早认清形势，摒弃"造不如买、买不如租"的错误做法，充分发挥我们自身的体制优势、资金优势和市场优势，坚持自主创新，才能早日实现从跟跑、并跑到并跑、领跑的转变。

高端数字人才储备不足

长期以来，我国劳动力市场供求不匹配的现象突出。表现为低端市场供求状况接近饱和，中端市场供求平衡，高端市场劳动力匮乏。世界银行的研究报告指出，数字经济将带来的劳动力市场变化趋势之一是就业岗位两极化，高技能与低技能岗位就业比例提高，中等技能岗位的就业率下降。当前我国劳动力市场上数字人才储备不足，先进制造、数字营销等新兴技术相关职能的数字人才存在较大缺口，严重稀缺拥有顶尖数字技能的专业人才以及具备数字技术与行业经验的跨界人才。受区域数字经济发展规模影响，我国数字人才分布也相对集中，长三角和珠三角地区是两大集中地。分城市看，接近一半的数字人才聚集在上海、北京、深圳、广州和杭州；分部门看，国内绝大多数的数字人才集中在产品研发部门，其次是数字化运营领域，而从事大数据分析和商业智能等深度分析职能的人才占比严重偏低。全球招聘网站领英大数据显示，全球人工智能领域专业人才数量超过 190 万，其中美国超过 85 万，我国才 5 万人，排在全球第 7 位，且资深人才占比很低，人才储备不足必将影响该领域成果创新的数量和质量，制约中国在全球数字经济重要领域的竞争力。

趋势展望和政策建议

中国数字经济取得总体规模世界第二、连续三年增速全球第一的佳绩，离不开国内相关产业政策和创新政策的引导以及民众对新业态、新模式、新产品的支持。不过统计显示，2016 年起我国互联网用户增速已下降至 5%，当前国内移动网民覆盖率超过 90%，网民红利即将消失殆尽，互联网企业野蛮生长阶段已基本结束。随着监管政策逐步完善和网民生活服务需要的不断升级，我国数字经济发展进入下半场。

未来中国数字经济的发展将从规模扩张转向质量提升

一是互联网企业的市场竞争行为更加规范有序。随着网民增速的放缓，接下来互联网企业的发展重点应当从拓展新用户调整为精耕老用户。一方面各行业头部企业为了坚守"赢家通吃"生存法则，只有不断拓宽业务范围、提升服务质量，才能赢得与初创企业间市场份额的争夺；另一方面，数字经济时代国内企业遭遇外部竞争的范围更广、激烈程度更高。如滴滴与优步的竞争从国内延伸到了国外，新能源汽车领域的竞争不仅来自传统汽车企业，还有互联网造车新势力。

二是借助数字化手段，国内居民福利得到全面有效改善。中国数字经济属于典型的消费驱动型发展模式，与欧美国家相比，我国生活服务领域数字化程度更高。在全球宏观经济下行的大背景下，消费升级有望成为未来5年企业维持上行商业收益的关键现金流。另一方面，通过数字化手段缩小区域间公共服务水平差异，提高决策效率也成为政府改革目标。未来政府会继续推动教育、医疗、慈善等公共事业的便捷化、普惠化、均等化，提高互联网远程教育和远程诊疗普及范围。

三是开放式创新体系让中美数字技术差距持续缩小。当前中美两国同处于全球数字经济第一阵营，产生了一大批有影响力的数字巨头。不过美国的成功经验源于长期以来对基础科学的重视和对信息技术研发的持续投入，中国更多依靠的是对接终端需求，本土庞大的用户数量为数字企业提供了产品创新和模式创新过程中试错的有利条件。今后欧美政府可能会封锁本国的核心数字技术出口到中国，但是依托基于全球生产网络的开放式产业创新体系，未来创新的主体、机制、流程和模式都会发生重大变革，跨地域、多元化、高效率的众筹、众包、众创、众智平台将不断涌现，共同支撑数字经济生态系统。中国数字企业一定能从该体系中受益，实现创新过程事半功倍。

对标高质量市场体系、加强发展战略的顶层设计

据不完全统计，全球接近30个国家制定了数字经济战略。当前我国正处于从经济高速增长向高质量发展转变的历史关键时期，数字经济作为新时期推动经济社会发展新引擎的作用日益凸显。为了加快新旧动能转换，政府应做好总体规划布局，从体制机制改革入手，从国家层面制定出台数字经济发展规划，进行科学的顶层设计。这也是为了更好地促进高质量市场体系建设，以"增量"发展促进"存量"改革，更好发挥政府作用，持续转变优化政府职能，为市场发挥决定性作用，为实现高质量发展提供更加坚实的市场支撑。

一是积极营造适合数字经济发展的外部环境。主动调整大学本科和职业教育的课程内容，增设与数字化相关的专业，加快培育适应数字时代的高素质毕业生；为本土互联网企业从国外引进大数据挖掘、人工智能、量子计算等数字领域顶尖人才提供政策支持，让其在申请绿卡、配偶就业、子女入园入学、购房医疗等方面享受便利；鼓励二三线城市积极布局数字产业，依托数字化技术改造传统产业，引导人才在区域间自由流动。

二是加强对新业态新模式的适度监管。新一代信息技术创新活跃，与各传统行业结合后，也必然会孕育出全新业态，比如网约车、无人驾驶、人脸识别等，

这些业态一方面会冲击现有监管体系，另一方面还会带来新的监管需求。需要客观看待互联网行业"一家独大"现象，反垄断法的惩处对象是滥用市场主导地位导致阻碍竞争的行为，并非市场主导地位。因此监管方式和调查取证手段要与时俱进，保持包容审慎的态度，避免仓促干预或者过度执法对市场自然竞争"优胜劣汰"机制和创新激励机制的破坏。

三是加大关键核心技术和基础研究支持。当前全球网络信息技术领域日新月异，我国正处于从跟跑、并跑向并跑、领跑转变的关键时期，应当始终坚持把核心技术研发和基础研究作为影响行业前途命运的关键环节。继续完善以企业为主体、市场为导向、产学研深度融合的技术创新体系，积极引导各类社会资本参与数字类初创企业的成长。在鼓励科研院所坚持从事基础研究的同时，政府也可以通过成立产业基金的形式，采用市场化的运营机制，参与行业核心技术研发，尽早摆脱受制于人的不利局面。

四是推动传统制造业积极实施数字化改造。"中国制造 2025"提出，要加快机械、汽车、纺织、食品、电子等行业生产设备的智能化改造，提高精准制造、敏捷制造能力。与美日德等制造业强国在工业 3.0 基础上迈向 4.0 不同，我国制造业行业间和行业内发展水平参差不齐，还有相当一部分停留在 3.0 甚至 2.0，只有部分领先行业可比肩 4.0，而数字化改造就是帮助制造业提升竞争力的有效途径。地方政府可以通过技改贴息、加速折旧、购买第三方服务等多种方式鼓励企业信息化数字化改造，行业协会和龙头企业也应发挥各自优势，帮助中小企业尽快完成技术升级，从而提升产业链上下游整体竞争力。

参考文献

中国信息通信研究院，《中国数字经济白皮书（2017 年）》，2017 年 7 月。

马骏、张永伟、袁东明等，《万物互联和智能化趋势下的企业变革、产业变革及制度供给》，北京：中国发展出版社，2018 年。

麦肯锡全球研究院，《数字时代的中国：打造具有全球竞争力的新经济》，2017 年 12 月。

国家信息中心分享经济研究中心，《中国共享经济发展年度报告（2019）》，2019 年 2 月。

司晓、吴绪亮，《产业互联网的演进规律》，《清华管理评论》，2019 年 4 月。

世界银行，《2016 年世界发展报告：数字红利》，北京：清华大学出版社，2017 年。

马化腾，《数字经济》，北京：中信出版集团，2017 年。

第二十二章 从"互联网+"到产业互联网

陈永伟

要点透视

➢ 从整体看,互联网经济在 2018 年仍然保持了强劲的增长势头,互联网经济在国民经济中所占的份额大幅提升。

➢ 在继续保持迅速增长的同时,随着流量红利的殆尽、监管的日趋加强,整个互联网行业的竞争日趋激烈,行业洗牌也日益明显。整个行业也出现了很多新的势头,互联网企业业务"下沉"、线上线下融合等新趋势纷纷出现。

➢ 在整个互联网行业中最值得关注的现象是由消费互联网向产业互联网的转型。相对于消费互联网,产业互联网将会带来更大的市场机会,也会对整个国民经济起到更大的促进作用。产业互联网不仅将重塑整个互联网行业,也将对实体经济的各个产业产生重大影响。

第二十二章 从"互联网+"到产业互联网

自 1994 年全功能接入世界互联网算起,中国的互联网已经经历了二十多年的发展。在这二十多年中,中国的互联网从无到有,从小到大。根据中国互联网络信息中心(CNNIC)的数据,截至 2018 年末,我国的互联网使用人数已经达到了 8.29 亿,互联网普及率达到了 59.6%(见图 22.1)。

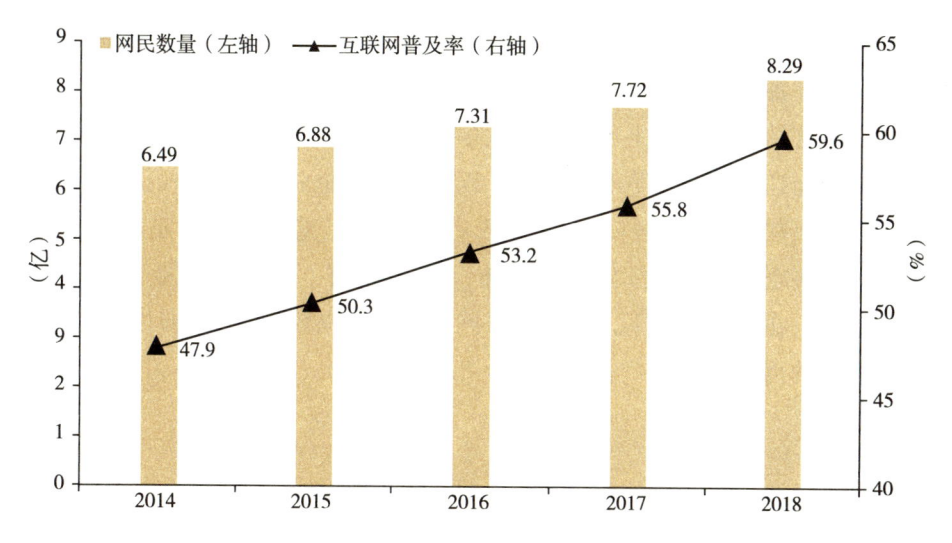

图 22.1 我国网民数量和互联网普及率的变化
资料来源:CNNIC 发布的历年《中国互联网络发展状况统计报告》。

互联网的发展,对我国经济产生了深刻的影响:

从需求侧看,互联网已经全面重塑了衣食住行各个领域。在互联网的助力之下,很多新的消费内容和消费模式被创造了出来,居民消费场景因此不断多元化、消费品质因此不断提升,这些都支持了全社会需求规模的持续扩大。

从供给侧看,互联网作为一种通用目的的技术,可以有效提升各个行业的生产率。① 在"互联网+"模式下,互联网对企业进行连接、赋能,为企业注入了发

---

① Bresnahan T, and Trajtenberg M. General Purpose Technologies: Engines of Growth'? *Journal of Econometrics*, 1992, 65 (1): 83-108。

展动力，从而对经济增长起到了间接的推动作用。

结合供需两方面的因素，现阶段互联网已经成为推动经济发展的一股重要力量。在未来一段时间内，要推进经济的持续、有效发展，就必须用好互联网经济的力量，利用政策积极引导、支持互联网经济的发展。

2018年互联网经济发展回顾

对于互联网行业而言，2018年可谓是一个大变革、大整合之年。尽管从总体上看，整个互联网行业的营收还在增长，但在经过多年发展之后，互联网的流量红利正在逐渐见顶，互联网企业的获客成本正在大幅攀升。为了弥补流量红利的下降，各互联网企业一方面开始深耕存量，另一方面则开始积极开拓新的市场。在这种背景下，出现了行业竞争加剧、互联网企业市场"下沉"、线上线下融合加速、跨界竞争不断增加，以及互联网企业业务重心由C端转向B端等新现象。在激烈的竞争之下，整个行业洗牌严重，一些企业从竞争中胜出，而另一些企业则被淘汰出局。此外，在2018年，互联网行业遭遇的监管也空前严格。在严监管之下，整个互联网行业在走向规范化的同时，也经历了一定的业务动荡。

从总体上看，互联网经济的增长依然比较迅速，但增速已经出现了明显的放缓

据统计，2018年，我国互联网经济营收总额已经达到了4.7万亿元，这一数值大致相当于我国当年GDP的5.2%。从增速看，2018年的互联网经济营收总额比2017年增长了29.3%，而同期我国GDP的增长只有6.6%。这表明，互联网经济在我国经济中所占的比重正变得越来越高。

不过，相比于前几年，互联网经济营收总额在2018年的增速已经出现了明显的下降，其增速已经降到了五年来最低。这表明，对于整个互联网行业来说，2018年是增长较为缓慢的一年。

互联网的流量红利逐步消耗殆尽，互联网企业的获客成本大幅攀升

过去，互联网企业的发展在很大程度上取决于对流量的争夺。但2018年，这种"流量为王"的竞争策略逐渐走向了终结。随着市场逐渐走向饱和，互联

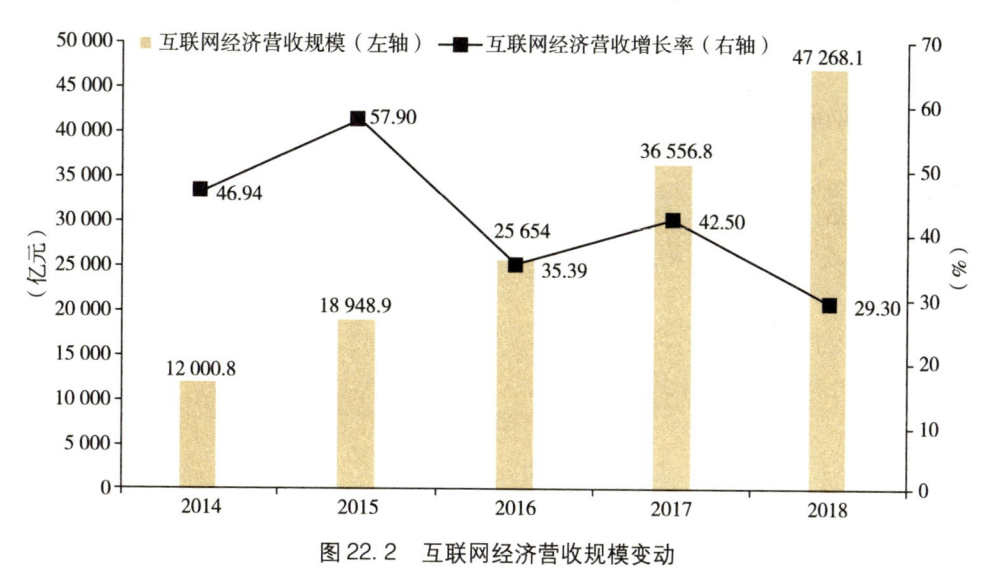

图 22.2　互联网经济营收规模变动

资料来源：艾瑞资讯。

网企业的获客成本正在变得越来越高。

以电商业为例：有研究表明，目前阿里巴巴、京东等传统电商获取单位客户的成本已经超过了 300 元，这一成本甚至已经高过了线下的获客成本。而在搜索、短视频、在线广告等领域，也大都面临流量红利殆尽、获客成本攀升的问题。正是在这种背景下，互联网企业不得不放弃原有的以流量为主的竞争策略，转而选择深耕存量，或者继续开拓新的市场。

互联网企业对存量的竞争日趋激烈，其集中体现为对用户使用时间的争夺

随着流量红利的耗尽，互联网企业不得不转换思路，将更多的精力投入对存量客户的维持和开发上，而这种争夺的最集中体现，就是对用户使用时间的争夺。根据 CNNIC 的统计数据，2018 年我国网民每日上网时间约为 4 小时，为了对这有限的时间进行争夺，各大互联网企业纷纷使用了浑身解数。

从细分行业看，目前即时通信软件依然是获取用户时间最多的。据统计，2018 年 6 月，用户在即时通信上花费的时间约为上网总时间的 30.2%。不过，与 2017 年同期相比，其时间占比已经有所下降。相比于即时通信软件使用时间的下降，短视频的使用时间大幅上升。据统计，2017 年 6 月，用户在观看短视频上花费的时间仅占总上网时间的2%,而2018年6月,这一比例已经上升到了8.8%。

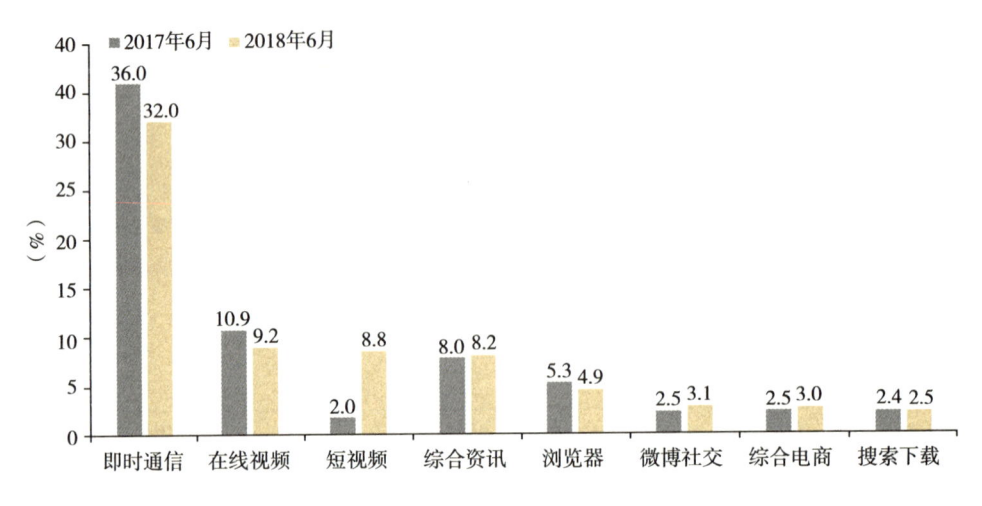

	2017年6月	2018年6月
即时通信	36.0	32.0
在线视频	10.9	9.2
短视频	2.0	8.8
综合资讯	8.0	8.2
浏览器	5.3	4.9
微博社交	2.5	3.1
综合电商	2.5	3.0
搜索下载	2.4	2.5

图22.3 用户上网花费时间比例变动

互联网行业开始将其业务大举"下沉"

当城市互联网人口红利逐渐消失,乡镇村领域庞大的人群数量就像是一块未曾开发的宝地。统计数据显示,2018年初,三线及以下城市总人口约为10亿,移动端用户量高达4.96亿,占到了移动端总用户量的51.1%。并且,根据预测,在此后几年中,三线及以下城市的移动用户数增速还将远远超过一二线城市。这就表明,三线及以下城市的市场非常广阔。由于这个原因,各大互联网企业都将业务"下沉"作为重点开拓的目标。

在"下沉"的企业中,已经涌现出了不少成功者。其中,水滴筹、快手、拼多多、趣头条等企业最具代表性。而BAT(百度、阿里和腾讯)等大企业,不仅选择直接将业务向"下沉市场"延伸,还通过财务投资等手段,积极支持其他企业开拓这一市场。可以预见,互联网企业在"下沉市场"的竞争还将日趋激烈。

互联网企业开始布局线下,线上线下市场逐渐走向融合

面对线上流量红利的减少和获客成本的增加,不少互联网企业开始布局线下,对线上线下业务进行整合。

互联网企业进行线上线下融合的最重要战场在零售业。为了进入线下零售市场，阿里巴巴、腾讯、京东等企业先后提出了"新零售"、"智慧零售"和"无界零售"方案。当然，在推进线上线下整合的过程中，各企业的具体策略存在显著的差别。例如，腾讯提倡的"智慧零售"更强调利用自身优势为合作伙伴提供帮助，从而实现整个生态的共赢；而阿里巴巴倡导的"新零售"则更强调对本企业内部资源的整合和利用。究竟这两种不同的模式中哪一种更能适应商业形势，可以取得更大成功，还需要更多的时间加以检验。

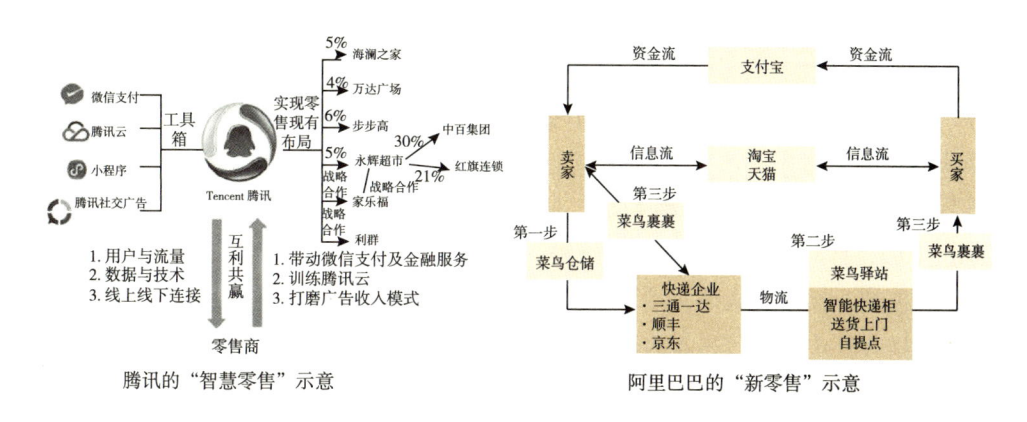

图 22.4　腾讯与阿里的零售布局比较

互联网企业的跨界竞争愈演愈烈，来自不同行业的企业发生碰撞

目前，BAT 等传统的大型互联网企业已经完成了对互联网各赛道的布局，而诸如美团、今日头条企业也开始积极向多个领域扩展，互联网企业的经营边界正在日益变得模糊。

随着互联网企业的"跨界"越来越频繁，原本属于不同行业的互联网企业之间也开始发生碰撞。仅在 2018 年，就先后发生了"美滴大战"（美团与滴滴）、"头腾大战"（今日头条与腾讯）等跨界之战。可以预见，在未来几年中，类似的跨界竞争还将不断增加。

互联网行业面临洗牌，企业优胜劣汰明显

受到流量红利衰减、资本市场趋于理性、监管趋于严格等原因的影响，整个互联网行业在 2018 年洗牌严重，一大批缺乏核心竞争力、盈利能力较差的企业被市场淘汰。

遭遇洗牌最严重的企业，集中在所谓的"共享经济"领域。在资本的推动下，共享经济企业在前几年发展过于迅速。很多企业为了获得资本支持，纷纷为自己冠上共享经济之名。一时之间，共享单车、共享充电器、共享雨伞等企业如雨后春笋般涌现。然而，在这一大批企业中，很多企业并没有现实的盈利能力，因而难以在激烈的市场中存活。在经过了2017年的野蛮生长之后，这些企业在2018年纷纷倒闭。

互联网行业面临的监管趋于严格

2014年以来，在"互联网+"和"大众创业、万众创新"等国家政策的加持下，互联网行业一直语出监管宽容状态。监管部门鼓励增长、简政放权、实行"适度监管"，这在很大程度上刺激了整个互联网行业的创新。然而，从2017年下半年起，监管环境却逐渐趋严，监管部门开始以各种方式加强监管。进入2018年后，针对互联网方面的整治进一步收紧，监管层面更加全面。在内容资讯、短视频、在线视频等领域，一大批有问题的App被责令整改，甚至遭到了下架，包括今日头条、抖音在内的一些爆款产品都受到了波及；在社交领域，微博热搜被勒令下线整改；在游戏领域，更有大量问题游戏在送审过程中被拒绝通过；而共享出行领域，则因为滴滴的两次重大事故而遭遇了被称为史上最严的合规和监管。

监管趋严，一方面体现了"互联网不是法外之地"的理念，对于净化网络环境、规范互联网发展可谓有着十分重要的意义。但另一方面，过严的监管也对互联网产业的发展造成了一定的负面影响。以共享出行领域的监管为例，监管部门在强化安全考量的同时，也加入了大量与安全关联不大的合规条件，例如户籍、车型等，这导致了整个共享出行领域进入门槛过高，客观上限制了这个行业的竞争和发展。

走向产业互联网：互联网产业发展的最重要趋势

除了上述八个趋势外，2018年互联网行业发生的最大变革，是大批企业开始将自己的业务重心从消费互联网转向了产业互联网。在"2018腾讯全球合作伙伴大会"前夕，腾讯董事会主席马化腾宣布公开信称：移动互联网的上半场已经接近尾声，下半场的序幕正在拉开，而其主战场正在从消费互联网向产业互联网转移。马化腾的判断一出，立即受到了业界的广泛响应，包括阿里巴巴、百度在内的大型互联网企业都先后表述了同样的观点，并提出了相应的产业互联网发展方案。

何为"产业互联网"？

所谓"产业互联网"，是与"消费互联网"对应的概念，它指的是应用互联网技术进行连接、重构传统行业。① 消费互联网面向的是个人消费者，其目标是满足个人消费体验，帮助既有产品、服务更好地销售和流通，而产业互联网主要是面向企业提供生产型服务。

从理论渊源上看，"产业互联网"有两个渊源：一个渊源是源自西方的"Industrial Internet"。这一概念最早源自硅谷的沙利文（Frost & Sullivan）咨询公司于2000年发布的一份咨询报告。在这份报告中，"Industrial Internet"被定义为用复杂物理机器和网络化传感器及软件实现的制造业企业互联。限于当时的技术条件，这一概念在当时并没有引起人们的重视。直到2012年，通用公司在报告《产业互联网：打破智慧与机器的边界》中重提了这一概念，它才逐渐被人们接受。尽管在通用公司的报告中，"Industrial Internet"涉及工业、交通、能源、医疗等各个领域，但其主要应用是在工业，所以在这个概念被引入国内时，它被翻译为"工业互联网"。另一个渊源则来自国内一些企业的具体实践。早在中国互联网发展初期，就有一批企业专注于从事为企业服务的"B端业务"。其中的一些企业将自己的业务命名为"产业互联网"。

需要指出的是，无论是"Industrial Internet"，还是早期国内企业提出的"产业互联网"，关注的都只是一定技术条件下，互联网技术在某一产业链环节上的应用。"Industrial Internet"关注的主要是物联网技术对制造环节的应用，而早期企业"产业互联网"强调的更多是互联网在销售环节的应用。显然，现代意义上的产业互联网概念要比这两个概念远为宽泛：它强调的是传统企业将互联网技术全面应用到产业价值链，从生产、交易、融资、流通等环节切入，以网络平台模式进行信息、资源、资金三方面的整合，从而提升整个产业的运行效率，它已经远远超出了对某个具体技术，或者价值链某一环节的关注。

---

① 陈永伟，《促进产业互联网快速发展》，《经济日报》，2018年12月1日。

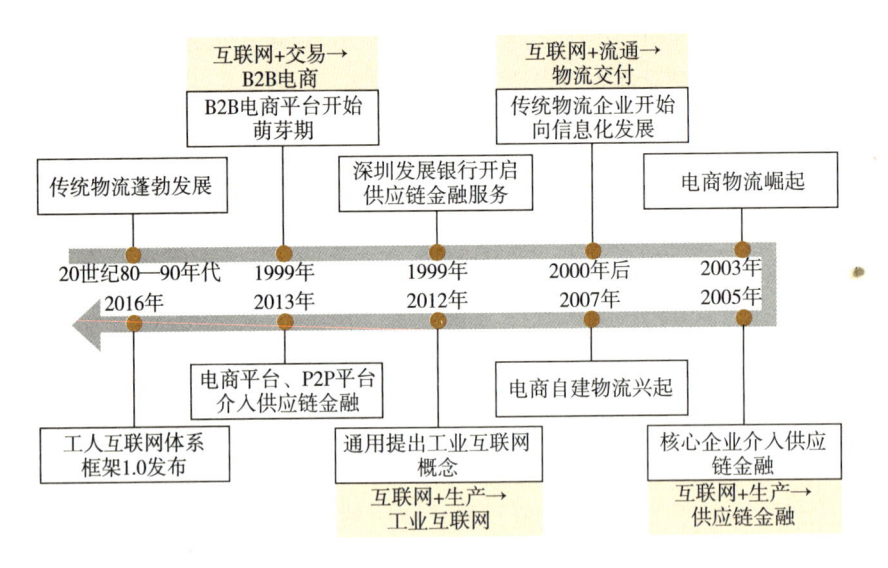

```
互联网+交易→           互联网+流通→
B2B电商               物流交付
      B2B电商平台开始        传统物流企业开始
      萌芽期                向信息化发展

                深圳发展银行开启
传统物流蓬勃发展    供应链金融服务         电商物流崛起

20世纪80—90年代  1999年    1999年    2000年后   2003年
      2016年    2013年    2012年    2007年     2005年

            电商平台、P2P平台
            介入供应链金融      电商自建物流兴起

工人互联网体系       通用提出工业互联网              核心企业介入供应
框架1.0发布         概念                          链金融
                  互联网+生产→                    互联网+生产→
                  工业互联网                      供应链金融
```

图22.5 产业互联网的实践发展

这里，我们需要强调一下"互联网+"与"产业互联网"这两个概念之间的区别。"互联网+"可以理解为"互联网+各行各业"，它强调的是连接，是发挥互联网在社会资源配置中的优化和集成作用。无论是"互联网+金融"、"互联网+零售"，还是"互联网+教育"，关注的主要都是基于互联网连接带来的信息提供和匹配的技术力量。而"产业互联网"则不同，它除了强调互联网技术的链接作用外，还强调互联网技术与具体产业的融合，强调互联网技术在提升产业效率方面的作用。从这个意义上讲，"产业互联网"其实可以被视为"互联网+"概念的迭代和升级。

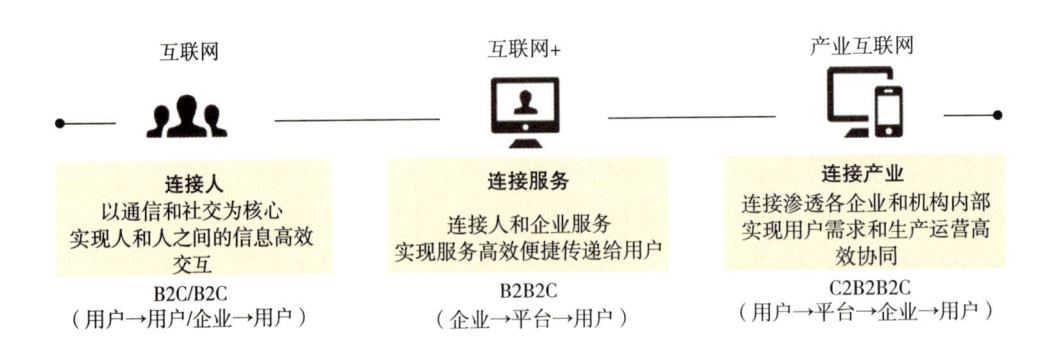

```
       互联网              互联网+                产业互联网

     连接人               连接服务               连接产业
 以通信和社交为核心      连接人和企业服务      连接渗透各企业和机构内部
 实现人和人之间的信息高效  实现服务高效便捷传递给用户  实现用户需求和生产运营高
      交互                                    效协同
     B2C/B2C               B2B2C                 C2B2B2C
(用户→用户/企业→用户)   (企业→平台→用户)    (用户→平台→企业→用户)
```

图22.6 "互联网+"与产业互联网的异同

产业互联网对商业生态的影响

产业互联网的发展,将对整个商业生态产生重大的影响。总体来说,由产业互联网带来的影响将表现在五个方面。

第一是市场的融合。在习惯上,人们习惯于将整个经济分解成若干个市场,例如产品市场、金融市场、劳动力市场等。在这几个市场之间,决策主体的行为是相对独立的,信息在各市场之间的传导比较缓慢。而随着产业互联网的发展,在智能化供需配置器的支持下,不同市场之间的隔阂将被打通,供求信息在市场之间的传导将变得更为迅速。企业可以更快地感知到消费者需求的变化,并有针对性地调整生产和销售策略。在这种条件下,产业互联网的发展将会大幅提升整个社会的资源配置效率,从而让经济的全要素生产率获得比较显著的提高。

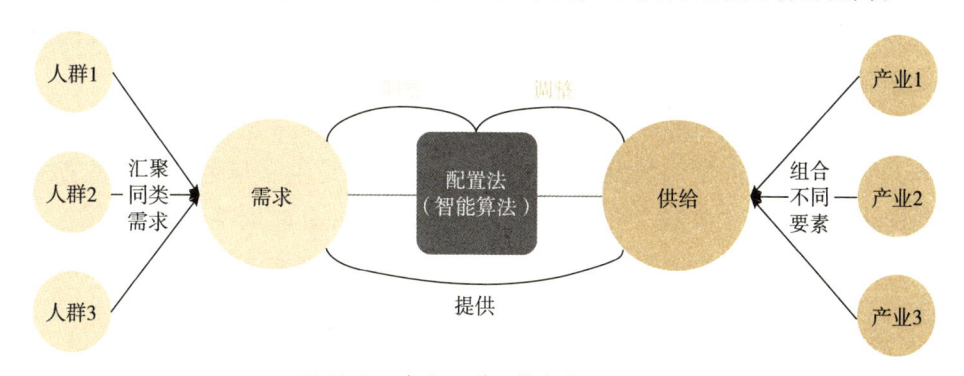

图 22.7 产业互联网带来的市场融合

第二是产品的升级。在传统经济条件下,制造业和服务业之间、硬件和服务之间都是相对隔绝的。随着产业互联网的发展,这些隔绝将逐渐被打破。通过利用信息技术,传统制造业产出的物理产品中将嵌入越来越多的数字功能。这促使硬件产品逐步向软件化、服务化方向发展,使用户和企业都可以持续保持连接和交互,按照使用状况购买服务的方式将逐渐普及。

第三是运营商的人机协同。在数据和算法的支持下,人工和机器之间的分工合作将达到更高层面的协同水平,人与机器之间将有望实现无缝衔接。大量流程性工作将由机器承担,而人则可以更多地参与到对机器进行维护管理,以及那些更需要创造性的决策工作中去。

第四是推进企业组织形式的变革。按照罗纳德·科斯的观点,企业与市场是彼此对立的两种资源配置方式,企业是由层级化形式组织起来的,通过命令调配资源，而市场则是通过资源交换实现资源配置的。企业与市场之间的边界是由企业管理成本与市场交易成本之间的权衡决定的。科斯的这种观点很好地刻画了传统经济下的现实，然而随着产业互联网的发展，这种现实将会发生很大的改变。首先，由于产业互联网能够大幅降低不同企业之间的交互成本，企业的边界将会因此扩展，企业内外之间的边界将会变得更加模糊。一些原本属于企业内部的部门，可能逐步分离出去成为独立的企业，并以一种网络的形式与原有的决策核心继续合作、互动。其次，在企业内部，层级之间的交流成本也将出现大幅度下降，这会促使企业逐渐从层级化转向扁平化，形成"前-后-中"台的组织模式——前台小团队灵活机动对接市场，中台建立综合技术和资源支持平台降本增效，后台则重点打造数据能力提升管理决策水平。再次，在产业互联网的支持下，组织也将告别固化特征，转而变得更为弹性化，从而可以更好地适应市场形势的变化。总而言之，产业互联网的发展将带来企业组织形式的一次大变革，网络化、扁平化、弹性化、自适应将成为新一代企业的重要特征。

第五是新商业生态的形成。 在传统时代，商业的竞争是企业与企业之间的竞争，而随着产业互联网的发展，商业的竞争则会是生态与生态之间的竞争。互联网企业将利用连接器、工具箱和生态来构建产业互联网平台，利用信息技术与各行各业深度融合，推动各行各业的转型升级，创造新产品、新业务与新模式。

目前，不少互联网企业已经开始在商业生态的构建上积极布局。以腾讯为例。首先，腾讯用其自身的资源，为合作企业提供了入口服务，从而充当了基础连接器的作用。其次，腾讯为合作企业提供了多样化、系统化和智能化的数字工具箱，从而改善了企业的数字化生存力。再次，腾讯通过合作、服务和投资，进行生态共建，为合作企业提供了技术、市场以及资金方面的全方位支持。这些措施都对优化商业生态、改善生态活力起到了重要作用。

需要强调的是，在生态构建的过程中，云将成为实现新型数字生态的基础要素。借助云，可以实现信息技术普惠化、信息的互联化和应用弹性化，用户、企业和政府可以以更低的成本高效率地实现互联、沟通与合作。

产业互联网的机遇和发展阻碍

由于人口红利殆尽、同行竞争激烈、监管政策趋严等原因，消费互联网正在日益红海化。而与此同时，产业互联网则存在巨大的市场空间，其潜力还有

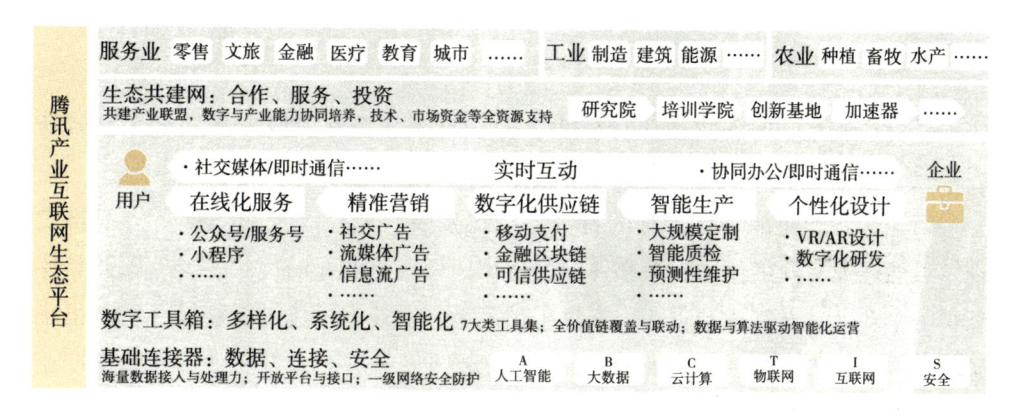

腾讯产业互联网生态平台	服务业 零售 文旅 金融 医疗 教育 城市 …… 工业 制造 建筑 能源 …… 农业 种植 畜牧 水产 ……
	生态共建网：合作、服务、投资 共建产业联盟，数字与产业能力协同培养，技术、市场资金等全资源支持　　　　　　　研究院　培训学院　创新基地　加速器 ……
	用户　·社交媒体/即时通信……　　　　　实时互动　　　　·协同办公/即时通信……　　　　企业
	在线化服务　　精准营销　　数字化供应链　　智能生产　　　个性化设计 ·公众号/服务号　·社交广告　·移动支付　·大规模定制　·VR/AR设计 ·小程序　　　　·流媒体广告　·金融区块链　·智能质检　　·数字化研发 ……　　　　　·信息流广告　·可信供应链　·预测性维护　　……
	数字工具箱：多样化、系统化、智能化 7大类工具集；全价值链覆盖与联动；数据与算法驱动智能化运营
	基础连接器：数据、连接、安全　　　　A　　　　B　　　C　　　T　　　I　　　S 海量数据接入与处理力；开放平台与接口；一级网络安全防护　人工智能　大数据　云计算　物联网　互联网　安全

图 22.8　腾讯的产业互联网生态

待开发。我们可以从两者的连接数和 App 需求量窥得一些端倪。消费互联网的连接对象主要是人与电脑、手机等终端，其连接数量大约为 35 亿个，而产业互联网连接的对象则包括人、设备、软件、工厂、产品以及各类要素，其潜在的连接数量可能达到数百亿。从 App 的数量上看，整个消费互联网现有的 App 只有几百万个，而据估计，仅在工业领域，产业互联网需要的 App 数就约有 6 000 万。

巨大的市场潜力意味着巨大的商业机会。目前，美国的企业级服务公司 Oracle、SAP、Salesforce 合计拥有 4 206 亿美元的市值，而我国传统企业级服务公司如用友、东软、金蝶的合计体量只有 142 亿美元，由此可见其中发展的空间依然十分巨大。在今后 20 年中，随着互联网对所有产业的重塑，这部分市场潜力将被逐渐释放出来。普华永道曾经做过估计，到 2025 年，中国科技企业整体市值规模将达 40 万亿~50 万亿元人民币，其中 T2B2C 模式的代表性企业将占据一半以上规模。

需要强调的是，从对国民经济发展的影响看，产业互联网的意义要比消费互联网更为重大。2015 年中央经济工作会议提出供给侧改革，指出我国产业升级已经滞后于消费升级，低端去产能、去库存及中高端降成本、补短板是目前产业发展的重点方向。随着数字化资源通过各种形式源源不断地渗透产业链的每一个环节，新兴技术在产业互联网领域的应用逐渐从下游延伸至上游，从需求侧贯通至供给侧，价值贡献从依赖需求侧升级至需求提升与供给效率改进并重，终极目标是整个链条实现数据驱动、智能驱动，这是产业互联网未来演进的方向。

产业互联网发展中的难点

尽管产业互联网的潜力十分巨大,但相对于消费互联网,其发展却比较滞后。除了技术因素外,这和产业互联网本身的特征有很大的关系。

第一,各产业都具有自身的特征,使得发展产业互联网的规模优势很难实现。虽然产业互联网作为一个整体潜力巨大,但由于产业的性状各异,因此具体到每一个产业,其市场却很小。在这种情况下,企业进行建设的规模经济就很难实现,投资很难得到回报。事实上,在各个产业,一些代表性企业都在从本产业的实际出发,进行着产业互联网的实践。其中的一些企业非常优秀,但受限于市场规模,难以发展壮大。

一个典型的例子是通用电气的 Predix 平台。这一平台拥有完整的"边缘+平台+应用"构架,为很多工业企业提供相关服务。在 Predix 的发展达到鼎盛时,整个工业互联网的圈子都言必称 Predix,而做工业平台的企业则更是纷纷以 Predix 为榜样。不过,Predix 在业务上表现突出的同时,却没有给通用带来相应的利润回报。最终,通用不得不选择对其进行剥离。Predix 遭受的挫折当然受到很多因素的影响,但应用过于专业化、市场规模相对狭小无疑是其中的一个重要原因。

第二,产业互联网对企业组织结构的变革有很大要求。如果没有组织的系统变革,单靠信息系统和技术推动,产业互联网发展难度很大。然而,组织变革并非易事,难以在一朝一夕实现。

第三,产业互联网的发展需要多个环节环环相扣,很难像消费互联网那样实现单点突破。在消费互联网中,企业的盈利模式相对简单,只要开发一个软件,开通一个 App,就可以让用户下载,通过增值获得收费。这种模式很简单,很容易复制,可以迅速扩大规模。但是,产业互联网的发展却很困难,一个模式的成功往往需要其他产业和企业的配合,因此很难迅速发展。

第四,产业互联网对基础设施和技术的要求较高,对于资本的需求也更大。单单依靠一个或几个企业,都难以支撑产业互联网的快速发展。

综合以上因素,尽管产业互联网的市场潜力巨大,但是其发展面临的阻碍也不小。为了促进产业互联网的发展,需要互联网企业、具体产业的企业,以及政府积极配合,从而形成合力。

产业互联网发展的模块化思路

在现有的实践中，产业互联网的建设主要有两种流行路径。一种路径是传统企业的互联网化，将在某一个具体企业中应用良好的技术和经验推广到行业范围。例如，通用电气就采用了这种产业互联网的路径。另一种路径是互联网企业的产业化，将互联网领域发展出的技术、流程应用到具体的行业。例如，谷歌就是采用这一路径的代表。

无论是传统企业的互联网化，还是互联网企业的产业化，都存在优势与不足。传统企业互联网化的优势在于，企业更了解本行业特征，因此开发的平台和网络更能适应本行业企业的需求。不过，由于各行业的差异性巨大，在一个行业成功的模式很难被复制到另一个行业，因此建设的规模效应很难发挥出来，投资者的营利性也就难以保证。互联网企业产业化的优势则在于，可以在短时间内整合多个行业，实现跨行业协调。但是，由于互联网企业本身并不熟悉传统产业，因此这种整合很难深入产业内部，从根本上提升产业效率。

针对以上情况，笔者认为，相比于以上两种路径，另一条中间道路——"模块化"的建设思路可能更适合产业互联网的发展。

"模块化"一词最早来自工程设计领域。1997年，哈佛大学商学院的两位教授鲍德温（Carliss Baldwin）和克拉克（Kim Clark）在《哈佛商业评论》上发表了一篇《模块化时代的管理》，从而将"模块化"的概念引入了管理学界。[①]

根据鲍德温和克拉克的定义，所谓"模块化"，就是一个将复杂系统分解成相对简单、具有独立功能、能够独立运行的子系统的过程。这里所指的复杂系统被称为"模块化系统"，它可以是一件产品，也可以是一个过程。通过"模块化"，它可以被分解成若干个部分，这些部分就是"模块"。这些模块都是独立设计的，但它们可以通过某些规则联系起来，共同发挥系统的整体功能。

与整体化的设计和制作相比，"模块化"具有很多优势：它可以让各个模块独立设计，从而最大程度节约需要的信息；可以为创新提供足够的空间和激励，从而大幅促进创新；可以大幅增强系统的应变能力，从而更能适应市场变化的需要。因此，在产业互联网的推进过程中，采用模块化的思路或许是比较好的一种选择。

---

① Baldwin C Y, Clark K B. "Managing in an age of modularity." *Harvard Business Review*, 1997, 75 (5): 84–93.

根据这种思路，由于具体产业中的企业具有更多的"局部知识"（local knowledge），因此更适合扮演"模块设计者"的角色。它们更适合从自身的实践经验出发，积极探索属于本行业的规则和商业模式。相比之下，互联网企业在"局部知识"上是较弱的，因此不太适合介入具体的行业，它们更适合扮演如下三种角色：

一是连接器。它为各行各业进入数字世界提供最丰富的数字接口。消费互联网以人为中心，连接人与人、人与物、人与服务。产业互联网以企业为重点，将连接拓展到机器设备、物资材料等，具有连接数量多、行业应用广泛、流程再造的特征。

二是工具箱。它为各行各业数字化转型提供最完备的数字工具。例如，腾讯公司就可提供"云大智"（云计算、大数据和人工智能）、安全能力、移动支付、社交广告、企业微信以及公众号、小程序七大数字工具。这些工具与传统企业的能力素质相结合、相配套，塑造出全新的数字竞争力，不断提高数字化生存能力。

三是生态共建者。它与各行各业共建数字生态共同体。产业互联网不是一棵粗壮的大树，而是一片茂盛的森林。它是一个互相依存、开放合作的世界，不再羁于行业、地域等因素带来的条块分割，而是开始发生越来越多的关联融通。产业互联网让跨界地带产生丰富的创新空间，形成数字生态共同体。

此外，由于产业互联网的建设需要大量的投入，并且投入具有很强的正外部性，因此仅仅依靠企业建设是缺乏效率的。考虑到这点，政府应当对产业互联网的建设进行扶持。

关于引导、支持互联网经济发展的若干建议

2018年，整个互联网经济经历了重大的变化。尽管从整体看，互联网经济仍然保持了强劲的增长势头，但随着流量红利的殆尽、监管的日趋加强，整个互联网行业的竞争日趋激烈，行业洗牌也日益明显。与此同时，整个行业也出现了很多新的势头，互联网企业业务"下沉"、线上线下融合等新趋势纷纷出现。其中，众多互联网企业开始将业务关注点从C端转向B段，从消费互联网转向产业互联网是最值得关注的趋势。可以预见，在未来几年内，整个互联网经济的发展将会呈现一个完全不同的局面。

互联网经济是整个国民经济的重要组成部分。为了引导、规范互联网经济的

进一步发展，如下几点工作是需要重视的：

第一，应当肯定互联网经济的作用，要清醒认识到其对国民经济的作用。长期以来，人们对互联网经济的作用一直有一种疑问。一些观点认为，互联网经济是"虚拟经济"，对国民经济的作用并不大。这种认识显然是错误的。一方面，互联网经济本身就具有一定的体量，2018年整个互联网经济的营收总额已经占到了我国GDP的5.2%，这一点不容忽视。另一方面，互联网还对其他产业起到很大的支持和促进作用，从而间接对国民经济做出贡献。如果考虑到这种效果，那么互联网经济的作用将是不可小视的。尤其需要指出的是，随着互联网企业纷纷将业务重心从消费互联网转向产业互联网，不仅互联网行业本身的营业总量会显著上升，其对其他产业的支持和带动作用也将变得更大。从这个角度看，互联网经济在我国经济中扮演的角色将越来越重要。

第二，对互联网行业，应当积极采取审慎包容的态度，在监管上不宜过于严格。互联网当然不是法外之地，必要的监管是必须的。但是，互联网行业又是最富有活力，最有创造精神的领域，其创新是十分频繁的。因此，对于互联网行业中出现的一些新事物、新现象，应当秉承包容的态度来对待，不应该简单套用传统经济条件下的一些经验。这里尤其需要指出的一点是，现在互联网行业的竞争中出现了很多新现象，包括"一家独大""屏蔽"等，在传统经济条件下都是比较少见的。对于这些现象，应当结合具体情况具体分析，而不应该套用传统的竞争政策来规制。

第三，应当对产业互联网的发展给予必要的支持。由消费互联网转向产业互联网，是近期互联网行业最为重要的转变。这个转变不仅会重塑整个互联网行业，也会对整个国民经济带来很大的促进作用。不过，产业互联网的建设投入是巨大的，并且具有很强的正外部性，因此，如果把产业互联网的建设仅仅交给企业，将是没有效率的。从这个意义上讲，政府应当积极利用产业政策对产业互联网的建设予以大力支持，尤其是应当承担一定的基础设施建设。唯有如此，我国的产业互联网才能发展得更快、更好。

参考文献

陈永伟，《促进产业互联网快速发展》，《经济日报》，2018年12月1日。

司晓、吴绪亮、徐思彦，《让实体经济成为产业互联网的主角》，腾讯研究院公众号2019

年3月8日。

Baldwin C Y, Clark K B. "Managing in an age of modularity." *Harvard Business Review*, 1997, 75 (5): 84–93.

Bresnahan T, and Trajtenberg M. "General Purpose Technologies: Engines of Growth?" *Journal of Econometrics*, 1992, 65 (1): 83–108.

区域和城市

第二十三章 区域发展

区域经济增速略有下滑,区域新动能初现

刘云中 何建武

要点透视

➢ 2018年,中国区域经济增长总体稳定,广东和江苏的GDP均首次突破9万亿元大关,大幅领先于其他省份,紧接其后的为山东、浙江和河南,分别为7.6万亿、5.6万亿和4.8万亿元,从地区生产总值的排序来看,较大的变化是湖南超过河北,位列第8,广西超过天津,位列第18。

➢ 2018年西藏、贵州的增速保持在9%以上,随后是云南、江西和福建;而增长速度较低的省市有天津、吉林、内蒙古和黑龙江。全国有24个省市的经济增速出现下降,其中下降幅度较大的重庆、新疆、海南、贵州,增速下降了1个百分点以上,经济增速加快的省份有5个,其中前两年经济增速大幅下滑的部分省份,呈现企稳回升态势,典型者如甘肃和辽宁。

➢ 南北经济差距扩大的趋势仍然延续,南方11个省的名义GDP占各省市GDP之和的比重在2018年继续上升,为61.48%,比2017年增加了0.43个百分点。需求侧的原因可能是近年来中国居民消费更多偏向于通信、汽车以及健康服务,这一结构变化引起了产业发展的差异,进而在空间上反映为南北经济发展的差异。

➢ 2019年,外部经济环境的恶化,尤其是美国经济持续复苏的不确定性加大,可能对中国东部和南方省份的经济发展带来不利影响。

2018 年中国区域经济运行

2018 年中国区域经济增长

2018 年，中国区域经济增长总体稳定，大部分省市的经济增速略有减缓。广东和江苏的 GDP 均首次突破 9 万亿元大关，分别为 9.7 万亿和 9.2 万亿元，大幅领先于其他省份，紧接其后的为山东、浙江和河南，分别为 7.6 万亿、5.6 万亿和 4.8 万亿元（详见图 23.1）。从地区生产总值的排序来看，2018 年较大的变化是湖南超过河北，位列第 8，广西超过天津，位列第 18。经济增速方面，大的趋势并没有改变，大部分 2017 年经济增长较快的省份在 2018 年仍然保持较快增长势头，当然也有部分地区扭转了经济增速不断下滑的趋势（见图 23.2 和图 23.3）。根据 2018 年的数据，全国有两个省级行政单元的经济增长速度高于 9%，分别是贵州和西藏，这与前两年的情形较为一致，只是增速都略有下降。其他增长较快的省份还有云南、江西，增速都超过 8.5%，再次是福建、陕西、安徽和四川，增速在 8% 以上。值得关注的是江西省，近年来保持较为稳定的快速增长，增速在全国处于领先水平。增长速度较低的省市有天津、吉林，分别为 3.6% 和 4.5%，其他增速在 6% 以下的省份有内蒙古、黑龙江、辽宁和海南，这些省份大都处于持续转型的压力之下。

2018 年区域经济增长的减速再次反映了中国经济由高速增长持续向中高速增长转变，并进而向高质量发展阶段转变的基本特征。从经济增速的变化角度看，经济增速加快的省份有 5 个，其中前两年经济增速大幅下滑的部分省份，其经济增长速度呈现企稳回升态势，典型者如甘肃、辽宁，分别回升了 2.7 和 1.5 个百分点，其他增速有所回升的省份包括内蒙古、陕西和福建。但应该注意到，全国有 24 个省市的经济增速出现下降，其中下降幅度较大的重庆、新疆、海南、贵州，增速下降了 1 个百分点以上（详见图 23.3）。大部分省份经济增速的下降有着复杂的因素，不可忽略的是国际经济形势对中国区域经济发展的影响，以广东为例，2016—2018 年的经济增速分别为 7.51%、7.54% 和 6.8%，这种经济增速的波动就和国际贸易形势密切相关。又如另一个经济大省江苏在 2017 年经济降速 0.65 个百分点的基础上，2018 年的经济增速又下滑了 0.45 个百分点，反映了经济转型发展的艰巨性。

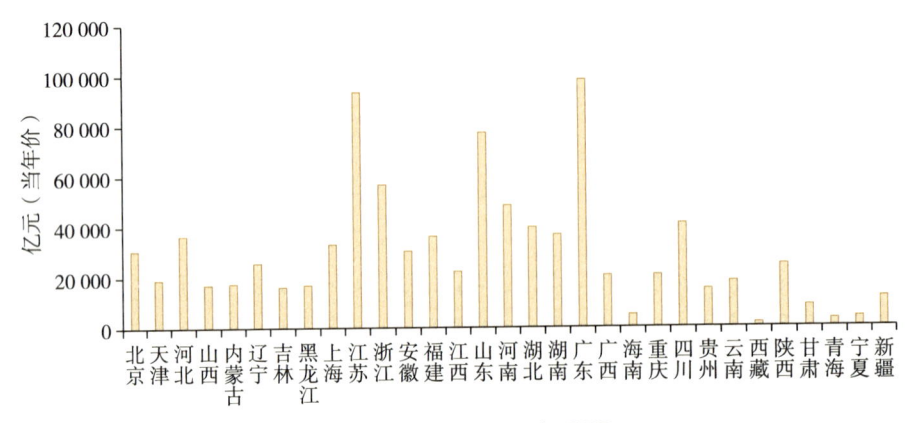

图 23.1　各省市 2018 年 GDP

资料来源：Wind，作者计算。

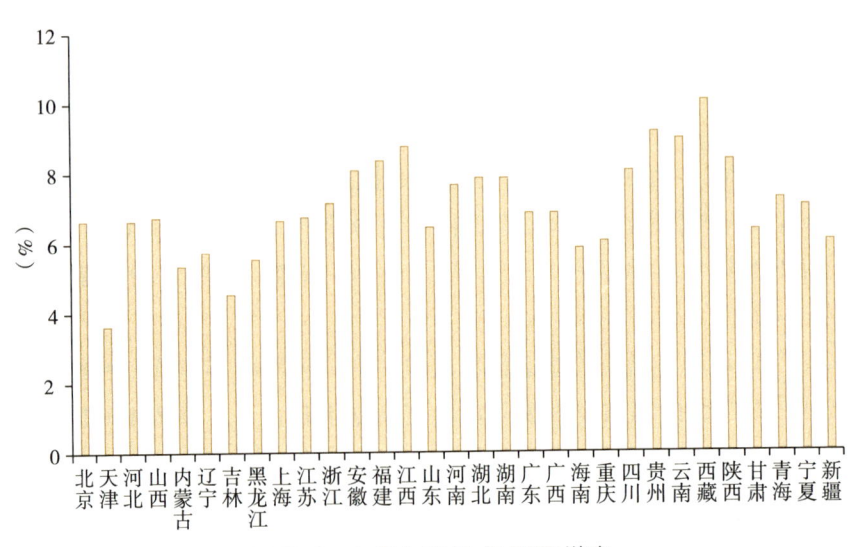

图 23.2　各省市 2018 年 GDP 增速

资料来源：Wind，作者计算。

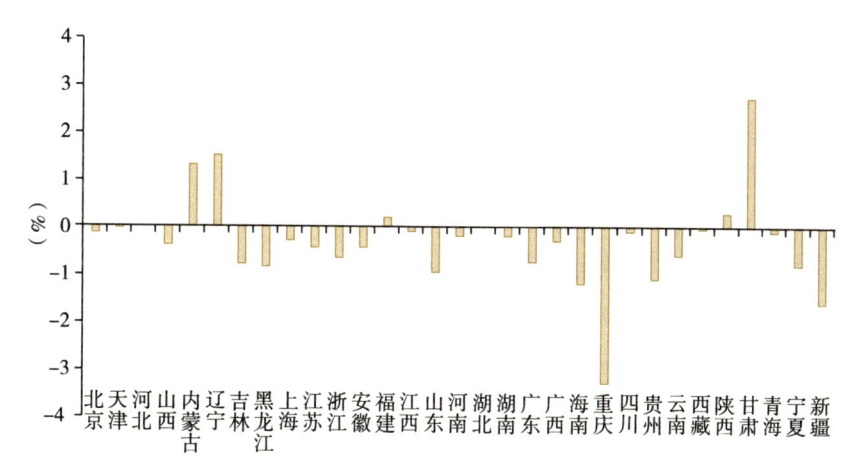

图 23.3　各省市 2018 年 GDP 增速相对 2017 年的变化
资料来源：Wind，作者计算。

2018 年中国区域规划和区域政策

2018 年围绕防范化解重大风险、精准脱贫、污染防治这三大攻坚战，实施区域协调发展战略，陆续出台多项重要的区域政策和区域规划。第一是习近平总书记在庆祝海南建省办经济特区 30 周年大会上宣布设立海南自由贸易港，这是我国完善开放格局、促进区域发展的重大举措。按照部署，海南要成为中国新时代全面深化改革开放的新标杆，是中国全面深化改革开放试验区、国家生态文明试验区、国际旅游消费中心、国家重大战略服务保障区。

第二是国家主席习近平在首届中国国际进口博览会开幕式上提出，支持长江三角洲区域一体化发展并上升为国家战略，着力落实新发展理念，构建现代化经济体系，推进更高起点的深化改革和更高层次的对外开放。

第三是国务院在 2018 年 1 月批复了山东新旧动能转换综合试验区建设总体方案，探索新旧动能转换模式，是贯彻落实新发展理念、推动区域经济高质量发展的重要尝试，选择北方经济第一大省山东作为新旧动能转换综合试验区，并从国家战略高度建设，这对于区域协调发展具有很重要的意义。

第四是显著加强了区域政策和区域规划参与生态治理的力度，2018 年通过国务院批复的区域性生态经济发展规划就有《汉江生态经济带发展规划》《淮河生态经济带发展规划》《洞庭湖水环境综合治理规划》，这也体现了将污染防治和区域发展紧密结合的任务要求和发展趋势。

第五是加强对新发展空间——海洋蓝色发展空间的规划，2018年通过的区域性海洋发展和生态治理规划或行动有《渤海综合治理攻坚战行动计划》，并发布了《关于建设海洋经济发展示范区的通知》，明确了14个海洋经济发展示范区，这必将促进海洋经济的发展，拓展发展新空间。

第六是继续编制发布重要城市群的规划，主要有《关中平原城市群发展规划》《呼包鄂榆城市群发展规划》，这些针对中西部地区发展的重点城市群规划有助于促进区域的相对均衡发展。

最后，关于促进区域协调发展最为重要的举措是2018年11月颁布的《关于建立更加有效的区域协调发展新机制的意见》，立足发挥各地区比较优势和缩小区域发展差距，围绕努力实现基本公共服务均等化、基础设施通达程度比较均衡、人民基本生活保障水平大体相当的目标，加快形成统筹有力、竞争有序、绿色协调、共享共赢的区域协调发展新机制，并从区域战略统筹机制、市场一体化发展机制、区域合作机制、区域互助机制、区际利益补偿机制、基本公共服务均等化机制、区域政策调控机制、区域发展保障机制八个方面阐明了如何建立区域协调发展新机制。从区域发展的态势看，在充分发挥政府、市场和社会等多主体积极性的基础上，更加强调重大战略和利益主体两个方面的统筹（刘云中，2019）。

从消费需求变化理解近年来区域经济格局的变动

区域经济格局的持续变化

中国区域经济差距出现波动，2003年到2014年区域差距小幅缩小的态势，从2015年起转变为小幅扩大，2016年和2017年的本专题报告对此进行了讨论。其中，南北方经济发展态势的差异成为导致区域差距小幅扩大的重要来源，本专题2018年的报告从高新技术企业成长的角度讨论了南北方经济发展差异的原因，今年将从国内消费结构的变化理解南北方的经济发展，之所以关注消费结构的变化，一者是为了更好地理解拐点性的因素，二者是为了更好地理解导致南北经济发展差异的区域外部因素，以便更好地说明支持性政策的基础。

沿袭2018年报告的界定，我国内地31个省市自治区分别划分为东西南北4

个部分,[①] 由此计算我国东西部省市 GDP 以及南北方省市现价 GDP 各自所占的比重（详见图 22.4）。南北经济差距扩大的趋势仍然延续，南方 11 个省市的名义 GDP 占各省市 GDP 之和的比重在 2018 年继续上升，为 61.48%，比 2017 年增加了 0.43 个百分点，而东部省市的占比下降了 0.23 个百分点，至 50.86%。进一步计算了中部 5 省[②]的 GDP 占全国的比重，中部 5 省的名义 GDP 占比在 2003 年出现最低点之后，开始稳步上升，2018 年的占比为 19.21%，比 2017 年上升了 0.21 个百分点。由此可见，从 2013 年以来，我国北方地区经济比重持续上升、东部地区经济比重基本稳定、中部地区经济比重稳步上升的趋势仍在持续，简而言之，中国区域经济格局的突出特征就是中部崛起和北方经济困难。

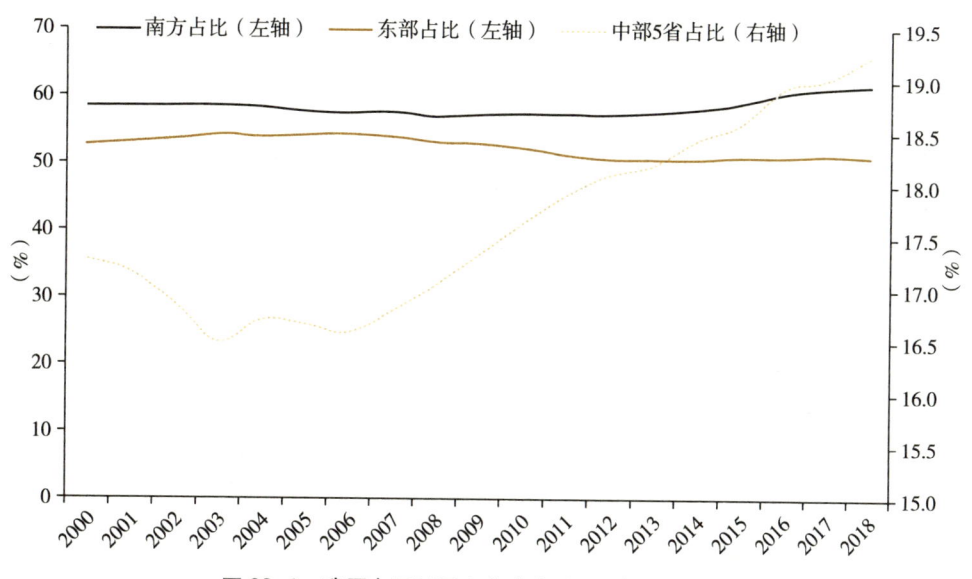

图 23.4　我国东西以及南北省市 GDP 占全国的比重

资料来源：Wind，作者计算。

消费结构的变化与区域经济格局

影响北方地区经济发展的因素很多，有最基本性的地理因素，也有资本存

---

① 东部包括辽宁、北京、天津、山东、上海、江苏、浙江、福建、广东 9 个省市，其余 22 个省市自治区为西部；南方包括上海、江苏、浙江、安徽、江西、福建、湖北、湖南、广东、广西、海南、云南、重庆、四川、贵州、西藏 16 个省市自治区，其余 15 个省市自治区为北方。
② 指河南、湖北、湖南、安徽和江西，即不包括山西。

量、基础设施、劳动力数量和人力资本、经济结构、体制改革、社会文化习俗以及通常所诟病的营商环境乃至人事的变化，等等。近年来，关于南北经济发展差异的原因的讨论增多，如盛来运等（2018）和李善同等（2018）分别从制度性因素和价值链的角度讨论了其原因。今年将在2018年报告的基础上，更多地从需求侧讨论南北方的经济发展，收入变化引起消费结构变化、消费结构变化又引致生产周期和产业周期的差异、产业结构在空间上的调整成本最终表现为地区发展差异，这是从需求侧理解区域经济尤其是区域差距的重要逻辑。基本的观点是：近年来中国居民的消费更多偏向于通信、汽车以及健康服务，这一结构变化引起了产业发展的差异，进而在空间上反映为南北经济发展的差异。

随着收入的增长，中国居民的消费支出更多地偏向通信、汽车以及健康服务等。表23.1和表23.2详细展示了中国城镇居民和农村居民2013—2017年的年均消费支出，中国农村居民消费支出增长较快的是医疗保健消费，教育、文化和娱乐消费，以及交通和通信消费；中国农村居民消费支出增长较快的是交通和通信消费，医疗保健消费，教育、文化和娱乐消费。而表23.3则清楚表明中国城镇居民的家庭耐用消费品从2010年以来增长最快的是家用汽车和移动电话。显然，能够快速提供这些需求的地区的产业和经济发展将处于较为有利的位置。

表23.1 城镇居民年人均消费支出 （单位：元，%）

年份	总消费支出	食品烟酒	衣着	居住	生活用品及服务	交通和通信	教育、文化和娱乐	医疗保健	其他用品及服务
2013	18 488	5 571	1 554	4 301	1 129	2 318	1 988	1 136	490
2014	19 968	6 000	1 627	4 490	1 233	2 637	2 142	1 306	533
2015	21 392	6 360	1 701	4 726	1 306	2 895	2 383	1 443	578
2016	23 079	6 762	1 739	5 114	1 427	3 174	2 638	1 631	595
2017	24 445	7 001	1 758	5 564	1 525	3 322	2 847	1 777	652
2013—2017年变化率	32.2	25.7	13.1	29.4	35.1	43.3	43.2	56.4	33.1

资料来源：华通人，作者计算。

表23.2 农村居民年人均消费支出　　　　　　　　　　　　　　　　　　　　（单位：元，%）

年份	总消费支出	食品烟酒	衣着	居住	生活用品及服务	交通和通信	教育、文化和娱乐	医疗保健	其他用品及服务
2013	7485	2554	454	1580	455	875	755	668	144
2014	8383	2814	510	1763	506	1013	860	754	163
2015	9223	3048	550	1926	546	1163	969	846	174
2016	10130	3266	575	2147	596	1360	1070	929	186
2017	10955	3415	612	2354	634	1509	1171	1059	201
2013—2017年变化率	46.4	33.7	34.8	49	39.3	72.5	55.1	58.5	39.6

资料来源：华通人，作者计算。

表23.3 城镇居民家庭情况　　　　　　　　　　　　　　　　　　　　　　　（单位：每百户，台，%）

年份	摩托车	洗衣机	电冰箱	彩色电视机	空调	家用电脑	移动电话	家用汽车
2010	22.51	96.92	96.61	137.43	112.07	71.16	188.86	13.07
2011	20.13	97.05	97.23	135.15	122	81.88	205.25	18.58
2012	20.27	98.02	98.48	136.07	126.81	87.03	212.64	21.54
2013	20.8	88.4	89.2	118.6	102.2	71.5	206.1	22.3
2014	24.5	90.7	91.7	122	107.4	76.2	216.6	25.7
2015	22.7	92.3	94	122.3	114.6	78.5	223.8	30
2016	20.9	94.2	96.4	122.3	123.7	80	231.4	35.5
2017	20.8	95.7	98	123.8	128.6	80.8	235.4	37.5
2012—2017年变化率	2.61	-2.37	-0.49	-9.02	1.41	-7.16	10.70	74.09
2010—2017年变化率	-7.60	-1.26	1.44	-9.92	14.75	13.55	24.64	186.92

资料来源：Wind，作者计算。

北方地区服务业比重低、传统工业占比高是一致的估计和判断，因此，近年来消费需求的增长更多地会由南方地区的生产来满足，由此带来南北方经济发展的差异。但是需要进一步解释的是这次差异持续了5~6年之久，期间并没有发生显著的产业转移来拉平差距，这就取决于这次快速增长的优势产业的特性，具体而言，就是与通信设备和消费类电子产品的设备更换周期及折旧年限相关。[①]一者企业拥有的电子设备最低折旧年限为3~5年，二者通信设备和消费类电子产品这个行业比较追求"颜值"创新，[②] 生产线和设备更新较快，从而表现为该快速增长产业所在地区的设备投资快速增长（见图23.5）。同时，可以推测的是一个生产线和生产设备更换较快的行业，其所蕴含的一些新的技能和知识比较多，而一个新的技能和知识比较多的行业，其空间的转移和知识的扩散都相对较慢。[③] 延伸一点，消费结构的变化以及通信设备和消费类电子产品的设备更换特性都不是北方地区能改变的，因此，实施针对北方地区产业技能培训、减轻企业负担的政策有其合理性，所谓"南方养老金滚存结余调到东北"的建议不无道理。

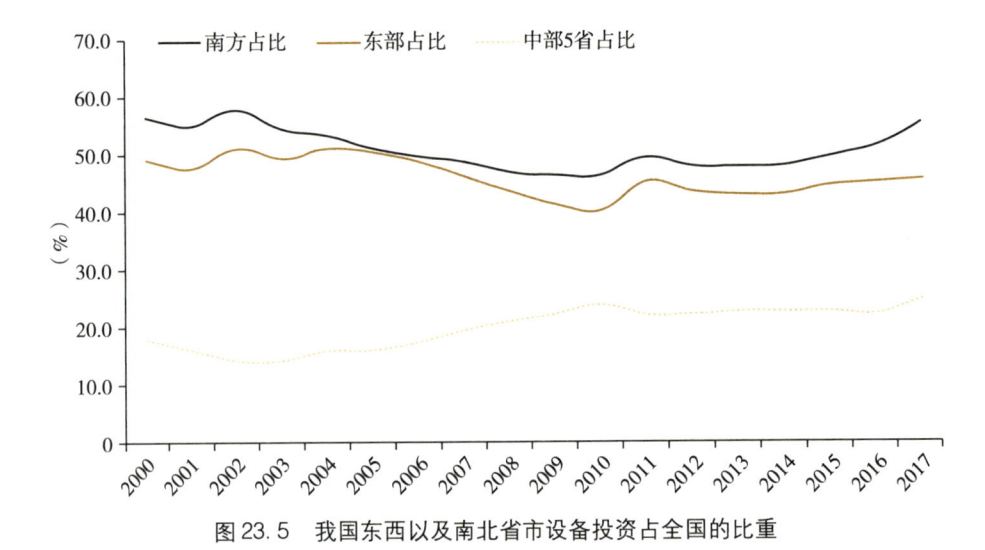

图23.5 我国东西以及南北省市设备投资占全国的比重
资料来源：Wind，作者计算。

[①] 也可以归之为一种相对较短的朱格拉周期。
[②] 海通机械佘炜超团队（2017）。
[③] Desmet, Klaus and Esteban Rossi-Hansberg（2009）。

区域经济增长展望

未来 5 年区域经济增长的预测

影响区域经济增长格局变化的中期因素仍然存在，例如区域经济转型的阶段性差异导致区域经济的分化、基础设施和信息技术的发展以及区域之间要素相对成本的变化等为中西部地区承接产业转移提供了条件，高速铁路等"空间压缩"性技术快速发展条件下的服务业发展为中心城市的发展提供了新机遇。但从上文第二部分的分析也应该看到，目前这种南北经济的分化在一定程度上受到通信及消费类电子产业的影响，随着消费周期的变化，未来消费类电子产品的促进作用会有所下降，而且由于中美贸易摩擦的复杂性，未来一段时间南方经济尤其是东南沿海地区的经济会受到一定的影响。在 2018 年对中国区域经济未来 5 年的预测基础上，根据影响中国区域经济格局的中长期因素变化，结合新近出现的区域差距波动和增长格局变化等因素，对 2019—2023 年中国区域经济状况做一个预测。沿用一贯的估计方法，尝试采用区域连接的多区域模型预测各个省份的经济增长速度。这样做的优点在于尽可能地考虑各地区自身的发展条件、发展基础以及地区之间的经济联系，或者在全国视角下综合考虑各地区自身的增长潜力，同时保持全国指标和区域指标之间的协调性（具体指标详见表 23.4）。

表 23.4　各省市 2019—2023 年经济增速预测　　　　　　　　　　（单位：亿元，%）

	2018 年 GDP	2018 年 GDP 所占比重	2019—2023 年增速预测值
北京	30 320	3.31	5.1
天津	18 809.64	2.05	6.1
河北	36 010.3	3.93	6.5
山西	16 818.11	1.84	6.0
内蒙古	17 300	1.89	6.2
辽宁	25 300	2.76	5.0
吉林	16 000	1.75	5.2
黑龙江	16 700	1.82	5.8

续表

	2018 年 GDP	2018 年 GDP 所占比重	2019—2023 年增速预测值
上海	32 679.87	3.57	5.1
江苏	92 595.4	10.11	6.2
浙江	56 197.2	6.14	6.1
安徽	30 006.8	3.28	7.1
福建	35 804.04	3.91	6.1
江西	21 984.8	2.40	7.4
山东	76 470	8.35	7.3
河南	48 055.86	5.25	6.5
湖北	39 366.55	4.30	5.5
湖南	36 425.78	3.98	7.2
广东	97 300	10.62	6.3
广西	20 352.51	2.22	6.5
海南	4 832.05	0.53	6.3
重庆	20 363.19	2.22	6.2
四川	40 678.13	4.44	6.6
贵州	14 806.45	1.62	7.8
云南	17 881.12	1.95	7.1
西藏	1 400	0.15	6.9
陕西	24 438.32	2.67	6.5
甘肃	8 246.1	0.90	6.9
青海	2 865.23	0.31	7.2
宁夏	3 705.18	0.40	6.3
新疆	12 199.00	1.33	6.8
全国	915 911.63	100	6.4

中国区域经济发展趋势仍然延续，没有出现拐点性质的预测。从预测结果看，2019—2023 年，东部地区预期增速将略高于6%，中部地区除了个别省份外，预期增速将达到7%左右，西部地区预期年均增速将达到7%，东北三省经济增长仍将保持相对较低的速度，预期平均增速略高于5%。但是相对于

2018年的预测，下调了较多省市的增速，主要有内蒙古、天津、重庆、吉林、黑龙江、青海、新疆等，以反映其转型过程的困难，同时也下调了广东、海南等地的增速，以反映产业周期变化和国际经济形势的影响；保持东部地区江苏以及北京、上海等地经济增速的稳定，以反映其经济结构转型取得的成效，同时调高了浙江、福建和安徽等地的经济增速，以反映其经济结构优化的效果。

2019年中国区域经济展望

影响2019年区域经济格局的因素并不会出现根本性变化，但应该注意到外部经济环境的恶化，首先美国经济复苏持续的不确定性加大，尤其是最近美联储针对美国经济形势的不确定性放缓了缩表和加息的步伐，预示着美国经济的增长可能出现逆转；而欧洲经济受到难民、国内收入分配和债务危机的影响，长期处于泥潭之中。其次是全球大宗商品价格出现波动，原油价格从2018年的高点有30%的跌幅，这可能较大程度影响中国部分与能源原材料行业联系密切的省份的经济发展。再次，中美贸易摩擦的复杂性和长期性可能对中国的区域经济尤其是较为依赖出口导向产业的区域经济发展带来不利影响。当然，这些国内外经济的压力虽然存在，但在党的十九大的指引下，中国经济进入新时代，经济发展的质量、效益和动力改善，国家出台的促进区域经济增长的政策措施的作用初步显现，区域经济将进入稳定运行状态。

2019年，首先需要关注的是如何完善和实施更加有效的区域协调发展新机制，这其中较为重要的是在充分发挥政府的统筹作用基础上，通过建立高质量的市场，发展市场机制的作用促进区域协调发展，增强区域发展的协同性、联动性、整体性，真正实现区域发展质量的提升，这其中的关键就是激发区域经济运行主体的活力，加强各类企业之间、地方政府之间的良性竞争。其次需要关注受国际经济环境影响较大的区域，观察其经济运行的稳定性，这既包括东部沿海外向型经济较为发达的省份，如广东、福建、浙江和江苏等，也包括受大宗商品价格影响的区域，如山西、陕西、新疆、河北等。再次需要关注大城市以及城市群的发展动能和态势，这既包括东部地区的超大城市、城市群乃至城市连绵带，也包括中西部地区位于沿边开放和重要经济走廊上的重要节点城市如昆明、南宁、重庆、兰州、呼和浩特、乌鲁木齐等城市的发展态势。

参考文献

刘世锦主编,《中国经济增长十年展望(2018—2027):中速平台与高质量发展》,北京:中信出版社,2018年。

盛来运等,《我国经济发展南北差距扩大的原因分析》,《管理世界》第201年第9期。

李善同等,《从价值链分工来看我国经济发展南北差距的扩大》,国务院发展研究中心调研报告。

刘云中,《透视区域发展的新机制和新格局》,《时事报告》第2019年第1期。

《财经》,《苹果村没有眼泪也不相信梦想》,2019年1月7日。

海通机械佘炜超团队,《手机机身材料复杂化趋势明确,3C加工设备新周期开启》。

Desmet, Klaus and Esteban Rossi-Hansberg (2009), "Spatial Growth and Industry Age." *Journal of Economic Theory* 144, 2477–2502.

第二十四章　城镇化

城市人口分布与流动的新变局

卓　贤　张　颖

要点透视

➢ 2018 年，我国常住人口城镇化增速放缓，户籍人口城镇化与前者的相对差距拉大；城镇化的基本动力正在发生改变，城乡人口转移的贡献在下降。

➢ Logistic 模型的测算表明，2019 年我国城镇化率将达到 60.7%，城镇化率预计将在 2024 年突破 65%，未来十年平均每年提高 0.8 个百分点。

➢ 对常住人口的分析表明，我国新增城市人口从"南北均衡"转向"南快北慢"，中间规模城市人口骤升，规模两端城市放缓，扩张、饱和与收缩的城市比例为 4∶5∶1。

➢ 对日间流动人口的分析表明，一二线城市是日间人口流动的主要节点，发达城市群内部流动性高，后发城市群外部流动性高。华南和一二线城市活跃度高，西南和四线城市活跃度低。

---

* 本研究受卓贤主持的国家自科基金项目（编号：71573063）资助。

2018年城镇化进程回顾与未来十年展望

常住人口城镇化增速放缓，户籍人口城镇化与前者的相对差距拉大。 2018年末，我国城镇人口达到8.31亿，比上年增加1 790万，常住人口城镇化率达到59.58%，比上年末提高1.06个百分点。城镇化率提高幅度低于2017年0.11个百分点，虽然连续第三年回落，但仍保持较快速度。值得注意的是，户籍人口城镇化率为43.37%，比上年末提高1.02个百分点，略慢于当年常住人口城镇化，三年来平均速度持续放缓，常住人口城镇化率和户籍人口城镇化率的差距继续拉大。

我国城镇化的基本动力正在发生改变，城乡人口转移的贡献在下降。 2018年我国常住人口城镇化率比2017年末提高1.06个百分点，根据统计局公布的信息，其中城镇区域扩张贡献了0.42个百分点（贡献率为39.6%），城镇人口自然增长贡献了0.25个百分点（贡献率为23.6%），乡村人口迁移贡献了0.39个百分点（贡献率为36.8%）。城乡人口转移对城镇化贡献的下降也反映在农民工的数据变化上。2018年末，全国农民工总量2.88亿，比上年增长了184万，比上年少增加297万。从农民工结构来看，外出农民工（在户籍所在乡镇地域外从事非农产业6个月及以上）1.73亿，全年仅微增81万人，比上年少增加170万；实现就近城镇化的本地农民工（在户籍所在乡镇地域以内从事非农产业6个月及以上）1.16亿，全年增加了103万，比上年少增加127万。

本章继续沿用Logistic模型预测中国未来的城镇化发展趋势。我们利用我国过去40年的城镇化率历史数据估算未来十年城镇化率预测值：2019年城镇化率将达到60.7%，比2018年提高约1.1个百分点；我国城镇化率预计将在2024年突破65%，十年之后的2028年达到68.0%，未来十年平均每年提高0.8个百分点。

表 24.1　未来十年我国城镇化率预测值

年份	2019	2020	腾景 2021	2022	2023
城镇化率预测	60.7%	61.7%	62.6%	63.5%	64.4%
年份	2024	2025	2026	2027	2028
城镇化率预测	65.2%	66.0%	66.7%	67.3%	68.0%

资料来源：作者预测。

城城之间的人口流动将成为城镇化的后发动力。随着城乡人口转移速度放缓，我国城镇化的动力机制已经悄然改变，人口在城市与城市之间的流动越来越重要。需要指出的是，城市之间的人口流动，并不会反映到城镇化率的变动上。也就是说，即使未来中国城镇化率达到峰值（即不再提高），每年仍可能会有大量人口从三四线城市流向一二线城市、从都市圈外围城市流向核心城市、从南方城市流向北方城市……为此，下文将分别从常住人口统计数据和日间流动人口大数据这两个视角，分析人口在城市之间分布与流动的新变局。

基于常住人口的城市人口分布变化

"南北均衡"转向"南快北慢"

长期以来，城市人口增长的主要驱动力来源于城乡人口转移，城市制造业和建筑业吸纳了大量农村转移人口。近年来，各类城市产业结构演进趋于多元化，一二线城市新增劳动力需求以服务业为主，城市间高素质人口的迁徙成为人口流动新特征。为此，我们首先考察 286 个地级（及以上）城市全域常住人口的变化。

城市人口增长由"南北均衡"转向"南快北慢"。2010—2015 年，全国城市的常住人口年均增长 839.9 万。其中，南部城市年均新增 509.8 万，占全国新增人口的 60.7%；北部城市年均新增 330.1 万，在全国新增人口中占比 39.3%，大致表现为"南北均衡"特征。2015—2017 年，我国城市人口年均增长 874.8 万，"南快北慢"的趋势更加明显：南部地区城市新增人口 688.3 万，占全国的比重为 78.7%；北部地区城市新增人口 186.5 万，占全国比重仅为 21.3%。

从区域来看，2015—2017 年，华南、华东的城市新增人口占比超六成（65%），其中广东、江苏、山东的城市年均新增人口为 163.8 万、99.8 万、76.8 万，新增人口占比分别提高 8.7、8.8 和 2.4 个百分点。西南和华中的城市人口年均增长 122.1 万和 114.0 万，新增人口占比分别提高 3.7 和 3.0 个百分点，其中云南、河南的城市新增人口占比分别提高 2.8 和 3.0 个百分点。华北和西北的城市新增人口比重分别下降 8.1 和 2.2 个百分点，其中北京、天津新增人口比重分别下降 5.0 和 5.5 个百分点。东北的城市人口出现绝对规模下降，年均减少 36.3 万。

城市群人口增长的"南北均衡"同样被打破。"十三五"规划中的 19 个城市群承载了全国近八成人口。2010—2015 年，城市群人口增长的南北比重大致为 4∶3。2015—2017 年，南方八个城市群人口增长均有提速，年均新增人

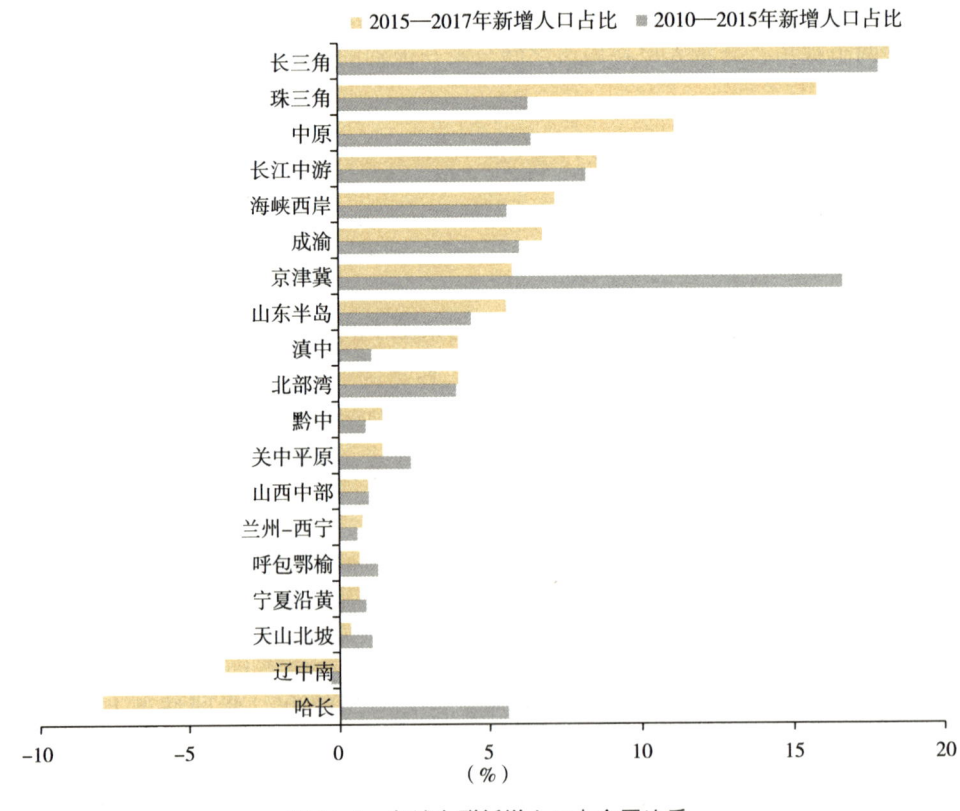

图 24.1 各城市群新增人口占全国比重

资料来源：各地统计局和笔者计算。

口 578.5 万，占全国城市新增人口的 66.1%。尤其是珠三角城市群，其新增人口比重（15.8%）比 2010—2015 年提高 9.5 个百分点。同期，11 个北方城市群年均新增人口 138.7 万，只占全国比重的 15.8%。除中原、山东半岛和兰州 - 西宁城市群之外，京津冀、关中平原、呼包鄂榆等城市群人口增速放缓，辽中南和哈长城市群人口明显下滑。近两年南北城市群新增人口之比已骤变为 4∶1。

中间规模城市人口骤升，规模两端城市放缓

我国城市人口增长格局经历了非线性的空间演化。从 20 世纪 80 年代遍地开花的小城镇，到 90 年代向东南沿海大中小城市集聚，再到 21 世纪往中西部区域性大城市回流，近两年则表现出"中间涨两头落"的特征。

近两年，扩张最迅猛的是人口规模在 700 万~1 500 万的城市。2015—2017 年，人口规模在 1 000 万~1 500 万的城市年均新增 217.8 万，新增人口比重（24.9%）比 2010—2015 年提高 9.8 个百分点，其中成都、深圳、广州新增人口比重分别提高 6.5、4.1 和 3.8 个百分点；人口规模在 700 万~1 000 万的城市年均新增 204.8 万，新增人口比重（23.4%）比 2010—2015 年提高 5.4 个百分点，其中西安、长沙、杭州新增人口比重分别提高 4.2、2.0 和 1.8 个百分点。

与此同时，处于人口规模两端的城市放缓了人口扩张的脚步，大都市圈效应初步显现。

中小城市人口增长整体放缓，但出现结构性分化。2015—2017 年，人口 700 万以下城市年均新增人口 425.1 万，新增人口比重（48.5%）比 2010—2015 年下降 7.5 个百分点。其中，华南和华东的中小城市人口增长仍然较快，如珠海、泰州等；华中、西南、西北的中小城市人口增速放缓，如信阳、荆州、资阳等；东北不少中小城市常住人口年均下降 10 万以上。

超大型城市人口增长放缓，大都市圈效应开始显现。2015—2017 年，总人口 1 500 万以上的超大型城市，即北京、上海、天津和重庆（重庆按市辖区人口计算）年均新增人口 27.1 万，新增人口比重占全国城市的 3.1%，比 2010—2015 年下降 7.8 个百分点。2017 年，北京、上海和天津首次出现人口绝对规模的减少，分别下降了 2.2 万、1.4 万和 5.3 万。与此同时，超大型城市呈现人口向周边中小城市疏解的都市圈效应。以北京为例，虽然近两年人口增长趋缓，但周边的廊坊和保定市年均合计增长 14.9 万人，比 2010—2015 年年均多增 4.5 万人。

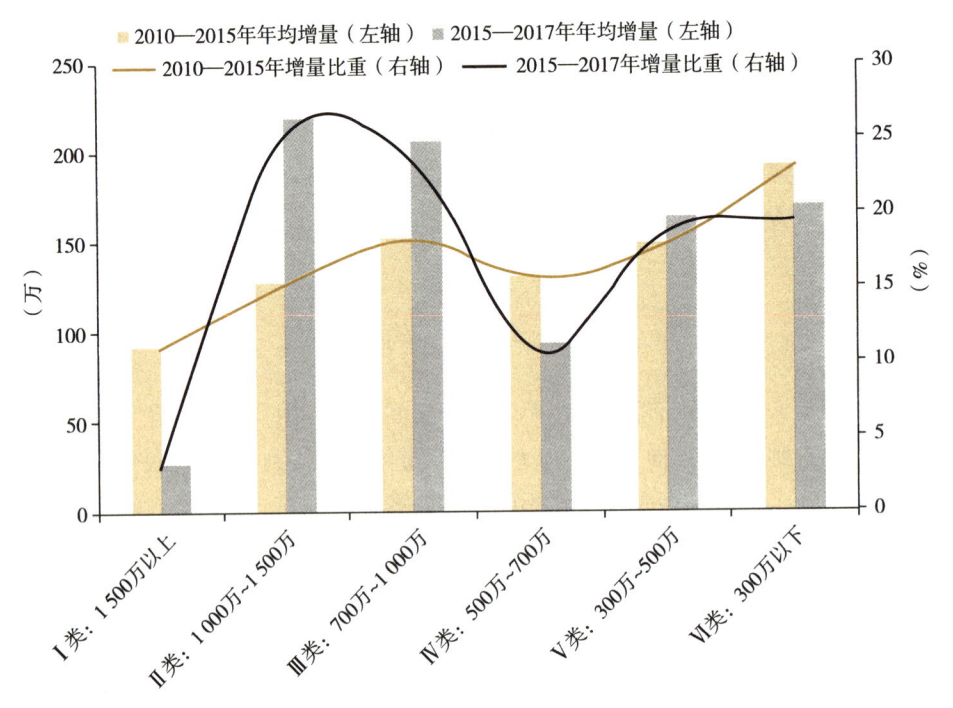

图 24.2 六类规模城市常住人口增量及占比
资料来源：各地统计局和笔者计算。

扩张、饱和与收缩的城市比重为 4∶5∶1

按人口增长绝对规模和相对比重，我们将中国的城市分为"扩张的城市"（绝对人口和相对比重双升），"饱和的城市"（绝对人口升、相对比重降）和"收缩的城市"（绝对人口和相对比重双降）。

随着城市承载力提高，我国处于扩张状态城市的比重提高。2015—2017 年，处于扩张、饱和与收缩的城市比重分别为 37.4%、53.1% 和 9.4%。与 2010—2015 年相比，扩张的城市（107 个）增加 16 个，饱和的城市（152 个）减少 9 个，收缩的城市（27 个）减少 7 个。

一线城市出现分化，北京和上海从扩张区间进入饱和状态，而广州和深圳仍在扩张通道。超六成二线城市在扩张，近四成二线城市居于饱和状态，二线城市未现收缩现象。三线城市也以扩张居多（47%），饱和者占 44%，有 8.3% 的三线城市处于收缩状态。24 个四线城市在收缩，但仍有 34.3% 的四线城市处于扩张状态。

表 24.2 我国四类城市的扩张、饱和及收缩情况　　　　　　　　　　　（单位：%）

城市类别	时间	扩张的城市	饱和的城市	收缩的城市
一线城市	2010—2015	100.0	0.0	0.0
	2015—2017	50.0	50.0	0.0
二线城市	2010—2015	53.8	46.2	0.0
	2015—2017	61.5	38.5	0.0
三线城市	2010—2015	47.2	50.0	2.8
	2015—2017	47.2	44.4	8.3
四线城市	2010—2015	27.0	58.8	14.2
	2015—2017	34.3	55.4	10.3
所有城市	2010—2015	32.9	54.9	12.2
	2015—2017	37.4	53.1	9.4

资料来源：各地统计局和笔者计算。

从区域来看，2015—2017 年，华南城市约六成（59.5%）处于扩张，且无一城市在收缩，即使如茂名和玉林等三四线城市也在快速扩张。华东处于扩张与饱和的城市各占近五成，扩张的城市比重提高 16.7 个百分点，一些邻近核心城市的三四线城市（如马鞍山、嘉兴和漳州等）增长较快。华北超过四分之三（75.8%）的城市呈饱和状态，虽然收缩城市比重降到 3%，但扩张城市比重也降为 21%。华中、西南、西北的核心城市（如郑州、武汉、成都、重庆、西安）扩张趋势明显，但收缩城市比重也达 9.5%、15.6% 和 10%。东北城市出现极端分化，53% 的城市扩张，41% 的城市收缩，东北地区三四线城市人口向核心城市转移的趋势明显。

表 24.3 我国各区域城市扩张、饱和与收缩的占比　　　　　　　　　　（单位：%）

地区	时间	扩张的城市	饱和的城市	收缩的城市
东北	2010—2015	41.2	17.6	41.2
	2015—2017	52.9	5.9	41.2
华北	2010—2015	27.3	60.6	12.1
	2015—2017	21.2	75.8	3.0
华东	2010—2015	26.9	66.7	6.4
	2015—2017	43.6	56.4	0.0

续表

地区	时间	扩张的城市	饱和的城市	收缩的城市
华中	2010—2015	14.3	69.0	16.7
	2015—2017	19.0	71.4	9.5
华南	2010—2015	70.3	27.0	2.7
	2015—2017	59.5	40.5	0.0
西南	2010—2015	21.9	71.9	6.3
	2015—2017	31.3	53.1	15.6
西北	2010—2015	26.7	70.0	3.3
	2015—2017	26.7	63.3	10.0

资料来源：各地统计局和笔者计算。

人口离去并未给收缩城市带来繁荣。有一种观点认为，落后地区的人口奔赴他乡之后，由于人均资源增加，会使按人均收入计算的发展水平提高。我们考察了2010—2015年出现人口收缩的城市，发现其中31个城市的人均GDP增速在2010—2017年下滑；如果考虑宏观经济的周期性因素，仍有26个城市的人均GDP增速下滑幅度超过同期全国的下降幅度。由此可见，人口收缩和城市衰退形成了正反馈效应，收缩和衰退相互强化。

基于日间流动人口的城市人口互动

大数据视角下的城市日间人口流动

过去20年间，交通基础设施将全国大小城市连接成网，人们对海内天涯的感知从空间距离转为时间距离。借助手机用户大数据，我们刻画了日间人口流动构成的中国经济地图。不同于常住人口流动反映的长期迁徙，"日间流动人口"是某日由一个城市前往另一个城市的人口，其行为背后蕴含着贸易往来、资金转移、技术溢出和思想交流，反映了各城市间的经济社会联系，是观察城市活力、区域分工和商贸兴衰的重要指标。借助手机大数据，我们可以从分析常住人口的年度迁徙规律，进一步推进到辨识人口日间流动的行为特征。基于对逾10亿百度手机用户的分析，我们构建了全国日间人口流动的图景。

华东华南日间人口流动规模高。 2017 年,华东和华南地区各城市的日均流动人口规模占全国近五成,比 2016 年分别增长 91.9 万和 25.5 万,但占全国比重却分别下降 0.06 和 1.4 个百分点,反映了其他地区人员流动性的提高。

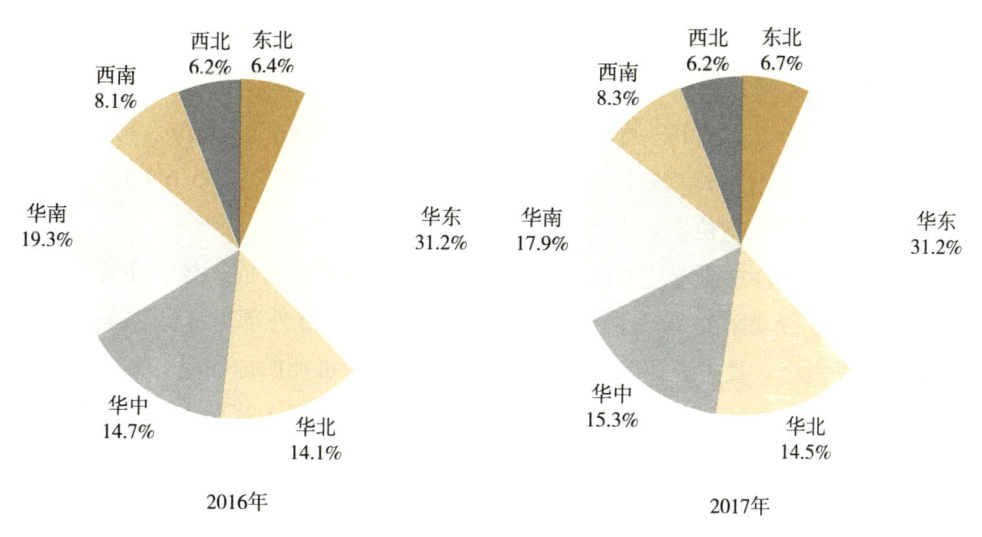

图 24.3 各区域日间流动人口比重

资料来源:百度大数据和笔者计算。

其他地区流动性有所增加。 2017 年,华中和华北地区的日均流动人口数比 2016 年增长 57.2 万和 51.3 万,比重上升 0.6 和 0.4 个百分点。东北和西南地区的人口流动性也有所提高,占全国比重比 2016 年提高 0.3 和 0.2 个百分点。西北地区的日均流动人口数占全国比重保持在 6.2%。

一线和二线城市是日间人口流动的主要节点。 流动性最高的 20 大城市日间人口流动占全国的比重为 32.1%,前 50 大城市达到 50.7%。日间人口流动集中发生在北上广深等一线城市以及成都、郑州、西安、重庆等中西部二线城市。北京和上海常住人口增长虽趋缓,但 2017 年日均人口流动数为 71.0 万和 53.5 万,仍比 2016 年增加 8.2 万和 7.5 万。东北三省常住人口虽下降,但 2017 年日均人口流动数也比 2016 年增加 26.9 万,占全国比重由 6.4% 上升到 6.7%,显示经济活力复苏的迹象。

发达城市群内部流动性高,后发城市群外部流动性高

我们将城市群的日间流动人口(A)分为两部分,一部分是城市群内部的人

口往来（B），另一部分是城市群与外部城市间的人员交流（C）。我们以"B/A"衡量城市群的"内部流动性"，以"C/A"测度城市群的"外部流动性"。我们通常认为，发达地区的城市群开放性更高，其日间人口流动中来自城市群外部人员的比重，会比后发地区的城市群更高。

令人意外的是，外部流动性高的城市群均位于后发地区。 2016—2017年，中原城市群是外部日间流动人口规模最高者，每天约有129.5万人进出其间。外部流动性指标超过50%的城市群，包括天山北坡（77.4%）、呼包鄂榆（61.4%）、北部湾（58.2%）、中原（57.5%）、兰州-西宁（56.6%）、山西中部（54.3%）等，均位于后发地区。

高外部流动性意味着这些后发城市群的工业体系尚未自成一体，主导产业以资源型产业或劳动密集型产业为主，需要通过与城市群外部形成频繁的人员流动，来带动资金、技术、产品等充分交换。另外一个可能的原因是，后发城市群核心城市与城市群外部的交通商贸资金网络联通性，要高于其城市群内部各城市之间的联通性。

发达城市群内部流动性高。 虽然长三角、珠三角和京津冀三大城市群的日均外部流动人口规模分别达到121万、84万和70万，合计占所有城市群外部流动人口的36.9%，但三者的内部日间流动人口数几乎是其外部日间流动人口的两倍，内部流动性指标分别高达63.7%、65.4%和66.3%。山东半岛、海峡西岸和长江中游等所有较发达地区的城市群内部流动性也都超过50%。

发达城市群能够形成较为完整的产业链，内部的交通、物流和商贸网络发达，城市群内部的核心城市和非核心城市形成互补的分工，因此内部人员往来相对更频繁。由于历史原因，成渝、关中平原、哈长以及辽中南城市群的产业体系也较为完整，因此其内部流动性也保持在63%~73%的高位。

华南和一二线城市活跃度高，西南和四线城市活跃度低

前文分析了日间流动人口的绝对规模，下文以"日间流动人口占全国比重/常住人口占全国比重"衡量城市群的相对活跃度。如果这一指标大于1，则表明该城市群人员流动的活跃度超过全国平均水平，反之则活跃度较低。

按该活跃度指标，2017年全国有32个"极活跃城市"（活跃度>1.5）、50个"高活跃城市"（1<活跃度<1.5）、143个"中活跃城市"（0.6<活跃度<1）和61个"低活跃城市"（活跃度<0.6）。

华南城市活跃度一枝独秀，西南城市活跃度较低。华南地区是我国日间人口活跃度最高的地区，整体活跃度高达 1.4，其中 37.8% 为极活跃或高活跃城市。华北地区的整体活跃度为 1.1，有 39.4% 的城市处于极活跃或高活跃状态。华东地区活跃度为 1.0，整体也处于高活跃状态，28.2% 的城市为极活跃或高活跃城市。西南地区活跃度最低，虽然成都（1.5）、昆明（1.1）和贵阳（1.1）等核心城市的活跃度较高，但其整体活跃度仅有 0.8，超过四分之三（78.1%）处于中低活跃度。

一线和二线城市活跃度优势明显，交通和经贸网络不畅的四线城市极不活跃。一线城市中，广州、深圳和北京属于极活跃城市，活跃度分别为 2.6、2.3 和 1.9；上海属于高活跃城市，活跃度为 1.3。二线城市逾五成（53.8%）为极活跃城市，30.8% 为高活跃城市，没有低活跃城市。三线城市有五成为极活跃或高活跃城市，且多位于一二线城市周边，中活跃城市比重为 41.7%，低活跃城市只有 8.3%。四线城市则有近八成（79.0%）处于中低活跃状态。

表 24.4 各类城市活跃度占比
（单位:%）

活跃度分类	一线城市	二线城市	三线城市	四线城市
极活跃	75	53.8	19.4	6.4
高活跃	25	30.8	30.6	14.6
中活跃	0	15.4	41.7	54.1
低活跃	0	0	8.3	24.9

资料来源：百度大数据和笔者计算。

几点延伸思考

城市规模之辨。在现代科技诞生前，从罗马到长安，大型城市多为帝国首都。虽然罗马庞贝古城的一些房屋与下水道系统相连，但运走污水的不是下水道系统而是奴隶。彼时的大城市依靠强权集聚税收和人力。从运河到公路，从电力到无线电，从高铁到互联网……技术进步不断优化交通网络、通信网络和分工网络，城市的定义在改变，城市的数目在增多，城市的地理边界在扩大。

如今，智能技术进一步促进了城市网络效应，城市规模扩张已不以单一行政单元空间的人口增加为唯一标志，还表现为相邻城市间一体化程度的提高。也许，我们不必过多执着于单一城市的人口增减，而应更关注大都市圈或城市群的连接性和活跃度。

城市密度之辨。有人以东京再中心化为据,强调提高我国超大城市人口密度的必要性。但笔者此前基于街道人口数据的一项研究表明,虽然整体人口密度远低于东京,但北京和上海市中心(0~10公里范围)人口密度分别为2.1万人/平方公里和2.6万人平方/平方公里,远高于东京(1.3万人/平方公里)。而东京中心城区人口回流,也非创新引导集聚的结果,而有着深远的经济社会背景。

在需求端,日本女性劳动参与率上升,以往在卫星城相夫教子的模式被打破,需要在靠近工作地的区域居住;在供给端,20世纪90年代初的泡沫破灭推动市中心房价下跌,近年政府也放宽高层公寓建设的限制。在北京和上海中心城区人口密度已达峰值时,不宜再强调增加中心城区的公共资源以进一步集聚人口,而应以公共资源在都市圈范围疏解来改变其人口"内极密外极疏"的分布。

抢人与借人之辨。近期,不少城市出台吸引人才的优惠政策,体现了其扩大常住人口的努力。事实上,日间流动人口更能反映城市的经济活跃度。在城市网络理论中,不仅资金要素可在流动中实现跨区配置,人力资本也可在日常流动中实现跨区"借贷"。我们不仅要继续减少束缚常住人口迁徙的体制障碍,还应降低人口日常流动的阻力。

在各地"抢人"方兴未艾之际,嘉兴"双休人才"政策颇有意味:对其认定的高端人才,只要在周末期间前往嘉兴工作,交通、食宿等费用由政府补贴。为提高人力资本日常流动性,还可着力推进城际交通的无缝衔接,完善短租住房制度,试行高铁年票制,发展共享办公服务,并为商旅人士子女提供短期入学便利等。

比较优势之辨。为何城市发展有云泥之别?地理决定论似乎是最轻松也最不容置疑的回答,与海港的距离、距省会城市的远近在实证研究中表现出或高或低的显著性。然而,《美国大城市的死与生》作者简·雅各布斯,在其另一本著作《城市经济》中反驳:许多从事大规模贸易的城市都处在非常不利于贸易的位置,比如洛杉矶;相反,缅因州拥有许多优良的港口,却没有因此发展出太多城市。

城市的命运并非天注定,而是靠城中之人创造。公元前600年的阿尔凯奥斯在描写希腊的城市时一语中的:"造就一座城市的,不是精良的屋顶或坚固的城墙,也不是运河和船坞,而是善于利用机会的人们。"在技术逐渐消除地理区隔的今天,城市最大的财富是人,城市发展的最佳之匙是降低人口迁徙和日常流动的障碍。

第二十五章 中国城市发展环境评价

赵 勇

要点透视

> 全国287座城市中，城市发展环境排前20位的分别是：北京、上海、深圳、广州、成都、苏州、杭州、天津、重庆、南京、武汉、西安、东莞、郑州、宁波、长沙、佛山、无锡、青岛、济南。

> 从区域比较看，东部沿海城市的发展环境指数得分较高，而东北和西部地区城市发展环境指数得分整体较低。城市发展环境指数得分排名前20位的城市中，有16座属于东部地区城市。城市发展环境指数得分排名后20位城市中，有19座属于东北和西部地区。

> 从城市等级看，直辖市、省会城市和计划单列市环境指数得分相对较高，而一般地级市得分相对较低。城市发展环境指数得分排名前20位的城市中，以直辖市、省会城市和计划单列市为主。

> 从空间主体看，城市群覆盖范围的城市评价得分相对较高，非城市群覆盖范围的城市评价得分相对较低。得分排名后50位的城市中，绝大多数属于非城市群覆盖范围内的城市。得分排名后100位的城市中，同样以非城市群覆盖范围内的城市为主。

> 从城市发展环境指数聚类分析看，大致可以分为五类：第一类包括北京、上海和深圳三座城市；第二类以省会城市、计划单列市或东部经济发达城市为主；第三类以一般省会城市和经济较发达的城市为主；第四类主要是资源型城市；第五类以一般性制造业城市为主。

随着我国经济增长阶段转换和结构调整加快，以及全球化和新一轮技术变革的影响逐渐加深，我国城市和区域发展环境日益发生明显的变化，城市间的竞争优势和城市发展格局正在重塑。在新的发展阶段和发展环境下，如何客观评估城市发展环境和发展潜力是有待研究的问题。

评价的角度和思路

过去几十年的快速工业化和城市化进程中，在地方政府竞争机制的推动下，我国城市与区域竞争优势得到充分发挥，形成了目前的城市与区域发展格局。随着经济增长阶段的转变，增长动力、结构发生了显著变化，城市与区域分化正在显现。与此同时，全球化和新一轮技术变革的影响也正在对城市与区域发展产生深刻影响，城市间的竞争优势和发展格局正在重塑。

在我国转向高质量发展、建立高标准市场经济双重背景下，城市和区域的高质量发展，同样需要更多地发挥市场在资源配置中的决定性作用，特别是更多地发挥企业主体的作用。从空间经济学角度看，企业区位选择和再选择，决定着城市和区域的产业结构、价值链和竞争优势的演变，乃至城市的兴衰。因此，我们试图从企业区位选择和再选择的动态视角，重新理解、识别和评价城市发展环境和发展潜力。

目前已有很多研究对我国城市发展的各个维度进行了评价，诸如城市竞争力评价、城市营商环境评价、城市政商关系评价等。已有研究深化了我们对中国城市发展的认识，但是较少从企业主体角度，特别是企业区位选择和再选择的动态视角分析评估城市发展环境及城市的发展潜力。

我们研究的特色主要体现在：

一是从企业区位选择和再选择角度建立评估城市发展环境和潜力的分析框架。 依据经典理论，我们从决定企业选址的主要因素出发，同时结合中国发展制度背景，构建相应的指标体系。基于企业主体，特别是区位选择角度对城市发展环境的评估，能够更好地突出市场主体和市场机制在城市发展中的作用，对城市的评价具有更好的微观基础。

二是聚焦于城市发展环境和发展潜力。 相对于已有研究，本研究聚焦于高质量发展背景下的城市发展环境和发展潜力。已有研究从城市营商环境、城市政商关系等某一方面对城市进行评价，或从城市竞争力、城市综合发展角度进行发展结果的评价。本研究则从企业吸引力角度对城市进行评价，能够更好地反映城市未来的发展潜力。

三是综合使用多种类型数据。 本研究综合使用了统计数据、网络数据，同时也使用了市场机构对数字经济等新兴领域进行综合分析，能够更好地反映和刻画城市发展环境图景。

评价指标体系

指标体系的构建原则与方法

城市发展包含多个层面的内容，因而采用多指标综合评价法更为合理。已有研究大多采用理论分析法、频度分析法和专家咨询法等对评价指标进行选择。其中，理论分析法通过构建城市发展理论体系，选择能够反映城市发展的指标；频度分析法通过对已有研究中涉及的有关城市发展、竞争力的评价指标进行频度统计，从中选择使用频率较高的指标；专家咨询法则首先初步提出评价指标，然后通过征询专家意见，对指标进行调整完善。

本研究综合使用以上三种方法。首先，从企业区位选择和再选择角度，在已有研究对城市发展环境认识的基础上，确定城市发展环境的七个维度。其次，采用理论分析与频度分析相结合的方法，选择每一个维度的基础指标。最后，召开专家论证会，对按照上述两个步骤建立的评价指标体系进行论证，最终确定城市发展环境的评价指标体系。

指标体系

构建城市发展环境指标体系，首要的是要识别影响企业区位选择的主要因素。从已有认识来看，韦伯在《工业区位论》中将影响制造业或工业区位选择的因素分为一般因素和特殊因素，并进一步抽象为运输成本、劳动力成本和集聚因素（Weber，1906）。经济地理学和新经济地理学进一步认为，市场需求、市场竞争程度、运输时间、城市所处区位等是决定企业区位选择的重要因素

(Henderson and Thisse，2004；Combes et al.，2008；Behrens et al.，2014；Desmetand Rossi-Hansberg，2014；Duranton，Henderson and Strange，2015；曾道智和高塚创，2018）。基于中国的制度背景，一些研究发现政府竞争、优惠政策、城市等级等因素在企业区位选择中同样发挥着重要的作用（张五常，2009；潘峰华等，2013；陆铭，2017）。

因此，我们基于已有研究形成的认识，综合考虑我国所处的发展阶段、地方政府等因素对企业区位选择的影响，构建包括七个维度的分析框架和指标体系。七个维度构建的一级指标体系分别为：需求潜力、产业配套、资源要素、创新创业、区位联通、生活适宜、政务服务。

在需求潜力方面，从市场需求潜力、市场需求潜力变化以及国外市场需求潜力三个方面进行刻画。

在产业配套方面，从产业规模、产业结构、生产性服务配套方面对产业配套进行刻画，基本反映了产业配套的主要方面。具体指标选择灯光亮度、规模以上工业企业数量、生产性服务企业数量、会计和法律事务所数量。

在资源要素方面，分别从工资水平、建设用地价格、租金价格、银行网点、企业户均劳动力数量、每万人在校中等职业学生数、每万人在校大学生数几个方面，反映城市资源要素成本高低和可获得性。

在创新创业方面，分别从科学研究、技术服务和地质勘查业就业人数，城市最好大学排名，专利授权数量，城市创新指数，城市创业指数，2016年以来新增企业数量进行衡量。

在区位联通方面，从信息、交通、可达性等方面进行衡量。具体选择相对邻近性、互联网+指数、铁路经过班次、航空起降架次、民航国内可直达城市数量、高速公路3小时可直达城市数量、快递网点数量进行衡量。

生活宜居方面，从教育、医疗卫生、市政设施、环境生态、生活成本、生活舒适性、生活便利性等维度进行刻画。具体选择中小学生师比、清华北大等985高校自主招生计划的高中生数/高中阶段在校学生数、医生数、三甲医院数量、房价工资比、人均城市道路面积、每万人实有公共汽电车和出租车数量、每万人咖啡茶馆酒吧KTV数量、每万人文化体育场馆数量、PM2.5平均浓度、空气优良天气数、城市建成区绿化覆盖率指标。

在政务服务方面，从政务公平、政务透明、政务能力、政务公开方面进行刻画，具体选择行政审批部门进驻数量、审批事项数量、财政透明度、城市地方税收收入/GDP、城市主动公开信息数量、政务微博竞争力指数。

表 25.1 城市发展环境指标体系

	方面指标	基础指标		数据来源
城市发展环境指数	需求潜力	国内需求潜力	国内市场需求潜力	作者计算
			近三年国内市场需求潜力增速	作者计算
		国外需求潜力	国外市场需求潜力	作者计算
	产业配套	产业规模	城市灯光亮度	美国国家海洋和大气管理局
		工业企业配套	规模以上工业企业数量	中国城市统计年鉴
		生产性服务业配套	生产性服务企业数量	中国城市统计年鉴
			会计和法律事务所数量	百度地图整理
	资源要素	劳动力成本	平均工资	中国城市统计年鉴
		地价	建设用地价格	中国房价行情网
		金融服务便利性	银行网点数量	百度地图
		劳动力丰裕度	劳动力数量/企业数量	中国城市统计年鉴
			每万人在校中等职业学生数	中国城市统计年鉴
			每万人在校大学生数	中国城市统计年鉴
	创新创业	创新能力	科学研究、技术服务和地质勘查业就业人数	中国城市统计年鉴
			城市最好大学排名	中国大学排行榜
			专利授权数量	各省专利局
			城市创新指数	复旦大学中国城市产业和创新力研究报告（2018）
		创业成效	城市创业指数	复旦大学中国城市产业和创新力研究报告（2018）
			近三年新增企业数量	天眼查整理
	区位联通	城市区位	相对邻近性	作者计算
		城市联通	互联网+指数	中国互联网+指数报告（2018）
			铁路经过班次	12306 官网整理
			航空起降架次	非常准官网整理
			民航国内可直达城市数量	作者计算
			高速公路 3 小时可直达城市数量	作者计算
			快递网点数量	百度地图整理

续表

方面指标		基础指标	数据来源
城市发展环境指数	生活宜居		
	教育服务	中小学生师比	中国城市统计年鉴
		清华北大等985高校自主招生计划的高中生数/高中阶段在校学生数	自主招生在线整理
	医疗服务	医生数	中国城市统计年鉴
		三甲医院数量	国家卫生健康委员会官网数据整理
	居住负担	房价工资比	根据中国房价行情网数据计算
	市政设施	人均城市道路面积	中国城市统计年鉴
		每万人公共汽电车和出租车数量	中国城市统计年鉴
	文化娱乐	每万人咖啡茶馆酒吧KTV数量	百度地图整理
		每万人文化体育场馆数量	中国城市统计年鉴
	生态环境	PM2.5平均浓度	绿色和平官网
		空气优良天气数	绿色和平官网
		城市建成区绿化覆盖率	中国城市统计年鉴
	政务服务		
	政务公平	行政审批部门进驻数量	各城市政府官网整理
		审批事项数量	各城市政府官网整理
	政务透明	财政透明度	清华大学中国市级政府财政透明度研究报告
	政务能力	城市地方税收/GDP	中国城市统计年鉴
	政务公开	城市主动公开信息数量	各城市政府官网整理
		政务微博竞争力指数	2018年上半年人民日报·政务指数微博影响力报告

评价方法和指标处理

评价方法选择

城市发展环境评价属于多指标综合评价，其关键在于对各级指标进行合理赋权。对各级指标赋权的方法主要包括主观赋权、客观赋权和主客观结合赋权三大类。

就本研究而言，考虑到决定企业区位选择的城市发展环境因素较多，而且不同类型企业区位选择的影响因素也不尽相同，主观赋权可能存在较大的偏差。特别是近年来我国城市与区域结构分化特征非常明显，决定企业区位选择的因素可能完全不同于过去，基于既有认识基础上的主观赋权偏差可能会更大。因此，本研究最终选择客观赋权法，具体采用因子分析和主成分分析相结合的方法，按照两步主成分方法对基础指标和方面指数进行赋权。其中，第一步主成分分析是以各基础指标作为主成分分析的输入，来确定各基础指标在方面指数中的权重以合成方面指数；第二步主成分分析以各方面指数得分作为主成分分析的输入，来确定各方面指数在城市发展环境指数中的权重以合成城市发展环境指数。

指标处理

城市发展环境指标体系中，基础指标之间因量纲差异不具有公度性。因此，对基础指标进行两步预处理：第一步是对所有逆指标进行正向化处理，即用1除以原指标。第二步是对所有基础指标进行无量纲化处理，我们采用均值化方法对基础指标进行标准化处理。

使用SPSS24软件分析得出的城市发展环境评价结果存在负值。为了便于比较和解读，对于总指数和分项指数均进行了正常化处理，即使用如下公式进行转换。其中，X为初始值，Min和Max分别为该指标的最小值和最大值，Y为最终值。据此获得的指数得分介于0分到100分之间。

$$Y = \frac{X - Min}{Max - Min} \times 100$$

评价结果及分析

评价结果

根据上述建立的中国城市发展环境指标体系，我们对我国287座城市的发展环境指数进行排名。总体来看，中国城市发展环境指数评价得分呈现如下特征：

第一，全国287座城市中，北京的城市发展环境指数排名第一。直辖市、省会城市和计划单列市排名较高，而一般城市排名相对较低。城市发展环境评价得分排前20位的分别是：北京、上海、深圳、广州、成都、苏州、杭州、天津、重庆、南京、武汉、西安、东莞、郑州、宁波、长沙、佛山、无锡、青岛、济南。在得分排名前20位的城市中，直辖市、省会城市和计划单列市占绝大多数。（见图25.1）

第二，东部沿海城市的发展环境指数得分相对较高，而东北地区、西部地区城市发展中环境指数整体上得分较低。评价得分排名前20位的城市中，有16座城市属于东部地区。评价得分排名前50位的城市中，仅有6座西部地区城市和4座东北地区城市。评价得分排名后20位的城市中，有19座东北和西部地区城市。

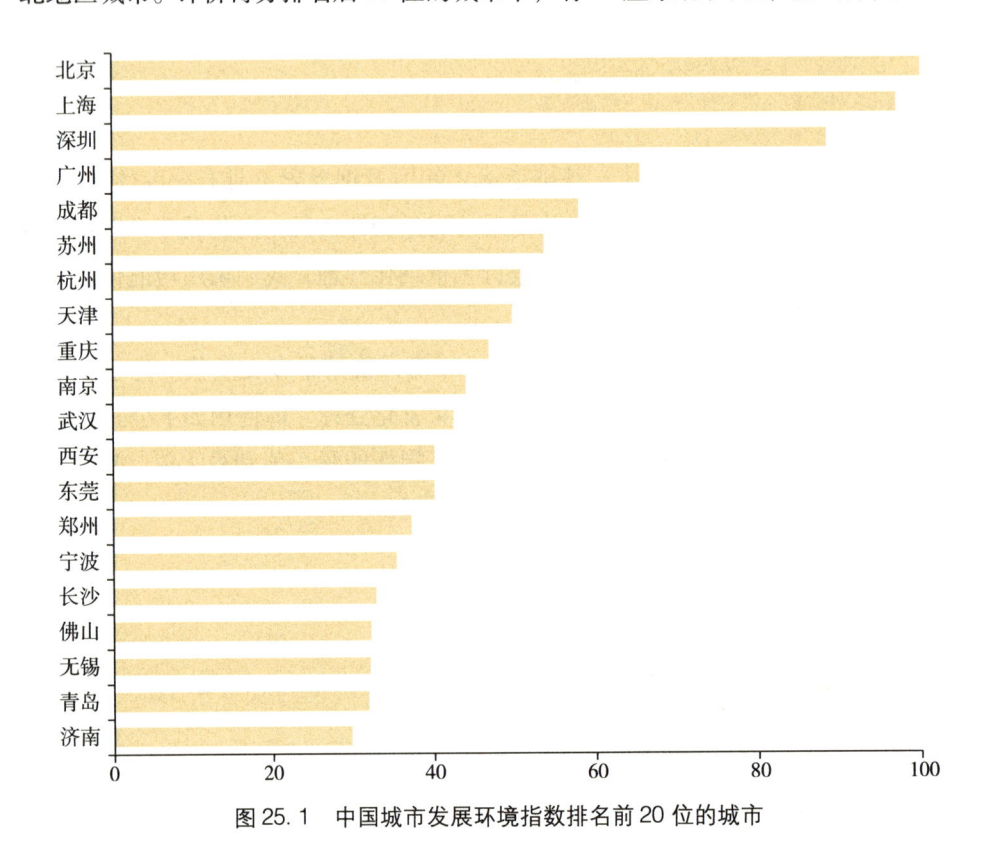

图25.1　中国城市发展环境指数排名前20位的城市

第三，城市群覆盖范围的城市得分相对较高，非城市群覆盖范围的城市得分相对较低。例如，评价得分排名后50位的城市中，绝大多数属于非城市群覆盖范围的城市。评价得分排名后100位的城市中，同样以非城市群覆盖范围的城市为主。

表25.2　中国城市发展环境指数排名

排名	城市
第21~50名	厦门、合肥、昆明、沈阳、南通、常州、温州、嘉兴、福州、珠海、绍兴、泉州、南昌、石家庄、大连、贵阳、南宁、长春、太原、金华、中山、徐州、哈尔滨、潍坊、镇江、烟台、扬州、淄博、惠州、湖州
第51~100名	临沂、兰州、洛阳、台州、芜湖、济宁、泰州、威海、盐城、德州、乌鲁木齐、银川、呼和浩特、淮安、江门、泰安、滁州、保定、绵阳、宜昌、沧州、株洲、舟山、宿迁、聊城、邯郸、湘潭、东营、汕头、拉萨、开封、衡阳、赣州、唐山、襄阳、南阳、漳州、菏泽、马鞍山、廊坊、新乡、滨州、柳州、宿州、九江、焦作、安庆、鄂尔多斯、桂林、宣城
第101~150名	阜阳、蚌埠、连云港、枣庄、咸阳、日照、上饶、岳阳、黄冈、包头、宜春、德阳、六安、渭南、商丘、吉林、遵义、铜陵、乐山、南充、宝鸡、秦皇岛、晋中、清远、邢台、孝感、许昌、延安、鞍山、吉安、衢州、肇庆、榆林、郴州、西宁、亳州、三明、眉山、常德、抚州、平顶山、黄山、荆州、莱芜、安阳、泸州、铜川、信阳、遂宁、新余
第151~200名	黄石、广元、淮南、大同、宜宾、漯河、邵阳、大庆、张家口、丽水、晋城、淮北、龙岩、周口、萍乡、揭阳、莆田、池州、十堰、攀枝花、景德镇、临汾、驻马店、汉中、衡水、营口、抚顺、乌海、铜仁、盘锦、湛江、长治、三门峡、鹰潭、永州、六盘水、南平、宁德、内江、鹤壁、达州、梅州、运城、巴中、益阳、玉溪、荆门、锦州、咸宁、韶关
第201~287名	商洛、辽阳、自贡、梧州、娄底、嘉峪关、濮阳、阳泉、毕节、广安、安康、丽江、资阳、吕梁、云浮、潮州、鄂州、河源、怀化、忻州、茂名、呼伦贝尔、铁岭、葫芦岛、雅安、保山、克拉玛依、石嘴山、鹤岗、承德、四平、玉林、赤峰、朝阳、本溪、阜新、北海、通化、丹东、曲靖、钦州、庆阳、随州、天水、双鸭山、阳江、张家界、安顺、汕尾、陇南、百色、固原、乌兰察布、巴彦淖尔、牡丹江、白城、平凉、白银、贺州、白山、贵港、齐齐哈尔、防城港、河池、临沧、海东、松原、通辽、朔州、来宾、崇左、普洱、张掖、鸡西、伊春、金昌、黑河、吴忠、辽源、酒泉、昭通、佳木斯、中卫、绥化、武威、七台河、定西

分维度评价结果

从分维度评价得分看，中国城市发展环境总体上呈现如下特征：

从需求潜力看，东部地区发达城市的排名整体靠前，东北和西部地区的多数城市排名相对靠后。深圳、上海、北京、苏州、广州、天津、东莞、佛山、南京、重庆、无锡、杭州、武汉、宁波、成都、郑州、青岛、长沙、厦门、常州分列前20位。评价得分排名前20位的城市中，有18座属于东部城市，仅有重庆和成都两座西部城市，没有一座东北城市（见图25.2）。

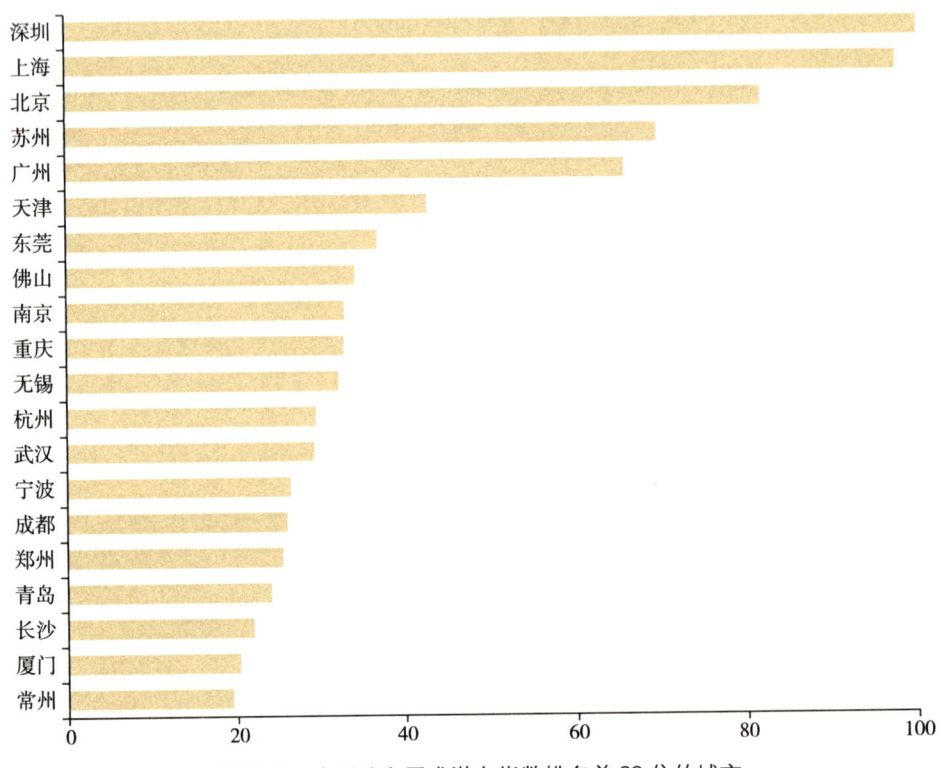

图25.2 中国城市需求潜力指数排名前20位的城市

从产业配套看，东部地区，特别是长三角和珠三角区域的多数城市排名靠前，西部和东北部城市群覆盖范围的城市产业配套得分相对较低。产业配套维度评价得分排名前20位的城市分别是苏州、上海、宁波、重庆、深圳、东莞、佛山、杭州、天津、南通、广州、嘉兴、无锡、北京、温州、青岛、泉州、绍兴、成都、常州（见图23.3）。

从资源要素看，各区域的城市各具优势，特别是中西部地区的一些城市得分也相对较高，西安、南昌、成都、郑州、太原、昆明、贵阳和兰州等城市均位列前20位（见图25.4），但是东北地区的城市排名整体上靠后，东北地区得分排名最靠前的哈尔滨、沈阳、大连，排名均在40位以后（具体见附表）。

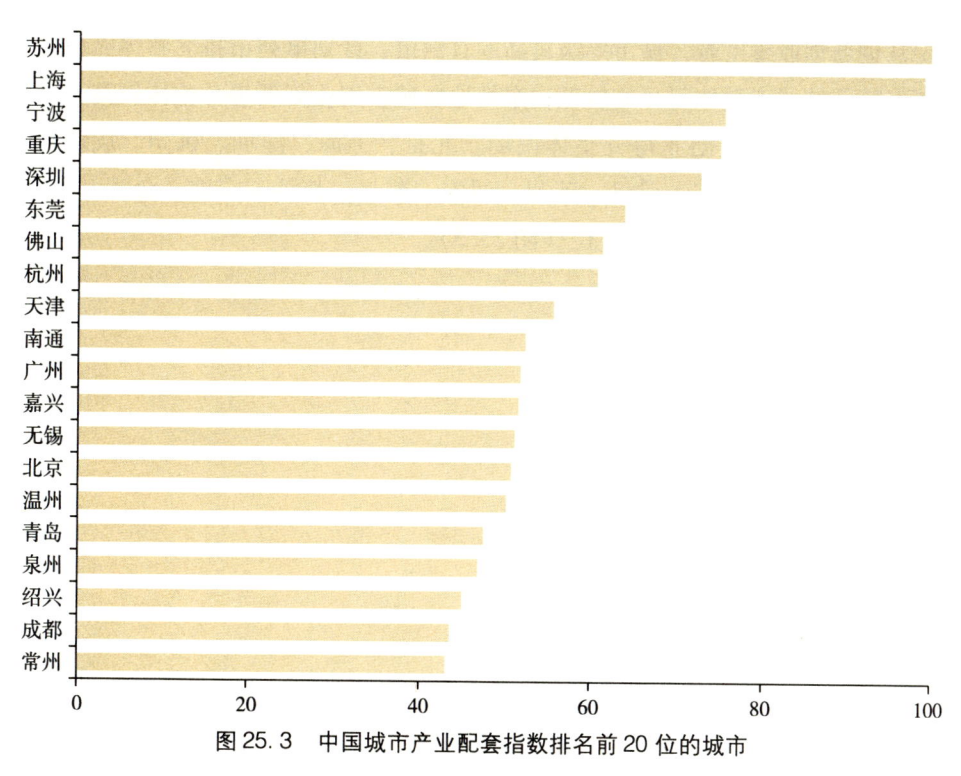

图25.3　中国城市产业配套指数排名前20位的城市

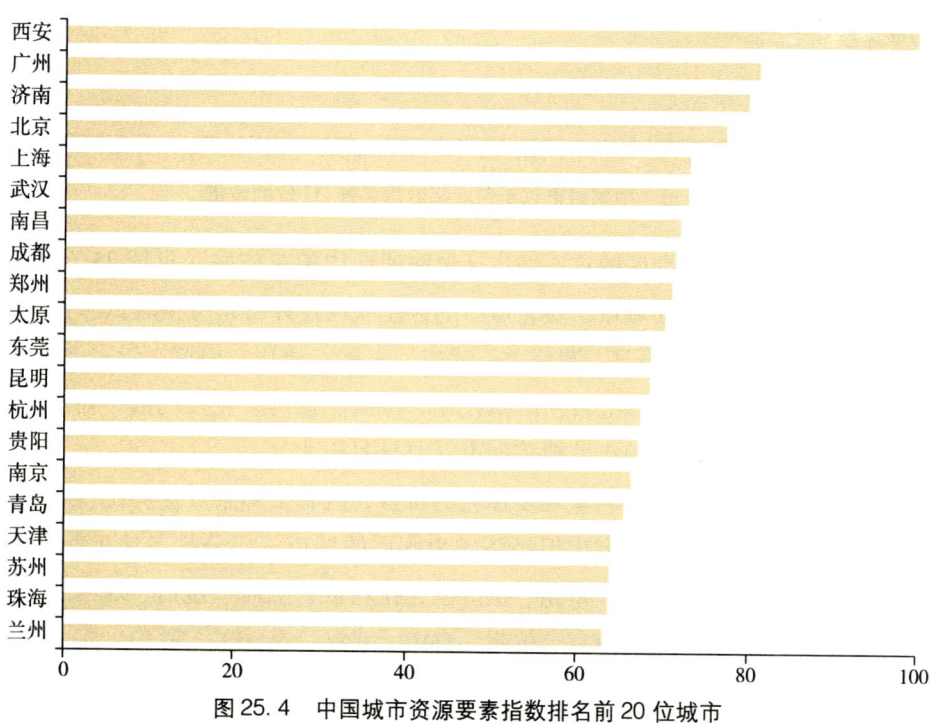

图25.4　中国城市资源要素指数排名前20位城市

从创新创业维度看，城市等级较高的直辖市、计划单列市排名整体靠前，城市等级较低的城市整体得分均较低；东部地区城市创业创新得分整体较高，西部或东北地区城市创新创业得分整体偏弱。北京、上海、深圳、杭州、成都、天津、重庆、广州、南京、武汉、苏州、西安、郑州、长沙、宁波、合肥、无锡、长春、哈尔滨、沈阳分列前20位（图25.5）。

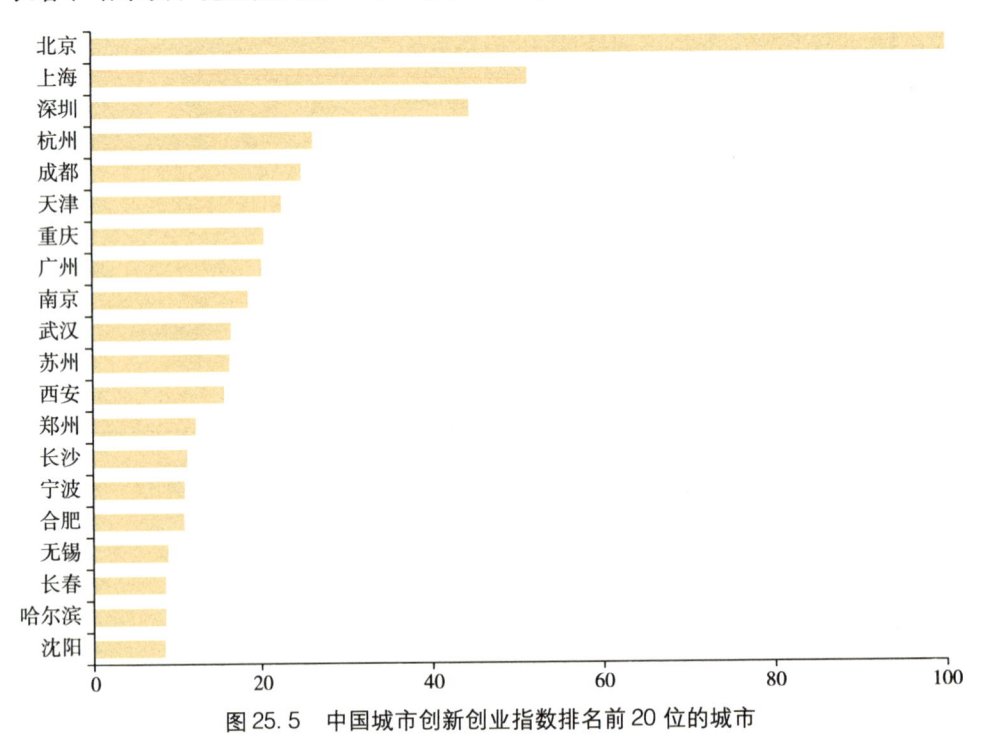

图25.5　中国城市创新创业指数排名前20位的城市

从区位联通看，各地区的核心城市区位联通性均相对较好（见图25.6），而偏远地区、边疆地区或非城市群覆盖城市的区位联通性评价得分则较低。得分排名在后20位的牡丹江、酒泉、嘉峪关、武威、玉溪、通化、白城、崇左、拉萨、白山、鸡西、鹤岗、伊春、七台河、攀枝花、保山、普洱、克拉玛依、临沧、黑河，均属于边疆地区或非城市群覆盖城市（具体见附表）。

从生活宜居看，得分排名呈现多样化的特点，既有公共服务优势比较明显的直辖市，也有生态环境优势突出但经济较为落后的城市。得分排名处于前20位的城市分别是：北京、深圳、东莞、拉萨、克拉玛依、上海、厦门、珠海、鄂尔多斯、乌海、天津、广州、南京、杭州、舟山、武汉、嘉峪关、呼伦贝尔、乌鲁木齐、苏州（见图25.7）。

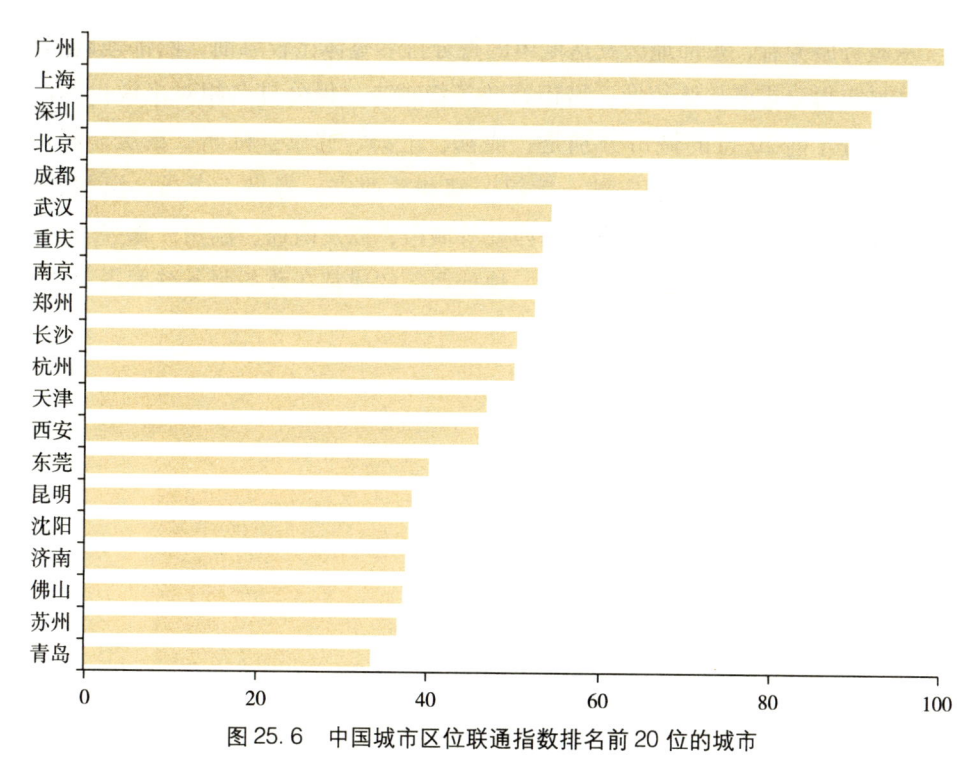

图25.6 中国城市区位联通指数排名前20位的城市

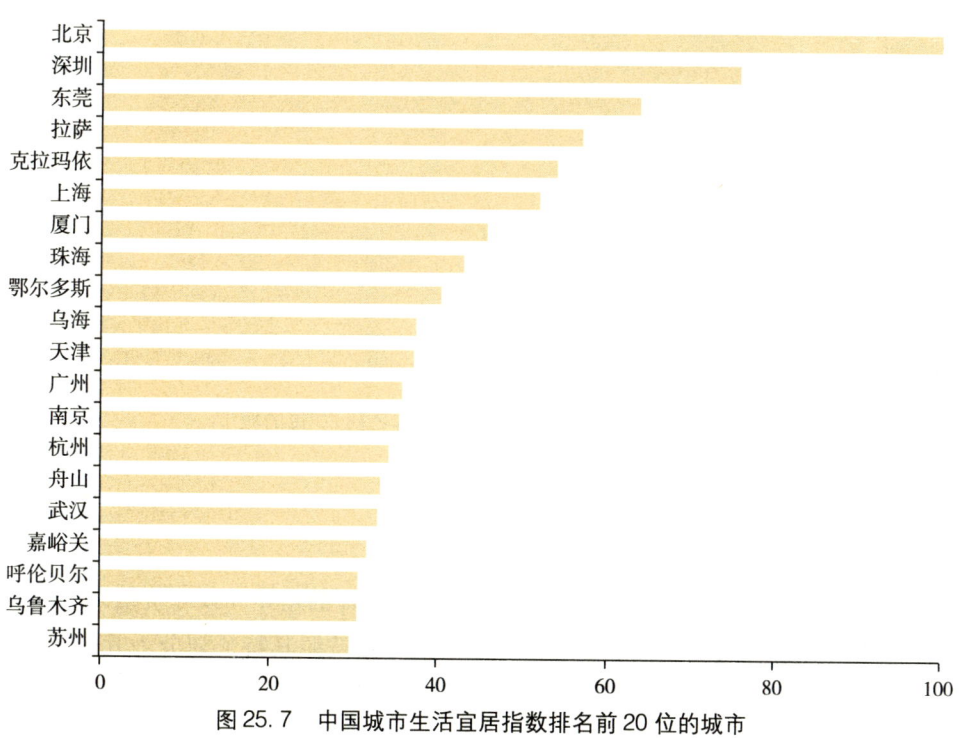

图25.7 中国城市生活宜居指数排名前20位的城市

从政务服务看，东部地区发达城市的得分排名整体比较靠前，西部地区和东北地区城市得分排名整体较低；城市行政等级越高，得分排名相对来说也越高。得分排名处于前 20 位的城市分别是：成都、上海、北京、杭州、重庆、苏州、深圳、天津、广州、南京、宁波、武汉、郑州、西安、青岛、南通、温州、嘉兴、潍坊。西部地区的成都、重庆、西安等城市，以及南通、温州、嘉兴等部分地级市得分也比较高。最为突出的是，地处西部的成都在政务服务维度得分排名第一位（见图 25.8）。

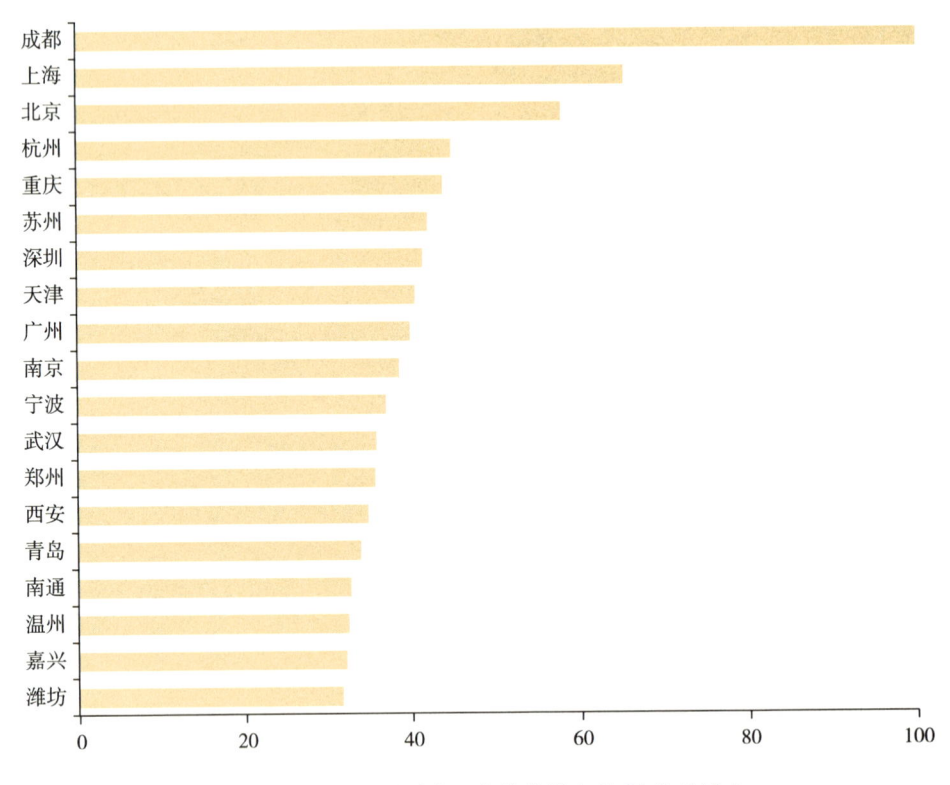

图 25.8 中国城市政务服务指数排名前 20 位的城市

聚类分析

考虑到各城市发展阶段、城市规模、区位等方面的差异导致评价结果的不客观。为此，我们使用聚类分析方法将多维度的变量按照其特征划分为几个类别，以便于更客观地评价。在聚类方法中，K - Means 法是应用较为广泛的方法，适合大样本数据的聚类分析。①

本部分运用 SPSS 软件，对全国 287 座城市的城市发展环境进行 K – Means 聚类分析。为减小偏差、提高聚类分析的准确性，我们指定迭代终止次数为 100，两次迭代之间的类中心偏移终止量为 0.00，将数据输入 SPSS 软件，最终结果见表 25.3。

从表 25.3 可以看出，运用 K – Means 聚类分析法，可以按城市发展环境水平高低将全国 287 座城市划分为五类：第一类包括城市发展环境排名最前的 3 个城市；第二类包括 16 个城市；第三类包括 48 个城市；第四类包括 59 个城市；第五类包括 161 个城市。总体来看，各类型城市呈现如下特点：

第一类城市仅包括北京、上海和深圳，这 3 座城市属于传统意义上的一线城市。这 3 座城市的城市发展环境指数远远领先于其他城市，在需求潜力、创新创业方面分列前三位，在产业配套、资源要素、区位联通、生活宜居以及政务服务等方面也排名靠前。

第二类主要是省会城市、计划单列市，或东部发达经济城市。第二类 16 座城市中，既包括天津、重庆两座直辖市，也包括以广州、杭州、成都等为代表的主要省会城市、计划单列市以及苏州、东莞、无锡、佛山等经济强市。这类城市经济较为发达，在需求潜力、产业配套、资源要素、创新创业、区位联通、生活宜居以及政务服务等方面有很强的竞争力，特别是在某些领域引领全国。例如，西安在资源要素、苏州在产业配套、成都在政务服务等领域具有显著优势。

第三类以一般省会城市和经济较发达的城市为主。这类城市以昆明、沈阳、长春、太原等中西部和东北地区的省会城市，以及厦门、温州、常州等经济较发达的城市为主。在需求潜力、产业配套、资源要素、创新创业、区位联通、生活宜居、政务服务等领域具有明显的优势，对相关企业具有较为明显的吸引力。

第四类以资源型城市为主。这类城市的城市发展环境指数综合排名并不是很高，但是在产业配套、生活宜居等方面具有一定的优势，尤其是在资源、能

---

① K – Means 聚类方法运用欧式距离度量个体之间的"亲疏程度"，将类中心作为类的代表，通过反复迭代，逐步改变类中心，以 k 为参数，把 n 个对象分为 k 个簇，使得簇内数据具有较高相似性，簇间数据具有明显差异性，从而达到分类的目的。

源型产业配套方面是相关行业选址较好的城市，同时因资源型城市相对较高的财政收入和对公共设施与服务的投入，城市生活宜居性相对较好。

第五类以一般性制造业城市为主。这类城市中很大一部分属于传统的工业基地，具有相当的工业基础和制造加工能力，在需求潜力、产业配套、资源要素、区位联通、生活宜居、政务服务等方面具有不同程度的比较优势。

表25.3 中国城市发展环境指数排名聚类结果

类别	城市
第一类（3）	北京、上海、深圳
第二类（16）	广州、成都、苏州、杭州、天津、重庆、南京、武汉、西安、东莞、郑州、宁波、长沙、佛山、无锡、青岛
第三类（48）	济南、厦门、合肥、昆明、沈阳、南通、常州、温州、嘉兴、福州、珠海、绍兴、泉州、南昌、石家庄、大连、贵阳、南宁、长春、太原、金华、中山、徐州、哈尔滨、潍坊、镇江、烟台、扬州、淄博、惠州、湖州、临沂、兰州、洛阳、台州、芜湖、济宁、泰州、威海、盐城、德州、淮安、江门、泰安、沧州、宿迁、聊城、菏泽
第四类（59）	乌鲁木齐、舟山、拉萨、鄂尔多斯、包头、吉林、西宁、大同、大庆、攀枝花、营口、抚顺、乌海、盘锦、玉溪、锦州、辽阳、嘉峪关、阳泉、丽江、呼伦贝尔、克拉玛依、石嘴山、鹤岗、四平、赤峰、本溪、阜新、通化、丹东、双鸭山、固原、乌兰察布、巴彦淖尔、牡丹江、白城、平凉、白银、白山、齐齐哈尔、防城港、海东、松原、通辽、朔州、张掖、鸡西、伊春、金昌、黑河、吴忠、辽源、酒泉、佳木斯、中卫、绥化、武威、七台河、定西
第五类（161）	银川、呼和浩特、滁州、保定、绵阳、宜昌、株洲、邯郸、湘潭、东营、汕头、开封、衡阳、赣州、唐山、襄阳、南阳、漳州、马鞍山、廊坊、新乡、滨州、柳州、宿州、九江、焦作、安庆、桂林、宣城、阜阳、蚌埠、连云港、枣庄、咸阳、日照、上饶、岳阳、黄冈、宜春、德州、六安、渭南、商丘、遵义、铜陵、乐山、南充、宝鸡、秦皇岛、晋中、清远、邢台、孝感、许昌、延安、鞍山、吉安、衢州、肇庆、榆林、郴州、亳州、三明、眉山、常德、抚州、平顶山、黄山、荆州、莱芜、安阳、泸州、铜川、信阳、遂宁、新余、黄石、广元、淮南、宜宾、漯河、邵阳、张家口、丽水、晋城、淮北、龙岩、周口、萍乡、揭阳、莆田、池州、十堰、景德镇、临汾、驻马店、汉中、衡水、铜仁、湛江、长治、三门峡、鹰潭、永州、六盘水、南平、宁德、内江、鹤壁、达州、梅州、运城、巴中、益阳、荆门、咸宁、韶关、商洛、自贡、梧州、娄底、濮阳、毕节、广安、安康、资阳、吕梁、云浮、潮州、鄂州、河源、怀化、忻州、茂名、铁岭、葫芦岛、雅安、保山、承德、玉林、朝阳、北海、曲靖、钦州、庆阳、随州、天水、阳江、张家界、安顺、汕尾、陇南、百色、贺州、贵港、河池、临沧、来宾、崇左、普洱、昭通

对策建议

着眼于我国新阶段高质量发展和高标准市场经济建设，基于本评价研究的相关发现，从企业区位选择和再选择角度，应从以下几方面进一步改善城市发展环境：

第一，需求潜力方面，除了继续提高市场需求深度外，应重点通过吸引外来新增人口，特别是劳动年龄人口来增加市场需求广度，同时还需适应城市需求升级和需求结构调整趋势，以需求规模的扩大和需求结构的调整升级吸引相关企业进入。

第二，产业配套方面，除了继续发挥产业集聚的多样化效应外，需特别注重生产性服务业在提升产业配套质量和促进产业升级等方面的作用，并着重从价值链环节完善产业配套。

第三，资源要素方面，应进一步注重高等教育和职业技术教育的发展，同时通过放开户籍等隐性壁垒和公共服务供给质量等方面的限制，吸引各类人力资本和技能型劳动力在城市集聚，进而为相关企业集聚和选址创造条件。

第四，创新创业方面，应进一步支持高水平大学和各类研究机构发展，创造良好的创业环境和条件，以创业带动创新，发挥创新集聚和良好的创业环境对企业集聚和区位选择的积极作用。

第五，区位联通方面，应进一步完善各类交通通信体系，提高城市间连接的效率，充分发挥核心城市在区域发展方面的辐射带动作用和知识技术溢出效应，同时通过不断提高非核心城市的知识技术溢出吸收能力，积极促进城市间在一体化和创新领域的合作，为企业区位再选择和空间分布演化创造条件。

第六，生活宜居方面，在中国城市化后半阶段，应进一步提高城市公共服务供给质量，加强生态环境治理，不断提高城市的舒适度，以吸引企业家人力资本和高技能劳动力在城市间的流动和再流动，带动相关企业的区位选择。

第七，政务服务方面，在转向高质量发展和市场体系日益统一的背景下，积极推动城市间由优惠政策竞争向良好的政务服务和营商环境竞争转变，不断打造公开、透明、公平的政务服务体系，不断提高政府服务意识和服务能力。

参考文献

Behrens K., Duranton, G., and Robert-Nicoud, F. "Productive Cities: Sorting, Selection, and Agglomeration." *Journal of Political Economy*, 2014, 122: 507-553.

Combes, Mayer and Thisse. *Economic Geography: The Integration of Regions and Nations*. Princeton University Press, 2008.

Desmet Klaus and Esteban Rossi-Hansberg. "Spatial Development." *American Economic Review*, 2014, 104 (4): 1211-1243.

Duranton, J. V. Henderson, and W. Strange (eds.), *Handbook of Regional and Urban Economics*, Vol. 5. Amsterdam: Elsevier, 2015.

Henderson, J. V., Thisse, J. F. (Eds.), *Handbook of Regional and Urban Economics*, Vol. 4. Elsevier, North-Holland, 2004.

阿尔弗雷德·韦伯,《工业区位论》,北京：商务印书馆,2013年。

藤田昌久、雅克-弗朗索瓦·蒂斯,《集聚经济学：城市、产业区位与全球化》,上海：格致出版社,上海三联书店,上海人民出版社,2016年。

曾道智、高塚创,《空间经济学》,北京：北京大学出版社,2018年。

张五常,《中国的经济制度》,北京：中信出版社,2009年。

陆铭,《空间的力量：地理、政治与城市发展》,上海：格致出版社,2017年。

潘峰华、夏亚博、刘作丽,《区域视角下中国上市企业总部的迁址研究》,《地理研究》,2013年第4期。

附表　中国城市发展环境评价排名

城市	总指数	排名	城市	需求潜力	排名	城市	产业配套	排名	城市	资源要素	排名	城市	创新产业	排名	城市	区位联通	排名	城市	生活宜居	排名	城市	政务服务	排名
北京	100.0000	1	北京	81.6489	3	北京	50.8663	14	北京	71.1173	4	北京	100.0000	1	北京	89.0067	4	北京	100.0000	1	北京	57.7756	3
上海	83.9582	2	上海	97.4868	2	上海	99.1825	2	上海	67.2648	5	上海	51.1903	2	上海	95.7697	2	上海	68.1098	6	上海	65.1663	2
深圳	76.6135	3	深圳	100.0000	1	深圳	72.7474	5	深圳	57.1756	23	深圳	44.4086	3	深圳	91.6314	3	深圳	99.0869	2	深圳	41.3590	7
广州	56.7775	4	广州	65.6672	5	广州	51.9010	11	广州	74.6801	2	广州	20.0611	8	广州	100.0000	1	广州	46.9104	12	广州	39.8303	9
成都	50.1880	5	成都	25.9373	15	成都	43.6782	19	成都	65.7548	8	成都	24.8158	5	成都	65.3394	5	成都	31.8772	41	成都	100.0000	1
苏州	46.5255	6	苏州	69.3756	4	苏州	100.0000	1	苏州	58.8615	18	苏州	16.2692	11	苏州	36.6318	19	苏州	38.8319	20	苏州	41.9933	6
杭州	43.9845	7	杭州	29.4429	12	杭州	60.8688	8	杭州	62.0987	13	杭州	26.2081	4	杭州	50.0910	11	杭州	44.9007	14	杭州	44.8751	4
天津	43.0624	8	天津	42.7081	6	天津	55.7771	9	天津	58.9615	17	天津	22.4867	6	天津	46.8997	12	天津	48.6966	11	天津	40.4564	8
重庆	40.5649	9	重庆	32.8333	10	重庆	75.0333	4	重庆	57.3470	22	重庆	20.3743	7	重庆	53.1734	7	重庆	16.6915	113	重庆	43.8099	5
南京	38.0948	10	南京	32.8767	9	南京	30.5173	34	南京	61.0769	15	南京	18.4231	9	南京	52.6459	8	南京	46.5466	13	南京	38.5276	10
武汉	36.8128	11	武汉	29.2682	13	武汉	28.5913	36	武汉	67.0964	6	武汉	16.4034	10	武汉	54.2039	6	武汉	43.1871	16	武汉	35.8199	12
西安	34.8221	12	西安	18.9620	22	西安	14.8347	77	西安	100.0000	1	西安	15.5592	12	西安	46.0051	13	西安	26.3327	56	西安	34.7800	14
东莞	34.7621	13	东莞	36.8835	7	东莞	64.0059	6	东莞	63.2399	11	东莞	7.5116	23	东莞	40.2342	14	东莞	83.4764	3	东莞	11.9411	219
郑州	32.3771	14	郑州	25.4261	16	郑州	33.2679	26	郑州	65.4302	9	郑州	12.1531	13	郑州	52.3695	9	郑州	23.4253	73	郑州	35.6903	13
宁波	30.8006	15	宁波	26.3911	14	宁波	75.5740	3	宁波	54.6598	29	宁波	10.7902	15	宁波	27.3950	30	宁波	32.2678	38	宁波	36.9344	11
长沙	28.5464	16	长沙	21.9807	18	长沙	30.5769	33	长沙	56.8522	25	长沙	11.1382	14	长沙	50.3665	10	长沙	31.9674	40	长沙	21.8813	82
佛山	27.9838	17	佛山	34.1978	8	佛山	61.4417	7	佛山	56.9998	24	佛山	4.6021	40	佛山	37.2832	18	佛山	34.2280	29	佛山	18.0209	134
无锡	27.9032	18	无锡	32.2135	11	无锡	51.2317	13	无锡	50.3297	48	无锡	8.7868	17	无锡	32.6862	21	无锡	30.8794	43	无锡	27.9349	31
青岛	27.7023	19	青岛	24.0567	17	青岛	47.5955	16	青岛	60.3349	16	青岛	6.2210	29	青岛	33.5600	20	青岛	36.7258	23	青岛	33.9354	15
济南	25.9086	20	济南	16.4521	27	济南	22.6697	50	济南	73.5225	3	济南	6.1093	30	济南	37.5909	17	济南	34.0308	31	济南	30.5305	23
厦门	25.6425	21	厦门	20.2835	19	厦门	18.6296	63	厦门	56.8258	26	厦门	7.6892	22	厦门	32.4024	22	厦门	59.9931	7	厦门	27.4423	34

续表

城市	总指数	排名	城市	需求潜力	排名	城市	产业配套	排名	城市	资源要素	排名	城市	创新产业	排名	城市	区位联通	排名	城市	生活宜居	排名	城市	政务服务	排名
合肥	23.6199	22	合肥	17.4090	24	合肥	26.7541	43	合肥	53.8609	31	合肥	10.7407	16	合肥	30.7492	26	合肥	21.3062	81	合肥	30.4691	25
昆明	22.8476	23	昆明	10.0894	55	昆明	13.3709	90	昆明	63.0759	12	昆明	7.4098	24	昆明	38.2956	15	昆明	32.8096	36	昆明	28.1742	29
沈阳	22.7418	24	沈阳	11.4163	47	沈阳	26.6265	45	沈阳	51.6262	40	沈阳	8.3772	20	沈阳	37.9104	16	沈阳	34.7681	26	沈阳	24.2326	55
南通	22.2867	25	南通	17.7370	23	南通	52.4690	10	南通	53.3487	32	南通	5.9015	32	南通	19.7698	57	南通	23.8640	70	南通	32.7008	16
常州	21.4287	26	常州	19.4226	20	常州	43.1820	20	常州	49.4539	51	常州	5.0058	36	常州	31.9358	25	常州	24.8440	62	常州	20.0576	105
温州	20.8683	27	温州	11.2682	48	温州	50.3060	15	温州	47.7550	61	温州	6.9355	26	温州	23.8338	35	温州	18.8006	102	温州	32.3880	17
嘉兴	20.3823	28	嘉兴	14.4347	37	嘉兴	51.6804	12	嘉兴	46.7379	68	嘉兴	4.9885	37	嘉兴	20.4693	49	嘉兴	24.0100	67	嘉兴	32.1446	18
福州	20.3114	29	福州	14.7647	34	福州	23.3203	49	福州	54.8747	28	福州	8.2468	21	福州	28.4443	29	福州	24.0308	66	福州	19.5472	113
珠海	19.9998	30	珠海	15.4315	30	珠海	10.9604	116	珠海	58.6630	19	珠海	4.2133	44	珠海	20.6733	44	珠海	56.4126	8	珠海	23.7850	60
绍兴	19.9609	31	绍兴	14.5530	36	绍兴	45.0879	18	绍兴	48.5149	56	绍兴	5.6163	33	绍兴	20.5997	45	绍兴	20.5125	87	绍兴	31.2290	20
泉州	19.8908	32	泉州	14.7072	35	泉州	46.9525	17	泉州	48.3026	58	泉州	7.0451	25	泉州	22.5122	40	泉州	16.7264	112	泉州	24.2448	54
南昌	19.4682	33	南昌	11.8883	44	南昌	14.4861	81	南昌	66.3061	7	南昌	3.9521	46	南昌	30.1971	27	南昌	20.6937	86	南昌	26.1027	40
石家庄	19.4098	34	石家庄	13.2416	39	石家庄	28.8459	35	石家庄	52.2522	37	石家庄	6.5703	28	石家庄	32.3147	23	石家庄	14.1254	140	石家庄	20.9547	90
大连	18.8326	35	大连	16.6939	26	大连	19.3454	58	大连	51.4540	42	大连	6.7798	27	大连	19.0923	63	大连	34.0902	30	大连	22.6203	74
贵阳	18.7550	36	贵阳	9.0352	68	贵阳	7.5901	143	贵阳	61.8650	14	贵阳	4.9425	38	贵阳	26.7902	32	贵阳	29.2946	47	贵阳	29.3410	26
南宁	18.6017	37	南宁	7.3089	99	南宁	10.2356	118	南宁	58.0697	21	南宁	6.0110	31	南宁	32.1137	24	南宁	18.8021	101	南宁	28.8311	27
长春	18.5627	38	长春	10.3611	52	长春	18.2315	64	长春	49.2866	52	长春	8.4751	18	长春	23.2566	36	长春	29.1031	48	长春	24.2908	51
太原	18.3711	39	太原	9.5929	61	太原	5.2695	181	太原	64.6713	10	太原	5.4920	35	太原	26.3032	33	太原	33.8381	33	太原	19.7628	109
金华	18.2707	40	金华	13.2375	40	金华	41.2020	22	金华	46.8550	65	金华	5.5959	34	金华	20.5280	48	金华	16.9306	110	金华	26.7571	36
中山	18.1131	41	中山	16.1926	28	中山	33.9499	25	中山	47.3046	63	中山	3.9625	45	中山	21.3704	43	中山	34.5251	27	中山	18.6494	126
徐州	17.8648	42	徐州	15.2372	32	徐州	31.7242	29	徐州	46.5851	70	徐州	4.3268	42	徐州	29.2785	28	徐州	10.0817	199	徐州	24.7490	47
哈尔滨	17.6614	43	哈尔滨	7.5471	95	哈尔滨	16.6492	71	哈尔滨	52.0579	39	哈尔滨	8.4705	19	哈尔滨	24.9509	34	哈尔滨	25.7099	57	哈尔滨	19.3288	117
潍坊	17.4727	44	潍坊	12.2460	41	潍坊	39.4048	23	潍坊	50.2920	49	潍坊	1.7435	81	潍坊	20.5891	46	潍坊	19.1250	100	潍坊	31.6236	19
镇江	16.7824	45	镇江	15.1144	33	镇江	26.9276	42	镇江	46.7446	67	镇江	3.9008	47	镇江	21.7338	42	镇江	28.6876	49	镇江	18.7480	123

第二十五章 中国城市发展环境评价

排名	城市	综合值	分项1值	排名	分项2值	排名	分项3值	排名	分项4值	排名	分项5值	排名	分项6值	排名	分项7值	排名
46	烟台	16.7605	16.8175	25	27.8310	39	52.8799	35	2.1841	66	15.0631	100	25.6943	58	26.1724	37
47	扬州	16.3729	15.8126	29	27.9828	38	51.4837	41	3.6946	49	18.3027	66	20.4255	91	19.6822	110
48	淄博	16.0375	11.9569	43	30.7874	32	54.4186	30	1.4053	106	18.1140	69	24.5599	63	23.1399	66
49	惠州	15.8753	15.2935	31	22.1896	52	48.7086	54	3.2761	53	22.7998	37	22.5746	76	17.3769	142
50	湖州	15.8459	8.9654	70	28.2984	37	43.8056	101	3.3482	52	19.0998	62	24.0563	65	30.9931	21
51	临沂	15.8025	10.6358	51	42.4173	21	53.0418	33	1.5285	96	20.0436	53	7.6052	231	24.9552	46
52	兰州	15.3704	6.6159	117	3.9603	205	58.0841	20	4.4498	41	20.2493	52	32.5027	37	21.0200	89
53	洛阳	15.0181	9.8373	59	20.0974	55	45.0572	85	3.8446	48	26.9660	31	8.6095	222	25.4460	45
54	台州	14.9951	9.9612	58	37.4951	24	46.7146	69	4.6271	39	13.1187	137	14.7643	132	23.1965	64
55	芜湖	14.3841	10.7187	50	21.1152	53	44.1364	98	3.3520	51	16.7970	84	19.3151	98	27.8068	32
56	济宁	14.2316	11.4231	46	26.9684	40	49.7547	50	1.2214	121	19.8577	56	13.3726	154	23.0115	68
57	泰州	13.8498	13.3541	38	31.3272	30	48.1995	59	3.1372	54	12.4883	145	18.3701	104	15.6824	169
58	威海	13.6214	9.2818	63	19.2819	59	52.9254	34	0.9148	156	8.6625	214	35.9549	24	24.2909	50
59	盐城	13.5155	10.8622	49	33.1658	27	44.3320	90	2.6824	61	13.9665	125	14.3739	136	21.7578	83
60	德州	12.9321	8.4710	76	30.8036	31	45.8423	78	0.7350	177	18.0045	71	9.2065	215	25.5260	44
61	乌鲁木齐	12.7415	5.6628	159	6.1110	162	51.2266	43	2.1546	68	13.1394	136	40.0950	19	20.1214	103
62	银川	12.6658	6.0127	141	4.8025	193	48.7618	53	2.1690	67	15.7304	94	35.5428	25	22.0362	80
63	呼和浩特	12.6006	4.4004	125	2.8801	230	52.1302	38	2.9303	58	16.2194	91	30.6085	44	18.6431	127
64	淮安	12.5963	9.2814	64	26.4711	46	47.4523	62	2.2606	65	14.6330	109	11.8697	175	20.3258	99
65	江门	12.5763	10.2489	54	20.5807	54	44.7794	86	2.0423	70	17.3547	77	11.4838	181	23.0298	67
66	泰安	12.4336	10.0294	56	16.9250	69	55.2505	27	0.9575	148	16.8041	83	9.5120	208	19.5340	114
67	滁州	12.4224	6.7583	112	15.7536	73	40.7259	144	1.5582	93	20.2850	51	14.0223	143	30.5003	24
68	保定	12.1696	7.9068	86	19.5216	57	38.5733	198	4.2717	43	20.5556	47	7.4350	236	20.9269	92
69	绵阳	12.0757	6.1062	135	9.2527	129	44.0235	99	2.9701	56	20.4585	50	14.2014	137	24.2728	53
70	宜昌	12.0591	8.6330	73	14.8838	76	40.5911	147	1.9920	73	16.9008	79	21.1296	84	23.9493	56

续表

城市	总指数	排名	城市	需求潜力	排名	城市	产业配套	排名	城市	资源要素	排名	城市	创新产业	排名	城市	区位联通	排名	城市	生活宜居	排名	城市	政务服务	排名
沧州	11.9965	71	沧州	8.4949	74	沧州	24.8806	48	沧州	40.0593	158	沧州	2.2994	64	沧州	17.3482	78	沧州	10.8147	190	沧州	22.5531	75
株洲	11.8345	72	株洲	9.7933	60	株洲	15.5217	74	株洲	42.8510	112	株洲	1.6901	84	株洲	19.9785	54	株洲	14.9462	125	株洲	18.7166	125
舟山	11.8312	73	舟山	7.9109	85	舟山	3.5031	216	舟山	45.1757	84	舟山	1.0248	142	舟山	6.7231	240	舟山	43.5738	15	舟山	28.3307	28
宿迁	11.7029	74	宿迁	8.4102	77	宿迁	26.7055	44	宿迁	42.9223	111	宿迁	1.6672	87	宿迁	13.9909	124	宿迁	6.5723	246	宿迁	25.7096	42
聊城	11.6716	75	聊城	9.0371	67	聊城	26.9463	41	聊城	43.7706	103	聊城	0.7979	169	聊城	19.3352	60	聊城	5.9246	254	聊城	19.7738	108
邯郸	11.5508	76	邯郸	9.2699	65	邯郸	14.3055	83	邯郸	41.0053	139	邯郸	2.9475	57	邯郸	22.7742	39	邯郸	8.4647	224	邯郸	16.1005	163
湘潭	11.5374	77	湘潭	8.7877	71	湘潭	8.8730	135	湘潭	44.1908	95	湘潭	1.1891	123	湘潭	18.0695	70	湘潭	14.4422	135	湘潭	25.6835	43
东营	11.4848	78	东营	10.0077	57	东营	9.7458	123	东营	50.4744	47	东营	0.6209	200	东营	10.5866	181	东营	30.3892	45	东营	17.6954	137
汕头	11.4597	79	汕头	19.1232	21	汕头	18.8876	61	汕头	45.9992	75	汕头	1.5793	90	汕头	11.7393	161	汕头	9.2055	216	汕头	12.1406	215
拉萨	11.4163	80	拉萨	4.6152	205	拉萨	0.3478	285	拉萨	43.8052	102	拉萨	1.0954	130	拉萨	2.7514	276	拉萨	74.5706	4	拉萨	17.7096	135
开封	11.3078	81	开封	7.3884	98	开封	13.4679	88	开封	43.0354	109	开封	1.4753	101	开封	22.7994	38	开封	6.6764	244	开封	21.7100	85
衡阳	11.1715	82	衡阳	7.8175	89	衡阳	9.5774	126	衡阳	42.3066	118	衡阳	1.2521	116	衡阳	19.2855	61	衡阳	9.2929	213	衡阳	27.2822	35
赣州	11.1425	83	赣州	6.6735	114	赣州	16.3165	72	赣州	46.2681	78	赣州	1.8234	78	赣州	11.7999	160	赣州	4.9277	263	赣州	30.8900	22
唐山	11.0770	84	唐山	11.8210	45	唐山	15.3286	75	唐山	43.8376	100	唐山	2.7610	59	唐山	14.6647	107	唐山	15.9344	118	唐山	11.6265	224
襄阳	11.0228	85	襄阳	9.2072	66	襄阳	19.0060	60	襄阳	39.9005	162	襄阳	2.0156	71	襄阳	18.2870	67	襄阳	11.6246	179	襄阳	17.2355	143
南阳	10.9969	86	南阳	8.1053	82	南阳	25.3031	47	南阳	41.4074	128	南阳	3.1338	55	南阳	18.4876	65	南阳	0.0883	286	南阳	16.1587	160
漳州	10.9965	87	漳州	9.3629	62	漳州	22.4144	51	漳州	39.7987	165	漳州	1.9487	75	漳州	19.4349	58	漳州	9.0284	219	漳州	14.9874	176
菏泽	10.9413	88	菏泽	8.7351	72	菏泽	32.8639	28	菏泽	41.4990	125	菏泽	0.9185	155	菏泽	15.1243	99	菏泽	1.9761	281	菏泽	20.7027	95
马鞍山	10.8788	89	马鞍山	7.5359	96	马鞍山	11.8899	105	马鞍山	42.5900	117	马鞍山	1.5567	95	马鞍山	14.2612	118	马鞍山	16.6066	114	马鞍山	24.2846	52
廊坊	10.8783	90	廊坊	8.1780	81	廊坊	12.9486	95	廊坊	44.1402	97	廊坊	2.5503	62	廊坊	14.3398	115	廊坊	13.4290	151	廊坊	19.4724	115
新乡	10.8611	91	新乡	7.9501	84	新乡	12.9684	94	新乡	41.0762	137	新乡	1.9623	74	新乡	22.2166	41	新乡	4.5613	265	新乡	20.2735	100
滨州	10.8426	92	滨州	7.8663	87	滨州	12.3900	102	滨州	48.4124	57	滨州	0.6235	199	滨州	14.0068	123	滨州	13.6358	147	滨州	22.6602	71
柳州	10.6395	93	柳州	6.1832	133	柳州	8.1183	140	柳州	47.9409	60	柳州	1.8011	79	柳州	14.1023	119	柳州	15.3093	122	柳州	21.4587	88

第二十五章 中国城市发展环境评价

94	宿州	10.6160	宿州	6.5291	119	宿州	12.9872	93	宿州	41.0684	138	宿州	1.3577	108	宿州	19.3514	59	宿州	1.9701	282	宿州	28.1545	30
95	九江	10.5477	九江	7.6394	93	九江	14.4030	82	九江	44.7676	87	九江	1.2786	115	九江	14.4311	112	九江	11.7422	177	九江	21.5021	86
96	焦作	10.4884	焦作	8.4910	75	焦作	13.4273	89	焦作	43.0203	110	焦作	1.1452	125	焦作	17.9130	72	焦作	10.8025	192	焦作	18.7234	124
97	安庆鄂尔	10.4758	安庆鄂尔	6.3349	126	安庆鄂尔	18.0483	65	安庆鄂尔	39.9080	161	安庆鄂尔	1.5691	92	安庆鄂尔	16.8348	80	安庆鄂尔	10.4370	194	安庆鄂尔	22.0386	79
98	多斯	10.4352	多斯	6.8522	108	多斯	3.6487	212	多斯	30.2211	273	多斯	1.1606	124	多斯	9.6826	201	多斯	52.9584	9	多斯	23.7989	59
99	桂林	10.2608	桂林	5.3968	176	桂林	6.7586	150	桂林	45.3768	81	桂林	1.9042	76	桂林	17.7216	73	桂林	11.3802	183	桂林	20.6147	97
100	宣城	10.2218	宣城	5.6688	158	宣城	14.5856	79	宣城	38.8950	189	宣城	0.9213	154	宣城	14.9100	103	宣城	12.8617	161	宣城	27.7425	33
101	阜阳	10.1694	阜阳	6.2522	128	阜阳	17.1833	67	阜阳	39.9975	159	阜阳	2.0690	69	阜阳	17.5225	76	阜阳	0.0000	287	阜阳	24.5311	49
102	蚌埠	10.0386	蚌埠	6.9422	106	蚌埠	11.4699	110	蚌埠	41.8719	122	蚌埠	1.5572	94	蚌埠	18.8771	64	蚌埠	10.1535	198	蚌埠	17.6129	139
103	连云港	9.9023	连云港	8.4100	78	连云港	18.7948	62	连云港	42.8425	113	连云港	1.6833	86	连云港	14.5018	110	连云港	11.4909	180	连云港	12.9365	204
104	枣庄	9.6878	枣庄	7.6139	94	枣庄	13.9383	86	枣庄	46.1901	74	枣庄	0.4308	236	枣庄	15.4190	96	枣庄	8.1308	227	枣庄	17.6465	138
105	咸阳	9.6709	咸阳	8.3411	79	咸阳	9.5839	125	咸阳	52.6867	36	咸阳	1.0981	129	咸阳	13.2651	133	咸阳	10.8277	189	咸阳	11.2914	234
106	日照	9.6168	日照	10.2586	53	日照	6.7503	151	日照	46.9354	64	日照	0.4747	226	日照	12.4288	146	日照	12.9071	160	日照	18.1490	131
107	上饶	9.5489	上饶	6.6405	115	上饶	11.6343	109	上饶	43.0862	108	上饶	1.0663	132	上饶	16.7364	85	上饶	5.2059	260	上饶	20.7460	94
108	岳阳	9.4833	岳阳	8.0509	83	岳阳	12.8487	96	岳阳	39.4258	173	岳阳	1.3264	109	岳阳	14.6750	105	岳阳	9.7739	202	岳阳	20.0622	104
109	黄冈	9.3571	黄冈	12.0786	42	黄冈	14.7425	78	黄冈	36.9224	227	黄冈	1.0685	131	黄冈	14.4615	111	黄冈	11.1717	186	黄冈	14.9164	177
110	包头	9.3547	包头	6.6371	116	包头	6.9043	148	包头	43.5115	105	包头	1.4455	103	包头	9.8092	200	包头	33.1204	34	包头	11.3111	233
111	宜春	9.3496	宜春	6.9055	107	宜春	14.4992	80	宜春	42.6716	114	宜春	0.7995	168	宜春	14.9835	102	宜春	2.3785	279	宜春	22.4850	76
112	德阳	9.2937	德阳	6.5876	118	德阳	14.0516	84	德阳	37.8942	212	德阳	1.1314	126	德阳	11.9417	158	德阳	14.9268	126	德阳	22.4027	78
113	六安	9.2731	六安	5.0593	190	六安	9.4999	127	六安	45.2846	92	六安	1.5708	91	六安	13.9565	126	六安	8.2553	226	六安	20.9513	91
114	渭南	9.2295	渭南	5.9806	142	渭南	5.3739	179	渭南	45.2534	82	渭南	0.7172	179	渭南	15.1503	98	渭南	11.6392	178	渭南	20.2487	101
115	商丘	9.1561	商丘	7.2867	100	商丘	13.9219	87	商丘	39.2049	182	商丘	1.6990	83	商丘	19.8785	55	商丘	2.9832	274	商丘	14.2335	186
116	吉林	9.0802	吉林	4.4109	211	吉林	11.6704	108	吉林	40.1933	153	吉林	3.4911	50	吉林	7.5754	228	吉林	26.6842	54	吉林	12.6373	210
117	遵义	9.0670	遵义	7.2662	101	遵义	9.9219	121	遵义	41.4256	126	遵义	2.3955	63	遵义	11.2899	168	遵义	10.4038	196	遵义	18.1416	132

续表

城市	总指数	排名	城市	需求潜力	排名	城市	产业配套	排名	城市	资源要素	排名	城市	创新产业	排名	城市	区位联通	排名	城市	生活宜居	排名	城市	政务服务	排名
铜陵	9.0539	118	铜陵	7.2080	103	铜陵	5.1005	186	铜陵	46.3325	71	铜陵	0.4445	231	铜陵	12.5994	142	铜陵	17.4235	108	铜陵	16.6860	151
乐山	8.9669	119	乐山	5.3236	179	乐山	6.1783	160	乐山	41.6656	124	乐山	0.6564	190	乐山	12.5645	144	乐山	14.9048	127	乐山	23.9069	57
南充	8.9666	120	南充	5.4689	171	南充	7.1906	146	南充	43.5481	104	南充	0.7546	174	南充	15.7311	93	南充	9.2262	214	南充	20.1624	102
宝鸡	8.9597	121	宝鸡	6.2921	127	宝鸡	6.5296	153	宝鸡	50.5251	46	宝鸡	0.6767	187	宝鸡	11.6035	162	宝鸡	13.3036	155	宝鸡	15.0993	175
秦皇岛	8.9391	122	秦皇岛	4.7958	199	秦皇岛	3.8057	208	秦皇岛	45.9710	76	秦皇岛	1.6862	85	秦皇岛	10.4526	185	秦皇岛	21.6897	79	秦皇岛	16.1318	161
晋中	8.8783	123	晋中	4.7341	203	晋中	5.1712	183	晋中	44.6230	88	晋中	1.2490	117	晋中	13.2422	134	晋中	14.6265	133	晋中	18.7519	122
清远	8.8659	124	清远	5.8320	151	清远	6.3514	157	清远	40.1141	155	清远	0.5773	208	清远	14.3695	114	清远	8.9750	220	清远	25.7274	41
邢台	8.8301	125	邢台	6.4007	124	邢台	13.9870	85	邢台	38.6955	194	邢台	2.0062	72	邢台	16.8266	81	邢台	7.4804	234	邢台	13.4447	195
孝感	8.7705	126	孝感	6.5104	120	孝感	12.7209	98	孝感	38.4978	201	孝感	0.9427	150	孝感	16.3031	87	孝感	10.3405	197	孝感	16.4804	153
许昌	8.7524	127	许昌	8.9741	69	许昌	17.1396	68	许昌	39.2141	180	许昌	1.5266	97	许昌	18.1889	68	许昌	6.5913	245	许昌	6.8721	263
延安	8.7074	128	延安	3.0052	269	延安	1.1082	272	延安	51.1294	44	延安	0.4072	244	延安	9.0380	207	延安	12.1896	171	延安	26.1034	39
鞍山	8.6994	129	鞍山	3.8590	242	鞍山	7.7100	142	鞍山	38.8892	190	鞍山	1.6108	89	鞍山	12.5950	143	鞍山	17.3971	109	鞍山	20.6666	96
吉安	8.6587	130	吉安	6.2380	130	吉安	12.5949	99	吉安	42.1680	119	吉安	0.9009	157	吉安	10.6602	178	吉安	5.1355	261	吉安	23.4765	62
衢州	8.6332	131	衢州	5.4352	173	衢州	9.2905	128	衢州	41.4173	127	衢州	1.0596	134	衢州	13.2830	132	衢州	15.5693	121	衢州	16.3629	157
肇庆	8.6311	132	肇庆	7.3967	97	肇庆	11.4185	112	肇庆	42.6244	116	肇庆	0.6815	185	肇庆	16.2302	90	肇庆	8.0621	229	肇庆	13.1752	200
榆林	8.6219	133	榆林	5.4719	169	榆林	7.8330	141	榆林	38.5245	200	榆林	0.6619	188	榆林	10.4671	184	榆林	18.1470	105	榆林	23.8126	58
郴州	8.6171	134	郴州	6.8337	109	郴州	10.4499	117	郴州	38.5398	199	郴州	1.0356	138	郴州	10.5953	180	郴州	6.8234	242	郴州	26.1064	38
西宁	8.5219	135	西宁	6.0580	138	西宁	2.7085	234	西宁	45.5433	80	西宁	1.7312	82	西宁	10.3121	189	西宁	29.6572	46	西宁	6.9055	262
亳州	8.4993	136	亳州	5.5718	167	亳州	9.1497	131	亳州	38.9323	187	亳州	1.6419	88	亳州	15.0310	101	亳州	0.8644	285	亳州	23.2827	63
三明	8.4792	137	三明	5.9141	144	三明	17.8913	66	三明	40.2578	152	三明	1.0058	144	三明	7.1645	236	三明	17.6445	107	三明	16.8632	149
眉山	8.4717	138	眉山	5.5846	164	眉山	6.0094	164	眉山	41.2688	132	眉山	0.5661	210	眉山	11.9911	157	眉山	12.8395	163	眉山	22.6395	73
常德	8.4556	139	常德	7.7371	92	常德	10.0447	120	常德	39.8437	164	常德	1.2230	119	常德	16.4491	86	常德	12.3620	169	常德	10.0845	244
抚州	8.4348	140	抚州	5.5759	165	抚州	9.2067	130	抚州	44.3298	91	抚州	0.5561	211	抚州	11.4141	165	抚州	5.3383	259	抚州	22.7589	70
平顶山	8.3855	141	平顶山	6.5004	121	平顶山	8.9045	134	平顶山	40.6352	146	平顶山	1.4545	102	平顶山	15.6364	95	平顶山	4.3042	267	平顶山	16.9416	148

142	黄山	8.3686	黄山	4.1415	227	黄山	5.3492	180	黄山	37.3202	224	黄山	0.4926	222	黄山	11.3758	167	黄山	20.2223	93	黄山	24.6845	48
143	荆州	8.3280	荆州	4.1776	134	荆州	12.7737	97	荆州	37.4588	221	荆州	1.0538	135	荆州	14.0343	122	荆州	8.8233	221	荆州	18.2272	129
144	莱芜	8.1875	莱芜	5.1097	188	莱芜	5.3937	177	莱芜	44.2123	209	莱芜	0.1299	280	莱芜	13.2211	135	莱芜	20.4939	88	莱芜	13.1032	201
145	安阳	8.1670	安阳	7.8380	88	安阳	11.6781	107	安阳	38.0913	93	安阳	1.2234	118	安阳	17.6146	74	安阳	2.4934	278	安阳	13.4431	196
146	泸州	8.0631	泸州	6.0415	139	泸州	6.4807	154	泸州	44.1593	96	泸州	0.8057	166	泸州	9.9562	197	泸州	6.1965	249	泸州	21.7221	84
147	铜川	8.0535	铜川	4.2048	222	铜川	1.6465	257	铜川	48.6846	55	铜川	0.0000	287	铜川	9.9321	198	铜川	23.9868	68	铜川	13.7450	191
148	信阳	8.0480	信阳	6.7891	110	信阳	12.9891	92	信阳	41.1529	135	信阳	1.3248	110	信阳	14.6595	108	信阳	3.4599	272	信阳	12.8436	207
149	遂宁	8.0457	遂宁	5.8529	149	遂宁	5.1286	185	遂宁	41.1633	134	遂宁	0.4276	237	遂宁	13.5280	130	遂宁	14.1867	138	遂宁	17.1026	146
150	新余	8.0189	新余	5.8187	152	新余	3.7214	210	新余	45.8864	77	新余	0.3983	246	新余	11.4413	164	新余	12.0993	172	新余	17.2253	144
151	黄石	7.9923	黄石	6.6975	113	黄石	7.4947	144	黄石	37.4872	220	黄石	0.8363	164	黄石	13.9179	127	黄石	13.4156	153	黄石	16.2815	159
152	广元	7.9419	广元	4.3671	214	广元	4.4383	198	广元	38.6024	195	广元	0.3886	247	广元	11.1984	156	广元	16.2239	116	广元	22.4595	77
153	淮南	7.9207	淮南	4.2203	221	淮南	5.9969	166	淮南	42.0003	120	淮南	1.0157	143	淮南	14.3060	117	淮南	9.3901	211	淮南	17.0356	147
154	大同	7.8980	大同	3.8816	239	大同	1.5935	259	大同	43.1489	106	大同	0.7164	180	大同	10.0506	195	大同	25.4652	60	大同	15.1954	172
155	宜宾	7.8533	宜宾	5.5878	163	宜宾	6.6714	152	宜宾	40.9353	140	宜宾	0.8541	161	宜宾	10.2742	191	宜宾	6.5155	247	宜宾	23.1921	65
156	漯河	7.8396	漯河	6.2405	129	漯河	6.8618	149	漯河	41.7077	123	漯河	0.6431	193	漯河	16.2766	88	漯河	6.7830	243	漯河	13.6176	192
157	邵阳	7.7883	邵阳	5.9012	146	邵阳	11.3325	113	邵阳	39.5925	170	邵阳	1.0332	139	邵阳	12.0701	153	邵阳	2.6118	276	邵阳	19.9899	106
158	大庆	7.7857	大庆	3.5071	257	大庆	3.8977	207	大庆	38.5868	196	大庆	2.7565	60	大庆	7.5312	230	大庆	31.8219	42	大庆	9.9808	245
159	张家口	7.7586	张家口	4.1177	229	张家口	4.8622	192	张家口	39.8972	163	张家口	1.8895	77	张家口	8.6077	217	张家口	14.8437	130	张家口	19.8746	107
160	丽水	7.7530	丽水	4.8619	196	丽水	11.1490	115	丽水	41.9855	121	丽水	1.2813	114	丽水	9.8328	199	丽水	15.9142	120	丽水	11.9913	218
161	晋城	7.7147	晋城	4.1838	226	晋城	2.3164	241	晋城	41.1779	133	晋城	0.4053	245	晋城	12.2861	147	晋城	16.8697	111	晋城	18.7621	121
162	淮北	7.7057	淮北	4.8979	194	淮北	7.4654	145	淮北	38.5751	197	淮北	0.6158	201	淮北	14.3264	116	淮北	11.2180	185	淮北	17.1635	145
163	龙岩	7.6955	龙岩	6.2323	131	龙岩	11.9381	104	龙岩	39.9173	160	龙岩	1.2922	112	龙岩	8.6290	216	龙岩	16.5472	115	龙岩	12.3971	214
164	周口	7.6855	周口	7.7984	90	周口	13.1886	91	周口	38.2291	207	周口	1.5214	98	周口	16.8217	82	周口	2.6470	275	周口	8.4099	257
165	萍乡	7.6695	萍乡	5.7131	155	萍乡	6.2444	159	萍乡	45.7220	79	萍乡	0.4107	242	萍乡	14.0660	120	萍乡	10.9476	188	萍乡	10.2121	242

续表

城市	总指数	排名	城市	需求潜力	排名	城市	产业配套	排名	城市	资源要素	排名	城市	创新产业	排名	城市	区位联通	排名	城市	生活宜居	排名	城市	政务服务	排名
揭阳	7.6603	166	揭阳	7.7706	91	揭阳	19.6965	56	揭阳	44.4247	89	揭阳	0.5702	209	揭阳	11.2668	170	揭阳	6.0673	250	揭阳	5.8037	272
莆田	7.6528	167	莆田	7.2130	102	莆田	12.5269	100	莆田	40.6762	145	莆田	1.3713	107	莆田	13.0535	138	莆田	12.2666	170	莆田	6.0275	270
池州	7.6500	168	池州	4.8048	198	池州	5.7056	172	池州	39.7055	169	池州	0.4709	227	池州	11.8613	159	池州	9.4401	209	池州	21.9254	81
十堰	7.5523	169	十堰	5.5747	166	十堰	8.9840	132	十堰	38.8773	192	十堰	0.8962	159	十堰	10.5111	183	十堰	13.1648	158	十堰	16.4810	152
攀枝花	7.5400	170	攀枝花	4.4284	209	攀枝花	3.0266	227	攀枝花	45.2440	83	攀枝花	0.6339	198	攀枝花	2.0029	282	攀枝花	28.4281	51	攀枝花	17.5876	140
景德镇	7.5308	171	景德镇	5.0951	189	景德镇	2.9357	229	景德镇	44.1993	94	景德镇	0.3486	253	景德镇	12.6407	141	景德镇	13.4972	150	景德镇	14.3444	184
临汾	7.4888	172	临汾	3.4069	260	临汾	3.7094	211	临汾	39.0699	184	临汾	1.0304	140	临汾	12.8170	139	临汾	13.2288	156	临汾	18.8667	120
驻马店	7.4678	173	驻马店	6.9452	105	驻马店	16.6888	70	驻马店	37.9159	211	驻马店	1.4966	99	驻马店	16.0635	92	驻马店	2.5249	277	驻马店	7.0294	261
汉中	7.4662	174	汉中	5.2617	181	汉中	4.6105	195	汉中	46.1976	73	汉中	0.4694	228	汉中	10.3155	188	汉中	10.7086	193	汉中	14.9129	178
衡水	7.4560	175	衡水	6.0149	140	衡水	12.0041	103	衡水	35.9130	238	衡水	1.4233	105	衡水	15.3218	97	衡水	5.9888	252	衡水	12.5716	211
营口	7.4456	176	营口	3.8011	246	营口	5.9539	169	营口	36.9085	228	营口	0.9231	153	营口	11.2683	169	营口	22.9417	75	营口	14.6680	181
抚顺	7.4054	177	抚顺	2.4190	277	抚顺	2.0213	249	抚顺	40.7498	142	抚顺	0.6415	195	抚顺	7.5569	229	抚顺	26.4754	55	抚顺	18.6241	128
乌海	7.3174	178	乌海	4.2652	218	乌海	1.2229	268	乌海	37.6911	214	乌海	0.1180	281	乌海	6.8766	238	乌海	49.0656	10	乌海	6.6909	266
铜仁	7.2820	179	铜仁	5.8384	150	铜仁	5.2093	182	铜仁	38.3519	204	铜仁	1.1291	127	铜仁	8.6430	215	铜仁	14.8512	129	铜仁	17.6968	136
盘锦	7.2702	180	盘锦	3.3148	262	盘锦	3.3849	218	盘锦	38.9294	188	盘锦	0.7094	181	盘锦	10.6198	179	盘锦	28.6026	50	盘锦	11.4354	228
湛江	7.2569	181	湛江	6.7834	111	湛江	8.2879	138	湛江	39.2798	179	湛江	1.0647	133	湛江	12.2007	149	湛江	8.5620	223	湛江	12.6600	209
长治	7.2055	182	长治	3.7407	250	长治	3.2028	221	长治	39.7345	168	长治	0.7615	173	长治	16.2569	89	长治	14.0929	142	长治	11.4947	226
三门峡	7.1273	183	三门峡	5.2289	182	三门峡	6.3810	155	三门峡	38.4634	202	三门峡	0.3780	248	三门峡	12.2320	148	三门峡	13.9040	144	三门峡	14.8619	179
鹰潭	7.0649	184	鹰潭	5.3972	175	鹰潭	2.5634	235	鹰潭	41.3068	131	鹰潭	0.3264	259	鹰潭	11.4028	166	鹰潭	12.0116	173	鹰潭	16.3164	158
永州	7.0584	185	永州	5.6370	161	永州	8.5730	137	永州	39.2990	178	永州	0.9650	147	永州	8.7031	212	永州	3.8793	269	永州	20.7673	93
六盘水	7.0228	186	六盘水	6.2241	132	六盘水	4.0604	203	六盘水	41.4036	129	六盘水	0.7480	175	六盘水	7.8533	226	六盘水	8.1270	228	六盘水	19.5879	112
南平	6.9838	187	南平	5.3739	177	南平	11.2707	114	南平	37.4977	219	南平	1.0372	137	南平	10.2556	193	南平	14.1074	141	南平	11.3690	231
宁德	6.9419	188	宁德	5.9158	143	宁德	11.8292	106	宁德	37.2830	225	宁德	1.0257	141	宁德	10.0360	196	宁德	12.8493	162	宁德	11.2885	235
内江	6.9406	189	内江	5.6866	156	内江	3.6376	213	内江	41.1378	136	内江	0.2572	267	内江	14.0428	121	内江	5.9259	253	内江	15.1089	174

城市	综合	排名	城市	指标1	排名	城市	指标2	排名	城市	指标3	排名	城市	指标4	排名	城市	指标5	排名	城市	指标6	排名	城市	指标7	排名
鹤壁	6.9197	190	鹤壁	5.6529	160	鹤壁	5.4303	176	鹤壁	40.4493	149	鹤壁	0.3302	257	鹤壁	17.5984	75	鹤壁	5.4245	258	鹤壁	9.7375	248
达州	6.9119	191	达州	4.5668	206	达州	4.9105	190	达州	42.6650	115	达州	0.8112	165	达州	10.2853	190	达州	2.1976	280	达州	19.6167	111
梅州	6.9075	192	梅州	4.9538	192	梅州	4.5167	197	梅州	39.3719	176	梅州	0.6802	186	梅州	10.7788	177	梅州	12.5035	167	梅州	15.6724	170
运城	6.9069	193	运城	4.1871	225	运城	4.5864	196	运城	34.9031	250	运城	1.3174	111	运城	13.9035	128	运城	13.5740	149	运城	14.2395	185
巴中	6.8924	194	巴中	4.2343	219	巴中	2.5364	237	巴中	40.4377	150	巴中	0.4142	241	巴中	7.9573	224	巴中	9.4167	210	巴中	23.6700	61
益阳	6.8922	195	益阳	6.0716	137	益阳	9.8556	122	益阳	37.6877	215	益阳	0.9520	149	益阳	12.0796	152	益阳	9.6493	205	益阳	11.2421	236
玉溪	6.8899	196	玉溪	4.5039	207	玉溪	4.2319	201	玉溪	38.8816	191	玉溪	0.7955	170	玉溪	3.0268	272	玉溪	20.7102	85	玉溪	21.4934	87
荆门	6.8080	197	荆门	6.0841	136	荆门	11.4692	111	荆门	36.5824	232	荆门	0.6036	203	荆门	10.9579	172	荆门	14.8416	131	荆门	9.8952	246
锦州	6.6888	198	锦州	2.9007	271	锦州	3.9246	206	锦州	40.8643	141	锦州	1.0999	128	锦州	10.3915	187	锦州	19.4163	97	锦州	10.0871	243
咸宁	6.6867	199	咸宁	5.4383	172	咸宁	8.2628	139	咸宁	34.1569	259	咸宁	0.6616	189	咸宁	14.7430	104	咸宁	7.2275	239	咸宁	14.4265	182
韶关	6.6524	200	韶关	4.8780	195	韶关	6.0402	163	韶关	39.5748	171	韶关	0.5381	213	韶关	10.8199	176	韶关	11.3129	184	韶关	13.7456	190
商洛	6.6379	201	商洛	5.1989	184	商洛	1.9938	250	商洛	46.7838	66	商洛	0.2039	276	商洛	10.2659	192	商洛	7.5421	232	商洛	12.7685	208
辽阳	6.5847	202	辽阳	3.8724	240	辽阳	2.2008	245	辽阳	39.0431	185	辽阳	0.5380	214	辽阳	10.1990	194	辽阳	22.0504	78	辽阳	11.4908	227
自贡	6.5677	203	自贡	5.6214	162	自贡	5.1374	184	自贡	40.1503	154	自贡	0.5367	216	自贡	10.9274	174	自贡	5.5411	257	自贡	15.7583	167
梧州	6.5588	204	梧州	4.7429	201	梧州	3.5985	214	梧州	39.3977	174	梧州	0.5230	218	梧州	12.1580	151	梧州	8.3812	225	梧州	15.2786	171
娄底	6.5445	205	娄底	5.6798	157	娄底	7.1560	147	娄底	39.2133	181	娄底	0.7198	178	娄底	13.3860	131	娄底	6.0629	251	娄底	10.7544	239
嘉峪关	6.4883	206	嘉峪关	3.9416	236	嘉峪关	0.0000	287	嘉峪关	40.7292	143	嘉峪关	0.0271	286	嘉峪关	3.1325	270	嘉峪关	41.5119	17	嘉峪关	8.6858	255
濮阳	6.4715	207	濮阳	6.9836	104	濮阳	10.1490	119	濮阳	37.9784	210	濮阳	0.9418	151	濮阳	12.6749	140	濮阳	4.2315	268	濮阳	8.9609	251
阳泉	6.4604	208	阳泉	2.8569	272	阳泉	0.9294	274	阳泉	37.6162	216	阳泉	1.2833	113	阳泉	12.0322	155	阳泉	19.1785	99	阳泉	11.1411	238
毕节	6.3944	209	毕节	6.4873	122	毕节	4.6757	194	毕节	38.2302	206	毕节	1.7978	80	毕节	8.7780	210	毕节	5.5660	256	毕节	13.9105	189
广安	6.3876	210	广安	5.5512	168	广安	4.9232	188	广安	38.3669	203	广安	0.4218	238	广安	8.7439	211	广安	6.3274	248	广安	19.3242	118
安康	6.3727	211	安康	5.4698	170	安康	5.4437	175	安康	41.3859	130	安康	0.2892	263	安康	6.1869	242	安康	11.9275	174	安康	15.9314	164
丽江	6.3704	212	丽江	3.2679	263	丽江	0.4309	284	丽江	36.3774	235	丽江	0.3406	254	丽江	5.8637	244	丽江	23.4746	72	丽江	20.3509	98
资阳	6.3593	213	资阳	5.1552	187	资阳	3.3447	219	资阳	39.5740	172	资阳	0.3357	255	资阳	14.6676	106	资阳	6.9154	241	资阳	11.3415	232

续表

城市	总指数	排名	城市	需求潜力	排名	城市	产业配套	排名	城市	资源要素	排名	城市	创新产业	排名	城市	区位联通	排名	城市	生活宜居	排名	城市	政务服务	排名
吕梁	6.3546	214	吕梁	1.8958	280	吕梁	4.3620	200	吕梁	36.5409	233	吕梁	0.8415	163	吕梁	10.8542	175	吕梁	12.4494	168	吕梁	18.1577	130
云浮	6.3053	215	云浮	5.0506	191	云浮	8.9641	133	云浮	40.4256	151	云浮	0.1843	278	云浮	11.2331	171	云浮	7.3775	237	云浮	11.1745	237
潮州	6.2669	216	潮州	5.7632	154	潮州	8.6590	136	潮州	40.5147	148	潮州	0.4912	223	潮州	12.0580	154	潮州	9.0587	218	潮州	6.6199	267
鄂州	6.2218	217	鄂州	8.2599	80	鄂州	4.9460	187	鄂州	38.1554	208	鄂州	0.2630	266	鄂州	13.6795	129	鄂州	14.9007	128	鄂州	2.5365	283
河源	6.1817	218	河源	5.3285	178	河源	5.9594	168	河源	39.3954	175	河源	0.3530	252	河源	8.9966	208	河源	10.8147	191	河源	13.0906	202
怀化	6.1704	219	怀化	4.6750	204	怀化	5.8229	171	怀化	39.0414	186	怀化	0.6956	182	怀化	10.5431	182	怀化	9.8935	201	怀化	11.7058	223
忻州	6.1703	220	忻州	3.1986	264	忻州	3.2448	220	忻州	33.8016	261	忻州	0.6046	202	忻州	10.4399	186	忻州	13.4172	152	忻州	19.2728	119
茂名	6.1694	221	茂名	6.4426	123	茂名	9.6717	124	茂名	43.0875	107	茂名	0.7922	171	茂名	7.9190	225	茂名	4.9340	262	茂名	8.7555	254
呼伦贝尔	6.1151	222	呼伦贝尔	4.1274	228	呼伦贝尔	4.0298	204	呼伦贝尔	31.9041	266	呼伦贝尔	0.9316	152	呼伦贝尔	4.0541	264	呼伦贝尔	40.1993	18	呼伦贝尔	8.4824	256
铁岭	5.9409	223	铁岭	0.9280	283	铁岭	2.3704	238	铁岭	35.1020	246	铁岭	0.6031	205	铁岭	10.9446	173	铁岭	15.9280	119	铁岭	17.5630	141
葫芦岛	5.8406	224	葫芦岛	2.5897	276	葫芦岛	2.0738	247	葫芦岛	35.9155	237	葫芦岛	0.8625	160	葫芦岛	9.6139	203	葫芦岛	13.1808	157	葫芦岛	16.4535	154
雅安	5.8229	225	雅安	4.4010	212	雅安	2.9550	228	雅安	39.7544	167	雅安	0.2356	271	雅安	5.4503	246	雅安	13.8698	145	雅安	16.4495	155
保山	5.8198	226	保山	4.7684	200	保山	2.0732	248	保山	40.0716	157	保山	0.4331	235	保山	1.6337	283	保山	10.4142	195	保山	22.9687	69
克拉玛依	5.8048	227	克拉玛依	1.7386	281	克拉玛依	0.5140	280	克拉玛依	29.8677	275	克拉玛依	0.0843	283	克拉玛依	0.6849	285	克拉玛依	70.6434	5	克拉玛依	2.1176	285
石嘴山	5.7170	228	石嘴山	3.7140	252	石嘴山	2.2236	243	石嘴山	30.9445	271	石嘴山	0.2166	274	石嘴山	5.7741	245	石嘴山	37.0473	22	石嘴山	10.5234	241
鹤岗	5.6970	229	鹤岗	0.4773	285	鹤岗	0.7893	277	鹤岗	50.7068	45	鹤岗	0.1900	277	鹤岗	2.3349	279	鹤岗	32.8701	35	鹤岗	2.8486	282
承德	5.6952	230	承德	4.3557	216	承德	4.9101	191	承德	39.7964	166	承德	0.9912	145	承德	4.9667	253	承德	12.6656	165	承德	12.8813	206
四平	5.6825	231	四平	3.4219	259	四平	6.0093	165	四平	35.8528	240	四平	0.7873	172	四平	9.1312	206	四平	20.4924	89	四平	7.3696	260
玉林	5.6579	232	玉林	5.2974	180	玉林	5.6249	173	玉林	37.7028	213	玉林	1.0379	136	玉林	6.6800	241	玉林	3.2468	273	玉林	16.8095	150
赤峰	5.6458	233	赤峰	4.8078	197	赤峰	5.5177	174	赤峰	34.8928	251	赤峰	1.4850	100	赤峰	5.3299	249	赤峰	19.6152	95	赤峰	9.7152	249
朝阳	5.6362	234	朝阳	0.9582	282	朝阳	2.3496	239	朝阳	35.8774	239	朝阳	1.1931	122	朝阳	8.4952	218	朝阳	14.6085	134	朝阳	16.4047	156
本溪	5.5638	235	本溪	2.7382	273	本溪	1.5218	261	本溪	34.0724	260	本溪	0.3354	256	本溪	9.6113	204	本溪	32.0188	39	本溪	5.6115	274
阜新	5.5516	236	阜新	0.0000	287	阜新	2.2063	244	阜新	36.4376	234	阜新	0.4668	229	阜新	8.4061	221	阜新	24.1124	64	阜新	12.9342	205
北海	5.5099	237	北海	5.8933	147	北海	1.8867	253	北海	40.0769	156	北海	0.5177	219	北海	9.6586	202	北海	11.0469	187	北海	7.4024	259

238	通化	2.9922	270	通化	5.9465	170	通化	35.3918	243	通化	0.5247	217	通化	2.8729	273	通化	22.3854	77	通化	15.1570	173
239	丹东	2.1835	278	丹东	3.5068	215	丹东	34.7528	253	丹东	0.9001	158	丹东	4.5473	259	丹东	21.1375	83	丹东	15.8372	166
240	曲靖	4.0138	231	曲靖	6.2573	158	曲靖	37.3465	223	曲靖	1.2224	120	曲靖	5.0111	252	曲靖	9.5554	207	曲靖	14.3515	183
241	钦州	5.9066	145	钦州	2.8456	231	钦州	35.8249	242	钦州	0.5376	215	钦州	7.2493	234	钦州	4.5111	266	钦州	18.1399	133
242	庆阳	4.3658	215	庆阳	0.8600	275	庆阳	36.7557	231	庆阳	0.6423	194	庆阳	7.4958	231	庆阳	12.8369	164	庆阳	14.0526	188
243	随州	5.1960	185	随州	6.3551	156	随州	31.1680	270	随州	0.3723	249	随州	7.5190	150	随州	7.4958	233	随州	13.1964	199
244	天水	4.3375	217	天水	1.2967	266	天水	39.3705	177	天水	0.6412	196	天水	9.3352	213	天水	12.1643	212	天水	11.4297	229
245	双鸭山	0.7857	284	双鸭山	1.0014	273	双鸭山	30.3092	272	双鸭山	0.2452	269	双鸭山	14.3925	113	双鸭山	34.3728	28	双鸭山	#REF!	281
246	阳江	5.2037	183	阳江	5.3756	178	阳江	37.5781	217	阳江	0.4369	233	阳江	7.4766	232	阳江	9.9885	200	阳江	9.5658	250
247	张家界	4.3771	213	张家界	1.6068	258	张家界	36.9076	229	张家界	0.2312	272	张家界	8.9902	209	张家界	9.5713	206	张家界	13.0176	203
248	安顺	5.8737	148	安顺	3.1857	222	安顺	35.8287	241	安顺	0.8032	167	安顺	8.0359	223	安顺	1.1373	284	安顺	15.7154	168
249	汕尾	4.9456	193	汕尾	2.0988	246	汕尾	34.5435	257	汕尾	0.6451	192	汕尾	11.4962	163	汕尾	7.4621	235	汕尾	10.6701	240
250	陇南	3.9949	233	陇南	0.5135	281	陇南	34.6540	255	陇南	0.4181	240	陇南	5.0372	250	陇南	7.3210	238	陇南	22.6527	72
251	百色	4.4211	210	百色	3.1337	223	百色	38.8192	193	百色	0.6831	184	百色	4.8065	257	百色	7.0712	240	百色	14.6692	180
252	固原	3.9005	237	固原	0.1107	286	固原	32.3792	265	固原	0.2189	273	固原	7.6183	227	固原	19.9000	94	固原	13.3497	197
253	乌兰察布	4.0408	230	乌兰察布	2.7675	233	乌兰察布	25.8830	284	乌兰察布	0.3546	251	乌兰察布	8.4881	219	乌兰察布	26.9300	52	乌兰察布	11.7588	221
254	巴彦淖尔	3.9892	234	巴彦淖尔	2.5469	236	巴彦淖尔	32.6460	264	巴彦淖尔	0.4407	232	巴彦淖尔	4.1692	262	巴彦淖尔	23.8706	69	巴彦淖尔	11.7463	222
255	牡丹江	4.2026	224	牡丹江	4.9227	189	牡丹江	35.1660	244	牡丹江	0.5841	206	牡丹江	3.3663	268	牡丹江	23.3998	74	牡丹江	7.7919	258
256	白城	3.1792	265	白城	3.1121	224	白城	33.2794	263	白城	0.6036	204	白城	2.8244	274	白城	24.8792	61	白城	11.5770	225
257	平凉	3.7304	251	平凉	0.8044	276	平凉	39.1134	183	平凉	0.3280	258	平凉	7.0333	237	平凉	12.5403	166	平凉	8.9311	252
258	白银	3.7987	247	白银	1.2189	269	白银	35.0892	247	白银	0.4755	225	白银	4.8265	256	白银	20.4503	90	白银	9.8090	247
259	贺州	3.7493	249	贺州	1.4674	262	贺州	36.7724	230	贺州	0.2969	260	贺州	7.2055	235	贺州	3.4855	271	贺州	16.1260	162
260	白山	3.7879	248	白山	3.4461	217	白山	31.7317	267	白山	0.4345	234	白山	2.6279	277	白山	33.9648	32	白山	5.2394	278
261	贵港	4.2241	220	贵港	4.3631	199	贵港	34.3292	258	贵港	0.7455	176	贵港	9.3154	205	贵港	1.5090	283	贵港	12.1359	216

续表

城市	总指数	排名	城市	需求潜力	排名	城市	产业配套	排名	城市	资源要素	排名	城市	创新产业	排名	城市	区位联通	排名	城市	生活宜居	排名	城市	政务服务	排名
齐齐哈尔	4.4593	262	齐齐哈尔	3.5431	256	齐齐哈尔	4.2224	202	齐齐哈尔	34.9788	248	齐齐哈尔	1.4391	104	齐齐哈尔	4.9485	254	齐齐哈尔	15.3001	123	齐齐哈尔	6.5181	268
防城港	4.3907	263	防城港	5.4344	174	防城港	1.1448	271	防城港	35.1572	245	防城港	0.2787	264	防城港	4.8283	255	防城港	11.4003	182	防城港	12.1185	217
河池	4.3522	264	河池	3.3664	261	河池	1.5374	260	河池	38.2457	205	河池	0.5114	220	河池	5.3603	248	河池	5.7373	255	河池	13.4767	193
临沧	4.2826	265	临沧	4.4895	208	临沧	1.4119	263	临沧	34.9515	249	临沧	0.4193	239	临沧	0.3552	286	临沧	9.6766	204	临沧	19.3831	116
海东	4.2233	266	海东	5.1558	186	海东	12.5106	101	海东	37.2520	226	海东	0.2896	262	海东	4.2625	261	海东	14.1594	139	海东	1.1737	286
松原	4.1403	267	松原	3.6761	253	松原	6.1303	161	松原	33.7653	262	松原	0.5799	207	松原	5.4488	247	松原	16.1078	117	松原	5.6196	273
通辽	4.1364	268	通辽	4.7380	202	通辽	5.9627	167	通辽	30.0912	274	通辽	0.9685	146	通辽	4.5176	260	通辽	17.7499	106	通辽	6.8656	264
朔州	4.1009	269	朔州	2.6874	274	朔州	1.9629	251	朔州	37.5436	218	朔州	0.2090	275	朔州	7.4282	233	朔州	13.6135	148	朔州	5.8902	271
来宾	4.0518	270	来宾	3.0239	268	来宾	1.8577	254	来宾	34.8406	252	来宾	0.2633	265	来宾	8.3336	222	来宾	4.8262	264	来宾	12.4526	213
崇左	3.9580	271	崇左	5.7744	153	崇左	1.7739	255	崇左	34.4603	254	崇左	0.2571	268	崇左	2.7902	275	崇左	7.9437	230	崇左	13.4683	194
普洱	3.9056	272	普洱	4.2031	223	普洱	1.2719	267	普洱	37.4028	222	普洱	0.6392	197	普洱	0.7908	284	普洱	9.1422	217	普洱	13.2800	198
张掖	3.5701	273	张掖	3.5971	254	张掖	1.9261	252	张掖	28.5988	276	张掖	0.6557	191	张掖	3.6143	267	张掖	23.5892	71	张掖	6.8068	265
鸡西	3.5665	274	鸡西	2.5976	275	鸡西	1.3554	264	鸡西	26.2988	282	鸡西	0.2933	261	鸡西	2.3839	278	鸡西	26.7288	53	鸡西	11.9051	220
伊春	3.5140	275	伊春	0.2827	286	伊春	0.5243	279	伊春	28.1057	277	伊春	0.1462	279	伊春	2.2173	280	伊春	38.4884	21	伊春	6.3054	269
金昌	3.4166	276	金昌	3.0608	267	金昌	0.4677	282	金昌	31.4441	269	金昌	0.0816	285	金昌	4.0721	263	金昌	25.6393	59	金昌	4.3867	280
黑河	3.4092	277	黑河	3.5017	258	黑河	0.7805	278	黑河	31.6178	268	黑河	0.3597	250	黑河	0.0000	287	黑河	20.3154	92	黑河	11.4106	230
吴忠	3.3304	278	吴忠	3.8945	238	吴忠	3.0626	226	吴忠	21.0661	286	吴忠	0.4102	243	吴忠	6.1361	243	吴忠	13.6380	146	吴忠	15.8557	165
辽源	3.2874	279	辽源	3.9546	235	辽源	2.8029	232	辽源	34.5689	256	辽源	0.1007	282	辽源	3.9902	265	辽源	21.6270	80	辽源	0.0000	287
酒泉	3.2356	280	酒泉	3.5671	255	酒泉	2.3340	240	酒泉	21.5903	285	酒泉	0.4610	230	酒泉	3.2625	269	酒泉	21.3021	82	酒泉	14.0879	187
昭通	3.2265	281	昭通	3.8436	243	昭通	1.7255	256	昭通	35.9231	236	昭通	0.6900	183	昭通	3.9692	266	昭通	3.6446	270	昭通	8.8796	253
佳木斯	2.9506	282	佳木斯	3.8627	241	佳木斯	3.0937	225	佳木斯	26.7773	279	佳木斯	0.5557	212	佳木斯	4.5513	258	佳木斯	18.3794	103	佳木斯	5.2412	277
中卫	2.7152	283	中卫	3.1638	266	中卫	1.3162	265	中卫	27.8921	278	中卫	0.2399	270	中卫	6.8178	239	中卫	15.1719	124	中卫	4.6239	279
绥化	2.2279	284	绥化	3.8053	245	绥化	3.7780	209	绥化	26.4727	280	绥化	0.8541	162	绥化	5.0315	251	绥化	11.8629	176	绥化	2.4394	284
武威	2.1070	285	武威	4.0000	232	武威	2.2375	242	武威	26.3266	281	武威	0.4901	224	武威	3.0672	271	武威	12.9354	159	武威	5.3432	275
七台河	1.7740	286	七台河	1.9046	279	七台河	0.4479	283	七台河	26.2724	283	七台河	0.0835	284	七台河	2.1698	281	七台河	19.5185	96	七台河	5.2461	276
定西	0.0000	287	定西	3.8375	244	定西	1.2045	270	定西	0.0000	287	定西	0.4953	221	定西	8.4202	220	定西	9.7730	203	定西	12.4614	21

资源环境

第二十六章　水资源

强化市场机制设计，优化水资源配置

张　亮　江庆勇

要点透视

➢ 2017—2018 年，我国总用水量继续缓慢增长，地下水供水量及其占比保持下降态势，河长制、湖长制等水资源管理制度进一步落实，地下水超采治理方面首次实施华北地下水回补试点。

➢ 未来十年总用水量总体呈现小幅增长态势，水资源约束也会持续趋紧。生活用水将持续稳定增长，工业用水稳中逐步下降，农业用水趋于稳定，生态环境用水呈现持续增长态势。

➢ 合同节水管理模式是市场机制在节水领域的应用。我国合同节水管理具有广阔的发展空间，各地也开展了很多实践，但是目前我国合同节水管理仍然存在缺乏稳定可靠的盈利模式、节水服务供给体系发展落后、技术支撑环节不到位、资金短缺、配套政策不完善等问题，建议完善与落实事关合同节水管理发展的基础性制度，强化财税政策支持，不断完善技术支撑体系，建立健全多元化投融资机制。

2017—2018年我国水资源利用及管理的基本状况

我国总用水量继续缓慢增长

2017年，全国用水总量6 043.4亿立方米。其中，生活用水838.1亿立方米，占用水总量的13.9%；工业用水1 277.0亿立方米，占用水总量的21.1%；农业用水3 766.4亿立方米，占用水总量的62.3%；人工生态环境补水161.9亿立方米，占用水总量的2.7%。与2016年相比，用水总量增加3.2亿立方米，其中，农业用水量减少1.6亿立方米，工业用水量减少31.0亿立方米，生活用水量及人工生态环境补水量分别增加16.5亿和19.3亿立方米。

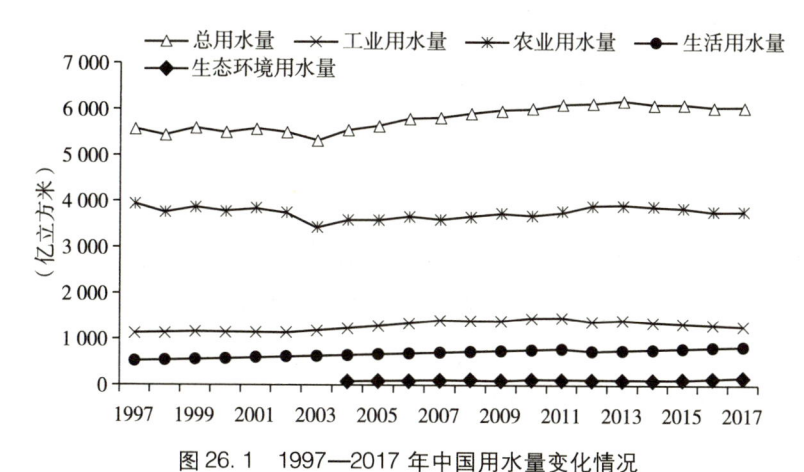

图26.1 1997—2017年中国用水量变化情况

注：2012年将生活用水量中的牲畜用水量调整至农业用水中。
资料来源：《中国水资源公报》（1997—2017）。

地下水供水量及其占比保持下降态势

地下水是北方地区的重要水源，很多省份地下水供水比例占到一半以上。长期超采地下水造成了较多的生态问题，近年来，国家高度重视并严格控制地下水的采水量，地下水取用量以及在供水总量中的比重都出现了下降态势。2017 年，地下水供水量为 1016.7 亿立方米，占供水总量的 16.82%，比 2015 年减少了 41.3 亿立方米，所占比重明显下降。

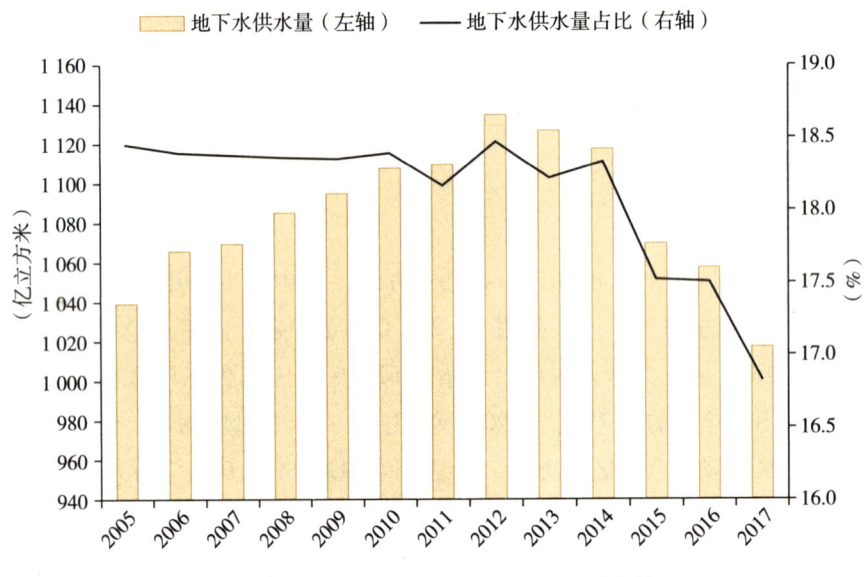

图 26.2 2005—2017 年中国供水水源结构情况
资料来源：《中国水资源公报》（2005—2017）。

河长制、湖长制等水资源管理制度进一步落实

2016 年 11 月和 2017 年 12 月，中共中央办公厅、国务院办公厅先后印发《关于全面推行河长制的意见》《关于在湖泊实施湖长制的指导意见》，提出到 2018 年底前全面建立河长制、湖长制。在各地各有关部门共同努力下，河长制、湖长制在全国迅速推行。截至 2018 年 6 月，全国 31 个省（自治区、直辖市）已提前半年全面建立河长制，河长制的组织体系、制度体系、责任体系初步形成。同时，进一步加强河湖管理保护，维护河湖健康生命，水利部定于自 2018 年 7 月 20 日起，用一年时间，在全国范围内对乱占、乱采、乱堆、乱建等河湖管理保护突出问题开展专项清理整治行动。

地下水超采治理方面，首次实施华北地下水回补试点

为解决华北地下水超采问题，水利部与河北省人民政府联合印发《华北

地下水超采综合治理河湖地下水回补试点方案》，选择滹沱河、滏阳河、南拒马河三条河的重点河段开展地下水回补试点工作。在地下水超采治理上，首次实施华北地下水超采综合治理河湖地下水回补试点，南水北调中线工程首次向受水区 30 条河流进行生态补水，为有效补充回灌地下水发挥了重要作用。

未来十年我国水资源利用态势预测

未来十年总用水量呈现小幅增长态势，水资源约束会持续趋紧

近年来，在水资源短缺的基本国情下，国家高度重视水资源的节约利用，鼓励水资源再生利用，对于新增取水严格限制，用水效率有了明显提升。2017 年，全国人均综合用水量 436 立方米，万元 GDP（当年价）用水量 73 立方米，分别比 2016 年减少 2 立方米、8 立方米。未来十年，结合我国所处的经济发展阶段，参考先行国家用水量变化的一般规律，并结合近几年我国用水量的变化特征，预计未来十年，我国用水总量总体将保持稳定小幅增长态势，在 2028 年将会在 6 400 亿~6 500 亿立方米左右的水平。

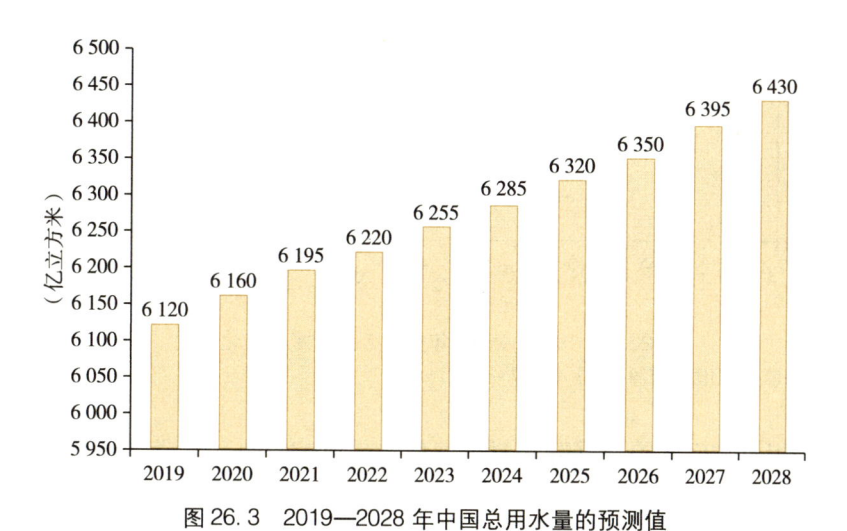

图 26.3　2019—2028 年中国总用水量的预测值

资料来源：作者预测。

用水结构方面，生活用水将持续稳定增长，工业用水稳中逐步下降，农业用水趋于稳定，生态环境用水呈现持续增长态势

工业用水方面，一是通过先行国家工业用水的增长态势看，在不考虑用水效率变化的前提下，工业用水总量的变化与第二产业所占比重密切相关。未来十年，我国第二产业的比重将逐步下降。二是第二产业中，火电（含直流冷却发电）、钢铁、纺织、造纸、石化和化工、食品和发酵等高用水行业在未来十年不会有太大的增长。三是随着国家全面促进节水政策的深入实施，工业用水效率也会持续提升。2017年万元工业增加值（当年价）用水量45.6立方米，按可比价计算比2010年下降超过40%。据此预计工业用水将保持逐步稳定后，开始呈现稳步下降趋势。

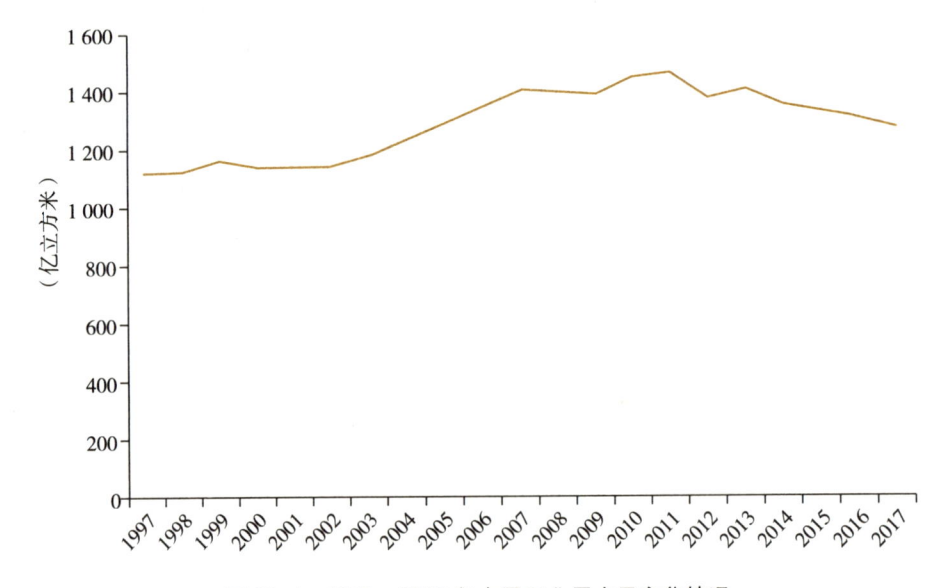

图26.4　1997—2017年中国工业用水量变化情况
资料来源：《中国水资源公报》（1997—2017）。

农业用水方面，除了受降水量等气候条件影响以外，农业用水主要与耕地灌溉面积和用水效率直接相关。一方面，近年来随着水利工程建设的不断推进，我国耕地灌溉面积持续增加（见图26.5）。据统计，2017年耕地灌溉面积6 781.56万公顷，比2016年增加了67.498万公顷。另一方面，随着耕地节水改造的不断推进，高效节水灌溉面积也不断增加，农业价格机制的作用也不断

凸显，亩均用水量不断减少。2017年亩均用水量为377立方米，比2016年少用3立方米。预计未来十年，在降水量不出现重大变化的前提下，受耕地灌溉面积的增加以及用水效率提升的共同影响，我国农业用水总量将趋于稳定，不会有大的波动。

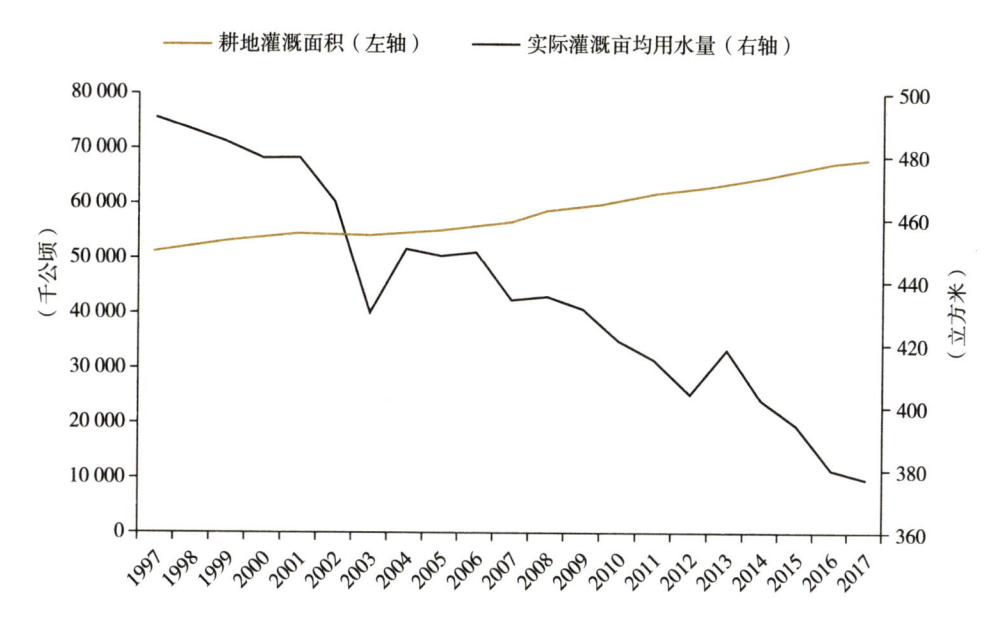

图26.5　1997—2017年中国农田有效灌溉面积及用水量变化
资料来源：《中国统计年鉴》（2018）、《中国水资源公报》（1997—2017）。

生活用水方面，由于城镇居民人均生活用水（含公共用水）明显多于农村居民，大约为农村的两倍多。如图26.6所示，2017年城镇居民人均生活用水（含公共用水）为221升/日，农村居民人均生活用水为87升/日。因此，人口增长以及城镇化水平就对生活用水总量变化具有较大影响。根据课题组预测，未来十年，我国的城镇化仍将处于加快推进的阶段，近几年，城镇化率一直以年均近1个百分点左右的速度增加，结合近几年生活用水的变化量，并充分考虑生活用水效率基本稳定的特点，预计未来十年，生活用水总量基本维持以年均近20亿立方米左右的稳定增长态势。

生态环境用水方面，随着对生态保护的愈加重视，此部分用水将逐渐增加，近几年保持了年均递增20亿立方米的水平。预计未来十年还会维持稳步增长的态势，后续速度可能会有所加快。

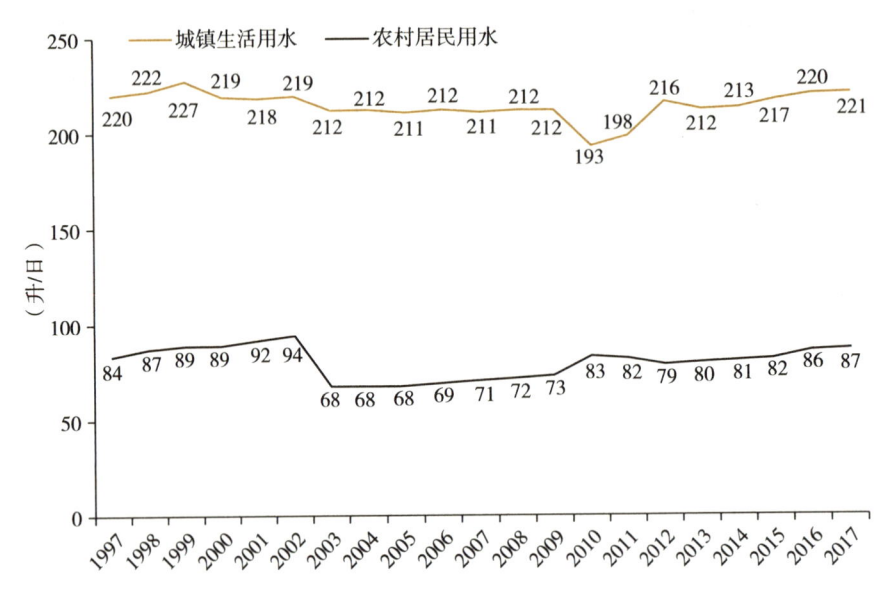

图 26.6　1997—2017 年中国城镇和农村人均生活用水量对比
资料来源：《中国水资源公报》（1997—2017）。

2019 年我国水资源利用态势及管理政策

用水总量将保持小幅上涨

预计 2019 年，我国总用水量将继续保持平稳态势，维持在 6 100 亿立方米左右。分类型看，工业用水将保持相对稳定，农业用水不会有太大变化，生活用水将继续维持稳步增长态势，维持在 880 亿立方米左右。生态环境用水将有小幅增长，维持在 200 亿立方米左右。

贫困地区的水利建设将加快推进

贫困地区和贫困群众对水利的需求很迫切，仍存在农村饮水安全短板、水旱灾害还较突出，农田水利基础设施薄弱，水土流失比较严重，农村水电开发利用程度还不高等问题。2018 年 8 月，水利部制定《水利扶贫行动三年（2018—2020 年）实施方案》，提出水利扶贫工作主要目标是：到 2020 年，全面解决贫困人口饮水安全问题，贫困地区水利基础设施公共服务能力接近全国平均水平，因水致贫的突出水利问题得到有效解决，支撑贫困地区长远发展的水利保障能力得到较大提升，水利良性发展机制初步建立，基本建成与全面小康社会相适应的水安全保障体系。预计2019年作为方案实施的关键年份，相关的贫困地区水利支撑保障项目建设将加速推进。

河湖管理将持续走向深入

对乱占、乱采、乱堆、乱建等河湖管理保护突出问题开展专项清理整治行动（"清四乱"）将更加深入，根据水利部《关于开展全国河湖"清四乱"专项行动的通知》要求，到2019年5月底是集中整治阶段，2019年7月将全面完成。同时，为深入落实全面推行河长制、湖长制关于加强执法监管的部署，有效实施河湖管理法律法规，水利部编制了《河湖执法工作方案（2018—2020年）》，提出2019—2020年，河湖执法巡查制度健全完备，执法检查实现常态化规范化。到2019年底，历年积累案件和年度立案案件整改落实率完成达到90%以上。

充分发挥市场机制作用，大力推进合同节水管理

合同节水管理模式具有服务主体市场化、服务关系契约化、服务方式产业化、投资方式社会化、投资收益共享化等显著的市场化特征，是市场机制在节水领域的应用。推进合同节水管理，在降低节水户投入风险以提升节水积极性、促进节水服务业发展以形成新的经济增长点、提升用水效率以提升水资源保障能力等方面发挥着重要作用。

我国合同节水管理具有广阔的市场发展前景

一是国家高度重视合同节水管理的推进。党的十八届五中全会和"十三五"规划纲要明确提出要推行合同节水管理。2016年7月，国家发改委、水利部、国家税务总局联合印发了《关于推行合同节水管理促进节水服务产业发展的意见》，正式启动实施合同节水管理。2016年11月，水利部和国家发改委联合发布《"十三五"水资源消耗总量和强度双控行动方案》，再次要求各级地方政府要积极探索合同节水管理等新模式。目前很多地区也在积极开展合同节水管理的实践。

二是我国用水效率方面存在的巨大提升空间为合同节水管理业务提供了可

能。目前我国总体节约用水水平与世界先进水平相比还有较大差距，具体来说，万元 GDP 用水量、农田灌溉有效利用系数、工业用水重复利用率、城镇管网漏损率等全国主要水效指标都较低。① 据统计，2017 年，万元工业增加值用水量为发达国家的 3~4 倍；全国农田灌溉水有效利用系数为 0.55，远低于 0.7~0.8 的世界先进水平。而实践证明，我国用水效率完全可以达到世界先进水平。如万元 GDP 用水量，北京达到了 14 立方米，天津和深圳达到了 13 立方米，这一水平只略低于瑞士，高于美英法德这些发达国家；万元工业增加值用水量，北京、深圳和天津分别达到 9.6、10 和 8 立方米，只略低于以色列，高于其他国家。② 综合来看，我国在提高水资源利用效率方面拥有广阔的发展空间。

三是我国水资源的稀缺性以及相关政策为合同节水管理业务提供了发展动力。2012 年国务院发布了《关于实行最严格水资源管理制度的意见》，对我国 2020 年和 2030 年的用水总量、用水效率和农田灌溉水有效利用系数等提出了明确的控制指标。为了确保管理目标的实现，不仅对控制指标进行了逐级分解，而且专门设置了每年一度的考核办法，甚至将水资源纳入党政领导干部离任审计内容，提供了强劲的节水动力。另外，现在单纯依靠财政投入的节水模式已不能满足最严格水资源管理制度的要求，必须充分发挥市场的积极作用才能实现"三条红线"控制目标。

我国合同节水管理的实施情况及其存在的问题

合同节水管理已经开始了很多具体的实践。2015 年 2 月，水利部综合事业局联合有关单位，在河北工程大学启动了全国第一个高校合同节水管理试点工作。项目总投资 1 161 万元，合同期 6 年。通过实施更换节水器具、改造供水管网、建设节水节能监管中心、打造节水文化等项目，合同期内可节约水费 2 500 余万元，且合同期满后改造的设备至少还能运行 9 年，保守估算可再节约水费 3 700 余万元。③ 据统计，截至 2018 年底，天津、河北等 16 个省市在公共机构、高耗

---

① 吕新文，《市场发展空间广阔，已有 16 个省份开展合同节水管理项目试点》，http：//qgjsb.mwr.gov.cn/zwxw/dfdt/201812/t20181225_1058491.html，2018 年 12 月 25 日。
② 引自中国工程院王浩院士于 2017 年 12 月 19 日在中国科技会堂召开的"2017 合同节水管理研讨与推广会"上的演讲。可见于：http：//www.h2o-china.com/news/268502.html。
③ 吕新文，《市场发展空间广阔，已有 16 个省份开展合同节水管理项目试点》，http：//qgjsb.mwr.gov.cn/zwxw/dfdt/201812/t20181225_1058491.html，2018 年 12 月 25 日。

水工业、水环境治理、供水管网漏损治理、农业节水灌溉等领域实施60余项合同节水项目，社会资本投资超过2亿元。① 另外，水利部也在联合若干相关企业探索现实可行的运作模式。例如，在水利部的引导下，2015年其下属企业联合北京、天津和河北三家水利（水务）投资集团以及17家掌握节水改造核心技术的公司共同组建了全国第一家以合同节水管理为主业的公司——国泰节水发展股份有限公司，成立了国泰—新节水投资基金，正式启动京、津、冀合同节水管理试点工作，为探索市场化的融资平台和技术集成平台积累经验。

总体上看，作为我国一种新生节水机制，合同节水管理在全国尚处于试点阶段，仍然存在一些亟待解决的问题。

第一，缺乏稳定可靠的盈利模式。就收益侧而言，影响节水服务收益的关键因素是水价和可节水规模。从水价的角度看，我国水价改革不到位，长期未能反映我国水资源的紧缺状况。从可节水规模的角度看，我国水资源管理制度执行不严格限制了合同节水管理的市场空间。虽然从2012年起我国开始实行最严格水资源管理制度，但是实践中，水资源消耗总量和强度控制仍然有待进一步强化，节水优先方针需进一步落实，水资源保护力度需进一步加大；② 高耗水行业节水指标硬性约束不到位，未将节水技术推广工作与实行最严格水资源管理制度考核工作有机结合。就成本侧而言，虽然《关于推行合同节水管理促进节水服务产业发展的意见》明确提出，符合条件的合同节水管理项目可以享受税收优惠，但是现有财政政策的实际扶持范围较窄，并且我国多数财政政策虽规定了扶持方式、扶持对象、扶持力度，但能够真正操作的政策较少。在这样的背景下，我国节水项目投资回报达不到社会平均投资回报率，而且回报周期较长、投资收益存在不确定性，从而无法吸引社会资本，无法让市场力量成为节水的内生动力，市场机制的作用得不到充分发挥。

第二，节水服务供给体系发展落后。一方面，我国缺乏综合性、集成性的节水服务平台。节水工作是一个系统性工程，而绝大多数节水企业只拥有一项或某一方面的节水技术，节水技术过于分散，无法满足节水技术改造综合性、系统性的要求，成了社会资本参与节水的重要限制"门槛"。另一方面，我国节水行业

---

① 于文静，《新华社：签了这项合同，一所高校15年节水六千多万》，http://qgjsb.mwr.gov.cn/zwxw/dfdt/201812/t20181225_1058492.html，2018年12月25日。
② 实行最严格水资源管理制度考核工作组，《关于发布2017年度实行最严格水资源管理制度考核结果的公告》，http://www.jsgg.com.cn/Index/Display.asp?NewsID=22902，2018年9月5日。

技术水平低。目前，国内节水行业节水设备工艺较为落后，节水产品和设施良莠不齐，仍大量使用非节水型产品。同时，我国节水企业研发投入力度弱、技术创新进展缓慢，也制约了企业盈利能力和合同节水管理对用水户的吸引力。

第三，相应的配套管理政策亟待完善。 由于合同节水管理是一种新生事物，目前相应的管理不到位，例如，一些税务部门通常将合同节水管理简单地看作节水设备销售而非综合性服务，把节水服务合同看成设备购销合同，把服务费视同一般节能设备销售商的加价，在节水服务公司安装好节水设备后就被认定为设备销售已经实现，致使节水服务公司刚刚开始分享节水效益时就被认定应立即按合同全额上缴企业所得税，即要为尚未得到的收入提前缴税，增大了发展的成本压力。

第四，相关技术支撑环节不到位。 合同节水管理需要用水计量、节水量检测和认定方法、第三方审计、操作指南、标准合同文本等方面的技术支撑。目前我国已经出台了《项目节水评估技术导则》《项目节水量计算导则》《合同节水管理技术通则》，缺乏具体的实施细则，并且一些用水户、用水环节的用水计量还不到位，同时类似于合同能源管理中的第三方审计机构尚未发展起来。因此，合同节水管理制度尚不完善，各地处在不断探索的阶段，合节水管理规范的不确定性限制了合同节水管理的规范发展。

第五，资金短缺成为发展的重要瓶颈。 由于合同节水管理处于发展初期，节水服务的投资收益具有较高的不确定性，并且投资节水特别是节水技术改造的投入较大，节水服务企业面临巨大的融资需求，阻碍了合同节水管理实践的进一步发展。

相关政策建议

第一，完善与落实合同节水管理发展的基础性制度。 水资源管理制度、水价形成机制、水权交易制度等是合同节水管理发展的重要基础。一是应强化最严格水资源管理制度，进一步强化水资源消耗总量和强度控制制度，严格落实节水优先方针，加大水资源保护力度。二是应完善水价形成机制，全面实行城镇居民阶梯水价、非居民用水超计划超定额累进加价制度。三是不断完善水权相关制度。需要完善水权交易制度、建立健全水权保护制度、水市场监督机制、取水许可制度；抓紧完成江河水量分配，全面开展行业用水配置，重视生态用水权的配置。同时，鼓励通过合同节水管理方式取得的节水量参与水权交易，获取节水效益。

第二，强化财税政策支持。应研究出台明确支持合同节水管理业务的财税政策，特别是要增加对工业节水项目、公共机构节水项目和节水技术开发项目的财税支持。同时，提高优惠政策的可操作性，使财税政策发挥实质效果。另外，应改变会计制度中将节水服务项目划归设备销售的做法，明确节水服务的综合性服务合同性质，改进制约节水服务公司发展的税收管理制度。

第三，不断完善技术支撑体系。尽快形成标准节水服务合同文本，进一步规范节水合同签订。加强各行业特别是高耗水行业取水计量设施建设，督促供水单位和用水户配备节水计量器具，全面推行用水计量。支持发展用水计量技术服务；积极发展节水技术产品检测机构，提升节水技术产品检测能力。建立节水量评估审核机制，发展专业第三方节水评估机构，确保节水效果可监测、可报告、可核查，明确争议解决方式。

第四，建立健全多元化的投融资机制。一是有效发挥开发性和政策性金融的引导作用，积极为符合条件的合同节水管理项目提供信贷支持。二是以政府性融资担保体系支持合同节水管理项目，建立政府、银行和担保机构三方参与的合作模式。三是鼓励金融机构开展绿色信贷。四是鼓励支持合同节水管理项目通过发行绿色债券募资。五是支持一些金融社会资本设立节水服务产业投资基金。

第二十七章 土地

以渐进式市场化释放增长活力

王瑞民　陶　然

要点透视

➢ 土地要素的市场化是高标准市场经济的重要组成部分之一。未来十年，土地要素的渐进式市场化可以持续释放增长活力。

➢ 按照已经完成的农地确权情况看，2014—2017 年完成进度的一半，剩下的硬骨头至少仍需要 3 年左右时间啃完，欲速则不达，赶进度式的确权很可能会为未来埋下很多隐患。

➢ 当前的集体建设用地建设租赁房试点，位置偏远成为利益平衡难、配套压力大等一系列问题的根源。因此，我们建议在未来十年的集体土地租赁房建设中，应优先选择区位好的城中村和城郊村，可将城中村、城郊村改造与租赁房建设联动改革。

➢ 未来十年，在农村土地改革方面，应推动先整理后确权以及农村土地的国有制两项改革，并在完善土地确权登记的基础上赋予农民可交易、可抵押的永久农地使用权与宅基地使用权，通过"国有私用"，与城市土地市场并轨，促进农民入城与城市资本下乡。在农地转用方面，应扩大集体建设用地的入市范围，推动其有序进入住宅市场。

➢ 对工业用地和开发区重整，同时腾出空余土地逐渐转化为商、住用地，不仅可以增加住宅用地供给、逐步化解现有城市房地产泡沫，而且可为地方政府筹集数额可观的土地出让金和各类房地产开发税收，并用于地方建设融资和巨额存量债务偿还。

---

* 笔者感谢国家自然科学基金（编号 71533007）和国家社科基金（编号 413227047203）的资助，文责自负。

土地制度是中国政治经济制度的基础性制度（刘守英，2017），① 也始终是中国改革、稳定的重要问题（甘藏春，2014）。② 以农村家庭联产承包责任制的农村土地改革开启了中国改革开放的浪潮，促进了农业和农村经济的发展；而独特的、政府主导的土地转用制度则在城市化、工业化中客观上扮演了助推器的作用。

然而，非市场化的土地要素配置也带来了一系列经济、社会问题，且随着增长回落弊端日显。首先，农地赋权不充分、不彻底制约了乡村现代化进程中土地流转、抵押等产权权益的有效实现，产权残缺也成为城市化进程中城乡二元土地市场并轨的掣肘。其次，地方政府通过征地垄断农地转用带来的失地农民与社会不稳定问题激增，而土地财政的净收益则不断收窄。最后，低价出让工业用地、高价招拍挂出让商住用地导致城市用地结构失衡：工业用地比重过高而商住用地比重过低，商住用地的供应比例仍然不到20%。房地产绑架了地方政府，而畸高的房价则抑制了居民消费、农民工落脚城市及经济增长活力的进一步释放。

2019年是中华人民共和国成立70周年，也是建设全面小康社会的关键一年。续写中国经济增长奇迹，需要以产权保护与要素市场化为核心的高标准市场经济作为支撑。城乡二元且非市场化的土地要素如何适应高标准市场经济的发展需求？本章先回顾2018年的土地制度改革，尤其是农地确权、农地两权抵押、集体建设用地入市三项改革取得的进展，并评述其存在的问题，接下来从农村土地改革、农地转用改革及城市土地改革三个方面展望未来十年土地改革方向与趋势。最后是推进土地要素渐进式市场化的具体政策建议。

我们认为，土地要素的市场化是高标准市场经济的重要组成部分之一。未来十年，土地要素的渐进式市场化可以持续释放增长活力。在农村土地改革方面，应推动先整理后确权以及农村土地的国有制两项改革，并在完善土地确权登记的基础上赋予农民可交易、可抵押的永久农地使用权与宅基地使用权，通过"国有

---

① 刘守英，《中国土地制度改革：上半程及下半程》，《国际经济评论》，2017年5期，第29—56页。
② 甘藏春主编，《社会转型与中国土地管理制度改革》，北京：中国发展出版社，2014年。

私用"，与城市土地市场并轨，促进农民入城与城市资本下乡。在农地转用方面，应扩大集体建设用地的入市范围，推动其有序进入住宅市场，并分析指出上述改革短期内对地方土地财政真正可用财力影响不大，长期内有助于地方一般公共预算收入增加。集体建设用地建设租赁房，应优先选择区位较好的城中村和城郊村进行，改变当前政府和开发商主导的模式，赋予城中村和城郊村农民一定的土地开发权。在城市土地改革方面，应做好存量文章，改革着力点是低效工业用地的再开发。

2018年中国土地制度改革回顾

农地确权难以如期完成

2018年本是农村土地确权工作的收官之年。但确权工作非常艰巨，难以如期完成。新一轮土地确权①始于2010年的中央一号文件，以还权赋能为核心，涉及全国2 747个县、3.3万个乡镇、54万个行政村，每宗地确权过程都相当复杂，包括土地登记申请、地籍调查、核属审核、登记注册、颁发土地证书等。截至2017年底，完成确权11.59亿亩，仍有约占台账面积16%的承包地未确权完毕，且剩下的均为"难啃的硬骨头"。

理论上讲，2018年只需要完成台账面积16%的承包地确权。不过需要指出的是，台账面积并不等于实际面积。1998年农村土地二轮承包时，由于土质、地力、远近以及降低农业税费缴纳等因素，部分地力较差的土地按一定比例折算，台账面积普遍小于实际面积。按照上述比例倒推，台账面积为13.8亿亩，而全国第二次土地调查公布的耕地数为20.3亿亩，超出台账面积47%。二者在传统农区差异可能更大。以笔者2014年参与调查的云南文山州为例，承包地台账面积为306.12万亩，而第二次全国土地调查耕地面积为1 021.42万亩，后者为前者的3倍多，部分村组实测面积较二轮延包面积大10倍以上。由于确权面积关系粮食直补等惠农补贴，农户希望将多出的面积落实到户，但

---

① 在此之前，新中国已经进行过三次土地确权。第一次确权时农村土地制度仍为私有制，本质上是对土改结果的确认；20世纪80年代的宅基地确权因为政策不明确半途而废；第三次确权发证率较高，达到90%以上，但确认的土地权能是残缺的，农户无法出租或转让自己占有、使用的宅基地与房产。

中央层面尚缺乏统一政策，基层往往仍按二轮延包档案面积计算相应惠农补贴。村与村、户与户之间的权属争议在确权过程中显化，往往争执不下导致确权难以推进。

因此，如果按照国土部在2009年开展的"第二次全国土地调查"确认的20.3亿亩耕地作为确权基数，则2014—2017年四年时间完成的进度刚过一半，虽然官方目前尚未公布准确数字，但2018年如期完成难度较大。

农村两权抵押改革试点再延期

2017年底，全国人大将农村两权抵押试点延长一年至2018年12月31日，到2018年底，全国人大决定再延期一年至2019年12月31日。从2018年的最新试点成效来看，截至2018年9月末，全国232个试点地区农地抵押贷款余额为520亿元，同比增长76.3%，累计发放964亿元；59个试点地区农房抵押贷款余额为292亿元，同比增长48.9%，累计发放516亿元。[①] 农地抵押贷款对于盘活农村土地资产，推动以土地流转为核心的农村土地市场化具有重要意义，同时对于缓解农村融资难、融资贵，促进农民增收也有积极的推动作用。

需要指出的是，在实际操作中，承包土地的经营权抵押，其价值评估的依据主要是经营权的收益，但农业生产收益有限而收益权评估成本较高。虽允许承包地的经营权进行抵押，但经营权实际上是承包权的子权利，在母权利无法抵押的情况下允许子权利抵押，不仅与现有法律法规冲突，更为严重的是，在发生风险的时候，银行方面难以将抵押物变现以实现真正的债权（王瑞民、刘守英，2017）。[②]

就宅基地的抵押而言，一方面由于宅基地"一户多宅"、超标准占地等不合法用地的比例较高，确权进度慢直接影响后续的抵押贷款，另一方面宅基地抵押还面临以下两个困难。首先是价值评估问题。传统农区宅基地的价值较低，但评估成本高、处置难。其次，各地的宅基地抵押条件中要求除抵押的农房外，还要有其他稳定住所，而这显然与"一户一宅"政策相互矛盾。设置这一前提的政策初衷，是为避免贷款不能偿还导致农民流离失所，但农房及宅基地的确权颁证

[①] 《国务院关于全国农村承包土地的经营权和农民住房财产权抵押贷款试点情况的总结报告》，见 http://www.npc.gov.cn/npc/xinwen/2018-12/23/content_2067610.htm

[②] 王瑞民、刘守英，《农村三块地抵押：政策与实施》，中国宏观经济研究院《调查研究建议》，2017年11月。

却是按"一户一宅"原则进行，结果是符合抵押贷款条件的只有两类人：一是在城镇购买了商品房的，二是违反"一户一宅"规定并建有多处农房的农户，而老实本分的农户反而很难通过住房财产权抵押获得贷款。在宅基地抵押的实践中，有不少是外出打工农户挣钱后翻建新房，虽然新房子尚未建起来，仍能用农房所有权及宅基地使用权进行抵押，但此时信用社等金融机构更多考虑的是农户的第一还款来源，本质上更接近信用贷款，这就失去了农村住房抵押贷款的意义。

2018年的中央一号文件提出，宅基地也可以推动"三权分置"改革：在保障集体的所有权与农户的资格权基础上，适度放活使用权。虽然理论上"三权分置"有利于实现农民对宅基地的财产权，但实际上买卖范围的限制等因素会使抵押很难操作。宅基地"三权分置"改革的具体制度安排，包括买卖、退出、外来人员与资本如何进入等，至今还没有合理与明确的政策依据与操作细则。

集体建设用地入市取得较大突破

2018年12月23日，自然资源部提请全国人大常委会审议的《土地管理法》、《城市房地产管理法》（修正案）草案，删去了现行土地管理法关于从事非农业建设使用土地的，必须使用国有土地或者征为国有的原集体土地的规定；对土地利用总体规划确定为工业、商业等经营性用途，并经依法登记的集体建设用地，允许土地所有权人通过出让、出租等方式交由单位或者个人使用。现行《城市房地产管理法》关于城市规划区内的集体土地必须先征为国有后才能出让的规定，新增加一句"法律另有规定的除外"，以衔接《土地管理法》修改，扫清集体经营性建设用地入市的法律障碍。

事实上，这是2017年7月允许集体建设用地建设租赁房的法律确认、延续与补充，上述修法努力意味着集体建设用地的市场化又向前迈出了一步，制约集体土地市场化的"上层建筑"开始出现松动。与过往政府完全主导农地转用相比，这一改革放开了集体建设用地直接进入工业、商业用地市场的口子，也允许集体建设用地建设租赁房。2018年12月，北京市大兴区出让三块集体建设用地，用于共有产权房建设，意味着集体土地开始进入政策性住房的土地供应体系，但是依然不被允许进入商品房用地市场。

就已经推进的集体土地市场化改革而言，释放的增长活力有限。第一，仅允许进行工业开发的集体经营性建设用地难以与区域竞争格局下地方政府廉价甚至负地价出让的工业用地形成有效竞争，原土地权利人潜在的收益也非常有限。第二，集体土地建设租赁住房试点中，由于集体土地无法抵押，租赁住房租约太短（最长 20 年），导致运营的企业无法融资，加上租赁住房缺乏针对性的设计标准，[1] 选址偏僻、市政配套建设跟不上等诸多掣肘，导致利益平衡难、试点进展缓慢，难以形成租赁住宅市场的有效供应，对于解决当前的大城市住房难、抑制房价泡沫作用甚微。

以集体租赁住房试点城市北京为例，截至 2018 年底已经规划 45 个项目，但选址多位于较为偏远、周边配套设施不足的地方，一半以上位于五环以外。[2] 集体租赁住房建设企业的市政配套压力大，但由于位置偏，租赁前景并不被看好。此外，为了避免宅基地拆迁困难，集体租赁住房都选择在集体产业用地上进行，而一些区位好、租赁前景好的城中村、城郊村的宅基地，目前尚未成为集体租赁住房的供地来源。

未来十年土地改革展望

如果说在市场经济的初级阶段，非市场化的土地要素配置承担了经济增长发动机的作用；那么，建设高标准市场经济，则需要以土地产权保护与土地要素市场化为中心持续释放增长活力。未来十年，土地改革的要点，是渐进式市场化。赋予农民更加充分的土地财产权利，做实土地使用权，并促成其市场化交易，以发现土地的合理价格。在农地转用中，通过扩大集体建设用地的入市范围，允许其进入住宅市场，政府与百姓合作开发，共享土地增值收益。而城市土地改革的方向，在于结构优化与效率提升，尤其是工业用地的利用效率。如表 27.1 所示。

---

[1] 原国土资源部、住房城乡建设部《利用集体建设用地建设租赁住房试点方案》中未对集体土地租赁住房的建筑设计标准进行明确规定，地方政府的政策当中一般规定参照住宅建设标准。现有的住宅设计规范主要针对以"家庭"为单位生活的人群，该人群与租赁住房的目标人群无论在生活状态，还是经济水平，都有明显差异，因此租赁住房按照商品住宅建设会带来一系列的问题，如车位配套指标过高、商业配套指标过低及日照标准严苛等问题。

[2] 北京市五环内集体建设用地面积达 122 平方公里，而计划供应的 10 平方公里集体土地多位于五环外，反映地方政府建设集体租赁住房的意愿不足，不愿将区位较好的集体土地用于建设租赁住房。

表 27.1 2019—2028 年土地改革展望

改革领域	改革内容	实施时间段
农村土地	稳步推进农地确权	2019—2022
农地转用：扩大集体建设用地入市范围	扩大集体土地建设租赁房的试点范围	2019—2024
	进入商住用地市场	2025—2028
城市土地	存量土地结构优化与效率提升	2019—2028

资料来源：作者整理。

不赶进度、稳步推进农地确权

就农村土地而言，赋予农民更多土地财产权利，激活土地的金融资本属性（蒲坚，2014①），确权是基础中的基础。农地确权在法律上确认和落实了农民更为完整的土地权利。

2019 年仍是确权工作的攻坚之年，我们认为在农村土地确权工作上不能急于求成，各级政府必须在做好顶层设计的基础上充分准备，循序渐进开展确权工作，为有效确权创造必要前提，才能在确权后真正实现土地可交易、可抵押，让确权经得起历史的考验。按照已经完成的确权情况看，2014—2017 年完成进度的一半，剩下的硬骨头至少仍需要 3 年左右时间啃完，欲速则不达，赶进度式的确权很可能会为未来埋下很多隐患。

仅举一例，土地细碎化是我国农地利用的一个基本特征，家庭联产承包分配土地时，因兼顾土地肥力与地块位置差异不得不好坏搭配、远近搭配，导致农地细碎化严重且互相插花。按土地细碎化现状确权，无疑会加大未来农地市场化流转与利用的成本，或者说很容易带来经济学中所谓的"反公地悲剧"：就是当某一资源有很多权利人而这种资源要整体利用才最有效率时，因每个土地权利人都可能以"钉子户"的方式阻止他人整合利用，导致资源最优利用无法实现。② 因此，确权过程中如何有效处理土地细碎化问题，成为影响确权效果的重要因素。

---

① 蒲坚，《解放土地》，北京：中信出版社，2014 年。
② 迈克尔·赫勒，《困局经济学》，北京：机械工业出版社，2009 年 3 月，第 1 版。

农地转用：集体建设用地两步走进入住宅市场

对农地转用而言，继续缩小征地范围、明确限定公益用途，扩大集体建设用地入市范围，尤其是集体建设用地进入住宅市场是未来十年主要的改革方向。为保障改革的平稳进行，可分为两个阶段实施。第一阶段是过渡阶段（2019—2024年），即目前已经展开的集体土地进入租赁住房市场，扩大试点范围，探索有效的利益平衡机制；第二阶段（2025—2028年）是集体土地在符合规划与用途管制的前提下，进入商住用地市场，真正形成商住用地的多元供给体系。

政策界与学术界不少人士，担忧集体土地进入商住用地市场后，政府的土地财政将受到很大冲击。笔者认为，上述改革短期内对地方土地财政真正可用财力影响不大。目前的财政体制下，2007年起全国土地出让收支已经全额纳入政府性基金预算管理，现行土地出让收入为"毛收入"，包含了成本补偿性费用，扣除土地出让总成本后的余额，即土地出让收益才是地方土地财政真正的可用财力。近年来，随着土地有偿使用制度的完善、土地市场化水平提高，土地，特别是存量建设用地的取得成本大幅上升，与土地市场价格不断接近甚至相等。同时，随着土地供应中新增建设用地比重的降低和存量建设用地比重的上升，土地取得成本的上升趋势难以逆转，城市政府土地收益空间不断收窄。2008—2015年，征地拆迁补偿支出、土地出让前期开发支出、补助被征地农民支出等成本性支出不断攀升，占土地出让收入的比重从56.09%上升到79.76%，土地财政的真正可用财力并未大幅增加。土地出让收益在2010年达到12 215.99亿元的峰值后就开始迅速回落，到2015年仅为6 813.14亿元，不到同期地方本级一般公共预算收入（82 983亿元）的十分之一。

表27.2 土地出让收入与成本构成（2008—2015年） （单位：亿元）

	2008	2009	2010	2011	2012	2013	2014	2015
土地出让收入	9 942.1	14 239.7	29 397.98	33 477	28 886.31	41 250	42 940.3	33 657.73
前期土地开发	903.38	1 322.46	2 561.15	5 509.98	5 223.3		9 206.38	6 533.9

续表

	2008	2009	2010	2011	2012	2013	2014	2015
征地拆迁费用	3 662.13	4 985.67	10 677	15 040.43	17 401.6		21 216.03	17 935.82
对失地农民的补助	157.7	194.91	449.66					
企业职工安置费用	782.41	1 066.48	3 336.63	3 285.98			3 529.96	2 374.87
土地出让业务费	71.05	86.89	157.45	217.37				
成本小计	5 576.67	7 656.41	17 181.99	24 053.76	22 624.9		33 952.37	26 844.59
成本比重	56.09%	53.77%	58.45%	71.85%	78.32%		79.07%	79.76%
土地出让收益	4 365.43	6 583.29	12 215.99	9 423.24	6 261.41		8 987.93	6 813.14

资料来源：2008—2010 数据来源于刘守英《直面中国土地问题》（中国发展出版社，2014 年）第 87 页；2011—2015 年数据来源于财政部网站公布的全国土地出让收支情况（历年），2013 年成本数据缺失。

2016—2018 年，加上非成本性支出后，除了 2017 年外，土地出让收入相关支出甚至超过了土地出让收入，2018 年 1—11 月，土地出让收入相关支出高达 55 677 亿元，而同期的土地出让收入仅为 53 362 亿元。

表 27.3 土地出让收入与土地出让收入相关支出（2016—2018 年）　　　（单位：亿元）

	土地出让收入	土地出让收入相关支出	节余
2016 年	37 457	38 406	-949
2017 年	52 059	51 780	279
2018 年 1—11 月	53 362	55 677	-2 315

资料来源：财政部网站公布的全国财政收支情况（历年），2016 年以来财政部不再公布土地出让成本构成数据。

综上所述，建设用地不再必须国有，短期内虽然会带来土地出让总收入的下降，但对土地出让收益的影响较为有限。换言之，集体建设用地进入市场本质上即是对土地财政的净收益不断收窄、土地出让收入相关支出超过土地出让收入的回应。考虑到土地市场的区域差异，除少数特大城市外，垄断非农建设用地市场不再能够获取超额"利润"，放权于集体建设用地所有权人，将有效降低部分地区土地财政收支倒挂的压力。

从中长期看，集体建设用地入市将有利于地方一般公共预算收入增加。集体土地所有权人通过出让、出租等多元方式供应非农建设用地的方式，将降低土地使用权人的用地成本，尤其是商业用地不再需要一次性缴纳高额土地出让金，实体经济的土地要素成本大大降低，而土地所有权人也可以获得长期的稳定收益，城市存量建设用地市场与集体建设用地市场的土地要素价格最终将实现渐进式并轨，土地要素的市场化释放出的增长活力，将促进地方一般公共预算收入的增长。

城市土地：存量结构优化与效率提升

集聚是城市活力的本质来源，存量用地结构优化与效率提升将成为未来十年城市土地改革的方向，而低效工业用地再开发则是具体的着力点。

20世纪90年代以来的地区招商引资竞争中，各地争相供应廉价甚至负地价的工业用地，价格机制未在工业用地配置中发挥应有的作用，导致我国绝大部分地区城市范围内的工业用地，尤其是工业园区与工业开发区用地效率非常低下。工业用地成为城市土地中市场化程度最低的部分。[①] 即使是在苏州这样工业用地已经趋于饱和的制造业大市，工业用地的供应价格仍然偏低，基本仍然按照甚至低于国家规定的工业用地最低出让价格供应，如专栏1所示。

专栏1　稀缺却仍廉价的工业用地

苏州是我国的制造业大市。现有工业用地已经趋近饱和，全市工业用地面积173.01平方公里，占建设用地（720.54平方公里）的比重为24.01%，市区工业用地的占比更是达到27.43%，已经接近30%的红线。

专栏表1　苏州市工业用地占建设用地的比重

	城市建设用地面积（平方公里）	工业用地面积（平方公里）	工业用地比重
市区	470.97	129.21	27.43%
常熟	84.18	14.62	17.37%
张家港	46.45	2.21	4.76%
太仓	51.3	10.96	21.36%
昆山	67.64	16.01	23.67%
全市	720.54	173.01	24.01%

资料来源：《苏州统计年鉴》（2018）。

[①] 虽然2004年中央规定工业用地也必须招拍挂，但在地方招商引资竞争的大背景下，往往大打折扣。

但是,在用地如此紧张的情况下,苏州市工业用地供地价格仍然偏低。以 2018 年第 7 号工业用地供应为例,均采取弹性年限 30 年进行出让,理论上讲,出让地价应至少达到最低地价的 60%(30 年占 50 年的 60%)。有四块地位于高新区,土地等别为四等,国家规定的最低地价为 480 元/平方米;其余九块地位于吴中,土地等别为六等,国家规定的最低地价为 336 元/平方米。从实际成交情况看,高新区的四块地中有三块地的出让单价为 252 元/平方米,仅为最低地价的 53%,低于其出让年限占 50 年的比重。吴中出让的土地中,仅有两块地的出让地价高于最低地价,其余均为最低地价标准的四分之三。

专栏表2 苏州[2018]7 号工业用地成交情况表

地块序号	地块位置	土地等别	最低地价(元/㎡)	面积(㎡)	成交总价(万元)	单价(元/㎡)	出让单价/最低地价
1	高新区	四等	480	18 161	457.657 2	252	0.53
2	高新区	四等	480	1779.1	44.833 3	252	0.53
3	高新区	四等	480	12 540	316.008	252	0.53
4	高新区	四等	480	26 640	959.04	360	0.75
5	吴中	六等	336	16 174.5	709.656 2	438.75	1.31
6	吴中	六等	336	8 667	218.408 4	252	0.75
7	吴中	六等	336	19 895.8	872.928 2	438.75	1.31
8	吴中	六等	336	92 234.6	2 324.311 9	252	0.75
10	吴中	六等	336	27 570.7	694.781 6	252	0.75
11	吴中	六等	336	39 999.2	1 007.979 8	252	0.75
12	吴中	六等	336	23 333.34	588.000 2	252	0.75
13	吴中	六等	336	14 041.6	353.848 3	252	0.75

注:9 号地块无成交价格信息,所以删去。
资料来源:苏州市政府官网、自然资源部官网、笔者整理与计算。

未来十年,对工业用地和开发区重整,同时腾出空余土地逐渐转化为商、住用地,不仅可以增加住宅用地供给、逐步化解现有城市房地产泡沫,而且可为地方政府筹集数额可观的土地出让金和各类房地产开发税收,并用于地方建设融资和巨额存量债务偿还。

推动土地要素渐进式市场化的政策举措

以农地整理解决确权前的农地细碎化问题

针对农地细碎化问题,各地在确权实践中,已经有不少"小块并大块,一户一块田"的零星实践。互换并田大大提高了确权效率,且利于未来的流转与规模经营。

但是土壤肥力差异等造成最初土地细碎化的原因仍然影响互换并田的进行,部分地区采取"二轮抽签"的方式决定"大块"的权属。由于蛋糕没有做大,重新分配过程中仍有新的矛盾产生。如果在农地整理基础上再进行地块调整与农地确权,则不仅有利于农业生产,更因为可以通过"做大蛋糕"而全面缓解农地确权中出现的各种矛盾。

实际上,在"十二五"期间,中国的农地整理平均增加耕地数量3%~5%(1 000万亩以上),而经整治后的耕地质量平均提高1个等级、亩产平均提高10%~20%,这实际上就相当于增加了15%~20%以上的耕地面积,按"十二五"期间整理5亿亩耕地计算,相当于增加了7 500万~1亿亩耕地。[①] 而根据"十三五"规划,还将通过整理土地建立4亿~6亿亩高标准农田,光农地整理本身就有望补充耕地900万亩。因此,随着农地整理逐步完成后再跟进推动农地确权,就不仅可以缓解现在确权实践中的大量矛盾,而且有助于在确权时直接推动连片确权,而不是现在的碎片化确权,防止出现"反公地悲剧",阻碍农业实现适度规模经营与农业竞争力提高。

通过"国有私用"实现城乡土地市场一体化

我们认为,未来十年应推动农地所有权国有化改革,在一定规模上限的约束下,逐步放开农地与宅基地的永久使用权市场化流转,全面实现城乡土地市场一体化。

中国经济发展到当前阶段,现行集体土地所有制对推动农业与农村现代化,

---

① 以上数据来自作者根据原国土资源部与国家发改委2017年1月发布的"全国土地整治规划(2016—2020年)"进行的测算。

对实现"以人为本"的新型城镇化,客观上已经起到了严重的阻碍作用。也正因如此,农村土地改革中的所有制问题不仅不能再回避,而且应该成为未来农村土地改革的核心。

农村土地的集体所有不得不赋予村民在农地、宅基地使用上的"成员权",这个体制看似公平,实际运行的结果却是农村内部人口变动不断带来农地调整压力,也不断导致宅基地过度占用宝贵耕地。更糟糕的是,不管是原来的"两权分离",还是现在的"三权分置",农地和宅基地的抵押与市场化交易都难以有效实现。结果必然是不管如何确权,都会出现确权成本过大、矛盾突出,确权后收益过低,确权基本没有实际意义的严重问题。

由于无法进行有效的抵押与买卖,无论是与国有制还是与私有制相比,农村土地集体所有制实际上成了资源配置效率更低的制度安排。即使从公平角度看,考虑到中国大批农村人口已向城市实现永久迁移并取得了比农村高两倍以上的收入,为他们中的大部分人继续保留农村宅基地与农地本身就会带来外出迁移者与留守农村者之间的极大不公平。因此,要真正实现中央提出的"乡村振兴"以及"以人为本"的新型城镇化,集体所有制必须改革。

鉴于土地私有制在中国当前并不具备可行性,与其保留农村土地的集体所有制,还不如逐步推动农村土地的国有制。这样不仅可以规范与强化自然资源部门对农村土地的用途管制,而且能以此为基础赋予农民对农地、宅基地的永久使用权,并推动这些永久使用权的全面市场化。

用一个例子进行类比有助于说明农村土地所有制改革的重要意义。虽然中国城市土地是国家所有,但只要给予足够长的国有土地使用权年限,建筑在国有土地上的私有住房市场就完全可以建立并有效运作起来,在拉动经济增长的同时,也为几亿城市居民提供安居之所,甚至可以为全社会提供投资机会。同样,在全面推动农区农地与宅基地所有权国有化之后,通过"先整治后确权"并赋予原集体成员可交易、可抵押的永久使用权,就可以为中国农业、农村的发展,为特色小镇建设,为乡村振兴奠定良好的制度基础。通过上述改革,可以有效实现农村土地的"国有私用",同时避免集体所有制下土地利用效率低下又难以保障公平的"双重诅咒"。

优先选择区位好的城郊村与城中村建设租赁住房

对于租赁住房而言,最重要的永远是位置,位置,还是位置。尤其是对于人口大量涌入的特大城市，租赁住房比自有住房对位置的要求更高，往往在远处买了住房的人仍愿意到工作地附近租房以缓解通勤之痛。当前用集体建设用地建设租赁住房试点，位置偏远成为利益平衡难、配套压力大等一系列问题的根源。因此，我们建议在未来十年的集体土地租赁房建设中，应优先选择区位好的城中村和城郊村，可将城中村、城郊村改造与租赁住房建设联动改革。

为此，必须突破现有的地方政府或者开发商主导的城中村改造与集体土地租赁住房建设模式，① 要赋予区位好的城中村和城郊村的本地农民一定的土地开发权利，借鉴台湾地区的"区段征收"模式，让他们在符合城市规划和基础设施要求的前提下，合法地为外来流动人口建租赁房，实现土地"增值溢价捕获"。市政设施的配套资金，可通过出让部分地块回笼。即政府可以与土地原权利人谈判，无偿征收部分土地用于基础设施和公用事业建设，从而捕获土地价值上涨中得益于公共投资的那一部分，真正用于建设租赁房的地块虽然面积变小，但因基础设施改善而价值提升（刘守英、王瑞民，2015），② 从而破解当前集体租赁住房建设中开发企业因配套压力大、盈利难而踟蹰不前的困局。

多措并举促进低效工业用地再开发

未来十年，可以考虑采取包括空地闲置税、规划调整、政府与厂商合作开发等各种手段，推动政府与原工业用地者重新谈判。中央需要在商、住用地"招、拍、挂"出让的政策上进行相应调整，允许地方政府与原土地权利人（那些已获低价工业用地的制造业投资者）之间建立一个合理的收益分配谈判机制。

考虑到当前房地产泡沫已比较严重，短期内可以采取上述方法，但中期改革应该是只要符合地方基本城市规划要求，在政府修改规划用地性质基础上，允许原工业用地厂商直接与商住用地开发商进行土地交易，政府通过累进土地增值税

---

① 开发商主导的集体土地租赁住房建设，逐利本质导致其倾向于选择容积率低、拆迁成本低的集体产业用地而放弃拆迁成本高的宅基地建设租赁住房。开发商"挑肥拣瘦"的行为，导致剩余地块失去腾挪空间，未来进行城市更新和租赁房建设的难度将更大。
② 刘守英、王瑞民，《我国台湾地区的两种土地征收与借鉴》，国务院发展研究中心《调查研究建议》[2015年第34号（总4719号）]。

（或补交商住用地出让金方式）获得相关土地改变使用性质带来的增值收益。这种做法，在以前划拨用地入市的操作中早有经验，因此并不难推动。改革关键是改变地方政府作为城市单一商住用地供给主体的局面，让它们从市场化交易中抽取增值税（也可称为补交商住用地出让金），从而切实改变地方政府的激励，才能扭转城市商住用地垄断"招、拍、挂"带来的限量少供、房地产泡沫难以缓解的现象。

第二十八章 完善环境治理体系，助力建构现代化经济体系

陈健鹏

要点透视

➤ 党的十九大报告提出"建立健全绿色低碳循环发展的经济体系"。毫无疑问，资源节约和环境保护是高质量发展的重要内涵和特征。有效的环境治理体系是现代化经济体系的重要组成部分。

➤ 研究分析环境治理与构建现代化经济体系、促进高质量发展，从资源环境维度，应从以下几个方面考察：（1）主要污染物减排和环境质量改善的趋势；（2）环境监管和经济增长的关系；（3）环境监管与产业结构调整之间的关系；（4）环境监管与企业竞争力和技术创新的关系；（5）资源产出率和全要素生产率等。

➤ 经济新常态背景下，中国进入绿色发展"转折期"，也是环境保护与经济增长"再平衡"的重要阶段，这是高质量发展的阶段特征。在这一阶段高质量发展对环境监管提出了新的要求：高质量发展需要环境监管有效性全面提升；平衡环境监管与经济增长、产业发展之间的关系；考虑环境监管一致性和差异性的关系，综合考虑环境监管对产业转移的影响。为此，要深化环境监管体制改革，提高环境监管的效能；合理制定监管强度，平衡监管一致性和区域差异性的关系；优化环境监管方式，强化对各类监管工具组合的顶层设计。

环境治理是构建现代化经济体系的重要方面

环境监管对主要经济体环境质量改善的影响

环境监管在一国治污减排、绿色发展中发挥重要的作用。20世纪70年代以来，主要发达工业化国家强化了环境保护责任，加快了政府环境监管体系的制度建设和能力建设。比如，1970年美国设立了联邦环保署（EPA），这是一个属于联邦政府的监管机构而不是独立监管机构，是美国在社会性监管领域的重大制度创新，环境监管的重心开始转向提高环境质量。美国环保署履行了一个专业监管机构的职责，通过建立标准、监管执法、创新市场监管工具等手段，对环境污染实施了有效监管，保障了美国环境质量的稳步提高。其他发达市场经济国家的环境监管也经历了类似的历程。夏皮罗等人（Shapiro and Walker，2015）发现，环境监管可以解释1990—2008年美国企业污染下降60%中的75%以上。[①] 尽管不再依赖于传统的监测和执法手段，而是更多地转向多样化的社会化和市场化手段，但是直接环境行政监管依然发挥着主导作用，格林斯通等人（Greenstone and Hanna，2014）最新的研究证据也表明，严格监测和执法的监管结构依然是企业环境改善的首要驱动力。[②]

从污染物排放、环境质量改善与经济增长关系的维度考察，欧美国家在20世纪70年代这一阶段，实现了经济增长与污染物排放"脱钩"，达到"环境拐点"。在主要污染物大幅削减到一定阶段后，实现了环境质量的根本性改善。这种具有一定普遍意义的现象，被概括为"环境库兹涅茨曲线"。在污染物排放和经济增长脱钩之后的阶段，环境监管和经济增长呈现一定的弱相关性。

---

① Shapiro J S, Walker R. "Why is Pollution from U. S. Manufacturing Declining? The Roles of Trade, Regulation, Productivity, and Preferences". Cowles Foundation Discussion Papers, 2015.
② Greenstone M, Hanna R. *Environmental Regulations, Air and Water Pollution, and Infant Mortality in India*. Harvard University, John F. Kennedy School of Government, 2011.

环境监管与经济增长之间的关系

一般认为,环境监管对经济增长的影响,主要体现在两种假说,即"遵循成本说"和"创新补偿说"。"遵循成本说"认为环境监管会增加治污费用,提高企业成本,降低经济增长速度。而"创新补偿说"认为环境监管会促进技术进步,促使产业结构转型,促进经济增长。在有关经济增长和环境监管实证关系的研究中,学者对经济增长的度量主要有两个指标,一是工业生产率,二是经济增长率。

关于"遵循成本说"的研究中,有关研究认为环境监管引起企业的成本净增加,如果企业不能从内部消化,那么竞争力会下降(许士春,2007;王爱兰,2008;王群伟等,2009)。谢涓(2012)使用柯布-道格拉斯生产函数分析环境监管与经济增长之间的关系,认为环境监管对经济增长的效果并不明显,作者认为这与环境监管成本有关,监管成本抵消了监管的技术效应。格洛普等人(Gollop and Robert,1983)比较了有 SO_2 监管和无 SO_2 监管下的电力工业生产率,认为环境监管对生产率有抑制作用。格雷等人(Gray and Shadbegian,2003)认为环境监管对经济增长有抑制作用。斯特恩(Stern,2012)认为能源是经济增长的重要生产要素,环境监管减少能源投入,会造成经济迟滞。

在"创新补偿说"的研究中,相关研究认为,环境监管对于清洁技术的扩散具有重要的影响,清洁技术扩散最终会带来整个产业升级,促进经济增长(李瑾,2007;黄平,2010)。孔祥利(2010)使用中国面板数据实证检验环境监管对不同地区经济增长的影响,认为环境监管在总体上促进经济增长,东部地区环境监管对经济增长具有显著的促进作用,中部地区不明显,西部地区经济增长促进环境监管的提高。原毅军和刘柳(2013)将环境监管分为费用型环境监管和投资型环境监管,认为费用型环境监管对经济无效果,但是投资型环境监管能显著促进经济增长。加罗法洛等人(Carofalo and Malhotra,1995)使用美国 34 个工业数据分析,认为环境监管对工业净产出有抑制作用。柏曼等人(Bermen and Bui,2001)分析美国石油行业环境监管与生产率的关系,发现严格的环境监管能促进石油业生产率。科尔等人(Cole and Elliott,2005)使用英国数据分析环境监管、污染和经济增长之间的关系,认为污染抑制了经济增长,而环境监管抑制了污染。张等人(Zhang and Liu,2011)使用 ML 指数衡量环境监管与全要素生产率的关系,认为中国全要素生产率还有很大的提升空间,环境监管会促进全要素生产率的提高。赵等人(Zhao 和 Yin,2015)认为市场型监管会有效降低污染、提高工业生产率，但是命令型监管并没有显著的作用，因此要加强市场型环境监管。Yana（2015）对模型进行内生性、异方差等因素调整分析环境监管对全要素生产率的影响，认为环境监管促进经济增长。Tang Decai（2016）使用SBM模型分析环境监管对全要素生产率的影响，认为环境监管有极化的作用，环境监管会促进经济增长。Xie（2016）分析不同的环境监管对绿色生产率的影响，认为不同类型的环境监管都会促进经济增长，市场型监管的效果要强于命令型监管。

环境监管与产业结构调整之间的关系十分复杂

一般认为，环境监管与产业结构调整具有相关关系，但并不是因果关系。环境监管只是影响产业结构的因素之一，且不是决定性因素。环境监管的产业结构效应体现在国际分工、空间效应、产业升级效应三个方面。其一，环境监管的产业国际分工效应。环境监管通过影响产业的比较优势，从而影响不同产业在国际的转移，进而影响产业结构。其二，环境监管的产业空间效应。由于所处的发展阶段不同，中国东中西部发展差异大，产业的发展存在梯度转移现象。其三，环境监管的产业升级效应（范玉波，2016）。[①]

从发达国家的历程看，大量的实证研究表明，20世纪70年代以来，发达国家严格环境监管和产业结构调整之间存在很强的相关性，但因果关系并不显著。OECD国家的经验表明，更严格的环境监管能够有效激励创新，促进产业升级，实现经济结构调整（Thomas et al.，2013）。这启示要理性认识环境监管和产业发展的关系，充分尊重产业发展自身规律，科学制定环境标准，平衡好二者关系。

环境监管与企业竞争力和技术创新的关系

环境监管与产业和企业竞争力之间的关系十分复杂。从本质上，产业发展的水平决定了环境监管的水平。也就是说，环境监管的可行性取决于企业竞争力。而另一方面，环境监管对产业的竞争力也会发生影响。世界各国的经验表明，严格环境监管虽然在短期可能对经济增长造成一定的负面影响，但长期而言，通过严格环境监管倒逼企业加大环保技术投入，同时通过改进管理降低成本，或通过提高产品质量、开发新产品以提高附加值，则可以保持和提高企业的竞争力，实现环境治理与经济增长的双赢。美国著名管理学大师、哈佛大学教授迈克尔·波

---

① 范玉波，《环境规制的产业结构效应：历史、逻辑与实证》，山东大学，博士学位论文，2016年。

特认为，设计合理的严格环保标准可以激发企业创新，创新收益可以补偿企业为遵守环境监管规则而产生的额外成本，从而提高而不是降低企业的竞争力（Porter，1991；Porter and van der Linde，1995）。这就是环境治理领域著名的"波特假说"。波特进一步指出了环境监管与创新之间的关系：设计良好的环境监管规则和公众监督的环境监管执法机制有助于：一是鉴别资源低效领域、指明改进方向；二是收集相关信息，引起企业关注；三是降低有关改善环境投资的不确定性，鼓励环保投资；四是有助于创造公平竞争环境。迈克尔·波特及其合作者在2001—2002年世界经济论坛（WEF）《全球竞争力报告》中专门讨论了环境监管与经济竞争力的关系。在分析了数十个发达国家和发展中国家环境监管与经济绩效的关系后，他们得到的基本结论是：提高经济竞争力与提高环境保护绩效是相容的，低污染、高能效是资源高效率利用的标志，因而有助于提高经济竞争力。波特等人的研究表明，从长期看，提高环境质量的政策可以提高经济竞争力，从而持续提高人们的生活水平（Esty and Porter，2002）。

近年来一批国内学者对于"波特假说"在中国的适用性进行了实证研究，这些研究表明，严格的环境监管不一定会影响我们的竞争优势，反而可以倒逼技术进步、鼓励技术创新和促进产业升级。而鼓励技术创新，实现有质量的增长，正是中国经济高质量发展的要求和标志。在企业层面，严格环境监管有助于促进企业加强管理，改进技术，提高产品质量和附加值以降低成本和保持竞争力。

环境监管与全要素生产率之间的关系

从提高全要素生产率的角度观察，强化环境监管长期来看有助于提高全要素生产率。对于中国环境监管强度与企业全要素生产率之间的关系，国内学者进行了大量的实证研究。环境监管与企业生产技术进步之间存在"U"形关系，环境监管激发了"创新补偿"效应，企业通过开发新产品和改进生产流程提高生产率和竞争力。环境监管对研发投入的影响明显，且对生产率的直接效应及引致研发投入带来的生产率间接效应也显著，由环境监管引致的企业研发显著促进了企业生产率的提升（张成，2011；郭妍等，2015；孙学敏等，2016）。

通过测算分行业的绿色技术效率和绿色全要素生产率，研究表明环境监管可以通过作用于绿色全要素生产率影响中国工业发展方式转变，但存在环境监管强度的"门槛效应"，环境监管强度与绿色全要素生产率呈现"倒N形"曲线（李斌等，2013；王杰等，2014）。利用省级层面的环境监管数据和微观层面的工业企业数据研究发现,地区环境监管强度与企业全要素生产率之间存在倒 U 形关系。环境监管对全要素生产率的影响存在行业差异性,污染型行业的拐点值大于清洁型行业的拐点值,因此,对污染型行业应该实施强度更大的环境监管(刘和旺等,2016;马淑萍,2015)。

绿色发展视角下中国高质量发展的进程

主要污染物排放陆续达峰,环境质量进入"向好"的阶段

中国从 20 世纪 70 年代就开始重视环境保护问题,并从环境立法、环境保护机构建设、环境保护基本制度("老三项""新五项")① 等方面逐步开始加强环境保护工作。受发展阶段的影响,从 20 世纪 70 年代到"十一五"期间,中国主要污染物排放总体处在上升阶段、环境质量总体上呈恶化的态势。从"十一五"以来,中国环境保护工作进一步加强,明确把控制污染排放作为五年规划的约束性目标,推行了一系列强有力的减排措施,包括层层分解的总量控制制度等。与此同时,重点行业脱硫、脱硝等治污减排设施大规模应用,污水处理厂进入大规模建设时期。在此推动下,中国主要污染物排放快速增长的态势逐步得到遏制并实现达峰,进入下降通道(图 28.1 和图 28.2)。

从环境质量改善的进程看,总体上,中国环境质量呈"稳中向好"的趋势。以空气污染为例,数据显示,2013—2016 年,实施新标准监测的城市,PM2.5 年均浓度已经呈下降态势。京津冀地区达标天数比例从 37.5% 提高到 56.8%;长三角地区达标天数比例从 64.2% 提高到 76.1%;珠三角地区达标天数比例从 76.3% 提高到 89.5%。

从污染物排放、环境质量改善与经济增长关系的维度考察,中国 2010—2020 年这一阶段,大致相当于欧美国家的 20 世纪 70 年代。在这一阶段,欧美国家经济增长与污染物排放"脱钩",跨越"环境拐点"。国际比较表明,与先行国家相比,中国经济发展进程和环境治理都呈"挤压式"特征。与此同时,对比中国和发达国家主要污染物排放达峰时的经济水平(以人均 GDP 衡量),中国

---

① "老三项"是指环境影响评价制度,"三同时"制度,排污收费制度;"新五项"是指环境保护目标责任制度、城市环境综合整治定量考核制度、排污许可证制度、污染集中控制制度、限期治理制度。

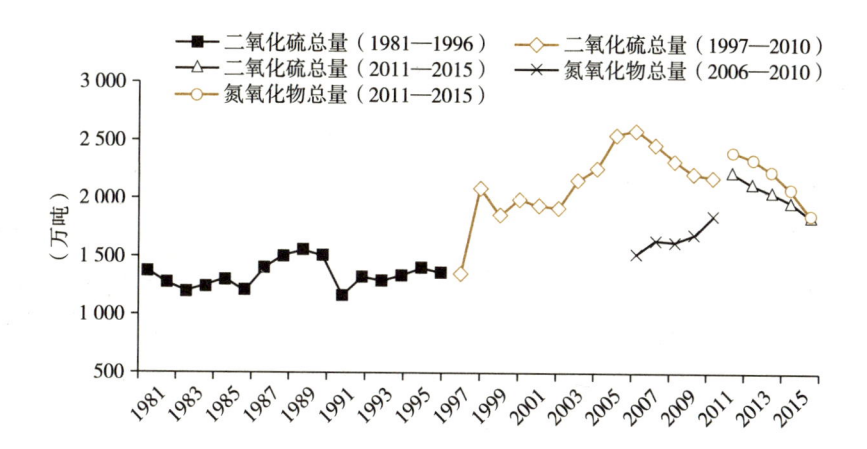

图 28.1 1981—2015 年主要空气污染物排放趋势

注：1997 年、2011 年调整了统计范围。2016 年之后，环境统计口径再次调整。环境保护部门内部环境统计部门进行了调整，统计口径再次调整。

资料来源：1981—1990 年数据来自《中国环境统计资料汇编1981—1990》《中国环境统计年报》《中国环境统计年鉴》。

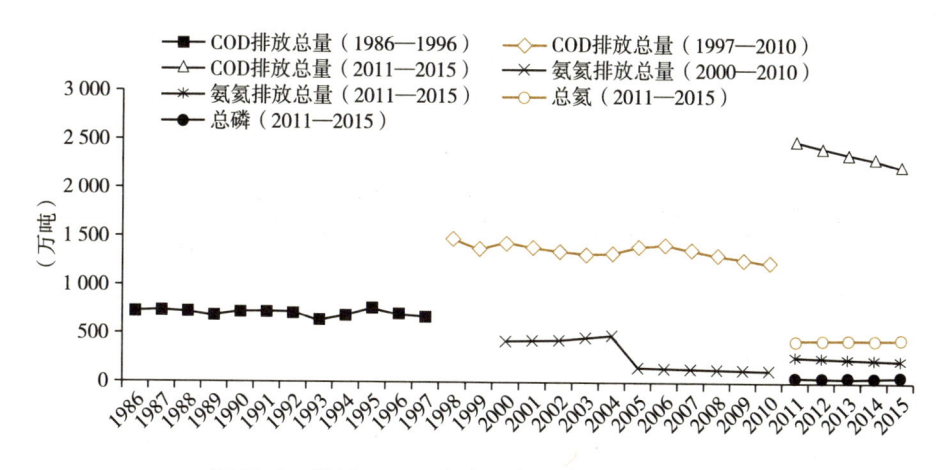

图 28.2 1986—2015 年主要水污染物排放总量趋势

注：同图 28.1。
资料来源：历年《中国环境统计年鉴》《中国环境统计年报》。

治污减排的行动和政策显现出一定的"超前性"（陈健鹏、高世楫、李佐军，2013；陈健鹏，2016）。尽管中国污染物排放处于跨越峰值进入下降通道的转折期，但是污染物排放总量远超环境容量，环境污染形势仍然十分严峻。

能源消费、碳排放增速趋缓，经济增长与能源消费、碳排放开始走向"脱钩"阶段

经济新常态背景下，中国能源消费增速呈趋缓态势。2000年之后，中国能源消费经历了高速增长阶段。2011年后，中国能源消费增速呈显著下降态势。2016年，能源消费增速下降至1.4%。综合研判，从当前到2030年，中国能源消费呈缓慢增长态势。值得注意的是，2013年之后，中国煤炭消费总量呈下降趋势。综合考虑中国能源消费增速、能源结构调整力度等因素，预判2013年煤炭消费已实现达峰。煤炭消费占一次能源消费比重已经呈持续下降态势。煤炭消费达峰，对于中国碳减排具有重要意义，是中国能源转型、低碳发展的重要事件。

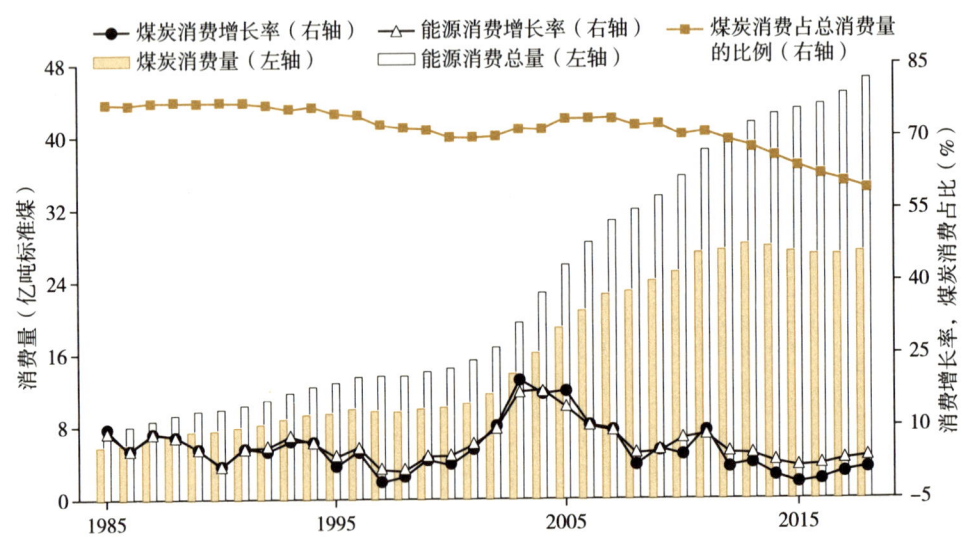

图28.3　1980—2018年中国能源消费总量和增速情况
资料来源：历年《中国能源统计年鉴》。

随着能源消费增速趋缓，2011年之后，碳排放总量也呈相应的趋缓态势，2015年、2016年甚至出现了负增长。2017年仍呈增长态势。其中，制造业部门的碳排放在2011年之后已经呈下降态势。综合研判，考虑到人口增长和人均能源消费水平提高等因素，中长期，中国碳排放总量仍将呈增长态势，并有望在2030年前达峰。①

---

① 陈健鹏、王超，《能源消费、空气污染物排放、碳排放达峰时序国际比较及启示》，《调查研究报告》[专刊2017年43期（总1567期）]。

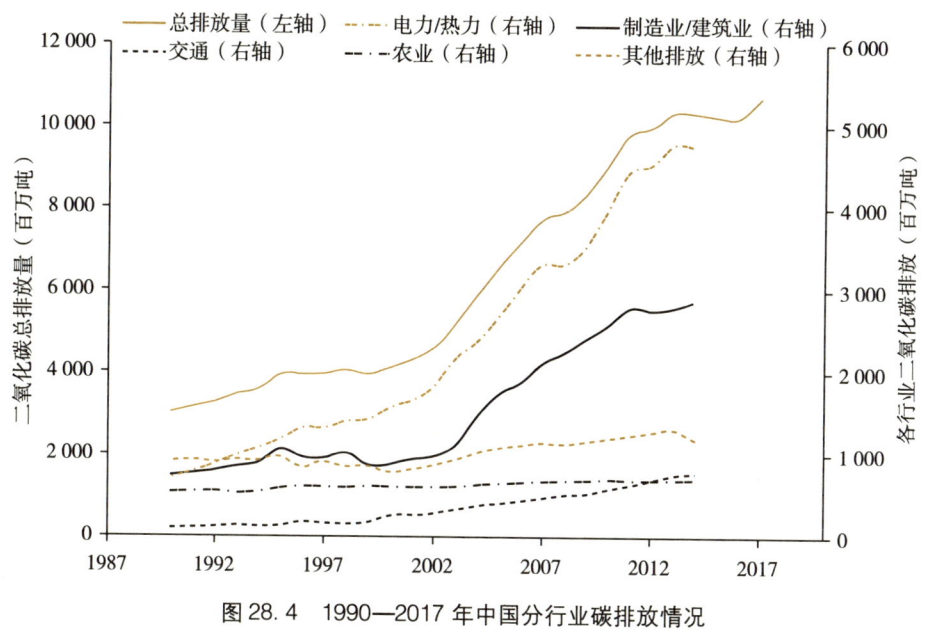

图 28.4 1990—2017 年中国分行业碳排放情况

资料来源：1990—2014 年的数据来自世界资源研究所，2014 年以后的数据来自美国橡树岭国家实验室。

中国能源强度已经显著提高，并呈持续下降态势。本研究使用英国石油公司（BP）的能源消费总量数据和世界银行的经济数据计算能源强度，可以发现，1970 年以来，中国与发达国家能源强度之间的差距经历了先是接近，然后差距拉大，之后继续缩小的三个过程。1990 年以来，中国能源强度呈快速下降态势，2010 年之后，进一步接近发达国家水平。

从 1980—2017 年能源消费、碳排放和 GDP 增长的关系可以看出，2010 年以后，能源消费、碳排放与 GDP 增长呈现"弱脱钩"趋势。根据研判，碳排放、能源消费极可能在 2030 年、2034 年左右与经济增长实现"绝对脱钩"。①

水资源和大宗矿产消耗增速递减

数据显示，2010 年之后，中国水资源消费总量增速趋缓。2013 年之后，中国水资源消费出现了负增长。2015 年水资源消耗量为 6 180 亿立方米。预计中国水资源消费峰值在 2030 年左右，目前到 2030 年，水资源消费总量增速趋缓。

---

① 同上。

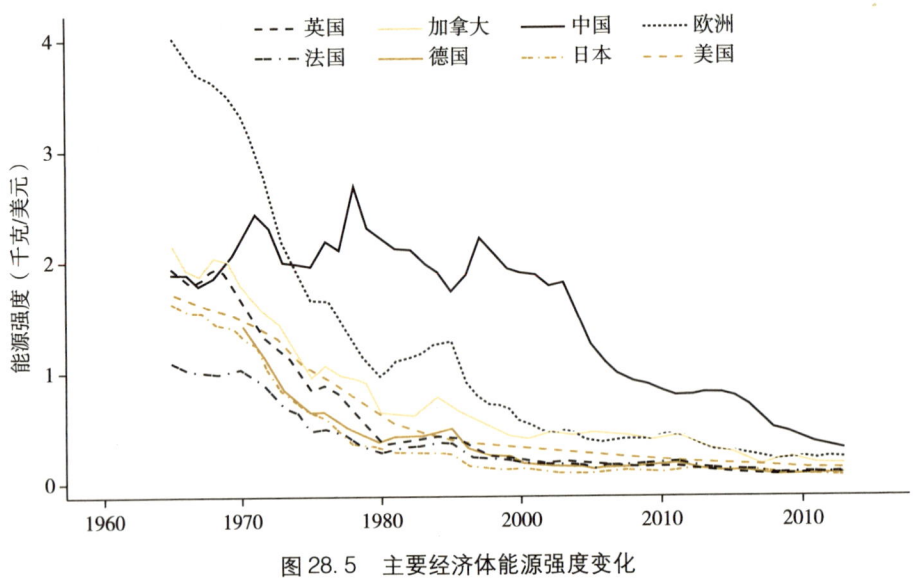

图 28.5 主要经济体能源强度变化

注：欧洲指的是欧洲 44 国。

资料来源：能源数据均来自 British Petroleum Company，http://www.bp.com/。所有数据均换算为标准石油当量。经济数据来自 World Bank，http://data.worldbank.org/country/，GDP 为现价美元。

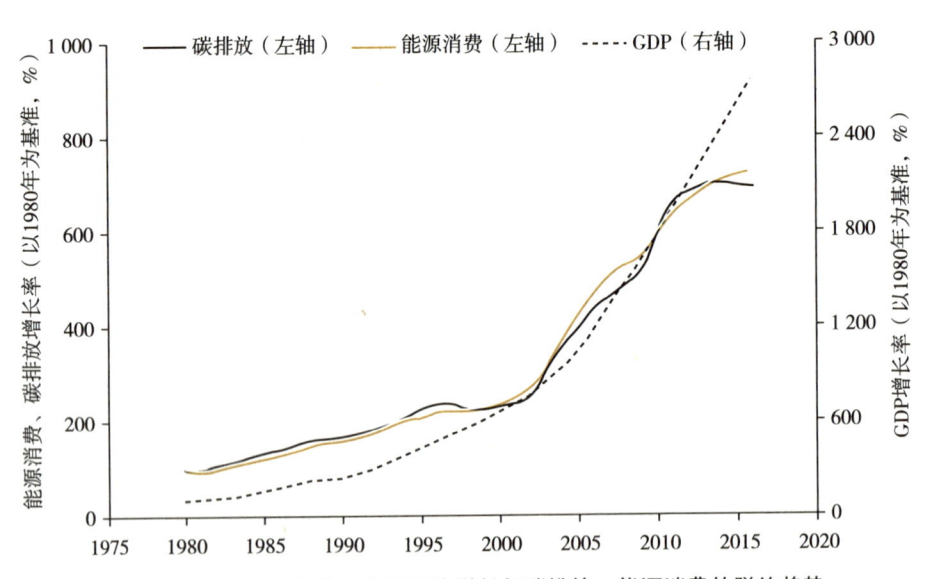

图 28.6 1980—2017 年中国经济增长与碳排放、能源消费的脱钩趋势

资料来源：GDP 数据（不变价）和能源消费数据来自国家统计局，碳排放数据来自美国橡树岭国家实验室。

《国务院关于实行最严格水资源管理制度的意见》明确到2020年全国用水总量控制在6 700亿立方米以内，到2030年全国用水总量控制在7 000亿立方米以内。值得注意的是，2011年之后，中国工业用水量已经呈下降态势；2013年以后，农业用水已经呈下降的态势（见图28.7）。

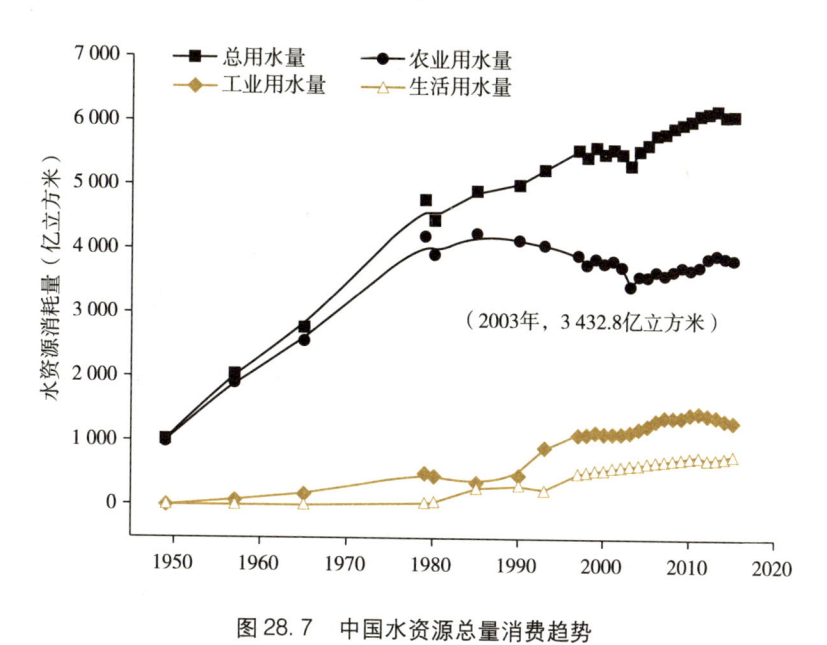

图 28.7　中国水资源总量消费趋势

资料来源：《中国统计年鉴》（2005—2015年），水利部《中国水资源公报》（1997—2004年）。

中国单位GDP耗水效率显著提高。1965年中国单位GDP耗水为3 898立方米/千美元，随后不断降低，2000年之后进入低于500立方米/千美元的阶段。2010年后，中国单位GDP水耗进一步下降（见图28.8）。2014年，中国单位GDP耗水为58立方米/千美元。与同期发达国家相比，超过美国（28立方米/千美元）的两倍，日本（17立方米/千美元）的三倍，欧洲发达国家的四倍。总体而言，中国单位GDP耗水效率已大幅提高，但与发达国家相比仍有一定差距。

经济新常态背景下，大宗矿产资源消费增速趋缓。根据预测，除了钢铁（铁矿石）已达峰值区；许多重要矿产资源的需求峰值将在2020—2030年这个时期集中到来；2020年前后中国铝、铅和锌将达到需求峰值；2025年前后铜将达到需求峰值（王建安等，2010；陈其慎，2013；羊建波，2015；张若然，2015）（见图28.9）。总体上，在经济新常态背景下，中国大宗矿产资源消费增速呈趋缓态势，资源开发强度呈趋缓态势。

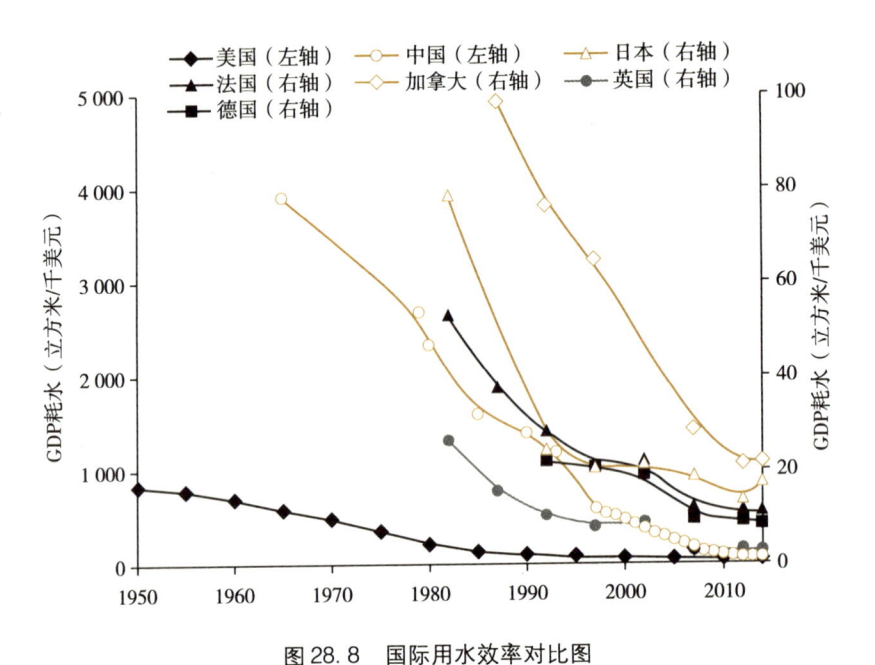

图 28.8 国际用水效率对比图

资料来源:《中国统计年鉴》(2005—2015 年),世界银行数据库。

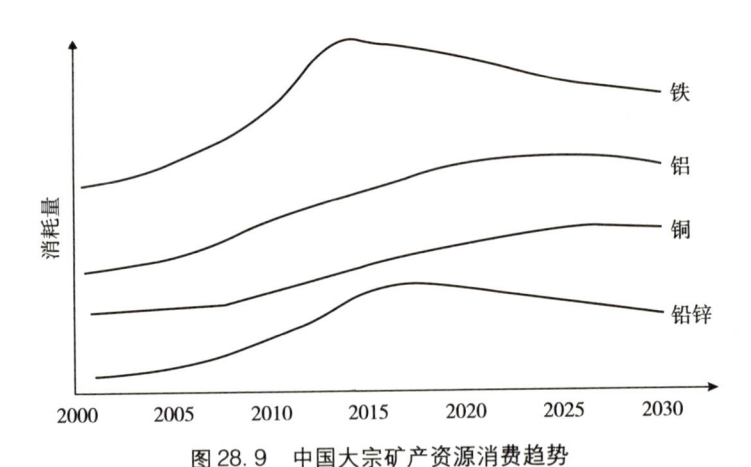

图 28.9 中国大宗矿产资源消费趋势

资料来源:资源与环境政策研究所课题组,以及陈其慎(2013)。

产业结构调整进入新阶段,部分高耗能行业陆续达峰

考察产业结构变动趋势,2012 年,中国第三产业比重首次超过第二产业,随后,第二产业占比呈下降态势,第三产业占比延续上升态势。2016 年,中国第一产业、第二产业及第三产业的比例构成分别为 8.6%、39.8% 和 51.6%(见

图 28.10)。与发达国家相比，中国服务业占比至少还有 20 个百分点的空间，从中长期看，工业为主的发展模式向服务业为主的发展模式转变势在必行（国务院发展研究中心"中长期增长"课题组，2017）。

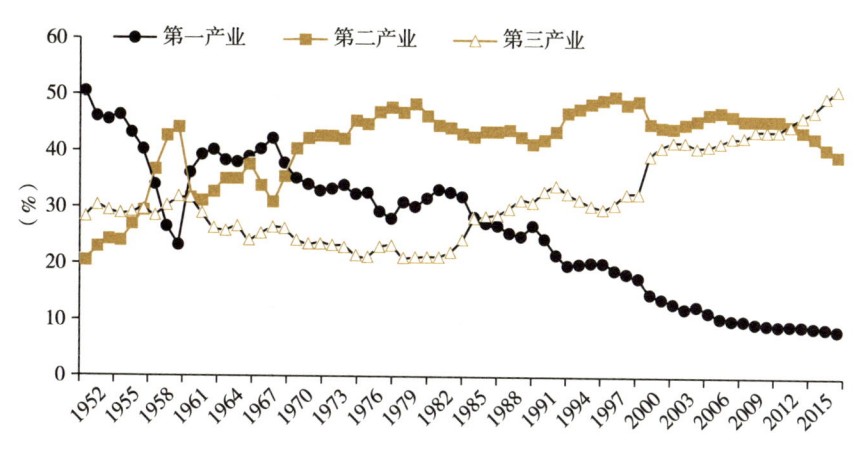

图 28.10　中国产业结构变动趋势
资料来源：历年《中国统计年鉴》，中华人民共和国 2016 年国民经济和社会发展统计公报。

从主要工业产品实物量看，"十二五"以来，水泥、平板玻璃、粗钢、合成氨等高耗能产品产量的增速趋缓，钢铁、水泥等部分高耗能产品产量或已达峰（见图 28.11）。驱动能源消费增加的工业化因素正在逐步减弱。结合国际经验，可以大致预判，主要重化工产品产量在未来 10~20 年仍处在"平台期"。从污染物减排的潜力看，传统重化工行业的"绿色化"是中长期绿色发展最为重要的领域。

工业部门的清洁度逐步改善，主要工业行业的能耗绩效显著改善，环境标准接近或超过国际先进水平

经过"十一五""十二五"时期，中国主要工业产品能耗水平得到了显著提升。数据表明，1970—2015 年，中国主要产品单位能耗整体呈持续下降态势。2015 年,总体上，中国主要工业产品能耗水平已经接近国际先进水平（见图 28.12）。

从环境标准的严格程度看，经过"十一五""十二五"阶段的快速调整，中国高污染、高能耗行业（如钢铁、火电、水泥等）污染排放标准的严格程度已经和国际先进持平或严于国际先进水平。中国环境监管强度是不断提高的（金碚等，2010）。总体上，在过去 40 年中，中国工业部门的"清洁度"呈逐步提高态势。

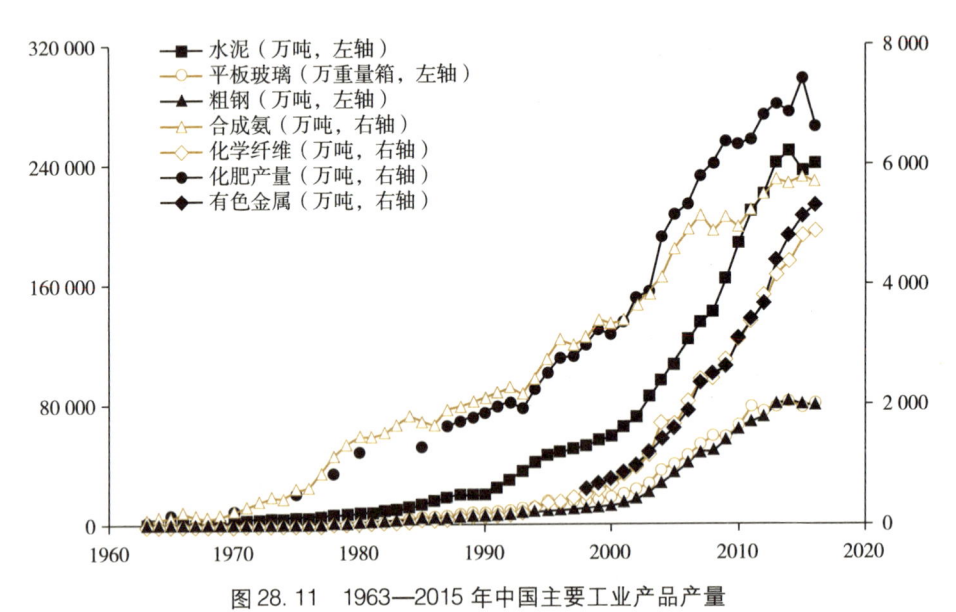

图 28.11 1963—2015 年中国主要工业产品产量

资料来源:《中国工业经济统计年鉴》《中国统计年鉴》。

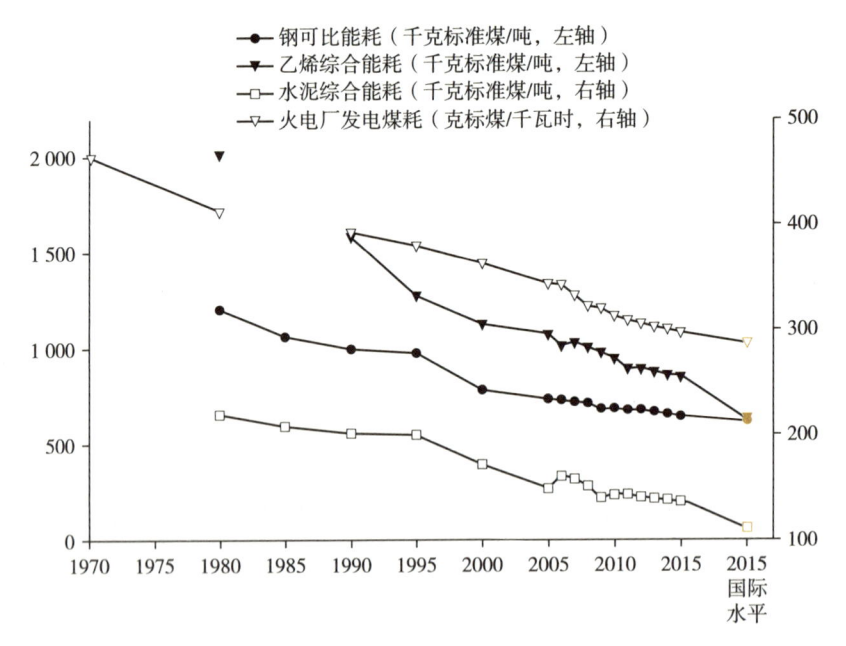

图 28.12 1970—2015 年中国高能耗产品单位能耗变化情况

资料来源:中国钢铁工业协会;日本能源学会志;日本钢铁协会;中国电力企业联合;中国有色金属工业协会,国家统计局;中国水泥协会;日本水泥协会;国石油和化学工业联合会中国造纸协会;The Institute of Energy Economic, Japan, *Handbook of Energy and Economic Statistics in Japan*, in 2014 Edition.

高质量发展对环境治理的政策需求与挑战

经济高质量发展需要环境监管有效性全面提升

尽管中国进入绿色发展的新阶段，各种主要污染物排放开始相继出现拐点，但环境污染形势仍十分严峻。这既有发展阶段的原因，即中国在工业化高速发展阶段，导致资源消耗强度大、污染排放强度高，污染排放总量在较长一段时间仍处于高位。另一方面，环境治理体系导致的监管失灵也是环境污染形势难以迅速改观的一个重要原因。在现代环境治理体系中，法律法规确定了企业、政府、社会组织、民众等不同主体在控制污染、保护环境中的责任和义务，不同主体以不同方式、通过不同手段履行控制污染、保护环境的职责。在复杂的环境治理体系中，政府通过设立专门环境监管机构，对各类环境污染行为实施专业化监管。但在实际执行中，往往因为政府监管机构缺乏必要授权、监管能力不足、政策工具缺乏、严格问责不够等多种原因导致监管效能不足，即政府监管失效，环境污染得不到有效治理。环境监管失灵的问题一直很突出，表现为"无法可依，有法不依，执法不严，违法不究，选择性执法"。相关研究表明，如果现有环保法律法规的要求全部落实到位，主要污染物排放量可以减少 40%～70%（孙佑海，2013；陈吉宁，2015）。这些估算大致从定量角度反映了中国环境"监管失灵"的严峻形势。从另一个角度看，实现排污单位全面合规是中长期治污减排的重要潜力所在。考察标志性污染物排放趋势及减排的贡献可以发现，二氧化硫、氮氧化物先后在 2006 年、2011 年达峰，得益于火电等重点行业大规模减排设施的应用；而同期，其他重点行业二氧化硫、氮氧化物排放基本维持稳定或小幅上升态势。也就是说，环境监管失灵的现象在其他众多行业普遍存在。因此，从中长期看，提高环境监管有效性、克服既有的监管失灵，是治污减排的主要矛盾和着力点。

平衡环境监管与经济增长、产业发展之间的关系是一个长期问题

中国正处在污染物排放与经济增长实现脱钩的重要阶段。从当前到 2035 年，中国主要污染物排放要实现大幅削减，才能实现环境质量根本性改善。这一阶段，也是中国完成工业化、城镇化，迈向高收入社会的重要阶段。

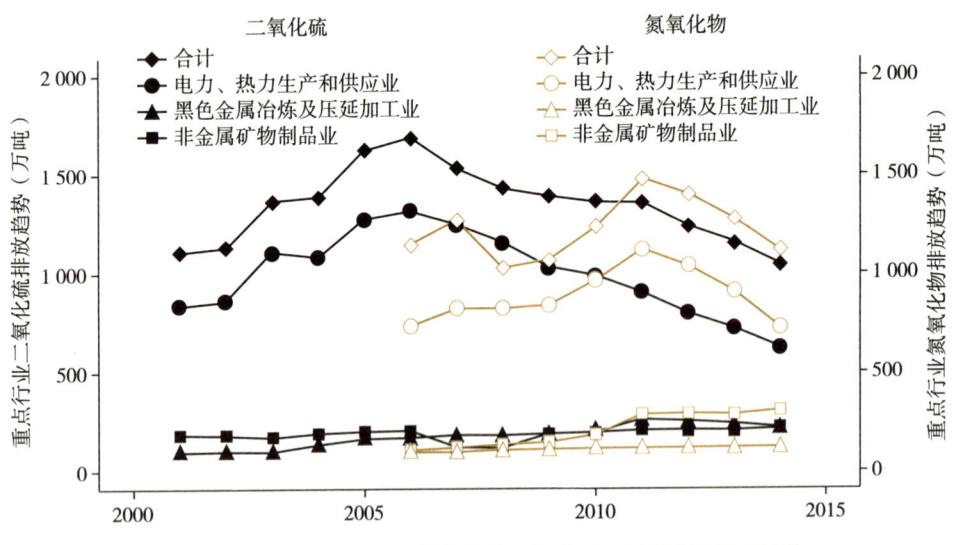

图 28.13　2001—2015 年重点行业二氧化硫及氮氧化物排放趋势

注：合计为重点行业加总数。

资料来源：相关年份《中国环境统计年鉴》《中国环境统计年报》。

可以预见，中国环境监管和经济增长、产业发展之间的矛盾将长期存在。在环境监管和产业发展之间寻求平衡是一个长期问题。这需要一方面通过严格环境执法，促进企业全面提高环境合规性水平；另一方面，要合理制定环境标准，考虑环境标准的经济可行性。需要逐步建立环境监管影响评价制度。强化环境政策的事前、事中评估。在环境监管的事前、事中、事后环节引入制度化的环境监管影响分析制度（包括有效性、成本收益分析等）。此外，环境监管要与产业政策衔接。

从现实情况看，2015 年以来，第一轮中央环保督察工作成效显著，逐步打破了环境执法难的僵局。但是，也暴露出以下几个方面的问题。第一，部分地区过激的环保行为，一度引发了经济增长与环境保护关系的讨论。第二，在环保督察过程中，部分地方政府为了"免责"，采取了简单、粗暴"一刀切"的工作方式，存在"矫枉过正"的现象。现阶段，在打赢污染防治攻坚战的背景下，以环境目标作为首要政策目标对产业发展进行限制，如区域限产措施、行政命令去产能等"数量管制"的方式以及部分地区的"一刀切"现象需特别引起关注。环境目标、环境政策要充分尊重产业自身发展的规律，综合考虑环境监管强度对工业化进程、产业竞争力的影响。此外，应从国际、长期视角考虑环境监管与后发国家"过早去工业化"现象的关系。

考虑环境监管一致性和差异性的关系，综合考虑环境监管对产业转移的影响

从理论上，产业从高管制的区域转移到管制强度低的区域。一方面，中国需要克服全国系统性环境监管失灵的问题，增强环境监管的一致性。另一方面，由于国土辽阔，各地区发展水平差异巨大，用完全一致的环境标准设置环境监管，显然不合理。这需要环境监管体现一定的差异性。需要考虑东、中、西部的经济发展水平，环境监管对产业区域间转移的影响。需要统筹考虑环境监管与生产力布局之间的关系。

从产业结构变迁趋势看，区域间产业转移对中国产业变迁也将产生重要作用。产业转移是产业升级过程中的必然现象。表现在，一方面产业的转型升级首先会从东部地区外向型产业开始，而东部地区产业升级后将促使部分制造业向中、西部转移，产业转移的顺利进行可以缩小区域间发展差距，同时可以为东部地区产业加快升级提供良好的外部环境，进而带动全国的产业升级。另一方面，在产业转移过程中，中、西部地区可以根据自身比较优势进行产业选择，不同产业发展方向将决定中国未来经济发展的模式，利用产业承接的契机促进自身产业创新与升级（何德旭等，2008）。环境监管是产业转移的影响因素之一，需要统筹考虑环境监管严格度和产业转移、生产力布局之间的关系，引导产业合理转移。此外，在"一带一路"背景下，要考虑产能转移过程中的"绿色化"问题。

高质量发展阶段对市场化环境政策工具提出了新要求

中国主要污染物排放已逐步进入"后拐点"阶段，随着污染物排放总量的递减，减排的边际成本越来越高，对精细化、市场化减排政策工具的需求将进一步加强。参考主要国家环境监管的国际经验，即在污染物排放跨越峰值之后的一定阶段，环境税、排污权交易等市场化政策工具才得以应用，并发挥作用。结合中国环境监管体制改革的进展，可以预见，环境税、排污权交易等市场化政策工具有望在2020—2030年这一阶段发挥作用。[①]以环境税为例，从2018年上半年环境税征收情况看，2018年全年环境税预计200亿元。这个规模对于抑制污染物减排难以发挥作用。

---

① 陈健鹏，国家"万人计划"支持项目"中国环境拐点判定与环境监管调整研究"课题组。

环境治理前瞻

后拐点阶段环境监管仍需持续改进，环境质量根本性改善前景可期

尽管我国污染物排放从总体上已跨越峰值，但由于其远超环境容量，因此，需要在大幅削减后才能实现环境质量的根本性改善，这需要一个长期过程。这也意味着近中期环境污染形势仍十分严峻和复杂。从当前到未来20年左右，主要污染物大幅削减仍是环境治理的主线之一。考虑到我国所处的发展阶段、产业结构、能源结构等因素，在未来20年污染物大幅削减的过程中，环境监管是主要的减排潜力，环境监管的严格度和有效性需要显著提高。参照国际经验并综合考虑我国治污减排的进展，可以预见，2035年左右我国环境质量将有根本性改善，实现"碧水蓝天"。

环境保护和经济增长进入"再平衡"新阶段，平衡二者的关系是一个长期问题

在经济新常态背景下，我国正处在绿色发展"转折期"，经济增长和污染物排放正逐步"脱钩"，也是环境保护与经济增长"再平衡"的重要阶段。近中期，放松经济性监管和加强环境监管将持续同步推进。随着环境监管体系改革深化，环境监管的一致性和有效性将全面提高，全社会环境合规性水平将逐步提高，全面内化减排成本，并促进优胜劣汰。与此同时，要合理制定监管强度，完善环境监管影响评价制度，考虑环境监管的经济可行性和差异性。从理论和国际经验看，平衡环境监管和经济增长关系是一个长期问题。环境监管要充分尊重产业自身发展的规律，应综合考虑环境监管对工业化进程、产业竞争力的影响。

环境监管体系改革持续推进，监管有效性逐步提高

当前，我国正处在深化环境监管体系改革的攻坚期。改革的核心目标是提高环境监管有效性，推动实现"环境守法是常态"。毫无疑问，改革也面临风险和不确定性。为此，应进一步厘清改革方法论，坚持问题导向，建立改革的"容错""纠错"机制，统筹推进环境保护责任体系和问责机制、机构改革和监管工具多个方面的改革。在其中，那些"刀刃向内"的改革举措更值得期待。在责

任体系和问责机制上,要推动环保督察制度制度化、规范化、常态化。在机构改革上,要处理好属地原则和省以下环保机构垂直管理改革的关系,处理好监管的专业性和组建综合执法机构的关系,处理好政策职能和监管职能优化配置问题,处理好机构改革后跨部门协同治理问题等。在监管工具上,要以排污许可制度改革为抓手,接续推动生态环境保护部门体系内部信息共享和协同,强化排污者责任,推动环境监管流程再造,创新监管方式。从长期看,要通过改革推动建立依法、公平、透明、专业、可问责的现代环境监管体系,将"运动式"治理方式逐步引导为依法依规常态化环境监管。

环境保护的责任体系将进一步明晰,多元参与治理格局渐成

党的十九大报告提出了"构建政府为主导、企业为主体、社会组织和公众共同参与的环境治理体系"的指导思想。需要认识到,构建多元参与的治理体系,并不意味着"去中心化"。政府监管,包括环境监管和经济性监管,在治理体系中处于基础和核心地位,要为多元参与的环境治理体系提供制度保障。当前的环境监管体系改革很大程度上是弥补长期以来政府监管不足的问题。深化环境监管体系改革,强化国家的监管职能,是推进国家治理体系和治理能力现代化的重要维度和抓手。为此,需要进一步厘清多元治理主体的职责定位与责权分工,通过法律法规进一步规范相关主体的权责,提高整个环境治理体系的可问责性。而其中,强化并完善对环境监管者的监管是最为重要的方面,要通过完善行政问责、司法监督、公众参与等方式,做实对监管者的监管。要进一步完善中国特色的环保目标责任制,使之进一步规范化、法治化。

环境政策体系进一步完善,市场化政策工具将逐步发挥作用

随着生态文明体制改革的推进,我国环境政策体系将进一步完善。在"后拐点"阶段,减排的边际成本递增,对精细化、市场化减排政策工具的政策需求将进一步加强。需要注意的是,创新环境政策工具要和监管体系及其能力相适应。可以预见,随着环境监管体系改革和排污许可改革的推进,环境监管机构获取排污单位环境信息的能力将显著提高,以此支撑精细化政策工具的应用。大数据、卫星遥感遥测等先进技术的应用,可以在一定程度上弥补制度有效性的不足,支撑环境政策创新。可以预见,环境税、排污权交易等市场化政策工具有望在2020—2030年开始有效运行并发挥作用。

参考文献

Broberg, Thomas, Per-Olov Marklund, Eva Samakovlis, Henrik Hammar, 2013. "Testing the Porter hypothesis: the effects of environmental investments on efficiency in Swedish industry." *Journal of Productivity Analysis*, Vol. 40, NO. 1, pp. 3 – 56.

Esty, Daniel C. and Michael Porter, 2002. "Ranking National Environmental Regulation and Performance: A Leading Indicator of Future Competitiveness?" in World Economic Forum, *The Global Competitiveness Report 2001 – 2002*, Chapter 2.1, Oxford: Oxford University Press.

Porter, M., 1991. "America's Green Strategy." *Scientific American*, Vol. 264, Apr, p. 68.

Porter, M. and C. van der Linde, 1995. "Toward a New Conception of the Environment Competitiveness Relationship." *Journal of Economic Perspective*, Vol. 9, Apr., pp. 97 – 118.

Stavins, R., A. Jaffe, P. Patterson and R. Portney, 1994. "Environmental Regulation and the Competitiveness of U. S. Manufacturing: What does the Evidence Tell Us?" CSIA Discussion Paper 94 – 06, Kennedy School of Government, Harvard University.

Cole A, 2005. "Why the Grass is Not Always Greener: the Competing Effects of Environmental Regulations and Factor Intensities on US Specialization." *Ecological Economics*, 54: 95 – 109

Jaffe B, 1995, "Environmental regulation and the Competitiveness of US Manufacturing: What Does the Evidence Tell Us." *American Economic Association*, 33: 132 – 163

Berman E, 2001. "Environmental Regulation and Productivity Evidence From Oil Refineries." *Review of Economics and Statistics*, 83: 498 – 510.

Florax R, 2001. "Environmental regulation and competitiveness." Tinbergen institute discussion paper.

Wayne B, 1995. "Environmental Regulation and Manufacturing Productivity: At the Plant Level." NBER working paper.

Jorgenson D, 1990. "Environmental Regulation and US Economic Growth." *Journal of Economics*, 21: 314 – 340

Levinson A, 1996. "Environmental Regulation and Manufacturer's Location Choice: Evidence From the Census of Manufacturer." *Journal of Economics*, 62: 5 – 29

Feiock R, 1990. "Environmental Regulation and Economic Development: the Movement of Chemical Production among States." *Western Political Quarterly*, 43: 561 – 576

Feiock R, 1990. "Environmental Regulation and Competitiveness." Tinbergen institute discussion paper.

Pickman A, 1998. "The Effect of Environmental Regulation on Environmental Innovation." *Business Strategy and the Environment*, 7: 223 – 233.

陈吉宁,《加大环境治理力度》,《经济日报》,2015年11月30日。

陈健鹏编著,《污染物排放与环境质量变化历史趋势国际比较研究》,北京：中国发展出版社，2016 年 10 月。

陈健鹏、高世楫、李佐军，《欧美日中大气污染治理历史进程比较及其启示》，《国务院发展研究中心调查研究报告》，2013 第 244 期，第 1—24 页。

陈健鹏、高世楫、李佐军，《中国主要污染物排放进入转折期——预判主要污染物排放峰值在"十三五"期间》，《国务院发展研究中心调查研究报告专刊》，2014 第 63 期，第 1—52 页。

陈健鹏，高世楫，李佐军，《"十三五"时期中国环境监管体制改革的形势、目标与若干建议》，《中国人口·资源与环境》，2016 年第 11 期（第 26 卷，总第 195 期），第 1—9 页。

陈其慎，《中国矿业发展趋势及竞争力评价研究》，中国地质大学（北京）博士论文。

高世楫、李佐军、陈健鹏，《从"多管"走向"严管"——简政放权背景下环境监管政策建议》，《环境保护》，2013 第 41 卷第 17 期，第 30—32 页。

高世楫、陈健鹏，《提高环境监管效能 促进绿色发展》，《发展研究》，2018 年第 2 期，第 1—17 页。

黄平、胡日东，《环境规制与企业技术创新相互促进的机理与实证研究》，《财经理论与实践》，2010 第 31 卷第 1 期，第 99—103 页。

李斌、彭星、欧阳铭珂，《环境规制、绿色全要素生产率与中国工业发展方式转变——基于 36 个工业行业数据的实证研究》，《中国工业经济》，2013 第 4 期，第 56—68 页。

李钢、马岩、姚磊磊，《中国工业环境管制强度与提升路线——基于中国工业环境保护成本与效益的实证研究》，《中国工业经济》，2010 年第 3 期，第 31—41 页。

李玲、陶锋，《中国制造业最优环境规制强度的选择——基于绿色全要素生产率的视角》，《中国工业经济》，2010 第 5 期，第 70—82 页。

刘和旺、郑世林、左文婷，《环境规制对企业全要素生产率的影响机制研究》，《科研管理》，2016 年第 5 期，第 33—41 页。

刘和旺、左文婷，《环境规制对我国省际绿色全要素生产率的影响》，《统计与决策》，2016 年第 9 期，第 141—145 页。

刘萍萍，《环境规制与技术创新——基于世行中国企业调查数据》，《中国人口、资源与环境》，2016 年第 26（S1）期，第 118—120 页。

刘世锦主编，《中国经济增长十年展望（2017—2026）：老经济与新动能》，北京：中信出版社，2017 年 7 月。

陆建明，《环境技术改善的不利环境效应：另一种"绿色悖论"》，《经济学动态》，2015 第 11 期，第 68—78 页。

马淑萍，《环境规制对全要素生产率的影响研究》，大连理工大学硕士论文，2015 年 6 月。

毛寿龙、骆苗，《国家主义抑或区域主义：区域环保督查中心的职能定位与改革方向》，《天津行政学院学报》，2014 第 16 卷第 2 期，第 50—56 页。

梅国平、万建香，《环境约束下我国经济增长的内生机理——基于 CDE 与 FBA 的数理分析与数字校正》，《经济地理》，2012 第 34 卷第 3 期，第 1—12 页。

庞瑞芝、李鹏、路永刚，《转型期间我国新型工业化增长绩效及其影响因素研究——基于"新型工业化"生产力视角》，《中国工业经济》，2011年第4期，第64—73页。

屈小娥，《行业特征、环境管制与生产率增长——基于"波特假说"的检验》，《软科学》，2015第29卷第2期，第24—27页，第60页。

任优生、任保全，《环境规制促进了战略性新兴产业技术创新了吗？——基于上市公司数据的分位数回归》，《经济问题探索》，2016年第1期，第101—110页。

沈能、刘凤朝，《高强度的环境规制真能促进技术创新吗？——基于"波特假说"的再检验》，《中国软科学》，2012年第4期，第49—59页。

孙佑海，《如何使环境法治真正管用？——环境法治40年回顾和建议》，《环境保护》，2013年第41卷第14期，第24—27页。

孙杰，《环境执法中的"以罚代刑"现象及其规制》，《山东社会科学》，2017年第3期，第177—184页。

孙学敏、王杰，《环境规制、引致性研发与企业全要素生产率——对"波特假说"的再检验》，《西安交通大学学报（社会科学版）》，2016年第2期，第10—16页。

涂正革、肖耿，《环境约束下的中国工业增长模式研究》，《世界经济》，2009年第32卷第11期，第41—54页。

汪劲，《中国环境执法的制约性因素及对策》，《世界环境》，2010年3月，第18—20页。

王国印、王动，《波特假说、环境规制与企业技术创新——对中东部地区的比较分析》，《中国软科学》，2011年第1期，第100—112页。

王杰、刘斌，《环境规制与企业全要素生产率——基于中国工业企业数据的经验分析》，《中国工业经济》，2014年第3期，第44—56页。

王安建、王高尚、陈其慎、于汶加，《矿产资源需求理论与模型预测》，《地球学报》，第2期，2010年，第137—147页。

徐敏燕、左和平，《聚集效应下环境规制与产业竞争力的关系——基于波特假说的检验》，《中国工业经济》，2013年第3期，第72—84页。

羊建波、许志斌、彭浩、柳群义，《全球铜资源供需格局趋势分析》，《中国矿业》，2015年第6期，第1—5页。

杨朝霞，《环境司法主流化的两大法宝：环境司法专门化和环境资源权利化》，《中国政法大学学报》，2016年第1期，第81—96页，第160页。

尤济红、王鹏，《环境规制能否促进R&D偏向于绿色技术研发——基于中国工业部门实证研究》，《经济研究》，2016年第3期，第26—38页。

余东华、胡亚男，《环境规制趋紧阻碍中国制造业创新能力提升了吗？——基于"波特假说"的再检验》，《产业经济研究》，2016年第2期，第11—20页。

于文轩、沈晓悦、陈赛，《保障与监督：改进环境执法工作的必经之途》，《环境保护》，2008（2A），第39—411页。

张成、陆旸、郭路、于同申，《环境规制强度和生产技术进步》，《经济研究》，2011 年第 46 卷第 2 期，第 113—124 页。

张华、魏晓平，《绿色悖论抑或倒逼减排——环境规制对碳排放影响的双重效应》，《中国人口·资源与环境》，2014 年第 24 卷第 9 期，第 21—29 页。

张平、张鹏鹏、蔡国庆，《不同类型环境规制对企业技术创新的影响》，《中国人口·资源与环境》，2016 年第 4 期，第 8—13 页。

周肖肖、丰超、胡莹、魏晓平，《环境规制与化石能源消耗——技术进步和结构变迁视角》，《中国人口·资源与环境》，2015 年第 25 卷第 12 期，第 35—44 页。

范玉波，《环境规制的产业结构效应：历史、逻辑与实证》，2016 年，山东大学，博士学位论文。

何德旭、姚战琪，《中国产业结构调整的效应、优化升级目标和政策措施》，《中国工业经济》，2008 年第 5 期，第 46—56 页。